Une histoire
des langues
de l'Alsace

www.nueebleue.com

Dominique Huck

Une histoire des langues de l'Alsace

La Nuée Bleue

CHEZ LE MÊME ÉDITEUR

Claude Guizard et Jean Speth, *Le dialectionnaire*
Edmond Jung, *L'alsadico*
Raymond Matzen et Léon Daul, *Wie geht's ? Le dialecte à la portée de tous*
Michel Paul Urban, *La grande encyclopédie des lieux d'Alsace*

Publié en partenariat
avec l'OLCA.

Les figures illustrant la couverture sont des détails du célèbre tableau
La foire aux servantes de Bouxwiller, peint par Charles-François Marchal (1827-1877).
Musée de Bouxwiller et du Pays de Hanau.

© La Nuée Bleue/Éditions du Quotidien, Strasbourg, 2015
Tous droits de reproduction réservés.
ISBN 978-2-7165-0852-0

Füer s Léa un füer de Antoine

En hommage
à Marie-Louise (1920-1987) et Aloyse Huck (1920-2003),
usagers des variétés linguistiques utilisées en Alsace,
à Raymond Matzen (1922-2014),
le passionné de l'Alsace

À la mémoire de Paul Lévy (1887-1962),
pionnier de l'histoire (socio)linguistique de l'Alsace

DOMINIQUE HUCK est professeur de dialectologie et de sociolinguistique à l'Université de Strasbourg, où il dirige le Département de dialectologie alsacienne et mosellane. Ses travaux portent essentiellement sur les dialectes et la situation sociolinguistique en Alsace, ainsi que sur les politiques linguistiques, en particulier dans le domaine éducatif.

*Die Gedanken sind frei, wer kann sie erraten,
sie fliegen vorbei, wie nächtliche Schatten.
Kein Mensch kann sie wissen, kein Jäger erschießen,
es bleibet dabei : die Gedanken sind frei.*

*Ich denke was ich will und was mich beglücket,
doch alles in der Still', und wie es sich schicket.
Mein Wunsch, mein Begehren kann niemand verwehren,
es bleibet dabei : Die Gedanken sind frei !*

CHANSON ANONYME[1]

*Je suis né quelque part
Laissez-moi ce repère, ou je perds la mémoire*

MAXIME LEFORESTIER

L'on a trop souvent voulu imposer l'idée selon laquelle les Alsaciens étaient tous et sans restriction des patriotes français de cœur. [Après 1918], l'Alsace était géographiquement, culturellement et socialement diverse. En conséquence, l'Alsacien type, représentatif d'un corps uni, n'a jamais existé. Il n'y a eu que des Alsaciens aux options et aux sensibilités diverses et opposées.

ALFRED WAHL et JEAN-CLAUDE RICHEZ

INTRODUCTION

Le singulier destin linguistique de l'Alsace

Une histoire linguistique touche à tous les aspects fondamentaux de l'histoire des hommes, car les langues sont constitutives de l'histoire des sociétés et touchent au plus profond de l'humanité. Elles révèlent les inégalités entre eux, leur regard sur soi et l'autre, leurs aspirations et leurs peurs.

Le passé français de l'Alsace est relativement récent (fin du XVIIe siècle); c'est aussi le cas d'autres régions qui ont été «réunies» à la France bien plus tard, qu'il s'agisse de sa voisine lorraine (XVIIIe siècle) ou du duché de Savoie et du comté de Nice (1860). L'Alsace a eu très longtemps comme langue d'usage une variété linguistique autre que le français; c'était aussi le cas, jusqu'au XIXe siècle, de la majeure partie de l'espace français. Alors, pourquoi s'intéresser spécifiquement à l'histoire linguistique de l'Alsace? C'est sans doute l'histoire récente, depuis le conflit franco-prussien de 1870, en passant par la Grande Guerre et la catastrophe mondiale déclenchée par le national-socialisme, qui a amené les acteurs et les observateurs de ce passé presque contemporain à s'y intéresser.

L'histoire linguistique de l'Alsace, telle que nous la connaissons aujourd'hui, présente ainsi toute une série d'aspects à la fois partagés par d'autres espaces français ou allemands, mais aussi et surtout des aspects singuliers, notamment durant l'époque contemporaine (XIXe-XXIe siècles).

Dans l'espace alsacien d'aujourd'hui, la langue orale des habitants a été, très majoritairement, probablement depuis les IVe et Ve siècles, celle qu'ont apportée les migrants francs et alamans, c'est-à-dire des variétés de germanique, auxquelles les linguistes donneront, bien plus tard, le nom d'«allemand» au sens générique du terme. Les variétés linguistiques orales issues du latin vulgaire laissé par les Romains du Ier siècle avant notre ère au Ve siècle n'en sont pas pour autant absentes, à travers les parlers romans ou «welches», mais leur usage est limité aux marges de l'espace alsacien. Ces usages linguistiques rappellent que l'Alsace se trouve à la limite de deux grands ensembles linguistiques et culturels, l'ensemble roman et l'ensemble germanique. Aussi, si l'essentiel de son espace est ancré dans le monde de langue allemande, n'en reste-t-elle pas moins un espace de passage, un espace de contacts avec le monde roman.

D'un point de vue géopolitique, l'Alsace fait partie, après la chute de l'Empire romain d'Occident (476), des royaumes mérovingiens, carolingiens, puis du Saint-Empire romain germanique (établi en 962) jusqu'après la guerre de Trente Ans (1618-1638), où l'essentiel du territoire alsacien passera progressivement dans la sphère de la couronne de France, y compris Strasbourg (1681). Le français commence alors à jouer un rôle plus important dans de nombreux domaines (administratif, juridique, culturel, social), mais sans modifier fondamentalement les pratiques linguistiques de la majeure partie de la population, qui continue à utiliser ses parlers dialectaux allemands et, lorsque certains parmi elle produisent des écrits, ils continuent également à écrire en allemand commun. Langue de prestige, langue des classes cultivées, langue des intellectuels, langue d'un monde référentiel éprouvé comme différent du monde référentiel allemand, le français aura une réelle présence en Alsace, mais peu d'usagers. Ce n'est que dans la deuxième moitié du XIXe siècle, sous l'effet d'une politique linguistique éducative locale, que le français va être enseigné de manière plus systématique dans les écoles et que quelques générations d'Alsaciens vont être amenées à apprendre et à utiliser personnellement un peu le français dans le cadre scolaire, en gardant les parlers dialectaux allemands – qu'on appellera à partir de la fin du XIXe siècle l'«alsacien», «Elsasserditsch», «Elsassisch» – comme langue de communication habituelle.

Les changements d'appartenance politique suite à des guerres vont se succéder à un rythme soutenu et vont donner, d'une certaine manière, non seulement un destin linguistique particulier aux habitants de l'Alsace, mais aussi une valeur symbolique nouvelle aux langues en usage. En effet, après la guerre franco-prussienne de 1870, l'Alsace (avec une partie de la Lorraine d'alors) est rattachée à l'Empire allemand nouvellement créé en 1871. La langue officielle en vigueur sera l'allemand, le français sera absent de l'école primaire et, au tournant du siècle, l'« alsacien » sera investi d'une valeur identitaire qu'il n'avait jamais eue auparavant. À l'issue de la Première Guerre mondiale, l'Alsace redevient française.[2] La France mènera une politique linguistique conforme à ses traditions en cherchant à faire utiliser le français comme langue exclusive. Or, une partie très modeste (6 à 8 %) des habitants a une connaissance du français. Parmi d'autres facteurs, les questions linguistiques vont devenir des objets de conflits entre l'État et une majorité d'élus et d'habitants en Alsace. Cependant, les solutions de compromis utilisées à l'école vont permettre de former un nombre non négligeable de jeunes bilingues, capables de lire indifféremment dans les deux langues. La traumatisante annexion à l'Allemagne nazie (1940-1944/45) va devenir à la fois la matrice essentielle de la politique linguistique menée par la France après 1945 et la matrice idéologique des valeurs symboliques des langues telle qu'elle apparaîtra dans le discours d'une partie des responsables politiques, de l'intelligentsia, du système éducatif, etc., déconsidérant les parlers dialectaux comme non-langue, stigmatisant l'allemand exogène comme langue des nazis et glorifiant le français comme langue de la nation et des libérateurs.

L'un des éléments qui pourraient peut-être symboliser une forme de singularité de l'histoire linguistique de l'Alsace, c'est une sorte de pérennité de l'usage des parlers dialectaux, quels que soient les cadres géopolitiques. En effet, durant près de quinze siècles, l'immense majorité des habitants de l'espace qui est appelé aujourd'hui l'Alsace parle des dialectes germaniques issus des parlers apportés par les Alamans et les Francs. Ces dialectes ont bien sûr très largement changé au fil du temps, comme tout moyen de communication humain, mais ils sont restés la variété linguistique essentielle dans laquelle les hommes ont parlé et vécu. Le fil linguistique se fera plus ténu et commencera à se rompre dans la deuxième moitié du XXe siècle.

Cette « rupture » est, probablement, une autre caractéristique de l'histoire linguistique de l'Alsace. L'usage et la pratique des parlers dialectaux qui semblaient être inscrits dans l'habitus des habitants de cette région pour une forme d'éternité – c'est du moins ainsi qu'on perçoit encore leur rôle et leur fonction dans l'immédiat après-guerre – vont connaître des changements très profonds sous l'effet conjugué de la politique linguistique, notamment scolaire, de la France après 1945 et des bouleversements sociétaux dus à l'irruption massive de la modernité dans la société alsacienne, de sorte que le français va devenir progressivement une langue utilisable puis utilisée en toutes circonstances, concurrençant puis se substituant aux parlers dialectaux à partir du dernier tiers du XXe siècle. Cette seconde moitié du XXe siècle et les changements linguistiques complexes qui s'opèrent sont centraux pour la compréhension de la situation sociolinguistique alsacienne du début du XXIe siècle. C'est précisément cette histoire linguistique récente, assez peu étudiée jusqu'à présent,[3] que l'on a cherché à exposer de manière assez détaillée, selon différents champs et points de vue: les politiques et l'idéologie linguistiques telles qu'elles apparaissent dans les discours des acteurs, les positions des partis, des églises, des syndicats et d'autres associations, ainsi que d'autres instances, institutionnelles ou non. Dans le même temps, ces éléments sont replacés dans le contexte sociétal du moment, qui connaît des bouleversements importants, à tous points de vue. Et c'est la combinaison de cette double approche qui permet une description plus précise du processus de changement dans les pratiques linguistiques en Alsace, qui se déroule durant environ soixante-dix ans pour s'accélérer ces trente dernières années (1985-2015).

Ceux qui décrivent la situation linguistique alsacienne durant la seconde moitié du XXe siècle retiennent souvent trois composantes, le français, les dialectes (appelés fréquemment «le» dialecte ou encore «l'alsacien») et l'allemand, dont les contours restent bien sûr à préciser. Or, d'autres variétés, bien présentes en Alsace, ne sont que rarement évoquées, qu'il s'agisse des parlers romans des vallées vosgiennes ou de l'extrême sud de l'Alsace (*welche*),[4] des variétés métissées qui ont apparu dans cet espace (le judéo-alsacien [*jiddisch*][5], l'alsacien des vanniers [*jenisch*][6] ou la langue des tsiganes [*mànisch*][7]) ou de toutes les langues apportées par les migrants, en particulier à partir de la fin du XIXe siècle (surtout l'italien [*(i)dàlienisch*],[8] puis, plus tard, le polonais [*polnisch, polàkisch*] et bien d'autres langues encore), de leurs rôles et de leurs fonctions. La documentation disponible ne permet pas (encore?) d'inclure de manière fiable ces questions dans l'évocation de l'histoire linguistique.

Néanmoins, la langue de socialisation des enfants des «Alsaciens venus d'ailleurs»[9] reste un bon indicateur des langues utilisées majoritairement en Alsace. Lorsqu'il s'agit de locuteurs ordinaires, n'appartenant pas à des couches sociales supérieures, la langue de socialisation reste très largement le dialecte jusqu'à la fin des années 1950 et au début des années 1960. Le français prendra le relais à partir de ce moment-là. Cela implique que, très fréquemment, les enfants dispo-

INTRODUCTION

saient d'une langue familiale («venue d'ailleurs») et d'une langue avec leurs pairs «alsaciens», le dialecte, et qu'ils apprenaient, avec ces derniers, le français sur les bancs de l'école. Cependant, les «Alsaciens venus d'ailleurs» viennent d'ailleurs depuis le haut Moyen Âge, apportant avec eux des formes linguistiques proches de ce qui est parlé dans leur endroit d'adoption ou, bien au contraire, des parlers fort différents. Quantitativement, ces venues se sont amplifiées depuis l'industrialisation au milieu du XIXe siècle et n'ont jamais cessé, apportant encore bien des chatoiements à une situation linguistique considérée comme «complexe» (A. Tabouret-Keller).[10]

Ainsi, l'histoire linguistique de l'Alsace est à la fois l'histoire culturelle et événementielle qui pèse sur la ou les langues, qui façonne leur usage et leur devenir, mais aussi l'histoire de l'action politique sur les langues et les situations linguistiques.

L'histoire linguistique, c'est aussi et avant tout l'histoire sociolinguistique et ethnolinguistique des hommes, dans la mesure même où les variétés linguistiques utilisées induisent des hiérarchies explicites ou implicites entre ceux qui les parlent, savent s'en servir ou les ignorent.

Dans les États-nations des XIXe et XXe siècles, la fixation, la construction, l'établissement ou la consolidation de langues nationales standardisées, menés par les couches sociales au pouvoir, ont donné l'impression voulue aux autres locuteurs qu'une «vraie» langue était nécessairement toujours homogène. Or, toute l'histoire des langues montre qu'une pratique linguistique présente toujours un caractère hétérogène : tout le monde ne parle pas de la même façon, un même locuteur n'utilise pas le même registre de langue selon la situation dans laquelle il se trouve, selon son interlocuteur, selon le sujet dont il parle… Et lorsque ces aspects se croisent avec plusieurs variétés linguistiques et des hiérarchies variables entre elles, l'hétérogénéité en sort renforcée et s'organise différemment selon le moment et le contexte global dans lesquels elle s'inscrit. Aussi n'est-il pas étonnant que l'histoire linguistique de l'Alsace soit jalonnée de jugements définitifs sur la qualité de la langue que l'on y parle.

DE LA PRÉHISTOIRE AU VIIᵉ SIÈCLE

Les langues qui passent, celle qui reste

Dans l'espace alsacien, la présence de l'homme (ou de son ancêtre) est attestée depuis 600 000 ans. Parfois il n'a fait que passer, parfois il s'y est établi. Comment communiquait-il avec ses semblables durant ces dizaines de milliers d'années? Verbalement? Avec un langage organisé? On estime que le langage verbal spécifique à l'espèce humaine, le langage «à double articulation» qui combine les sons et le sens des mots de manière indépendante et qui présente l'existence d'un code grammatical qui lie le sens d'une «phrase» à «l'ordre des mots» a dû faire son apparition il y a environ 50 000 ans (100 000 ans tout au plus).[11]

Pour le continent européen, ce n'est que pour la période du néolithique (environ 5 000 avant Jésus-Christ) qu'il est possible de faire un certain nombre de conjectures quant aux langues. En effet, les peuples des steppes occupant l'espace entre l'Oural et la mer Caspienne (la culture des «kourganes»)[12], qui parlaient probablement au IVᵉ millénaire avant Jésus-Christ une forme de l'indo-européen commun*,[13] commencent à pénétrer dans le bassin du Danube (vers -4200), puis pousseront leur voyage plus loin (notamment vers l'ouest et le nord), vers -3300 et vers -2800.[14] Au fur et à mesure que le temps passe, que

---

* Pour un aperçu classique des «filiations» entre l'indo-européen tel qu'on l'a reconstitué et les variétés linguistiques qui intéressent l'espace alsacien (d'abord le celtique, puis le latin et le germanique), voir le tableau en annexe au présent chapitre.

ces peuples se dispersent dans l'espace et rencontrent d'autres langues et d'autres cultures, leurs langues et, pour partie, leurs cultures se modifieront et se différencieront également.

Progressivement, ils pénètrent également en Alsace et resteront pour une durée plus ou moins longue, remplacés ou rejoints par d'autres peuples venant toujours de la vallée du Danube. « Proto-celtes »[15] (entre 1500 et 800 avant Jésus-Christ), puis Celtes occupent un vaste espace de la Champagne à la Bohême, au sein duquel se trouve l'Alsace. Au début du Ier siècle avant Jésus-Christ, ce sont les Médiomatriques qui occupent la Basse-Alsace, et les Séquanes la Haute-Alsace. Les variétés de celtique que ces hommes ont parlées ont laissé des traces dans la toponymie comme Brocomagus (la ville de Brumath), Donon (le nom d'une montagne dans les Vosges) – les toponymes en *-magos* « champ, terrain, emplacement » ou composés à l'aide de l'élément *-dunum/-dunon* « forteresse, lieu élevé, lieu clos » sont fréquents dans l'espace celtique[16] – ou encore Argentorate (Strasbourg), *-rate* signifiant « enclos fortifié ».

Par ailleurs, il est probable que des Germains aient occupé dès le IIIe siècle avant Jésus-Christ de petits territoires en Alsace. En effet, parallèlement aux Celtes, les Germains sont également issus des migrations qu'avaient entreprises des hommes de la culture des kourganes. Regroupés à l'embouchure de l'Elbe et de l'Oder, au Danemark et au sud de la Norvège et de la Suède actuels depuis la fin du IIe millénaire avant Jésus-Christ où ils avaient rencontré la civilisation des mégalithes et fusionné culturellement avec elle vers -1200, les Germains ont commencé à se déplacer, notamment vers le sud. Vers -500, l'espace qu'ils occupaient devait s'étendre du Rhin inférieur à la Vistule. Cette progression semble avoir été freinée par la présence des Celtes, qui, peu à peu, leur ont cédé de plus en plus le terrain.[17] Toujours est-il qu'au Ier siècle avant Jésus-Christ, des peuples celtiques et des peuples germaniques étaient voisins sur les bords du Rhin.

16 av. J.-C. : les Romains s'établissent dans l'Alsace celtique

Un conflit entre deux tribus celtiques, les Séquanes et les Eduens (installés plus au sud, en Bourgogne) va commencer à brouiller la situation linguistique dans l'espace alsacien de cette époque. Pour battre les Eduens, les Séquanes font appel à leurs voisins germaniques de la rive droite du Rhin. « Conduite par Arioviste, la coalition des Suèves (mais qui comprenaient aussi les Triboques, les Némètes [autres tribus germaniques]…) remplit son contrat en battant les Eduens. Mais une fois établis en Alsace, ces peuples germaniques y restent. Les Séquanes et les peuples voisins réagissent, mais il est trop tard et leur coalition est écrasée par Arioviste à la bataille d'Admagetobriga, probablement en Moyenne et Haute Alsace, vers 60 avant Jésus-Christ.

» Dès -60, les Helvètes [tribu celtique], établis sur le plateau suisse, se sentent menacés par la pression que fait peser sur eux Arioviste. Devant cette menace, les Helvètes et certains de leurs alliés, notamment les Rauraques [tribu celtique], décident d'émigrer vers le sud-ouest de la Gaule.

» Jules César, chef de guerre romain qui dirige la Gaule cisalpine et la Gaule narbonnaise depuis 58 avant J.-C., intervient, prétextant les dangers que représentent les Helvètes et leurs alliés qui sont battus en Bourgogne et refoulés dans leurs territoires. » (F. Pétry) Les Celtes « le supplient de les protéger d'Arioviste qui, allié des uns, faisait peser sur tous la menace d'une nouvelle invasion ». (J.J. Hatt) « Pour mettre fin aux menaces d'Arioviste et assurer son contrôle sur les axes de circulation du centre-est de la Gaule, Jules César marche contre Arioviste. Une bataille décisive a lieu certainement dans le sud de l'Alsace. Le chef germain est défait et la coalition suève dispersée. Cette bataille marque le début de la conquête des Gaules par les Romains. » (F. Pétry)

« Avant de quitter la région, César, jugeant inutile d'occuper l'Alsace immédiatement, autorise des peuples alliés aux Suèves à s'établir sur la rive gauche du Rhin et à assurer la sécurité de la frontière : les Triboques [tribu germanique] en Basse-Alsace, les Némètes [tribu germanique] au nord de la forêt de Haguenau et les Rauraques [tribu celtique] en Haute-Alsace. L'établissement effectif des Romains a lieu entre 16 et 14 avant J.-C. Vers 10 avant J.-C., [l'empereur] Auguste charge son beau-fils Drusus d'édifier le long du Rhin une cinquantaine de points fortifiés, dont une demi-douzaine en Alsace. » (J.P. Grasser)[18]

Ainsi, en moins d'un siècle, d'une structure celtique (avec la présence d'une petite minorité germanique) l'Alsace a passé, par le biais d'Arioviste, dans le système politique romain. Ces changements allaient avoir des répercussions linguistiques importantes : à côté des parlers celtiques, le latin fait son entrée dans la plaine rhénane.

D'emblée, le latin a un double avantage sur les autres variétés en présence (principalement celtiques, accessoirement germaniques) : seule langue écrite, il reste sans concurrent dans l'administration politique de l'espace ; langue du pouvoir de l'ensemble de l'empire romain, il sert de langue véhiculaire à tous ceux qui circulent dans l'empire.

Aucune autre langue ne peut rivaliser avec son utilité et son prestige (sauf le grec, sans doute).

Comme les documents épigraphiques en celtique sont peu nombreux et souvent postérieurs à la conquête romaine, il n'est pas étonnant qu'il n'en existe pas en Alsace. Par contre, des toponymes ou des anthroponymes latinisés d'origine celtique soulignent la fonction du latin comme langue écrite.[19] Bien plus : grâce au statut du latin, tous les lieux nouvellement nommés le sont dans cette langue (par exemple : *Tres Tabernae* [= Saverne], *Saletio* ou *Saliso* [= Seltz]) et il arrive qu'une dénomination en latin fasse disparaître un toponyme en celtique.

À côté du latin officiel de l'administration lié à l'écrit, il faut souligner que le latin parlé a dû présenter, comme toutes les langues, toute une série de variations et de registres. Les légionnaires des débuts de l'occupation ont dû être des citoyens romains. Mais venant essentiellement d'Italie du nord, d'Espagne et du Portugal actuels, le latin n'a pas dû être leur langue «maternelle», mais leur langue de communication professionnelle, qui a pu devenir, sans doute, langue d'usage. Par ailleurs, les soldats n'emploient certainement pas une langue châtiée, mais sans doute un latin familier, sinon argotique.

Comme cela a été le cas ailleurs, une fois sur place, les légionnaires font venir leurs familles. À leur suite viennent aussi les commerçants et les artisans, puis des colons et des vétérans de l'armée. Si c'est sans nul doute par le biais de tous ces gens que le latin se propage le plus sûrement, cela signifie aussi que «le» latin ne doit pas être compris comme une langue homogène telle que les écrits classiques (du Ier siècle avant J.-C. au Ier siècle après J.-C.) l'ont fixée, mais bien, à l'instar de toutes langues, comme un ensemble présentant des «variations liées au temps, à l'espace et à la société» et «des variétés non standard [...] pratiquées à tous les niveaux de la société, suivant les contextes sociaux, instrumentaux et référentiels.»[20]

Petit à petit, au fil du temps, la connaissance du latin devint sans doute une nécessité pour beaucoup, mais plus particulièrement pour tous ceux qui voulaient garder un morceau du pouvoir qu'ils avaient avant l'arrivée des Romains ou pour ceux qui voulaient participer au pouvoir. L'aristocratie de naissance, d'argent et/ou d'instruction a dû être la première à apprendre le latin pour entretenir des relations économiques, politiques ou mondaines avec tous ceux qui exerçaient quelque pouvoir. La «romanisation» du peuple (de langue celtique ou germanique) a dû être nettement plus lente, si tant est qu'elle fût jamais totale. Sans doute les classes moyennes (intellectuels, fonctionnaires, petite noblesse) ont-elles peu à peu imité la noblesse, probablement les villes et les établissements le long des voies de communication ont-ils été amenés à apprendre le latin, mais comme il n'y a pas eu de colonisation systématique du monde rural, les parlers celtiques ont dû se maintenir assez longtemps dans les campagnes ayant peu de contacts avec la romanité. Cependant, comme aucune population nouvelle utilisant un parler celtique n'a immigré dans l'espace alsacien, les variétés celtiques étaient condamnées à l'extinction, à longue échéance.

Les conditions de sécurité relatives dans lesquelles l'Alsace vit entre 74 et 260 (la *pax romana*) lorsque le *limes* («la frontière») est déplacé à 100 km à l'est du Rhin permettent au latin de s'épanouir sans trop de difficultés.

IVe-Ve siècles : les Alamans font disparaître le latin

Dès le IIIe siècle, des Germains, et plus particulièrement des Alamans, font des incursions en Alsace. Les Romains réagissent différemment, selon les conditions du moment, les époques et les forces en présence : ils concluent des traités de paix avec certains peuples qui font barrage aux autres, ils intègrent dans leur propre armée des contingents «barbares» (c'est-à-dire non romains) ou renforcent leur système de défense par des ouvrages de fortification. Aussi les Alamans commencent-ils à s'établir en Alsace dès cette époque ; cela signifie que la part des parlers germaniques présents en Alsace augmente. Cependant, les jours de l'Empire romain d'Occident sont comptés : son système défensif ne peut plus faire face à la pression des Germains. En ce qui concerne l'Alsace, ce sont des groupes importants d'Alamans qui s'y installent, vers 406-407.[21] C'est probablement à la suite du passage des Huns (451), avec à leur tête Attila, que les Alamans s'établissent complètement sur la rive gauche du Rhin. Bien qu'il s'agisse sans doute d'un peuple assez composite[22], ils ont en partage notamment la langue. «Ils occupent un espace compris entre le lac de Constance et la plaine de l'Ill. Au nord de la forêt de Haguenau, ils sont en contact avec les Francs [peuple germanique], tandis que l'actuel Territoire de Belfort fait partie du domaine des Burgondes [peuple germanique].» (G. Bischoff) «Les conquérants sont apparemment beaucoup plus nombreux que les autochtones, car la germanisation semble avoir été rapide. Quantité de noms changent à cette époque.» (Ph. Dollinger)[23]

C'est cette germanisation rapide qui surprend : la théorie «catastrophiste», qui imaginait la région à peu près totalement vidée de ses habitants par la fuite, les massacres ou les expulsions, a été abandonnée, sans que l'on puisse exclure des actions isolées de ce type. Si le rapport de force numérique entre indigènes (gallo-romains et celtiques) et nouveaux arrivants a dû être indéniablement favorable aux Alamans, il semble que le fait que des Alamans se soient établis en Alsace depuis fort longtemps – que ce soit par une migration d'infiltration ou par une migration plus conflictuelle – y ait largement contribué. Plusieurs éléments plaident pour une forme de continuité dans le peuplement, en particulier la poursuite de la culture de la vigne, inconnue des Alamans, tend à montrer que des vignerons autochtones ont continué leur travail.

La domination des Alamans va profondément restructurer l'organisation politique de l'espace alsacien : « Formées de guerriers et de paysans libres, les tribus germaniques ont délaissé les villes et les bourgs. Leur installation s'est faite dans les campagnes suivant une organisation particulière : certaines terres étaient laissées à la disposition de l'ensemble du village pour y conduire les troupeaux ou pour couper du bois. On les appelait « allmende » ou biens communaux. D'autres secteurs formaient des marches appartenant en commun à plusieurs localités. Les structures administratives introduites par les Romains disparaissent : le droit des personnes dépend de leur statut social – libres ou non libres, guerriers ou paysans, etc. – ou de leur appartenance à une tribu. Il n'y a plus d'égalité, mais des privilèges : ce système va durer pendant tout le Moyen Âge. » (G. Bischoff)[24]

La conséquence immédiate de cette réorganisation politique et sociale sera également linguistique : le latin administratif, le latin des belles lettres, le latin commercial, le latin mondain (…) disparaissent de l'espace occupé par les Alamans. En deux siècles (IVe-Ve siècles), le latin aura disparu sauf, probablement, en tant que langue ecclésiastique. Les parlers des anciens autochtones (gallo-romains, celtiques) ont dû subsister un certain temps, notamment dans les endroits plus difficiles d'accès ou moins intéressants pour les nouveaux arrivants.

VIe siècle : les Francs confortent la germanisation linguistique de l'Alsace

Les changements n'auraient peut-être pas été si complets et si durables si les Alamans avaient poursuivi leur progression vers l'ouest. En effet, leurs voisins immédiats du nord, les Francs, leur ont imposé leur tutelle politique et les ont largement sédentarisés.[25] De fait, à la suite d'un conflit armé dont les Francs, avec à leur tête Clovis, sont sortis victorieux (496),[26] les Francs ont incorporé politiquement les Alamans dans leur propre royaume (il s'agit de celui des Mérovingiens[27]) sans qu'eux-mêmes ne colonisent, à proprement parler, l'espace occupé par les Alamans. Des groupes de Francs se sont certainement installés dans l'Alsace alamane; ils étaient probablement majoritaires au nord et au nord-ouest de l'Alsace actuelle, où le peuplement alaman devait être relativement faible. Par contre, les Francs ont certainement investi des fonctions de commandement, notamment dans certains anciens centres urbains. Cette victoire des Francs sur les Alamans, stoppant net la progression de ces derniers, reste capitale pour l'histoire linguistique de l'Alsace : ce sont les parlers de ces Alamans qui forment les lointains ancêtres des dialectes d'aujourd'hui.

En tout état de cause, cette « germanisation » linguistique est rapide, radicale, profonde. Les toponymes font figure de témoins exemplaires. Si une partie d'entre eux (qu'ils soient d'origine celtique ou latine) semble avoir été conservée sous une forme germanisée, un certain nombre de lieux existants vont être re-nommés et les espaces nouvellement occupés vont tous recevoir un nom germanique.

Parmi les lieux dont les Alamans ont changé le nom se trouve Strasbourg : jusqu'au seuil du Ve siècle, la cité n'est évoquée que par son nom celtique latinisé : Argentoratum. Mais dès le début du Ve siècle, la *Notitia Dignitatum* utilise les formes *Strateburgo* et *Stratisburgo*.[28] Grégoire de Tours – il écrit vers 590 –, parlant de l'évêque Egidius qui est conduit « dans la ville d'Argentorat(um) qu'on appelle maintenant Stradeburg(um) »[29], confirme le changement en train de s'opérer. Ce toponyme linguistiquement mixte, composé de *strata* (sous-entendu *via*) dans le sens de « chaussée pavée », que le germanique a emprunté au latin, et du germanique *burg* dans le sens de « cité, place fortifiées » a dû être le nom populaire du lieu. Qui étaient les hommes qui ont nommé la bourgade ainsi ? Uniquement les Alamans et les Francs ? Par ailleurs, son sens n'est pas univoque : il peut signifier « la ville *des* routes », mais aussi « la ville de *la* route » (c'est-à-dire de la voie principale de l'agglomération civile qui partait de l'enceinte, passait par l'actuelle Grand-Rue et se dirigeait vers Marlenheim et Saverne).

En fondant de nombreux villages, les Alamans (et les Francs) ont nommé ou renommé les lieux où ils habitaient. Un nombre impressionnant de suffixes toponymiques en rend compte : *-heim*, *-ingen*, *-hausen*, *-hofen*, *-brunn*, *-dorf*…[30] montrant ainsi qu'ils se sont installés dans tout l'espace disponible.

De la période dont ont été retracées les caractéristiques linguistiques se détachent plusieurs faits marquants :

En cinq à six siècles à peine, le bouleversement linguistique a été considérable : d'un espace presque exclusivement celtophone, l'Alsace est devenue un espace presque exclusivement germanophone, en passant par une période de forte hétérogénéité linguistique, avec l'introduction du latin et l'évolution qu'elle engendre pour les parlers celtiques qui, sous sa pression, commencent à être minoritaires.

Ce changement linguistique, amené par les Alamans et les Francs, va être pérennisé, par les hasards des rattachements politiques, jusqu'au XXe siècle : les parlers utilisés encore aujourd'hui en Alsace (appelés « alémaniques » et « franciques » par les dialectologues) représentent un héritage indirect vivant de cette époque très lointaine.

Il serait très hasardeux de conclure que les limites dialectales que les linguistes ont tracées pour l'époque contemporaine coïncident avec les espaces que les Alamans et les Francs ont respectivement occupés il y a quinze siècles. Cependant, il existe une correspondance très grossière entre l'occupation spatiale du tout début du haut Moyen Âge et la répartition dialectale dans l'Alsace d'aujourd'hui.

Les limites occidentales de l'occupation territoriale des Alamans constituent une première ébauche de ce qui deviendra trois à cinq cents ans plus tard la frontière linguistique germano-romane lorsque les Francs, qui avaient occupé la Gaule du nord et de l'est, auront totalement abandonné leurs parlers germaniques au profit de parlers romans issus du latin[31] (*cf. infra*).

Et le latin en Alsace ? Peu d'éléments plaident en la faveur de son maintien. Il est possible que ce soit par le biais du christianisme qu'une forme de latin se soit maintenue durant les premiers temps de la domination alamane et franque et ait pu être revivifiée à partir du VIe siècle. C'est vers le milieu du IVe siècle que l'on peut admettre l'existence des premières communautés chrétiennes. Elles se situent essentiellement dans des cités fortifiées. C'est là que survivront sans doute de petits noyaux de chrétiens.[32] Or, le christianisme est « une religion fondée sur la Révélation qui passe par le truchement d'une tradition écrite »[33]. L'on peut faire l'hypothèse que la codification écrite a été faite en latin. Avec la conversion de Clovis, la route est à nouveau ouverte à la langue de l'église,[34] mais la majeure partie des paysans alamans semble vouloir rester fidèle à ses propres traditions religieuses. Aussi le latin reprend-il une forme de vigueur uniquement comme langue d'une caste, les clercs, et d'un service, le service divin ; il redevient, en même temps, la seule langue politico-administrative écrite, lorsque l'écrit est utilisé.[35]

Durant l'époque mérovingienne, le travail de conversion des paysans se fait à partir de monastères qui ont été fondés tout au long des VIe, VIIe et VIIIe siècles, avec l'aide de la puissance séculière (rois, ducs, grands propriétaires fonciers). Conforté dans sa position religieuse, politique et administrative, le latin devient clairement la langue de ceux qui détiennent le savoir et/ou le pouvoir. Les habitants continuent à se servir de leurs parlers germaniques issus de ceux que les Alamans et les Francs qui s'étaient établis en Alsace avaient apportés.

610 : première mention d'« Alesaciones »

Au VIIe siècle (610) apparaît pour la première fois l'anthroponyme *Alesaciones* pour désigner les habitants qui habitent l'espace entre Rhin et Vosges ; il est qualifié pour la première fois *Alesacius* (pour l'année 613) dans une chronique dite de Frégédaire, écrite entre 625 et 650.[36] Dans la mesure où la fréquence d'apparition de cette désignation augmente,[37] on ne peut écarter l'hypothèse que les scribes entérinent une pratique.

L'étymologie, le sens ainsi que l'origine de ces appellations (qui a nommé qui ainsi et pour quelle raison ?) ont passionné des générations de savants, parfois jusqu'à l'aveuglement. Trois hypothèses sont le plus couramment avancées. Celle de l'origine celtique rapproche la dénomination du terme *alisa*, signifiant « falaise, escarpement » ; l'Alsace serait ainsi le pays au pied des Vosges. Les deux autres hypothèses s'appuient sur une origine germanique, mais divergent sur les sens à lui donner : pour les uns, il s'agirait d'une composition provenant de *ali* (« étranger ») et de *sâss* (« résidant, établi »). Mais deux thèses s'affrontent : certains pensent que seraient désignés ainsi les Alamans qui ont franchi le Rhin et qui vivent sous la domination des Francs, d'autres suggèrent, en s'appuyant sur le poète Ernold le Noir (IXe siècle), que seraient nommés ainsi les Francs qui se trouvaient dans une région où les Alamans étaient plus nombreux. Pour d'autres, il s'agirait tout simplement d'une désignation beaucoup plus géographique qui signifierait « le pays de l'Ill, le pays traversé par l'Ill » ; cependant, cette solution est difficilement défendable pour la linguistique historique.[38]

C'est à l'époque de la rédaction de la chronique dite de Frégédaire qu'est créé le duché d'Alsace (vers 640)[39], probablement pour des raisons politiques et militaires. Il s'agit là sans doute de la première unité politico-administrative de l'Alsace. Son extension géographique allait du Seltzbach, au nord, aux limites actuelles du sud du Haut-Rhin.[40] Mais en même temps, cette création allait amener une distinction nette, au moins théorique, entre la rive gauche du Rhin (Alsace) et le duché d'Alémanie qui, pour sa part, entretenait des relations complexes et souvent conflictuelles avec les rois francs.

Les cadres politique et administratif mis en place par une structure d'essence germanique[41] n'ont aucune incidence sur la langue de la population. La réorganisation politique et administrative entreprise par les Carolingiens n'entame pas cette stabilité linguistique. Réintégrée au royaume des Francs sous le règne de Pépin le Bref, l'Alsace partage le destin politique de bien d'autres régions qui, peu à peu, passent sous la domination des Carolingiens. Située au centre de l'empire carolingien au temps de Charlemagne, son destin politique et, pour partie, linguistique va être scellé par les répartitions géopolitiques qui seront effectuées entre le VIIIe et le Xe siècle.

SCISSION DE L'INDO-EUROPÉEN (vers -3000)*

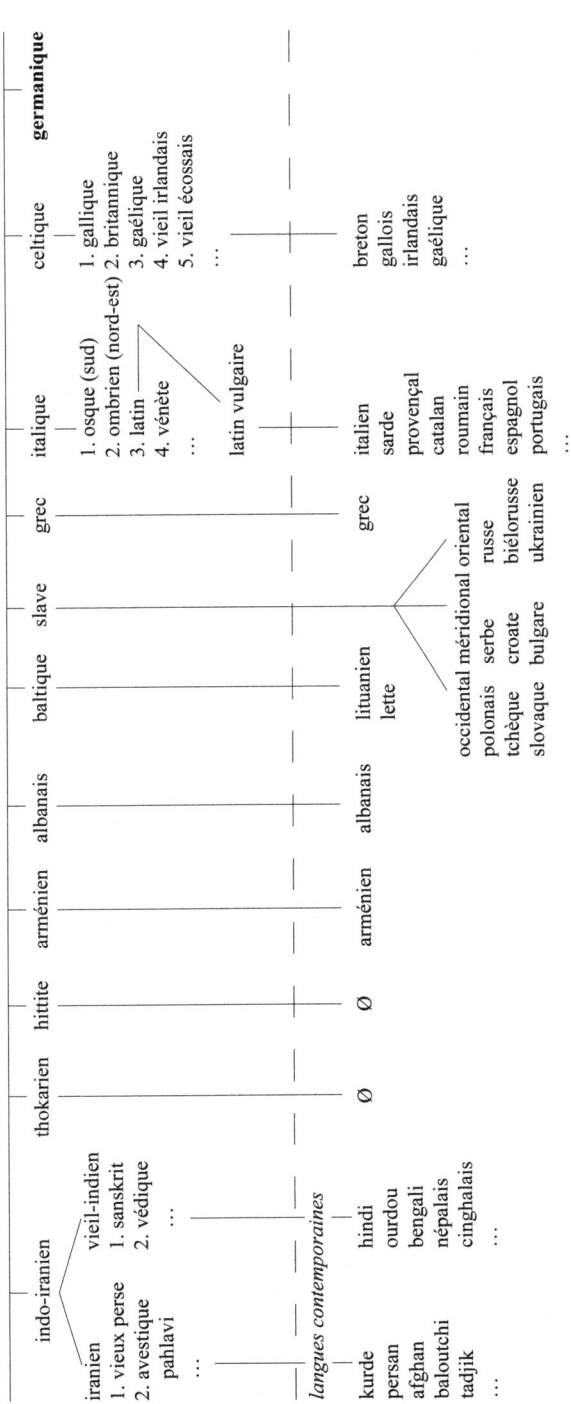

*Les trois diagrammes schématiques « Scission de l'indo-européen », « germanique » et « le haut-allemand » ont été élaborés essentiellement à partir de : RAYNAUD Franziska *Histoire de la langue allemande*, Paris 1993 (2ᵉ éd.), P.U.F., et KÖNIG Werner *dtv-Atlas zur deutschen Sprache, op. cit.*

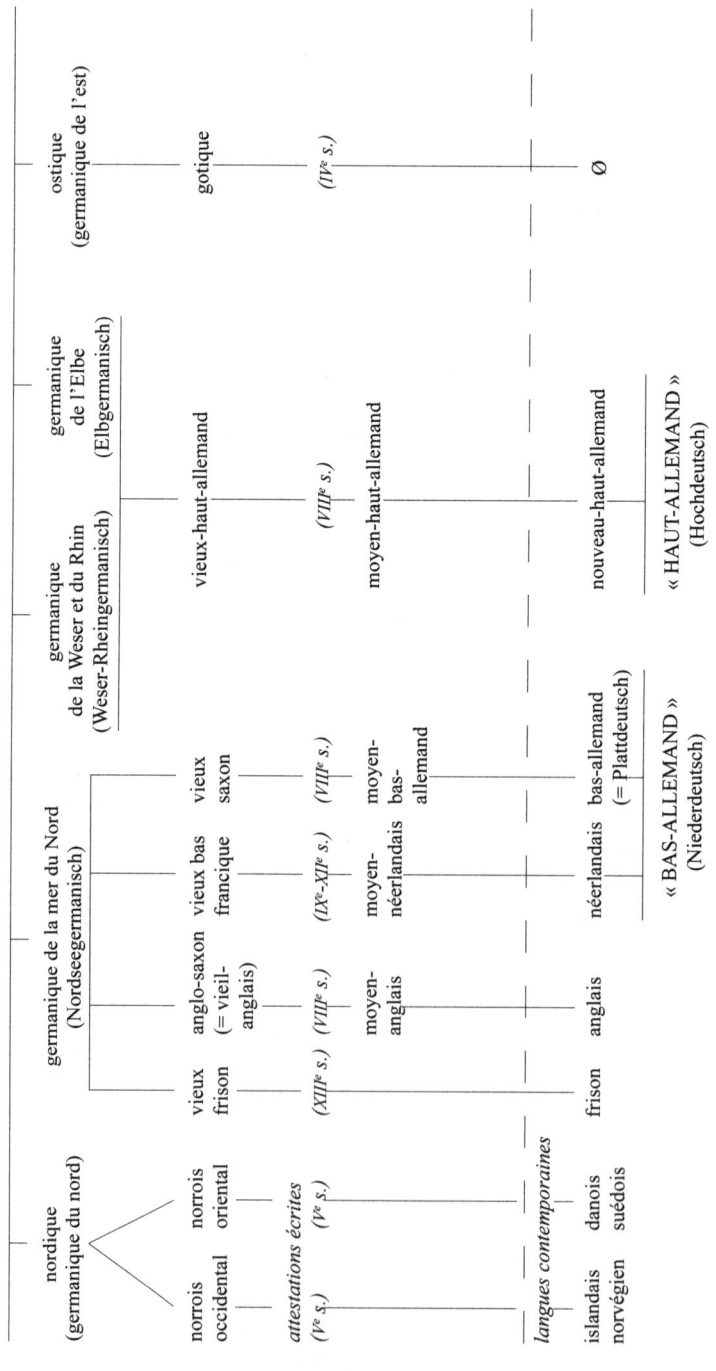

SCISSION DU GERMANIQUE

Autour de –1200, le germanique est devenu une « langue indépendante » des autres langues indo-européennes (1re mutation consonantique).
Le germanique lui-même connaît une scission entre –300 et +300 (cf. les grandes migrations du IIIe siècle).
La différenciation entre le germanique de la mer du Nord et le germanique de la Weser et du Rhin + germanique de l'Elbe s'opère probablement entre le Ve et le VIIIe siècles, cf. la 2e mutation consonantique.

« ÉVOLUTION » VERS LE HAUT-ALLEMAND

La périodisation retenue ici représente un simple repérage temporel et non une prise de position dans le débat de la périodisation de l'allemand. La plupart des historiens de la langue, issus de l'espace germanophone, identifie une période spécifique pour le nouveau haut-allemand précoce (« Frühneuhochdeutsch ») qu'ils situent entre 1350 et 1650.

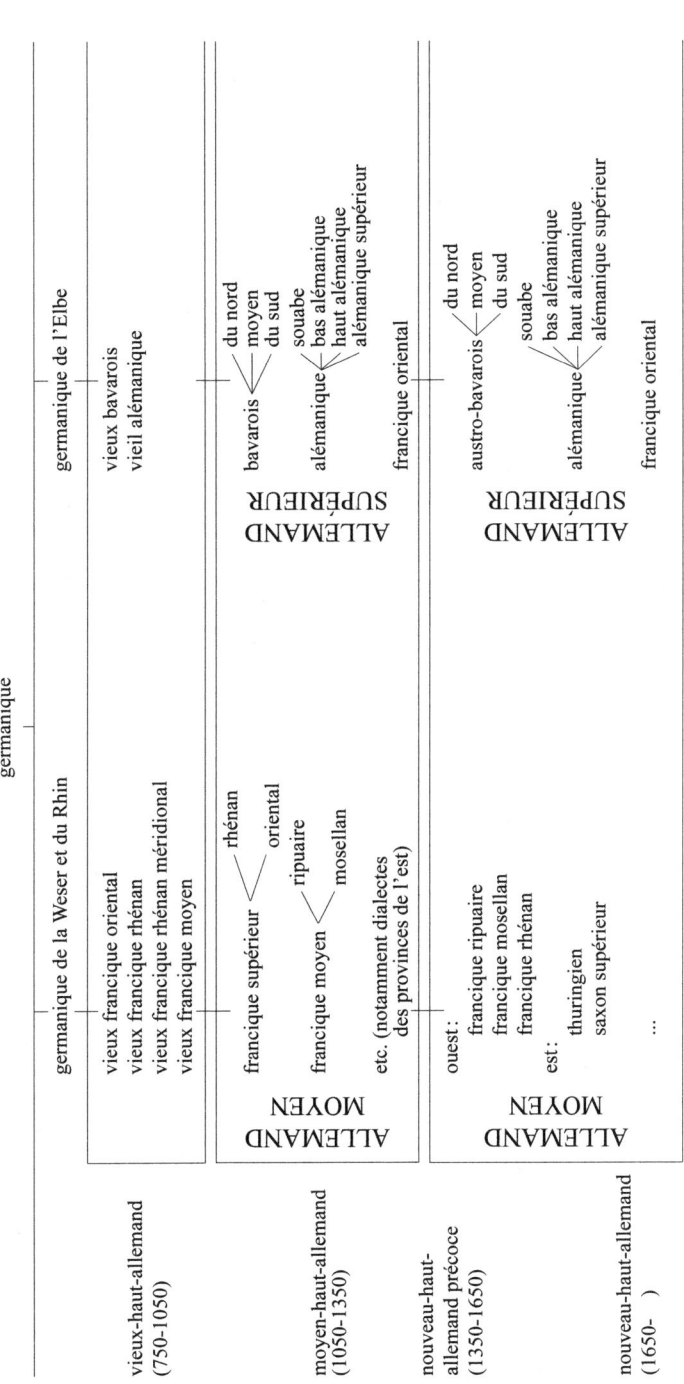

VIIIe – XVIIe SIÈCLES

L'Alsace ancrée dans l'espace linguistique et culturel allemand

Les partages territoriaux qu'opèrent Charles, Louis et Lothaire, les petits-fils de Charlemagne, vont aboutir à une esquisse grossière non seulement du cadre politique de la France et de l'Allemagne actuelles, mais aussi de la ligne de partage entre les aires linguistiques romane et germanique.

Lors du premier partage (Verdun, 843), Charles le Chauve obtient la partie occidentale de l'empire,[42] Louis le Germanique la partie orientale, Lothaire gardant la partie médiane, qui s'étend de la mer du Nord à l'Italie. L'Alsace fait partie du royaume de Lothaire, ensemble politiquement et culturellement hétéroclite et militairement indéfendable. À la mort de Lothaire (855), Charles et Louis continuent à se disputer l'héritage que les fils de Lothaire s'étaient également partagé. Il en résulte une désintégration de l'ancien royaume de Lothaire et une redistribution des territoires lors du traité de Meersen (870), de sorte que Charles peut agrandir sa Francie occidentale (*Francia occidentalis*) et Louis sa Francie orientale (*Francia orientalis*), dont l'Alsace fera désormais partie. Ces partages ne tiennent pratiquement aucun compte des situations linguistiques, mais essentiellement du rapport de forces politique et militaire ainsi que des intérêts économiques et des richesses en jeu. L'ensemble est couronné par la stricte égalité emblématique de la puissance des rois, l'un par rapport à l'autre, qui devait résulter de ces opérations.[43]

Toutes les restructurations spatiales ultérieures maintiendront l'Alsace dans le cadre politique, culturel et linguistique germanique et allemand. En effet, cette forme de bipartition se trouve entérinée par la fondation, en 962, par le roi saxon[44] Othon Ier, de l'empire franc que l'on appellera plus tard «Saint-Empire romain germanique»[45] et par le choix d'un non-Carolingien ne s'exprimant qu'en roman,[46] Hugues Capet (987), comme roi de ce qui reste de la Francie occidentale. Ce n'est qu'à la fin du XVIIe siècle que l'Alsace fera son entrée dans l'orbite française. Aussi son histoire linguistique ne présentera-t-elle pas de franche singularité par rapport à d'autres sous-espaces de langue allemande durant cette très longue période.

842 : Charles et Louis prononcent les « Serments de Strasbourg », l'un en francique, l'autre en roman

Par le hasard des faits de guerre cependant, l'Alsace a été le théâtre d'un échange de serments entre Charles et Louis, scellant une alliance de fait contre Lothaire. À très court terme, la portée des «Serments de Strasbourg»[47] (842) devait sans doute rester tactique et conjoncturelle. En débouchant toutefois sur le partage de Verdun, le sens diplomatique et historique que véhiculent les «Serments» va radicalement changer. Bien plus : l'originalité de ces échanges est portée par les langues dans lesquelles Charles et Louis prononcent leurs engagements (et aussi par le fait que l'historien ait consigné cette innovation). Leurs compétences linguistiques ne sont pas en cause, ils ont sans doute grandi dans un parler francique et doivent manier le roman sans grande difficulté.[48] Charles, pour se faire comprendre des barons de Louis, prononce son serment en francique (*teudisca lingua*), tandis que Louis utilise le roman (*romana lingua*), de manière à ce que son propos soit intelligible par ceux de Charles. Au-delà de la péripétie historique, les deux futurs souverains se légitiment non seulement mutuellement, mais posent un premier acte de légitimation des langues qu'ils utilisent, anticipant en quelque sorte le partage politique final de 870 et légitimant, par avance, les deux grands ensembles politico-linguistiques qui en naîtront.[49]

Le texte prononcé par Louis représente le premier document écrit dans une langue qui deviendra bien plus tard le français; la formule utilisée par Charles fait partie des premiers monuments de la langue allemande. Si l'irruption de l'histoire politique et linguistique européenne en terre alsacienne reste fortuite et s'il ne faut certainement pas y voir un quelconque déterminisme historique, l'événement témoigne néanmoins d'une forme d'évolution qui s'est opérée dans le statut des différentes formes linguistiques en présence.

Durant toute l'époque carolingienne, le souci de «travailler à mettre le monde en ordre conformément au plan céleste, [de] contribuer à l'accomplissement des Ecritures, [de] faire connaître plus et mieux le nom de Dieu»,[50] c'est-à-dire de christianiser, entraîne une réaction en chaîne qui stimule particulièrement, en Alsace comme ailleurs, le latin. En effet, par la multiplication des églises, par la fondation de nouveaux monastères à côté d'établissements déjà existants, le maillage religieux s'intensifie. La vie intellectuelle, qui est aussi vie religieuse, prend une place centrale dans ce dispositif. Or cette vie-là se déroule en latin. Langue de l'Église, des sciences et des arts au service de Dieu, le latin renforce sa position de monopole dans la mesure même où ce travail redonne à l'écrit, signe de la pérennité et garant de l'authenticité, emblème de la Révélation, une place nouvelle. En Alsace, l'abbaye de Murbach a dû jouer un rôle de tout premier plan dans cette «renaissance carolingienne». En outre, l'époque carolingienne met en œuvre une politique de «purification» du latin: la «langue de communication avec le divin doit être purgée des scories que les siècles ont accumulées. [...] Le latin à retrouver, à prendre pour modèle est celui de la littérature romaine à son apogée.»[51] Mais le savoir et le pouvoir restent entre les mains d'un petit nombre. Le latin renforce sa position de langue de classe et accroît sans doute la distance entre lettrés et non-lettrés (le peuple, mais aussi une partie importante des nobles, lorsqu'ils ne sont pas clercs).

789: Charlemagne christianise en langue vulgaire

Si l'«avertissement général» (*admonitio generalis*) que Charlemagne promulgue en 789 contient le programme de la réorganisation de l'Église carolingienne et la renaissance des études qui ont tant stimulé le latin,[52] il reste aussi la pierre angulaire d'une première promotion des autres variétés linguistiques. En effet, la nécessité absolue de christianiser et d'instruire les masses induira une révision déchirante dans le choix de la langue à utiliser avec l'immense peuple de ceux qui ignorent tout du latin:[53] les langues du peuple vont être mises à contribution pour les sermons, les confessions et, petit à petit, même pour les prières que tout «bon» chrétien doit connaître par cœur. Différents conciles et synodes, sur lesquels Charlemagne, de son vivant, pèse de tout son poids,[54] vont édicter des consignes prescrivant aux évêques d'utiliser la langue du peuple. Ainsi, l'article 17 du concile de Tours (813) ordonne à tout évêque de « transposer » ses sermons dans la langue vulgaire locale, romane ou germanique.[55] Si le changement ne pouvait pas être opéré du jour au lendemain, il est cependant possible que « dans beaucoup de lieux, l'usage [ait] précédé l'injonction, justifié qu'il l'était par la nécessité »[56]. Par ailleurs, au-delà de la première restriction que subit le latin, l'époque révèle également une prise de conscience explicite d'une différenciation linguistique au sein même du peuple. Or les deux grandes aires linguistiques romane et germanique semblent trouver leur point de contact en Alsace, du moins au fond des vallées vosgiennes.

Dans ces conditions, il eût été étonnant qu'une production religieuse en langue populaire ne se manifestât pas assez rapidement. En Alsace, des moines de l'abbaye de Wissembourg ont traduit, sans doute encore à la fin du VIIIe siècle, le *Pater noster*, le *Credo*, le *Gloria*, une liste des péchés, etc., un ensemble appelé traditionnellement le *Catéchisme de Wissembourg*. Les historiens de la langue nommeront la variété dialectale utilisée le *francique rhénan méridional*. À une centaine de kilomètres plus au sud, les pères de l'abbaye bénédictine de Murbach confectionnent une traduction interlinéaire de vingt-sept hymnes du bréviaire (*Hymnes de Murbach*). La langue dont ils se servent fait partie de l'*alémanique*.[57] Ce type de traduction semble aussi témoigner d'une forme de besoin pédagogique, même si, dans le cas de cet hymnaire, la distance formelle du modèle latin dont font preuve les traducteurs souligne un savoir-faire certain pour adapter la langue non latine aux exigences linguistiques propres à l'alémanique.

Enfin, le *Livre des Évangiles* d'Otfried, moine et prêtre au monastère de Wissembourg, représente une création originale, une vaste œuvre religieuse et poétique, probablement composée entre 850 et 870 en francique rhénan méridional. Il ne s'agit pas d'une traduction, mais d'une adaptation du *Nouveau Testament*. L'ouvrage semble être destiné à un large public, du moins dans son intention première. En effet, Otfried fait véritablement œuvre de pédagogue pour transmettre sa science, toujours préoccupé non de donner un accès primaire aux textes fondateurs, mais bien de permettre à ses lecteurs d'approfondir leur foi. La lecture des Évangiles qu'il propose relève sans doute aussi d'un christianisme plus psychologique, intériorisé, plus « humain » que doctrinaire. Qu'il ait réellement atteint un large public ou uniquement les classes élevées, ou encore des *frères* (c'est-à-dire des moines moins cultivés) reste une question ouverte d'autant qu'il s'agit aussi (ou uniquement?) d'un acte littéraire et politique fondateur contribuant à permettre à Louis le Germanique d'asseoir un début d'identité franque. La portée politique et identitaire de l'entreprise d'Otfried apparaît dans le premier chapitre, où il explique pourquoi il a écrit ce livre en allemand (*theodisce*). La volonté de rivaliser avec les cultures ayant une longue tradition de l'écrit (grecque et latine), de montrer qu'il est tout à fait possible de louer Dieu dans sa langue (*in unsera zungun*; *in frénkisgon*), forme la thèse principale de son long plaidoyer.[58]

Enfin, par-delà les coquetteries d'auteur, il faut sans doute le croire lorsqu'il se plaint des difficultés qu'il rencontre dans son travail, notamment de l'inadaptation et des lacunes lexicales du francique, qu'il a du mal à soumettre aux nouveautés conceptuelles véhiculées par les Évangiles. Il faudra attendre deux siècles avant que son acte littéraire et linguistique fondateur connaisse une forme de fécondité. En effet, plus que jamais, le latin reste l'unique langue écrite.

XIe siècle : le latin reste la langue des savants, de la religion et de l'écrit

L'histoire événementielle, politique et culturelle dans l'Alsace faisant historiquement partie du Saint-Empire ne modifie pas fondamentalement le rôle et les fonctions des langues tout le long du XIe siècle : le latin conforte son rôle hégémonique dans tous les domaines de l'écrit, de la vie intellectuelle et religieuse. La langue du peuple (les dialectes alémaniques et franciques) reste cantonnée dans le champ de l'oralité.

L'avènement des Hohenstaufen (1138-1254) impulse de nouvelles formes d'écrits ou, du moins, coïncide avec elles. Frédéric II le Borgne (1105-1147), duc de Souabe et d'Alsace, fait construire, pour des raisons politiques et militaires, des châteaux-forts partout où il passe de sorte que, lorsque son fils Frédéric Ier Barberousse (1152-1190) accède à la dignité impériale, il trouvera en Alsace de très solides points d'appui. Résidant souvent à Haguenau, il développa la cité, la dota d'un château impérial richement décoré. Son fils Henri VI, qui lui succéda (1190-1197), résidera lui aussi souvent à Haguenau, entouré des grands de l'Empire, de poètes et de musiciens. Il en sera de même pour Frédéric II, empereur de 1220 à 1250. Durant toute cette période, la construction de châteaux se poursuit, des bourgs sont élevés au rang de villes et entourés de murs et de remparts.

Au-delà du développement économique et politique qu'a entraîné cette forte présence de l'empereur, de sa cour, de son administration et de l'ensemble de l'appareil qui l'accompagne, c'est sans doute le développement des lettres qui marquera l'Alsace durant un siècle.

Encore rédigé en latin, avec des gloses en langue populaire allemande, le *Hortus deliciarum* (*Jardin des délices*), ouvrage dû à Herrade de Landsberg, abbesse du Mont Sainte-Odile, constitue à la fois une œuvre destinée à l'instruction et à la formation religieuse des moniales, et, de fait, aussi une forme d'encyclopédie rassemblant des connaissances dans les domaines les plus divers (philosophie, géographie, astronomie, sciences naturelles, poésie, musique).[59]

Mais c'est avant tout l'émergence d'une littérature courtoise qui marque l'époque des Hohenstaufen. La «courtoisie» a développé un cadre moral et comportemental théorique que caractérisent aussi bien le raffinement des mœurs, l'élégance, le mépris aristocratique de la vilénie et de la grossièreté du rustre que les qualités morales de décence, de modestie, de justice, de générosité, la domination de soi-même par la victoire de la volonté sur les passions. Et l'amour (nécessairement) supérieur (*fine amor* ou *hohe minne*) ainsi que le service de la Dame sont autant de motifs essentiels de la «courtoisie».[60]

Sans verser dans la caricature, il est intéressant de retenir quelques éléments qui favorisent l'apparition de cette littérature:
- une relative prospérité économique et un pouvoir politique (impérial) fort ont dû laisser le loisir de se tourner vers des valeurs assez abstraites et éloignées du quotidien;
- une société d'aristocrates, de nobles et de chevaliers, imitant le modèle impérial, économiquement suffisamment aisée pour pouvoir s'entourer d'une cour (plus ou moins importante), la distraire et l'entretenir, en engageant notamment des «chanteurs» (*Minnesänger*, «troubadours») se développe, encourageant, par son attente, les formes littéraires qui prennent leur essor;
- une société suffisamment puissante pour rompre le monopole intellectuel des clercs;
- une classe sociale suffisamment puissante politiquement pour avoir le désir de s'auto-représenter et se mettre en scène, affirmant ainsi sa propre existence.

XIIe siècle: la littérature courtoise en moyen-haut-allemand

Cependant, une partie des auteurs de cette littérature garde souvent un statut social inférieur dans la société courtoise pour laquelle ils écrivent; ils sont ainsi soumis aux aléas des grâces, des disgrâces et des goûts des princes qui les emploient. Aussi, selon les circonstances, vont-ils être amenés à se déplacer dans l'espace politique allemand en essayant de se faire embaucher par les seigneurs les plus puissants. Pour être compris dans cet espace dialectal assez vaste, ils mettent petit à petit en place une langue littéraire suffisamment neutre pour transcender les trop grandes différences dialectales, sans pourtant les effacer complètement. La « création » de cette langue (le moyen-haut-allemand « classique ») s'opère en osmose avec la société à laquelle cette littérature est destinée, d'autant qu'un certain nombre de ses poètes semble être issu de ses rangs mêmes ou avoir accédé à cette classe. Les aristocrates du temps des Hohenstaufen sont imprégnés de l'idée de l'universalité de l'Empire et sont totalement étrangers à l'idée d'un provincialisme étriqué. Ils se rencontrent lors des Diètes d'Empire, de guerres, de fêtes et de tournois, et pratiquent des alliances, notamment matrimoniales, entre eux. Il n'est pas impossible que cette langue ait également pu être une forme de sociolecte propre à leur caste.[61]

Dans la mesure où l'Alsace reste un lieu de séjour de prédilection des empereurs, il n'est pas étonnant qu'un nombre non négligeable de poètes ait œuvré sur son sol. Les plus connus d'entre eux sont Reinmar de Haguenau (né vers 1160-1170, mort vers 1210), pour le lyrisme, et Gottfried de Strasbourg (mort vers 1210) pour le genre épique.

Reinmar a probablement été éduqué à la cour impériale à Haguenau, qu'il quitte sans doute vers ses vingt ans pour se rendre à la cour du duc Léopold V, à Vienne, où il rivalisera avec Walter von der Vogelweide (vers 1160-1170 – vers 1230).[62] Ils seront sans doute les deux troubadours (*Minnesänger*) les plus admirés de leur époque. Quant à Gottfried, qui avait rendu hommage à Reinmar en le qualifiant de « rossignol de Haguenau », il produira un long poème épique, *Tristan und Isolde* (écrit entre 1200 et 1210), qui en fera, avec Wolfram von Eschenbach et Hartmann von Aue, l'un des tout premiers poètes épiques allemands.

Il est remarquable que la littérature courtoise, globalement, s'appuie sur les œuvres produites par les troubadours (domaine roman d'oc), qui sont reprises par des trouvères (domaine d'oïl). Par ailleurs, Gottfried s'inspire directement de Thomas de Bretagne. Cela signifie que cette production culturelle et littéraire a circulé et que, passant par la Champagne, elle a emprunté, outre la voie de la Flandre et du Brabant (Pays-Bas actuels), sans doute aussi une voie moins septentrionale, l'Alsace.[63]

Le domaine français a encore inspiré d'autres écrivains. Une œuvre, d'une toute autre facture, satirique et parodique, a vu le jour avec

Heinrich (dit *der Glîchezaere, der Gleißner**)[64], *Reinhart Fuchs* (après 1192), sans doute à partir d'éléments du *Roman de Renart* de Pierre de Saint-Cloud (1174-1176).[65] Se situant aux antipodes de la littérature courtoise, Heinrich critique la politique des Hohenstaufen et parodie le roman courtois. Le choix de ces thématiques implique qu'il s'adresse nécessairement à un public capable de comprendre ses allusions et ses critiques.

L'usage de ce sociolecte (moyen-haut-allemand) que sous-tend un système de valeurs culturelles et éthiques liées à la courtoisie ne dépasse pas la caste à laquelle il est destiné. En effet, la structure politique et sociale de la féodalité fonctionne de manière pyramidale (même si les limites entre les classes sociales contiguës ont dû être très poreuses) et ne permet pas d'imaginer qu'il ait exercé une influence sur les parlers utilisés par l'immense majorité des couches inférieures. Par ailleurs, il ne survivra pas à la société courtoise qui l'avait forgé: lorsque disparaîtra la société courtoise, cette variété disparaîtra avec elle.

XIIIe siècle: les villes s'émancipent et rédigent les documents officiels dans leur langue, l'allemand

Les changements dans les habitudes linguistiques viendront des mutations politiques et civilisationnelles qui vont être induites par l'influence politique croissante des villes, tout au long du XIIIe siècle. Strasbourg fournit un bon exemple de l'exigence des villes, créatrices de richesses, qui veulent prendre leur part dans l'exercice du pouvoir politique. Dès 1201, les bourgeois, en tant que corps constitué, ont obtenu de donner leur avis dans les décisions engageant le sort de leur cité. Ce sont cependant le Conseil des chanoines et celui des ministériaux qui sont les décideurs politiques habituels. À l'occasion d'un conflit de compétences très dur entre l'évêque de Strasbourg, Walther de Hohen-Geroldseck, et le Conseil de la cité en 1261, l'évêque écrit un manifeste où il énumère tous les manquements du Conseil à l'égard de ses devoirs et les débordements par rapport à ses droits. « L'originalité de ce manifeste est d'avoir été rédigé en allemand et non en latin, afin de lui assurer une plus large audience; c'est le premier en date des documents officiels en cette langue. »[66] Le conflit débouchera sur une bataille entre les soldats épiscopaux et ceux de Strasbourg, qui en sortiront vainqueurs (bataille de Hausbergen de 1262). « L'effet moral

---

*C'est-à-dire «l'hypocrite, le grimacier».

de cette victoire fut considérable. C'était la première fois, semble-t-il, qu'au nord des Alpes une milice urbaine l'emportait en rase campagne sur la chevalerie. »[67] Au-delà de l'effet moral, cette victoire signifie la fin du pouvoir épiscopal sur la cité et la prise de pouvoir du patriciat (noblesse et marchands les plus riches). L'émancipation des villes va se poursuivre : « [La noblesse] essaye d'accaparer le pouvoir et se coupe petit à petit des artisans et des bourgeois. Son mode de vie chevaleresque, ses idées politiques ou ses rivalités donnent naissance à des troubles. À Strasbourg, des lignages rivaux [...] s'entre-déchirent en 1332. Pour mettre fin à leurs querelles, les artisans prennent le pouvoir. En 1358, les nobles sont chassés de Colmar [...]. À Strasbourg, ils perdent la majorité au conseil de la ville et sont expulsés en 1415. À Mulhouse, il en est de même en 1445. »[68] Les classes sociales au pouvoir vont asseoir leur autorité, signifier la conscience de leur identité propre et se démarquer de leurs prédécesseurs en n'utilisant plus le latin comme langue officielle. Dès 1270, la charte de franchise de la ville de Strasbourg est rédigée en allemand, les services administratifs intérieurs adoptent également l'allemand. « Avant la fin du XIIIe siècle, avec une rapidité inconnue ailleurs, l'allemand a acquis la prédominance absolue sur le latin ; à partir de 1292, une pièce latine est une rareté parmi les chartes strasbourgeoises. »[69] Les autres villes, en Alsace (Mulhouse, Colmar...) comme dans le reste de l'Empire, agiront de la même manière. « L'initiative des villes alsaciennes dans le mouvement d'affranchissement linguistique ressort surtout de l'emploi qu'elles font de leur langue dans la rédaction des chartes d'affranchissement. Affranchissement en effet des deux côtés, politique et linguistique ! »[70] Les villes du Rhin supérieur ne font qu'anticiper ou accompagner un mouvement qui est dans l'air du temps. Des chancelleries princières vont les imiter dès la fin du XIIIe siècle et la chancellerie impériale va adopter l'allemand dans ses documents et sa correspondance destinée aux non-ecclésiastiques.

L'allemand utilisé, en Alsace comme ailleurs, reste avant tout une forme écrite du dialecte local ou, éventuellement, une forme supralocale stylisée,[71] dans la mesure où l'on n'écrit jamais exactement de la même manière que l'on parle. Il est vrai également que pour le capitalisme naissant des villes, les activités monétaires et économiques ne pouvaient plus être réglées uniquement par des accords oraux, d'une part, et il n'est pas impossible, d'autre part, que les moyens linguistiques du latin traditionnel des chartes et de l'Église n'aient pas pu rendre compte des activités et des relations économiques nouvelles.[72]

Dans tous les cas, ce changement linguistique dans l'usage de l'écrit semble avoir été réellement imposé par « la base », c'est-à-dire par l'immense mosaïque des États qui constituent l'Empire, le sud-ouest, dont l'Alsace fait partie, semblant avoir joué un rôle d'avant-garde.

La classe dominante finance des « Chroniques » dans sa langue, l'allemand

C'est la première fois qu'une langue écrite autre que le latin s'impose comme langue fonctionnelle. En outre, cette *scripta* s'appuie sur les parlers de ceux qui ont le pouvoir, sans doute assez proches des parlers dialectaux du peuple. Bien plus : le besoin d'affirmation identitaire de la nouvelle classe dominante urbaine, le souhait ostentatoire d'affirmer son origine et son identité, enfin l'imitation formelle des puissants amènent les villes à faire rédiger des chroniques. Ces chroniques n'embrassent plus uniquement l'histoire du monde, des papes et des rois, des guerres et hauts faits des uns et des autres. Elles se centrent sur les villes et leur région, sur les événements locaux et régionaux, sur des anecdotes, c'est-à-dire sur ce qui (a) fait la vie des dirigeants locaux. Au fond, les commanditaires de ces chroniques demandent l'écriture d'une histoire qui n'a qu'un seul objet et un seul sujet : eux-mêmes, le monde qui les entoure et les hauts faits qui les légitiment. Il allait de soi que ce type de chronique serait rédigé dans la langue même de ceux qui la financent, à savoir l'allemand (*scripta* locale s'appuyant fortement sur les dialectes parlés) et non le latin. La *Straßburger Chronik* du clerc Friedrich Closener (mort avant 1396), achevée en 1362, s'appuyant elle-même sur une collection de contributions latines réunies entre 1290 et 1299 à l'instigation d'un bourgeois fortuné et influent du nom d'Ellenhard,[73] fut à la base de la *Chronique* de Jakob Twinger von Königshofen (1346-1420) qui eut un retentissement qui allait largement dépasser l'étroit cadre régional, en tant que modèle. Dans son introduction, Twinger indique explicitement ses objectifs :

> On trouve bien, écrites en latin, un grand nombre de chroniques. Ce sont des livres qui traitent d'empereurs, de papes, de rois et d'autres princes et seigneurs, qui parlent de leur vie et rapportent des événements dignes d'intérêt qu'ils ont accomplis ou qui se sont passés à leur époque. Mais en allemand, on a écrit très peu de livres de ce type même si les laïcs cultivés aiment lire tout autant ces choses que les clercs qui ont fait des études. De plus, les hommes ont plus envie de lire des livres qui traitent de choses nouvelles plutôt que d'anciennes et cependant on a le moins écrit à propos de batailles, de voyages et

> d'autres événements dignes d'intérêt qui se sont passés à notre époque. C'est la raison pour laquelle, moi, Jakob Twinger de Königshofen, prêtre à Strasbourg, je veux écrire en allemand, d'après les chroniques qu'ont faites Eusèbe, Martin, Sigebert, Vincent et à partir d'autres livres, un certain nombre de faits qui me paraissent les plus remarquables et distrayants, en particulier un certain nombre d'événements dignes d'intérêt qui se sont passés à Strasbourg, en Alsace et dans les pays voisins […].[74]

Mais la langue allemande ne sert pas uniquement à des fins éthico-culturelles (culture courtoise) ou profanes de façon générale. Une prédication mystique,[75] dans le parler local, se développe également en Alsace avec le dominicain Johannes Tauler (vers 1300-1361). Toutefois, Tauler ne s'adresse pas au peuple. C'est très certainement à des moniales et à un auditoire de laïques particulièrement avertis des choses de la foi, réunis dans le vaste mouvement des *Amis de Dieu*, qu'il destine la réflexion théologique dense et difficile qui a été recueillie par des auditeurs.[76] Comme Otfried un demi-millénaire plus tôt, les mystiques vont être obligés de créer des éléments linguistiques en allemand qui leur permettent d'exprimer le plus exactement et le plus finement possible la très grande complexité de leur pensée théologique.[77]

L'émancipation des villes amène également des formes artistiques d'une autre nature : au XIVe siècle commencent à naître des confréries de chanteurs qui interviennent dans certaines circonstances de la vie religieuse, mais aussi à d'autres occasions. Les premières confréries de chant se trouvent à Mayence, Strasbourg et Worms, mais c'est seulement au XVe siècle que le *Meistergesang* (poésie des maîtres chanteurs) se constitue en un mouvement culturel de masse.[78] Les maîtres chanteurs (*Meistersänger*) n'utilisent, notamment à Strasbourg, que la langue populaire dans leur chant.[79]

Il reste cependant difficile de se faire une idée plus précise de la langue du peuple, c'est-à-dire des parlers dialectaux qu'il emploie, dans la mesure même où sa culture reste avant tout celle de l'oralité. L'impact qu'ont pu avoir des formes écrites sur les variétés utilisées par les couches inférieures de la société ne peut pas véritablement être mesuré. Il est possible de faire quelques constats : il existe quelques « écoles primaires » (*Lehrhäuser*) où l'on apprend à écrire et à lire en allemand local à la fin du XIVe siècle, mais la structure sociétale telle qu'elle se présente alors ne devait guère permettre à des enfants issus de ces couches de les fréquenter ; lorsque les noms de famille font leur apparition au XIIIe siècle, ils renvoient à la profession, à l'origine ou à la fonction de la personne, forme de neutralité qui ne confère pas de véritable identité en propre à l'individu, même si un surnom, un sobriquet ou une nomination particulière peuvent parfois identifier plus précisément un individu dans son propre espace social;[80] la chanson «populaire»,[81] quelles qu'en soient ses origines et sa genèse – hétérogènes –, continue d'être pratiquée, si l'on en juge par les condamnations que prononce régulièrement l'Église contre certaines d'entre elles.

Dans les couches cultivées, il est frappant de constater que la France exerce un attrait réel sur un éventail assez large de groupes sociaux (comme ailleurs dans l'espace allemand). Au-delà de l'influence littéraire qu'ont exercée des écrivains et des sujets «français» sur les œuvres des écrivains en Alsace et dans le reste de l'Empire, les gens d'Église «étaient attirés par le rayonnement de l'Université de Paris, les chevaliers cherchaient en France le modèle des bonnes manières, du savoir-vivre. Comme partout en Allemagne, la noblesse alsacienne reçut dès les XIIe et XIIIe siècles une éducation à la française, notamment les femmes. [...] On envoyait les enfants, surtout les garçons, à l'étranger: plus tard, leur connaissance des deux langues faisait d'eux à l'occasion des diplomates appréciés.»[82]

L'allemand dialectal de Geiler et Brant reste minoritaire face au latin des humanistes

La longue marche de l'écrit en langue vulgaire qui cherche à trouver sa place à côté du latin, parfois en concurrence avec celui-ci, va trouver un premier aboutissement dans l'invention de l'imprimerie (milieu du XVe siècle), même si l'imprimé en latin représente encore les 4/5 de la production imprimée et si l'on évalue pour le même siècle le public potentiel des lecteurs à 2 ou 3% de la population globale.[83]

Il est vrai que l'écrit latin se trouve renforcé par le développement de l'humanisme de la Renaissance:[84] «Éblouis par la lumière de tous les trésors découverts outre-monts, les savants [...] voulurent en bénéficier aussi. Au courant d'idées dont les cités italiennes avaient vu la formation, ils donnèrent une orientation nouvelle. Les humanistes alsaciens et, plus largement rhénans, avaient en vue d'abord la régénération de l'Église. Ils cultivaient les lettres classiques avec ferveur, assurément, mais ils s'appliquaient d'autant plus méthodiquement à connaître et à faire connaître les œuvres des auteurs grecs et latins qu'ils attendaient de cette fréquentation assidue des profits moraux et spirituels.»[85] C'est à l'école latine de Sélestat, où l'enseignement avait été profondément transformé par Louis Dringenberg, qui la dirigea entre 1441 et 1474, que cet humanisme se développa de la manière la plus spectaculaire.[86] Les directeurs successifs de l'école, comme Jerôme Guebwiller (1501-1509) ou Hans Witz (nommé Sapidus) (1510-1525), continuèrent son œuvre. Sous Sapidus, l'école eut jusqu'à 900 élèves. De très grands noms de l'humanisme alsacien sont issus de l'école sélestadienne : Jakob Wimpfeling (1450-1528), célébré comme *praeceptor Germaniae*, Beatus Rhenanus (1485-1547) ou Martin Bucer (1491-1551).[87]

Une partie importante des lettrés et du clergé cultivé – dont la formation se serait, de toute manière, déroulée en latin – sera en contact amical ou conflictuel avec les humanistes. D'ailleurs, étudier les langues anciennes, composer soi-même des poèmes en latin, n'empêchent pas un certain nombre d'entre eux d'écrire dans la langue populaire, à savoir l'allemand dialectal local.[88]

Johannes Geiler de Kaysersberg (1445-1510), prédicateur à la cathédrale de Strasbourg à partir de 1478, s'acquiert une popularité telle que la chapelle où il prêchait devint rapidement trop petite. « L'efficacité de ses sermons est due à la richesse en images de sa langue et à sa capacité d'adaptation à l'expérience quotidienne de son public. »[89] Fortement ancrés dans la langue du peuple, ses sermons sont essentiellement connus par les transcriptions qu'en ont fait ses amis ou disciples, notamment Johannes Pauli (*cf. infra*). C'est, d'une manière doublement indirecte, par ses sermons rapportés que la langue populaire peut être devinée. Après la parution (1494) de *La Nef des fous* (*Das Narren Schiff*) de son ami Sebastian Brant, Geiler prononça deux séries de sermons (1498-1499) en puisant ses thèmes dans la publication de Brant.

Auteur d'ouvrages juridiques, politiques, mais aussi de poésies en latin et en allemand, Sebastian Brant (1458-1521), professeur de droit à Bâle, puis secrétaire de la ville de Strasbourg à partir de 1503, reste, avant tout, l'auteur de *La Nef des fous*.[90] Il s'agit de l'un des plus grands succès de l'histoire de la littérature de langue allemande. Mais, contrairement aux sermons de Geiler, même si Brant écrit en allemand dialectal, sa formation et ses références culturelles affleurent à chaque instant, de sorte qu'il ne s'agit pas vraiment d'une littérature pour le peuple, mais bien d'un écrit uniquement décodable par des pairs, appartenant à la même couche cultivée que lui.[91]

« Le moine franciscain Thomas Murner (1475-1537), fidèle disciple de l'Église catholique et prédicateur populaire et plein de verve [...] poursuivit la tradition de la folie didactique avec sa *Narrenbeschwörung* (*La conjuration des fous*, 1512), écrite sur le modèle de la *Nef* de Brant. » Mais contrairement à Brant, Murner utilise « une langue simple, compréhensible, truffée de tournures de la langue de tous les jours »,[92] comme il le fait sans doute dans ses sermons. Grand pourfendeur de tout et de tous, il continuera sur sa lancée en publiant, par exemple, *Die Mühle von Schwindelsheim* (*Le moulin de Schwindelsheim*; Schwindelsheim signifiant « le village de la duperie ») en 1515 ou *Die Schelmenzunft* (*La corporation des vauriens*) en 1522, tout en continuant à se former et à voyager.[93]

La diffusion des sermons de Geiler et des ouvrages de Murner, par exemple, l'écho européen de la *Nef* de Brant, les éditions de textes latins et grecs possèdent un socle commun: l'invention de l'imprimerie à caractères mobiles, autour de 1450.[94] Si elle profite avant tout à l'écrit en latin, elle n'en représente néanmoins pas moins une formidable caisse de résonance pour les écrits en allemand dialectal local.

Cependant, les effets de l'imprimerie restent complexes: d'une part, par son effet centrifuge, le travail des imprimeurs permet une diffusion beaucoup plus importante et plus rapide de l'écrit, notamment en allemand; il confère ainsi une place quantitativement plus importante à cet écrit dans une langue autre que le latin et participe, en quelque sorte, à la promotion de l'allemand. Mais, d'autre part, il présente aussi un effet centripète: l'allemand que produisait la majeure partie des auteurs, centré sur une région dialectale, restait fortement ancré dans les dialectes locaux parlés, de sorte que l'on peut considérer qu'il y a une forme de correspondance entre écrit et oral, même s'il est acquis que l'on n'écrit pas comme l'on parle et que ceux qui écrivent représentent la couche cultivée de la population. Avec l'imprimerie, l'écrit va commencer à subir des normations, avec des normes qui peuvent varier en fonction des officines et de leur importance. Aussi peut-il s'instaurer une forme de distance, de loin plus grande qu'avant l'usage de l'imprimerie, entre allemand dialectal écrit et dialectes parlés, et il s'esquisse, de plus, une forme de rapprochement entre les différentes formes d'allemand écrit produites par les imprimeurs. De cette manière, leur langue écrite a joué, d'une certaine façon, un rôle dans la mise en place d'un allemand écrit supra-régional.

Paul Lévy distingue trois périodes chez les imprimeurs strasbourgeois: jusqu'en 1485, ils emploient le dialecte local; de 1485 à 1525, les « anciennes » et les « nouvelles » formes se disputent le terrain; à partir d'environ 1525, les « nouvelles » formes l'ont emporté sur les « anciennes ».[95]

Son raisonnement porte en particulier sur les graphies: le parler strasbourgeois, comme les autres parlers alémaniques, a conservé des voyelles longues (*î, iu, u*) qui ont été diphtonguées dans les espaces contigus (bavarois, souabe) (*ei, eu, au*). Or, les imprimeurs strasbourgeois vont adopter, dans leur graphie, les diphtongues qui ne sont pas présentes dans le parler strasbourgeois. D'autres niveaux de la langue (le lexique, par exemple) ont également pu être touchés.

Cette manière d'opérer « s'avérait nécessaire pour les imprimeurs dans la mesure où il était dans leur intérêt de ne pas limiter la diffusion de leur production à un marché étroitement local et de se garantir la possibilité de débouchés supra-régionaux en expurgeant leurs textes de caractéristiques locales trop marquées, susceptibles de gêner un lecteur qui n'y serait point habitué. Ce serait donc l'intérêt commercial des imprimeurs, c'est-à-dire un facteur extra-linguistique, qui aurait principalement déterminé le processus d'uniformisation de la langue [allemande] et l'établissement de normes supra-régionales. »[96] Ainsi, les imprimeurs jouent un rôle de régulateurs des écrits et forgent des formes de cohérences supra-locales et régionales, même si leur fonction dans l'émergence de la langue allemande commune ne fait plus l'unanimité.[97]

XVIe siècle : Luther dynamise les écrits en allemand

L'imprimerie impulse sans doute de nouvelles habitudes linguistiques, mais elle accompagne également et accentue des changements culturels qui s'opèrent (ex. : la lecture à voix basse et mentale, c'est-à-dire privée, remplace de plus en plus souvent la lecture à haute voix pour un public). Elle relaie de façon décisive toutes les attaques contre les égarements de l'Église et de son clergé, contre toutes les « folies » des hommes (*cf.* Brant et Geiler), elle procurera également le médium pour une diffusion à très grande échelle des protestations de Martin Luther et, plus encore, de sa traduction de la Bible.

Après avoir affiché ses quatre-vingt-quinze thèses contre le commerce des indulgences sur les portes de l'église du château à Wittenberg en 1517, avoir rejeté l'autorité de l'Église et déclaré que la Bible était la seule autorité en matière de foi dans un débat à Leipzig en 1519, Luther est excommunié en 1520, puis mis au ban de l'Empire. La même année, il publie *An den christlichen Adel deutscher Nation* (*À la noblesse chrétienne de nation allemande*) et *Von der Freiheit eines Christenmenschen* (*De la liberté du chrétien*).[98] Dès 1522 paraît la traduction du *Nouveau Testament*. L'écho qu'obtiennent ses idées, mais aussi et surtout l'énorme succès de sa traduction de la *Bible*, dont l'objectif est précisément de la rendre accessible à tout chrétien, personnellement, vont infléchir, d'une certaine manière, l'allemand écrit. Par ailleurs, le cantique protestant, également en allemand, ainsi que l'instauration de la «messe allemande»[99] ne peuvent pas rester sans influence sur toutes les variétés d'allemand, qu'elles soient écrites ou parlées, dans les régions où les princes ont adhéré à la nouvelle confession.

Les idées de Luther atteignent rapidement l'Alsace. Dès 1519, quatre de ses ouvrages sortent des presses strasbourgeoises; «en 1520, il en parut quinze et constamment le flot grossit. Plusieurs imprimeurs embrassèrent avec empressement la cause de la Réforme, en particulier Schott, dont l'atelier comptait depuis 1500 parmi les plus actifs de la ville [...]»[100] Entre 1522 et 1533, on compte 13 réimpressions du *Nouveau Testament* à Strasbourg. Les imprimeurs strasbourgeois font preuve d'une extraordinaire vitalité dans la diffusion de cette traduction qui ne peut être destinée au seul marché local ou supra-local. Strasbourg (1529), Wissembourg, Mulhouse (alliée depuis 1515 à la Confédération suisse), puis, au fil du temps, d'autres entités politiques passent à la Réforme (à l'exception notable de tous les territoires possédés par les Habsbourg, restés fidèles au catholicisme).[101] À partir de 1524, Strasbourg commence déjà à utiliser l'allemand dans l'appareil cultuel: pour les sermons (il ne s'agit pas d'une nouveauté), mais aussi pour la messe, les cantiques et même des baptêmes, avec des fortunes diverses.[102]

L'impact des écrits de Luther ne se réduit pas uniquement à celui de ses idées: ils suscitent des productions écrites de toutes sortes, tant de ses partisans que de ses adversaires. Ils dynamisent l'usage de l'allemand comme langue du combat théologique et de la controverse morale et sociale. De fait, la langue écrite qu'il utilise et qu'il réajuste sans cesse ne reste pour lui qu'un outil au service de la propagation de ses idées: il veut être compris par tous ceux qui parlent allemand.[103] Le travail qu'il effectue ainsi sur la langue va nécessairement avoir un impact sur les écrits des autres, mais aussi sur les formes utilisées par les imprimeurs. Par l'introduction de formes figées dans l'usage cultuel, par le cantique, ses formes linguistiques vont également laisser des marques durables chez les fidèles.

Ainsi, l'allemand écrit, modelé par les ateliers d'imprimeurs selon les régions dialectales, va-t-il connaître, à différents niveaux linguistiques, un certain nombre de caractéristiques régulatrices tendant, de fait, vers des normes supra-régionales et vers une sorte d'allemand écrit commun, rapprochant, pour ainsi dire, l'allemand écrit en Alsace des autres formes d'allemand écrit dans d'autres régions dialectales.[104] Mais il va de soi qu'en Alsace comme dans tout le sud-ouest allemand, de nouvelles habitudes linguistiques, issues des écrits de Luther, éloignent encore davantage les dialectes parlés de la langue écrite, sans toutefois créer des problèmes de compréhension.

Les nouveaux besoins de la communication combinés aux moyens techniques de l'imprimerie et au mouvement d'idées impulsé par la Réforme fournissent deux exemples fameux : le *Bundschuh* (le « soulier lacé », symbole du mouvement protestataire paysan) et la littérature pamphlétaire.

En effet, toute l'agitation sociale, morale et religieuse chez les paysans, relayée par les espoirs suscités par les idées de Luther avant qu'il ne la condamne énergiquement, depuis la fin du XVe siècle jusqu'au massacre de 1525, aura un véhicule commode, complémentaire de la communication et de la transmission orales, l'écrit, utilisant uniquement la variété linguistique comprise par ses destinataires : l'allemand dialectal local ou régional. Aussi les programmes, les tracts et l'ensemble de cette littérature sont-ils nécessairement rédigés dans la langue vulgaire ; le latin serait, dans ce cas, complètement incongru.[105]

« Textes satiriques de tout genre, missives diverses, traités, dialogues, écrits anonymes », la littérature pamphlétaire (*Flugschriften*) prolifère, tout particulièrement après 1520. « Pour la première fois dans l'histoire, il se crée un lien entre l'édition et un mouvement populaire. D'ailleurs, l'un des traits dominants des pamphlets de cette époque [...] est la redécouverte et la revalorisation de l'homme simple (*Karsthans*) qu'on cherche à sensibiliser et à mobiliser. »[106] Ils sont, pour l'essentiel, écrits dans les différentes variantes de l'allemand

XVIe siècle : un « âge d'or » des auteurs alsaciens de langue allemande

Tout au long du XVIe siècle, la production en allemand se diversifie en Alsace, comme ailleurs. Mais le nombre d'auteurs que connaît l'Alsace de ce temps et qui vont entrer dans l'histoire de la littérature de langue allemande est tel qu'on le considère volontiers comme un « âge d'or ». La baisse du prix des livres et leur changement de statut ont dû avoir une certaine influence sur le type de production. Histoires facétieuses, contes, farces, nouvelles vont être proposés à un nouveau public.

L'un des éditeurs des sermons de Geiler, Johannes Pauli (1450/1454 – 1530/1533) publie l'un des premiers recueils de ce genre, *Schimpf und Ernst* (*Blague et sérieux*, 1522), qui connaît un beau succès. Cette forme narrative sera reprise par le Colmarien Jörg Wickram (vers 1505- avant 1562) dans son *Rollwagenbüchlein* (*Petit livre pour la diligence*) (1555).[107] « Wickram ne fait pas partie des notabilités de sa ville ; il n'est pas cité par les grands érudits humanistes et par les universitaires. Il est en revanche très estimé et aimé des artisans et de ce petit monde qu'il décrit dans ses romans et dans le *Rollwagenbüchlein*. Il est le poète de la famille bourgeoise. »[108] Assez éclectique dans sa production (il avait également pris une part prépondérante dans la création de l'école des maîtres chanteurs de Colmar), il reste l'un des grands initiateurs du roman bourgeois (*Der jungen Knaben Spiegel* [*Le miroir des jeunes garçons*], 1554 ; *Der Goldfaden* [*Le fil d'or*], 1557).

Le maître incontesté de la verve satirique dans la prose narrative sera Johann Fischart (1546/1547 – 1590/1591) qui, en revanche, a fait de solides études et a eu une éducation de fils de riches bourgeois. Auteur prolixe (près d'une centaine de titres), il adaptera le *Gargantua* de Rabelais en allemand (1575) à sa façon : sa *Geschichtsklitterung* sera trois fois plus volumineuse que le livre qui l'a inspirée. « Sa langue se caractérise par la virtuosité verbale, une grande richesse, des déformations cocasses, un vocabulaire d'une grande saveur et aimant les grossièretés, puisé dans le parler populaire du terroir et mis au service d'une imagination débordante. »[109]

Mais l'écrit en allemand ne se limite pas à un usage littéraire : un certain nombre d'écrits scientifiques (médecine, botanique, géographie...) sont publiés en allemand.[110] De la même époque date toute une série de dictionnaires bilingues latin-allemand et allemand-latin. Enfin, des amorces de tendances de purisme linguistique sont d'ores et déjà perceptibles, de différentes manières : « Il y avait au début du XVIe siècle surtout un grand nombre de prêtres souabes en Alsace, dont le parler déplaisait aux gens instruits, mais qui fut imité par la masse. »[111] Wimpheling s'élèvera contre cette mode, Geiler et Pauli feront de même, et Fischart pourfendra les emprunts aux langues étrangères.[112]

Le fait que Strasbourg ait eu une attitude d'abord bienveillante, puis franchement favorable à la Réforme, fait de la ville une cité de refuge pour des protestants poursuivis à cause de leur sympathie pour le mouvement évangélique. Parmi ces réfugiés se trouvent notamment des Français, de sorte que la langue française constitue, de fait, la langue d'une petite minorité de la ville : dès 1525, un premier noyau de réfugiés français est à Strasbourg et, en 1529, une école est créée pour leurs enfants. Après les persécutions qui suivirent l'affichage en 1534 de placards hostiles à la messe sur la porte même de la chambre du roi de France (François Ier) à Amboise[113], une nouvelle vague de réfugiés français arriva à Strasbourg. Martin Bucer (1491-1551), l'humaniste acquis à la Réforme, rédacteur de l'un des manifestes fondamentaux de la Réforme strasbourgeoise,[114] sollicita Jean Calvin, retiré à Bâle depuis son bannissement de Genève, à accepter le poste de pasteur des réfugiés. En 1538, une paroisse française est fondée.[115] Le nombre d'habitants de langue française a dû être variable selon les circonstances et les événements : « diminuant en temps calmes, il grossissait subitement aux moments du redoublement des persécutions », avec un point culminant, après la nuit de la Saint-Barthélémy (1572). En 1575, les auberges de la ville auraient logé 15 398 Français (« welches ») pour 47 014 Allemands.[116] Au total, Strasbourg « accepte des Français quand les intérêts supérieurs de la foi protestante sont en jeu ; on les refuse volontiers quand pareil danger ne paraît pas à craindre ; on restreint leurs droits [...] quand la propre foi luthérienne ou encore la nationalité allemande l'exigent. Les deux populations [...] vivent ainsi côte à côte sans s'influencer réciproquement, sans échanger et se communiquer leur parler, de sorte que même cette forte immigration française n'arrive pas à entamer le fonds germanique du langage strasbourgeois et passe sans laisser de traces durables. »[117] La situation ne se présente pas autrement partout où sont accueillis des réfugiés calvinistes : la différence doctrinale cloisonne la situation. « L'enseignement du français bute durant tout le XVIe siècle aux mêmes résistances ; l'aversion des pasteurs luthériens contre les idées calvinistes, dont le français est le véhicule naturel, entrave les efforts des maîtres de langue française, qui commencent à devenir nombreux et exigeants. [...] Malgré tous les obstacles, le français finit pourtant par avoir une certaine importance dans les écoles de Strasbourg, notamment dans l'enseignement privé, et par attirer, à ce titre, de nombreux étrangers à Strasbourg. »[118]

Malgré ces divergences de fond, la France présentait toujours un fort attrait culturel et linguistique pour la noblesse et la haute bourgeoisie (qui l'imitait par snobisme ou par intérêt social). Cependant, parmi les grands hommes politiques du moment, aucun ne savait réellement le français, même si l'influence des idées ou de la littérature (*cf.* Fischart) venues de France reste réelle.

Le XVIe siècle montre un espace alsacien de plain-pied dans son temps : l'allemand écrit en Alsace, comme dans tout le sud-ouest de l'Empire, présente des convergences avec les écrits d'autres régions, notamment lorsqu'il s'agit d'écrits fonctionnels, administratifs et politiques et, pour une petite partie, scientifiques. Cet écrit a gagné du terrain grâce à la Réforme, et a accentué la distance entre les formes orales de l'allemand des régions dialectales et leurs écrits. Mais le latin se maintient très fortement dans l'enseignement, chez les savants et les diplomates, chez qui la tradition issue du Moyen Âge et l'impulsion de l'humanisme restent décisives.

Cet ordonnancement va être bousculé de différentes manières, avec des effets fort divers, d'abord par la guerre de Trente Ans (1618-1648) qui ne touchera ni la Ville libre de Strasbourg ni Mulhouse, toujours affiliée à la Confédération suisse, puis par la politique de la Couronne de France, qui débouche sur l'incorporation de toute l'Alsace dans le royaume de France (Traité de Ryswick, 1697).

XVIIe – XVIIIe SIÈCLES

Une province française au statut particulier

La guerre de Trente Ans, guerre de religions et lutte de pouvoirs en Europe, touche l'Alsace en 1621 : amis et ennemis vont mettre la région à feu et à sang avant que les Traités de Westphalie (Munster, 1648) ne mettent un terme à toutes ces souffrances. Comme partout dans l'Empire, le nombre de morts ainsi que celui des villages détruits ou abandonnés est considérable, de sorte que des immigrants vont être amenés à repeupler des endroits dévastés, ce qui va amener une très légère modification de la frontière linguistique germano-romane : « En plus de mille ans, la frontière linguistique n'a pas subi de changements aussi considérables que celles des dernières années avant et des premières après la conclusion de la paix de Munster, sur deux points : la région des lacs lorrains et la vallée de la Bruche. »[119]

Mais la conséquence à long terme de cette guerre va être le rattachement progressif, consenti ou obtenu par la force, de tout l'espace alsacien à la France, à l'exception de Mulhouse : « En 1648, la France est bien aise de prendre pied dans cette province si éloignée de Paris et, grâce à elle, de pousser ses possessions dans l'Empire, quitte à partager le pouvoir avec ce puissant voisin ; en 1679[120], la France est sortie victorieuse de la guerre [de Hollande] ; désormais Louis XIV tient seul les rênes du pouvoir. Il veut étendre sa gloire sur l'Empire. Aussi ne se contente-t-il pas d'une position d'attente en Alsace. Depuis 1672, les bases de l'administration sont jetées, Louis XIV va poursuivre son œuvre : mise au pas définitif des Dix Villes*[121] et surtout soumission de la plus remuante des villes, la République de Strasbourg. Il est grand temps pour le Roi de faire de l'Alsace une véritable province, d'y faire régner l'ordre français, en un mot d'étendre la France vers l'est, jusqu'au Rhin. »[122] Avec la capitulation de Strasbourg en 1681, ce sera chose faite.[123] À l'issue de la guerre de Succession d'Espagne (1701-1714), durant laquelle le sort des armes amena Louis XIV à proposer à l'Empereur de lui rendre l'Alsace, mais dont le roi de France sortit finalement vainqueur (Paix de Rastatt, 1714), l'Alsace entière reste définitivement dans le giron français.[124]

Après la guerre de Trente Ans, l'impossible dialogue entre la France et les pays conquis

Avec l'installation de la Couronne de France en Alsace, deux conceptions du monde vont se faire face : « Deux formes politiques – l'une monarchique, militaire, administrative, l'autre "républicaine", oligarchique, élective – ; deux religions – l'une catholique, apostolique et romaine, conquérante et "universelle", l'autre luthérienne, figée dans une orthodoxie conservatrice – ; deux structures sociales enfin : la noblesse qui domine à Versailles même si les postes officiels sont occupés par des représentants de la "vile bourgeoisie", l'autre régie par une bourgeoisie d'affaires et de commerce, régional plus que lointain. »[125]

Les enjeux transcendent les questions de langue et, en même temps, ils les incluent, comme marque tangible et comme symbole de fait des différences.

Ce sont deux cultures politiques, sociétales et mentales qui s'entrechoquent, ce sont deux lectures du monde, structurées par des pratiques qui se sont forgées dans deux entités politiques différentes qui s'affrontent. Ces conceptions fort différentes se traduisent tout naturellement aussi dans le domaine des langues.

Le *Mémoire du Magistrat de Strasbourg contre l'introduction et l'usage de la langue française, avec les réponses de Monsieur Obrecht, préteur royal*[126], constitue un exemple particulièrement frappant du dialogue de sourds qui a pu s'instaurer entre la nouvelle autorité et des entités politiques qui avaient l'habitude d'une certaine autonomie dans la prise en main de leur propre destin.[127]

---

* La charte de cette ligue des Dix Villes (*Zehnstädtebund*), appelée plus tard Décapole, fondée en 1354, prévoit l'assistance mutuelle de ses membres, soit contre un ennemi extérieur, soit contre des fauteurs de troubles à l'intérieur.

XVIIe – XVIIIe SIÈCLES

**Mémoire du Magistrat de Strasbourg
contre l'introduction et l'usage de la langue française,
avec les réponses de Monsieur Obrecht, préteur royal**

MÉMOIRE DU MAGISTRAT DE STRASBOURG	RÉPONSES DE M. OBRECHT
I. Le Roi a promis par la capitulation à la ville de lui conserver tous ses privilèges, statuts et droits : l'usage de la langue est un droit.	I. Il est vrai que l'usage de la langue est un droit ; mais c'est un droit de souveraineté qui est réservé au Roi.
II. L'arrêt ne parle que de ceux qui sont depuis longtemps sous la domination et obéissance du Roi, et qui savent la langue française de même que l'allemande, et par ainsi ont déjà appris la langue française, ce qui ne se trouve pas à l'égard de la ville de Strasbourg : ainsi cet arrêt n'y a point de lieu.	II. Il y a déjà quatre ans que la ville de Strasbourg est sous la domination du Roi, qui est un temps assez long pour se préparer à l'usage de la langue française. Comme en effet presque tous les officiers de la chancellerie la savent, ce qui suffit pour établir un bureau français.
III. Il a été impossible aux habitants qui sont gens âgés d'apprendre le français en si peu de temps.	III. Les gens âgés se peuvent servir de clercs qui savent les deux langues, à l'exemple des avocats et procureurs de Brisach.
IV. La ville serait obligée de casser presque tous les notaires, procureurs, avocats et conseillers, comme aussi la plus grande partie des magistrats, ce qui ne pourrait s'exécuter sans grand préjudice et tort à des honnêtes gens.	IV. Les honnêtes gens ne font pas difficulté d'apprendre la langue de leur maître ; et, en attendant, ils peuvent se faire aider par des interprètes et clercs pour se maintenir dans leurs charges.
V. Il serait comme impossible de remplir toutes ces charges avec des gens capables, vu qu'on n'a pas seulement à faire réflexion sur la langue française, mais aussi sur la capacité des personnes.	V. Le même remède lève cette difficulté.
VI. D'ôter à des bourgeois et citoyens qui se sont mérités envers leur patrie par la fidélité avec laquelle ils ont exercé leurs charges et offices, et d'y mettre des étrangers qui n'ont aucune connaissance du local, coutumes et droits de la ville, et même qui n'entendent pas bien la langue allemande, serait une réforme entière et contraire à l'article quatrième de la capitulation.[128]	VI. Le même.
VII. Et si on voulait plaider en français et tenir les greffes dans la même langue, les bourgeois n'entendant pas ce langage s'en plaindraient et feraient beaucoup de lamentations, en se croyant trahis.	VII. Les bourgeois qui ont des procès entendent aussi peu dans les procédures allemandes que dans les françaises ; néanmoins ils se fient à leurs avocats.

VIII. On ne pourrait pas disposer sûrement de son bien, parce que le testament doit être mis en français, ainsi dans une langue étrangère au testateur, et qu'il n'entend pas ; il ne voudrait jamais signer quand on le lui aurait relu, ne sachant pas ce qu'il signe et de quoi il dispose.	VIII. Si les notaires veulent violer leur serment et tromper ceux qui passent des contrats ou qui font des testaments, ils le peuvent faire en allemand comme en français, surtout qu'ils ont affaire à des gens qui ne savent pas lire. Du reste, il y a si peu d'honnêtes gens qui n'entendent le français, que cette difficulté n'est qu'une chimère, et il ne faut que deux ou trois secrétaires interprètes pour la lever entièrement.
IX. Cet arrêt est d'autant moins pratiquable en cette ville parce qu'elle est frontière, où l'on négocie la plus grande partie des affaires avec des gens de l'autre côté du Rhin, qui ne se mettent pas en peine de savoir la langue française ; et, par conséquent, quand on veut faire réflexion sur le commerce, lequel on a jusques à présent tâché avec grande peine et dépense de faire fleurir, parce qu'il est l'âme d'une ville, serait entièrement ruiné, ce qui est contre le service du Roi.	IX. L'ordonnance n'empêche pas qu'on se serve de la langue allemande à l'égard des étrangers et pour le commerce.
X. La langue française ne se peut pas apprendre dans peu de temps, surtout d'y dresser des actes afin de n'y trouver à redire en justice et d'éviter les chicanes et procès, qui sont souvent la ruine des familles entières, et on observe presque plus présentement les formalités au conseil souverain d'Alsace que le bon droit en justice.	X. On a de bons formulaires pour apprendre le style des notaires et des praticiens. Deux ou trois bons clercs dans un bureau montreront le chemin à tout le reste.
XI. L'affection des sujets ne consiste pas seulement dans la langue du prince, mais dans la fidélité et l'obéissance. Toutes fois, comme toutes deux subsistent fort bien ensemble, les bourgeois de Strasbourg apprennent autant qu'il leur est possible la langue de leur souverain, et obligent leurs enfants à la même chose, en les envoyant à cette fin en France. Mais pour tout cela il faut du temps ; la ville a établi des écoles et sermons français.	XI. Il n'y a qu'une ou deux écoles françaises et un seul sermon français. Il serait bon d'en augmenter le nombre et de mettre des maîtres d'écoles catholiques au lieu de calvinistes qui exercent cette charge contre les ordonnances de la ville, seulement par connivence des magistrats.

S'il est sans doute abusif de mesurer l'attitude des uns et des autres à ce seul *Mémoire*, il n'en reste pas moins qu'il semble révélateur de cet impossible dialogue entre la Couronne de France et les pays conquis. Le Magistrat essaie de négocier, en utilisant un appareil argumentaire se fondant soit sur le droit, soit sur les pratiques. Mais le préteur royal, par son ton sarcastique et moqueur, rappelle que l'on ne négocie pas avec le roi, que l'on se soumet à ses décisions et qu'on les exécute. Il donne ainsi aux Strasbourgeois une leçon d'instruction civique en leur indiquant clairement comment fonctionnent les institutions de la Couronne de France : c'est au roi et au roi seul qu'appartiennent le pouvoir et les prises de décision, personne ne peut les négocier, encore moins les contester (*cf.* « I. Il est vrai que l'usage de la langue est un droit ; mais c'est un droit de souveraineté qui est réservé au Roi. »).

Il leur montre aussi de quelle logique procède la monarchie absolue : c'est aux sujets de se conformer aux normes du souverain. Ce qui reste néanmoins nouveau, c'est que cette notion soit étendue à la langue (*cf.* « IV. Les honnêtes gens ne font pas difficulté d'apprendre la langue de leur maître »). Cette réponse fait écho à l'arrêt de 1685 « qui ordonne que les Sentences et autres Actes publics [soient] rédigés en Langue françoise. »[129] Dans le considérant ouvrant l'arrêt s'inscrit une vision assez nouvelle de la relation intime entre la langue du « maître » et celle dont doivent se servir les justiciables (ou leurs représentants). Elle semble formaliser une tentative de politique linguistique que la Couronne n'avait pas menée jusqu'alors, par le fait que soient mises en corrélation la loyauté linguistique et la loyauté politique : « [les Juges, Magistrats, Notaires et Greffiers] continuent […] de mettre en allemand toutes les Sentences […] et Procédures qu'ils expédient au sujet des affaires et contestations que les Habitans de ladite Province ont les uns avec les autres […], ce qui est directement contraire à l'affection que lesdits Habitans d'Alsace témoignent avoir pour le service de Sa Majesté et à ce qui se doit pratiquer […]. »

Si cette logique est exprimée de plus en plus souvent au XVIIIe siècle, il n'en reste pas moins que la monarchie française, en tant que système politique, n'avait pas de réelles raisons de mettre l'accent sur des questions de langue. En tant que monarque absolu, le roi décide et règne en toute souveraineté, comme il l'entend. Les sujets restent des sujets : leur rôle est d'obéir et d'exécuter. Peu importe la langue dans laquelle la volonté du souverain est mise en pratique. Aussi serait-il anachronique de comprendre l'action de la Couronne de France comme une politique autre qu'une politique générale, guidée par le souci majeur de préserver les prérogatives d'un pouvoir central fort qui étend ses propres références et structures dans les espaces qu'il a conquis. C'est dans cette même logique à sens unique qu'il faut comprendre la mise en place, en français, d'une haute administration ainsi que des principaux appareils juridiques : bras séculiers du roi, ils installent les instruments du pouvoir royal. Dans ce même esprit, il aurait été étonnant et tout à fait incongru que ces hauts fonctionnaires ou hauts magistrats apprennent la langue locale. Ce mode de fonctionnement politique et, partant, linguistique déconcerte tous ceux qui étaient habitués à un gouvernement de proximité, selon des règles différentes, en usage à l'époque impériale.

XVIIᵉ-XVIIIᵉ siècles : le français, langue des élites dominantes

Cependant, l'image que suscitent le français et les Français en Alsace reste pour le moins contrastée, pour des raisons de nature fort diverse. Sans doute les incursions militaires des siècles passés ont-elles laissé de très mauvais souvenirs et une méfiance certaine dans la mémoire collective en général, et à Strasbourg en particulier.[130] Les campagnes menées par les troupes françaises après la guerre de Trente Ans n'ont pas engendré plus de sympathie.[131] Par ailleurs, des raisons confessionnelles ont dû jouer un rôle non négligeable : les protestants francophones sont généralement calvinistes, les protestants germanophones luthériens. Une certaine forme d'hostilité à l'égard de la *francité* n'est pas à exclure.[132]

Si l'ensemble de ces événements militaires et politiques a dû représenter une charge difficilement soutenable dans la vie quotidienne de la plupart des habitants de l'Alsace et probablement apporté quelques changements dans leurs habitudes, plus ou moins perceptibles selon la position sociale des individus, il n'a pas modifié fondamentalement le paysage linguistique en Alsace, sur le plan du rapport quantitatif des langues en présence.

Le français fait certes une entrée en fanfare en Alsace comme langue officielle, c'est-à-dire comme langue des organes supérieurs de la province (administration, justice, police, intendance…), mais se limite à cette fonction. Les documents écrits s'adressant à la population sont au moins rédigés dans les deux langues (allemand et français), voire tout bonnement en allemand uniquement. Les actes dressés par les villes ainsi que leurs registres restent, dans la majeure partie des cas, en allemand.[133]

Ce n'est guère qu'une petite frange des couches supérieures de la population qui accélère son apprentissage du français pour conserver ou acquérir des fonctions ou des charges dépendantes du roi, en l'occurrence la haute bourgeoisie et l'aristocratie fortunée. Les séjours en France constituent, comme par le passé, le moyen le plus sûr d'acquérir et la langue et les belles manières.

La langue usuelle de la population ne change pas : les dialectes restent le moyen de communication habituel. C'est cependant sans doute au courant du XVIIᵉ siècle que les dialectes commencent à effectuer plus fréquemment qu'auparavant des emprunts lexicaux au français. Mais ces contacts linguistiques ne représentent qu'une anticipation d'un phénomène qui touchera très largement tous les pays de langue allemande au XVIIIe siècle,[134] même s'ils semblent être plus intenses dans les régions frontalières qu'ailleurs.[135] Il est vraisemblable que les domestiques, les artisans en contact avec la mode (tailleurs, cordonniers), mais aussi les commerçants itinérants, les soldats et vétérans, ou les compagnons de plusieurs corps de métier aient été les porteurs de ces innovations lexicales dans les dialectes.[136]

Les événements politiques et militaires qui rythment le XVIIe siècle semblent avoir provoqué une léthargie de la vie intellectuelle et de la création littéraire, notamment lorsqu'elle est mesurée à l'aune de l'hyperactivité du siècle précédent. Il n'y a guère que deux auteurs qui trouvent généralement grâce aux yeux des spécialistes : le jésuite Jakob Balde (1604-1668), qui a passé le plus clair de sa vie hors d'Alsace et qui a produit en latin l'essentiel de son œuvre[137], ainsi que Johann Michael Moscherosch (1601-1669) qui, lui, arriva en Alsace durant son enfance et dont la postérité a retenu avant tout les *Wunderbarliche und warhafftige Gesichte Philanders von Sittewalt* (1640) (*Visions étranges et véridiques de Philandre de Sittenwald*) où, à l'instar de Brant au siècle précédent, il fustige les folies du moment. Polyglotte et ayant effectué un séjour en France, il se distinguera par sa gallophobie. Il fera partie de ces écrivains puristes de l'époque baroque qui contestent les emprunts linguistiques que font certains auteurs aux langues romanes (français, italien, espagnol).[138] Moscherosch publiera également une bonne partie de son œuvre en latin.[139]

Les langues de l'enseignement restent très majoritairement le latin et l'allemand, le français n'ayant pas de place dans les structures institutionnelles existantes. La littérature populaire, pour l'essentiel des almanachs, reste exclusivement en allemand.

Aussi, lorsqu'en 1697, l'intendant de La Grange affirme que « la langue commune de la province est l'allemand, cependant il ne s'y trouve guère de personnes un peu distinguées qui ne parlent assez le français pour se faire entendre et tout le monde s'applique à le faire apprendre à ses enfants, en sorte que cette langue sera bientôt commune dans la province »,[140] la circonspection est-elle de mise en ce qui concerne la diffusion du français. Il est vrai qu'à partir de 1686, tous les fonctionnaires doivent être catholiques et comprendre le français,[141] ce qui amène un nombre certain de « native speakers » en Alsace et pousse un certain nombre d'autochtones à remplir les cours de français que donnaient des maîtres privés.[142] Cependant, la société que fréquente l'intendant n'est sans doute pas représentative de la structure sociale telle qu'elle se présente et, partant, des usages linguistiques en vigueur.

Comme c'est bien plus la connaissance du français qui a permis à un certain nombre de responsables politiques d'avoir une promotion politico-administrative rapide que leurs compétences intrinsèques, il n'est guère étonnant que les représentants de l'administration aient pu avoir l'impression que la diffusion du français était bien en marche.[143]

Force est donc de constater que «malgré le rattachement de la plus grande partie de l'Alsace à la France, [...] la situation générale des langues [...] ne se modifie [...] que dans des proportions assez restreintes. L'éclipse que subit l'allemand comme langue littéraire est plutôt la conséquence de la guerre et de la dureté des temps que du changement politique. [...] Le changement de la langue officielle et juridique n'est que partiel : il reste tout à fait superficiel. [...] Les seuls changements vraiment importants sont [...], pour l'allemand, [...] la désagrégation linguistique des couches sociales supérieures en Alsace. Une lente décroissance de l'allemand, en qualité comme en quantité, s'annonce [...].»[144]

Au XVIIIe siècle, l'Alsace renoue avec la paix et la stabilité politique, ce qui aurait pu être un facteur favorisant particulièrement la diffusion du français. Mais la structure politique sociale pyramidale de la France absolutiste, d'une part, les structures mentales culturelles de la moyenne bourgeoisie en Alsace, d'autre part, font que le français investit uniquement les fonctions de langue de la distinction et de l'ascension sociale. Ce qui exclut, de fait, une diffusion quantitativement significative. «On ne se trompe probablement pas si l'on évalue ceux qui, en 1789, parlaient régulièrement et couramment le français à quelques milliers, ceux qui savaient à l'occasion passablement s'exprimer en français à quelques dizaines de milliers, enfin ceux qui l'ignoraient plus ou moins totalement, à deux fois autant de centaines de milliers.»[145] Le rapport quantitatif entre les langues, quelles que soient les estimations retenues, reste très majoritairement en faveur de l'allemand.[146] Les connaissances linguistiques et, pour partie, les usages linguistiques pourraient être grossièrement corrélés à une répartition globale par groupes sociaux : «Les immigrés parlaient français et ignoraient l'allemand ; la noblesse et la haute bourgeoisie parlaient français, mais savaient encore l'allemand ; la bourgeoisie moyenne parlait allemand, mais savait déjà le français.»[147]

La faible diffusion relative du français reste étroitement liée à sa valeur fonctionnelle et à sa valeur sociale. Sur le plan fonctionnel, le français ne présente pas d'intérêt pour la grande majorité des habitants «allemands» de l'Alsace, c'est-à-dire pour le «peuple». Les artisans, les journaliers, les paysans ou les ouvriers n'ont pas le besoin fonctionnel de savoir communiquer en français dans leur vie professionnelle, encore moins dans leur vie personnelle et dans l'interaction sociale non professionnelle. Comme la structure sociétale fonctionne essentiellement sur le mode de la reproduction sociale, leurs propres enfants sont destinés à occuper des rôles sociaux identiques aux leurs. Il serait difficile de trouver une raison objective susceptible de provoquer une entrée consentie ou voulue du français dans leur vie. Ce n'est qu'à la marge, pour ceux d'entre eux qui se démarquent de leurs pairs en souhaitant une ascension sociale pour leurs enfants, que le français a quelque chance de faire son apparition. Mais un tel désir présuppose un changement dans la lecture du monde et de ses normes, phénomène qui n'est certainement pas en harmonie avec la pensée dominante et qui risque de se heurter à une forte désapprobation sociale.

La moyenne bourgeoisie, qui ne semble représenter qu'une très petite minorité numérique, remplit le rôle de pivot, de classe intermédiaire, prise entre la fidélité aux valeurs culturelles, à la tradition léguée par les pères, au mode de vie « allemand » et l'attrait que représente le français, comme enjeu d'une ascension et d'une émancipation sociales, malgré la méfiance culturelle et morale qu'il peut symboliquement lui inspirer. En effet, elle doit avoir conscience que l'enjeu va au-delà de la langue : le français représente des valeurs différentes (culturelles, politiques, sociales), « étrangères » et nouvelles, qui pourraient se substituer à leurs valeurs propres, « allemandes ». Il ne faut cependant pas écarter une forme de fonctionnalité du français : le contact professionnel avec les fonctionnaires ou les militaires français nécessite une connaissance du français, quelle que soit par ailleurs l'opinion portée sur cette langue et la culture qu'elle véhicule. Enfin, les comportements ne se présentent pas nécessairement de façon homogène dans l'espace, l'histoire ou la religion pouvant également fournir, au moins subjectivement, un cadre structurant une position par rapport au français. À Strasbourg, « les commerçants mêmes et les savants restèrent passablement réfractaires à l'influence française. [...] Il faut dire que cette réserve fut non seulement tolérée, mais pour ainsi dire favorisée par l'attitude des immigrés qui ne se mêlaient guère à la bourgeoisie locale. [...] La différence linguistique favorisait la cohésion intérieure et les éléments conservateurs de cette bourgeoisie sentaient fort bien le danger d'une assimilation linguistique. »[148]

L'enjeu que constitue le français pour la noblesse et la haute bourgeoisie relève d'une autre nature : il reste à la fois celui de l'intégration interne à l'ensemble politico-culturel français,[149] mais aussi et surtout celui de leur maintien dans les couches supérieures de la société, à l'instar de tous les nobles et de tous les membres de la haute bourgeoisie en Europe. Le rayonnement de la France en Europe est à son apogée : quels que soient les éléments, parfois contradictoires, auxquels adhèrent les cours, la noblesse et la haute bourgeoisie en Europe (depuis l'imitation de la cour, les idées des Lumières, la vie artistique en général et littéraire en particulier, jusqu'à la cuisine, les modes et l'horticulture)[150], le poids de tout ce qui vient de France, et, partant, le rôle que tient le français ont une importance telle qu'il eût été étonnant que la noblesse et la haute bourgeoisie en Alsace échappent à leur emprise. Et sans doute n'est-il pas anodin de constater que l'« Allemagne » (c'est-à-dire les États allemands)[151] représente(nt) le(s) pays le(s) plus réceptif(s) aux mouvements de ce siècle « français » par excellence : « C'est sur la Cour que se règle la capitale, c'est sur celle-ci que se règle le pays […] le français devint partie essentielle d'un homme galant, on le fit apprendre aux enfants ; le posséder était la qualité primordiale d'une gouvernante. »[152] « Il n'y a aucun Prince qui n'ait plusieurs François à sa Cour ; qui n'entretienne des comédiens François ; qui ne se fasse habiller par un tailleur François ; et à qui il ne faille un ou plusieurs cuisiniers François. Les autres grands Seigneurs et petits grands Seigneurs suivent ces exemples : et si leurs facultés ne permettent pas d'entretenir tout ce monde, ou que d'autres circonstances les en empêchent, ils font venir de Paris tout ce qu'il faut pour leur ajustement jusqu'aux moindres bagatelles, perruques, bourses, gants, bas, souliers, tout doit être de Paris ; et ils ne se trouvent pas même chez eux de blanchisseuse assez habile pour blanchir leurs manchettes, il faut les envoyer à Paris. »[153] Au-delà de l'exagération, l'assertion a le mérite de souligner l'importance de toutes les facettes de la culture française des couches hégémoniques et l'engouement que le français suscite dans toute l'Europe, du moins dans les classes sociales qui ont les moyens financiers de l'adopter.

XVIIIe siècle : les administrations et les établissements scolaires échappent au français

Langue de classe à l'échelle européenne, le français tendra à devenir une langue « universelle » dans tous les domaines de l'écriture à l'échelon de l'Europe : elle sera *la* langue des relations intellectuelles (livres, nombreux journaux[154], correspondance privée) et des relations diplomatiques.[155] Langue de *la* civilisation et de *la* culture, elle s'impose à tous ceux qui veulent avoir une certaine forme d'audience.

Aussi les pratiques linguistiques en Alsace, comme ailleurs en France, présentent-elles, au cours du XVIIIe siècle, des traits à la fois (lentement) évolutifs et différenciés, selon les groupes sociaux concernés et/ou les situations d'interaction verbale dans lesquelles se trouvent les locuteurs et, lorsqu'il s'agit d'écrits, selon les scripteurs et les destinataires. Il n'en va pas autrement pour la langue de l'administration et celle de l'institution juridique. Si la haute administration royale en Alsace et le Conseil souverain de Colmar utilisent – logiquement – exclusivement le français, pour les affaires administratives intérieures, c'est la langue allemande qui reste la langue d'usage auprès des tribunaux inférieurs et pour l'essentiel des organes de juridiction (comme les notaires), la langue allemande reste la langue d'usage. Le préteur royal Gérard constate, en 1783, dans un *Mémoire* adressé au garde des sceaux, que «dans la magistrature même et les professions analogues, il se trouve un grand nombre d'individus qui ne sont point en état de traiter aucune affaire en français.»[156]

La langue officielle des administrations des villes reste majoritairement l'allemand, même si, pour l'une ou l'autre d'entre elles, le français peut faire son apparition dans une partie de l'écrit public. À Strasbourg[157], toutes les délibérations s'effectuent en allemand. Il en va de même dans toutes les autres villes ou communes en Alsace, avec l'une ou l'autre exception partielle, comme Sélestat où l'usage des langues écrites ne semble pas monolithique : «Les actes administratifs locaux sont en allemand jusqu'en 1760. À partir de cette époque, ils deviennent bilingues. Mais dès 1685, les délibérations du Magistrat, ses jugements sont en français ; on tolère l'allemand jusqu'en 1750. Les comptes de la municipalité sont en français jusqu'en 1700, les registres de l'état-civil en français de 1685 à 1719, à partir de cette date en latin.»[158]

Le commerce aurait pu être un vecteur important pour la diffusion du français. Mais «depuis le règne de Louis XIV, l'Alsace demeure une "province à l'instar de l'étranger effectif" : à l'entrée en France, les marchandises sont traitées comme d'origine étrangère et la région conserve la liberté de commercer sans entrave avec l'étranger.»[159] Si un tel traitement correspondait aux souhaits des décideurs locaux, il semble avoir, d'une part, favorisé une attitude globale de frilosité et de conservatisme économiques et, d'autre part, amené les négociants à poursuivre leurs activités principalement avec les États de langue allemande, ou du moins restent-elles centrées sur l'espace rhénan.[160] Par ailleurs, le système routier a été largement amélioré et étendu[161], de sorte que Strasbourg devait devenir une véritable capitale de la poste aux lettres et d'autres messageries. Si les possibilités de se rendre à Paris, à Nancy, à Metz, à Lyon et à Montbéliard ou d'y envoyer du courrier sont nombreuses, les relations offertes avec l'Allemagne toute proche (Mannheim, Stuttgart, Karlsruhe, Tübingen, Francfort…) ainsi qu'avec la Suisse (Bâle, Zurich)[162] le sont au moins autant, sinon davantage. Les contacts linguistiques fonctionnels avec l'espace de langue allemande s'en trouvent facilités, sinon renforcés.

Les appartenances confessionnelles auraient pu structurer ou, du moins, infléchir et modifier les pratiques linguistiques, les catholiques semblant plus ouverts au français que les protestants. Mais l'espace alsacien relève de «plusieurs évêchés différents, et trois cent cinquante de ses paroisses dépendaient, au spirituel, des évêques de Spire et de Bâle qui n'étaient pas précisément disposés à favoriser une langue qui leur était étrangère»[163]. Bien plus sans doute que la division administrative ou le fait de confesser la même religion que le roi, c'est l'appartenance à un groupe social qui détermine le choix linguistique: solidarité avec le pouvoir royal pour les couches supérieures du catholicisme, solidarité avec le groupe social d'origine pour les autres. Aussi la loyauté groupale dans le choix du français ou du maintien de l'allemand détermine-t-elle bien plus les choix et pratiques linguistiques que la solidarité religieuse.[164]

Si «l'alphabétisation fait de grands progrès» au point qu'«à la fin du siècle, plus de 80% des hommes et 40% des femmes savent lire et écrire»,[165] l'enseignement primaire se fait essentiellement en allemand. Dans l'enseignement secondaire, lorsque le latin est abandonné, c'est généralement l'allemand qui le remplace. Le français ne sera introduit que de façon très inégale, au cours du siècle, dans les différents collèges de la province.[166] Mais c'est l'institution scolaire même qui «se situe sur un double plan: moyen, pour les privilégiés de l'ordre social, d'accéder à une acculturation écrite, elle devient pour le plus grand nombre, un simple support de l'éducation religieuse que le maître doit inculquer.»[167] Par ailleurs, «la langue utilisée à l'école constitue un indice de l'interférence constante des responsabilités. Tandis que les ordonnances scolaires [dans le comté de Hanau-Lichtenberg][168] opposent les écoles *allemandes* à l'école *latine* réservée à la cité seigneuriale de Bouxwiller, les documents portant sur la Haute-Alsace distinguent les écoles *allemandes* de la campagne des écoles *françaises* qu'abritent les bourgs et les petites villes telles que Thann, Kaysersberg et Guebwiller. [...] Ce n'est que dans la deuxième moitié du XVIIIe siècle que les autorités se préoccupent de trouver des maîtres qui soient aptes à enseigner dans les deux langues ou à confier l'enseignement de l'une et de l'autre langue à des maîtres distincts. Elles n'y parviennent que rarement et utilisent alors la possibilité d'adjoindre au maître en titre un *proviseur* issu de la jeune génération et davantage versé dans la langue française. C'est que la population, sauf exception, ne voit guère l'intérêt d'un enseignement en français assimilé à une perte de temps.»[169]

Même l'enseignement supérieur n'échappe que partiellement à l'allemand. Si «l'Université catholique, transportée en 1701 de Molsheim à Strasbourg, [s'est adaptée] facilement aux méthodes et à la langue française»[170], [...] l'Université protestante n'utilise que l'allemand quand elle n'a pas recours au latin.

«La langue allemande occupait dans l'Alsace pré-révolutionnaire à tous les degrés de l'enseignement à peu près la même place qu'en Allemagne même: elle est presque exclusivement la langue de l'enseignement.»[171]

La création littéraire en langue allemande se trouve dans une impasse

Si le XVIIIe siècle peut être considéré comme une «grande période de rayonnement culturel»,[172] comme le siècle où «l'Alsace joua le rôle d'un pont entre la France et l'Allemagne et devint le foyer d'une civilisation à double aspect», formant «un lieu d'échanges, de rapprochement entre les deux civilisations» et remplissant «ainsi une mission européenne»,[173] la vie et la production littéraires n'en sont sans doute pas les meilleurs indicateurs.

Néanmoins, Gottlieb (Théophile) Conrad Pfeffel (1736-1809) semble correspondre idéalement à cette caractérisation. Malgré une production littéraire assez diversifiée (contes, épîtres, nouvelles, essais…), la postérité a retenu son œuvre de fabuliste, en langue allemande. «Son inspiration littéraire a puisé aux sources du classicisme français comme il s'est nourri du lait de la tradition allemande. Le fabuliste a butiné du côté de chez Florian autant que chez Gellert.»[174] Mais sans doute les autres activités de Pfeffel ont-elles autant sinon plus contribué à faire de lui un médiateur entre les aires culturelles française et allemande. «Il a été formé à l'université allemande et a fait des maîtres à penser de la *Frühaufklärung* allemande ses propres maîtres à penser.

Il a fait découvrir un géographe allemand à la France et l'abbé Fleury à l'Allemagne. Il a enrichi le répertoire allemand d'adaptations qu'il puisait aux sources du répertoire français. [...] Il a, sur le sol français du royaume, développé une école dont les méthodes pédagogiques s'inspiraient essentiellement de pédagogues allemands. »[175] Auteur français (protestant luthérien) de langue allemande, il veut être à la fois « porte et pont »[176] entre les deux cultures.

De nombreuses sociétés littéraires et des cercles d'intellectuels vont voir le jour. Selon leurs initiateurs et leurs choix politiques, idéologiques et religieux, et l'appartenance et la provenance sociétale de ses membres, ils seront amenés à utiliser le français, l'allemand ou les deux langues. Mais l'allemand restera encore prépondérant, dans la mesure où une partie de ces groupes est alimentée par la présence de nombreux étudiants allemands et alsaciens. L'exemple le plus illustre reste sans doute la *Gesellschaft der schönen Wissenschaften* à Strasbourg, groupée autour de Jean-Daniel Salzmann (1722-1812)[177], dont firent partie, à un titre ou à un autre, le jeune Goethe lors de son séjour en Alsace (1770-1771), au moins comme commensal et débatteur, également Johann Gottfried Herder (1744-1803) (qui séjourne aussi à Strasbourg entre 1770 et 1771), ainsi que Jung-Stilling (1740-1817) et Jakob Michael Reinhold Lenz (1751-1792), arrivé en 1772, qui fut sans doute à l'origine d'un autre cercle, la *Deutsche Gesellschaft*.[178] Heinrich Leopold Wagner (Strasbourg 1747-Francfort 1779) a sans doute connu, sinon fréquenté les deux sociétés. C'est, d'une certaine manière, une partie de la fine fleur du *Sturm und Drang* qui séjourne à Strasbourg à la même époque. Paradoxalement, mis à part Wagner, il n'y a pas d'auteur « autochtone » qui participe à ce mouvement littéraire majeur pour la littérature et la langue allemandes.

Cet état de fait montre, emblématiquement, l'impasse dans laquelle semble se trouver la création littéraire en langue allemande en Alsace, qui n'arrive pas à renouer avec son passé. Et bien au-delà de l'enjeu créateur, cette absence confirme que les écrivains ne participent plus, depuis le XVIIe siècle, à la « création », à la mise en normes de la langue allemande commune. Les contacts étroits qui se maintiennent fortement avec le monde intellectuel de langue allemande nourrissent toujours l'allemand qu'écrivent les intellectuels. Or, le fait qu'il n'y ait plus de participants alsaciens actifs semble avoir des retombées linguistiques non négligeables, à moyen terme. En effet, l'allemand écrit en Alsace par des scripteurs qui ne connaissent la langue que par la production autochtone ou par celle des écrivains du passé commence à ne plus épouser les évolutions linguistiques en cours et ne tardera pas à apparaître comme provincial, parfois archaïsant ou, d'une certaine manière, en début de fossilisation, en décalage avec la langue allemande commune écrite qui s'élabore dans les États allemands. Cet état de fait est nourri quotidiennement par la langue administrative allemande utilisée en Alsace qui, dans le cadre politique français, ne peut guère se développer ou se modifier de la même manière qu'en Allemagne, dans la mesure où aucune instance n'est à même d'impulser, de fait, des innovations linguistiques ou de réguler des formes et des emplois linguistiques nouveaux, contrairement au rôle majeur que jouent l'administration de l'État et les professionnels de l'écrit dans les pays allemands.[179]

Pour autant, à quelques exceptions près, il n'y a pas d'émergence d'une littérature en langue française qui serait l'œuvre d'Alsaciens.[180] Le poète Louis Ramond de Carbonnières (1755-1827), fils d'un fonctionnaire royal, initié à la littérature allemande à la Société des Belles Lettres fondée par Salzmann, écrit notamment, dans une veine préromantique, des *Elégies* et des drames[181], ou encore, dans un autre registre, la baronne d'Oberkirch (1754-1803), née Henriette-Louise de Waldner de Freundstein, rédige ses *Mémoires* en 1789, publiés pour la première fois en 1853.[182]

Mais c'est dans la vie intellectuelle prise dans sa globalité (et non uniquement focalisée sur la création littéraire) que la production écrite est plus particulièrement féconde et, c'est bien là la nouveauté du temps : ces écrits sont de plus en plus souvent rédigés en français (lorsque les auteurs renoncent au latin) dans des domaines aussi différents que l'histoire ou la physique.

Pour essayer d'évaluer le poids respectif des langues écrites en présence, il peut être utile d'examiner, à titre indicatif, trois champs particuliers, qui ont en commun de s'adresser à des «récepteurs», des publics, qui ne représentent pas nécessairement des ensembles homogènes : le théâtre, les journaux, la production de livres imprimés.

Le théâtre français ne parvient pas à s'imposer

C'est le théâtre en langue allemande qui semble réunir un public d'amateurs avertis nombreux, fidèle et régulier : «Il est célèbre, et c'est de loin que viennent les meilleures troupes allemandes qui se font un honneur d'y donner des représentations très fréquentées. […] Dans bien des cas, les pièces allemandes n'étaient que des traductions de pièces françaises souvent entreprises par des Alsaciens. Cet empressement des troupes allemandes à venir et à revenir à Strasbourg est une preuve qu'elles ont dû y faire leurs frais, partant que l'affluence fut grande aux représentations allemandes; nous n'entendons en effet à aucun moment parler de difficultés financières. »[183] Par ailleurs, à la suite d'un coup de force financier du gouvernement militaire de la ville de Strasbourg, le Magistrat justifie la présence du théâtre en langue allemande en indiquant que « la classe nombreuse des citoyens qui regardent la langue allemande comme leur langue maternelle ne peut ni ne veut fréquenter le théâtre français; [...] beaucoup d'étrangers de marque et d'autres demandent à grands cris des représentations en langue allemande et [...] le Magistrat ne peut se résoudre à coopérer à la destruction d'un établissement auquel le public prend autant d'intérêt et de plaisir. »[184] La préférence linguistique ne doit pas être dissociée des clivages sociaux, sociétaux, culturels et mentaux qui restent encore largement perceptibles. Ainsi, la baronne d'Oberkirch rapporte dans ses *Mémoires* que « M. Gérard, le préteur royal, qui est lié avec M. Rochon de Chabannes, lui a écrit pour le prier de composer une pièce de circonstance.[185] Cette pièce, intitulée *La Tribu*, a eu le plus grand succès. Le sujet était pris dans les mœurs de Strasbourg, et la moralité a pour but le besoin et la nécessité de vaincre les préventions et l'ancienne antipathie entre les deux nations allemande et française, antipathie qui existe encore parmi le peuple. D'heureuses pensées, des couplets charmants furent applaudis avec enthousiasme. Cette représentation [...] ne fut pas gratuite, ce qui fut blâmé, car cette pièce était composée pour tout le monde. Il est vrai que les gens de basse classe savent généralement peu le français. Peut-être s'était-on rappelé que, dans une autre occasion où le spectacle était gratis[186], ils n'avaient pas été satisfaits. "Messieurs, avaient dit les paysans, nous sommes restés jusqu'au bout, donnez-nous au moins quelque chose pour boire." »[187] Il va de soi que la portée morale de cette pièce s'adressait à un public de nobles conquis par avance et ne pouvait pas toucher la moyenne bourgeoisie qui ne comprenait pas le français ou qui voulait garder son caractère allemand. Le peuple, quant à lui, ne se sentait concerné ni par la langue, encore moins par la problématique.

C'est dire que le théâtre en langue française avait de réelles difficultés pour exister: le public, même potentiel, n'était visiblement pas suffisant, les moyens financiers nécessairement réduits. Porté à bout de bras par les commandants militaires de la place de Strasbourg, le théâtre « français », jugé nécessaire à cause de la présence de l'importante garnison française, recevait d'office l'abonnement global des militaires de la garnison, jouissait de nombreux avantages financiers, fournis soit par la Ville, soit par les troupes de théâtre de langue allemande, qui devaient lui verser un pourcentage de leurs recettes,[188] mais n'arrivait pas à s'imposer, malgré la qualité des acteurs ou des pièces et la réputation[189] dont il semblait jouir. «Le théâtre français restait un théâtre d'importation appuyé par l'autorité militaire »[190] et l'intelligentsia locale (la noblesse alsacienne, française et européenne; les officiers; les fonctionnaires immigrés)[191] n'était sans doute pas encore quantitativement suffisante pour faire vivre ce théâtre. Cependant, cette coexistence forcée de deux théâtres a participé au rôle de médiation de l'Alsace entre les deux cultures et a sans doute eu des conséquences sur les conceptions du théâtre dans chacune d'entre elles.[192]

De nombreux mais éphémères journaux en allemand

«Si, pour l'époque, particulièrement dans la deuxième moitié du XVIIIe siècle jusqu'à la Révolution, les publications, généralement hebdomadaires, sont assez nombreuses et variées, elles restent confinées à un cercle privilégié, les milieux bourgeois, intellectuels, d'affaires, et connaissent, à quelques exceptions près, [...] une existence éphémère.»[193] Une partie de ces publications est issue des innombrables «sociétés» (littéraires, savantes, morales, etc.) qui se sont créées tout au long de la seconde moitié du siècle et partage leurs vicissitudes. Les publications plus indépendantes ou visant un autre public (les femmes, les enfants, les paysans) ne font pas de percée particulière et connaissent généralement une durée de vie fort brève. L'écrasante majorité des titres qui paraissent est publiée en langue allemande.[194] Les expériences faites pour publier un journal bilingue ou dans deux éditions différentes (en allemand et en français) ne semblent pas viables.[195]

Cependant, la raison d'être de certains de ces journaux périodiques, certes en langue allemande, réside précisément dans leur fonction médiatrice pour faire connaître, par exemple, la littérature française dans les États de langue allemande, même si ce type de fonction n'est pas exempte d'intérêts économiques bien compris pour l'éditeur.[196]

Les almanachs (ou calendriers), souvent importés (illégalement) des territoires autrichiens ou suisses[197], jouissent d'une diffusion particulièrement importante dans les couches plus humbles de la population, notamment dans les campagnes. «Écho d'une expérience individuelle ou collective, venu du fond des siècles, il est trésor de sagesse populaire »[198] et consulté ou lu parce que rédigé en allemand.[199]

Livres : l'allemand prédomine, le latin chute

Pour le livre imprimé, la situation reste plus difficile à saisir, en raison de «l'absence de dynamisme, [de la] fermeture professionnelle, [de] l'endogamie, [de] la xénophobie, [de] l'opposition à toute nouvelle création [...] et [du] poids de la tradition»[200] qui règnent dans le monde de l'imprimerie en Alsace en général, à Strasbourg en particulier, jusque vers 1770. L'allemand prévaut largement, le latin et le français restant quantitativement bien minoritaires comme langue de l'écrit imprimé,[201] encore que les rapports puissent être inversés selon les entreprises. «L'allemand est employé surtout pour les petites plaquettes de diffusion locale et populaire, puis pour l'impression des ouvrages d'érudition, notamment en sciences, ainsi que pour les livres d'art et de lettres. Le latin est utilisé pour les ouvrages de piété catholique [...] alors que le français est surtout la langue du monde des Lumières, des sciences et des arts, pour les élites cultivées.»[202] Cette répartition, valable pour un imprimeur-éditeur, pourrait être représentative de bien d'autres officines.

En ce qui concerne les librairies, force est de constater qu'«il existe à Strasbourg, à la fin du XVIIIe siècle, une clientèle germaniste suffisamment nombreuse pour assurer le maintien de plusieurs librairies "allemandes"»[203]. L'examen du fonds de la Librairie académique montre que sur les 14 813 titres répertoriés, l'allemand se taille la part du lion, avec 66,4% des livres; 20% des titres sont en français, 13% en latin et les 0,6% restants en anglais, en italien ou en espagnol.[204] L'étude de l'évolution de la répartition linguistique des livres de cette librairie à travers le siècle, et singulièrement de 1750 à 1790, montre le recul considérable du latin comme langue de l'écrit, au profit unique de l'allemand, la part du français ne progressant qu'à la marge durant ce demi-siècle de domination politique française.[205]

Aussi, à côté d'une image cosmopolite et européenne, pétrie de culture et de langue françaises, transportée par les nobles et la haute bourgeoisie et, très partiellement, par des intellectuels, se dessine, en marge «d'une élite intellectuelle et économique ouverte sur la modernité et consciente de la richesse apportée par le contact entre deux cultures»,[206] une société alsacienne plutôt tournée vers le passé, plutôt conservatrice, peu ouverte au français et à la culture ou aux idées, parfois contradictoires, que le français véhicule. Cette société englobe à la fois la bourgeoisie autochtone et toutes les formes de classes moyennes, des milieux économiques et intellectuels et l'immense masse anonyme du peuple, sans que l'image ne présente de contours véritablement homogènes.

XVIIe – XVIIIe SIÈCLES

Sentiment d'infériorité de ne savoir « correctement » ni l'allemand, ni le français

Dans le même temps, tout ou partie des locuteurs alsaciens est confrontée à plusieurs types de reproches quant à la « qualité » de la langue (ou des langues) qu'ils parlent ou qu'ils écrivent. Les parlers dialectaux alsaciens sont souvent éprouvés comme « rudes », « terribles », « horribles »[207] et affublés de bien d'autres qualificatifs encore par des étrangers de langue allemande. Si la forme de repli sur soi dont fait preuve une grande partie de la population contribue certainement à une forme de conservatisme linguistique et donc à un certain décalage, dans les évolutions linguistiques, avec d'autres espaces dialectaux (*cf. supra*), il n'en reste pas moins que ces jugements proviennent généralement de locuteurs qui disposent d'une variété orale qui commence à s'appuyer plus ou moins fortement sur l'allemand commun écrit ou qui sont, pour partie, originaires d'un autre espace dialectal. De ce point de vue, la distance linguistique entre les variétés dialectales et cette forme d'oralité a pu être ressentie négativement dans le domaine de la subjectivité esthétique. S'il est vrai que le travail de mise en normes de la langue allemande bat son plein[208], il semble bien que l'hétérogénéité linguistique dans la langue usuelle, dans l'espace de langue allemande, soit la règle, y compris dans les milieux cultivés.[209] Que la dialectalité renvoie au provincialisme réel ou supposé, à une ruralité dans la langue et dans le comportement, à une non-modernité caractérisée, au caractère plébéien d'un locuteur,[210] etc., dépend toujours de la propre biographie et des origines sociales et linguistiques du locuteur à l'origine du jugement.[211]

Que les parlers dialectaux alsaciens soient de l'allemand ne fait pas de doute, mais c'est bien la qualité, notamment dans la « prononciation » de cet allemand en Alsace, qui fait l'objet d'une réprobation d'un certain nombre d'observateurs.[212] Ces jugements vont ouvrir la voie à une radicalisation de l'appréciation de la langue parlée en Alsace, notamment lorsqu'on évaluera ces dialectes comme de l'allemand « corrompu ».

Les jugements portés sur le français parlé, voire écrit en Alsace par des autochtones n'en sont pas moins dépréciatifs, qu'il s'agisse de la « prononciation », de tournures, de lexies ou d'autres formes linguistiques utilisées en français et directement calquées sur l'allemand, ou encore de maladresses ou de malhabiletés stylistiques, réelles ou feintes. La très grande majorité des professeurs de l'Université de Strasbourg, lorsqu'ils savent le français, semblent être dans ce cas. De très grands savants, historiens et juristes, par exemple, dont la notoriété dépasse de loin le cadre étroit de l'Alsace, ne sont pas épargnés : qu'il s'agisse de maîtres comme le juriste et historien Jean-Daniel Schoepflin (1694-1771),[213] d'un de ses disciples, le juriste Christophe Guillaume Koch (1737-1813),[214] ou de l'abbé Grandidier (1752-1787),[215] l'historien catholique travaillant sous la protection du cardinal de Rohan.

La pression de la norme du français, dont la codification est sans cesse affinée et qui fait corps avec la notion de « langue française » elle-même parfaite, a dû peser de tout son poids sur les locuteurs et scripteurs alsaciens et les accabler à tel point qu'ils prennent les devants en s'excusant par avance[216] de leurs maladresses, fautes ou autres contraventions à l'égard de ce modèle de perfection et d'élégance[217] que représente la langue française.

Ce sentiment d'imperfection et d'infériorité, cette forme de soumission à des normes linguistiques et stylistiques qui semblent être hors de portée vont durablement peser sur tous les apprenants de la langue française en Alsace. Le bilinguisme qui commence à caractériser une partie des classes aisées et/ou instruites commence à susciter des commentaires négatifs dans la mesure où l'on reproche à ces locuteurs (et, pour partie, à ces scripteurs) de ne savoir « correctement » ni l'allemand, ni le français. La réalité doit certainement présenter des cas de figure qui alimentent cette représentation négative du bilinguisme qui empêcherait une bonne maîtrise de deux langues à la fois. Cette opinion va connaître un succès qui ne se démentira pas : elle continue à être partagée aux XXe et XXIe siècles. Le propos que tient le théologien Blessig (1747-1816) résume tous les autres : « Vous écrivez et parlez, Dieu sait comment ! En Saxe, nous ne savons pas parler l'allemand, à Paris nous ne savons pas parler le français […] ; voulons-nous toujours être considérés comme faisant partie de cette race d'êtres hybrides, rester des amphibiens et des chauve-souris ? »[218]

Malgré les préventions des classes modestes à l'égard du français, il semble bien qu'un certain nombre de termes français, probablement aussi avec l'objet le désignant, aient fait *plus largement* leur entrée dans les parlers dialectaux, même s'il n'est pas possible de déterminer avec exactitude les chemins qu'ont empruntés ces mots et/ou ces objets. Les villes ont pu jouer le rôle de lieu de passage tant des objets que des mots qui les nomment,[219] mais aussi, comme au siècle précédent, tous les locuteurs des corps de métier en contact, de fait, avec le français, et présentant parfois une forme de mobilité géographique (*cf. supra*).

Cependant, la diffusion de nouveautés lexicales n'a pas dû être homogène, ni dans le temps, ni dans l'espace.

Mais ces couches sociales restent peu touchées par l'écrit, même en allemand, produit par les savants et les lettrés, dans le sens que, à l'instar des autres espaces européens, elles partagent essentiellement une culture orale, dont leurs parlers sont les porteurs et qui structurent leur vie et leur lecture du monde. Dictons, proverbes et tournures métaphoriques en témoignent amplement. Pour d'autres formes de production populaire, comme la chanson, le dialecte semble être moins utilisé. Elles restent soumises à d'autres contraintes, notamment celles qu'exercent les individus qui les véhiculent.[220]

À la veille de la Révolution, la situation alsacienne reste globalement contrastée : « Somme toute, on est à huit jours de route de Versailles et il se dresse entre l'Alsace et la France deux obstacles plus insidieux que la frontière politique : la religion et la langue. […] S'avançant comme un coin dans l'aire linguistique allemande, l'Alsace fait figure de glacis, de *Zwischenland* dans lequel s'affrontent les cultures latine et germanique : ce que Goethe appelait *das elsässische Halbfrankreich*. Elle est carrefour, plus que creuset, car les divers apports se conjuguent plus qu'ils ne se fondent. »[221] Mais les signes de « métissage » culturel sont apparus tout au long du XVIIIe siècle, tant dans les villes, par les coexistences multiples qui s'y développent, que dans la vie de la paysannerie alsacienne, notamment dans l'alimentation.

Cependant, l'image que renvoie l'Alsace de la fin du siècle montre plutôt un ensemble sociétal où, par l'effet de l'ordre social, coexistent des groupes sociaux plutôt qu'ils ne se mélangent : du point de vue religieux (catholiques/protestants, avec des clivages internes plus ou moins importants dans chaque camp, selon les moments et les orientations prises), du point de vue social (prestige social et ascension sociale *vs* reproduction sociale), du point de vue interne (autochtones et « étrangers »), du point de vue des idées (conservateurs *vs* innovateurs), etc.[222] Mais les frontières délimitant ces groupes présentent des porosités multiples, inégales, plus ou moins intenses, parfois évolutives, qui ne restent pas sans conséquences linguistiques.

Le pouvoir royal, qui aurait certes eu des moyens coercitifs pour mener une politique linguistique en faveur du français, s'est contenté, par la voix de quelques-uns de ses administrateurs, d'esquisser, en matière de langues, une volonté d'action plus politique qu'empirique et des voies possibles sans envisager sérieusement les moyens de les mener à terme.

D'ailleurs, les *Cahiers de doléances* rédigés au début de l'année 1789, souvent en allemand au demeurant, font état de nombreuses aspirations,[223] parfois assez différentes et contradictoires, selon les ordres et les catégories sociales, mais ne contiennent, fort logiquement, pratiquement pas de « doléances » concernant les langues. Ce sont tout au plus les frais qu'engendrent les traductions dans les affaires de droit qui amènent les rédacteurs à demander l'utilisation de leur langue maternelle.

L'emprise de la Couronne de France sur l'Alsace se concentre sur l'essentiel, sur ce qui assure la pérennité de l'entreprise : asseoir le pouvoir politique en s'assurant la collaboration active des élites locales et étendre, de fait, les intérêts du roi, de manière à ce que le Rhin devienne une frontière politique effective. Garante de la « vraie religion » de ses sujets, la royauté s'efforce de contenir le protestantisme. Si une politique linguistique de francisation avait servi ces objectifs, nul doute qu'elle aurait été menée, mais uniquement comme moyen, non comme fin. Le système politique et social de la monarchie française n'a eu ni d'intérêt particulier à mener ce type de politique, encore moins le besoin de le faire.[224]

1789-1815

L'époque révolutionnaire et napoléonienne

1789-1799 : LA DÉCENNIE PRODIGIEUSE[225]

« Les représentants du peuple français[*] » vont, d'emblée, être confrontés aux questions multiples que soulèvent les langues en France parce que, précisément, ils se perçoivent comme les représentants du peuple français et qu'ils entendent susciter l'adhésion populaire. À la différence du régime monarchique, pour qui la langue française reste le signe de la distinction et de la discrimination sociales, symbole constitutif du pouvoir royal et de son appareil politique et sociétal, les hommes qui font la Révolution vont avoir le souci d'être compris et approuvés par le « peuple ». Or, ce dernier, dans sa grande majorité, ne comprend pas cette langue et la parle encore moins : de par son statut, sa fonction et son état dans l'Ancien Régime, il n'avait pas le besoin de connaître la langue de ceux qui détiennent le pouvoir.

Au fil du temps et des événements politiques et militaires, la Révolution va apporter des réponses différentes aux questions concernant les langues : d'empiriques, par le biais de traductions, elles vont devenir idéologiques, la diversité linguistique de la France[226] devenant un facteur mettant en péril, aux yeux des révolutionnaires, l'unicité et l'indivisibilité de la République, qui ne peut tolérer que la langue de la nation, le français.

---

[*] Début de la *Déclaration des droits de l'homme et du citoyen* du 26 août 1789.

C'est dans ce contexte politique nouveau que s'inscrit la problématique linguistique à la fois générale et singulière que connaît l'Alsace. Mais la période révolutionnaire n'est ni homogène, ni linéaire. Des forces contradictoires la traversent, des lignes de partage la parcourent (économiques, religieuses, sociétales, mentales et conceptuelles) selon un même mode hétérogène : les adhésions ou les refus des individus face aux événements peuvent garder une certaine constance, mais aussi fluctuer dans un sens comme dans l'autre. Soumise aux débats et aux conflits internes, elle devra également réagir aux menaces venant de l'extérieur, qui façonneront, ou du moins influenceront aussi les décisions que la Révolution aura à prendre, notamment en Alsace.

Les questions linguistiques ne constituent pas un champ particulier des problèmes auxquels doit faire face la Révolution. Les réponses, théoriques ou pratiques, qu'elle formule entrent de plain-pied dans le politique en général. Dans ce sens, elles ne peuvent pas être coupées des conceptions politiques globales que se font les cadres successifs de la Révolution des mesures à prendre dans l'intérêt des citoyens.

Aussi n'est-il guère étonnant que la radicalisation du mouvement révolutionnaire, soumis aux difficultés intérieures et aux dangers venant de l'extérieur (les guerres contre l'Europe des monarchies, à partir d'avril 1792), ait également touché les questions linguistiques, avec la même force, avec les mêmes arguments. Ainsi d'une attitude pragmatique, voire favorable aux idiomes locaux comme canal privilégié pour susciter l'adhésion du peuple, la Révolution va formaliser politiquement sa prise de distance, puis sa détermination à les éradiquer, à partir de 1793.

La façon dont les Alsaciens ont réagi, dans leur majorité, à l'ensemble de la période reste contrastée, selon leur origine, leurs appartenances, leur statut social, leur confession, leur fortune. Cependant, « dans l'ensemble, les deux départements donnent l'impression d'avoir peu été touchés par un extrémisme contre-révolutionnaire. Par contre, ni les idées de gauche, ni même [...] l'option « girondine » ne semblent avoir réussi à s'imposer durablement, ni à rallier plus qu'une minorité. C'est l'option centriste, la plus modérée, qui paraît le mieux répondre aux aspirations des Alsaciens. »[227] « Sans rejeter a priori tout ce qui a été fait, elle met l'accent avant tout sur la nécessité des religions traditionnelles et de l'ordre social. »[228] Un jugement émis par des administrateurs du département du Bas-Rhin en l'an II semble convenir tout particulièrement : « L'habitant de ce département ne sera jamais capable de ces sacrifices, de cet élan qui annoncent un républicain ardent [...]. Il n'est ni autrichien, ni prussien. Il ne regrette point l'ancien régime, il aime peut-être la République, mais il n'est point fait pour les révolutions. »[229]

1790 : le bilinguisme des lois et décrets, pour être compris de la population

La Révolution reste bien la fille du XVIIIe siècle par l'avalanche d'écrits qu'elle produit. Mais le défi qu'elle devra relever reste celui de la diffusion de toute cette production, en particulier de celle des lois qu'elle promulgue et des décrets qu'elle va prendre, fondant un ordre politique et social nouveau. L'enjeu est de taille : les résistances et les méfiances existent, dues à « l'ignorance » et aux « préjugés » prêtés aux masses ou encore à l'opposition des élites locales qui donnent une interprétation falsifiée, aux yeux des révolutionnaires, de leur action. Diffusion signifie ainsi autant explication du sens de ces textes dans une langue qui puisse être comprise par tous les membres de cette communauté en devenir qu'est la nation qu'adhésion aux idées qu'ils véhiculent. Mais la question inédite que doivent résoudre les hommes de la Révolution reste bien celle des moyens à mettre en œuvre pour rallier à leurs projets une population dont l'avis n'a jamais été sollicité et qui n'a pu manifester son mécontentement autrement que par la violence.

« Dès lors une double pédagogie politique s'avère nécessaire : d'une part expliquer aux habitants de la campagne le sens des lois nouvelles dans une langue connue d'eux – c'est-à-dire traduire ; d'autre part élaborer une politique d'instruction publique. »[230] En conséquence, le 14 janvier 1790, la Constituante[231] ordonne la traduction des lois dans les divers idiomes usités en France et son envoi dans les régions concernées. Cette politique pragmatique semble avoir été la seule cohérente, tant dans le fond que dans la forme, au moment où elle a été décidée. Mais la logistique avait du mal à suivre, de sorte qu'entre la déclaration d'intention et la réalisation effective d'une traduction, il restait bien des embûches de tous ordres. Aussi, en Alsace, devant l'incapacité du « centre » à faire procéder régulièrement aux traductions nécessaires, l'on effectua de nombreuses traductions sur place[232] et différentes instances s'attachèrent les services d'un secrétaire-interprète en propre : la Ville de Strasbourg créa ce poste dès 1790, le Directoire du Bas-Rhin institua une fonction de traducteur-juré à la fin de 1791, le Département du Haut-Rhin fit de même.[233] L'Alsace disposait ainsi d'un appareil de textes officiels dans leur version bilingue.

Les changements de statut des villes allaient cependant créer de réelles difficultés. Ainsi, les délibérations des conseils municipaux devaient être tenues en français, ce qui réduisait au silence tous ceux qui ne le savaient pas ou mal, encore qu'un procès-verbal en langue française ne préjuge en rien de la langue utilisée réellement durant les débats. Mais un certain nombre de villes, selon leurs histoires particulières, vont continuer à rédiger leurs procès-verbaux, pour l'essentiel, en allemand. Dans d'autres institutions, les deux langues sont admises. Par exemple, un article du règlement intérieur du Conseil général du département du Haut-Rhin prévoit qu'«il sera libre à chaque membre de faire en allemand ou en français telle motion qu'il jugera convenable. Il expliquera ensuite ou la fera expliquer dans l'autre langue.»[234] C'est visiblement un fonctionnement qui va être adopté dans de nombreuses instances, notamment dans les sociétés populaires.[235]

Ce processus, s'il laisse une part importante à l'allemand dialectal oral et à l'allemand écrit, favorise très largement l'assise du français en Alsace. Il semble bien que l'utilisation assez libérale d'une langue autre que le français, certes prévue par le législateur par le biais des traductions, soit uniquement justifiée par le souci d'efficacité dans la diffusion des décisions prises, «pour que personne [ne] puisse prétendre cause d'ignorance.»[236]

Cependant, c'est dans le champ de la justice – qui n'était pas touché par la décision de la Constituante – que les revendications linguistiques, déjà largement présentes au temps de l'Ancien Régime, semblent trouver leur expression la plus nette. Aller en justice entraîne des problèmes financiers par les frais qu'engendrent les traductions et engendre un problème de dépendance d'autrui pour faire valoir ses droits : la justice constitue toujours le domaine le plus sensible, le seul où, de manière constante, les réclamations linguistiques restent nombreuses à toutes les époques. S'il est un domaine où la parole semble jouer un rôle central et où la nécessité, pour les usagers, de comprendre la langue utilisée semble impérieuse, c'est bien celui-là. C'est le point de vue défendu, dès le printemps 1790, par le juriste éminent qu'est Christophe Guillaume Koch :

> Il devient [...] indispensable que les actes publics du plus grand nombre des citoyens soient couchés dans la langue du pays qui est l'allemande et que les officiers publics chargés de les rédiger soient imbus de cette langue.
> Tout citoyen attaqué dans son honneur, dans sa propriété, dans sa vie a le droit de se défendre dans la langue qui lui est familière. Que ce soit la française ou l'allemande, il faut qu'il ait la faculté de s'expliquer

> dans l'une ou l'autre et qu'il ne soit pas réduit à s'adresser à ses juges par interprètes.
>
> Les juges par conséquent de toute espèce qui seront établis en Alsace, en vertu du nouvel ordre judiciaire, devront nécessairement savoir les deux langues afin qu'ils puissent comprendre et les citoyens qu'ils seront dans le cas de juger et les jurés qui constateront le fait, et les titres et pièces qui seront présentés aux juges dans ces langues.
>
> Cette qualité requise dans les juges servira à remédier à un bien grand abus. Le citoyen ne sera plus obligé, comme par le passé, de faire traduire, à grands frais, de nombreuses pièces de procédure, et la religion du juge ne sera plus surprise par l'inexactitude et l'infidélité de ces traductions qui souvent ont occasionné de criantes injustices.[237]

Koch livre le fond de sa pensée sur les événements en cours et sa conception à la fois pragmatique et d'une logique idéologique imparable: «Qui craindrait aujourd'hui d'avancer que les Rois sont faits pour les peuples et non les peuples pour les Rois, et l'on oserait encore soutenir que le peuple doit savoir la langue de ses juges, tandis qu'il serait permis à un juge d'ignorer la langue du peuple qu'il est appelé à juger?» Et de rappeler la tolérance dont a fait preuve l'Ancien Régime dans la basse justice (malgré l'arrêt de 1685 qui impose la langue française). Son avis reste en cohérence avec l'optique dans laquelle les changements qui interviennent sont compris.

Ulrich demande une justice et une administration bilingues

Dans un discours,[238] André Ulrich, le secrétaire-interprète de la Ville de Strasbourg, esquisse, à son tour, les contours de cette question épineuse, mais poussera son raisonnement bien plus loin, en se plaçant sur le terrain de la politique linguistique:

> La plus grande partie des habitants des Départements[239] du Haut et du Bas-Rhin ne parle et n'entend que la langue allemande. Jusqu'à ce jour les Administrateurs et les Juges ne s'adressaient à eux que dans une langue qui leur était absolument inconnue. Les contrats étaient passés en langue française; toutes les réponses faites à leurs plaintes et demandes, toutes les poursuites, notifications, décisions, arrêtés, jugements et toutes les pièces concernant l'administration et la justice étaient rédigés dans une langue tout à fait étrangère à la majeure partie des Alsaciens. Il n'y a que les Décrets de l'Assemblée nationale, les Ordonnances et les Arrêtés publics qu'on croyait devoir traduire.

Il poursuit plus loin:

> Mais ces anciens systèmes étant ou réformés ou anéantis par l'esprit sublime qui préside à la régénération de la France, on commence

> enfin à se persuader que les Magistrats et leurs employés doivent être les organes et les interprètes des vœux de leurs Commettants, que ni religion, ni langue, ni coutumes ne contribuent en quoi que ce soit, ni à l'unité de la Constitution, ni au patriotisme, ni au bonheur des peuples. Il est donc instant de s'occuper enfin des moyens de tempérer cette suprématie et cette espèce d'aristocratie que la langue française exerçait jusqu'ici dans une province où elle n'était guère entendue. [...] Si la volonté de la pluralité est suffisamment éclairée et reconnue généralement utile, elle doit servir de base et de règle à tous les projets, institutions, arrêtés, règlements, etc. Or sur dix de nos Concitoyens, il y en a neuf qui demandent qu'on se serve des deux langues dans l'administration des affaires publiques dans les deux Départements. Or je vous le demande, Messieurs, cette volonté de la majeure partie, n'est-elle pas fondée dans les Droits de l'homme et dans l'esprit de la Constitution ?

Ainsi, Ulrich ne demande rien de moins qu'une justice et une administration bilingues en s'appuyant sur le renversement de souveraineté qu'opère la Révolution : c'est bien la « volonté de la majeure partie » qui doit prévaloir et non celle des dirigeants, quels qu'ils fussent. Mais il ne s'en tiendra pas là. En ce mois de juillet 1790, il construit toute une argumentation – qu'il tire de *sa* lecture des textes fondateurs de la Révolution – tendant à montrer que c'est *l'adhésion* aux idées et aux fondements politiques de la Révolution qui doit primer et non la langue dans laquelle elle s'opère. Bien plus : la Révolution se doit de respecter les caractéristiques des peuples (*cf.* Koch). Il s'agit là d'un élément constitutif de l'ordre politique et social nouveau qu'elle veut promouvoir et d'une condition essentielle pour obtenir le soutien et l'adhésion des principaux concernés :

> Le langage des habitants de la province d'Alsace, l'esprit et le caractère individuels sont liés entre eux par les rapports les plus intimes. Un Administrateur qui leur porte atteinte est un tyran : et dès lors il ne faut plus compter sur le bien qu'il pourrait faire. Un Administrateur qui sait les ménager à propos et les diriger au bien public acquerra par là une force qui le rendra bienfaiteur du peuple.

Enfin il esquisse sa conception de la psychologie politique à mettre en œuvre en Alsace, tout particulièrement dans le domaine de la politique des langues, en réfutant par avance toute mesure autoritaire et coercitive :

> L'amour qu'ils portent de préférence à la langue allemande tient au caractère des habitants de cette province qui, étant originairement allemand, doit nécessairement sympathiser davantage avec les Allemands qui viennent s'établir parmi eux et avec lesquels ils sont appelés à soutenir des relations de commerce et d'industrie. Plus vous ferez de ce caractère l'objet d'une manière de penser intolérante, plus

> vous éloignerez le peuple de la Constitution française. [...] Voulez-vous donc en former des Français, employez les moyens de douceur et étudiez-vous à diriger cet esprit de province vers le but général, je veux dire, l'harmonie de l'ensemble.

En homme du XVIIIe siècle, Ulrich reste persuadé que les lumières de la connaissance entraînent nécessairement l'adhésion: « Le moyen le plus sûr de rendre les habitants de l'Alsace les meilleurs citoyens de la France, c'est de les familiariser avec les principes humains et la Loi sainte de la Constitution. Faites-les leur connaître pour les leur faire aimer. » Et la seule manière d'y arriver est de donner au citoyen « la satisfaction de suivre de cœur et d'esprit la marche des affaires publiques » pour qu'il puisse « se persuader, en les étudiant, de leur importance et des grands avantages qu'il est appelé à en recueillir. » Il va de soi que cela ne saurait se faire, à cet instant, qu'en allemand.

Dans sa péroraison, il revient tout à la fois sur la place du français et le rôle de l'allemand pour contester une quelconque relation entre la langue et la loyauté politique et reformule sa mise en garde contre toute coercition en matière linguistique:

> Ne vous flattez donc jamais d'éteindre en Alsace la langue allemande; mais, je dis plus, dussiez-vous espérer d'y réussir, vous devriez y renoncer par pur patriotisme. Cependant je conviens que dans l'état présent des choses, l'esprit public et l'attachement à la Constitution française doivent s'accroître à proportion qu'elles seront plus connues. Or je ne vois pas comment la langue allemande et l'attachement à la Constitution ne puissent parfaitement aller de pair? Il faut attendre, d'une meilleure et nouvelle organisation des écoles publiques, l'avantage de rendre la langue française plus familière au peuple de cette province. [...] Jusqu'ici l'Alsacien [a été amené] par une espèce de charme à adopter la nouvelle Constitution. Gardons-nous bien d'employer d'autres moyens que ceux de la persuasion. Ne nous fions pas à une impulsion passagère, plus animée qu'éclairée peut-être, à laquelle les ennemis de la Constitution pourraient donner une tournure tout à fait contraire à nos vues.

Cette mise en garde relève-t-elle de sa seule intuition? Réagit-il à des propos qu'il a déjà entendus? Sont-ce là des tentations qui se seraient déjà exprimées avec insistance? Rien ne l'indique. Mais, coïncidence, à peine un mois plus tard, le 13 août 1790, l'abbé Grégoire fait publier et diffuser son enquête sur les patois, dont la première question et les questions 29 et 30 sont libellées comme suit: « 1. L'usage de la langue française est-il universel dans votre contrée. Y parle-t-on un ou plusieurs patois? 29. Quelle serait l'importance religieuse et politique de détruire entièrement ce patois? 30. Quels en seraient les moyens? »[240]

Cette bigarrure linguistique de la France qui obsède Grégoire[241] pose certes des problèmes pratiques et peut objectivement freiner la diffusion des idées. Mais l'heure est encore à l'accommodation linguistique et personne ne songe à imposer autoritairement l'emploi du français, ce qui serait compris comme un acte digne de l'Ancien Régime.

Aussi le bilinguisme dans le domaine des lois et décrets devient-il systématique dans tous les avis et affiches destinés au public. Mais, de fait, la presse témoigne plutôt de l'omniprésence de l'allemand : hormis des feuilles d'affiches, parfois bilingues, et quelques journaux politiques,[242] les journaux sont exclusivement rédigés en langue allemande, qu'il s'agisse d'une volonté d'éducation populaire ou qu'il s'agisse de raisons plus prosaïquement économiques.[243]

L'adoption de la *Constitution civile du clergé* par l'Assemblée le 12 juillet 1790 aurait pu amener, en Alsace, au moins secondairement, une forme de renforcement de l'allemand. En effet, devant le refus de la majeure partie du clergé catholique de prêter serment, on fit appel à des prêtres venant des pays d'Empire et des terres d'Autriche, « puisqu'il fallait surtout des prêtres de langue allemande pour les nombreuses paroisses où cette seule langue était employée »,[244] mais l'accueil que réserva la population à ces prêtres leur fut largement hostile. Aussi n'est-ce pas la langue qui est ici au centre des préoccupations, mais bien le projet religieux, qu'il s'agisse des hommes qui font la Révolution ou de la population catholique en Alsace.

1791 : l'école et les langues

S'il est un domaine où une confrontation sur les questions des langues auraient pu intervenir très tôt ou, du moins, où il eût été possible qu'elles fassent l'objet de discussions, c'est bien celui de l'école.

> La Révolution ne bouleverse pas seulement la législation sur l'école ; elle invente une image de l'école, elle investit sur l'école son propre avenir : du coup, elle en fait l'enjeu central d'un affrontement politique et culturel. Mais elle ne change rien, ou pas grand-chose, à la pratique réelle de l'école élémentaire. [...] Au niveau des idées, la Révolution cristallise deux innovations capitales, promises à un long avenir. La première fait de l'instruction une sorte de pouvoir démiurgique, dont dépend la liberté du peuple. [...] L'école devient la figure centrale des pouvoirs illimités de la société sur le bonheur de l'individu : sous l'Ancien Régime, elle avait pour charge de former des chrétiens, sous le nouveau, elle devra faire des hommes libres et heureux. [...] Creuset des nouvelles valeurs démocratiques, inlassable pédagogie, elle a la religion de l'école pour tous.

Le corollaire, c'est une école nationale : ce qui est au service de la nation doit être géré par la nation.[245]

Ainsi, si «la Révolution a le *devoir* d'offrir aux Français l'instruction, les nouvelles institutions ont également *besoin* de citoyens instruits. [...] L'éducation est un devoir de la nation à l'égard d'elle-même, elle est une manière de s'appliquer à elle-même sa volonté et son pouvoir souverain.»[246]

Or, dans la pratique, le domaine scolaire n'est pas investi, d'emblée, par la Révolution : il reste ouvert, comme n'importe quel autre domaine, à des forces multiples et contradictoires, dont les acteurs, prenant appui sur les libertés nouvelles, règlent souvent des comptes religieux, financiers ou sociaux peu glorieux,[247] mais ne fait pas encore l'objet d'un enjeu majeur, même si les débats pédagogiques, eux, ne cessent d'être alimentés.

C'est bien plus le statut des maîtres qui provoquera des conflits de compétences : les pouvoirs de l'Église sur l'école avaient été transférés par la Constituante, dès 1789, aux autorités administratives. Mais à la suite du clergé, soumis aux dispositions de la *Constitution civile du clergé* qui lui sont destinées, les maîtres vont, de leur côté, être soumis à l'obligation du serment de fidélité à la Constitution, s'y soustraire souvent ou le contourner, et rester, du moins en ce qui concerne le personnel catholique, des suppléants efficaces des prêtres réfractaires.[248]

L'aspect religieux, avec l'ensemble de son contexte et de son imprégnation politiques et idéologiques, occupe l'essentiel de la scène scolaire en Alsace, même si, çà et là, transparaissent des souhaits d'ordre linguistique. Ainsi, lorsque Talleyrand proposera à l'Assemblée nationale constituante, qui venait d'élaborer la *Constitution du 3 septembre 1791*,[249] de faire enseigner la grammaire française dans toutes les écoles communales (10, 11 et 19 septembre 1791), un journaliste de la *Geschichte der gegenwärtigen Zeit*, peu suspect de manque de «patriotisme» à l'égard de la France révolutionnaire, commente l'événement en ces termes : «J'espère qu'on enseignera les règles élémentaires de la langue allemande dans les régions de l'empire français où l'on parle l'allemand afin que nous apprenions à connaître d'abord – comme cela doit être le cas dans un enseignement normal – l'esprit de la langue maternelle avant de passer à l'étude d'une langue étrangère.»[250]

Anticipant une décision qui tardait à venir, le corps municipal de Strasbourg eut à discuter, sans doute dès mai 1791, une *Proposition relative aux écoles primaires*, qui, outre la gratuité, prévoit une organisation scolaire dont les langues font partie :

> Dans cette école seront enseignés gratuitement les langues française et allemande, l'écriture dans les deux langues et les principes de la reli-

gion et les premiers éléments de l'arithmétique. Comme la diversité des idiomes ajoute beaucoup à la difficulté de trouver des maîtres d'école capables, il ne serait pas nécessaire d'exiger de chaque maître d'école la connaissance des deux langues qu'il est rare de savoir assez bien pour les enseigner toutes deux ; mais il suffirait que le maître et le sous-maître partageassent entre eux les connaissances des deux langues, de manière cependant que chacun sût plus particulièrement l'une des deux.»[251]

La proposition fut entérinée, mais le directoire du Bas-Rhin ne ratifia pas le vote, probablement pour des raisons financières.[252]

La proposition de Talleyrand (septembre 1791) s'insérait dans un plan d'ensemble plus vaste concernant l'instruction publique, qui fait écho aux réflexions de Grégoire : «Les écoles primaires vont mettre fin à cette étrange inégalité [le français est connu en dehors des frontières, mais inaccessible à un grand nombre de ses habitants] : la langue de la Constitution et des lois y sera enseignée à tous ; et cette foule de dialectes corrompus, dernier reste de la féodalité, sera contrainte de disparaître ; la force des choses le commande.»[253] L'enjeu reste en effet de taille, dans cette perspective, «car le premier besoin social est la communication des idées et des sentiments»[254]. Les contours d'une langue commune aux membres constituant la nation, c'est-à-dire une langue «nationale» transcendant et anéantissant les autres formes linguistiques présentes dans l'espace français commencent ainsi à être tracés de plus en plus nettement. Mais cette idée ne s'impose pas encore.

L'assemblée législative mise en place le 1er octobre 1791, succédant à la Constituante, instaura un Comité de l'Instruction publique (14 octobre 1791) au nom duquel Condorcet proposa un projet en avril 1792. «De la question de la langue à employer à l'école primaire, [il] ne dit rien. Ni dans le rapport, ni dans le projet de décret, il n'est fait allusion soit à la nécessité d'enseigner la langue, soit à l'obligation de l'employer. [...] Il n'a rien dit pour fermer expressément la porte ni aux patois, ni aux idiomes.»[255] Mais, de toute manière, son rapport ne fut jamais sérieusement examiné par l'Assemblée législative.[256]

Vers une déclaration de guerre à toutes les langues autres que le français

Tout au long de l'année 1792 et jusqu'à l'été 1793 où «la Terreur [sera] à l'ordre du jour» (20 août), les événements, suscités ou subis, vont se succéder et amener, dans un premier temps, l'amorce d'une radicalisation uniquement verbale dans les déclarations concernant le français et les autres langues, tout en maintenant une *Realpolitik* laissant une large place à l'allemand.

En effet, le 20 avril 1792, la France déclare la guerre au roi de Bohême et de Hongrie ; le 11 juillet 1792, la Patrie est proclamée en danger ; le 21 septembre 1792, la royauté est abolie et dès le lendemain (22 septembre 1792), la Convention décrète que les actes seraient désormais datés de « l'an Premier de la République » et la formule « la République est une et indivisible » se substitue à l'énoncé « le royaume est un et indivisible ».[257] Le 21 janvier 1793, Louis XVI est guillotiné, et le 1er février 1793, la frontière du Rhin est menacée. Dès mars 1793, Landau et Wissembourg sont en première ligne et de nombreuses troupes se trouvent en Alsace. Enfin, le 4 mai 1793, le tribunal révolutionnaire est institué à Strasbourg.

Dès le 1er juin 1793, un décret portant sur le changement de nom de plusieurs localités est promulgué. La glose que propose le président des Jacobins de Colmar montre que la portée de ce changement s'inscrit plus dans la volonté d'effacer les témoins de l'Ancien Régime que dans celle de modifier la variété linguistique du toponyme : « Toutes les villes, bourgs et villages de la République, qui portaient des noms relatifs à la royauté et à la féodalité détruites, se sont empressées d'en demander le changement pour y en substituer qui exprimassent l'heureuse révolution qui assure notre bonheur ou qui consacrassent la mémoire d'hommes qui ont bien mérité de la patrie. »[258]

Cependant, il reste probable que les dialectes et les langues utilisés par la population représentaient une gêne réelle dans le fonctionnement quotidien du processus révolutionnaire, tant civil que militaire. S'agissant de l'Alsace, le représentant du peuple Couturier rappelle, dans son rapport adressé à la Convention, qu'« il faut faire des efforts pour franciser, autant que faire se pourra, les parties allemandes de la République ». Mais il n'envisage qu'un remède désormais habituel : « Il faut que chaque commune, dans les campagnes, ait un régent d'école pour enseigner les enfants à lire […]. » Pour lui, il va encore de soi qu'« il est nécessaire que les régents d'école, dans les communes allemandes, sachent les deux langues. »[259]

Les mesures qui commencent à être prises à partir du mois d'octobre 1793,[260] particulièrement par les représentants du peuple Lebas et Saint-Just, tendent essentiellement à étendre la prédominance du français. C'est à nouveau l'instruction qui est appelée à la rescousse.[261]

Mais sans doute est-ce l'ensemble de l'esprit public en Alsace qui posait problème, la langue restant la marque concrète la plus agaçante et la plus inquiétante. Le représentant du peuple aux armées du Rhin et de la Moselle propose une mesure radicale pour y remédier : « La seule mesure à prendre est de faire guillotiner le quart des habitants de cette contrée et de ne conserver que tous ceux qui ont pris une part active à la Révolution, chasser tout le surplus et séquestrer leurs biens. »[262] Une variante inégalement sanguinaire est imaginée dans une séance du Club des Jacobins de Strasbourg : « La discussion s'ouvre au sujet des Alsaciens qui ne connaissent point la langue française et que leur idiome isole du reste de la République. Plusieurs orateurs prononcent des discours très énergiques ; les uns demandent qu'on les déporte et qu'on transplante en Alsace une colonie de Sans-culottes ; d'autres que l'on leur fasse faire une promenade à la guillotine pour opérer leur conversion. »[263] L'idée de la déportation fut évoquée à plusieurs reprises tout au long de l'année 1794. Dans un texte nettement moins expéditif, mais non moins significatif, Saint-Just et Lebas proclament : « Les Citoyennes de Strasbourg sont invitées de quitter les modes allemandes puisque leurs cœurs sont français. »[264] Ce qui est, primairement, en jeu, c'est, par-delà la langue, qui reste l'emblème le plus important, l'attitude des citoyens face à l'esprit révolutionnaire : la loyauté doit s'exprimer dans tous les champs de la vie, y compris au niveau symbolique, comme l'habillement. Aussi s'agit-il de tout un ensemble dont la langue reste consubstantielle en même temps qu'emblématique.

Progressivement, poussée par les événements, face aux réalités politiques, sociales et religieuses que lui renvoient les attitudes réelles ou supposées des citoyens, la Révolution s'engage dans une voie totalement nouvelle. Elle ne se contente plus d'affirmer le rôle central ou exclusif du français, mais s'achemine vers une déclaration de guerre à toutes les langues autres que le français, toutes suspectes, à un titre ou à un autre, d'entraver les mesures révolutionnaires ou, pire, de s'y opposer et de véhiculer des idées contre-révolutionnaires. Et l'allemand fait partie des langues visées au premier chef.

« Cassons ces instruments de dommage et d'erreur »

Au cœur de la rupture qui s'opère et qui assigne à ces langues des rôles d'ennemis se trouve le discours que Barère prononce, au nom du Comité de Salut public, le 27 janvier 1794.[265] Il indique explicitement qu'il s'appuie sur les « rapports des représentants [qui] se réunissent sur ce point avec ceux des divers agents envoyés dans les départements », étayant ainsi son propos par la réalité du terrain telle qu'elle lui est relatée. D'emblée, en homme du XVIIIe siècle, il célèbre les valeurs intrinsèques de la langue française qui, sublimée par les fonctions que lui a attribuées la Révolution, fait corps avec les idées qu'elle véhicule : « Je viens appeler aujourd'hui votre attention sur la plus belle langue de l'Europe, celle qui la première a consacré franchement les droits de l'homme et du citoyen, celle qui est chargée de transmettre au monde les plus sublimes pensées de la liberté et les plus grandes spéculations de la politique. » Il rappelle le rôle discriminant que la monarchie a fait jouer au français, qui restait réservé à une élite : discrimination sociale dans la mesure où ce français devait répondre à tout un appareil de normes sociales, discrimination sociale et politique dans la mesure où le « tyran » laissait volontairement le peuple sans instruction pour mieux le dominer. Barère balaye d'un revers de main l'hétérogénéité linguistique dans l'espace. À ses yeux, les patois et les dialectes d'oïl et d'oc relèvent toujours du français : « Les hommes libres se ressemblent tous ; et l'accent vigoureux de la liberté et de l'égalité est le même, soit qu'il sorte de la bouche d'un habitant des Alpes ou des Vosges, des Pyrénées ou du Cantal, du Mont-Blanc ou du Mont-Terrible,[266] soit qu'il devienne l'expression des hommes dans des contrées centrales, dans des contrées maritimes ou sur les frontières. » Il justifie sa position, vers la fin de son intervention, de manière plus prosaïque : « Ce n'est pas qu'il existe d'autres idiomes plus ou moins grossiers dans d'autres départements ; mais ils ne sont pas exclusifs, mais ils n'ont pas empêché de connaître la langue nationale. Si elle n'est pas également bien parlée partout, elle est du moins facilement entendue. »

Barère concentre son attaque sur les « idiomes », c'est-à-dire sur les langues allogènes qui n'ont pas de rapports linguistiques avec le français :

> Quatre points du territoire de la République méritent seuls de fixer l'attention du législateur révolutionnaire sous le rapport des idiomes qui paraissent les plus contraires à la propagation de l'esprit public et présentent des obstacles à la connaissance des lois de la République et à leur exécution.
> [...]
> Nous avons observé (et les rapports des représentants se réunissent sur ce point avec ceux des divers agents envoyés dans les départements) que l'idiome appelé bas-breton, l'idiome basque, les langues allemande et italienne ont perpétué le règne du fanatisme et de la superstition, assuré la domination des prêtres, des nobles et des praticiens, empêché la révolution de pénétrer dans neuf départements importants, et peuvent favoriser les ennemis de la France.

Après avoir stigmatisé le breton[267], il passe à l'allemand :

> Dans les départements du Haut et du Bas-Rhin, qui a donc appelé, de concert avec les traîtres, le Prussien et l'Autrichien sur nos frontières envahies ? L'habitant de la campagne qui parle la même langue que nos ennemis, et qui se croit ainsi bien plus leur frère et leur concitoyen que le frère et le concitoyen des Français qui lui parlent une autre langue et ont d'autres habitudes.
> Le pouvoir de l'identité du langage a été si grand qu'à la retraite des Allemands plus de vingt mille hommes des campagnes du Bas-Rhin sont émigrés. L'empire du langage et l'intelligence qui régnait entre nos ennemis d'Allemagne et nos concitoyens du département du Bas-Rhin est si incontestable qu'ils n'ont pas été arrêtés dans leur émigration par tout ce que les hommes ont de plus cher, le sol qui les a vus naître, les dieux pénates et les terres qu'ils avaient fertilisées. La différence des conditions, l'orgueil, ont produit la première émigration qui a donné à la France des milliards ; la différence du langage, le défaut d'éducation, l'ignorance ont produit une seconde émigration qui laisse presque tout un département sans cultivateurs. C'est ainsi que la contre-révolution s'est établie sur quelques frontières en se réfugiant dans les idiomes celtiques ou barbares que nous aurions dû faire disparaître.

Barère a sans doute objectivement raison : la « Grande Fuite » de décembre 1793,[268] dont les représentants Lacoste et Baudot s'étaient réjouis*,[269] provoque le départ de plus de 30 000 habitants de plusieurs cantons des deux districts du nord de l'Alsace. Peut-être ont-ils fui sous la contrainte ou par peur ; « certains seraient partis entraînés par l'ennemi, réquisitionnés par lui ; d'autres, sachant quelle terreur régnait dans le Bas-Rhin non occupé, auraient fui une épuration arbitraire. »[270] Mais il semble bien qu'un « réel soulagement [ait] accueilli çà et là le retour des vieilles administrations seigneuriales à la suite des Autrichiens » et qu'il y ait eu « des manifestations d'enthousiasme dans certains villages dont les habitants arboraient la cocarde blanche. »[271]

Aussi le regret de ne pas avoir fait disparaître cet « idiome barbare » qui favorise les ennemis de la Révolution semble-t-il justifié, du point de vue des révolutionnaires. Puis Barère passe au basque et à l'italien de Corse. Et, de façon incantatoire, il met l'accent sur l'ignorance, sur l'importance de l'éducation publique, sur le besoin en écoles primaires, et précise :

> Les lois de l'éducation préparent à être artisan, artiste, savant, littérateur, législateur et fonctionnaire public ; mais les premières lois de l'éducation doivent préparer à être citoyens ; or, pour être citoyen, il faut obéir aux lois et, pour leur obéir, il faut les connaître. Vous devez

---

*« L'émigration des deux tiers des habitants du Bas-Rhin ajoute beaucoup à notre bonheur. Il nous est impossible de vous exposer le degré de fanatisme et de préjugés allemands qui souillent ce beau territoire. »

> donc au peuple l'éducation première qui les met à portée d'entendre la voix du législateur. Quelle contradiction présentent à tous les esprits les départements du Haut et du Bas-Rhin, ceux du Morbihan, du Finistère, d'Ille-et-Vilaine, de la Loire-Inférieure, des Côtes-du-Nord, des Basses-Pyrénées et de la Corse? Le législateur parle une langue que ceux qui doivent exécuter et obéir n'entendent pas. [...]
> Il faut populariser la langue, il faut détruire cette aristocratie de langage qui semble établir une nation polie au milieu d'une nation barbare.
> Nous avons révolutionné le gouvernement, les lois, les usages, les mœurs, les costumes, le commerce et la pensée même; révolutionnons donc aussi la langue, qui est leur instrument journalier.
> Vous avez décrété l'envoi des lois à toutes les communes de la République; mais ce bienfait est perdu pour celles des départements que j'ai déjà indiqués. Les lumières portées à grands frais aux extrémités de la France s'éteignent en y arrivant, puisque les lois n'y sont pas entendues.

Constat d'échec: la citoyenneté n'est pas possible pour ceux qui ne connaissent pas les lois; le français n'a pas su s'imposer dans les régions à idiomes; la langue reste un obstacle majeur. Il fustigera, un peu plus loin, la politique des traductions:

> D'ailleurs combien de dépenses n'avons-nous pas faites pour la traduction des lois des deux premières assemblées nationales dans les divers idiomes parlés en France! Comme si c'était à nous à maintenir ces jargons barbares et ces idiomes grossiers[272] qui ne peuvent plus servir que les fanatiques et les contre-révolutionnaires!

En une formule, il résume sa pensée:

> Le fédéralisme et la superstition parlent bas-breton; l'émigration et la haine de la République parlent l'allemand; la contre-révolution parle italien, et le fanatisme parle le basque. Cassons ces instruments de dommage et d'erreur.

La guerre contre les idiomes est déclarée et elle ne cessera plus. Barère trace, dans un même souffle, une esquisse de solution:

> Le comité a pensé qu'il devait vous proposer, comme mesure urgente et révolutionnaire, de donner à chaque commune de campagne des départements désignés un instituteur[273] de langue française, chargé d'enseigner aux jeunes personnes des deux sexes, et de lire, chaque décade, à tous les autres citoyens de la commune, les lois, les décrets et les instructions envoyés de la Convention. Ce sera à ces instituteurs de traduire vocalement ces lois pour une intelligence plus facile dans les premiers temps. Rome instruisait la jeunesse en lui apprenant à lire dans la loi des douze tables. La France apprendra à une partie des citoyens la langue française dans le livre de la Déclaration des Droits.

Il assigne, par là même, un double rôle à l'instituteur, à savoir instruire et éduquer. Ce rôle est également au service du dessein politique consubstantiel que poursuit la Révolution : l'unité.

> Dans la monarchie même chaque maison, chaque commune, chaque province était en quelque sorte un empire séparé de mœurs, d'usages, de lois, de coutume et de langage. Le despote avait besoin d'isoler les peuples, de séparer les pays, de diviser les intérêts, d'empêcher les communications, d'arrêter la simultanéité des pensées et l'identité des mouvements. Le despotisme maintenait la variété des idiomes : une monarchie doit ressembler à une tour de Babel ; il n'y a qu'une langue universelle pour le tyran : celle de la force pour avoir l'obéissance, et celle des impôts pour avoir de l'argent. […]
> Citoyens, la langue d'un peuple libre doit être une et la même pour tous. […]
> Donnons donc aux citoyens l'instrument de la pensée politique, l'agent le plus sûr de la révolution, le même langage. […]
> Pour nous, nous devons à nos concitoyens, nous devons à l'affermissement de la République de faire parler sur tout le territoire la langue dans laquelle est écrite la Déclaration des Droits de l'Homme.

Enfin, il s'agit d'un devoir patriotique[274] et c'est le prix de la démocratie :

> Dans la démocratie, la surveillance du gouvernement est donnée à chaque citoyen ; pour le surveiller, il doit le connaître, il faut surtout en connaître la langue.
> Les lois d'une République supposent une attention singulière de tous les citoyens les uns sur les autres et une surveillance constante sur l'observation des lois et sur la conduite des fonctionnaires publics. Peut-on se la promettre dans la confusion des langues, dans la négligence de la première éducation du peuple, dans l'ignorance des citoyens ?

Par le raisonnement qu'il a développé, Barère va soumettre à la Convention nationale un décret qui institue, de fait, l'école de langue française, laïque, obligatoire et gratuite, dans les départements où il doit entrer en vigueur :

> Art. I. Il sera établi dans dix jours, à compter du jour de la publication du présent décret, un instituteur de langue française dans chaque commune de campagne des départements du Morbihan, du Finistère, des Côtes-du-Nord, d'Ille-et-Vilaine, et dans la partie de la Loire-Inférieure dont les habitants parlent l'idiome appelé bas-breton.
> II. Il sera procédé à la même nomination d'un instituteur de la langue française dans chaque commune des campagnes des départements du Haut et Bas-Rhin, dans le département de la Corse, dans la partie du département de la Moselle, du département du Nord, du Mont-Terrible, des Alpes maritimes, et dans la partie des Basses-Pyrénées dont les habitants parlent un idiome étranger.

> III. Il ne pourra être choisi un instituteur parmi les ministres d'un culte quelconque, ni parmi ceux qui auront appartenu à des castes ci-devant privilégiées ; ils seront nommés par des représentants du peuple, sur l'indication faite par les sociétés populaires.
> IV. Les instituteurs seront tenus d'enseigner tous les jours la langue française et la Déclaration des Droits de l'Homme à tous les citoyens des deux sexes que les pères, mères et tuteurs seront tenus d'envoyer dans les écoles publiques ; les jours de décade, ils donneront lecture au peuple et traduiront vocalement les lois de la République en préférant celles relatives à l'agriculture et aux droits des citoyens.
> V. […] Les sociétés populaires sont invitées à propager l'établissement des clubs pour la traduction vocale des décrets et des lois de la République, et à multiplier les moyens de faire connaître la langue française dans les campagnes les plus reculées.

Comme tous les actes qui le précédent,[275] le décret ne pourra pas trouver d'application immédiate, s'agissant de l'école : au-delà du délai plus que problématique (dix jours!), ce sont les moyens qui manquent. Le coût d'une telle opération, à la charge du trésor public, eût été considérable. Mais ce sont avant tout les instituteurs qui manquent. Comment trouver des hommes qui soient bilingues, sans qu'ils soient toutefois ministres de culte ou sans qu'ils aient appartenu à une « caste privilégiée »? Les Sociétés des Jacobins, les administrateurs des départements, le corps municipal, à Strasbourg, chercheront désespérément des candidats qui répondent à ces multiples critères.

Le directoire du Bas-Rhin en faisait, une fois de plus, l'amer constat :

> L'expérience nous a convaincus du besoin urgent de *franciliser* nos concitoyens, de déraciner cette habitude d'un idiome esclave qui les éloignait de leurs frères de l'intérieur et paraissait leur donner un moyen plus facile de relations avec les satellites du despotisme. Nous sommes plus particulièrement convaincus encore de la nécessité d'éteindre chez eux les anciens préjugés du germanisme et de ramener les cœurs, par une identité de langage, au véritable amour de la patrie. Mais c'est la difficulté de trouver des instituteurs de la langue nationale qui nous a arrêtés jusque-là. En vain le patriotisme des districts et des sociétés populaires a-t-il fait les invitations les plus pressantes […] cette institution bienfaisante exige encore tant d'autres connaissances, une si grande pureté des mœurs, un développement si déterminé de civisme, que nous n'avons jusqu'à présent réussi que très faiblement à trouver un petit nombre de citoyens propres à remplir les vues de la Convention.[276]

Par ailleurs, il n'était pas impossible que des candidats potentiels aient renâclé et ne se soient pas signalés.

L'année 1794 restera rythmée, jusqu'à la chute de Robespierre (9 thermidor an II = 27 juillet 1794) et la fin de la Terreur, par un ensemble de textes (discours, proclamations, décisions...) de nature et de provenance fort diverses, dont l'objet reste constant : imposer le français, extirper l'allemand, dénoncer la collusion de la langue allemande avec une mentalité «allemande» et l'impossible loyauté politique de locuteurs de langue allemande envers la Révolution :[277] 19 février 1794 : Rousseville publie sa *Dissertation sur la francilisation de la ci-devant Alsace* ;[278] 15 mars 1794 : le corps municipal de Strasbourg décide que les nouvelles écoles n'enseigneront à lire et à écrire qu'en français ;[279] 14 avril 1794 : le directoire du département du Bas-Rhin ordonne la rédaction en français de tous les documents administratifs qui émanent de ses services et de tous les documents qui lui seront adressés ;[280] 26 avril 1794 : Philibert Simond annonce à la Société populaire de Strasbourg que le représentant du peuple a promis de prohiber la langue allemande à l'école primaire ; 3 mai 1794 : l'administration départementale du Bas-Rhin ordonne que toute impression devra être faite en caractères français ;[281] 6 mai 1794 : Simond propose à la société populaire de Strasbourg de transplanter des Alsaciens à l'intérieur et des colons à l'intérieur de l'Alsace ;[282] 10 mai 1794 : Monet[283] fait à la Société populaire de Strasbourg un discours dans lequel il identifie la langue avec le sentiment national et reprend la proposition d'échange des populations ;[284] 16 mai 1794 : Mallarmé stigmatise l'idiome tudesque comme déshonorant pour un homme libre et un républicain ; 29 mai 1794 : dans la séance du corps municipal de Strasbourg, l'Université protestante est dénoncée comme «l'hydre du germanisme» et son abolition est réclamée ; 7 juin 1794 : le représentant du peuple dénonce au Comité de Salut public les populations de langue allemande du Bas-Rhin, du Haut-Rhin et de la Moselle ; 27 juin 1794 : le directoire du Bas-Rhin, dans une lettre au Comité de Salut public, identifie langue et patriotisme et regrette la pénurie d'instituteurs ; 29 juin 1794 : le corps municipal ordonne l'emploi du français pour les enseignes publiques ;[285] 20 juillet 1794 : vive discussion au club populaire de Colmar où des membres indigènes réclament la traduction en allemand de tout ce qui a été traité en français, des membres de l'intérieur s'y opposent ; 22 juillet 1794 : les représentants du peuple Hentz et Goujon dénoncent au Comité de Salut public le manque de patriotisme des populations de langue allemande ;[286] 26 juillet 1794 : la Société populaire de Colmar discute la mise en pratique de la loi du 2 thermidor [= 20 juillet 1794] ;[287] 5 août 1794 : le club populaire de Colmar discute de la transplantation de la population alsacienne en Vendée : « [Metzger] monte à la tribune. [...] Il dit qu'un plan de terreur générale a été conçu, qu'on cherche à avilir les autorités constituées pour les remplacer par des citoyens pris hors du département, que les malveillants font accroire au peuple qu'on veut les transporter dans la Vendée, afin de décourager les patriotes et d'exaspérer les esprits. [...] »[288]

Cette radicalité, qui touche plus particulièrement l'Alsace, reste avant tout le fait des représentants et des commissaires du peuple en mission, dotés d'un pouvoir presque discrétionnaire. Ce type de propositions ne semble pas avoir été formulé à l'initiative de la Convention.[289]

La langue est identifiée aux sentiments patriotiques

Sortant de l'application dans le champ politique immédiat, un texte de cette période fait, en quelque sorte, le point de la situation concernant la problématique des langues en France. En effet, dans son *Rapport sur la nécessité et les moyens d'anéantir les patois et d'universaliser l'usage de la langue française*,[290] que Grégoire lit devant la Convention le 4 juin 1794, il trace, de façon beaucoup plus large, les contours d'un aménagement linguistique de la langue française et l'impérieuse nécessité nationale de diffuser le français en France ainsi que celui de son corollaire nécessaire, la disparition des patois.

Reprenant l'idée de la perfection de la langue française, adoptée pour son excellence par les étrangers eux-mêmes,[291] il se désole qu'il n'en soit pas de même en France :

> Si notre idiome a reçu un tel accueil des tyrans et des cours à qui la France monarchique donnait des théâtres, des pompons, des modes et des manières, quel accueil ne doit-il pas se promettre de la part des peuples à qui la France républicaine révèle leurs droits en leur ouvrant la route de la liberté ?
> Mais cet idiome, admis dans les transactions politiques, usité dans plusieurs villes d'Allemagne, d'Italie, des Pays-Bas, dans une partie du pays de Liège, du Luxembourg, de la Suisse, même dans le Canada et sur les bords du Mississipi, par quelle fatalité est-il encore ignoré d'une très grande partie des Français ?

L'explication, à ses yeux, reste d'ordre socio-politique :

> La féodalité, qui vint ensuite morceler ce beau pays [= la France], y conserva soigneusement cette disparité d'idiomes comme un moyen propre de reconnaître, de ressaisir les serfs fugitifs et de river leurs chaînes. Actuellement encore, l'étendue territoriale où certains patois sont usités est déterminée par les limites de l'ancienne domination.

Il est ainsi amené à faire le constat qu'«il n'y a qu'environ quinze départements de l'intérieur où la langue française soit exclusivement parlée; encore éprouve-t-elle des altérations sensibles, soit dans la prononciation, soit par l'emploi des termes impropres et surannés [...]» et d'en conclure: «Nous n'avons plus de provinces, et nous avons encore environ trente patois qui en rappellent les noms.»

En ce qui concerne l'énumération qu'il fait des patois, parmi lesquels il compte le bas-breton, le flamand et le basque, variétés linguistique non romanes, il fait un sort particulier à l'italien et à l'allemand, qui sont doublement stigmatisés:

> Au nombre des patois, on doit encore placer l'italien de la Corse, des Alpes-Maritimes, et l'allemand des Haut et Bas-Rhin, parce que ces idiomes y sont très dégénérés.

Faisant un bilan quantitatif de ses considérations, il observe:

> On peut assurer sans exagération qu'au moins six millions de Français, surtout dans les campagnes, ignorent la langue nationale; qu'un nombre égal est à peu près incapable de soutenir une conversation suivie; qu'en dernier résultat, le nombre de ceux qui la parlent n'excèdent pas trois millions, et probablement le nombre de ceux qui l'écrivent correctement encore moindre.
> Ainsi, avec trente patois différents, nous sommes encore, pour le langage, à la tour de Babel, tandis que, pour la liberté, nous formons l'avant-garde des nations.

Or, à ses yeux, la condition de la réussite politique de l'unicité nationale passe nécessairement par une langue unique, elle-même parfaite comme objet intellectuel:

> On peut uniformiser le langage d'une grande nation, de manière que tous les citoyens qui la composent puissent sans obstacle se communiquer leurs pensées. Cette entreprise, qui ne fut pleinement exécutée chez aucun peuple, est digne du peuple français, qui centralise toutes les branches de l'organisation sociale et qui doit être jaloux de consacrer au plus tôt, dans une république une et indivisible, l'usage unique et invariable de la langue de la liberté.

Se démarquant de tous ceux qui ont imaginé des moyens coercitifs pour atteindre cet objectif, il mise sur la persuasion et la pédagogie, non seulement en direction de la jeunesse, mais de tous les citoyens en général:

> Sur le rapport de son Comité de salut public, la Convention décréta, le 8 pluviôse, qu'il serait établi des instituteurs pour enseigner notre langue dans les départements où elle est le moins connue. Cette mesure, très salutaire, mais qui ne s'étend pas à tous ceux où l'on parle patois, doit

> être secondée par le zèle des citoyens. La douce voix de la persuasion peut accélérer l'époque où ces idiomes féodaux auront disparu. Un des moyens les plus efficaces peut-être pour électriser les citoyens, c'est de leur prouver que la connaissance et l'usage de la langue nationale importent à la conservation de la liberté. Aux vrais républicains, il suffit de montrer le bien, on est dispensé de le leur commander.

Il formule néanmoins une mise en garde contre une discrimination par la connaissance de la langue et le retour aux commandes du pouvoir de ceux qui maîtriseront le français, car cela signifierait la mise en place d'une « hiérarchie » entre « deux classes séparées. ». « Ainsi l'ignorance de la langue compromettrait le bonheur social ou détruirait l'égalité. » Or, l'enjeu est de taille : « Le peuple doit connaître les lois pour les sanctionner et leur obéir. »

La politique des traductions, non seulement coûteuse, mais aussi linguistiquement hasardeuse, a été, à ses yeux, un échec annoncé : « Si dans notre langue [= le français] la partie politique est à peine créée, que peut-elle être dans des idiomes dont les uns abondent, en vérité, en expressions sentimentales [...], mais sont totalement dénuées de termes relatifs à la politique ; les autres sont des jargons lourds et grossiers, sans syntaxe déterminée, parce que la langue est toujours la mesure du génie d'un peuple. »

Aussi, comme tous ces idiomes manqueront toujours de termes abstraits et qu'il sera très difficile de remédier à cette pauvreté, est-il bien préférable que la vie publique se passe en français. De façon presque incantatoire, c'est la cohérence politique, l'unité et la compréhension entre les hommes qu'il invoque. D'autres arguments plaident aussi en faveur de l'unité linguistique : l'évolution et la modernisation économiques et techniques, le recul des superstitions, le redressement moral...

Il dresse un premier bilan :

> Tout ce qu'on vient de dire appelle la conclusion que pour extirper tous les préjugés, développer toutes les vérités, tous les talents, toutes les vertus, fondre tous les citoyens dans la masse nationale, simplifier le mécanisme et faciliter le jeu de la machine politique, il faut identité de langage. Le temps amènera sans doute d'autres réformes nécessaires dans le costume,[292] les manières et les usages.

Pour parvenir à ces fins, Grégoire préconise une forme d'alphabétisation utilitaire et/ou les moyens dont il sait qu'ils ont les faveurs de la population : c'est par la diffusion d'opuscules patriotiques, de météorologie, de physique, etc., directement utilisables dans les campagnes que la langue française pourra se diffuser. Les journaux, les chansons, les poésies lyriques peuvent également y contribuer fortement.

Mais, *in fine*, la contrainte apparaît malgré tout, même si elle ne présente pas, dans la forme, le radicalisme de Rousseville :

> Je voudrais que toutes les municipalités admissent dans leurs discussions l'usage exclusif de la langue nationale ; je voudrais qu'une police sage fît rectifier cette foule d'enseignes qui outrage la grammaire […] ; je voudrais qu'un plan systématique répudiât les dénominations absurdes des places, rues, quais et autres lieux publics. […]
> […] Pourquoi les futurs époux ne seraient-ils pas soumis à prouver qu'ils savent lire, écrire et parler la langue nationale ?

Dans le même temps, le caractère exclusif de l'usage de la langue française est réaffirmé sur le plan national, par la loi du 2 thermidor an II (20 juillet 1794[293]) : « Art. 1. À compter du jour de la publication de la présente loi, nul acte public ne pourra, dans quelque partie que ce soit du territoire de la République, être écrit qu'en langue française. »[294] Cette loi sera rapportée de fait le 2 septembre de la même année, lorsque la Convention décrétera que son exécution sera suspendue jusqu'à nouvel ordre, donnant ainsi le signal d'un assouplissement idéologique de la politique linguistique révolutionnaire.

Les logiques qui sont à l'œuvre fonctionnent de manière parallèle, sans aucune possibilité de se rejoindre. Elles ne présentent pas nécessairement des traits identiques, y compris chez les révolutionnaires durant la période de la Terreur, selon qu'ils se situent au « centre » (à Paris) ou à la « périphérie » (en Alsace), selon qu'ils viennent eux-mêmes d'un pays « à idiome » ou non, selon leurs propres représentations mentales et leurs conceptions, selon leurs propres hiérarchies de causalité.

La pierre angulaire reste le rôle assigné à la langue française, d'une part, et la valeur symbolique attribuée à l'allemand, d'autre part. Les révolutionnaires autochtones de la « périphérie » n'ont pas nécessairement compris la valeur idéologique intrinsèque du français dans le processus révolutionnaire, son caractère consubstantiel et central, comme ils n'ont pas compris que, de l'extérieur, l'allemand qu'ils continuaient à écrire ne pouvait pas être interprété comme une variété linguistique endogène. Encore en août 1794, la Société des amis de la Constitution de la ville et du voisinage de Ribeauvillé écrit à la Convention pour exprimer son indignation : « Nous ne parlons pas la langue nationale ? Mais suffit-il de parler français pour être de bons républicains ? Les infâmes fanatiques de la Vendée et les traîtres lyonnais et toulonnais et les Marseillais insensés fédéralistes ne parlaient-ils pas français, ceux-là ? Et suffit-il de parler allemand pour être contre-révolutionnaire ? »[295]

Or, la constitution d'une identité nationale au travers du français impliquait que la langue nationale devienne le signe extérieur des sentiments politiques, de l'adhésion aux valeurs de la Révolution, de la manifestation du patriotisme. Ce malentendu – fondamental – va nourrir durablement une incompréhension réciproque, profonde, qui pourra même déboucher sur des formes violemment conflictuelles jusques et y compris au XXe siècle.

Il va de soi que la « question linguistique » n'est pas isolée : les problèmes religieux, les choix de société, les fidélités politiques, les préférences de structures sociétales et bien d'autres questions organisent également la perception qu'ont les différents acteurs les uns des autres. Mais elle modèlera et construira une idéologie de la langue française trouvant son relais naturel dans une politique linguistique qui portera pleinement ses fruits au XXe siècle.

Le repli stratégique effectué le 2 septembre allait se poursuivre, notamment dans le domaine si sensible de l'éducation : la loi du 18 novembre 1794 (28 brumaire an III) sur les écoles primaires dispose que « l'enseignement sera fait en langue française ; l'idiome du pays ne pourra être employé que comme moyen auxiliaire. »[296] Durant la dernière période de la Révolution, depuis le moment où la Convention nationale se sépara, en octobre 1795, puis sous le gouvernement du Directoire auquel mit fin le coup d'État de Napoléon Bonaparte le 18 Brumaire an VIII [= 9 novembre 1799]), les textes sur les langues se raréfient.[297] Dans le même temps, l'allemand retrouve une place de plus en plus importante dans la vie publique.[298]

Période particulièrement faste pour la production écrite (dont la qualité littéraire restera sans doute fort inégale), elle présente une grande diversité de genres, avec un essor particulier de la poésie politique, tant en français qu'en allemand.[299] Il est vrai que le chant joue un rôle important pour toute cette période où les fêtes sont nombreuses. Un nombre non négligeable de chants patriotiques va être composé ou traduit en allemand, dont fait partie, au premier chef, la *Marseillaise* :[300]

Allons enfants de la patrie,	Auf, Brüder, auf dem Tag entgegen,
Le jour de gloire est arrivé !	Der unser Volk unsterblich macht !
Contre nous de la tyrannie,	Seht, wie so grimmig und verwegen
L'étendard sanglant est levé ! (bis)	Die Tyranney aufs neu erwacht ! (bis)
Entendez-vous dans nos campagnes,	Hört ihr das Rasen ihrer Horden
Mugir ces féroces soldats ?	Der wilden Brut, Gebrüll und Spott ?
Qui viennent jusque dans nos bras	Sie wollen – o gerechter Gott !
Égorger nos fils et nos compagnes !	Euch Weib und Kind im Arm ermorden !
Aux armes, citoyens !	Auf, Bürger, auf zur Wehr !
Formez vos bataillons,	Erlegt die Höllenbrut !
Marchons, marchons,	Glück zu ! Glück zu !
Qu'un sang impur abreuve nos sillons !	Es dünge bald das Feld ihr schwarzes Blut ![301]

La période révolutionnaire, certes brève, constitue un pas décisif de l'intégration politique de l'Alsace à la France : elle vit, avec l'ensemble français, des moments historiques communs et se verra appliquer les mêmes innovations, qu'elles aient été durables – comme l'organisation du territoire par la départementalisation (26 février 1790) et l'unification des mesures par l'adoption du système métrique (1er août 1793) – ou plus précaires – comme l'introduction du calendrier républicain (5 octobre 1793). Cette période redessine également l'espace alsacien, qu'il soit géopolitique ou géo-économique, et l'amarre plus fortement à la France : dès le 30 octobre 1790, les barrières douanières sont déplacées sur le Rhin et coïncident avec les frontières politiques ; le territoire du Bas-Rhin s'étoffe avec l'adjonction, en 1793, de l'Alsace « bossue » (nord-ouest de l'Alsace) ; en janvier 1798, Mulhouse quitte la Confédération suisse pour être rattachée à la France.

La période révolutionnaire a été novatrice dans la conception politique de la nation et de la république en formulant une idéologie linguistique, en identifiant la langue à la loyauté politique et aux sentiments patriotiques ; dans les méthodes, en imaginant une politique linguistique, notamment dans le domaine éducatif. La liberté et l'égalité[302] devaient également trouver ainsi leur traduction linguistique. Mais sur le plan des résultats concrets, en Alsace, bien peu de choses ont pu changer dans les pratiques linguistiques en si peu de temps et avec autant de contraintes qui s'ajoutaient les unes aux autres. Cependant, deux idées, fonctionnant comme de véritables matrices d'opinion, vont s'imposer, progressivement il est vrai, mais sur le long terme : la légitimité du français en terre d'Alsace ne sera plus remise en cause, du moins ouvertement ; l'idée d'une collusion avec un autre espace politique, les Allemagnes, à cause des dialectes parlés et de l'allemand commun écrit, que les hommes de la Terreur non alsaciens avaient dénoncée, resurgira périodiquement et gardera encore une certaine force jusqu'à nos jours. Il est vrai que le nationalisme « allemand » du début du XIXe siècle l'alimentera amplement.

1799-1815 : L'ÉPOQUE NAPOLÉONIENNE

De la coercition à la persuasion

Avec l'arrivée d'un alloglotte au pouvoir – Napoléon Bonaparte ne commence à apprendre le français qu'à l'école, à l'âge de dix ans[303] –, il n'était pas exclu que les questions linguistiques en France puissent prendre un autre tour. Mais il n'en sera rien. L'administration napoléonienne ne changera pas la politique linguistique menée par le Directoire. Débarrassée de son aspect emblématique et idéologique explicite, la politique linguistique se fait sans doute plus pragmatique, les textes, discours et lois la concernant se raréfient singulièrement. Mais aucune concession ne sera faite sur l'essentiel : la propagation de la langue française. En revanche, la méthode change : le pouvoir passe de la coercition à des mesures plus pédagogiques, optant plutôt pour la persuasion et faisant confiance à l'œuvre du temps. Les propos du préfet du Bas-Rhin Laumond en l'an X (1801-1802) semblent refléter assez fidèlement cette ligne pragmatique adoptée depuis 1795 :

> Au commencement de la révolution, l'usage du français avait pris, en quelque sorte, un caractère de dévouement à la patrie, et par cela seul était devenu plus commun. Les exagérations qui suivirent bientôt arrêtèrent ce mouvement, surtout lorsque parler allemand fut devenu un crime ; car les habitudes des peuples, qui cèdent parfois à la persuasion, bravent ordinairement la violence.
> Les fréquens logemens de gens de guerre, le service des jeunes citoyens aux armées et les affaires familiarisent de plus en plus les habitans du Bas-Rhin avec la langue française. Cette révolution sera peut-être beaucoup moins lente qu'on ne devrait s'y attendre chez un peuple aussi attaché, que l'alsacien, à ses usages ; et l'autorité la secondera puissamment, si elle se sert jamais de l'allemand seul, dans ses communications avec les administrés.
> L'un des plus grands moyens sera la bonne organisation des écoles primaires. […][304]

Cela n'empêchera pas le Premier Consul de prendre un arrêté le 24 prairial an XI (13 juin 1803) réaffirmant la seule légitimité du français comme langue officielle « dans les départemens de la ci-devant Belgique, de la rive gauche du Rhin, et de la 27e Division militaire »,[305] plaçant ainsi sa politique linguistique dans le droit fil de ses prédécesseurs.

En Alsace, les dispositions réglementaires qui sont prises au profit du français n'engendrent que des effets réduits : l'allemand continue à servir de langue véhiculaire écrite dans bon nombre de situations administratives, en particulier lorsqu'il s'agit d'échelons peu élevés. Ainsi, en 1807, le sous-préfet de l'arrondissement communal de Sélestat admoneste les maires des communes de son ressort pour leur enjoindre de faire en sorte que les percepteurs rédigent les comptes en français.[306]

En 1802, Paris reçoit un document émanant de l'Alsace qui propose une organisation particulière du système éducatif de la contrée. Au-delà de la structure scolaire esquissée, c'est la place accordée à l'allemand et surtout l'argumentation développée plaidant, selon le type d'école, pour l'instruction bilingue ou en allemand qui frappent, et la constance avec laquelle des Alsaciens montrent leur incompréhension totale de la politique émanant du centre : « Comme il est essentiel qu'un maître soit compris de ses élèves, nous croyons devoir observer qu'au moins pour les écoles primaires et les écoles secondaires inférieures l'enseignement dans les deux langues sera absolument nécessaire dans les deux départemens du Rhin. »

Au-delà de cette considération tout à fait banale et maintes fois développée depuis 1790, les auteurs vont défendre l'idée que les écoles devraient présenter un visage différent de celles qui sont instituées ailleurs en France. Les rédacteurs renouent avec la tradition de l'université d'avant la Révolution, mais en prenant acte des changements politiques qui ont eu lieu. Ils voient Strasbourg comme un carrefour « aux confins de deux grands empires » où la cité en elle-même et la création d'une « école supérieure » pourraient jouer un rôle de passeurs littéraires et de ponts entre les idées des deux ensembles politiques. Elle attirerait à nouveau de nombreux étudiants étrangers, allemands et suisses en particulier. Les concepteurs de cette proposition insistent sur les retombées économiques qu'amènerait l'institution d'une telle « école supérieure ». Mais comme ces étudiants n'ont généralement pas de connaissances suffisantes en français, il serait capital qu'un certain nombre d'enseignements (la médecine, par exemple) fût donné en allemand. Ce plaidoyer contre la « triste idée d'uniformité absolue » reste sous-tendu par une représentation mentale et politique du monde proche d'une forme de fédéralisme, où la périphérie aurait une large marge de manœuvre par rapport au centre, rappelant les prises de position d'un André Ulrich en 1790 : « Nous ne croyons pas même qu'il soit désirable que les Alsaciens, ainsi que les habitans des nouveaux départemens, renonçassent à leur langue naturelle. Oter à un peuple sa langue, c'est lui ôter en même tems son caractère. Ce seroit aller contre la nature, et la nature n'a point voulu que sur les bords du Rhin et sur ceux de la Seine il y eut une même manière de sentir et d'exprimer les objets. »[307]

Il n'y avait aucune raison que cette proposition soit retenue, dans la mesure même où elle allait à l'encontre de l'objectif poursuivi, la diffusion du français. En même temps, le projet politique de réorganisation du système éducatif par le pouvoir en place visait une uniformisation et une mise sous tutelle de l'enseignement qui excluait toute velléité de particularisme. « Par le décret-loi du 10 mai 1806 complété par le décret du 17 mars 1808, l'enseignement est confié exclusivement à l'Université ; aucune école ne peut être créée hors de l'Université ni sans l'autorisation de son chef ; personne ne peut ouvrir d'école ni enseigner publiquement sans appartenir à l'Université et en être gradué. […] Rien ne peut mieux mettre en évidence que la centralisation instaurée par Napoléon se réfère (et pour l'essentiel se limite) à la nécessité d'une centralisation idéologico-politique de la formation des cadres de l'État impérial, formation assurée par un corps très structuré et identifié […], dont l'esprit doit être au service de l'État en place. »[308]

En revanche, l'école primaire (laïque, obligatoire et gratuite), qui n'avait jamais cessé de préoccuper les révolutionnaires, intéressera peu Napoléon. « La loi du 11 floréal an X (1er mai 1802) met […] un terme à toutes les expériences scolaires de la Révolution. Dorénavant, l'État restitue à l'Église catholique ses prérogatives d'antan en matière d'instruction. Il ne prend à sa charge que les […] lycées qu'il veut créer pour remplacer les écoles centrales. […] Aucune mesure particulière ne sera prise sous l'Empire pour améliorer [les écoles primaires] et leur donner un nouveau souffle. […] Les malheureux maîtres d'école de la République, sans rétribution de l'État ou des communes, vont laisser leur place aux congrégationnistes. »[309]

Pourtant, à l'échelon local, la volonté de propager le français reste intacte, malgré la difficulté à organiser l'enseignement primaire. L'arrêté que Laumond prend le 29 nivôse an IX (15 janvier 1801) supprime l'organisation des écoles primaires par arrondissement et ordonne que, dans chaque commune rurale, soit établi au moins un instituteur, choisi, à la pluralité des suffrages, par le conseil municipal.[310]

> Par l'effet de ces mesures, l'instruction publique, qui languissait dans les communes éloignées du chef-lieu du département, se trouve incessamment propagée sur tous les points par le rapprochement des lieux d'instruction. Il ne restera aucun prétexte aux parents pour n'y pas envoyer leurs enfants. Ces instituteurs sont tenus d'enseigner à lire, à écrire, à calculer et à expliquer les éléments de la morale républicaine. Ils enseigneront aussi la langue française, autant que les localités le permettront. […] J'ai invité de donner, dans le choix de l'instituteur, la préférence à ceux qui pourront enseigner la langue française, mais ce n'est que du temps que l'on peut espérer un usage plus fréquent et plus répandu.[311]

Glosant lui-même son arrêté, le préfet Laumond est partagé entre espoir et réalisme, n'entretenant cependant pas trop d'illusions :

> J'ai exposé, dans un des articles précédens (Instruction publique), les causes qui maintiennent l'usage de la langue allemande chez le peuple du département du Bas-Rhin, et notamment dans les campagnes, ainsi que les moyens, non d'y substituer entièrement (ce qui serait impossible), mais d'y familiariser peu à peu le français. J'ai indiqué que la moitié de la population, à peu près, comprend notre langue, et que cette proportion est même plus forte dans les villes. J'attends beaucoup de mon arrêté, qui vient d'ordonner l'établissement d'un instituteur au moins par commune, et de l'invitation que j'ai faite de donner, dans le choix, la préférence à ceux qui pourront enseigner la langue française ; mais ce n'est que du temps que l'on peut espérer un usage plus fréquent et plus répandu. […] Il n'y a point de puissance humaine qui puisse empêcher un enfant de parler la langue de sa nourrice ; de père en fils la langue se transmet. Je ne sais rien qui puisse prévaloir contre cet ordre des choses ; la transplantation même ne l'opérerait pas. Bornons-nous donc à propager, le plus possible, le langage français, à le rendre indispensable à chacun des habitants pour toutes ses relations de cité ; et faisons-le de cette manière aller de pair avec la langue maternelle du département ; c'est tout ce que l'on peut espérer. S'il y a plus à désirer, ce ne pourra être que l'ouvrage des siècles.[312]

S'il n'est pas impossible que l'arrêté préfectoral ait eu quelque effet sur l'organisation de l'enseignement, il est peu probable qu'il en ait eu sur le plan linguistique. Par ailleurs, il ne semble guère réaliste qu'il se soit trouvé plus de maîtres capables d'enseigner en français que par le passé. Le recteur Montbrison estime qu'au mieux, un quart des maîtres saurait enseigner en français.[313] Aussi «le préfet Lezay-Marnésia décide-t-il, de sa propre initiative et malgré les réticences du gouvernement, la création d'une École normale [à Strasbourg] qui ouvre ses portes le 15 novembre 1810 dans les locaux du lycée impérial.»[314] Il assigne à l'établissement la tâche d'instruire et de former des maîtres, mais aussi de contribuer de façon décisive à «répandre la connaissance de la langue française dans toutes les classes de la société, objet constant des soins du gouvernement.»[315]

1789-1815

Pas de changement dans les pratiques linguistiques

Ni le Consulat, ni l'Empire n'ont modifié fondamentalement la situation sociolinguistique en Alsace. Les dialectes restent le véhicule linguistique exclusif utilisé par les couches moyennes et inférieures de la société, l'écrit en allemand commun reste largement majoritaire tant dans les productions scientifiques que littéraires. Et l'administration continuera à publier les textes adressés à l'ensemble de la population dans les deux langues, fidèle à sa politique de ne «jamais se servir de l'allemand seul» (*cf.* Laumond), mais d'éviter des écrits monolingues en français qui ne seraient pas compris. Tous les indicateurs disponibles confirment la prépondérance de l'allemand, avec une représentation moins marginale du français dans les écrits scientifiques.

Le théâtre offre un bel exemple de la nette préférence témoignée pour l'allemand: «Le théâtre d'expression française [à Strasbourg] a beaucoup de mal à s'imposer. La fréquentation de ses spectacles est très faible et se réduit aux soldats et aux officiers de la garnison [...]. Le problème de la survie du théâtre français préoccupe les autorités, qui imposent, en 1806, une direction théâtrale mixte franco-allemande et demandent qu'on privilégie les spectacles en français: sans grands résultats. [...] En 1808, le préfet Shée, suivant les directives gouvernementales, supprime le théâtre en allemand en tant qu'institution permanente. Plus conciliant, son successeur, Lezay-Marnésia, autorise les troupes de passage à jouer en allemand.»[316]

Si l'époque n'a pas modifié de façon significative la répartition du rôle des langues, elle a amené, au moins sur le moyen terme, une régulation de l'existence des religions institutionnelles par le Concordat en 1801, pour l'église catholique, les articles organiques promulgués en 1802 pour les croyants protestants et les décrets de 1808 pour les juifs.[317] S'il était un point qui avait suscité l'hostilité des Alsaciens envers la Révolution, c'était bien son acharnement contre la religion. Ce regard de l'État sur les Églises, mais aussi les espaces de liberté et les pouvoirs qui sont garantis aux Églises ne resteront pas sans effet sur la problématique scolaire et, partant, sur les langues d'enseignement.

Par ailleurs, «au travers des biens nationaux, le régime, à la suite de la décennie 1790, a bouleversé la hiérarchie traditionnelle. Désormais l'Alsace est bourgeoise par ses élites, son personnel politique et administratif, et paysanne par la propriété foncière.»[318]

Au total, «l'intégration à la France se poursuit [...], en particulier à travers l'armée, les campagnes longtemps victorieuses et les ascensions sociales de centaines d'Alsaciens. Le régime a accéléré le processus d'intégration de l'Alsace dans l'espace français, psychologiquement et économiquement. La bourgeoisie, renforcée, est désormais intégrée dans le système politique, administratif, mais aussi intellectuel et social français. La classe dirigeante bénéficie de l'accession à la haute fonction publique et au commandement supérieur de l'armée. »[319]

Une conscience nationale « allemande » fondée sur la communauté de langue

Les guerres de 1813-1814 et de 1815 feront découvrir aux Alsaciens qu'ils habitent réellement une région frontalière. Les guerres napoléoniennes et l'occupation française dans les États allemands vont fortement contribuer à l'émergence d'une conscience nationale « allemande » fondée non sur une structure étatique, mais sur la communauté de langue. Ainsi va répondre à la nation qui veut avoir une langue commune à tous ses membres le principe inverse : ceux qui ont une langue commune forment une seule et même nation. Les *Discours à la Nation allemande* que tient Johann Gottlieb Fichte à Berlin durant l'hiver 1807-1808 n'auront pas d'écho immédiat, mais contribueront à forger une idéologie nationaliste fondée sur la communauté de langue. Cette approche allemande de la « nation », opposée à la vision française de la « nation », alimentera les hostilités et les passions jusqu'au XXe siècle. C'est dans le 13e discours de Fichte qu'apparaît le plus clairement cette conception :

> Avant toute intervention humaine, ceux qui parlent la même langue sont, par les lois mêmes de la nature, rattachés les uns aux autres par des liens invisibles multiples. Ils se comprennent mutuellement et sont capables de s'entendre de plus en plus clairement, ils ne peuvent pas être séparés et forment naturellement un tout indissoluble. [...] Les hommes ne forment pas un seul peuple parce qu'ils habitent un territoire limité par telles ou telles montagnes, ou tels ou tels fleuves, mais, au contraire, ils vivent ensemble et sont, lorsque leur chance le veut, protégés par des montagnes et des fleuves, parce qu'ils formaient déjà jadis un seul peuple en vertu d'une loi naturelle en tout point supérieure.
> C'est ainsi que la nation allemande, foncièrement unie par la communauté de langue et de pensée [...] [320]

Les textes d'Ernst Moritz Arndt seront plus passionnés et plus populaires, en particulier son poème « Des Deutschen Vaterland » (« La patrie de l'Allemand »), rédigé en 1813, lorsque commencent les « guerres de libération », après la défaite de Napoléon en Russie :

1789-1815

> Was ist des Deutschen Vaterland ?
> So nenne endlich mir das Land !
> So weit die deutsche Zunge klingt
> Und Gott im Himmel Lieder singt,
> Das soll es sein ! Das soll es sein !
> Das, wackrer Deutscher, nenne dein* !

Au Congrès de Vienne, en 1815, cette mouvance réclame le retour de l'Alsace et de la Lorraine germanophone, au nom de la communauté de langue, dans l'espace politique allemand. Mais cette idée ne trouve guère d'écho en Alsace même, et la France, brillamment représentée par Talleyrand, conservera l'Alsace.

L'intégration de l'Alsace à la France s'est affirmée, le nationalisme linguistique, culturel et politique s'est éveillé dans les pays allemands : le XIXe siècle a commencé.

---

*Quelle est la patrie de l'Allemand ? / Mais dis-moi enfin de quel pays il s'agit ! / Aussi loin que résonne la langue allemande / Et que Dieu au ciel chante des cantiques / C'est ce pays, c'est ce pays ! C'est cela, vaillant Allemand, que tu dois appeler ton pays ! »

XIXe SIÈCLE

La lente et progressive diffusion du français

« Ce n'est que du temps que l'on peut espérer un usage plus fréquent et plus répandu [de la langue française]. » En formulant cette hypothèse, le préfet Laumond (*cf. supra*) semble avoir vu juste ou, du moins, son espoir lucidement sceptique va-t-il se confirmer au fil du temps qui passe. Aussi le temps peut-il être le premier facteur objectif qui favorise l'adoption du français en Alsace.

Sur un plan politique global, au fil des régimes qui se succèdent en France,[321] rien ne remet en cause la volonté de diffuser le français, avec plus ou moins de conviction, avec plus ou moins d'intérêt. Dans ce sens, l'histoire garde le même cap, avec un rôle d'impulsion variable du centre.

Autre allié objectif: les renouvellements générationnels. Si ce facteur ne présentait pas nécessairement un caractère positif pour le français dans le passé, il va fortement contribuer à son implantation dans la mesure où l'Alsace est, à ce moment, politiquement et économiquement très fortement intégrée à la France, ce qui n'était pas le cas avant la Révolution. Aussi la langue de la réussite sociale, au sein de l'ensemble politique français, ne pourra-t-elle être que le français.

Enfin, l'enseignement primaire, qui représentait pour Laumond, à la suite des révolutionnaires, le véritable levier de diffusion large du français, va connaître une organisation systématique tout au long du XIXe siècle, jouant ainsi réellement un rôle central dans la propagation du français ou, du moins, dans le fait qu'une grande partie des Alsaciens puisse se familiariser quelque peu avec elle. C'est par l'enseignement que la majeure partie de la population entrera en contact avec le français, même si son usage oral dans le quotidien reste marginal après un passage à l'école primaire.

1815-1848 : DE LA RESTAURATION À LA IIIe RÉPUBLIQUE

Il n'est guère étonnant que sous la Restauration, les évaluations sur la connaissance du français, pour diversifiées et parfois contradictoires qu'elles soient, tendent surtout à montrer que les progrès de la diffusion du français restent minces.

«Avant 1830, les témoignages sont nombreux sur la faiblesse du français. En 1825, le préfet du Bas-Rhin estime que les neuf dixièmes de la population ne comprennent pas le français à Strasbourg, que le peuple des villes le parle très peu, et pas du tout à la campagne. En 1816, le sous-préfet de Belfort se lamente de ce que "l'ignorance du français chez les maires est flagrante". Les préfets ont de ce fait tendance à privilégier les anciens militaires lors des nominations des maires. Cette situation est confirmée par le maintien du bilinguisme administratif, en dépit d'un ordre ministériel.[322] Selon le préfet du Bas-Rhin en 1819, à peine un conseiller municipal sur six parle le français, et seule la moitié d'entre eux est capable de tenir une conversation en français. Dans l'arrondissement d'Altkirch, 97% des conscrits de l'année 1829 pratiquent uniquement la langue allemande. En 1832, on estime de 10 à 14% le nombre d'enfants strasbourgeois capables de parler «plus ou moins» la langue nationale, mais à l'exception de Colmar, cette proportion s'abaisse de 5 à 7% dans les villes, à moins de 1% dans les campagnes.»[323]

Sans doute les guerres napoléoniennes, avec la conscription[324] et le stationnement de troupes, ont-elles contribué à rendre la langue française plus sympathique. Mais les résistances à l'apprentissage du français restent nombreuses, quand il ne s'agit pas de franche hostilité. «Il faut bien reconnaître que les masses la repoussent au moins comme inutilité, si ce n'est comme danger», écrit le recteur au préfet du Haut-Rhin, le 1er avril 1834.[325] Quelques mois plus tard, le recteur réitère son point de vue dans un rapport au ministre (17 février 1835): «Vous n'ignorez pas, Monsieur le Ministre, quelles difficultés la propagation de la langue française rencontre en Alsace. Les communes rurales surtout sont encore loin d'apprécier toute son importance, il y a même chez quelques-unes une espèce d'antipathie qu'il faut combattre et vaincre. »[326] Cette hostilité, latente ou plus ouverte, ne s'estompera que très progressivement tout au long du siècle.

Le clergé manifeste également une hostilité ou, du moins, une très grande méfiance à l'égard du français, même si les raisons ne semblent pas nécessairement les mêmes, selon les confessions. L'enjeu reste d'importance : tant pour les catholiques que pour les protestants, il n'est guère pensable de fonder leur catéchèse sur une langue autre que celle qui est comprise par les enfants. L'évêque co-adjuteur du diocèse de Strasbourg (1840-1842), puis évêque de plein droit (1842-1887), André Raess, s'élèvera contre le projet du ministère de faire enseigner le catéchisme dans une langue autre que la langue maternelle des enfants.[327] Il prêchait d'ailleurs lui-même en allemand à la cathédrale de Strasbourg, ce qui n'était plus arrivé depuis deux siècles.[328] Par ailleurs, pour l'église luthérienne, l'allemand représente la langue cultuelle (liturgie, cantiques, prières) et celle de la tradition de la Réforme, de Luther et de sa traduction de la Bible.[329] Enfin, l'église catholique cultive une réelle défiance envers le français, perçu comme la langue de Voltaire, des Lumières athées et de la Révolution.

Dans ces conditions, le français avait peu de chances d'être utilisé comme langue de la religion. Or, aux yeux du recteur, rien n'est possible sans l'aide des ministres des deux cultes : « Tant qu'en Alsace la religion sera exclusivement prêchée en allemand, que le catéchisme ne sera écrit et enseigné que dans cette langue, et que l'autorité supérieure n'aura pas pris des moyens efficaces pour assurer la généralisation de la langue française, on ne pourra imputer aux instituteurs le peu de succès de leurs efforts. »[330]

D'ailleurs, les conditions d'enseignement ne s'améliorent que très lentement et les motivations des maîtres à enseigner le français, et à enseigner tout court restent parfois fort inégales.[331] « Plus des trois quarts de tous les instituteurs d'alors avaient une préparation professionnelle absolument insuffisante, et la véritable place de plusieurs centaines d'entre eux n'était pas la chaire, mais le banc d'école, puisqu'ils ne possédaient certainement pas les connaissances générales d'un élève moyen de 14 ans d'une quelconque école primaire d'aujourd'hui [1934]. »[332]

De toute manière, « le point faible était à peu près partout l'enseignement du français » pour trois raisons principales, que les autorités évoquent de façon récurrente: « 1° le mauvais vouloir de nombreux maîtres qui trouve son explication psychologique effectivement dans l'ignorance, d'une part, et dans la paresse, de l'autre; 2° l'antipathie de certains ministres des cultes [...]; 3° la résistance des parents qui n'avaient pas besoin des conseils de l'instituteur, du curé ou du pasteur: leurs propres ignorance, indifférence et avarice étaient [...] des raisons suffisantes pour entraver l'introduction du français à l'école primaire. »[333] Ce dernier facteur explicatif relève de la texture sociétale du moment: l'instruction, et, qui plus est, l'instruction en français, n'entraient pas dans la logique de reproduction sociale lorsque les parents n'étaient eux-mêmes pas instruits et lorsque les enfants étaient uniquement appelés à œuvrer dans les mêmes structures socio-professionnelles que leurs parents.[334]

Cependant, après 1815, le taux d'alphabétisation – qui était sans doute déjà important – progresse sensiblement pour atteindre, en 1832, environ quatre cinquièmes de la population.[335] Mais cette alphabétisation se fait, pour l'essentiel, en allemand.

À l'école, « il ne s'agit pas de bannir l'allemand, il n'est question que d'admettre le français »

La diffusion du français par l'école et par la religion semble être dans une impasse, du moins en ce qui concerne les couches sociales qui ne fréquentent ni l'enseignement secondaire officiel, ni l'université. L'un des effets de la loi Guizot du 28 juin 1833 sur l'instruction primaire des garçons[336] sera précisément de contribuer à débloquer une situation figée.

La loi ne rend l'école ni obligatoire, ni gratuite. Mais elle fonde une forme d'organisation cohérente de l'école primaire par l'obligation de l'établissement d'une école par commune (art. 8), par l'obligation, pour tout département, d'entretenir une école normale (art. 11), mais aussi et surtout en régulant le statut et la rémunération des maîtres (art. 12). Dans une circulaire adressée à tous les instituteurs, Guizot rappelle certes le sens politique qu'il donne à l'instruction: « L'instruction primaire universelle est désormais une des garanties de l'ordre et de la stabilité sociale. Comme tout, dans les principes de notre gouvernement, est vrai et raisonnable, développer l'intelligence, propager les lumières, c'est assurer l'empire et la durée de la monarchie constitutionnelle. »[337] Il souligne aussi la mission qui leur est confiée: « La foi dans la Providence, la sainteté du devoir, la soumission à l'autorité paternelle, le respect dû aux lois, au prince, aux droits de tous, tels sont les sentiments qu'il cherchera à développer. »[338] Mais il énumère également les moyens mis en œuvre pour améliorer la condition matérielle et financière des instituteurs, ainsi que les garanties de la protection morale de l'État :

> À chaque instituteur communal un traitement fixe est assuré. Une rétribution spéciale et variable vient l'accroître. Un mode de perception, à la fois plus conforme à votre dignité et à vos intérêts, en facilite le recouvrement […]. Par l'institution des caisses d'épargne, des ressources sont préparées à la vieillesse des maîtres. Dès leur jeunesse, la dispense du service militaire leur prouve la sollicitude qu'ils inspirent à la société. Dans leurs fonctions, ils ne sont soumis qu'à des autorités éclairées et désintéressées. Leur existence est mise à l'abri de l'arbitraire ou de la persécution. Enfin l'approbation de leurs supérieurs légitimes encouragera leur bonne conduite et constatera leurs succès […][339]

Ainsi, « si Guizot prétend partager les compétences entre les communes (aspects matériels), les départements (écoles normales de garçons) et l'État (direction générale de l'enseignement), en réalité la troisième instance dicte pour l'essentiel ce que doivent faire les deux autres ; d'autant [que l'État] peut agir par un ensemble de dispositions (*Bulletin officiel*, lettre aux instituteurs, programmes des examens, création subreptice d'inspecteurs primaires d'État) qu'il a mis habilement et patiemment en place pour diriger effectivement de manière centralisée. »[340]

En effet, l'inspection « extraordinaire », mise sur pied en 1833 pour établir un état matériel et moral des écoles primaires en France, débouchera, de fait, sur un corps d'inspecteurs de l'État, institution reconduite d'année en année, avec l'établissement de sous-inspecteurs en 1837. La reconnaissance formelle et légale de ce corps n'interviendra qu'avec la loi Falloux (1850).[341] Cette structuration du système scolaire, relayée par un corps d'inspection présent dans chaque département, jette les bases non seulement d'une scolarisation plus moderne, mais aussi, en ce qui concerne l'Alsace, d'un premier cadre où le français a – théoriquement – sa place.

La loi Pelet du 23 juin 1836 sur les écoles de filles,[342] qui tend à rapprocher l'organisation de l'instruction des filles de celle de la loi de 1833, ainsi que la *Circulaire de l'instruction publique relative à l'établissement et à l'organisation des salles d'asile* du 9 avril 1836 contribueront à structurer l'enseignement et à soutenir la diffusion du français. Les salles d'asile, destinées aux enfants de plus de deux ans qui ne peuvent pas encore être accueillis à l'école primaire, existent depuis le début du siècle. Les deux départements alsaciens en comptent 35 en 1830.[343] En 1845, le ministre encourage le recteur à les développer, en rappelant qu'elles «pourront y rendre des services encore plus réels et plus nombreux que dans toute autre partie de la France.»[344] De la même manière, le préfet du Bas-Rhin rappelle au ministre de l'Intérieur, dans un rapport qu'il lui fait le 25 septembre 1845, qu'«à la question des salles d'asile se rattache [...] une question politique d'une haute-portée, celle de la nationalisation plus intime de l'ancienne province d'Alsace par la diffusion de la langue française, qui y est encore si peu répandue»[345]. L'idée «de faire pénétrer par les salles d'asile la langue française dans les jeunes générations avant qu'elles n'aient eu le temps de se familiariser avec aucun autre idiome»[346] ou encore le fonctionnement pédagogique que propose le préfet – «Les maîtresses ne leur parlent qu'en français quoique l'allemand soit la langue-mère, mais les enfants à l'âge de trois ans comprenant le signe et le jeu de la physionomie, sont aptes à apprendre une langue quelconque qu'on leur parle.»[347] – constituent des conceptions que ne reniera pas le XXe siècle. Cette idée, pédagogiquement intéressante et politiquement habile, se situe aux antipodes de toute coercition et contourne les éventuelles réticences des parents et du clergé. Mais même en supposant que le français ait pénétré dans toutes les salles d'asile – ce qui serait tout à fait étonnant –, c'est faire peu de cas de la langue que les enfants entendent dans les autres structures sociales dans lesquelles ils vivent et de leur langue d'usage entre pairs.

De façon générale, les progrès, tant organisationnels et structurels que linguistiques, resteront nécessairement lents et le nombre de maîtres sachant suffisamment le français pour enseigner dans cette langue ne s'accroîtra qu'à un rythme très mesuré, bien qu'une école normale ait également été créée en 1833 à Colmar pour le département du Haut-Rhin (comme suite à la loi Guizot).[348] Aussi les prescriptions scolaires en sont-elles réduites à inclure explicitement le français dans les enseignements. Ainsi le *Règlement publié par la commission d'instruction primaire de la circonscription de Strasbourg* (12 juin 1835) prévoit, dans son article premier, que l'enseignement comportera l'apprentissage de la lecture en français et en allemand[349]; celui destiné aux écoles primaires des cantons d'Altkirch, Hirsingen et Huningue dispose, dans l'article 25, que «la classe du matin sera consacrée au français et celle du soir à l'allemand et au calcul»[350]. Si rien n'indique que le français ait été réellement enseigné selon ces règlements, ce type d'organisation tend à montrer l'extrême prudence dont font preuve les autorités en matière linguistique à l'école primaire, en conservant, au moins dans le principe, les deux langues. Aussi le *Règlement pour le service des écoles communales de l'arrondissement de Colmar* de 1842 étonne-t-il par la hardiesse de l'innovation prescrite : « Les maîtres communiqueront avec leurs élèves en langue française. »[351]

Un cas atypique, au regard de la position du clergé catholique[352] et de l'instruction des filles, reste celui de la Congrégation des Sœurs de la Divine Providence de Ribeauvillé. « [Déjà sous le Premier Empire], l'étude du français est introduite pour les novices, puis pour les élèves des pensionnats, enseignement obligatoire à partir de 1820, surtout après le transfert en 1819 de la Mère-école [à Sélestat] à la nouvelle maison-mère de Ribeauvillé, avec la dénomination pratique "École normale d'institutrices" qui sera agréée comme "École normale privée" en 1836. »[353] Dans une lettre au préfet du Bas-Rhin de 1820, la directrice générale expose la mesure assez radicale qui a été prise par le fait de rallonger le noviciat d'un an « afin de procurer aux novices le temps d'apprendre la langue française que la presque totalité des postulantes ignorent à leur entrée. L'an passé nous avions fait l'essai de rendre la langue française la langue dominante de la maison, mais une expérience de trois mois nous a convaincus de l'impossibilité d'exécuter ce projet ; c'est pour cette raison que nous sommes déterminés à envoyer tous les ans une colonie de 10 à 12 novices dans une maison de noviciat des sœurs de la Providence à Ranrupt, département des Vosges, pour qu'elles y apprennent la langue française. »[354] Cette méthode d'immersion linguistique totale aurait pu faire école pour améliorer la connaissance du français de tous ceux qui étaient censés l'enseigner, dans l'enseignement public notamment. De fait, la congrégation contribuera, à terme, à la diffusion de la connaissance du français auprès des filles et des jeunes femmes.

L'avis du pouvoir central se trouve peut-être résumé dans les déclarations de l'inspecteur général Jacques Matter, en 1847, à moins qu'il ne s'agisse que de son opinion personnelle, nourrie au contact de la réalité et alimentée par ses propres convictions :[355] « Il n'est pas permis de faire des castes, de parquer la population, de donner l'enseignement au peuple dans une langue, aux "gens comme il faut" dans une autre. » Et il conclut : « Il ne s'agit pas de bannir l'allemand, il n'est question que d'admettre le français. Une auguste autorité a dit avec raison qu'il ne fallait pas trop vite "dégermaniser" l'Alsace. Mais personne n'a dit, je crois, qu'il ne fallait pas "franciser" l'Alsace. »[356]

Quant aux résultats obtenus en langue française, les avis restent contrastés, selon les communes considérées, la formation et les capacités des instituteurs qui y enseignent, mais aussi selon les méthodes qu'ils utilisent.[357] Quoi qu'il en soit, lorsque les classes moins aisées lisent, elles lisent en allemand, que ce soit une littérature d'édification populaire ou qu'il s'agisse des nombreux almanachs qui sont le plus souvent diffusés par colportage.

Bourgeois, intellectuels : bilingues et biculturels

Ce seront bien les enfants des couches aisées, parfois également ceux de couches moyennes entamant leur ascension sociale, formés dans l'enseignement secondaire et supérieur, qui commenceront à adopter le français. Et, de fait, la langue française redeviendra un signe de distinction. Il est vrai que la bourgeoisie autochtone, notamment protestante, conserve à l'allemand le rôle de garant d'une formation intellectuelle et morale de ses enfants.[358] Mais cette même bourgeoisie, exclusivement urbaine, ainsi que la plupart des intellectuels, sait le français et jouit d'une culture bilingue. Dans le même temps, des enfants de la bourgeoisie moyenne, qui avaient déjà été scolarisés dans un collège impérial ou royal – mis en place sous le Premier Empire –, arrivent à l'âge d'homme et peuvent légitimement occuper les fonctions que leur formation leur octroie. Bilingues, mais formés généralement uniquement dans l'école française, ils contribueront fortement, ne serait-ce que par les livres ou d'autres écrits qu'ils publient, à diffuser la langue française écrite ou, du moins, à renforcer sa présence. Leurs liens avec les intellectuels d'outre-Rhin seront nécessairement plus lâches que ceux qu'entretiennent les intellectuels issus de la bourgeoisie urbaine avec leurs confrères allemands. Il s'ensuit que leur pratique de l'allemand écrit s'en trouve singulièrement réduite.

Aussi la production scientifique, qui était majoritairement publiée en allemand au début du siècle – avec, il est vrai, des apports non négligeables écrits en français –, va-t-elle poursuivre sa mue linguistique : au milieu du siècle, le rapport entre les deux langues s'équilibre et le français a conquis, dans ce domaine, une place qu'il n'a jamais eue. À titre de témoin de la lente mutation qui s'est opérée pourrait être citée la *Revue d'Alsace*, qui, après plusieurs échecs, est refondée en 1849 par Joseph Liblin. Celui-ci parvient non seulement à maintenir une parution régulière, c'est-à-dire à fidéliser un public qui la lise, mais aussi à trouver des historiens qui sachent écrire en français.

Dans le domaine des lettres, cependant, c'est bien la langue allemande qui domine très largement.[359] Et le nombre de poètes et d'écrivains, quelle que soit l'appréciation qualitative de leur œuvre, reste considérable.[360] Sous la houlette d'Ehrenfried Stöber (1779-1835) éclot une jeune génération de poètes : les uns encore tout imprégnés du souvenir de Napoléon, comme Carl Friedrich Hartmann (1788-1864)[361] ou, en moins enflammé, Georg Daniel Hirtz (1804-1893),[362] les autres, plus conservateurs, plus tournés vers le romantisme moral de l'Allemagne du sud-ouest, comme ses deux fils Auguste (1808-1884) et Adolphe (1810-1892) Stöber et leur ami Friedrich Otte (pseudonyme de Jean-Georges Zeter) (1819-1872), ou encore tournés politiquement vers les États allemands, tels Carl August Candidus (1817-1872) et son beau-frère Gustav Mühl (1819-1880).

Mais se précisent aussi les enjeux que sous-tend le choix de la langue littéraire. C'est Louis Spach (1800-1879) qui déclencha une polémique qui allait permettre une première prise de position de différents protagonistes. Spach, qui avait publié sous le pseudonyme de Louis Lavater l'une des très rares œuvres littéraires en français émanant d'un Alsacien, le roman *Henri Farel* (1835),[363] non sans un certain succès à Paris où il travaillait à cette époque-là, vécut ce « tiraillement entre deux nationalités, entre deux idiomes et deux séries d'affections » comme un « être amphibie […] qui n'arrive pas à se faire pardonner son double développement par les puristes exclusifs d'en deçà et d'au-delà des Vosges »[364]. Cette biculturalité, qui lui semble impossible et qui le torture, l'amène à se prononcer pour l'usage du français comme langue littéraire : « Brisez votre harpe allemande », conseille-t-il, en 1838, notamment aux frères Stöber et au cercle d'hommes de lettres auquel ils appartiennent.[365] Ce sera Edouard Reuss qui lui répondra la même année dans son célèbre article *Wir reden deutsch*, publié dans la revue *Erwinia*, levant toute ambiguïté et exposant, au fond, la position d'une bonne partie des intellectuels face au français et rappelant son attachement viscéral à l'allemand, comme matrice de la vie présente et passée des Alsaciens :

> Politiquement parlant, nous sommes des Français et nous voulons le rester. Nulle part nous ne voyons d'autres formes qui pourraient nous convenir davantage […] Vivre dans un État allemand ne nous dirait maintenant plus rien. […] Il est vrai […] que dans les rapports actuels une teinte de culture française, une maîtrise de la parole française, surtout une adaptation à la forme française de la vie publique sont non seulement désirables, mais indispensables. Et non seulement celui qui « veut faire carrière » et accéder aux emplois d'État en a besoin : on le demande, avec raison, de tous les hommes instruits et ils ne peuvent

pas nuire au plus modeste citoyen. [...] Ce que nous voulons, c'est le germanisme, auquel nous rendons hommage, que nous tenons pour sacré. [...] De l'esprit allemand et du style allemand ne nous séparons pas. [...] Nous ne voulons pas négocier une question politique. [...]
Il ne s'agit pas d'une affaire d'État, il s'agit de langage et de poésie ; il ne s'agit pas de l'avenir politique de l'Alsace, il s'agit de l'avenir littéraire de quelques-uns de ses fils.[366]

Parce que bilingues et biculturels, ces intellectuels joueront un rôle fondamental, durant toute la première moitié du siècle au moins, non seulement comme traducteurs, mais aussi comme « passeurs » d'idées, « intermédiaires » entre la pensée allemande et la pensée française, en faisant connaître les textes et les idées des uns aux autres. Cela vaut, en particulier, pour tous ceux qui avaient noué des relations collégiales et parfois amicales avec des poètes et des penseurs de langue allemande.[367]

Cependant, il reste assez difficile de savoir comment ces bourgeois et ces intellectuels *parlaient* le français, d'un point de vue qualitatif. Il n'y a guère que l'accent qui ait été relevé ou moqué. Ce sont des personnages particulièrement exposés, comme Georges Humann, qui fut plusieurs fois ministre sous Louis-Philippe, dont les journaux antidynastiques raillaient l'accent.[368]

L'émergence d'une littérature dialectale

Mais le fait remarquable restera le geste fondateur d'une littérature dialectale moderne, même si une telle intention n'avait jamais effleuré son auteur. C'est en effet en 1816 que paraît anonymement *Der Pfingstmontag* (*Le lundi de Pentecôte*), « comédie en dialecte strasbourgeois ».[369] L'auteur est un juriste strasbourgeois, Jean Georges Daniel Arnold (1780-1829), disciple du professeur Christophe Guillaume Koch, ami de celui qui allait devenir préfet du Bas-Rhin, Lezay-Marnésia. Arnold, qui n'a aucunement l'intention de devenir un auteur dramatique, explique dans son avant-propos que s'il s'est astreint à respecter les canons du genre, c'est pour ne pas s'attirer les foudres des critiques,[370] son intention étant de « dresser un petit monument linguistique alsacien ». Il justifie néanmoins le choix du genre théâtral en précisant que l'élégie ou le *lied* seraient sans doute des genres qui conviendraient aux dialectes ruraux, mais que le genre dramatique sied le mieux aux parlers populaires des villes.[371] Il veut rendre un hommage aux dialectes alsaciens, au strasbourgeois en particulier, témoins vivants de temps anciens. Ce sont les dialectes eux-mêmes qui constituent le sujet de la pièce, alors que l'intrigue n'est qu'accessoire. Goethe a sans doute vu juste en qualifiant la pièce de « dictionnaire vivant »[372], dans la mesure où Arnold a mis les dialectes en situation, de manière à permettre au lecteur d'apprécier les registres d'utilisation et les corrélations sociolinguistiques dans les situations d'énonciation.

Même si Arnold, en observateur attentif d'une société strasbourgeoise qu'il connaît bien, situe l'action de sa pièce en 1789, il fournit indirectement de nombreuses indications sur les rapports entre les variétés linguistiques et leurs locuteurs, stylisés ou gentiment caricaturés, tels qu'ils lui apparaissent sans doute au début du XIXe siècle. Le discours épilinguistique qu'il prête à Lissel tend à montrer la distance – certes exagérée – qui est ressentie entre l'allemand commun littéraire relevant de l'écrit qu'il met dans la bouche de Reinhold, étudiant en médecine de Brême (qui parle ainsi pour les besoins de la cause) et le parler de Lissel. Lissel, qui qualifie déjà cet allemand commun de « Hochditsch » (litt. « haut-allemand », c'est-à-dire l'allemand exogène, parlé en Allemagne), propose, dans chacun des exemples qu'elle retient, des hypothèses de transpositions phonétiques mal à propos, des rapprochements lexicaux malheureux avec son dialecte (« Lyweh ; Biehn »), n'identifie pas les emprunts aux français qu'elle considère comme du « Hochditsch » (« Bugett ; Schoppe ») ou ne reconnaît pas des formes dialectales d'autres régions, qu'elle prend également pour de l'allemand commun (« Bux », « Schnurr »). Par ailleurs, c'est bien une attirance qu'elle manifeste à l'égard de l'Allemagne (Mannheim, Speyer – qui sont autant de villes à fort usage dialectal, ce qu'elle ignore !) et une forme de mépris à l'égard des communes welches des Vosges :

[...]
Was isch Der groß und stark, was het Der rodi Bakke
Un e staatmäßji Nas, merr meecht ne fast dran pakke.
Was diß for Aue sinn, un wie er stattli geht !
'Sisch Schad, daß merr ne nit in allem recht versteht.
'Sisch e narrechdi Sproch diß Hochdytsch ; do haißt *Steyer*
E Stier, e *Thar* e Door, Babbier diß isch *Papeyer*,
E Schmuz haißt dert e *Kuß*, zuem Unroth saat merr *Schmauz*,
Hiz saat merr nit, nain, *Heiz*, der Staat zell isch der *Pauz*,
For Lieb saat merr *Lyweh*, e Schnuer isch e *Bindfade*,
Un d' Sohnsfrau haißt e *Schnurr*,[373] e *Schoppe*-n-isch e Lade,
Fürr Hosse sagt merr *Bux*,[374] e *Bugett* for e Struß,
E-n-Imm diß isch e *Biehn*, der Schinder kummt nit drus.
Jez wurrum henn sie mi nit gschickt in's Dytschland niwwer,

Uf Mannem[a] oder Spyr[b], dert wärd i gsin viel liewer
Aß in Sangdiedel[c] do, dem klaine welsche Nest,
Wo merr Johr us, Johr yn sich mit Grumbeere mest,
Ze kinnt i doch jez au mit dytsche Herre redde.
I will mer awwer schunn recht Müej genn...[375]

Dès la scène suivante, Arnold donne au spectateur un aperçu exagéré de la difficile communication qui s'instaure entre une jeune fille de la moyenne bourgeoisie, qui ramène ce qu'elle croit comprendre à des référents de son monde, et un étudiant qui utilise, à l'oral, un allemand fort littéraire et ridiculement poétique :

REINHOLD :
                                Ihr unterthän'ger Diener
Sind die Jungfrau'n wohl auf?
                       (Küßt beiden die Hand)
                       Ich werde täglich kühner;
Man ist bei so viel Glück sein selbst sich kaum bewußt,
Der Liebe Seligkeit erfüllt mir ganz die Brust.

LISSEL :
O! gehn Si.

CHRISTINEL :
        Ach Herr Jeh!

LISSEL :
        Ha na!

CHRISTINEL :
        Ha jo!

REINHOLD :
                                Befehlen
Vielleicht die Jungfrau'n was? Ihr Diener wird nicht fehlen,
Mit Windes Schnelligkeit zu folgen Ihrem Wort,
Nur schicken Sie mich nicht für allzulange fort.

LISSEL (bei Seiten Christinel) :
Red du...

CHRISTINEL (eben so) :
        Saa du em ebs.

LISSEL :
        Es fallt mer jez nix yn.

CHRISTINEL :
Was het er ewwe gsait?

---

a. Mannheim ; b. Speyer ; c. Saint-Dié ; d. « im Haine düster »

XIXᵉ SIÈCLE

LISSEL :
                Ich waiß jo nit.

REINHOLD :
                              Verzieh'n
Sie nicht zu lang mein Glück. Zwar schien mir Ihr Geflüster
So ächt poetisch leis, wie wenn im Haine düster
Durch leichtbeweglich Schilf die Geister schweigend gehn,
Und mit erstorbnem Hauch des Abends Lüfte wehn.

LISSEL (bei Seite) :
Verstehst ne ?

CHRISTINEL (eben so) :
                Ich ? Ken Wort...

LISSEL :
                     Was isch diß : *Hahnedistel*ᵈ ?

CHRISTINEL :
I waiß nit.

LISSEL :
                   Was isch *Schilf* ? Diß sottst de wisse, Christel.
Du waist so Dings... Er het au gsait *verdorwner Lauch*ᵃ.
Henn ier im Garde ?

CHRISTINEL :
                  Nain.

LISSEL :
                     Diß Dings isch hell wie Rauch.
Doch halt. Jez merk i ne, er meecht mit ess spaziere ;
Er saat 's isch gueder Luft. Wo wurd er ess hienfüere ? [376]
[...]

Avec le personnage du « Lizentiat » (le *licencié*), Arnold met en scène l'archétype d'un représentant de la bourgeoisie moyenne ; il parsème son discours d'expressions figées françaises fortement adaptées phonétiquement à son dialecte et illustre ainsi des formes d'alternances de codes qu'il opère pour souligner son propos. Il utilise aussi un allemand commun largement dialectalisé qui rappelle l'allemand des curés et des pasteurs, le « Pfarrerditsch » :

Pongswarᵇ myn liewi Schäz, was mache-n-err denn do ?
Gummangᶜ ier sinn nonnit spaziere, scheeni Kinder,
Un 's Wetter isch so scheen, do steht au ebs derhinder.
Ihr henn villycht au gar hyt noch e Rangthewuhᵈ ;
Do wott i wette druf, e Daler for e Suh.[377]

---

a. « erstorbnem Hauch » ; b. Bonsoir ; c. Comment ; d. Rendez-vous ; e. je dis ; f. pourquoi ; g. oui, oui ; h. C'est le nom d'un petit chien, Azor.

[...]
Der Rheinhold isch, sche di[e], i saa's, doch gar ze guet.
I haa gförcht daß er mer ebs so am Lewe duet,
Porrkwa[f], wurrum? Merr het 's mit dene fremde Michle
Glych dik verschütt, wui, wui[g]. Die zaiche-n-ieri Sprüchle
Aim mit Bleaumol uf d' Hutt, mit Byle-n-an de Kopf,
Un wurje-n-aine-n-als noch stundelang am Schopf.
Der awwer, wie i em do ewwe bin bekumme,
Isch fryndli mit mer gsin, sche di. Er het mer numme
Ain truzzechts Wörtel gsait: *Mein Herr, sie habenn sich
Versündigett an mir, deßwegen fordree ich
Sie zum Düell heröus, öuf Schießenn oder Stechenn.*
Her Jeses, saa i, nain! Nurr nix eso! *Versprechenn
Sie mier demnach,* saat er, *daß sie ihr Päthchen guet
Öusliefrenn.* Well's dervon soll 's sin, saa i; mier duet
Zell nix. 'S Assorel[h] isch halt 's scheenst, wenn si diß welle?
Sind sie, gryscht der druf, *taub? Ich sag' die Path! Poz Hölle!*
Saa ich, e Bad? Pong! Doch ken kalts? *Was,* brüelt der, *wie?
Ier Göddelkind main i,* d' Christin, verstehn si mi? [...][378]

Arnold souligne, avec un plaisir ironique, les emprunts au français, notamment dans le domaine de l'habillement et de la mode, en prêtant à Lissel et à Christinel les propos suivants lorsqu'elles décrivent le « Lizenziat » :

LISSEL:
Ihr krotteture[a] Klaid isch zue nett; i wott wedde
'S isch 's ainzi hie, hellroth gemuscht[b] uf raddegreau,
E geels Brustduech derby, un Hosse himmelbleau;
D' Strimpf wyß un grüenlecht gflammt, e scheen schwarz Band am Kraaue,
Un e Hoorbyddele brait wie e Schwardemaaue.
De Dubbeh[c] hoch un spiz un drei Paar Lokke dran,
E sydne Schabobaa[d]. So wünscht i mier e Mann.
Daß i mi au verschnapp.

CHRISTINEL:
                    Un suni Galljeschnalle[e],
Syn langi Uhrekett, die duen mer bsundersch gfalle,
Un daß er allewyl noch Bissem, Berrjemott[f]
Un Loddlewang[g] so schmekt, merr schmekt sich schier dran doot.[379]

Dans sa pièce, Arnold illustre la variation spatiale des dialectes, en faisant intervenir un négociant en vins de Kaysersberg, par exemple,

---

a. Gros de Tours; b. Moucheté; c. Le toupet (au sens de perruque au sommet du crâne); d. Chapeau bas; e. « Galljeschnalle » : terme mixte issu de la composition linguistique « cailloux-Schnallen », « cailloux » signifiant ici « faux bijoux ».; f. Bergamote; g. Eau de lavande; h. « Comme je ne parle pas l'alsacien de la ville, on se moque de moi. »

mais met également en relief la valeur sociale des dialectes urbains et ruraux. Il fait dire à Clauss, paysan du Kochersberg : « I kon holt 's Stodtdytsch nit, do wurr i gor usgspott^h »[380], et lui attribue les caractéristiques phonétiques et comportementales stéréotypées qui font de lui le représentant de la ruralité, moquée ou, du moins, considérée comme inférieure par les urbains.

La pièce d'Arnold n'avait fondamentalement pas vocation à susciter d'autres œuvres dramatiques, dans la mesure où elle constituait une fin en elle-même. Or, elle va, de fait, impulser un mouvement qui ne s'arrêtera plus et qui alimentera la création de comédies en dialecte tout au long du siècle. L'un de ses plus illustres successeurs sera Ehrenfried Stöber qui, avec sa comédie « avec des chansons » (« Lustspiel mit Gesängen »), *Daniel oder der Straßburger auf der Probe* (1823),[381] va rompre avec la versification et adopter la prose. C'est sous ce double patronage d'Arnold et de Stöber que le théâtre dialectal s'imposera durablement.[382]

Que cette impulsion soit le fait de deux intellectuels, faisant partie de la bourgeoisie, semble être significatif d'un état d'esprit et d'une singularité qui s'ébauchent et dont la prise de conscience semble devenir explicite. Ils célèbrent tous deux, chacun à sa manière, leur petite patrie, l'Alsace, et la ville chère à leur cœur, Strasbourg.[383] Ainsi se fait entendre, de fait, une différence aussi bien à l'égard de l'outre-Rhin qu'à l'endroit de l'outre-Vosges. La singularité linguistique qui transparaît dans *Daniel* est décrite et justifiée par Stöber : « Daß der Straßburger von seinem Dialekte oft ins Hochdeutsche übergeht und umgekehrt, daß er manche französische Ausdrücke in seine Reden aufnimmt, ist natürlich. Straßburg ist ja eine Gränzstadt zwischen Frankreich und Deutschland. Den Fremden, der uns darum belächeln wollte, den belächeln wir wieder*. »[384] D'emblée, il prévient ainsi les critiques qui pourraient s'adresser aux variétés linguistiques utilisées dans sa pièce : il récuse d'avance le fait que des emprunts aux français soient blâmables, comme il prend à son compte les – modestes – alternances de codes. Sans doute assiste-t-on à une forme de revendication, contestant implicitement que les dialectes alsaciens soient « rebutants », « grossiers », « inintelligibles » ou du « mauvais jargon tudesque ».[385] Il s'agit là de jugements souvent émis, tant par des Allemands que par des Français. En quelque sorte, d'une part, Stöber prend acte du fait que

---

*« Il est naturel que le Strasbourgeois passe fréquemment de son dialecte à l'allemand et inversement et qu'il adopte certaines expressions françaises dans son discours. Ce n'est pas pour rien que Strasbourg est une ville-frontière entre la France et l'Allemagne. L'étranger qui voudrait s'en moquer, nous le moquerons en retour. »

le répertoire linguistique disponible chez certains locuteurs en Alsace amène des passages et des alternances d'une variété linguistique à une autre et, d'autre part, il revendique les apports du français. Une telle défense et illustration des parlers dialectaux ne pouvait émaner que d'intellectuels peu suspects de ne pas connaître les deux « grandes » langues communes.

La poésie dialectale, quant à elle, fait également une entrée en scène remarquée, bien qu'elle ne puisse pas soutenir la concurrence avec la poésie en allemand commun. Il est vrai que le poète Johann Peter Hebel (1760-1826) (et quelques autres avant lui) avait ouvert la voie avec ses *Alemannische Gedichte* (1803)[386]. Comme Hebel, la plupart des auteurs publieront leurs textes en allemand et, accessoirement, en dialecte. La production d'Ehrenfried Stöber en est l'illustration la plus fidèle.[387] Mais bien d'autres littérateurs se manifesteront. Carl Friedrich Hartmann, auteur particulièrement prolixe en allemand, publie également un certain nombre de textes en dialecte strasbourgeois.[388] Charlotte Engelhardt-Schweighaeuser (1781-1864), fille de l'helléniste strasbourgeois Jean Schweighaeuser et sœur du latiniste et archéologue Jean Geoffroy, publia, dès 1816, sous forme de poème en dialecte, le récit de la demoiselle des géants du Nideck (*Das Ritterfräulein auf der Burg Nideck*) que les frères Grimm publièrent en prose dans leur recueil de contes.

Leur cadet Georg Daniel Hirtz (1804-1893) publie, dès 1838, un recueil de poèmes dont une partie, qui s'ouvre sur deux vers d'Ehrenfried Stöber, est éditée en dialecte strasbourgeois.[389] Dans la deuxième édition augmentée de 1846, il publiera une « scène », *Die Meisenlocker*[390], placée sous le double parrainage d'Arnold et de Stöber.

D'abord avec Hartmann,[391] puis avec Hirtz,[392] les auteurs de littérature dialectale ne se recrutent plus uniquement parmi les intellectuels et les bourgeois citadins. Au fil du temps, les intellectuels abandonneront la variété dialectale dans leurs productions pour ne garder que les langues communes. Ce sont surtout les classes moyennes et les artisans qui porteront le flambeau de cette littérature. Poésie et théâtre en dialecte deviennent ainsi davantage une littérature « populaire ».[393] Adolphe Stoeber, second fils d'Ehrenfried, fait exception à la règle, du moins par le sort que connaîtra l'un de ses textes. Le poème qu'il publie en 1842 *Der Hans im Schnokeloch* va devenir, en quelque sorte, *a posteriori*, notamment après les conflits entre la France et l'Allemagne, une forme d'auto-caractérisation soulignant l'insatisfaction qui serait un trait saillant des Alsaciens. Or, le texte de Stoeber (et l'air sur lequel il est chanté), remonte peut-être à la fin du XVIIIe siècle.³⁹⁴ « Un certain Hans, tenancier de [l']auberge du Schnokeloch, n'a probablement pas toujours donné satisfaction à sa clientèle, de sorte qu'un chansonnier anonyme a pu composer à son propos une strophe ironique qu'on chantait sur un air de danse :

> Der Hans im Schnockeloch het alles, was m'r will,
> Un was er het, diss will m'r nit
> Un was m'r will, diss het er nit.
> Der Hans im Schnockeloch het alles, was m'r will*.

» Cette chanson s'est ensuite enrichie de nouvelles strophes, certaines composées par des auteurs anonymes, d'autres par des auteurs connus comme Adolphe Stoeber. »³⁹⁵ Sans doute le glissement qu'opère Stoeber (ou que d'autres ont peut-être opéré avant lui), passant de « was *m'r* will » (ce qu'*on* veut) à « was *er* will » (ce qu'*il* veut), va-t-il être déterminant pour le devenir emblématique de la chanson. Mais au moment où il la publie, il ne s'agit que d'un texte plaisant, sans grande prétention littéraire, dont il faut surtout retenir le dernier vers, à la tonalité moralisatrice et conservatrice, adressé au lecteur ou à l'auditeur : « Drumm leb zefridde doch mit Gott unn diner Hab**! » C'est une invitation à la soumission à l'ordre divin et, sans doute, à l'ordre social. L'image de l'insatisfaction représentée par ce « Jean du Trou-de-moustiques » entrera progressivement dans l'imaginaire collectif, en particulier après 1870, et connaîtra des lectures et des interprétations sans cesse réajustées et réactualisées.³⁹⁶

L'émergence d'une littérature dialectale, les nombreux poèmes qui célèbrent l'Alsace et la chantent, l'attachement qu'ils proclament, soulignent la découverte de la singularité de la position de la province. C'est probablement Ehrenfried Stöber qui la résume le mieux, dans son quatrain *Wie ich's meine*³⁹⁷ :

> Meine Leier ist deutsch, sie klinget von deutschen Gesängen ;
> Liebend den gallischen Hahn, treu ist, französisch mein Schwert.
> Mag es über den Rhein und über den Wasgau ertönen :
> Elsaß heißet mein Land ! Elsaß dir pochet das Herz*** !

---

* Jean dans son trou de moustiques a tout ce qu'il veut / Et ce qu'il a, il ne le veut pas / Et ce qu'il veut, il ne l'a pas / Jean dans son trou de moustiques a tout ce qu'il veut.
** « C'est pourquoi il s'agit de vivre en paix avec Dieu et en se satisfaisant de ses biens. »
*** « Ma lyre est allemande, elle résonne de chants allemands ; / Fidèle et dévouée au coq gaulois, mon épée est française, / Que par-delà le Rhin et les Vosges retentisse : / Mon pays, c'est l'Alsace, ô Alsace, c'est pour toi que bat mon cœur ! »

1848-1870 : LA DEUXIÈME RÉPUBLIQUE ET LE SECOND EMPIRE

À la veille de la IIe République, un observateur allemand décrivait la situation linguistique ainsi : « Dans les couches supérieures de la société, on ne parle presque exclusivement que le français ; la plupart des dames distinguées comprennent à peine encore le dialecte allemand du peuple ; dans les classes bourgeoises moyennes, on parle encore généralement l'allemand ; mais le français commence également à s'y propager ; dans les couches inférieures urbaines du peuple et chez toute la population des campagnes, la langue d'usage reste exclusivement l'allemande. »[398] Quelle qu'ait été l'intention de l'auteur de ce constat, la répartition des langues en usage en Alsace, qu'il corrèle à des classes sociales, semble correspondre, dans ses grands traits, à une certaine réalité. Aucun comptage linguistique cependant ne permet d'étayer ou de nuancer l'appréciation proposée, les gouvernements n'ayant pas jugé utile ou opportun de procéder à ce type de recensement.[399]

La texture de la population fait apparaître que les classes moyennes et supérieures restent encore largement minoritaires. En effet, en 1850, les ruraux dominent largement en Alsace puisqu'ils représentent près de deux tiers de la population globale (63,4 %),[400] avant que ne commence, lentement, entre 1850 et 1870, un mouvement de migration, surtout vers les villes. Encore à la veille du conflit franco-allemand, ils représentent la moitié de la population.[401] Même si leurs horizons commencent à ne plus se limiter à la cellule de vie la plus étroite, si une forme de mécanisation pointe, leur existence reste fortement autocentrée, du fait même de leur forte dépendance à la terre et à la structure sociétale dans laquelle ils évoluent. Cependant, l'Alsace des années 1850 est aussi l'une des régions les plus industrialisées de France. Aussi les ouvriers représentent-ils également une part importante de la population, qu'ils soient ouvriers-paysans, travaillant dans leur village ou se rendant tous les jours à l'usine, ou ouvriers résidant dans une cité. D'après le recensement de 1866, 22,5 % de la population du Bas-Rhin et 29,8 % de celle du Haut-Rhin est employée dans l'industrie.[402] Aussi tous ceux qui occupent un emploi qui les met en contact intense avec l'écrit (employés du commerce, de l'industrie, des banques, fonctionnaires des administrations et enseignants) forment-ils encore une petite minorité au milieu du siècle. Le nombre de ces travailleurs en col blanc ne cessera pas de croître avec les besoins des États modernes et les mutations économiques qui se profilent, et, partant, le nombre de locuteurs ou, du moins, de lecteurs et/ou scripteurs réguliers du français, s'accroîtra nécessairement. Ce profil socio-économique de la société donne un certain crédit à la supposition que la diffusion du français reste encore problématique dans les couches inférieures de la société, qui forment la majeure partie de la population.

Par ailleurs, l'époque qui s'ouvre se caractérise par des mouvements politiques et religieux contradictoires qui engendrent des politiques linguistiques elles aussi contradictoires, la mise en pratique présentant de nombreuses concessions aux intentions affichées, mais également contradictoires selon les conjonctures[403] et la pensée sociale globales dominantes, les contradictions existant même entre les vues du centre et celles de ses représentants dans la périphérie.

La gestion d'une politique volontariste en faveur du français face à des accommodements qui restent de mise ne s'avère pas particulièrement facile pour les représentants du gouvernement. Duval-Jouve, l'inspecteur d'académie du Bas-Rhin, partisan résolu de la diffusion intense du français, chargé de ce travail dans l'enseignement, souligne ces contradictions internes en écrivant, dans une note du 7 mai 1856 : « L'autorité fait publier ses divers actes dans les deux langues ; cette condescendance a eu sans doute sa raison d'être, mais peut-être serait-il temps que la langue nationale devînt la seule langue des actes des autorités et des actes civils. À l'égard des populations peu éclairées, les ménagements trop prolongés n'ont d'autre effet que de les confirmer dans une routine que l'on respecte et qu'elles regardent dès lors comme respectable. »[404] Il est vrai que l'exemple vient d'en-haut : en juillet 1852, Louis-Napoléon Bonaparte, alors encore président de la République, venant inaugurer le chemin de fer de la ligne Strasbourg-Paris, tient son discours en allemand devant la foule qui l'acclamera.[405] Globalement cependant, la volonté de propager le français se manifeste par la fermeté et la constance dont font preuve les autorités, entre 1851 à 1867, tranchant ainsi avec l'attitude d'indifférence ou d'intérêt plus lointain qui a prévalu jusqu'en 1848.[406]

Aussi, si la connaissance du français progresse globalement durant toute cette période, sa diffusion ne touche pas toutes les classes sociales de la même manière : l'(ir)régularité et l'(in)égalité de sa pénétration restent également fonction des comportements des groupes sociaux, qui ne présentent pas nécessairement d'homogénéité, y compris dans les villes et dans les couches sociales moyennes, selon que la tradition ou l'innovation, la reproduction ou la mobilité sociales, etc., l'emportent.

Cependant, l'alphabétisation, déjà forte à l'aube de la Monarchie de Juillet, progresse encore. Le recensement de 1866 donne, pour la première fois, une première approche du degré d'instruction de la population, à une époque où la France compte encore un tiers d'illettrés : ce ne sont que 8% de la population de plus de 5 ans qui ne savent ni lire ni écrire.[407] Ces indications sont corrélées, en 1869, par le taux de conscrits illettrés comptant parmi les plus faibles de France : 4% dans le Haut-Rhin et 2% dans le Bas-Rhin.[408]

Le vote de la loi Falloux, en 1850,[409] apporte un certain nombre de dispositions qui renforcent ou accélèrent l'alphabétisation, comme l'obligation, pour «toute commune de 800 âmes de population et au-dessus[410] [...] d'avoir au moins une école de filles» (art. 51) ou, dans un autre registre, une nette amélioration de la situation financière des maîtres.[411] Paradoxalement, elle renforce la structuration de l'enseignement public en assurant à l'État un contrôle de tous les instants, mais elle confère aux différentes confessions religieuses, et en particulier à l'Église catholique, un rôle central.

Ce taux important d'alphabétisation présentait cependant toujours un défaut majeur, celui de la langue. Le préfet Mignoret résumait la situation, en 1860, en une formule à l'emporte-pièce : «[C'est] un pays où tout le monde sait lire, mais dans une langue étrangère.»[412] Son constat, probablement quelque peu exagéré, justifie cependant l'importance qu'a accordée le Second Empire à l'enseignement du français et en français à l'école primaire, en particulier en la personne de Laurent Delcasso, qui exerça les fonctions de recteur de 1855 à 1866.[413]

L'enjeu que pouvaient présenter les salles d'asile va être maintes fois réaffirmé. D'ailleurs, leur rôle devient, de fait, plus important dans la mesure où la *Loi sur l'enseignement primaire* du 10 avril 1867 dispose, dans son article 21, qu'«aucune école primaire [...] ne peut, sans l'autorisation du conseil départemental, recevoir d'enfants au-dessous de 6 ans s'il existe dans la commune une salle d'asile publique ou libre»[414]. Inlassablement va être souligné leur rôle pour la diffusion du français : «Les refuges de la première enfance sont le meilleur de tous les instruments pour répandre la langue française et en consacrer l'usage parmi les populations de l'Alsace», écrit le ministre de l'Instruction publique au préfet du Bas-Rhin en janvier 1856.[415] Les conseils généraux du Bas-Rhin et du Haut-Rhin, soutenant la politique des préfets, vont avoir à cœur d'en augmenter le nombre le plus rapidement possible.[416] Ces institutions semblent jouer le rôle qu'attendent d'elles les autorités. Lors de la session de 1866, le préfet du Bas-Rhin se réjouit : « depuis que, par les salles d'asile, on est parvenu à introduire le français dans le langage usuel des enfants, dans les habitudes de chaque jour, à leur apprendre non seulement à parler, mais d'abord à penser en français, les progrès sont incontestables »[417] ; un conseiller « applaudit » au fait que « la langue française se généralise dans le Bas-Rhin, grâce aux salles d'asile [et] au service militaire »[418]. Mais il est vrai que c'est pour s'inquiéter, dans le même souffle, de la conservation de la langue allemande...

Cet optimisme doit sans doute être tempéré par de multiples problèmes qui subsistent : la connaissance et la qualité du français utilisé par les éducatrices, lorsqu'elles n'emploient pas le dialecte local, leur formation pédagogique et leurs qualifications souvent insuffisantes, les locaux, le fonctionnement global, etc. Ces facteurs introduisent une bonne mesure de variabilité et d'hétérogénéité dans l'image globale des salles d'asile. Elles ont cependant dû être un facteur important, si ce n'est d'apprentissage du français, du moins d'un contact suivi et régulier avec cette langue.[419]

1853 : le français, « langue usuelle » à l'école primaire

Pour les écoles primaires, le nouveau projet de règlement des écoles publiques diffusé par le ministère de l'Instruction publique (1852) prévoyait, dans son article 29, que : « Le français sera seul en usage dans l'école. Le maître s'efforcera, par ses prescriptions, par de fréquentes explications, de former les élèves à l'usage habituel de cette langue. »[420] Pour les écoles en Alsace, cela signifiait que le français devenait non plus seulement langue à enseigner, mais langue d'enseignement, ce qui pouvait modifier fondamentalement la forme de fonctionnement des écoles en Alsace, dans la mesure où les règlements de 1835 prévoyaient l'allemand et le français comme langues d'enseignement.

Le Conseil général du Bas-Rhin adapte le projet du ministère dans son *Règlement des écoles primaires publiques* d'août 1853, mais en maintenant le rôle fondamental du français. L'article 17 dispose qu'« en raison de la situation topographique et des besoins du département du Bas-Rhin, l'enseignement primaire comprend en outre dans les écoles de ce département [entre autres] : la lecture et l'écriture allemandes », mais réaffirme, dans l'article 19 : « La langue usuelle de l'école sera la langue française. Le maître s'attachera à multiplier les exercices intellectuels dans cette langue afin d'habituer les enfants à s'en servir dans les usages journaliers de la vie. » Le maintien de l'allemand est dicté par un souci de pragmatisme (« le besoin est trop général »); la volonté de « faire pénétrer [le français] de plus en plus dans tous les usages de la vie » reste l'objectif fondamental.[421]

Avec l'entrée en scène du recteur Delcasso, l'école va connaître une réelle politique linguistique, volontariste en diable, qui sera, dans les faits, également une véritable lutte cherchant à exclure le plus possible l'allemand de l'école. Il ne craint pas de partir en guerre contre les Églises, en imputant, à plusieurs reprises, le maintien de l'allemand au clergé, en particulier au clergé protestant.[422]

Pour le recteur Delcasso, le *Règlement* de 1853 reste trop laxiste à l'égard de l'allemand. La circulaire ministérielle du 10 août 1857, qui exige que l'enseignement primaire soit doté d'un plan d'études, d'un emploi du temps, d'un journal de classe, etc., donne l'occasion au recteur d'amender le *Règlement* départemental, notamment l'article 17, qui est reformulé de manière à faire de l'allemand une matière facultative (« l'enseignement primaire peut comprendre [...] la lecture et l'écriture allemandes »). Il met en place, en 1860, un emploi du temps contraignant et un règlement contenant des mesures qui, lorsqu'elles touchent les langues, vont toutes dans le même sens. Il prévoit ainsi qu'en été, lorsque le temps d'enseignement est raccourci, ce soit l'heure d'allemand qui soit supprimée, dans la mesure où il s'agit d'un enseignement d'importance secondaire.[423] Toutes ces mesures sont saluées par le Conseil général du Bas-Rhin, qui déplore que l'allemand garde encore une place importante (un tiers du temps pour les plus jeunes, un quart pour les autres).[424] Elles concrétisent l'action que le recteur Delcasso voulait mener. Dans son rapport au ministre, il avait livré clairement la signification qu'il entendait donner à son engagement :

> Le gouvernement ne saurait tolérer qu'un teutonisme opiniâtre persiste à vouloir régner sur nos écoles, au mépris de nos institutions et à la grande joie de l'étranger ; que des pédagogues sans mission gouvernent ou paralysent l'instituteur, insultent à nos règlements, à notre langue, à notre caractère national, et retardent, autant qu'il est en eux, l'élan des populations que leur droit sens entraîne dans les voies françaises.[425]

Aussi conçoit-il le plan d'études et l'emploi du temps qu'il a préparés comme une remédiation aux abus qu'il a constatés et dont il souligne huit points particuliers. À quatre reprises, les langues sont concernées. D'où cette recommandation particulière : « Ne pas lui [à l'instituteur] permettre d'oublier que, sauf l'exception admise pour le concours prêté à l'instruction religieuse, il doit tout enseigner en français, […], tout, même l'allemand. »[426] Il était difficile d'avoir un recteur plus engagé dans la propagation de la langue française et plus hostile à l'allemand.

Les ardeurs en faveur du français ou, plus précisément, le militantisme au désavantage de l'allemand commencent à être mis à mal d'abord par les corps constitués eux-mêmes, en particulier par le Conseil général du Bas-Rhin; ce dernier commence à manifester une certaine circonspection à l'égard de cette politique, quand ce n'est pas une forme d'opposition, à partir de 1866. Il est vrai que Napoléon III, de passage à Strasbourg, en août 1867, reçoit les instituteurs de la ville, leur démontre les avantages des deux langues et la possibilité d'être un bon Français tout en parlant un dialecte allemand, et les exhorte à continuer à enseigner l'allemand,[427] reprenant la position favorable à l'allemand qu'avait déjà adoptée le ministre de l'Instruction publique Duruy en mars 1867.[428] Aussi les règlements départementaux de 1869 vont-ils laisser la place de l'allemand à l'école primaire en l'état, et la place du français n'évolue plus.

La pugnacité du recteur, malgré les fortes oppositions des Églises, ne pouvait pas rester sans résultats. Mais sans doute restent-ils plus psychologiques – notamment dans le corps enseignant – que concrets, encore que les résultats scolaires aient pu présenter des visages fort divers, selon l'âge et la formation des maîtres, les contraintes locales et les attentes ou les craintes qu'ont les différents acteurs de cette lutte. Sans doute aussi les résultats ne dépendaient-ils pas uniquement de la volonté politique affichée ou de l'opinion des uns et des autres, mais également et surtout de la compétence pédagogique, du savoir-faire et de la conscience professionnelle de l'instituteur.[429]

Le clergé, qui reste la bête noire du recteur Delcasso, s'est opposé au français probablement pour les mêmes motifs que ceux qui l'avaient amené à s'y opposer durant la première moitié du XIXe siècle. La principale raison de cette opposition reste avant tout d'ordre pragmatique: il s'agit d'enseigner la religion à l'enfant dans la langue qu'il comprend. Or cette langue reste l'allemand, même si Delcasso écrit: «Encore si l'on catéchisait les enfants dans leurs patois d'Alsace ou de Lorraine; mais non, c'est dans l'allemand d'outre-Rhin, quelquefois même dans l'allemand de Luther, dans une langue savante, que la plupart d'entre eux entendent moins bien que le français. »[430]

Le propos caricatural du recteur a toutefois le mérite de souligner, *a contrario*, l'importance qu'il y avait à enseigner l'allemand commun écrit, dans la mesure où la distance, non pas linguistique, mais stylistique et thématique qui sépare la langue commune des dialectes pouvait devenir un problème réel, moral et religieux, pour les enfants lorsqu'il s'agissait pour eux de se familiariser avec des concepts moraux ou des préceptes religieux. Par ailleurs, lorsque le chanoine Cazeaux exprime sa crainte, en 1867, que la plupart des élèves, à leur sortie de l'école, ne sachent bien ni le français ni l'allemand,[431] il n'est pas exclu que, au-delà de l'exagération de la polémique, l'affirmation ait un réel fondement et qu'il s'agisse d'un effet pervers de la politique rectorale. Mais pour l'essentiel, cette attaque en règle contre l'allemand, combinée avec des essais – infructueux – de faire enseigner le catéchisme en français, est globalement considérée, par une bonne partie du clergé, non pas tant comme une attaque contre la langue allemande, mais plutôt comme une attaque contre la religion et la morale religieuse.

La majeure partie de la population parle toujours le dialecte

La position de la majeure partie de la population reste difficile à établir. Mais « les réclamations de la population qui revendiquait l'emploi de l'allemand dans l'administration devenaient d'autant plus pressantes que la langue nationale accaparait davantage toutes les manifestations de la vie publique »[432]. Il est même des voix qui s'élèvent pour se demander pourquoi les administrateurs n'apprendraient pas l'allemand.[433]

Dans la pratique, pour tout ce qui doit toucher de larges couches de la population émanant de l'autorité politique ou administrative (affiches, avis dans les journaux), la traduction est toujours présente, et il semble bien que la traduction allemande fut souvent la plus lue.[434] C'est bien cette inconséquence et cette contradiction que soulignait l'inspecteur d'académie Duval-Jouve, qui s'escrimait, avec le recteur Delcasso, à diffuser le français.

En ce qui concerne les pratiques linguistiques de la population, c'est bien le dialecte qui reste le moyen de communication le plus utilisé dans toutes les situations de la vie; l'allemand commun représente la langue cultuelle et religieuse majoritaire (avec le latin, pour les catholiques) et la langue écrite la plus souvent lue, du moins par ceux qui lisent. En effet, mesurés au tirage qu'en font les imprimeurs, les plus grands succès de vente restent toujours les almanachs, et plus précisément les almanachs en langue allemande. Ainsi, sous le Second Empire, *Der Hinkende Bote* était régulièrement tiré à environ 100 000 exemplaires.[435] Or le nombre d'almanachs qui sont lancés ne cesse de croître. Par ailleurs, des almanachs en langue allemande venant des régions limitrophes suisse et allemande trouvent également des lecteurs en Alsace. Les éditions en langue française des almanachs existent également, mais semblent davantage destinées à d'autres régions françaises.

La lecture de la presse quotidienne ou hebdomadaire, dont le nombre de titres et les tirages ont certes connu un essor réel, endigué cependant par les effets de la censure du moment, restait plutôt le fait des couches moyennes et supérieures de la population. Lorsque les ouvriers et les paysans lisent un journal, ils choisissent plutôt un organe de presse rédigé entièrement en allemand.[436] C'est l'hebdomadaire catholique *Der Volksfreund*, fondé en 1858, qui aura le plus fort tirage de la presse alsacienne, avec 10 000 exemplaires, en 1870,[437] trouvant ainsi un lectorat bien au-delà des habitués.

Cependant, dans les couches moyennes de la population, la fréquentation du français devient plus régulière et plus intense. Sans doute la politique linguistique à l'école y a-t-elle contribué. Si le nombre global d'élèves dans l'enseignement secondaire reste encore relativement faible en 1869 (environ 5 000),[438] il n'empêche que leur nombre a doublé, dans le Bas-Rhin, entre 1850 et 1868.[439] Cela signifie tout autant qu'il y a eu une volonté parentale qui sous-tend des prémices d'une ascension sociale que la capacité, pour ces élèves, de s'intégrer dans un monde officiel de langue française.

Par ailleurs, une partie des enfants des notables, notamment protestants, a passé le concours pour passer de l'école primaire à l'école «supérieure», où l'on enseigne aussi bien en français qu'en allemand. Ces élèves auront l'occasion de fréquenter l'écrit tant en français qu'en allemand. N'a-t-on pas suffisamment reproché à des conseillers municipaux et à des maires de ne pas comprendre le français? [440] L'une des réponses possibles, du moins dans les communes de moyenne importance, consistait bien, pour ceux qui étaient concernés, à faire en sorte que cela ne se reproduise pas. Chez les savants, en revanche, la cause est entendue : avec l'arrivée de nouvelles générations, le nombre d'entre eux écrivant dans les deux langues diminue et les revues scientifiques ou intellectuelles rédigées uniquement en français vont s'imposer.

Par ailleurs, la littérature autochtone de langue allemande ne se renouvelle pas, dans le sens qu'il n'y a guère que les noms déjà connus avant la IIe République qui continuent à produire en allemand. Les quelques littérateurs qui se manifestent en langue allemande ne resteront que leurs épigones. Par ailleurs, la forme littéraire se fige dans les traits de la première moitié du siècle et, partant, ne présente pas les changements et les évolutions qui apparaissent dans la littérature de langue allemande dans les pays voisins.

D'une certaine manière, il s'agit là d'un indicateur exemplaire du devenir de la langue allemande en Alsace : elle existe, mais ne change plus. Fait plus significatif encore : aucune jeune génération d'auteurs ne se manifeste. Paul Lévy affirme que même la langue allemande utilisée dans la presse était « un défi permanent à la grammaire et au style allemands ».[441] Cela semble indiquer qu'une lente coupure se serait opérée avec la langue utilisée dans les pays limitrophes et que les rédacteurs commenceraient à disposer d'une compétence linguistique plus hésitante en allemand.[442] Dans ce sens, le temps et la politique linguistique ont travaillé contre l'allemand dans la mesure où, à moyen terme, la littérature allemande endogène est vouée à l'extinction, et le français n'a pas encore suffisamment percé pour amener dans son sillage une littérature autochtone de langue française.

Dans le même temps, la valeur sociale du français s'accroît considérablement et les dialectes commencent à faire l'objet d'une stigmatisation répétée. Ils ont déjà été abandonnés par la haute bourgeoisie ; les classes moyennes et les notables s'en servent selon la situation et leurs interlocuteurs, et utilisent le français de plus en plus fréquemment dans leurs relations entre pairs, bien que l'alternance de codes (dialecte/français) ne soit pas exclue.

Aussi la corrélation entre langue d'usage et classe sociale s'établit-elle sans doute plus fortement que par le passé, avec, à la clé, une condescendance ou un franc mépris à l'égard de ceux pour qui le dialecte reste la seule langue d'usage, dans la mesure où elle dénote l'appartenance sociale. Ainsi, le recteur Delcasso affirme, de façon définitive, en 1864 : « Notre patois alsacien rude et guttural correspond aux mœurs grossières des campagnards, obstacle vivace à la langue et à la civilisation françaises. »[443] Cette problématique transparaît également dans la littérature dialectale qui continue à fleurir. Dans la comédie bourgeoise *Der tolle Morgen* qu'Alphonse Pick (1808-1896) publie en 1864, « le peuple parle, il va de soi, le dialecte. La petite bourgeoisie [...] utilise un allemand teinté de dialecte. Quant aux représentants de la bonne société, ils usent quant à eux de l'allemand littéraire. Il s'agit là d'une convention. Car si les membres les plus instruits de la bourgeoisie [...] se servaient au début du siècle de la langue de Luther, la langue assez communément adoptée par la classe dirigeante alsacienne lors de la parution du *Tolle Morgen* était bien le français. Ne tenant pas à employer le français, qui aurait par trop détonné à côté de l'idiome des classes populaires, A. Pick eut recours à l'allemand. Le fait est significatif en ce sens qu'il montre qu'il ne paraissait plus possible à l'auteur de faire converser un membre de la haute bourgeoisie en dialecte. Cette conscience des distances qui séparent le peuple de la bourgeoisie s'exprime au cours de la rencontre de la servante Selmel et du propriétaire terrien Monsieur Stockelmeyer. Irrésistiblement attiré par la fraîcheur et la vivacité de la jeune fille, ce dernier est néanmoins repoussé par le manque de culture dont elle fait preuve et par son parler commun. »[444]

Les auteurs qui écrivent en dialecte[445] semblent d'ailleurs être particulièrement attentifs à prévenir le reproche de la grossièreté. Dans la préface à la deuxième édition (1868) de sa pièce *E Fîrobe im e Sundgauer Wirthshüs*, écrite en 1865, Auguste Stöber précise le double « devoir » de l'auteur : « einerseits alles Triviale, Plumpgrobe zu beseitigen und doch dem Charakter des Sundgauer Bauern, dessen Art und Sprechweise Rechnung zu tragen, weswegen hie und da ein etwas derbes Wort nicht unterdrückt werden konnte »[446].

Le contact linguistique qu'ont les locuteurs dialectophones avec le français – par un service militaire de sept ans, par des contacts avec des administrations, par le fait que la vie politique, économique et sociale se passe officiellement en français et que les contacts avec la France d'outre-Vosges aient été rendus plus aisés par une nette amélioration des communications (routes, chemin de fer…) – amène une multiplication d'emprunts qui sont généralement assez vite intégrés à leurs habitudes phonatoires dialectales. Le phénomène n'est jamais compris par les observateurs comme un signe de vitalité des dialectes, mais plutôt comme une altération ou une atteinte à une pureté mythique.

Le français parlé par des Alsaciens continue à faire l'objet de récriminations ou de railleries. C'est l'accent qui semble choquer principalement ceux qui ont en charge l'instruction publique.[447] Les ouvrages – non scolaires – conçus pour permettre aux Alsaciens de corriger leur prononciation et d'éliminer leurs germanismes en français commencent à apparaître et expliquent leurs objectifs : « Il faut [...] corriger nos *durs* et nos *doux* et nos germanismes ; il faut mettre notre français à la hauteur de celui d'un Russe bien élevé ; il faut que dans nos salons, où tout est si propre, si élégant, si bien assorti, le langage ne fasse ni contraste ni tache. »[448]

À la veille du conflit de 1870, l'Alsace offre une image composite sur le plan linguistique. Quantitativement, la variété la plus parlée reste les dialectes et la variété la plus fréquemment utilisée à l'écrit, l'allemand commun. Selon les âges et l'assiduité à l'école, les stratégies familiales et le lieu d'habitation (ville, campagne, etc.), un certain nombre d'Alsaciens sait également déchiffrer l'allemand et lire le français (ou l'inverse), mais ne sait pas nécessairement parler le français.[449] Les intellectuels et les notables des couches moyennes, certes minoritaires, mais dont le nombre est en pleine expansion, disposent, en sus de leur dialecte, de l'allemand et du français à l'écrit, avec une plus ou moins grande aisance, selon l'usage qu'ils en ont, et du français à l'oral. La haute bourgeoisie s'est tournée vers le français depuis longtemps, accompagnée d'un abandon partiel ou total des autres variétés. Mais tout au long du XIXe siècle, des ascensions sociales se sont effectuées, de sorte que ceux qui en font partie en 1870 peuvent encore présenter des profils linguistiques plus différenciés. Enfin, restent ceux qui ne sont que de passage et dont la langue exclusive ne peut être que le français, tels les fonctionnaires et les officiers. Du fait de l'accroissement du nombre de garnisons et sous l'effet d'une structuration administrative de plus en plus nécessaire, leur nombre s'accroît mécaniquement, de sorte qu'ils renforcent la présence du français, exclusivement dans les villes. Même s'il s'agit d'une population par essence mouvante, elle pourrait représenter environ 20 % de la population strasbourgeoise.[450] L'image du français, langue quantitativement minoritaire, ne pouvait qu'en être renforcée comme langue de la distinction.

1871-1918
LE « REICHSLAND ELSASS-LOTHRINGEN »

Les langues,
sujets et objets de conflits

Dans les conflits d'intérêts franco-prussiens qui se multiplient après 1850 ainsi que dans la radicalisation belliqueuse qui commence à se dessiner, quelles qu'en soient les responsabilités et les causes, la question de l'Alsace (et de la « Lorraine », c'est-à-dire l'actuelle Moselle), n'est jamais réellement absente, du moins du côté allemand. L'idée nationale allemande, fondée sur la communauté de langue et de culture (*Kulturnation*), amplifiée, discutée et approfondie depuis les apports de Fichte, d'Arndt et de bien d'autres au début du siècle (*cf. supra*), va être politiquement théorisée dans la mesure où les tenants de cette option en tireront les conséquences pratiques en réclamant que l'Alsace, terre de « langue allemande », soit recouvrée. L'argumentation et la logique de la communauté nationale par la langue ne semblent pas avoir été un facteur déterminant dans le déclenchement de la guerre entre la France et les États allemands, mais va largement servir à justifier la guerre, du côté allemand, face à l'opinion publique.

Le point de vue que développe l'historien français Numa-Denis Fustel de Coulanges, maintes fois formulé par les intellectuels en Alsace tout au long du siècle, trouve sa source dans une autre conception de la « nation », non pas culturelle et linguistique, mais politique : « Vous croyez avoir prouvé que l'Alsace est de nationalité allemande, écrit-il à son éminent collègue Mommsen le 27 octobre 1870, parce que sa population est de race germanique et parce que son langage est l'allemand. […] [Mais] ce qui distingue les nations, ce n'est ni la race, ni la langue. […] Les hommes sentent dans leur cœur qu'ils sont un même peuple lorsqu'ils ont une communauté d'idées, d'intérêts, d'affections, de souvenirs et d'espérances. Voilà ce qui fait la patrie... La patrie, c'est ce qu'on aime. Il se peut que l'Alsace soit allemande par la race et par le langage; mais par la nationalité et le sentiment de la patrie, elle est française. »[451]

Par ailleurs, la conception allemande s'appuie sur une forme de légitimité issue du passé, la conception française sur l'évolution historique et la situation telle qu'elle se présente.

Ainsi, même si l'enjeu d'un conflit armé ne saurait être la confrontation entre deux conceptions de la «nation» ou deux légitimités, à son issue, l'enjeu idéologique que la Révolution avait initié ne disparaîtra pas, resurgissant sous différents avatars, tout au long du XXe siècle. Les langues resteront ainsi sujets et objets de conflits, emblèmes et symboles, au premier chef, en Alsace.

Le 19 juillet 1870, la France déclare la guerre à la Prusse et à ses alliés. Mais dès le début du mois d'août, elle subit de sévères défaites militaires dans le nord de l'Alsace et, une à une, les villes alsaciennes seront assiégées et devront capituler. Après le désastre que subit la France à Sedan le 2 septembre, le régime impérial de Napoléon III se disloque. La IIIe République est proclamée le 4 septembre 1870. Et l'avance militaire prussienne ne semble pas devoir s'arrêter. L'essentiel du territoire alsacien est occupé au mois de décembre 1870. Un armistice est signé entre les deux puissances le 29 janvier 1871.

Entre-temps, les États allemands ont réalisé leur unité politique formelle en proclamant l'Empire, le 18 janvier 1871, dans la Galerie des Glaces à Versailles, et en donnant au roi de Prusse le titre d'«empereur allemand». Le nouvel Empire reste, du moins théoriquement, une confédération de princes et de villes qui s'unissent librement et qui conservent – tout aussi théoriquement – le droit de dissoudre leur alliance.[452]

L'Alsace participe encore aux élections générales françaises pour la mise en place d'une Assemblée nationale, le 8 février 1871. Tous les élus alsaciens (qui comptent dans leurs rangs un certain nombre de «parachutés», comme Léon Gambetta ou Jules Favre, ministre des Affaires étrangères) restent favorables au maintien de l'Alsace au sein de la France. Le 17 février, ils adjurent leurs collègues à Bordeaux, où siégeait l'Assemblée, de ne pas céder l'Alsace (et une partie de la Lorraine) à l'Allemagne. Cette «protestation de Bordeaux» des députés alsaciens et lorrains[453] ne provoque qu'un amendement frileux du député Beulé: «L'Assemblée nationale, accueillant avec la plus vive sympathie la déclaration de M. Keller et de ses collègues, s'en remet à la sagesse et au patriotisme de ses négociateurs.»[454] La cause est donc entendue: la majorité de l'Assemblée ratifiera, le 1er mars 1871, les préliminaires de paix du 26 février 1871, qui entérinent la cession de l'Alsace à l'Allemagne. Ce texte dispose dans son article premier: «La France renonce en faveur de l'Empire allemand à tous ses droits et titres sur les territoires situés à l'est de la frontière ci-après désignée. […] L'Empire allemand possédera ces territoires à perpétuité, en toute souveraineté et propriété.»[455] Le Traité de paix signé à Francfort le 10 mai 1871 considère cet état de fait comme acquis. Les changements territoriaux concernant l'Alsace sont minimes: Belfort reste française, mais le canton de Schirmeck et une partie du canton de Saales (espaces de dialectes romans) sont annexés (art. 1).[456] Par la loi impériale du 9 juin 1871,[457] l'Alsace est rattachée officiellement à l'Empire allemand. Cette loi prévoit également que la Constitution allemande entrera en vigueur dans les territoires annexés au 1er janvier 1873.[458] Cependant ils n'obtiennent pas un statut à part entière comme «État», mais restent soumis à l'empereur et au gouvernement central, qui conservent les pouvoirs exécutifs et législatifs, devenant ainsi la propriété commune et indivise de l'ensemble des États de l'Empire allemand. D'où sa dénomination de «Terre d'Empire» (*Reichsland*).[459]

1870: «*La langue de la masse est allemande, mais son sentiment est français*»

Cette annexion politique allait entraîner des modifications significatives dans les politiques linguistiques et dans le statut des langues en Alsace: l'allemand commun allait devenir la langue officielle, le français, une langue étrangère de proximité. Sur un plan strictement technique, ce renversement de perspectives aurait pu ne pas poser de problèmes particuliers dans le sens qu'une très large partie de la population comprenait l'allemand et parlait toujours un dialecte allemand. D'un point de vue uniquement linguistique, la situation semblait nettement plus simple, comparée aux difficultés qu'avait eu le français à s'imposer durant un siècle.

Si, par ailleurs, le point de vue idéologique des nationalistes allemands s'était avéré exact, les changements linguistiques n'auraient pas dû soulever de difficulté majeure: de langue et de culture allemandes, la population aurait dû pouvoir s'identifier rapidement au nouvel ensemble politique qui venait de naître. Mais au lendemain immédiat de la paix de 1871, force est de constater que la situation reste beaucoup plus complexe que les uns et les autres ne l'avaient imaginée, au point que les grandes répartitions linguistiques vont s'en trouver affectées. En effet, les langues ne peuvent être isolées de leurs sphères d'utilisation et encore moins de leurs fonctions symboliques.

Dès août 1870, un fait s'impose au Commissariat civil : ceux que les États allemands considèrent comme des Allemands de langue et de culture, à savoir les Alsaciens, restent hostiles à l'occupation allemande. Le Commissaire civil Kühlwetter résume la situation par une formule à l'emporte-pièce : « La langue de la masse est allemande, mais son sentiment est français. »[460]

Globalement, pour une partie de la population, en particulier l'élite, l'aristocratie et la haute bourgeoisie, le point de vue de Fustel de Coulanges est d'une actualité brûlante : ce sont bien les sentiments patriotiques français qui l'emportent largement sur une hypothétique communauté linguistique et culturelle avec l'Empire, par le biais de la langue allemande ou d'un dialecte allemand, qui sont plus ou moins maîtrisés et utilisés par ces sphères élevées de la population. Dans d'autres couches de la population, les réactions, politiques et linguistiques, peuvent être extrêmement diverses, selon les appartenances confessionnelles, les préférences politiques partisanes, les couches socio-professionnelles, les histoires personnelles ou, plus prosaïquement, selon les profits réels ou supposés qui peuvent être tirés d'une situation nouvelle ; mais l'ignorance ou une connaissance très hésitante de la langue française n'empêchent pas, comme l'ont souvent assuré les intellectuels avant 1870, d'avoir des sentiments patriotiques français.

Les répartitions linguistiques d'avant la guerre se voient également modifiées par les migrations qui vont avoir lieu : d'une part, celle des Alsaciens qui vont quitter leur région annexée et, d'autre part, celle des Allemands de l'Empire (les « Vieux-Allemands ») qui viennent s'installer en Alsace (militaires, fonctionnaires...). En effet, l'article 2 du Traité de paix du 10 mai 1871 disposait que « les sujets français originaires des territoires cédés, domiciliés actuellement sur ce territoire, qui entendront conserver la nationalité française, jouiront jusqu'au 1er octobre 1872, et moyennant une déclaration préalable faite à l'autorité compétente, de la faculté de transporter leur domicile en France et de s'y fixer. »[461] Environ 50 000 à 60 000 Alsaciens résidant en Alsace (soit environ 5 à 6% de la population) opteront pour la nationalité française et quitteront réellement l'Alsace en émigrant en France ou ailleurs (Algérie, Amérique…).[462] Au-delà des motivations qui animèrent ces émigrants,[463] c'est le déficit en locuteurs potentiels ou réels de la langue française qu'ils représentent qui pèsera lourd en Alsace. Une bonne partie des émigrants est constituée d'hommes jeunes, des classes 1851 à 1854, qui veulent se soustraire au service militaire allemand obligatoire.[464] Or, il s'agit là d'Alsaciens qui ont plus souvent bénéficié d'une scolarité en français plus complète que celle qu'avaient reçue leurs aînés. Par ailleurs, si, sur le plan de l'origine socio-professionnelle, les couches supérieures et les milieux plus populaires sont quantitativement représentés à égalité, ce sont proportionnellement les professions libérales et intellectuelles qui sont le plus touchées, autre source de déficit pour la présence de la langue française en Alsace. De plus, les villes (Strasbourg, Colmar, Mulhouse), noyaux de l'usage du français, restent les principales pourvoyeuses de candidats à l'émigration, autre facteur d'affaiblissement du français. Enfin, les secteurs frontaliers et francophones fournissent également un contingent d'émigrants proportionnellement plus important qu'ailleurs.[465] Au total, quel que soit le nombre exact d'émigrants avant octobre 1872 et leurs choix ultérieurs, la présence du français se trouve singulièrement affaiblie par ces départs.

En sens inverse, l'Alsace voit arriver des « Vieux-Allemands » (*Altdeutsche*) des autres régions de l'Empire, notamment des fonctionnaires et des soldats : en 1875, l'Alsace compte 39 000 immigrés allemands (dont un peu plus de 16 000 sont des militaires), soit environ 4% de la population.[466] Cet apport de population renforce la présence de l'allemand commun, au moins pour les immigrants qui ont bénéficié d'une formation dans l'enseignement secondaire ou supérieur, fonctionnaires, officiers, enseignants…

L'évolution de la proportion de « Vieux-Allemands » par rapport à l'ensemble de la population en Alsace se stabilise, au tournant du siècle, entre 9% et 11%, avec de fortes variations géographiques, selon les rôles politique et administratif des districts considérés.[467]

**Evolution de la proportion de «Vieux-Allemands»
par rapport à l'ensemble de la population en Alsace,
en valeur absolue et en pourcentage**

District (*Bezirk*)	1875	1880	1885	1890	1895	1905
Basse-Alsace	26 562 = 4,48 %	43 824 = 7,2 %	56 367	72 354 = 11,6 %	83 441 = 13,24 %	89 681 = 13 %
Haute-Alsace	12 511 = 1,21 %	16 669 = 3,6 %	23 230	32 703 = 7 %	35 358 = 7,64 %	38 481 = 7,5 %
TOTAUX	39 073 = 3,77 %	60 493 = 7,5 %	79 597	105 057 = 9,63 %	118 799 = 10,88 %	128 162 = 10,65 %

Par ailleurs, la petite minorité de dialecte roman, qui, en Alsace, habite le fond des vallées vosgiennes et l'extrême sud-ouest de l'Alsace (les «Welches»), se trouve dans une situation inédite: elle va faire partie d'un ensemble politique dont la langue officielle et administrative sera l'allemand, langue qu'elle ne connaît pas. Aussi, tant pour des raisons empiriques qu'idéologiques, ne peut-il être question d'introduire abruptement l'allemand comme langue officielle dans ces régions.

C'est l'une des raisons pour lesquelles la décision politique et militaire d'annexer des espaces où la langue française ou des dialectes romans sont «langue maternelle» en Alsace, mais plus encore en Lorraine, contribue largement, jusqu'à la fin du siècle, à alimenter les questions concernant le français, son emploi (écrit et oral) et son enseignement, et à donner l'occasion aux élus de protester et manifester leur mécontentement quand l'administration veut introduire l'allemand dans tel ou tel champ de la vie publique et/ou bannir le français dans tel autre domaine. Dans les espaces dialectophones alsaciens, les représentants de différents partis et associations essayent de tirer parti de cette situation pour essayer de maintenir une place aussi importante que possible au français. Ainsi, ce choix politico-militaire allemand ne va pas cesser de compliquer singulièrement la tâche aux autorités régionales et locales, notamment sur le plan linguistique.

Zones germanophones, francophones, et mixtes

Dans un premier temps, ce choix oblige les autorités impériales, pour des raisons de politique linguistique, tant dans l'administration que dans le domaine judiciaire ou scolaire, à procéder à des enquêtes et à des statistiques linguistiques pour délimiter les zones de «langue française», de «langue allemande» ou les zones «mixtes». Si l'étalon utilisé, à savoir la commune, représente, d'un point de vue statistique, une mesure peu fiable, elle garde une pertinence réelle pour l'objectif que poursuivent les autorités administratives, contraintes qu'elles sont de fixer des limites linguistiques et de réglementer linguistiquement le territoire.

L'enjeu est de taille: pour les communes qui ne font pas partie de l'aire de langue allemande, le français reste langue administrative et, pour partie, langue scolaire. Après de nombreuses récriminations et des ajustements en cascade, un premier tableau d'ensemble, fiable dans ses grandes lignes, est publié en 1878 :[468]

	Sont considérées comme faisant partie de							TOTAUX	
	l'aire de langue française		l'aire «mixte»			l'aire de langue allemande			
	Nbre de communes	Population civile		Nbre de communes	Population civile		Nombre de communes	Population civile		Nbre de communes	Population civile
		en chiffres nets	en %		en chiffres nets	en %		en chiffres nets	en %		en chiffres nets
Basse-Alsace	27	23 940	4,09	2	2 268	0,39	531	559 365	95,52	560	585 573
Haute-Alsace	17	16 617	3,71	43	78 866	17,58	324	353 066	78,71	384	448 549
ALSACE	44	40 557	3,92	45	81 134	7,84	855	912 431	88,23	944	1 034 122

Au fil du temps, le nombre des communes réputées linguistiquement «mixtes» sera considérablement réduit, malgré les protestations des intéressées, ce qui accroît d'autant le nombre de communes de langue allemande, comme le montre l'enquête effectuée en 1882 :[469]

	Sont considérées comme faisant partie de							TOTAUX	
	l'aire de langue française		l'aire «mixte»			l'aire de langue allemande			
	Nbre de communes	Population civile		Nbre de communes	Population civile		Nbre de communes	Population civile		Nbre de communes	Population civile
		en chiffres nets	en %		en chiffres nets	en %		en chiffres nets	en %		en chiffres nets
Basse-Alsace	27	22 973	3,84	2	2 179	0,36	531	573 389	95,80	560	598 541
Haute-Alsace	17	16 486	3,60	39	37 331	8,16	329	403 355	88,24	385	457 672
ALSACE	44	39 459	3,74	41	39 510	3,74	860	976 744	92,52	945	1 055 713

L'enjeu pour les communes reste toujours le maintien ou l'abandon du français comme langue administrative. Petit à petit, le nombre de communes dispensées de l'usage de l'allemand comme langue officielle et langue scolaire diminue :[470]

Districts	1872	1878	1890	1892	1910
Basse-Alsace	27	27	26	21	21
Haute-Alsace	24	17	15	3	3
Total	**51**	**44**	**41**	**24**	**24**

Cette problématique de classification des communes rappelle de façon concrète que c'est bien un projet global de « germanisation » ou de « défrancisation » (*Entwelschung*) qui doit être mis en œuvre en Alsace. Mais il illustre aussi les limites et les difficultés de l'exercice. En effet, si les milieux nationalistes allemands souhaitent pousser les feux de la germanisation, qu'elle soit linguistique ou culturelle, le plus rapidement et le plus loin possible, les autorités de la Terre d'Empire peuvent avoir des appréciations fort différentes, selon leurs responsabilités, leurs expériences ou leurs convictions, notamment en ce qui concerne le rythme à imprimer à cette opération, les domaines susceptibles d'être visés, etc. Il n'est pas rare que ces autorités fassent des propositions tendant à différer dans le temps telle ou telle mesure. En outre, selon la conjoncture politique du moment dans l'Empire, la tendance peut être à la fermeté ou, au contraire, à une certaine retenue.

Au total, entre 1871 et 1914, le cap de la « défrancisation » reste certes maintenu, mais avec des flottements, des hésitations, des périodes répressives et tatillonnes alternant avec une tolérance fondée sur la patience et la persuasion.

1871-1918

MESURES LÉGISLATIVES ET RÉGLEMENTAIRES CONCERNANT LES LANGUES

Les autorités allemandes vont produire un grand nombre de textes législatifs ou réglementaires touchant au domaine des langues, si on le compare au faible nombre de textes régissant les langues dans la législation française. Il est vrai que tous les champs de la vie officielle et publique vont être touchés par le changement de langue officielle. Cependant, l'entrée en vigueur du changement de langue ne s'est pas opérée au même moment dans tous les domaines.

Avant même la fin de la guerre, l'allemand est utilisé comme langue officielle par la puissance occupante. Ce n'est que par la loi du 31 mars 1872 qu'il est introduit comme langue officielle de l'administration impériale dans la Terre d'Empire,[471] devenant par là-même la langue dans laquelle fonctionnaires et administrés réglaient leurs affaires. Mais par un décret du 21 juin 1872, les communes de l'aire de langue française peuvent continuer à utiliser le français comme langue officielle, au niveau des fonctionnaires subalternes et des administrations locales, à titre provisoire, jusqu'au 1er janvier 1878. Pour certains avis concernant une partie importante des administrés ainsi que pour les circulaires impériales, les autorités ont prévu une traduction française. Au fil du temps, ces dispositions seront prorogées, essentiellement pour les communes considérées comme étant de langue française, jusqu'au 1er janvier 1883. Comme les récriminations et les contestations ne se calment pas, l'administration, échaudée, ne fixe plus de date et ne prévoit plus de réglementation globale ; elle indique qu'elle agira au cas par cas, selon la situation locale, ce qui permet d'introduire l'allemand comme langue officielle, commune après commune.[472]

L'allemand devait aussi devenir langue officielle des débats des différents corps constitués. Au sein du *Landesausschuss* (délégation régionale, assemblée consultative) de la Terre d'Empire, créé en 1874, les discussions pouvaient être menées tant en allemand qu'en français. La loi du 23 mai 1881 impose l'allemand comme langue de travail à partir du 1er mars 1882, mais il semble bien que les travaux en commission aient souvent été tenus en français.[473] À partir de 1888, les conseils généraux ou assemblées de districts (*Bezirkstage*) et les conseils d'arrondissement (*Kreistage*) devront également adopter l'allemand comme langue de travail. S'agissant du *Landesausschuss*, ses velléités linguistiques étaient si patentes qu'au moment de la réorganisation de la Constitution d'Alsace-Lorraine par la loi du 31 mai 1911, qui accordait une certaine autonomie aux organes politiques du *Reichsland*,[474] le gouvernement crut nécessaire d'y mettre un frein en fixant sa langue par l'article 15 de la loi, qui dispose que «les débats du Landtag sont publics. La langue officielle est l'allemand.»[475] La réglementation linguistique était ainsi retirée des mains du *Landesausschuss* ou du *Landtag* nouvellement créé et soumise à la compétence de l'Assemblée impériale à Berlin (*Reichstag*). Par ailleurs, l'article 26 confirme les dispositions antérieures concernant l'ensemble des assemblées: «l'allemand est la langue officielle des autorités et des corps constitués; il est aussi la langue de l'enseignement dans les écoles du pays. Dans les régions où prédomine la population de langue française, il pourra encore être fait à l'avenir des exceptions en faveur du français, aux termes de la loi du 31 mars 1872, relative à la langue officielle. […]»[476]

En ce qui concerne les conseils municipaux, une réglementation restait certes possible, mais son application demeurait fort aléatoire, notamment dans les petites communes. Aussi débattait-on en dialecte dans l'aire «allemande», en patois roman dans l'aire «française», comme par le passé, les procès-verbaux étant ensuite rédigés dans la langue que prévoyaient la réglementation générale et la classification des communes qui étaient alors en vigueur.

La langue administrative des autorités ecclésiastiques aurait dû entrer dans le champ général de la loi de 1872 imposant l'allemand comme langue officielle, les Églises se situant dans le cadre des cultes reconnus par la loi. Mais il faudra encore un arrêté ministériel (5 mai 1891, avec effet au 1er avril 1892) pour imposer l'allemand comme langue administrative des autorités ecclésiastiques.[477] La mesure englobe toute l'administration des trois cultes (catholique, protestants et israélite), tout en prévoyant les exceptions aménagées par les textes généraux du 31 mars 1872.

Dans le domaine judiciaire, la loi du 14 juillet 1871 concernant les modifications de l'organisation de la justice indique explicitement que l'allemand est la langue officielle.[478] Mais elle prévoit également toute une série de dispositions dérogatoires, à titre transitoire. Ainsi, lorsque l'une des parties ne comprend pas l'allemand, il y a lieu de faire appel à un interprète pour les débats oraux, et à des traductions pour les documents écrits. De même dans le domaine de la basse justice (commerce, juge de paix, tribunal de police, des mœurs), si toutes les parties ne comprennent pas l'allemand, mais qu'elles comprennent toutes le français, le français peut être utilisé. Après des ajustements, des additifs et des correctifs,[479] la loi locale du 12 juin 1889 établira l'allemand comme langue de la justice à tous les échelons et dans toutes les situations, à l'exception des publications des tribunaux, notaires et huissiers dans les communes admises au bénéfice de la langue officielle française.[480]

Aucune réglementation linguistique ne concerne directement la presse ou l'affichage.[481] Pourtant, lors de la discussion de la loi sur la presse de 1898, le gouvernement voulait initialement se réserver le droit d'interdire tout journal étranger ou en langue étrangère. Mais l'opposition du *Landesausschuss* semble l'avoir amené à abandonner cette mesure, de sorte que la publication de journaux ou de périodiques en français restait possible.

La politique linguistique de « germanisation » se manifeste aussi dans le quotidien des citoyens par un arsenal de mesures visant les noms et les prénoms, les toponymes, les inscriptions publiques et semi-publiques ainsi que les enseignes, les formulaires et autres en-têtes de lettres. Cette politique, menée parfois avec un zèle excessif par des fonctionnaires locaux, va devenir un sujet de débat permanent, notamment au *Landesausschuss* et dans certains journaux, qui ne manquent pas de stigmatiser les absurdités auxquelles elle peut mener.

Dès juin 1875, une ordonnance du *Bundesrat* prescrit que les registres d'état-civil devront être tenus en allemand dans la partie allemande du *Reichsland*, ce qui va amener des employés de l'état-civil à refuser – indûment – des prénoms français. Ainsi, il était possible de prénommer son enfant « Louis » partout dans l'Empire, sauf en Alsace, où il fallait indiquer « Ludwig ». Avec l'entrée en vigueur d'une nouvelle réglementation concernant l'usage de l'allemand dans l'état-civil (1er janvier 1892), le gouvernement n'admet que les noms antiques ou inscrits au calendrier, fondant sa décision sur la loi française du 11 germinal an XI. Des instructions sont données aux officiers d'état-civil en décembre 1899 pour que les prénoms pour lesquels il existe des équivalents allemands soient inscrits sous la forme allemande dans les registres officiels. Elles culminent dans la prescription qui est faite de corriger, en les germanisant, les « patronymes d'origine indiscutablement allemande ».[482] Une circulaire ministérielle (17 janvier 1906) assouplira cette réglementation vexatoire des prénoms, mais son exécution se heurtera parfois aux décisions de fonctionnaires subalternes qui ne sont pas nécessairement au fait de toutes les subtilités introduites par ce nouveau texte, de sorte que cette question continuera à alimenter périodiquement les polémiques.

En ce qui concerne les toponymes, dès octobre 1870, la direction générale des Postes (*Generalpostamt*) fait entreprendre auprès de l'office de statistique de Berlin des recherches pour fixer l'orthographe des noms des lieux. Les noms dans la partie allemande du *Reichsland* sont méthodiquement «germanisés», de différentes manières. Les noms de rues font également l'objet de transpositions linguistiques ou de changements de noms, dès 1871, avec un bonheur inégal qui rappelle les traductions plus que fantaisistes de l'époque révolutionnaire. C'est ainsi qu'à Strasbourg, par exemple, la rue qui s'appelait avant le XVIIIe siècle «Todtenbahrgaessel» («rue de la civière/de la bière»), dont la transposition en français avait été correcte, «rue de la Bière», est renommée «Biergässchen» (rue de la Bière, mais «bière» au sens de «liquide fermenté et ambré»).[483]

La langue des enseignes de commerce va également rester un sujet de polémique permanent. Sans politique cohérente, les consignes sont données au coup par coup.[484] Une circulaire du ministère d'Alsace-Loraine du 10 novembre 1887, durcissant les positions,[485] prévoit que tous les écriteaux et affiches devront préalablement être soumis à la police, de sorte que les enseignes en allemand deviennent obligatoires; celles en français sont soumises à autorisation. La fameuse obligation de remplacer l'enseigne «coiffeur» par «Friseur» suscitera autant l'irritation que l'incrédulité.[486] Devant l'émotion et la polémique que suscite ce texte durant des années, le ministère a songé à le rapporter. Mais le zèle des fonctionnaires se calme autour de 1909.

Les plaques professionnelles, les noms d'associations, de raisons commerciales: toutes les inscriptions vont être touchées, jusqu'à l'absurde. En effet, même les inscriptions funéraires, souvent gravées en français, doivent être germanisées. Comme il s'agit d'un domaine sensible, le président du district du Bas-Rhin (*Bezirkspräsident*, préfet) propose de fermer les yeux. Mais le ministère ne l'entend pas ainsi, au motif qu'il s'agit d'un défi lancé aux autorités par les vivants.[487]

Toutes ces mesures concernant les inscriptions publiques et les noms, relevant généralement d'un niveau simplement réglementaire ou même infra-réglementaire, frisant parfois l'absurde ou le ridicule dans la chasse au français, soulignent certes la volonté de «défranciser» soutenue par les milieux nationalistes et conservateurs, mais fait également apparaître que d'autres forces restent à l'œuvre, cherchant à tempérer cette politique qui était ressentie comme tatillonne et bureaucratique.

Si la volonté de diffuser la langue allemande persiste dans le temps et va se nicher jusque sur les étiquettes des bouteilles de bière (circulaire du 14 juillet 1888), il n'en reste pas moins remarquable qu'elle est largement étalée dans le temps, au vu des différentes dates auxquelles paraissent décrets et circulaires, étayant l'idée que l'application de la politique de germanisation, du moins dans ces domaines, ne faisait pas l'unanimité au sein des autorités d'exécution, et qu'au cours du temps, selon les conjonctures politiques générales du moment, fermeté, atermoiements et *realpolitik* linguistiques pouvaient alterner ou se superposer.

De fait, dès les années 1890, les présidents de districts (préfets) et le sous-secrétaire d'État recommandent à leurs subordonnés de ne pas faire de zèle inutile dans ces domaines des enseignes et des usages quotidiens divers du français, en reconnaissant explicitement qu'il devient totalement contre-productif. Ils recommandent la mansuétude et d'éviter les mesquineries et autres pinailleries, sans pour autant renoncer à une «germanisation» à long terme.[488]

Il semble bien que cette obsession officielle de défrancisation ne passe plus par la contrainte, à en juger par la loi sur les associations (*Vereinsgesetz*) du 19 avril 1908.[489] L'article 3 dispose que «les statuts et leurs modifications seront déposés en langue allemande. Les autorités administratives supérieures peuvent accorder des dispenses de cette prescription.» L'article 12 prescrit que «dans les réunions publiques, les débats auront lieu en langue allemande», mais prévoit en même temps toute une série d'exceptions s'appliquant notamment et explicitement à l'Alsace-Lorraine. Par ailleurs, l'ordonnance ministérielle du 22 avril 1908[490] et les recommandations de mansuétude dues au sous-secrétaire Mandel levèrent, au fond, les contraintes qui restaient, de sorte qu'il n'y avait plus guère d'obstacle à l'emploi du français.[491]

Avec la loi du 14 juillet 1871 qui confère à l'allemand le statut de langue officielle dans le domaine de la justice et celle du 31 mars 1872 qui introduit l'allemand comme langue officielle de l'administration impériale dans la Terre d'Empire, deux pans essentiels de la vie publique étaient couverts. Or, le domaine de l'enseignement n'entre pas dans le champ immédiat de ces lois; mais il n'est pas oublié pour autant. Dès le 14 avril 1871, le Commissaire civil Friedrich von Kühlwetter met en place un règlement introduisant un nouveau plan d'études dans les écoles élémentaires, où l'allemand remplace le français comme langue d'enseignement, à l'exception des écoles situées dans les districts de l'aire «française» ou «mixte».[492]

S'il n'y a pas eu de loi concernant l'école en général et l'école primaire en particulier, l'enseignement primaire n'en reste pas moins, aux yeux de Bismarck, le moyen d'intégration essentiel des Alsaciens-Lorrains dans l'Empire. La communauté de langue devait contribuer à une intégration politique durable et détourner les futurs adultes de la France.[493]

LES LANGUES DANS LE SYSTÈME ÉDUCATIF

L'introduction de l'obligation scolaire par l'ordonnance du 18 avril 1871 (article 1),[494] jusqu'à l'âge de 14 ans révolus pour les garçons et de 13 ans révolus pour les filles (article 2), quelles qu'en soient les raisons conjoncturelles,[495] encadre et sert directement la politique linguistique et culturelle poursuivie. La langue officielle de l'école est régie par un cadre législatif fort tardif, tout en entérinant les dispositions transitoires pour les écoles situées dans l'aire de « langue française ». L'article 26 de la loi sur la Constitution de l'Alsace-Lorraine de 1911 dispose en effet que « l'allemand est la langue officielle des autorités et des corps constitués ; il est aussi la langue de l'enseignement dans les écoles du pays. Dans les régions où prédomine la population de langue française, il pourra encore être fait à l'avenir des exceptions en faveur du français, aux termes de la loi du 31 mars 1872, relative à la langue officielle. »[496]

La substitution du français par l'allemand pose globalement la question de l'enseignement du français et/ou en français à des niveaux différents. D'une part, pour les enfants qui avaient commencé leur scolarité ou leurs études en français, un passage abrupt à l'allemand n'était guère envisageable. Des mesures transitoires vont être prises de manière à ce que la plupart des élèves puissent terminer leur cursus scolaire, pour partie, en français. Cette période transitoire allait de toute manière se terminer après le départ des élèves en cours de scolarité et Berlin était pressé d'y mettre un terme.[497]

D'autre part, dans les aires de « langue française » et « mixtes », l'allemand est introduit partout, mais, dans un premier temps, uniquement comme langue à apprendre. Différentes mesures, en particulier les instructions du 4 janvier 1874, prévoient en effet que la langue d'enseignement puisse être, selon l'appréciation que le Président supérieur fait de la situation (« nach Maßgabe der Verhältnisse »), le français.[498] L'objectif restait cependant, à terme, de donner une place toujours plus importante à l'allemand dans les écoles de ces aires, de manière à intégrer le mieux possible les futurs adultes dans la société politique du temps. Ce n'est que vers 1880 que quelques disciplines, comme le calcul, la géographie ou le chant, commencèrent à être enseignées en allemand dans ces aires. Cette problématique reste relativement mineure en Alsace dans la mesure où, en 1882, le nombre de communes ayant le français comme langue d'enseignement principale reste fort modeste, (57, comparées aux plusieurs centaines de communes de l'aire allemande) et correspond peu ou prou à celles où le français avait été conservé comme langue administrative (*cf. supra*).[499] Mais l'enseignement de l'allemand semblait être nettement inefficace, mettant fortement en cause l'objectif intégratif poursuivi. L'une des causes de l'incapacité des élèves à s'exprimer en allemand résidait sans doute dans les méthodes pédagogiques utilisées. La démarche expérimentée dans les communes francophones de la vallée de la Bruche par l'inspecteur primaire Ewald Bauch, qui paraissait plus efficace, notamment parce qu'elle privilégiait l'oralité («écouter» et «parler») en début d'apprentissage et ne prévoyait de passer à la lecture et à l'écriture que plus tard, sera étendue à l'ensemble des écoles des aires française et mixte en 1887.[500] De fait, le français continuera à rester langue d'enseignement dans ces écoles jusque vers les derniers mois de la Première guerre mondiale.

Enfin, le français allait rester exclu de l'enseignement élémentaire dans l'aire de «langue allemande» après les premiers temps des mesures transitoires en vigueur de 1871 à 1874 environ. Dans cette aire, les dispositions concernant l'allemand comme langue scolaire unique font l'objet d'une application rigoureuse et totale, en conformité tant avec l'objectif politique visé qu'avec le présupposé qu'il s'agissait bien d'une population de langue allemande à laquelle il s'agissait de «rendre» sa langue ou, comme cela avait été formulé par Ludwig Trampe, juriste nationaliste défendant ce point de vue à l'est de l'empire allemand, de rendre à la langue allemande sa position antérieure et de la réinstaller dans les droits dont elle avait été privée.[501] Comme des instituteurs continuaient néanmoins, comme cela était autorisé, à donner des cours de français à titre privé, une circulaire de l'Inspecteur supérieur (*Oberschulrat*) du 13 février 1888 imposa des conditions telles (notamment une procédure d'autorisation) que cet enseignement privé ne fut presque plus possible.[502] Aussi n'est-ce pas la place centrale de l'allemand qui sera contestée par les élus ou la population, mais bien l'absence du français dans le dispositif de l'école primaire dans l'aire de langue allemande. Ainsi, jusqu'en 1914, la polémique autour du bien-fondé d'un enseignement de français à l'école fera rage, sans que l'administration fasse une seule concession: l'objectif de «germanisation» sera maintenu contre vents et marées de manière à faire des écoliers du *Reichsland* des enfants allemands, à l'instar de la situation que connaissent les autres États de l'Empire. En outre, les autorités rappellent que l'école primaire n'a pas vocation à enseigner une langue étrangère. Les tenants d'un tel enseignement avaient beau faire valoir qu'il s'agissait d'une nécessité pratique, notamment dans le secteur économique, et non d'une revendication politique. Les opposants n'ajoutaient pas foi à cette argumentation, non sans raison peut-être, et invoquaient des arguments pédagogiques: à leurs yeux, un tel enseignement ne pouvait que nuire à l'instruction en général, parce que la plupart des élèves de l'école primaire serait incapable de soutenir un tel effort.[503] De plus, la stérilité et les dangers du bilinguisme, dont le danger de duplicité, ne sont pas écartés. Mais il s'agit là d'une argumentation qui n'est pas propre aux nationalistes allemands.

Ces problèmes ont agité bon nombre d'assemblées: le *Landesausschuss*, notamment par les motions de Joseph Kübler, tout particulièrement entre 1908 et 1911,[504] a cherché à obliger le gouvernement à desserrer l'étau empêchant un enseignement de français plus étendu (à l'école élémentaire par exemple). Mais dans la séance du *Landesausschuss* du 12 mai 1909, le gouvernement expose assez clairement son point de vue: il n'est pas du tout opposé à l'enseignement du français, il reconnaît que dans les communes mixtes et dans celles qui sont proches de la frontière avec la France, il faut faire en sorte que le français soit bien enseigné dans les écoles primaires, mais que pour les autres communes, celles de langue allemande, un tel enseignement «porterait préjudice à la formation de base des enfants et amènerait une charge supplémentaire.» En revanche, cet enseignement reste possible pour les enfants plus doués et qui poursuivront leurs études.[505]

Il est vrai qu'un tel enseignement, particulièrement après 1890, aurait posé un sérieux problème pour trouver des maîtres capables d'enseigner le français, comme il avait été difficile de trouver des maîtres en nombre suffisant capables d'enseigner en allemand après 1871, que les raisons aient réellement résidé dans l'incompétence linguistique des maîtres ou dans leur mauvaise volonté. Aussi la formation des maîtres représentait-elle, après 1871, une problématique à laquelle il était difficile de trouver une solution rapide, au sein du *Reichsland* même. Le gouvernement mit en place des cours de langue et employa les instituteurs qui ne pouvaient ou ne voulaient pas enseigner en allemand dans les communes où l'enseignement se faisait en français, mesure d'apaisement et forme de mansuétude.[506] Mais dans le même temps, si l'on prévoit également dans les écoles normales une courte période de transition linguistique, les élèves-instituteurs nouvellement recrutés recevront leur formation en allemand, et le français n'aura aucune place dans les plans de formation institués par les autorités impériales, de sorte que les maîtres ne sauront plus enseigner le français, au grand dam des élus qui le regrettent régulièrement, sans résultat.

Les problèmes qui se posaient pour l'école primaire trouvaient bien sûr leurs équivalents dans l'enseignement secondaire, avec des solutions transitoires assez proches de celles de l'enseignement primaire. Au total, une certaine forme de bienveillance linguistique semblait être de mise (y compris dans le rythme adopté: le français reste présent jusque vers la fin des années 1870), notamment pour la langue des examens, pour les délais laissés aux élèves pour finir leur scolarité principalement en français,[507] et en ce qui concerne la réglementation mise en œuvre dans les zones française et mixte, probablement, entre autres raisons, pour amadouer ou ménager les notables et les élites au travers de leurs enfants. Il est vrai que cette mansuétude touchait, parmi les élèves qui étaient restés en Alsace, une catégorie sociale déjà fortement francisée, qui disposait souvent de peu de connaissances en allemand, et ayant déjà suivi une scolarité en français qui pouvait aller jusqu'à dix ans. Mais l'objectif restait malgré tout que l'ensemble du système éducatif secondaire adopte l'allemand. Les instructions destinées aux établissements autres que primaires indiquaient, dès 1873, que « la langue d'enseignement dans tous les établissements secondaires [était] la langue allemande. »[508]

Une circulaire (12 décembre 1873), confirmée en mars 1891, prévoit que le français pourra être enseigné, comme ailleurs dans l'Empire, en tant que langue étrangère, mais qu'il n'a pas vocation à initier à la civilisation française et qu'il doit rester dans sa fonction ancillaire.[509] Il semble que cet enseignement du français comme langue étrangère ait été d'un bon niveau, dans la mesure où des élèves venant d'un autre endroit de l'Empire éprouvaient quelque difficulté à le suivre. Mais sans doute ce type d'enseignement ne supporte-t-il pas la comparaison avec un enseignement *en* français et la compétence des maîtres restait-elle encore limitée par rapport à des natifs. En effet, comme le prouvera la période postérieure à 1918, les jeunes professeurs n'avaient pas nécessairement une très bonne connaissance du français. Cependant, l'enseignement d'une langue étrangère, et du français en particulier, dans les lycées allemands trouvait des opposants farouches.[510]

Les écoles et les pensionnats de jeunes filles entraient, selon les âges des élèves et l'obligation scolaire qui en découlait, dans le cadre des réglementations linguistiques pour partie générales, pour partie particulières, lorsqu'il s'agissait d'établissements privés. Cependant, les directives édictées par la circulaire du 5 août 1874 imposaient bien l'allemand comme langue d'enseignement pour les élèves qui tombaient encore dans la tranche d'âge de l'obligation scolaire. Mais l'inspection scolaire s'occupa assez peu des pensionnats, de sorte que, durant près de vingt ans, le français resta la langue d'enseignement principale dans de nombreux établissements de l'aire allemande, ce qui constituait en même temps un signe de l'opposition au régime allemand. Malgré plusieurs avertissements émanant de l'Université, l'administration scolaire ne se résoudra à durcir sa politique linguistique à l'égard de ces écoles pour les faire entrer dans les réglementations scolaires générales qu'à partir de 1887, année où la politique linguistique se raidit dans tous les domaines. Arrêtés, circulaires et autres dispositions tombent en cascade entre novembre 1887 et novembre 1894.[511] Un arrêté (4 janvier 1888) rappelle que «l'allemand est langue d'enseignement dans toutes les classes et dans toutes les disciplines» (excepté dans l'enseignement du français et de l'anglais).[512] Mais l'ensemble des mesures sera régulièrement contourné ou interprété en toute mauvaise foi de sorte que tous les rappels et menaces ne serviront pas à grand-chose : au lendemain de la guerre de 1914-18, force est de constater que les filles qui avaient été scolarisées dans ces établissements ont une bien meilleure connaissance du français que les garçons des mêmes milieux.[513] Cette attitude à l'égard de la langue d'enseignement est à rapprocher de celle du Grand Séminaire catholique, auquel l'allemand est également imposé en 1888. Mais de formation et d'esprit français, le clergé au sein de l'établissement et les séminaristes conservent assez longtemps le français comme langue d'usage.[514]

Pour toutes les autres formes d'enseignement, le principe général énoncé garde toujours sa validité : la langue d'enseignement est la langue allemande. Il reste cependant symptomatique qu'en 1913 encore, cette précision doive être donnée. Ainsi, par exemple, dans l'ordonnance du 17 décembre 1913, relative aux écoles professionnelles et ménagères privées, l'article 4 précise : «En règle générale, la langue de l'enseignement sera l'allemand, sauf exceptions autorisées par l'autorité chargée de la haute surveillance […].»[515]

De façon apparemment paradoxale, les dialectes alsaciens, base même de la communauté linguistique entre l'espace annexé et le reste de l'Empire, fondement du postulat que l'Alsace est de langue allemande, n'ont, dans un premier temps, droit de cité dans le système scolaire que dans des conditions limitées et uniquement pour faciliter le passage à l'allemand standard. Une circulaire de décembre 1873 concernant «les règles de base pour l'enseignement de la langue allemande» en Alsace-Lorraine stipule que dans les écoles autres que primaires, les dialectes ne peuvent être pris en compte qu'avec les plus jeunes des élèves et uniquement dans des cas isolés. Elle exclut un usage plus habituel du dialecte et exige un «allemand standard exemplaire.»[516] Cette position sera révisée à partir de 1890 et, plus particulièrement, dans une circulaire de janvier 1891, qui prévoit que l'enseignement doit s'appuyer plus fortement qu'il ne l'a fait jusqu'à présent sur les dialectes locaux, pour éviter que la langue allemande ne reste une langue morte uniquement livresque.[517] C'est, dans le même esprit et à la même époque, que la nécessité de jeter des ponts plus étroits entre les dialectes et l'allemand standard fait son apparition dans les textes officiels concernant l'enseignement primaire. Mais l'objectif affiché reste bien une amélioration des compétences des élèves en ce qui concerne l'allemand *parlé*.[518]

Pour l'enseignement supérieur, la question des langues reste sans objet. À l'ancienne université a été substituée une nouvelle, créée officiellement par un décret impérial du 11 décembre 1871, précisé par un édit souverain du 28 avril 1872, complété par une loi du même jour. La transformation s'opère rapidement et intégralement: l'inauguration solennelle du 1er mai 1872 montre une université qui possède tous les attributs d'une université allemande tout court, nécessairement uniquement en langue allemande, et de très haut niveau, par le recrutement professoral qui a été entrepris.[519]

SITUATION LINGUISTIQUE GÉNÉRALE, PRATIQUES LINGUISTIQUES ET ATTITUDES

Les données objectives qui favorisent une présence importante de l'allemand en Alsace, sans intervention particulière des autorités, relèvent essentiellement des mutations démographiques et structurelles de la société, les unes accompagnant généralement les autres.

Le rôle de capitale politique et administrative dévolu à Strasbourg amène certes un développement rapide, notamment sur le plan démographique, mais la part due à l'immigration des autres États y joue un rôle central: [520]

Année	Habitants	dont immigrés	Proportion des immigrés en %	Population *virtuelle* sans l'apport de l'immigration
1871	85 654			Rappel : 85 654
1875	94 306	18 788	20	75 518
1880	104 471	32 001	30	72 470
1885	111 987	40 103	35,8	71 884
1890	123 500	48 422	39	75 078
1895	135 608	54 301	40	81 307
1905	167 677	59 691	35,6	107 986
1910	178 891	60 774	34	118 117

À l'instar de Strasbourg, d'autres villes connaissent une croissance relativement rapide. En 1871, 35,8 % des Alsaciens habitaient dans des communes de plus de 2 000 habitants, contre 51,2 % en 1910.[521] Dans les villes de garnison (ou de nœuds ferroviaires) (Haguenau, Hausbergen, Saint-Louis, Wissembourg, Saverne), le pourcentage d'immigrés peut dépasser 20 % et atteindre parfois 50 %.[522]

Si le « mélange » entre la population autochtone et les immigrés reste un processus lié au temps, mais aussi à la structuration et au fonctionnement de la société, l'incidence linguistique qu'il génère demeure plus difficilement appréciable dans la mesure où la variété linguistique d'usage dans les ménages « mixtes » (Alsaciens et Vieux-Allemands) et dans les espaces sociaux du travail peut varier selon les biographies et les situations de parole.[523] Cependant, le plus grand nombre de mariages « mixtes » a été enregistré dans les secteurs industriels et dans les centres urbains. Mais, comme dans la majorité des cas ce sont les hommes qui viennent des autres États allemands, l'incidence sur la langue usuelle des familles, souvent régulée par les femmes, a dû rester relativement faible. Ces mariages représentent à Strasbourg, entre 1896 et 1910, selon les années, entre 23 % et 27 % des unions contractées.[524]

Un autre type de « mélange » dont l'incidence linguistique reste difficilement appréciable concerne les couches sociales les plus modestes. Dès 1871, plusieurs dizaines d'ouvriers s'installent à Strasbourg. « Certes au début le monde ouvrier était lui aussi divisé selon le critère nationalitaire ; mais comme le mode de vie était le même, tous se retrouvant sur le même lieu de travail, l'antagonisme et les préventions s'atténuèrent aisément. »[525] Dans ce cas de figure, il n'est pas impossible que des variétés dialectales ou largement dialectalisées se soient imposées au détriment d'une variété de l'allemand standard parlé.

Mais d'autres champs dans le domaine professionnel allaient nécessairement renforcer l'allemand, en particulier les métiers qui incluaient des contacts étroits et fréquents avec l'écrit: les emplois administratifs, ceux de fonctionnaires et d'employés de bureau de tous niveaux. « Le recensement de 1882 distinguait la catégorie du personnel administratif et technique, soit 6 905 actifs. Ils étaient 11 385 en 1895 et 21 179 en 1907, près de la moitié travaillant à Strasbourg. [...] Au moment de l'armistice de 1918, les Alsaciens ne représentaient que le tiers environ de l'ensemble des fonctionnaires du *Reichsland* et occupaient surtout des postes subalternes: les fonctions les plus importantes revenaient à des Allemands. »[526]

Dans le domaine de la presse, l'essentiel des parutions se fait en langue allemande, bien qu'il n'y ait pas de réglementation linguistique en la matière (*cf. supra*): « [Après la libéralisation de 1880 et] dès 1885, l'Alsace comptait 35 journaux politiques dont 8 quotidiens. Parmi ces derniers, un seul paraissait en langue française, un autre était bilingue. » Parmi les organes non quotidiens, dix titres sont bilingues (deux dans le Bas-Rhin, huit dans le Haut-Rhin). « En 1913, la lecture de la presse politique atteignit son apogée. Les Alsaciens pouvaient alors choisir entre 52 journaux politiques, parmi lesquels 24 quotidiens dont 2 en français et 1 bilingue. Le tirage total de la presse se montait alors à 302 300 exemplaires, soit près d'un exemplaire pour trois habitants. »[527]

Dans toutes les évaluations linguistiques (comptages, recensements, déclarations spontanées ou sollicitées), la terminologie générique utilisée – « allemand » – ne permet pas d'accéder de manière plus précise à des répartitions au moins grossières de la connaissance et de l'usage déclarés de l'allemand dans sa forme orale standardisée et des dialectes.

Pour l'Alsace, ces évaluations fournissent les éléments suivants:[528]

LES LANGUES DE L'ALSACE

	Total de la population	Déclarent avoir l'allemand [= dialecte et/ou allemand] comme langue maternelle[529]		Déclarent avoir le français comme langue maternelle		Déclarent avoir l'allemand et le français comme langues maternelles	
		Données brutes	%	Données brutes	%	Données brutes	%
1878*	1 034 122	912 431	88,23 %	40 557	3,92 %	81 134**	7,84 %
1900	1 154 640	1 093 647	95,54 %	53 146	4,64 %	3 361	0,29 %
1905	1 198 744	1 136 056	94,76 %	53 802	4,48 %	2 832	0,23 %
1910	1 218 803	1 152 800	94,58 %	58 165	4,77 %	2 348	0,19 %

*Ce sont les données fort approximatives du relevé de 1878.
**Il s'agit là du nombre d'habitants des communes « mixtes ».

Si les répartitions globales restent stables (environ 95 % pour l'allemand et environ 5 % pour le français), c'est la valeur brute du nombre de personnes déclarant avoir le français comme langue maternelle qui augmente dans l'absolu. Un apport net de plus de 4 300 locuteurs de langue maternelle française entre 1905 et 1910 ne semble guère crédible. Que le comptage ait servi d'exutoire permettant de faire part de sa protestation politique ou d'une autre forme de mécontentement, comme le suggère Paul Lévy,[530] reste une hypothèse des plus plausibles, des retours isolés d'anciens optants ayant effectivement émigré ne suffisant pas. Dès 1908, le Bureau des statistiques avait relevé, sans autre commentaire, que dans le recensement de 1905, les femmes habitant les villes présentaient une sur-représentation parmi les personnes ayant indiqué le français comme langue maternelle[531] et avait proposé une ventilation plus détaillée.

Ont déclaré être de langue maternelle française, en 1905, dans les différents centres urbains :[532]

	Personnes en dessous de 14 ans		Personnes au-dessus de 14 ans		Total hommes	Total femmes	Total général	% de femmes
	Hommes	Femmes	Hommes	Femmes				
Strasbourg	217	240	1 180	1 908	1 397	2 148	3 545	60,59
Mulhouse	269	263	951	1 608	1 220	1 871	3 091	60,53
Colmar	75	93	361	700	436	793	1 229	64,52
Sainte-Marie-aux-Mines*	334	391	865	1 150	1 199	1 541	2 740	56,24
TOTAUX	**895**	**987**	**3 357**	**5 364**	**4 252**	**6 353**	**10 605**	**59,90**

*Sainte-Marie-aux-Mines est située dans un environnement de dialectes romans.

Sans doute reste-t-il possible que les écoles et pensionnats pour jeunes filles aient procuré une réelle compétence en français aux élèves qui les ont fréquentés et qu'elles considèrent la langue la plus usitée et/ou familiale et/ou apprise à l'école comme « langue maternelle ».[533]

Par ailleurs, les gains du nombre de locuteurs, d'un recensement à l'autre, restent largement favorables à l'«allemand», en valeur absolue, mais l'allemand comme « langue maternelle » ne fait pas de progrès sensibles dans les cantons à fort taux romanophones.[534] Cependant, il s'agit toujours de déclarations, d'une part, et d'indications qui ne révèlent en rien les pratiques linguistiques, notamment la langue d'usage, d'autre part.

Si la question du français comme langue maternelle reste marginale, la question du français en soi fait son apparition dans des cantons qui n'avaient pas de locuteurs traditionnellement romanophones. C'est dire qu'une partie de la population a maintenu le français, au moins dans l'intention, plus de trente ans après la création du *Reichsland*. Ce dernier point renvoie aux pratiques linguistiques et aux langues d'usage. Il va de soi que la texture de la société, les appartenances sociale, économique, religieuse, la place que tient un locuteur dans ses réseaux sociaux, sa position idéologique ou empirique face à la reproduction ou à l'innovation sociales, etc., amènent des choix linguistiques voulus, consentis ou subis.

Tant l'école que la presse jouent sans doute un rôle important dans la diffusion de l'allemand écrit, poursuivant (en ce qui concerne la presse majoritairement lue en allemand) ou renouant (l'école) avec des pratiques plus anciennes d'un nombre important d'Alsaciens, de sorte que dans les couches plus modestes de la population, l'allemand progressera relativement rapidement comme langue écrite.

Les besoins de savoir-faire en allemand oral dépendront de la place sociétale et sociale à laquelle chaque locuteur se situe. Néanmoins, au fur et à mesure du temps qui passe, l'allemand fera partie de la vie quotidienne, sa connaissance étant accélérée chez les hommes par le service militaire.

La majorité de la population continue à utiliser le dialecte

Les locuteurs vivant dans la ruralité, de même que les ouvriers et les artisans, continuent à utiliser, entre pairs, la variété dialectale dont ils se sont toujours servis dans les situations habituelles, sous réserve d'accommodations linguistiques éventuelles avec des pairs venant d'autres États de l'Empire. La plupart visera une reproduction sociale et leurs enfants auront un comportement linguistique comparable au leur. Il est ainsi fort probable que les enfants des ouvriers et des artisans non autochtones connaissent une première socialisation dans la variété linguistique familiale, mais que la socialisation avec leurs pairs se fasse dans la variété dialectale du lieu.

Les locuteurs dont la situation professionnelle exige un contact avec une clientèle possèdent sans doute un répertoire linguistique plus étendu (variété dialectale, allemand oral plus ou moins dialectalisé, connaissances de français) et doivent pouvoir faire preuve d'une certaine mobilité au sein de leur répertoire. Selon la nature de l'entreprise et sa taille et selon le rôle précis du locuteur, l'un ou l'autre élément prendront plus ou moins d'importance dans ses pratiques linguistiques professionnelles. L'usage privé reste certainement ancré dans la variété dialectale.

Pour les employés du secteur tertiaire, l'usage de l'allemand écrit et, selon les circonstances, du français écrit, doit être quotidien. La pratique orale dépend de l'environnement et des règles linguistiques et/ou sociales qu'il induit : relations avec les supérieurs, avec les collègues (selon leurs propres biographies et habitudes linguistiques), type d'établissement (privé/public), réglementation interne, propriétaire autochtone ou « vieil-allemand », etc. Les situations privées, notamment familiales, se régulent sans doute en dialecte pour les autochtones.

Pour les fonctionnaires subalternes et moyens, les pratiques peuvent présenter un caractère plus hétérogène, plus individualisé, selon les carrières espérées, selon le type de relation privée qui est privilégiée, mais sans doute également selon les situations de discours. Cependant, il n'est pas exclu que des formes d'allemand standard, même s'il reste encore partiellement dialectalisé, puissent être privilégiées.

La haute bourgeoisie autochtone cultive les comportements civilisationnels français d'avant 1870 et montre une prédilection sans fard pour le français. Le dialecte est au mieux encore compris par cette couche sociale. Comme l'usage du dialecte reste socialement trop classant (il est l'apanage des couches moyennes et inférieures de la société) et que l'allemand standard est rejeté, du moins dans les pratiques formelles ou semi-formelles, c'est l'usage du français qui prime dans cette couche sociale. Une partie des Vieux-Allemands, appartenant également à cette partie de la population et refusant l'idéologie anti-française, cultive une réelle francophilie, du moins à travers la langue, de sorte que la langue de la mondanité sera souvent le français.

Les notables qui exercent des professions libérales (avocats, notaires, médecins, pharmaciens, parfois des professeurs) possèdent sans doute le répertoire et la mobilité linguistiques les plus étendus : ils utilisent selon le cas le français, le dialecte ou l'allemand.[535]

Les fonctionnaires et les membres de la haute société originaires des autres États de l'Empire utilisent l'allemand standard oral comme langue des relations privées.

Durant les premiers temps du *Reichsland*, les couches cultivées de la société alsacienne n'ont pas voulu adopter l'allemand comme langue standard. Comme la variété dialectale ne se prêtait pas à tous les thèmes conversationnels qu'elles abordaient, elles ont préféré garder le français dans ces situations, de sorte que l'on a pu dire que le français était le « Hochdeutsch » de ces Alsaciens,[536] c'est-à-dire la langue standard des Alsaciens dialectophones cultivés.

Cependant au fur et à mesure que le temps passe, la connaissance du français devient moins assurée et est moins répandue. Elle reste l'apanage de la bourgeoisie, des milieux aisés francophiles et, pour partie, de l'élite cultivée. Pour une partie non négligeable des générations montantes cependant, la situation qui prévalait avant 1870 est renversée : le français, de moins en moins connu ou maîtrisé, est remplacé par l'allemand dans toutes les positions qu'occupait le français, l'allemand étant la langue des études et de l'écrit, en particulier dans les classes moyennes.

Au total, les situations d'interaction linguistique se passaient chez la plus grande partie de la population, comme avant 1871, en dialecte. L'utilisation de l'allemand standard aurait semblé, comme dans bien d'autres États du sud de l'Empire, totalement incongrue, dans la mesure où il ne correspond à aucune pratique interactionnelle entre autochtones, et l'utilisation du français qui a pu s'établir, au moins dans certaines formes d'alternance de codes, devient petit à petit impossible par manque de connaissance de cette langue. Le dialecte est également investi d'un rôle de langue de connivence qui permet de se démarquer des autres ressortissants de l'Empire.

1900 : sursaut du français, langue de protestation et de distinction

Vu sous un angle quantitatif, le français ne joue qu'un rôle très secondaire dans la globalité des interactions linguistiques de l'ensemble de la population. Il est essentiellement investi d'un rôle symbolique polymorphe : selon ses usagers, il reste langue de protestation et/ou devient langue de démarcation, accentuant l'une des fonctions qui est parfois attribuée au dialecte, et/ou langue de la distinction. Les locuteurs du français présentent une large palette de compétences réelles : la bonne maîtrise des uns (l'élite cultivée) peut se réduire à quelques bribes pour une partie des couches moyennes. « Le français connaît un véritable sursaut entre 1900 et 1914, comme le reconnaissent les Allemands à leur corps défendant. Il devient le langage courant de nombre de familles dont les grands-parents ne pratiquaient que l'alsacien. Il est le langage d'une civilisation, le parler mondain des salons des trois grandes villes et de la bourgeoisie de nombreuses petites villes. Il est devenu *Sonntagssprache* des Alsaciens. Il reste un signe de protestation car, très souvent, lorsqu'un Vieil-Allemand s'approche d'un groupe d'Alsaciens, ceux-ci passent de l'alsacien au français. Celui-ci exerce aussi une influence sur les classes moyennes. Dans les milieux sans formation supérieure, on utilise le français en public pour donner l'illusion d'une culture supérieure. Les motifs sont à la fois pratiques, économiques, culturels – conviction de la supériorité qualitative de la langue française plus élégante – et politiques : volonté d'affirmer l'identité face à l'Allemand et témoigner des sentiments francophiles », résume Bernard Vogler.[537]

C'est principalement la valeur sociale et culturelle attribuée au français, dans le sens que « français » devient synonyme de « distingué »[538] (et inversement), attribut permanent du français depuis le XVIIIe siècle au moins, qui est contestée par les défenseurs nationalistes de la langue et de la culture allemandes.

Dans un essai polémique et provocateur, *Deutschlands Unfähigkeit, das Elsaß zu entwelschen* (*L'incapacité de l'Allemagne à « défranciser » l'Alsace*),[539] Ernst Traugott Ehrlich (pseudonyme de Hans Spieser [*cf. note 510*]) fait un inventaire, qui se veut ironique, sur la manière dont les Alsaciens voient le français. Les vingt-cinq « articles de foi » qu'il énumère, pour les contester bien sûr plus loin, donnent une image intéressante des représentations dont bénéficiait le français auprès des classes moyennes et supérieures en Alsace (mais aussi, pour partie, dans le reste de l'Empire) :

> 1. La langue française est *la* langue universelle. Chaque homme cultivé dans le monde entier parle le français. Il n'y a que les « pangermanistes » [en français dans le texte] qui y soient opposés.
> 2. Le français est langue universelle par ses qualités intrinsèques ; c'est la langue qui est la plus belle, qui sonne le mieux, la plus expressive, la plus claire, la plus noble de toutes les langues du monde.
> 3. C'est pourquoi on mesure la valeur d'un homme à sa maîtrise du français et au fait qu'il l'écrive sans faute. Elle est l'aune de toute culture (*Bildung*). […]

4. C'est pourquoi il n'y a que celui qui ne la sait pas suffisamment qui ne puisse pas l'honorer.
5. Dans la libre concurrence entre langue française et langue allemande, culture (*Kultur*) française et allemande, il va de soi que c'est le français qui ne peut que triompher.
6. Tout ce qui est français (*Franzosentum*) est la fleur et la perfection de l'humanité. Il distance de très loin, au moins, tout ce qui est allemand.
7. L'Alsacien, qui n'est naturellement pas un Allemand, comme le prétendent toujours de façon tout à fait incompréhensible les «Schwowe» [= sobriquet donné par les Alsaciens aux Allemands], doit être, par nature, un admirateur de la langue et de la culture françaises. Si ce n'est pas le cas, il est un peu dérangé, un barbare ou un imbécile ou cherche à avoir une décoration.
8. La langue française est une chose nationale sacrée de l'Alsace.
9. Parler l'allemand (*hochdeutsch*) avec des compatriotes est ridicule et incompréhensible. La langue écrite des Alsaciens n'est pas l'allemand, qu'ils comprennent de par leur dialecte et qui est utilisé habituellement comme langue des livres et des cultes depuis toujours, mais le français.
10. Un Alsacien digne de ce nom doit parler le français avec ses enfants. S'il ne le fait pas, c'est la preuve qu'il ne sait pas le français et qu'il fait partie, par conséquent, des couches non cultivées.
11. La particularité alsacienne réside dans le fait que l'Alsace est à moitié française. Un Alsacien qui conteste cet avis «souille son propre nid».
12. Les Alsaciens doivent tous les progrès et toute la culture à la France. La France est le pays de la liberté et de la dignité humaine, la «source de lumière, de justice, de liberté, de l'art et du progrès». Tout progrès vient de l'ouest. [...]
13. Pour acquérir et conserver tous ces biens culturels, la langue française reste indispensable. Elle est le bien le plus précieux que l'école peut transmettre au peuple, la clé de tout progrès.
14. Dans les questions alsaciennes, il n'y a qu'un Alsacien autochtone qui soit capable d'émettre un jugement (et uniquement, s'il est ancré dans ces articles de foi); un Vieil-Allemand l'est uniquement s'il est «assimilé» (c'est-à-dire s'il «francise» aussi [*wenn er mitwelschelt*]). Des Vieux-Alsaciens qui ne peuvent pas accepter tous ces articles de foi doivent avoir honte de leur origine [...] et se taire.
15. Le fait qu'il y ait des Vieux-Allemands «assimilés» est, à son tour, une preuve de la justesse de ces dogmes. La preuve la plus irréfutable est la préférence pour la langue française qu'ont toutes les têtes couronnées, en particulier l'empereur et son *Statthalter*.
16. Le bilingue le plus sot reste toujours plus intelligent que l'homme le plus savant et le plus distingué qui ne possède pas ce privilège.
17. Un homme qui parle deux langues en vaut deux [...], avec cette restriction évidemment qu'un Français, même sans deuxième langue, est un homme supérieur.

18. Vouloir se servir de sa propre langue, c'est-à-dire éviter les emprunts – qui sont bien sûr tous de pure souche française –, ce n'est pas avoir des égards justifiés à l'égard des propres compatriotes, mais représente un pangermanisme ridicule et sot, hostile à la culture.
19. La culture est culture des sens (la façon dont les hommes mangent, boivent, s'habillent, se comportent, etc.).
20. L'histoire alsacienne commence en 1789. S'il devait y avoir du vrai aux parlotes des «Schwowe» qui prétendent que l'Alsace a un passé plus important, ça ne doit être dû qu'au voisinage de la France.
21. La liberté est un produit français par excellence. Tout ce qui est allemand est basse soumission [...].
22. L'Alsace n'a pas d'existence propre. La question est de savoir qui elle doit singer, les Français ou les «Schwowe». Mais comme elle doit tout progrès uniquement à la France, la réponse ne souffre pas de doute pour les «vrais Alsaciens».
23. L'Allemagne est d'une valeur inférieure dans tous les domaines; qu'il s'agisse d'êtres humains, d'animaux, de plantes, de produits de la nature comme du zèle dans les activités professionnelles, elle arrive loin derrière la France, la même chose vaut pour la morale en général comme en particulier: il ne faut jamais faire confiance à un Allemand et toujours s'attendre au pire. Les valeurs allemandes et l'argent allemand ne peuvent pas être comparés aux français. La plupart des Allemands se nourrissent de pommes de terre et de harengs. Ce qu'ils peuvent avoir provient des cinq milliards qu'ils ont volés et de l'Alsace-Lorraine. L'Allemagne est un pays où règne une pauvreté des plus criantes.
25. Les soldats allemands sont également de loin inférieurs aux soldats français en ce qui concerne les qualités mentales et physiques. La cause des victoires allemandes de 1870-71 est uniquement due à la trahison et à la déloyauté de quelques généraux français et à d'autres hasards. [pp. 3-6]

Cependant, malgré ce rôle symbolique du français, l'immense majorité de la population alsacienne ne sait pas ou ne sait plus cette langue. L'allemand a (re)pris une place centrale, sinon exclusive, dans le domaine de l'écrit et peut s'appuyer, s'agissant de son apprentissage pour l'usage oral, sur les dialectes que n'a cessé de parler la population. Dans de très nombreuses situations de la vie s'opère à nouveau une distribution fonctionnelle entre oralité (dialecte) et scripturalité (allemand standard), les deux variétés étant nommées globalement «ditsch» («allemand»). L'allemand standard oral, ressenti comme exogène, continue à être appelé «Hochditsch» («haut-allemand») par les locuteurs autochtones.

Sur le plan qualitatif, l'allemand écrit, notamment dans la presse locale,[540] s'est rapidement aligné linguistiquement sur l'allemand écrit des autres pays de langue allemande, c'est-à-dire l'allemand exogène d'avant 1870. C'est également cet allemand écrit qui est enseigné à l'école et utilisé dans la vie publique. Les scripteurs alsaciens nés autour de 1860 l'utiliseront comme l'utilisent les autres habitants des États allemands du sud de l'Empire. L'allemand endogène, en décalage linguistique avec le reste du monde germanophone d'avant-guerre, disparaît rapidement dans la mesure où il est supplanté, d'une part, par l'allemand écrit habituellement dans le reste de l'espace de langue allemande, et, d'autre part, parce que les scripteurs de cet allemand ne produisent plus et/ou parce qu'ils disparaissent naturellement en raison de leur âge.

Le contact intensif des dialectes avec l'allemand standard amène nécessairement un certain nombre d'emprunts, qu'il s'agisse d'éléments de la vie quotidienne pour lesquels il existe déjà des termes ou de réalités nouvelles apparaissant à cette époque, dont les désignations sont le plus souvent adaptées aux habitudes phonatoires dialectales. Aussi n'est-il pas rare de voir apparaître des doublons, l'un emprunté au français, l'autre à l'allemand standard, qui sont encore en usage : «gare»/«Bahnhof(t)»; «Barebli» (du français «parapluie»)/«(Räje)schirm» (de l'allemand commun «(Regen)schirm», «parapluie»); etc.

LES LANGUES
DANS LA PRODUCTION LITTÉRAIRE

Les changements politiques et linguistiques influencèrent nécessairement la création littéraire. Pour les auteurs qui exerçaient leurs activités littéraires dès avant l'époque du *Reichsland*, ni le rythme des parutions, ni le choix de la langue de leur production littéraire ne connaîtront de changement notable. Des nouveaux venus, déjà adultes lors de la guerre, commencent à publier des recueils de poèmes et des pièces de théâtre, mais essentiellement en dialecte. Le dramaturge et poète qui se détache à la fois par ses qualités littéraires et par la diversité de ses choix thématiques reste Augustin Lustig (1840-1895).[541] Daniel Hirtz (fils) (1830-1887) et Charles Frédéric Kettner (1844-1899), poètes et hommes de théâtre, tout en maintenant des figures obligées inaugurées par leurs aînés, font figure d'hommes de lettres de la transition : ils impulsent d'autres préoccupations dans leurs écrits. Une veine sociale se manifeste chez Hirtz, un goût de la satire politique chez Kettner.[542] Comme nombre de leurs aînés immédiats, ils ne sont pas issus de la bourgeoisie, mais appartiennent plutôt au monde de l'artisanat et du commerce.[543]

Au fil du renouvellement générationnel, le choix de la langue littéraire devient, pour ainsi dire, un choix politique, un positionnement par rapport à la situation de l'Alsace. Presque inexistante avant 1870, une littérature d'expression française écrite par des Alsaciens a encore moins de raisons de s'épanouir après la guerre. Lorsqu'elle existe, elle reste le fait d'optants ou de descendants d'optants comme André Lichtenberger (1870-1940), l'auteur de *Mon petit Trott* (1898), de *La petite sœur de Trott* (1898) – romans lus par des générations d'enfants – et de *Juste Lobel, Alsacien* (1911), ou Paul Acker (1874-1915). La poétesse Elsa Koeberlé (1891-1950), dont les textes furent publiés à Paris, fait figure d'exception dans la mesure où elle réside en Alsace.

La littérature en langue allemande reste, jusque vers le tournant du siècle, essentiellement le fait de Vieux-Allemands, comme Theodor Renaud (1844-1910, qui avait pris le pseudonyme de Theodor Vulpinus) ou Alberta von Puttkamer (1849-1910). Des Alsaciens ayant grandi dans le *Reichsland* vont, à leur tour, se lancer dans l'aventure littéraire. Renaud fonde la société « Alsabund » en 1893 (devenue « Das literarische Elsaß » en 1906), qui publiera la revue *Erwinia* (*Neue Erwinia*, à partir de 1913), marquant par le titre choisi pour son organe sa volonté de se situer dans le prolongement des frères Stoeber. Le critique Karl Storck (1873-1920), l'instituteur, puis bibliothécaire Christian Schmitt (1865-1928), Georges Suess, le pasteur Auguste Dietz (1850-1922) participent à cette entreprise. Leurs textes, en allemand, appartiennent à un genre convenu, plutôt conservateur, avec de fortes sympathies pour le régime impérial. Mais l'écrivain alsacien le plus marquant, le plus fécond et le plus talentueux de cette période reste sans conteste Friedrich Lienhard (1865-1929).[544] Bien qu'il ait eu des liens plus ou moins étroits avec les animateurs de la *Erwinia*, dont il partage la volonté d'intégration dans le monde culturel et littéraire allemand, il mènera une carrière d'écrivain plus hardie, guerroyant depuis Berlin, où il faisait un séjour, contre le naturalisme et le snobisme de la littérature allemande. Il défend une conception de la littérature plus idéaliste, plus mystique, davantage liée au terroir (par opposition à la grande ville). Il allait de soi, pour lui, que la littérature et les conceptions littéraires qu'il défendait ne pouvaient passer que par l'allemand standard. Or les dialectes – que l'on commence à désigner par le glottonyme « elsässerditsch » (littéralement « allemand alsacien ») – vont être placés au centre d'un enjeu qu'ils n'avaient jamais connu, à la fois sociétal, social, culturel et politique :

« Il y a entre la bourgeoisie alsacienne et les masses alsaciennes, un lien. C'est le parler alsacien. Spindler,[545] Laugel,[546] Stoskopf, le

Groupe de Saint-Léonard et de la *Revue alsacienne illustrée*[547] lancent un Art, une Littérature, un Théâtre alsaciens, qui font leur entrée dans les salons bourgeois, mais qui sont présents aussi dans les *Stuben* et les salles paroissiales des villages. Ils fournissent les bases d'un rassemblement social particulariste. Ils y maintiennent sa place au français et la revendication du français pour tous. Mais les costumes que dessine Spindler et que décrit Laugel ne sont pas ceux que portent les ouvrières et ouvriers du textile et ceux des chantiers strasbourgeois. Est-ce par hasard si la pièce la plus populaire de Stoskopf nous présente un riche paysan, maire de son village : il ne vote pas socialiste !

» Rassemblement social, traditionalisme et ruralisme, tels sont les fonctions et les ressorts de cette culture. Elle accompagne la réorganisation du "catholicisme politique", lui aussi "rassemblement social". Ce n'est pas par hasard si une bonne partie du Groupe de Saint-Léonard, en premier lieu Anselme Laugel, exerce des fonctions politiques dans les rangs de ce groupe politique, dans la circonscription de Nicolas Delsor.[548] Charles Hauss,[549] futur député du centre et président du groupe parlementaire centriste à la Seconde Chambre du *Landtag*, et Thomas Seltz[550] participent aussi à ce mouvement.

» Mais il fournit aussi un terrain propice au renouveau du "nationalisme protestataire". Et c'est ce que redoutent ses adversaires, membres de l'"Alsabund", regroupés autour de la revue *Erwinia* et des écrivains Charles Storck et Fritz Lienhard, qui débusquent très tôt les intentions politiques de la littérature dialectale et tâchent d'en démontrer les limites, partisans qu'ils sont du rattachement à la littérature allemande », note François Igersheim[551]. Si l'analyse qu'il propose reste par trop massive, elle souligne néanmoins l'étroite relation entre l'émergence de nouveaux intérêts culturels, une partie de la création littéraire en dialecte, les intérêts sociétaux d'une partie de l'élite francophile et le combat politique du moment. Mais sans doute cette nouvelle génération d'écrivains utilisant les dialectes comme langue littéraire ne présente-t-elle pas un front politiquement homogène.

Un rôle et une fonction inédits pour le dialecte

La littérature dialectale produite par la nouvelle génération se caractérise, au moins pour partie, par la distance qu'elle prend avec ses devanciers. Lorsqu'est créé le Théâtre alsacien de Strasbourg (1898),[552] c'est le peintre Gustave Stoskopf (1869-1944) qui va inaugurer un ton nouveau par sa pièce *D'r Herr Maire* (1898). Il mélange habilement les ingrédients de la farce et du comique de situation avec des éléments d'une satire politico-sociale en prise directe avec son temps. Il utilise également les valeurs sociales des différentes variétés linguistiques en présence en Alsace pour en tirer des effets comiques. Mais la critique reste mesurée : il montre que le maire qu'il met en scène appartient au passé et que l'ordre que ce dernier défend a perdu sa validité. Dans ce sens, la pièce montre également (surtout?) un monde en mutation.[553] Les autres pièces qu'il écrira n'auront sans doute plus l'impact de la première et alterneront entre vaudevilles et pièces plus satiriques. À la suite de Stoskopf, ce sera une véritable éclosion dans le domaine du théâtre dialectal. Si le genre comique reste le plus représenté, d'autres formes seront également présentes : drames populaires, légendes édifiantes, contes merveilleux de Noël, etc. Parmi les «pères» de cette diversification théâtrale se trouvent d'autres membres fondateurs du Théâtre alsacien de Strasbourg, comme Ferdinand Bastian (1868-1944), auteur d'une bonne quarantaine de pièces, et Julius Greber (1868-1914), qui, avec *Lucie* (1896), écrivit une pièce aux traits naturalistes.[554] D'autres écrivains vont se faire un nom : Adolphe Horsch (1864-1937) – qui avait créé le rôle du «Maire» –, Eugène Ehretsmann (1864-1934), Georges Hanc (Salomon Cahn) (1866-1918)... Leurs pièces trouveront facilement un lieu où elles pourront être montées par la multiplication des créations de troupes de théâtres alsaciens dans toutes les villes de la région.

Si le théâtre dialectal sert objectivement une forme d'unanimisme sociétal[555] et s'il est partiellement instrumentalisé par une part des politiciens francophones, il participe néanmoins plus largement à des mouvements qui traversent toute l'Europe et qui peuvent manifester des intentions contradictoires : Gerhart Hauptmann écrit le texte original de son grand drame naturaliste *De Waber* (1891-1892) en dialecte silésien. Bien qu'il s'en soit défendu, l'analyse qu'il fait du drame des tisserands des années 1840 est d'inspiration socialiste. Le dialecte s'est imposé à lui comme la langue dans laquelle s'exprime la misère des hommes, telle qu'elle apparaît dans la vie réelle. Le dialecte fait partie de la construction dramatique, de la proximité linguistique avec la vie réelle. À la même époque, les «théâtres paysans» bavarois mettent en scène, en dialecte, une vie rurale qui est en train de connaître des mutations telles que ses éléments constitutifs commencent déjà à appartenir au passé. Dans ce sens, le théâtre dialectal en Alsace ne représente pas uniquement «un investissement du culturel par le politique»[556], mais aussi une forme de proximité populaire, «révolutionnaire» comme dans la pièce de Hauptmann, ou tournée vers le passé comme dans les pièces paysannes bavaroises. Cet aspect renvoie aussi au besoin qui traverse l'ensemble des sociétés d'Europe occidentale, qui sont en passe d'entrer dans une modernité inéluctable, de faire un retour sur elles-mêmes, notamment sur leur passé linguistique, témoignant sans doute déjà d'une forme de nostalgie ruraliste. Se manifeste enfin, par cette littérature dialectale, un besoin de démarcation par rapport à la société en marche,[557] un désir d'auto-bornage, une forme de démarche identitaire qui fait écho, en Alsace, à la demande d'émancipation politique, d'autonomie au sein de l'Empire, rappelant le slogan du député au *Reichsland* Charles Grad (1842-1890) «L'Alsace aux Alsaciens» et renvoyant à d'autres formes d'exigences nationalitaires en Europe. C'est bien ainsi, comme besoin d'une affirmation de soi, qu'est comprise l'entreprise du théâtre alsacien, particulièrement la pièce *D'r Herr Maire*, dans la mesure où plusieurs journaux envoient à la première non pas le journaliste chargé de la rubrique culturelle, mais le rédacteur en chef.[558] C'est le «triomphe du courant nationaliste alsacien»[559], la manifestation d'une «conscience nationale alsacienne autonome»[560] que les poètes autour de la *Erwinia* demandent au gouvernement d'étouffer dans l'œuf.

Parmi les artistes qui montraient occasionnellement des sentiments francophiles ou qui étaient, du moins, peu attirés par la culture allemande, se trouvaient les poètes Albert (1874-1930) et Adolphe Matthis (1874-1944). Leur premier recueil, publié en 1901, *Ziwwelbaamholz*, destiné uniquement à leurs «bons amis», constitue l'acte de naissance d'une poésie dialectale moderne. Ils sont les premiers à avoir compris qu'une variété dialectale, essentiellement utilisée à l'oral, ne pouvait pas être travaillée poétiquement comme une langue standard, qu'elle présentait des ressources différentes, que son «génie» était d'une autre nature. Ils utiliseront les moyens linguistiques propres du dialecte (métaphores, comparaisons, rythme, lexique ancré dans le concret...) pour développer des thèmes éternels: la vie, la mort, la nature, la joie... L'une de leurs caractéristiques réside dans le fait qu'ils font appel à un spectre lexical très large, puisant jusque dans les langues de spécialité et les terminologies professionnelles, ce qui a amené la critique à juger leur langue souvent archaïsante, à tort. Le monde qu'ils évoquent souvent – nostalgie de leur enfance?, refus de l'époque et du régime impérial pour lesquels ils n'éprouvent guère de sympathie? – est délibérément un monde qui n'existe plus, fait de petits artisans, d'une vie populaire grouillante, de métiers et d'états disparus. Centrés sur l'Alsace, et en particulier sur Strasbourg, leur ville d'adoption, leurs textes ne s'inscrivent dans leur époque que par les dédicaces ou, pour certains d'entre eux, par les circonstances particulières auxquelles ils font explicitement allusion. Modernité et innovation formelle se conjuguent chez eux avec des évocations d'un monde englouti.[561] Ce paradoxe ne fait que mieux ressortir l'originalité, parfois le génie des frères jumeaux poètes. Ils veulent apporter la preuve que l'on peut parler et écrire de tout en dialecte, si l'on en a la capacité.[562] Dans ce sens, ils ont implicitement relevé le défi des poètes de langue allemande qui estimaient que le dialecte ne pouvait pas servir de langue littéraire dès que l'on abordait des sujets graves. La distance qu'ils ont mise entre l'allemand littéraire écrit et leur dialecte littéraire se niche jusque dans la graphie qu'ils adoptent, cherchant à se démarquer le plus possible de la graphie de l'allemand standard.[563] Ainsi, à leur tour, ils signifient, par les choix linguistiques qu'ils opèrent, une affirmation de soi, une prise de conscience et une démonstration des capacités littéraires des dialectes. Leur travail littéraire sera également salué par les poètes de l'avantgarde, de la « Toute Jeune Alsace » (« Jüngstes Elsaß »), comme le poète expressionniste Ernst Stadler (1883-1914), qui leur consacra un article de fond, ou son ami René Schickele (1883-1940), qui avait âprement critiqué le théâtre alsacien en ce qu'il manquait, à ses yeux, d'ambition littéraire et esthétique, mais qui publiera des poèmes des Matthis dans sa revue expressionniste *Der Stürmer* (1902). Ce mouvement autour de Stadler, Schickele et Otto Flake (1880-1963), qui s'exprime en allemand standard dans sa production littéraire, conteste la poésie convenue et provinciale, le conformisme littéraire et politique, reproche à la bourgeoisie alsacienne et aux notables de soutenir les tendances au repli sur soi, de conforter la sclérose littéraire et politique[564] – ce qui vaut bien sûr aussi pour les poètes autochtones de langue allemande et de sensibilité nationaliste et conservatrice – et prône l'universalisme. À la suite des Matthis, bien d'autres écrivains s'essayeront à la poésie dialectale, avec un bonheur inégal.[565]

Le dialecte devient ainsi le porteur d'enjeux politiques, culturels, sociétaux nouveaux. Symbole à la fois d'innovation et de conservatisme littéraires, d'une conscience politique et culturelle autonome, mais en même temps, par sa fonction démarcative, de langue de protestation des milieux francophiles, il est porteur d'aspirations multiples, parfois contradictoires, tout en faisant l'objet d'une dépréciation sociétale et littéraire par les conservateurs nationalistes et/ou l'objet d'une attention particulière par ces mêmes milieux en tant que représentant et témoin de la manifestation d'une forme originelle de la langue allemande et de pureté d'un état mythique de cette langue.[566] En ce sens, il contribue au façonnement de la constitution d'une conscience identitaire et à l'« invention »[567] de l'Alsace, dans la mesure où la notion d'Alsace (et, partant, d'alsacianité) reste une idée neuve.

« L'Alsace se constitua donc comme petite patrie à la fin du siècle. Elle devint une identité culturelle originale par rapport à la France et à l'Allemagne. Deux causes expliquent cette véritable mutation. Dans toute l'Europe se développent alors des mouvements régionalistes en réaction contre l'industrialisation, la centralisation et l'uniformisation. Des intellectuels, des érudits locaux, des prêtres notamment cherchaient à sauver de la disparition des éléments culturels régionaux à l'aide d'un inventaire général des langues régionales, des écrits, des costumes, etc. C'est la cause générale ; mais en Alsace, ce mouvement connut un dynamisme décuplé parce qu'il survenait précisément au moment où les Alsaciens souhaitaient affirmer leur différence avec les Allemands. »[568]

Ce particularisme, remplacé chez certains de ses promoteurs par la notion de « double culture », aura une traduction littéraire concrète dans la parution d'un recueil de textes en allemand, en dialecte et, très partiellement, en français, au titre idylliquement consensuel *Der elsässische Garten*.[569] L'ouvrage, d'un large œcuménisme (la plupart des grands noms de toutes les tendances sont représentés), n'aborde pas de questions essentielles autres que l'Alsace, qui constitue le seul lien entre les différents contributeurs. Ceux-ci poursuivent, par ce biais, le façonnement de l'idée de l'Alsace, apolitique, linguistiquement diversifiée, mais culturellement atone.

Par la politique linguistique menée entre 1870 et 1914, l'allemand a largement dominé l'essentiel de la vie publique et semi-publique et les dialectes sont restés la langue principale de la population. C'est le français qui, quantitativement, a largement régressé. Cependant, le passage du français à l'allemand ne touche pas tous les domaines au même moment, et l'attitude des autorités ne présente pas un ensemble cohérent et homogène : parfois tatillonnes et prêtes à la coercition pour écarter le français au profit de l'allemand, elles savent se montrer tolérantes ou patientes dans d'autres circonstances ou à d'autres périodes.[570]

Avec la guerre, tous les champs de la vie vont passer sous l'autorité des militaires, et la politique linguistique n'y échappe pas. Le 31 juillet 1914, le *Reichsland* est déclaré en état de danger de guerre

(*Kriegsgefahrzustand*) : les libertés sont supprimées, les réunions publiques interdites, les journaux sont censurés, le courrier doit être posté enveloppe ouverte. L'administration civile est soumise aux autorités militaires. Le 1er août 1914, l'ordre de mobilisation est affiché dans toutes les communes. Les hommes nés entre 1869 et 1897, c'est-à-dire 220 000 soldats du *Reichsland* dont 8 000 volontaires, sont incorporés dans l'armée. Environ 3 000 mobilisables franchissent la frontière pour éviter de porter l'uniforme allemand. Enfin, le 3 août 1914, l'Allemagne déclare la guerre à la France.[571]

Au fur et à mesure que les hostilités se poursuivent, la « germanisation » linguistique de l'Alsace va devenir intégrale, à l'instigation des militaires, le français devenant intrinsèquement suspect. Aussi l'autorité militaire procède-t-elle à toute une série d'interdictions dans l'usage du français, allant jusqu'à interdire l'usage du français dans les lieux publics, toute infraction pouvant conduire en prison.[572] Elle entame (1915) une extension de l'allemand comme langue officielle dans les communes qui en étaient encore dispensées, pour l'imposer à toutes en 1917. Même les Églises sont sommées d'utiliser exclusivement l'allemand. Les toponymes à consonance française, les noms de rues, les enseignes en langue française font l'objet de transformations linguistiques. Toutes les inscriptions en français deviennent suspectes. Dans les écoles, y compris dans l'enseignement secondaire, les militaires font pression pour que le français ait la place la plus réduite possible. Les autorités civiles, en désaccord ouvert avec les méthodes des militaires, ne peuvent que constater l'impact désastreux qu'ont ces mesures dans la population.

Le sort des armes et les tractations diplomatiques ramenèrent à la France les territoires qui étaient devenus le *Reichsland Elsaß-Lothringen*. Un temps envisagées, l'autonomie ou la neutralité de l'Alsace-Lorraine, liées à un plébiscite, avaient été finalement écartées par le Président des États-Unis Wilson dans son discours devant le Congrès le 8 janvier 1918. Le point 8 de son programme de paix prévoyait que « le tort causé à la France par la Prusse en 1871 en ce qui concerne l'Alsace-Lorraine, préjudice qui a troublé la paix du monde pendant près de cinquante ans, devra[it] être réparé. »[573] Le 4 octobre 1918, le gouvernement allemand accepte le programme américain et, ce faisant, le retour du *Reichsland* dans le giron français. En Alsace, la question des langues allait connaître de nouveaux développements avec ce changement d'appartenance politique.

1918-1939

L'entre-deux-guerres

Après la victoire militaire de la France et de ses alliés sur l'Allemagne, entérinée par la signature de l'armistice le 11 novembre 1918 entre les belligérants, les militaires allemands cèdent la place aux troupes françaises, qui pénètrent en Alsace tout le long du mois de novembre 1918 avec, à leur suite, une administration française provisoire. De fait, la France a repris possession de l'Alsace, avec l'assentiment de la population,[574] notamment celui des couches sociales qu'effrayait le mouvement révolutionnaire naissant[575] et qui souhaitaient un retour à l'ordre, mais aussi, selon les cas, avec une forme de distance ou de méfiance (population protestante des cantons du nord de l'Alsace), ou d'indifférence et de désintérêt.[576] Le Traité de Versailles (28 juin 1919) formalise et justifie ce retour de l'Alsace dans l'espace politique français. La section V commence par les considérations suivantes :

> Les Hautes Parties Contractantes, ayant reconnu l'obligation morale de réparer le tort fait par l'Allemagne en 1871, tant au droit de la France qu'à la volonté des populations d'Alsace et de Lorraine, séparées de leur Patrie malgré la protestation solennelle de leurs représentants à l'Assemblée de Bordeaux, sont d'accord sur les articles suivants :
> Art. 51. Les territoires concédés à l'Allemagne en vertu des Préliminaires de Paix signés à Versailles le 26 février 1871 et du Traité de Francfort du 10 mai 1871 sont réintégrés dans la souveraineté française à dater de l'Armistice du 11 novembre 1918.

Les dispositions des Traités portant délimitation de la frontière avant 1871 seront remises en vigueur.[577]

Le changement de cadre national amène des mouvements de population qui peuvent avoir des incidences sur les langues. D'octobre 1918 à avril 1919, 30 000 Allemands sont chassés du territoire alsacien,[578] environ 70 000 Allemands ainsi qu'un nombre indéterminé d'Alsaciens quittent l'Alsace volontairement. En un an (de novembre 1918 à novembre 1919), 30 000 Allemands quittent Strasbourg.[579] Ces départs poseront des problèmes particuliers à l'église luthérienne, qui voit partir un cinquième de ses pasteurs.[580] Par ailleurs, environ 30 000 Allemands d'origine (majoritairement des femmes) vont rester en Alsace et demander leur naturalisation.[581] En outre, des « Français de l'intérieur » remplacent les partants, les fonctionnaires et les enseignants fournissant le contingent le plus important de ce groupe. Ils représenteront 36 000 actifs en 1936.[582]

LANGUES EN PRÉSENCE APRÈS 1918

Sur le plan des pratiques linguistiques, les interactions verbales se déroulent, pour la majeure partie de la population, en dialecte, comme cela a toujours été le cas, quelle qu'ait été l'appartenance étatique. La langue essentielle de l'écrit, tant dans la réception que dans la production, reste l'allemand standard, le demi-siècle passé dans le cadre politique de l'Empire allemand ayant consolidé, notamment par l'école, la connaissance et l'utilisation de l'allemand écrit, qui commençait à faiblir au profit du français entre 1850 et 1870. Quant au français, il n'est utilisé de façon active que par 2 % de la population globale et 8 % en aurait une connaissance relative.[583]

Les comptages linguistiques, qui avaient été inaugurés par les autorités allemandes, pour contestables qu'ils soient, tant dans la méthode (les questions formulées laissent une grande liberté d'interprétation) que dans le fond (une réponse peut être une déclaration d'intention sans correspondre à une réalité observable), vont être prolongés par les autorités françaises, qui cherchent à mesurer la pénétration du français dans la population.

La première enquête dépouillée et publiée (1926) porte sur la langue *usuelle*. À la question posée « Quelle est votre langue usuelle : français ? dialecte ? allemand ? Une autre langue, laquelle ? », les personnes interrogées répondent de la manière suivante :[584]

1918-1939

population	français	français + dialecte	français + allemand	français + dialecte + allemand	dialecte	dialecte + allemand	allemand	autres langues	langue non indiquée
1 153 396	9,86 %	6,39 %	0,45%	2,93 %	67,91 %	2,76 %	1,11 %	1,33 %	7,22 %

En retirant des réponses fournies sous les rubriques « autres langues » et « langue non déclarée », le français est présent soit seul (9,86 % des déclarations), soit en combinaison, et constitue la langue usuelle ou l'une des langues usuelles déclarées d'un Alsacien sur cinq (19,65 %). Le français reste absent de toutes les constellations chez 71,80 % des Alsaciens enquêtés.

Le fait que le français ne soit pas mentionné comme langue usuelle ne signifie certes pas qu'il soit nécessairement inconnu ou absent de la pratique. Et, comparée aux chiffres de 1910, si tant est que la comparaison soit pertinente, où un peu moins de 5 % de la population (les habitants des vallées romanophones inclus) déclaraient avoir le français comme « langue maternelle », la progression du français est certainement réelle. Mais, face à ces déclarations sans doute encourageantes pour les autorités françaises, force est de constater que le dialecte reste, de loin, la première langue usuelle déclarée (80 %), soit seule (67,91 %), soit dans d'autres combinaisons, l'allemand, en tant que variété standard orale, n'étant présent globalement que pour 7,27 % des locuteurs.

La stratification sociale de cet usage déclaré n'est pas connue. Cependant, les milieux cultivés et certaines parties de la bourgeoisie ont continué, durant toute la période allemande, à apprendre le français et à s'en servir, tant à l'oral qu'à l'écrit. Par ailleurs, la part des « francophones » a augmenté de fait, après 1918, par l'arrivée de fonctionnaires venant d'autres régions de France, par la présence de militaires[585] et, dans une moindre mesure, par le retour d'un certain nombre d'Alsaciens qui avaient émigré après l'annexion de 1870 ou de leurs descendants. En tout état de cause, la place réelle du français dans la constellation linguistique reste faible, son statut précaire, dans la mesure où il représente pour une majorité de la population une langue étrangère de proximité.

Au vu de ces données, quelle qu'en soit la validité dans le détail, la propagation de la connaissance de la langue française allait devenir un souci permanent des autorités, dans la mesure où la France n'avait aucune raison de modifier la politique linguistique qu'elle menait.

SITUATION GÉNÉRALE

Le retour dans l'orbite politique française se fonde sur un vaste malentendu qui marquera profondément le climat politique, social et culturel en Alsace jusqu'au début des années trente lorsque, en particulier, le national-socialisme triomphant en Allemagne fera passer au second plan les revendications internes à l'Alsace.

Le malentendu fondamental repose sur la signification politique du retour dans le giron français : pour la France, il s'agit de réintégrer l'Alsace dans les structures françaises, de l'« assimiler » rapidement, à tous les niveaux, pour fermer ainsi une parenthèse ouverte en 1870. Pour une bonne partie des élus alsaciens, le retour à la France signifie l'épanouissement des libertés difficilement acquises durant l'époque du *Reichsland* (la Constitution de 1911), qu'il s'agit de renforcer par une certaine autonomie politique au sein de l'État. Une telle conception se trouve aux antipodes de la philosophie politique de la France. Il ne pourra en résulter qu'un dialogue de sourds...

Ce sont ainsi deux conceptions très différentes de l'État moderne qui se font face, chacune étant nourrie de ses propres expériences et d'une histoire de près d'un demi-siècle vécue séparément. D'un côté, celle de la France, où les décisions sont prises par le pouvoir central, où l'ensemble du territoire est soumis aux mêmes droits et aux mêmes devoirs, où ni une communauté ni un espace ne peut accéder à un régime dérogatoire ; de l'autre, celle d'une Alsace qui s'est habituée à des formes d'autonomie décisionnelle, qui sait peser sur les décisions qui la concerne et qui entend faire conserver ce qu'elle considère comme ses acquis.

Les différences fondamentales portent sur des conceptions globales de l'organisation administrative et territoriale de l'Alsace, une partie des Alsaciens souhaitant garder la liberté de manœuvre politique et administrative acquise par la Constitution de 1911 et les structures de l'Empire allemand, l'État à la tradition centralisatrice s'y refusant, qu'il s'agisse d'acquis sociaux (par exemple le maintien des avantages obtenus avant 1914, que les Alsaciens considèrent comme supérieurs à ceux de la législation française, notamment pour la Sécurité Sociale), de problèmes politiques et sociétaux de fond, comme le maintien, dans le domaine scolaire, de la loi Falloux (1850)*, modifiée par la législation allemande, ou, dans le domaine religieux, le maintien du régime concordataire (ou assimilé) pour les religions catholique, protestante et israélite**.

Les questions liées aux langues ne sauraient être isolées en tant que telles: elles font nécessairement partie intégrante de tous les niveaux où se manifestent d'importantes divergences de vue, particulièrement dans les domaines éducatif et religieux, mais aussi très globalement sur le rôle respectif du français et de l'allemand, et plus spécifiquement sur le maintien éventuel de l'allemand comme seconde langue officielle, de droit ou de fait. Elles joueront, avec les questions religieuses, un rôle central dans le débat difficile qui s'engage entre l'autorité centrale et les représentants alsaciens.

Ce sont, en quelque sorte, deux logiques politiques différentes qui sont à l'œuvre, très éloignées l'une de l'autre, chacune fonctionnant avec ses propres schémas de pensée, en ne mettant ni les mêmes sens ni les mêmes contenus dans les notions de «libertés» ou de «respect des traditions et des libertés». Dès le 24 novembre 1914, Joffre, général commandant en chef des armées françaises, avait déclaré après la prise de Thann: «Votre retour est définitif. Vous êtes Français pour toujours. La France vous apporte, avec les libertés, qu'elle a toujours représentées, le respect de vos libertés à vous, des libertés alsaciennes, de vos traditions, de vos convictions, de vos mœurs. Je suis la France, vous êtes l'Alsace. Je vous apporte le baiser de la France.»[586] De nombreuses déclarations reprenant cette thématique se succéderont jusqu'au début des années vingt.[587]

La France entendait sans doute par là des particularités culturelles et sociales qui ne s'opposaient pas aux cadres fondamentaux de son organisation politique, les représentants alsaciens comprenaient qu'il s'agissait des «libertés» concernant l'organisation politique et administrative, le statut confessionnel ainsi que le choix des langues.

Par ailleurs, le président du Comité alsacien d'études et d'informations, François de Witt-Guizot, identifie, très lucidement, deux raisons qui, d'emblée, ont compliqué encore davantage la transition et qui ont pu être à la source de bien des mécontentements, de récriminations ou de conflits ouverts: il regrette que les avis de la Conférence d'Alsace-Lorraine, instituée en février 1915,[588] n'aient pas toujours été suivis,[589] il

---

*Les lois de Jules Ferry (à partir de 1881) avaient remplacé la loi Falloux en France.
**La séparation de l'Église et de l'État a été opérée en France en 1905 par les lois laïques votées sous la IIIe République.

souligne le caractère improvisé d'un certain nombre de mesures prises à la hâte,[590] après l'armistice. Or, même cette Conférence faisait souvent preuve d'une profonde méconnaissance de la situation et des problèmes en Alsace.[591]

Le « malaise alsacien »

Il se développe ainsi un « malaise alsacien », une « révolte latente et silencieuse » entre 1919 et 1924 dont « l'origine profonde [...] est ce choc entre le particularisme que l'Alsace tient à conserver et l'uniformisme français ».[592] Trois domaines sont particulièrement concernés, à des niveaux différents: premièrement, le statut politico-administratif de l'Alsace: l'assimilation pure et simple de l'Alsace dans le cadre politique français que semblent souhaiter la France et une petite minorité d'Alsaciens se heurte au souhait d'une période transitoire avant cette normalisation ou à une demande de reconnaissance d'un particularisme institutionnel oscillant entre régionalisme et exigences d'autonomie plus ou moins radicales; deuxièmement, l'introduction des lois laïques: souhaitée par la France et par une frange anticléricale en Alsace, elle se heurte à une opposition profonde de la majorité des Alsaciens, pour des raisons sans doute religieuses, mais aussi morales et culturelles; enfin, la question linguistique: c'est la place réservée à l'allemand, langue majoritaire de l'écrit, et la question de son usage statutaire, notamment dans la vie publique et dans le domaine scolaire, qui va amener un contentieux durable entre l'État et la majorité des élus alsaciens.

La manière dont la France conçoit la période allemande de l'Alsace (comme « parenthèse ») et la façon dont elle comprend les « libertés alsaciennes » dans le cadre politique français se traduisent de manière exemplaire et significative dans le domaine des langues. Face à une réglementation linguistique assez abondante produite durant l'époque allemande, il n'eût pas été surprenant que l'ensemble des domaines pour lesquels l'allemand avait été instauré comme langue officielle ou langue d'usage soit à nouveau concerné par des mesures législatives ou réglementaires en faveur du français. Aussi un pendant à la loi du 31 mars 1872 qui avait introduit l'allemand comme langue officielle de l'administration impériale dans la Terre d'Empire (*cf. supra*) aurait-il pu être promulgué. Or, les autorités françaises ne proposent pas de légiférer à ce sujet. En effet, personne ne semble avoir douté que la langue officielle qui allait être utilisée naturellement ne puisse pas être le français. Ce fonctionnement où l'implicite joue un rôle majeur permet sans doute de contourner un obstacle ou des difficultés potentiels, si tant est qu'ils aient été envisagés, mais souligne aussi l'attitude peu informée ou quelque peu suffisante de la France jugeant qu'un changement de langue officielle allait de soi. Partant, les autorités font silence sur l'allemand et sur son rôle éventuel dans la vie publique, soit comme ancienne langue officielle, soit comme seule langue écrite de la grande majorité des habitants. Dans ce sens, l'autorité politique a pu considérer que l'arrêté du 24 prairial an XI (13 juin 1803) du Premier Consul (*cf. supra*), affirmant la seule légitimité du français comme langue officielle, était toujours ou à nouveau en vigueur.

En revanche, à l'instar de François Ier, de la monarchie du XVIIe siècle et de la Révolution, c'est dans le domaine judiciaire qu'une réglementation a été mise en place très rapidement. Dès le 2 février 1919, un arrêté du Président du Conseil institue le français comme langue judiciaire dans tous les domaines aussi bien pour les procédures devant les tribunaux, les plaidoiries, jugements, ordonnances que pour les actes notariés. L'article 1 de l'arrêté dispose cependant que :

> les débats pourront y [= devant le tribunal supérieur et les tribunaux régionaux] avoir lieu en dialecte local ou en allemand, mais seulement par décision du président de l'audience, lorsque toutes les personnes y prenant part déclareront connaître le dialecte local ou l'allemand et ne pas posséder suffisamment le français.
> Devant toutes les autres juridictions, des dérogations à la règle ci-dessus pourront être consenties par ordonnance du président du tribunal régional, rendue sur les réquisitions du commissaire du gouvernement près de ce tribunal.[593]

Selon l'article 2 du même arrêté, tout acte notarié doit être rédigé en français, à moins que toutes les parties comparantes déclarent ignorer le français et requièrent expressément que l'acte soit rédigé en allemand.[594] La précocité de l'arrêté va entraîner une forme d'incertitude et de décisions contradictoires[595] qui amènent les autorités à préciser, dans des textes ultérieurs (un décret en 1922, une loi en 1928), le champ de l'utilisation de l'allemand. Un décret du 9 février 1931 accorde des facilités aux plaideurs, qui ont la possibilité d'obtenir, gratuitement, une traduction allemande des jugements rendus dans leurs affaires. Par ailleurs, les parquets avaient pris l'habitude d'adresser les convocations ou les assignations à l'aide de formules bilingues.[596]

Au total, le « malaise alsacien » émerge concomitamment d'un désaccord sur la manière d'administrer l'Alsace et de nommer ses fonctionnaires administrateurs, sur le choix exclusif du français comme langue officielle, deux domaines ressentis comme discriminatoires par les Alsaciens parce qu'ils en sont pratiquement exclus *de facto*, et sur l'introduction des lois laïques. Il se traduit politiquement par le fait que les partis d'après-guerre s'occupent en permanence de ces questions, mais aussi par la création de partis régionalistes ou autonomistes à partir de 1925, héritiers directs ou plus lointains de courants autonomistes de la période impériale. Ce qui caractérise également le «malaise alsacien», c'est bien le fait qu'il s'agit d'une confrontation globale, de lectures du monde différentes, qui ne se limitent pas aux acteurs politiques institutionnels, mais qui concernent l'ensemble de la population, même dans l'empirie de sa vie quotidienne.

L'État va opérer des choix : il fait une concession majeure sur la question religieuse, en maintenant, à titre conservatoire, l'ensemble des dispositions concernant les cultes et la religion en général en Alsace, déjà conservées ou aménagées par le régime impérial. En revanche, sur le plan de l'administration politique, l'État impose ses prérogatives en introduisant la législation française, qui s'appliquera dans son *principe* et dans ses *fondements*, avec des aménagements, en particulier dans des domaines comme la législation sociale et commerciale. Il en sera de même pour la question des langues, il maintient le cap fixé : le français est seule langue officielle, l'allemand sert de langue auxiliaire dans les rapports entre administration et administrés, mais reste sans statut.

Sur la question fondamentale du statut administratif et politique de l'Alsace en France, les partis politiques en Alsace offrent une large palette de points de vue, des clivages pouvant se faire jour au sein d'une même organisation et les positions pouvant évoluer ou être nuancées au fil du temps. Cependant, la volonté «assimilationniste», c'est-à-dire celle d'un alignement immédiat sur les structures françaises, reste nettement minoritaire et n'est défendue que par les socialistes, les radicaux et les républicains-nationaux. Tous les autres partis se réclament d'un régionalisme plus ou moins intense, d'un autonomisme affiché, ou même d'un franc séparatisme. Ainsi, l'Union populaire républicaine (UPR), premier parti par son nombre d'adhérents et par sa base électorale – il peut rassembler jusqu'à 40% des voix –, d'obédience catholique, rassemble régionalistes tièdes et autonomistes convaincus ; le *Parti progressiste* (*Fortschrittspartei*) défend les couleurs d'un autonomisme de gauche, anticlérical ; le Parti communiste se réclame du séparatisme (entre 1925 et 1936), revendiquant pour l'Alsace le droit de disposer d'elle-même et rejoignant, du moins sur ce point, d'autres partis comme la *Landespartei*, également séparatiste, mais accueillant, quant à elle, des militants souvent germanophiles.[597]

La position sur l'introduction des lois laïques divise bien plus les partis, les positions favorables à cette mesure du Parti communiste rejoignant celles des assimilationnistes laïques ou des autonomistes «bourgeois» anticléricaux, tandis que les assimilationnistes cléricaux optaient pour des positions proches de l'UPR ou d'autonomistes modérés.

LANGUES ET PROJETS POLITIQUES

De nombreux acteurs sont partisans d'un bilinguisme

La question linguistique, quant à elle, reste au cœur des préoccupations locales de tous les partis, à l'exception des radicaux, qui préconisent, là aussi, une assimilation rapide et sans faille au droit général. Mais le statut que les partis souhaitent donner à l'allemand reste étroitement lié à la conception qu'ils se font du statut politique global de l'Alsace. Aussi n'est-il pas étonnant que la plupart des partis autonomistes ainsi que le Parti communiste demandent une forme de co-officialité de l'allemand dans la vie publique et dans les relations des citoyens avec les administrations, avec, dans certains cas, une prédominance de l'allemand.[598] D'autres partis préconisent le *droit* à un usage de fait de l'allemand dans tous les actes de la vie publique et judiciaire, d'autres encore la *faculté* d'user de l'allemand dans ces circonstances. Mais au-delà de cet enjeu de principe se met en place une forme de consensus pour demander que l'on ménage une plus forte place à l'allemand, indépendamment des raisons : empirique, dans la mesure où il s'agit d'une nécessité dans la vie quotidienne ; culturelle et identitaire, parce qu'il s'agit de la langue dans laquelle les Alsaciens se reconnaissent ; économique, parce qu'il s'agit d'une nécessité dans une région frontalière avec l'Allemagne.

«Bilinguisme» commence à devenir un mot-clé pour l'ensemble des acteurs, à l'exception des mouvements séparatistes, mais la place respective des langues et la raison d'un tel bilinguisme présentent des différences notables. Le sens qui va être donné au «bilinguisme» reflète toutes les nuances des conceptions politiques présentes. Vue comme stratégique pour des «assimilationnistes» modérés, cette procédure permettrait au français de s'implanter en Alsace pour remplacer ou du moins concurrencer efficacement l'allemand dans tous les domaines. Une autre conception, (faussement?) neutraliste, imagine le domaine linguistique comme certes concurrentiel, mais relevant plutôt d'une forme de libéralisme, où chacune des langues pourrait faire valoir ses propres atouts. Il s'agit là d'une vision étonnante, dans la mesure où elle méconnaît la dimension éminemment sociale de la langue et raisonne sur des langues décontextualisées. Mais dans la plupart des cas, le « bilinguisme » est compris comme la reconnaissance du français comme langue officielle et nationale, avec un statut de dominance symbolique. L'allemand garderait cependant un rôle de langue dont le statut ne serait pas défini, mais qui, de fait, fonctionnerait comme une seconde langue officielle dans un certain nombre de champs d'application. Cette « soumission linguistique » de fait au français, accompagnée pourtant d'une demande de reconnaissance d'une forme de statut pour l'allemand, reste une contradiction irréductible.

Proche du point de vue « national », une branche dissidente de l'UPR illustre ce paradoxe en défendant, dans son programme fondateur (1929), « le maintien du bilinguisme avec la reconnaissance du français comme langue principale. Elle demande, dans le même sens, le bilinguisme dans les administrations et principalement dans les tribunaux. »[599]

Même les socialistes alsaciens, qui s'étaient affiliés à la SFIO et qui défendaient un point de vue « laïque, patriote et centralisateur »,[600] affirmaient la nécessité d'aménagements linguistiques. L'une de ses personnalités marquantes, Jacques Peirotes, développe cette position avec toutefois une argumentation propre, par le fait que la question linguistique est perçue comme enjeu social :

> Ici, comme dans d'autres questions primordiales, celle du bilinguisme, le gouvernement n'a pas encore fait le nécessaire. Nous demandons que les deux langues, le français et l'allemand, soient admises partout dans notre pays, dans la vie publique, dans l'administration, dans l'école surtout. Nous voulions avant la guerre déjà et nous voulons encore qu'on donne à nos enfants la possibilité d'apprendre le français et l'allemand. […]
> Nous demandons qu'on donne à notre jeunesse la possibilité d'apprendre le français afin qu'elle soit en mesure de participer à la culture française sans toutefois oublier l'allemand, dont la connaissance est nécessaire aux habitants de nos pays frontières.
> Nous ne voulons pas que l'ouvrier alsacien soit exclu de la culture en général. Nous voulons qu'il participe de son mieux à la vie nationale pour pouvoir bien remplir son rôle. De ce point de vue, la question des langues est pour nous, avant tout, une question sociale. […]
> Nous demandons aussi et surtout que la justice soit, chez nous, administrée dans les deux langues. […] Il me semble que nous avons assez de magistrats pour qu'il soit possible d'organiser des sessions d'assises dans les deux langues. D'autre part, on doit donner à tout accusé

> la faculté d'opter suivant ses capacités linguistiques.
> Ce serait là une mesure utile au plus haut degré, surtout au point de vue politique. La justice n'en serait pas moins rendue par des magistrats et des jurés français. (1929)[601]

Les partis acquis au régionalisme comme l'UPR demandent le bilinguisme à l'école, devant les tribunaux et dans l'administration, en laissant entrevoir des perspectives de double culture (1925).[602] Les partis autonomistes comme la *Fortschrittspartei* demandent que le bilinguisme soit fixé par la loi,[603] mais sans priorité au français : «Nous demandons la reconnaissance légale du principe de bilinguisme en Alsace, dans toute la vie administrative et judiciaire. [...] Nous demandons [...] l'égalité absolue des deux langues, et non la prépondérance en faveur de la langue française [...]. »[604]

Encore en juillet 1938, plusieurs députés alsaciens (régionalistes et autonomistes) soumettent un projet de loi tendant à faire percer une forme de co-officialité de l'allemand et du français :

> Article 1er. Dans les départements du Bas-Rhin, du Haut-Rhin et de la Moselle, la langue maternelle sera, comme langue d'initiation, enseignée dès la première année scolaire. Des leçons d'allemand seront données pendant toute la période scolaire.
> Dans les communes de langue française, des leçons d'allemand seront données seulement sur demande des conseils municipaux.
> Article 2. Les magistrats et greffiers qui sont en rapport direct avec les justiciables sont tenus de savoir les deux langues.
> Le justiciable ne sachant pas suffisamment le français peut demander que les débats aient lieu en dialecte.
> Article 3. Toutes les administrations fonctionnant dans les départements du Bas-Rhin, Haut-Rhin et de la Moselle sont tenues de faire leurs communications dans les deux langues et à répondre en langue allemande à tout citoyen qui en exprimera le désir.
> Article 4. Des décrets ministériels régleront les détails d'application de la présente loi.[605]

À l'instar de toutes les autres qui l'ont précédée, cette tentative n'aboutira pas.

En bonne logique, les autorités françaises ne pouvaient accepter une langue autre que le français qui, de près ou de loin, aurait pu prendre des fonctions proches de la langue officielle, et n'accepteront aucun compromis : le français restera langue officielle dans tous les domaines, y compris celui de l'école. Cependant, sous le coup de l'urgence et des réalités locutives à gérer, d'une part, et sous la pression des partis politiques locaux, d'autre part, elles concéderont une place limitée à l'allemand dans l'enseignement primaire.

POLITIQUE LINGUISTIQUE SCOLAIRE

L'un des enjeux majeurs d'une politique linguistique repose nécessairement sur l'avenir, c'est-à-dire sur la formation linguistique dispensée par l'école, et en particulier par l'école primaire. En conséquence, c'est d'emblée que la volonté politique l'emporte largement sur les considérations pédagogiques dans le champ scolaire. Charles Bock, lui-même acteur du système éducatif, résumera la problématique, en 1932, en une formule à l'emporte-pièce : « En fait, la controverse se ramène à la question : l'école primaire alsacienne et lorraine sera-t-elle une école française où on enseigne aussi de l'allemand ? Ou sera-t-elle une école allemande où on enseigne aussi le français ? La réponse ne pouvait faire l'ombre d'un doute. »[606] Aussi, à l'instar de tous les champs de la vie publique, le français avait donc aussi pour vocation de devenir l'unique langue officielle à l'école,[607] même si « la question particulièrement délicate de l'enseignement primaire, plus encore que dans les autres ordres d'enseignement, a été et est ici celle de la langue. »[608] Et la France ne faiblira guère, dans le domaine des langues, pour faire appliquer ses conceptions du rôle et du sens emblématiques du français, malgré les difficultés de taille auxquelles elle sera confrontée.

Comme par le passé, la question des compétences linguistiques en français des instituteurs locaux allait se poser au premier chef. Plusieurs centaines de maîtres furent recrutés à la hâte en Vieille France pour remplacer des instituteurs incapables d'enseigner en français, pour remplacer des maîtres expulsés après l'armistice ou pour faire office de « doublures » auprès de collègues alsaciens dont les compétences en français restaient bien insuffisantes pour enseigner cette langue ou pour faire classe en français.[609] Tout un arsenal de « recyclage » linguistique et pédagogique va être mis en place pour les instituteurs alsaciens : des conférences pédagogiques, des cours de langue, des stages linguistiques en France, soit en utilisant des maîtres venus en « doublure » de la métropole, soit en prenant sur le temps des congés scolaires.[610]

Mais le fait que des maîtres venus d'autres régions enseignent uniquement en français semble avoir suscité l'inquiétude d'une bonne partie de la population, qui craignait que la langue allemande puisse être remplacée par le français.[611] Aussi le recteur Sébastien Charléty adresse-t-il une circulaire aux inspecteurs primaires, en date du 27 septembre 1919, qui donne des instructions apaisantes, empreintes de tolérance :

> 1. La langue française doit demeurer, c'est le vœu unanime, le but essentiel de l'école primaire, et c'est d'elle qu'on se servira, autant que possible, pour la communication des autres connaissances.
> Toutefois :
> a) il sera fait à l'enseignement de l'allemand dans les écoles primaires des « communes de langue allemande » une part assez large pour que les enfants soient mis à même de parler et d'écrire correctement cette langue ;
> b) on se servira de la langue allemande comme instrument d'enseignement tant que le français sera insuffisamment connu des élèves, c'est-à-dire toutes les fois et partout où cela sera nécessaire pour assurer la transmission d'un savoir positif précis.
> 2. Quant aux modalités (c'est-à-dire au nombre d'heures consacrées à l'allemand selon l'âge des enfants, aux méthodes à employer, variables également selon leur âge, leur degré de culture et même selon les localités), elles feront l'objet d'instructions adressées au personnel.[612]

Très rapidement cependant, le ton change et les principes intangibles de l'école française allaient être réaffirmés. Dès le 15 janvier 1920, les *Instructions* du recteur rappellent dans leurs *Principes généraux* sa position politique fondamentale : « Il y a deux principes généraux sur lesquels tout le monde est d'accord : le premier est qu'il faut faire une place à l'enseignement de l'allemand à côté de celui du français ; le second, c'est que le français doit avoir une place prépondérante. »[613] La glose qu'il propose de ce principe se place bien dans le champ de la mission intégrative, c'est-à-dire profondément politique, de l'école :

> Dire que le français doit être la langue essentielle, c'est dire que nos élèves doivent recevoir une culture française [...] et participer à la vie intellectuelle et morale du peuple français. Et c'est pourquoi, quelle que soit ici la valeur économique et l'importance usuelle de l'allemand, elle ne vient qu'après celle du français. Oui, certes, l'enseignement de l'allemand doit être donné dans nos écoles ; mais à la condition essentielle de ne pas porter préjudice à la diffusion de la langue française, car aucun argument d'ordre économique ne saurait prévaloir contre la nécessité de faire de l'Alsace et de la Lorraine un pays de langue française.[614]

En voie de conséquence, la méthode d'enseignement retenue est la « méthode directe », c'est-à-dire celle qui consiste à enseigner dès la première année *en* français :

> Admettre que la langue française doit être la langue prépondérante, c'est admettre qu'il faut penser directement en français, que sa pensée doit se développer selon les formes de la langue française, et c'est aussi, qu'on le veuille ou non, par une conséquence nécessaire, admettre le principe de la méthode directe.[615]

Le recteur soumet ainsi, explicitement, le pédagogique au politique. Cette «immersion totale» aurait pu être modulée ou n'être que partielle. Mais le recteur récuse, pour des raisons psycholinguistiques, l'idée d'une école bilingue :

> Il serait également fâcheux de pratiquer au début de la scolarité l'étude simultanée de deux langues. Il s'agit d'apprendre à l'enfant à penser en même temps qu'à parler, c'est tout un. Or tous les hommes cultivés qui savent plusieurs langues conviennent qu'à part les notions les plus simples et les plus concrètes, on ne peut penser en deux langues différentes. Cela sera bien plus vrai encore d'enfants de 6 à 7 ans. En voulant leur faire étudier deux langues, on aboutirait à ne leur en apprendre aucune, on introduirait dans leur esprit en même temps que dans leur langage le désordre et la confusion.[616]

Enfin, s'appuyant sur les pratiques linguistiques observables («l'école est souvent le seul milieu où l'on parle français»), le recteur est amené à différer l'enseignement de l'allemand pour ne l'introduire qu'en 4e année de l'école primaire (9-10 ans), à raison de trois heures hebdomadaires.[617]

L'allemand sera quand même présent par le biais de l'instruction religieuse qui, restant aux yeux du recteur une affaire privée («son caractère familial lui donne une place à part»), n'engage pas l'État. Faisant le bilan quantitatif de ses instructions (sur 25 heures, quatre heures sont consacrées à l'enseignement religieux, dispensé en allemand), il ne peut s'empêcher d'ajouter «qu'il est souhaitable que l'enseignement religieux lui-même soit donné en français dès que les progrès de l'enfant dans notre langue lui permettront de le recevoir avec fruit.»[618]

À la suite d'interventions auprès de l'administration et du gouvernement, une nouvelle circulaire rectorale (19 octobre 1920)[619] introduit l'allemand dès la 3e année. Cependant l'État, responsable des programmes et de l'organisation pédagogique de l'enseignement, régule l'enseignement de l'allemand par la publication d'un «Programme d'enseignement de l'allemand dans les écoles primaires élémentaires» (février 1926) complété par des «Instructions complémentaires» en janvier 1927.[620] Quelles qu'en soient les faiblesses, ces instructions visent à donner une bonne compétence de l'allemand oral et de la réception et de la production de l'allemand écrit. Dans ce sens, elles répondent, dans une certaine mesure, à la demande de «bilinguisme» formulée par les partis politiques.

Après une «tournée» que Poincaré, le Président du Conseil, a effectuée dans les établissements scolaires des «trois départements recouvrés», il adresse une lettre au recteur pour féliciter l'ensemble des acteurs du travail accompli en faveur du français, mais pour indiquer aussi, en s'appuyant sur les circulaires rectorales de 1920 et de 1926, que «l'enseignement donné dans la plupart de nos écoles d'Alsace […] est et doit être bilingue. […] Je crois, comme vous, indispensable qu'à la sortie de l'école, les enfants des communes où se parle le dialecte sachent parler et écrire convenablement le haut allemand. »[621]

Mais les critiques, notamment quant à la « méthode directe » préconisée par le recteur, ne vont pas cesser. En effet, deux années auparavant, dans une circulaire concernant l'enseignement du français dans les écoles maternelles, le recteur avait précisé ses convictions pédagogiques, en les assortissant d'une forte pression sur le corps d'inspection et le corps enseignant. Fustigeant l'habitude de l'institutrice «de ne parler que le dialecte, non seulement hors de l'école, mais jusque dans l'école, jusque dans les conversations avec ses collègues», qui ne peut aboutir qu'au fait que «le dialecte vient alors naturellement à ses lèvres lorsqu'elle se trouve en présence de ses élèves», il rappelle que « la méthode directe doit être rigoureusement employée à leur [= des élèves âgés de cinq ans] égard, celle de la traduction résolument écartée » et n'accepte aucune «objection contre cette règle». Il justifie cette instruction impérative par l'expérience qui en a été faite: «Après trois mois de cette discipline, les enfants comprennent tout ce qu'on peut avoir à leur dire dans l'école et sont en état de s'exprimer sur tout ce qui peut les intéresser dans la vie scolaire. Après deux années d'un enseignement nonchalant de notre langue, ils n'y ont au contraire fait que des progrès insignifiants.» Après avoir indiqué comment il convenait de procéder dans les classes uniques, il conclut: «Lorsque le progrès dans notre langue ne sera pas tel que nous l'indiquons, c'est qu'il y aura dans la classe quelque faiblesse que Mesdames les Inspectrices découvriront facilement; elles voudront bien alors préciser leurs directions pédagogiques jusque dans le dernier détail. »[622]

La Chambre des métiers d'Alsace et de Moselle reproche amèrement à Poincaré de ne pas s'être intéressé aux résultats obtenus par l'école et dresse un tableau particulièrement sombre de la situation, s'agissant de l'examen de compagnon que les apprentis passent entre 16 et 18 ans, c'est-à-dire deux à quatre ans après leur sortie de l'école:

> 1. Le niveau général des connaissances a considérablement fléchi en comparaison de celui d'avant-guerre. Plus de 50% des candidats ont un bagage scolaire insuffisant.
> 2. Dans les dernières années, la connaissance de la langue française a fait des progrès dans les milieux citadins. Chez les apprentis de la campagne, cette connaissance est encore très superficielle et fragmentaire.

3. La connaissance de l'allemand est en régression sur toute la ligne. Ne sachant plus l'allemand et pas encore le français de façon suffisante, la plupart des candidats sont incapables de s'exprimer autrement que dans le dialecte alsacien.
4. Les connaissances en calcul, géographie et instruction civique sont en général insuffisantes.[623]

La Fédération agricole d'Alsace et de Lorraine avait également pris position avant la venue de Poincaré. Dans une lettre que lui adresse son président le 24 septembre 1926, elle lui expose son point de vue :

> L'assemblée [générale de la Fédération agricole] a reconnu unanimement que la connaissance de la langue française est, également pour nos campagnes, d'une importance capitale et que nous ne devons reculer devant aucun sacrifice pour l'enseigner à nos enfants.
> L'assemblée considère d'autre part que dans notre pays de frontière, la connaissance de la langue allemande est d'une nécessité absolue et elle demande à l'unanimité que dans nos écoles primaires l'enseignement des deux langues soit donné aux enfants au même degré de manière à ce qu'aucune des deux ne soit négligée. Elle part du point de vue – et l'expérience lui donnera raison – qu'une langue inconnue ne peut être apprise avec toute l'intelligence dont dispose l'enfant que si son enseignement est basé sur la langue maternelle. Il est donc indispensable que les enfants connaissent bien celle-ci et que l'allemand soit enseigné à nos enfants dès leur première année scolaire. Or la solution de ce problème est singulièrement entravée par l'élimination de la langue maternelle dans les premières années scolaires. Nous avons la conviction que sans un enseignement suffisant de la langue maternelle dès le début de l'école, une profonde éducation de l'enfant de la campagne est impossible.
> Je croirais manquer à mon devoir si je vous dissimulais, Monsieur le Président, le danger que courent nos enfants si l'Administration de l'Instruction publique persiste à exécuter son programme d'enseignement actuel. Une élite parmi les enfants seulement arrivera à connaître assez convenablement les deux langues, la grande moyenne restera bien en dessous des connaissances nécessaires pour leur avenir.
> Après la sortie de l'école, l'usage de la langue française diminue forcément, car en famille, les enfants et les adultes continuent à parler le dialecte local. Ils ne sauront le bon allemand que très imparfait, ne l'ayant, d'après le système actuel, appris que superficiellement. Ne connaissant ni l'une ni l'autre des deux langues, le niveau intellectuel de la jeunesse tombera à un tel point que celle-ci ne pourra plus développer sa culture scolaire par de bonnes lectures, un des moyens les plus efficaces du développement intellectuel et économique tel qu'on pouvait le constater dans nos campagnes.[624]

Il s'agit ici, à nouveau, d'une critique explicite de la « méthode directe », mais en même temps d'une demande implicite d'un autre statut pour l'allemand, notamment dans le système scolaire. Mais contrairement à la Chambre des métiers, la Fédération agricole ne s'appuie pas sur des observations qu'elle aurait faites, mais uniquement sur une opinion. Les représentants professionnels expriment là, à leur manière, un point de vue analogue à la plupart des partis politiques, et sans doute reflètent-ils l'opinion d'une majorité de la population. La factualité de leur analyse et de leurs observations quant aux résultats scolaires ou aux connaissances des élèves et des adolescents reste cependant fragile, dans la mesure où elle n'intègre pas une comparaison avec d'autres régions de France.

L'église catholique, quant à elle, ou du moins une partie de ses représentants, redoute qu'une connaissance médiocre de l'allemand ait des conséquences dramatiques sur le plan spirituel : les enfants risquent d'apprendre des prières qui ne représenteront pour eux que des formules vides de sens, le lien avec le milieu familial et la communauté paroissiale se distendra, la prière et le chant religieux en commun seront rendus difficiles ou impossibles, le cours de religion à l'école ne sera plus un soutien efficace pour celui que dispense le prêtre, l'évangile et le sermon ne seront plus compris, les connaissances religieuses seront superficielles et disparaîtront à moyen terme.[625] Au-delà de l'exagération due à la passion du moment, Louis Pinck[626] souligne certes explicitement plusieurs des enjeux qui sont liés à une bonne connaissance de l'allemand (le danger de la déchristianisation, dont la France lui semble être un bon exemple;[627] le maintien d'une cohérence intergénérationnelle et sociétale fondée sur les mêmes valeurs), mais en tait d'autres : une perte d'influence de l'Église sur ses ouailles, dans le domaine spirituel, mais aussi dans les domaines social, moral, politique. Une perte d'influence de l'Église signifierait aussi une perte d'influence politique et économique, dans la mesure où une partie importante de la presse, publiée en allemand, appartient à des consortiums catholiques.

Les évêques de Strasbourg et de Metz et, dans une moindre mesure, les autorités religieuses protestantes se plaignent régulièrement du fait que le cours de religion se passe en français, « sous la pression de certains fonctionnaires »[628], et n'atteint pas ainsi son objectif ou que l'enseignement de l'allemand reste insuffisant, de manière générale, de sorte qu'il en résulte une compréhension insuffisante du catéchisme ou de la Bible. L'abbé Haegy souhaitait, dès mars 1922, « que l'enseignement de la langue allemande ne soit pas limité dans toute la durée de la scolarité à trois heures par semaine. » Il faisait observer, très abruptement, qu'il n'était pas « admissible que les heures d'enseignement religieux soient comptées pour l'enseignement linguistique. L'enseignement religieux donné dans la langue du pays ne peut avoir le caractère de l'enseignement de langue. Il n'a pour mission de donner aux enfants des connaissances grammaticales ou verbales de la langue allemande, mais il les suppose. Il doit leur donner les éléments de la vie religieuse et morale en une langue comprise et allant à l'âme de l'enfant. »[629]

1927 : « l'école doit être bilingue, la place principale restant au français »

Avec le départ du recteur Charléty[630] et l'arrivée du recteur Pfister, en mars 1927, l'autorité affirme la permanence des options fondamentales qu'elle a retenues : « Nous désirons qu'à la sortie de l'école primaire les jeunes Alsaciens et Lorrains sachent parler la langue française qui est celle de leur patrie. [...] La connaissance du français ne doit pas être un privilège [social], mais un bien commun à tous les enfants d'Alsace et de Lorraine »[631], soulignant le caractère national de la langue française et sa fonction égalitariste. Mais, dans le même temps, elle assouplit sa position sur la question de la « méthode directe »[632] et se rapproche de la demande politique et sociale en indiquant qu'il est « nécessaire d'introduire un enseignement de l'allemand » et que, « dans ce sens, l'école doit être bilingue, la place principale restant au français. »[633]

Il s'agit là de la concession maximale que pourra faire l'État, sur le *plan des principes*, face aux revendications politiques auxquelles il est confronté. Néanmoins, le recteur Pfister va introduire deux changements dans la pratique des écoles, qu'il met sur un même plan. La première mesure concerne un abaissement de l'âge où débutera l'enseignement de l'allemand : « Nous prescrivons donc que, dès le second semestre de la deuxième année scolaire, quand l'enfant saura parfaitement lire le français, il apprenne à lire l'allemand, d'abord en caractères latins, puis en caractères gothiques », à raison de deux heures par semaine.[634] La seconde disposition prévoit que « l'allemand devra [...] figurer dans les deux examens qui consacrent les études primaires ». Il s'agit de l'examen hérité de la réglementation allemande, qui reste encore en vigueur, ainsi que du certificat d'études primaires.[635] Mais la nouveauté inscrite par le recteur dans ses instructions réside dans la notion d'obligation qu'il prescrit : « Cette épreuve aura un caractère obligatoire pour les élèves de villes et des villages dont la population parle de façon courante le dialecte. »[636] Véritable clé de voûte de l'enseignement de l'allemand, cette obligation présente une double fonction :

elle produit une pression interne, dans le système éducatif lui-même, en poussant les instituteurs à des obligations de résultats, et externe, c'est-à-dire politique, en donnant un gage très sérieux d'une forme *implicite* de reconnaissance officielle.[637]

En instaurant cette obligation dans les deux examens, l'État se crée lui-même une obligation – ce qu'il avait toujours soigneusement évité –, celle de faire assurer l'enseignement de l'allemand depuis le second semestre de la 2e année scolaire jusqu'à la fin de la scolarité obligatoire, d'une part, et il rompt le principe d'égalité entre les candidats à un même examen et entame partiellement la notion d'« indivisibilité », d'autre part, dans la mesure où l'espace territorial et l'espace sociétal où ces mesures sont applicables est délimité et nommé.[638]

Certes, le statut même du texte – il s'agit au plus d'une circulaire rectorale – implique que ces dispositions restent révocables et/ou amendables. Par ailleurs, en instituant l'épreuve d'allemand aux examens comme substitut des épreuves de dessin ou de couture, le recteur marque symboliquement le rang d'importance qu'il entend lui conférer. Mais le texte constitue, de fait, une entorse majeure, aux principes mêmes que l'État avait toujours respectés et une concession majeure dans la politique linguistique éducative.

Ce texte ne satisfait personne : ceux qui sont favorables à l'enseignement de l'allemand critiquent le fait que l'allemand ne commence qu'en 2e année et qu'il n'y ait pas d'abandon explicite de la « méthode directe » ; les assimilationnistes, pour leur part, contestent le fait que l'enseignement religieux continue à être dispensé en allemand.[639] Ce seront, en fin de compte, les pratiques réelles des maîtres, selon des conditions locales très hétérogènes, qui conditionneront la mise en œuvre loyale ou biaisée des dispositions prises.[640]

Le gain politique que l'État tire de ces mesures, peut-être inspirées du programme électoral de l'UPR,[641] reste très limité : prises trop tardivement, ces dispositions sont éclipsées par le débat politique global. L'idée autonomiste commence à prendre une ampleur inconnue, notamment sous l'effet d'une « politique de répression contre la presse et les milieux autonomistes, menée à partir de novembre 1927. Un décret du 12 novembre 1927 interdit trois journaux autonomistes en s'appuyant sur une loi de 1895 sur la presse qui autorise l'interdiction de journaux en langue étrangère,[642] – le critère linguistique devenant déterminant pour identifier un journal comme "étranger" –, ce qui suscite l'indignation et l'inquiétude en Alsace. De décembre 1927 à mars 1928, on procède à des perquisitions et à des arrestations dans les milieux autonomistes. Le tout est couronné par un procès politique à grand spectacle à Colmar, en mai 1928 »[643] qui débouche sur la condamnation à une peine de prison pour quatre des accusés.

Avec l'introduction de la loi sur la prolongation de la scolarité obligatoire, l'obligation scolaire est portée, en Alsace, de 13 à 14 ans pour les filles, de 14 à 15 ans pour les garçons. «Cette prolongation [...] constituera un progrès de grande importance, par la connaissance plus approfondie des matières du programme et notamment de la langue nationale qu'il permettra de donner aux jeunes gens.»[644] Le décret d'application du 10 octobre 1936 est accompagné d'un second décret qui modifie indirectement le système de dispense de l'enseignement religieux.[645] La protestation contre ces décrets est presque unanime. Mais, en janvier 1937, Léon Blum justifie ces textes par le programme spécial de l'Alsace et de la Lorraine, qui contient un enseignement de l'allemand et d'instruction religieuse, en arguant du fait que «le maintien d'un programme plus chargé implique nécessairement le maintien d'une scolarité plus longue.»[646] Et annonçant en même temps un projet de loi relatif au régime scolaire de l'Alsace, Léon Blum lie la prolongation de la scolarité au maintien du statut scolaire spécifique à l'Alsace-Lorraine.[647] À la suite de cette annonce, les revendications autonomistes globales reprennent toute leur vigueur. Mais la modération dont fait preuve la direction de l'UPR, principal parti politique, un changement de gouvernement et, pour finir, l'annulation des décrets pour illégalité par le Conseil d'État, en décembre 1937,[648] mettront un terme à l'agitation politique provoquée par ces projets.

Les conflits autour de l'enseignement de l'allemand ne touchent pas réellement l'enseignement secondaire et supérieur. Dans les collèges et dans les lycées, après une courte période de transition, la langue d'enseignement devient à son tour le français, comme dans le reste de la France.[649] L'enseignement de l'allemand commence cependant dès la 7e alors qu'ailleurs, il commence en 6e. La possibilité de passer le baccalauréat en allemand a été maintenue jusqu'en 1921,[650] mais la première session en français s'est tenue dès 1920, à l'instar des autres académies françaises.[651] S'agissant des aspects qualitatifs, Paul Schlienger note, en 1932 : «Quant au français, si des progrès sensibles s'affirment d'année en année dans tous nos établissements, il n'est pas sans intérêt de noter qu'ils s'avèrent plus rapides dans les établissements féminins que dans les lycées et collèges de garçons.»[652]

«Le 22 novembre 1919, premier anniversaire de l'arrivée des Français, était inaugurée l'Université française de Strasbourg. Ce fut la séance de rentrée des Facultés dispersées en 1871. »[653] Le rôle assigné à cette université est le même que celui qu'elle devait remplir durant l'époque allemande : « Représenter la France au dehors en toute dignité, entretenir avec l'étranger des relations actives : en sorte qu'il eût, par elle, un premier reflet, fidèle, prometteur, de ce que le reste de l'activité intellectuelle et universitaire en France pouvait offrir. »[654] L'ensemble de l'enseignement est assuré en français, jusques et y compris, dans la tradition française, les cours de langue et de littérature allemandes.[655] Georges Delahache reconnaît cependant que « dès le début, la question délicate a été celle de la langue. Les maîtres se sont armés de patience, les élèves ont fait preuve d'une bonne volonté louable. Grâce aux efforts de chacun, les difficultés sont actuellement [1921] en grande partie résolues. »[656]

L'une des subdivisions du Service de la propagande (créé en mai 1919) s'occupait de l'enseignement post-scolaire de la langue française.[657] « Le but de l'enseignement post-scolaire au début fut [...] de donner aux adolescents et aux adultes, qui n'avaient jamais fréquenté l'école française, les premiers éléments de la langue parlée et écrite, de les mettre à même de s'exprimer en français et de comprendre les textes qu'ils pouvaient être amenés à lire. [...] À Strasbourg, une centaine de cours sans limite d'âge furent ouverts dans les écoles de la ville, réunissant des auditeurs de profession et d'âge très divers. [...] Des cours spéciaux pour agents de police, gendarmes, employés des P.T.T., des tramways, des chemins de fer furent organisés. »[658] Durant l'année scolaire 1919-1920, 54 000 adultes ont suivi les cours dans les trois départements.[659] Le souci de propager la langue française concerne également les recrues incorporées dans l'armée française à partir de la classe 1920, « tout en ayant soin de ne pas incorporer dans les mêmes unités un trop grand nombre d'Alsaciens et de Lorrains afin de hâter leur fusion, de faciliter l'enseignement spécial du français organisé à leur intention et de ne pas les éloigner trop de leur région d'origine »[660]. C'est également le service de la propagande qui soutient par des subventions ou des fournitures scolaires les cours régimentaires créés dans les garnisons du Nord et de l'Est en faveur des conscrits alsaciens et lorrains.[661]

L'enseignement est assuré, dans un premier temps, « en accord avec la Direction générale de l'Instruction publique, au moyen d'une formule très souple, qui permet d'utiliser toutes les bonnes volontés spontanées. Les œuvres suivantes, subventionnées par le service [de la propagande], se sont partagé le territoire désannexé, et chacune dans son secteur territorial a pour mission de doter toute agglomération d'un cours d'adultes : *Conférence au village* […], comité *La Cigogne*, […], *Cours populaires* […], *Renaissance alsacienne* […]. »[662]

L'Instruction publique prend le relais à partir de 1920.[663] Le nombre de personnes qui suivent ces cours semble fluctuer au fil des événements politiques ; il reflète sans doute également l'évolution de la présence du français dans le domaine éducatif de manière générale, mais montre aussi les limites de ce type de formation :[664]

	1922	1923	1924	1925	1926	1927	1928	1929	1930	1931
nombre d'auditeurs	35 000	28 000	25 500	29 500	26 000	28 000	31 500	34 500	32 500	28 500

À l'initiative du recteur, le Commissaire général de la République institue « un certificat d'études post-scolaires françaises en faveur des adultes d'Alsace et de Lorraine »,[665] diplôme servant « uniquement à constater le degré de possession de la langue nationale avec une connaissance élémentaire de l'histoire, de la géographie et des institutions de la France ».[666]

Le livre et la lecture devaient également contribuer à la propagation de la langue française. « Le Foyer des œuvres françaises constitua l'Œuvre du livre français dès mai 1919. Celle-ci avait pour objectif "de contribuer à la diffusion de la langue française dans les trois départements recouvrés en créant des bibliothèques ou en enrichissant de livres français celles qui existent déjà : bibliothèques municipales, paroissiales, scolaires, bibliothèques d'instituteurs, fonds destinés aux prix d'écoliers". Entre 1919 et 1937, l'Œuvre créa 3 260 bibliothèques et distribua 20 256 livres ainsi que de nombreux périodiques et brochures. »[667]

La politique linguistique menée par les autorités pour ancrer le français dans la constellation linguistique alsacienne semble avoir eu des effets fructueux.[668] Les recensements de 1931 et de 1936 fournissent un certain nombre d'indicateurs par les déclarations des chefs de famille. Les questions posées ne portent plus sur les langues usuelles, mais sur la connaissance déclarée des langues. La formulation des questions a été maintenue d'un recensement à l'autre.[669]

En 1936, la moitié des Alsaciens déclare savoir parler français

1931 et 1936 - Connaissance déclarée des langues[670]

	français uniquement	français + dialecte	français + allemand	français + dialecte + allemand	dialecte uniquement	dialecte + allemand	allemand uniquement	autres langues	langues non indiquées
1931	5,60 %	4,78 %	2,93 %	35,16 %	7,44 %	32,70 %	3,79 %	0,65 %	6,92 %
1936	6,23 %	5,42 %	3,18 %	40,79 %	6,53 %	29,37 %	2,72 %	0,23 %	5,51 %

Si les rubriques « autres langues » et « langue non déclarée » ne sont pas prises en compte, le français est présent, sous une forme exclusive ou en combinaison avec d'autres langues, chez 48,47 % des recensés (581 629 personnes) en 1931 et 55,63 % (671 317 personnes) en 1936. Il est inversement absent chez 43,95 % de la population recensée (527 341 personnes) en 1931 et chez 38,62 % (466 037 personnes) en 1936.

Cependant, la connaissance déclarée du dialecte concerne, en 1931, 80,09 % de la population et celle de l'allemand 74,59 % des personnes recensées; en 1936, le taux de connaissance déclarée du dialecte est de 82,11 %, celui de l'allemand de 76,07 %.

Aussi les autorités peuvent-elles prendre acte d'une progression spectaculaire du français dans la mesure où, en moins de vingt ans, plus de la moitié de la population déclare savoir parler le français. Mais cette connaissance du français, réelle ou subjective, n'entame aucunement le taux de connaissance déclarée du dialecte et de l'allemand.

En tout état de cause, l'école semble jouer un rôle déterminant dans cette connaissance: pourvoyeuse essentielle du français, elle ne dispose en revanche que d'un nombre limité de relais dans la vie extra-scolaire.[671] Quant à la langue allemande, elle reste présente pour six à sept heures dans le système éducatif primaire, qui fournit un savoir et un savoir-faire scolaires, mais possède de puissants relais dans la vie sociétale: la vie religieuse et cultuelle se passe, pour l'essentiel, en allemand,[672] les écrits destinés à un large public (journaux, périodiques, littérature populaire…) restent très majoritairement en allemand. Qu'il s'agisse de la lecture publique, du cinéma ou de la radio, le frémissement en faveur du français est bien réel, mais c'est l'allemand qui reste encore la langue standard dominante dans la plupart des domaines touchant la majeure partie de la population.

Le réseau de bibliothèques est relativement dense,[673] mais selon le statut de la bibliothèque, la demande en livres en langue allemande ou en langue française (lorsque la répartition linguistique est connue) n'est pas la même. À la Bibliothèque municipale de Mulhouse, le prêt de livres en français passe de 42,5% de l'ensemble des prêts en 1922 (16 500 ouvrages) à 48,8% en 1924 (20 338 ouvrages).[674] Il s'agit là de proportions particulièrement remarquables en faveur du français. La situation se présente différemment à Strasbourg. À la Bibliothèque municipale, les lecteurs ont emprunté, en 1931, 27 000 romans en français (soit 45% du total des prêts) contre 33 000 en allemand (55% des ouvrages empruntés). À la Bibliothèque populaire de Strasbourg, la situation est moins favorable au français : en 1930, ce sont 11 500 romans français qui sont sortis (soit 20,7% des prêts) contre 44 000 romans en allemand (79,3 du total des ouvrages prêtés).[675] La texture même du lectorat semble jouer un rôle déterminant dans le choix linguistique, dans la mesure où pour cette dernière bibliothèque, s'agissant de la période entre 1929 et 1934, 53% des lecteurs étaient des ouvriers, des employés et des fonctionnaires.[676]

Quant à la radio, les possesseurs de poste de réception recevaient essentiellement des stations de langue allemande, les Vosges faisant obstacle à une réception acceptable de stations en langue française. Dès 1926 fut conçu le projet de doter l'Alsace et la Lorraine d'un grand poste radiophonique destiné à « barrer la route aux ondes allemandes »[677] et à diffuser la pensée française. Il aboutit le 11 novembre 1930 lorsque l'Association Radio-Strasbourg PTT put diffuser sa première émission.[678] La station émet en français et en allemand, tant pour détourner les auditeurs alsaciens des stations allemandes que pour satisfaire également les auditeurs non germanophones de la grande région de l'est de la France. Dès décembre 1930, le peintre et dramaturge Gustave Stoskopf, chef des émissions alsaciennes, inaugure des soirées « alsaciennes » en dialecte,[679] qui rencontreront un immense succès et feront l'originalité de la station.

L'Alsace dispose assez tôt d'un nombre de salles de cinémas respectable : on en recense une douzaine à Strasbourg en 1920, douze à Mulhouse dans les années trente. « En 1936, toutes les sous-préfectures, à une exception près, et quelques chefs-lieux de canton comme Kaysersberg ou Cernay avaient au moins une salle. La densité de l'équipement témoigne de la popularité du cinéma. »[680] La question du choix des langues allait se poser inéluctablement. Les quotas de films étrangers, instaurés au niveau national, durent être aménagés. « Le gouvernement français cherche un compromis entre deux impératifs antagonistes. Le premier est national : promouvoir l'industrie cinématographique française, dans un but à la fois économique et culturel. On redoute, en effet, que le film américain conduise la production française à la ruine et que le film allemand cause un préjudice à la présence française en Alsace; on craint que les Alsaciens soient, par le cinéma, soumis à "l'esprit allemand", voire à la propagande allemande, encore plus fortement redoutée depuis l'arrivée au pouvoir des nazis en 1933. L'autre impératif est régional: ne pas heurter le particularisme alsacien, surtout en ces années si agitées par l'autonomisme. Finalement, l'État français choisit une politique assez complexe, mais respectueuse de l'intérêt des exploitants: chaque salle de cinéma se voit affectée d'un quota de films français et allemands, étant entendu que, par le décret du 6 juillet 1935, on ne doit pas avoir moins de 50% de films français. En réalité, […] certaines salles ont finalement le droit de passer jusqu'à 75% de films allemands dans les quartiers les plus populaires des villes ou dans les campagnes les plus dialectophones.»[681]

C'est dans cette distribution linguistique que grandissent, de fait, des générations d'enfants bilingues, aux compétences sans doute inégales, mais qui, sous l'effet du plus grand désir d'ascension sociale et du contact plus fréquent avec l'écrit, acquièrent, beaucoup plus fréquemment que par le passé, des compétences assez élevées de réception écrite (lecture) dans les *deux* langues.[682]

Par le développement du secteur tertiaire, une partie des couches moyennes de la population va conserver un contact étroit avec l'écrit en français, au-delà de son usage scolaire. Pour devenir employé de bureau, le certificat d'études primaires et, éventuellement, une formation complémentaire par la fréquentation d'une école primaire supérieure,[683] pouvaient suffire. «Au cours des années 1930, des études très courtes, jusqu'à quinze ans, suffisaient pour entrer comme "apprenti" dans une banque.»[684] Par ailleurs, la croissance régulière d'emplois administratifs dans les services publics offrait également des emplois subalternes de plus en plus nombreux, renforçant ainsi la pratique de l'écrit en français dans la vie professionnelle.[685] Mais il est vrai que cela ne préjugeait en rien des compétences en français *parlé*.

L'examen qualitatif de la langue allemande produite par des quotidiens montre qu'une différenciation linguistique par rapport aux autres espaces où sont écrits des textes en langue allemande commence à faire son apparition. Elle ne touche pas les rubriques de politique générale ou les comptes rendus culturels ou scientifiques, mais concerne essentiellement les rubriques locales. Les traits linguistiques de différenciation proviennent d'une forme de proximité avec les dialectes; cet écart est soit voulu, soit dû à une connaissance plus hésitante de l'allemand par les correspondants locaux. Les annonces, officielles ou publicitaires, montrent également des différences linguistiques avec l'allemand standard, mais sous l'influence prédominante du français en tant que langue officielle et en tant que langue commerciale. En revanche, l'allemand produit par des autochtones dans des romans, des essais ou dans d'autres ouvrages présente, quant à lui, peu de différences notables par rapport à l'allemand standard, notamment parce que les auteurs, qui appartiennent plutôt à la couche cultivée de la population, ont gardé un contact étroit avec la langue et la culture allemandes écrites.[686]

Avec les profondes modifications politiques qui s'étaient opérées en 1918, la vie littéraire a d'abord marqué le pas.[687] La plupart des auteurs ont cependant repris leur activité, en langue allemande ou en dialecte. La production en langue française reste plutôt l'apanage des « Revenants », c'est-à-dire des Alsaciens dont les parents avaient émigré en 1870. Mais les écrivains de langue allemande n'auront plus qu'un public restreint essentiellement à l'Alsace même, la coupure politique ne leur assurant plus un écho plus large dans la sphère culturelle de langue allemande. La production dialectale, en revanche, qui reste plus vivante que jamais sur le plan quantitatif, présente une qualité très inégale. Elle n'est plus investie d'une dimension « politique » comme elle a pu l'être avant 1914, mais présente beaucoup plus une forme de refuge, dans la mesure où rares sont les auteurs qui se font l'écho de l'air politique et social du temps. Sa forme la plus prisée, le théâtre, offre le plus souvent des comédies sans prétention, des drames (historiques, populaires) et autres mystères ou encore des contes fantastiques (*Märel*). À côté des auteurs qui ont percé avant la guerre (les frères Matthis, Gustave Stoskopf, Ferdinand Bastian…) s'imposeront par l'exigence de leur écriture généralement, leurs innovations beaucoup plus rarement, des écrivains comme Raymond Buchert (1893-1968), Victor Schmidt (1881-1966) ou des dramaturges comme Georges Baumann (1887-1965).[688] Mais ce sont aussi les débuts de Nathan Katz (1892-1981) dont la poésie « rend au dialecte des aptitudes que l'on croyait perdues ou même inexistantes. »[689] En novembre 1927 est fondée la *Société des écrivains d'Alsace et de Lorraine*, qui se fixe comme objectif d'accueillir « tous les écrivains des deux langues et de dialecte »,[690] à laquelle appartiendront des auteurs qui ont fait le choix, volontaire ou forcé, de vivre ailleurs qu'en Alsace, comme René Schickele (1883-1940), « citoyen français und deutscher Dichter ».

Hans Arp (1886-1966) passera de l'allemand au français, comme Maxime Alexandre (1899-1976). Ce dernier deviendra, non sans souffrance, un poète surréaliste de langue française.[691]

Le théâtre dialectal connaît un essor particulier par le biais des soirées récréatives qu'organisent les structures associatives, qui constituent un réseau assez dense en Alsace.[692]

Sur le fond, la politique globale de l'État à l'égard des revendications particularistes en général n'a pas varié dans les principes : l'égalité des citoyens, l'unité et l'indivisibilité de la République ont guidé la volonté de l'autorité de n'admettre aucune forme de cadre législatif ou politico-administratif particulier pour l'Alsace. Il était donc dans la logique des choses, par exemple, que la loi du 14 mai 1930[693] fasse obligation aux conseils municipaux de délibérer en langue française.[694]

C'est dans les pratiques, notamment linguistiques, que des accommodements se sont installés : les documents administratifs et les avis destinés au public sont publiés dans les deux langues,[695] les interactions verbales entre l'administration et la population ont dû se faire, bien souvent, en dialecte. En dernière analyse, c'est dans le domaine scolaire que l'État a fait une entorse à ses principes, en attribuant à l'allemand une place statutaire.

Tirant un bilan quantitatif (plutôt optimiste) de la diffusion du français en Alsace (en 1934), Paul Lévy essaie de cerner la part qualitative : « Dans certains milieux, le retour au français nous paraît même dès maintenant essentiellement un fait accompli. Les couches sociales qui, avant 1870, avaient déjà été largement entamées par la francisation, ont été reconquises avec une rapidité foudroyante, encore accentuée par le retour des émigrés et le départ des immigrés. La première étape de la politique linguistique d'après-guerre, à savoir la conquête de la bourgeoisie à la langue française, est ainsi parcourue. La seconde étape par contre, la conquête des masses populaires [...], reste à poursuivre. Les milieux des paysans, ouvriers, artisans, etc., sont restés fidèles à leur parler de toujours, le dialecte. »[696]

La politique linguistique de la France frappe par sa détermination

La question des langues durant l'entre-deux-guerres révèle des enjeux multiples, parfois paradoxaux et contradictoires. Le premier enjeu procède du pouvoir. Intégrer les Alsaciens dans la communauté nationale revient en premier lieu à chercher leur adhésion à des structures politiques, à des pratiques culturelles, à leur donner les moyens de participer à la vie publique de la France. Si une action psychologique reste indispensable – et ce sera, dans les tout premiers temps de la désannexion, la tâche du service de propagande[697] –, c'est par l'accès direct aux décisions, aux débats que cette intégration a des chances de réussir. Or, le chemin le plus court reste la connaissance de la langue française. Pour une partie des autonomistes et les séparatistes, mais aussi d'une certaine manière pour les Églises, l'accès à la langue française constitue un danger : les règles morales et les normes sociétales restent encore fortement imprégnées par un contrôle et une surveillance sociales fortement inspirées par la religion, qui sanctionne – sociétalement et moralement – tout manquement à l'appareil régulatoire. Ce type de fonctionnement de la société alimente une reproduction comportementale des individus et assure un magistère peu contesté aux Églises. La tradition s'alimente des données existantes, de la reproduction qui, en se perpétuant, accroît le sentiment de l'altérité, de la différence, de la spécificité. En s'appuyant sur cet aspect, une partie des dirigeants politiques alsaciens rassure l'opinion en la confortant dans ses repères et s'assure un ascendant certain sur la population. La question linguistique est, au quotidien, au cœur du besoin de stabilité, du repérage identitaire, et reste en ce sens, existentielle, pour la majeure partie de la population. Elle assure un ascendant certain à tous ceux qui défendent les variétés linguistiques dans lesquelles la population se reconnaît (allemand standard écrit, dialecte).

Fondamentalement, sur le plan politique et éthique, s'esquisse un enjeu central, celui de la démocratie. Les termes du problème ne sont pas sans rappeler la difficulté à laquelle avait été confrontée la Révolution : les citoyens ne sachant pas le français sont-ils en mesure d'exercer les mêmes droits civiques que les autres ?

Le second enjeu relève de la cohérence sociétale et de stratégies de survie : pour maintenir un lien entre les générations, entre les différentes couches sociales, entre un passé commun et un avenir ouvert, le corps social alsacien a besoin d'éléments de continuité, sauf à devenir schizophrène ou dépressif. La langue joue ce rôle central et la forte mise en cause du rôle de l'allemand par les nouvelles autorités, accompagnée d'une forte dévaluation des parlers dialectaux, provoque un rejet de l'attitude de l'État face à l'allemand et aux dialectes, en ce qu'elle met en danger la cohérence de la société et déséquilibre l'écologie linguistique individuelle. Cet aspect entre nécessairement en conflit avec l'enjeu intégratif, tel qu'il est compris par la France, et sert davantage les partisans d'une voie différente.

Une fois acquise l'idée – du point de vue de la France – que le cadre politique français ne saurait être fédératif et qu'en voie de conséquence l'allemand n'aurait jamais de statut officiel, un troisième enjeu s'esquisse pour les Alsaciens. Il s'agit de savoir comment se ménager un avenir linguistique dans le cadre de la France pour ne pas devenir des citoyens de seconde zone, tout en maintenant un lien étroit avec le passé immédiat et les valeurs sociétales issues de ce passé.

L'ensemble de ces questions se pose avec, toujours en arrière-plan, la présence invisible, réelle ou supposée, de l'Allemagne et de ses intentions. Dans ce contexte, les moyens à mettre en œuvre qui permettent à la fois le changement et le maintien linguistique procèdent d'un défi difficilement relevable. Si la déclaration prêtée au recteur Charléty « On n'élève pas un peuple en lui cédant »[698] dénote une vision colonialiste difficilement conciliable avec le cadre républicain, la politique linguistique de la France frappe par la détermination avec laquelle elle a été menée. Paul Lévy, plutôt indulgent dans ses jugements à l'égard de la politique de la France et favorable à une large pénétration du français, note que « savoir le français cessera d'être un privilège des riches, il deviendra un bien commun à tous les enfants du pays. Les progrès du français iront ainsi de pair avec un abaissement des barrières nationales et sociales », mais relève qu'il s'agit là d'un « but qui justifie et excuse en quelque sorte les rigueurs et injustices inévitables de la période de transition » et que cette « perspective […] en adoucit les duretés »[699].

En dernière analyse, au-delà de tous les enjeux globaux qui ont été évoqués, il y avait aussi et surtout « un problème humain » qu'il s'agissait de résoudre.[700]

Peu à peu, les partis mettent en place une politique de candidatures communes aux élections locales dont émerge une stratégie de « Volksfront » (« front populaire ») auquel participent les partis autonomistes et auquel vont se rallier, sous des formes diverses, le Parti communiste «alsacien» dissident (octobre 1929), mais également l'UPR (délestée de son aile «nationale» qui a fondé un nouveau parti en 1929, *cf. supra*).

Lorsqu'en 1934 l'UPR abandonnera la politique du «front populaire», sous la pression de la crise politique intérieure française et sous l'effet de la montée du nazisme, les revendications concernant les droits particularistes (l'administration politique, l'école, la religion et la place et le rôle de l'allemand) continuent à rester d'actualité. Mais le recentrage autour de nouvelles priorités amènent l'UPR, en particulier, mais aussi d'autres partis à se pencher sur des problèmes moins spécifiquement alsaciens.

La montée du nazisme et la menace de la guerre amènent une réelle ligne de partage : très majoritairement, les partis et la population alsacienne font bloc autour des valeurs démocratiques de la France, tout en regrettant que les gouvernements aient si peu écouté leurs doléances. La majeure partie des autonomistes prend logiquement aussi cette position : ils défendent des idées politiques qui se trouvent aux antipodes de la conception unitariste, totalitaire et antireligieuse de l'État national-socialiste. Mais une minorité maintient ses choix idéologiques antérieurs, en particulier les séparatistes de la *Landespartei*, qui n'a certes plus qu'une audience réduite mais qui continue à manifester sa sympathie à l'égard de l'Allemagne. D'autres groupes en font autant : « La *Jungmannschaft*, constituée en 1938 de 116 sections locales avec 1 100 membres, recrutés surtout parmi les protestants, les paysans et les anciens combattants, ainsi que le *Wanderbund Erwin von Steinbach*, composé en bonne partie de pasteurs et de fils de pasteurs, de Frédéric Spieser, [qui] fait de la Hunebourg le centre de son organisation et publie à partir de 1937 les *Straßburger Monatshefte*, tournées vers la culture régionale, mais où la part des informations relatives à l'Allemagne nazie ne cesse de grandir. »[701]

À partir de l'automne 1938, le gouvernement commence à faire opérer des perquisitions auprès des chefs de ces mouvements, avant de les interdire et d'interdire leur presse, puis de faire arrêter d'abord l'un des dirigeants de la *Landespartei* en février 1939. Après la déclaration de guerre, il fait procéder à l'arrestation des responsables politiques de la *Jungmannschaft*, des dissidents de l'ancien Parti communiste d'opposition qui avaient créé eux-mêmes leur propre parti, mais aussi des dirigeants de l'aile autonomiste du parti «catholique» UPR.

Les Allemands les libéreront en juillet 1940 et en feront un instrument de propagande en leur faisant signer un «Appel au Führer», qui lui demandait l'intégration de leur «petite patrie au Grand Reich». Parmi les signataires, les membres de l'UPR ont déclaré, après 1945, avoir plaidé pour le respect de la légalité, tandis que les autres semblent avoir souscrit à cet appel sans état d'âme.[702] Ils obtinrent tous des postes de plus ou moins grande importance dans le système politico-administratif nazi, non sans entrer en conflit, pour certains d'entre eux, soit avec l'idéologie national-socialiste, soit avec ses effets. Cette collusion avec le système totalitaire, raciste et destructeur, discréditera définitivement l'autonomisme comme projet politique et contribuera à amener la France de l'après-guerre à durcir sa politique à l'égard de l'Alsace.

De façon générale, la guerre, mais aussi et surtout l'annexion pure et simple de l'Alsace à l'Allemagne, vont transformer fondamentalement les données de la question particulariste en général, et sa dimension linguistique en particulier.

1939-1945

La guerre et l'annexion nazie

Le 1er septembre 1939, le jour même où la mobilisation générale est décrétée, l'ordre de faire évacuer une bande d'environ 10 km le long de la frontière allemande est également donné. Strasbourg, qui fait partie des communes visées par l'évacuation, sera vidée de ses habitants en 48 heures. Au total, ce sont 186 communes, soit 275 000 personnes,[703] qui sont évacuées vers le sud-ouest de la France[704]. La majorité des habitants du Bas-Rhin sera conduite dans les départements de la Dordogne,[705] de la Haute-Vienne et de l'Indre, celle du Haut-Rhin dans des communes du Lot-et-Garonne, des Landes et du Gers.[706] Ainsi, un quart environ de la population quittera brutalement l'Alsace, en proie au désarroi et à l'angoisse, laissant derrière elle sa «Heimet» (*petite patrie*) pour un avenir incertain.

Au-delà des problèmes matériels que créait l'arrivée de plusieurs dizaines de milliers d'évacués dans des communes qui n'étaient pas préparées à les recevoir, ce déplacement de population représente un véritable choc des cultures, tant pour les Alsaciens que pour les Limousins, Périgourdins et autres Gascons qui les reçoivent. «L'installation des évacués n'est pas facile et l'afflux de réfugiés de plus en plus nombreux crée des problèmes multiples. Les familles, après avoir été arrachées à leur milieu habituel, doivent s'adapter à un nouvel environnement et souvent habiter des logis de fortune. Beaucoup doivent camper pendant des mois dans des granges ou écuries dans des conditions d'hygiène et d'inconfort que le dévouement inépuisable des municipalités parvient à améliorer avec peine. Les paysans et ouvriers ou fonctionnaires alsaciens-lorrains, d'un niveau de vie généralement plus élevé que celui des habitants du centre-ouest, souffrent que les habitations soient dépourvues d'eau, d'électricité ou de W.C. La différence d'hébergement entre ville et campagne est énorme. L'usage du dialecte, surtout pour les personnes âgées, éveille la méfiance dans la population locale. D'abord, les évacués sont pris, en maints endroits, pour des « boches », puis on s'aperçoit de l'erreur et tout rentre dans l'ordre. »[707] Alain Dugrand rappelle ces mois en rapportant l'un des destins singuliers parmi mille autres : « Comme tous les autres [Alsaciens évacués], il a dû servir d'interprète à ses vieux parents qui ne parlaient pas le français, tous ont dû faire admettre leurs différences, mêler les leurs à celles des Occitans. Le manger, le parler, la façon de labourer, de chanter, de prier même, les rendaient étrangers à cette terre de chênes, des vignes du Sud où le vin des pressoirs s'écoulait rouge. Ils ont dû « négocier » avec leurs doubles, les gens de là-bas, aussi rétifs qu'eux. Différences contre différences, deux cultures se sont "arrangées" l'une de l'autre. »[708] C'est là le lot de la grande majorité des Alsaciens. Mais « l'aventure ne sera pas vécue de la même manière par les citadins et les ruraux – qui abandonnent récoltes et cheptels –, par ceux qui maîtrisent le français et ceux qui ne peuvent s'exprimer qu'en alsacien, par ceux qui ont voyagé, ou encore campé outre-Vosges, et ceux qui n'ont pratiquement jamais franchi la frontière de leur village. Et puis, pourquoi masquer l'existence de « familles spirituelles » en Alsace qui, à partir d'une tradition reprise de génération en génération, se sont vouées soit à la France, soit à l'Allemagne : cet étrange voyage ne prendra pas le même sens pour les uns et pour les autres. »[709] L'âge et les biographies personnelles vont également largement influencer la manière dont sera vécu ce déplacement.

Les langues entrent toujours dans le champ de l'expérience : qu'il s'agisse du fait de (ne pas) savoir le français (qu'elle qu'en soit sa maîtrise), pour les Alsaciens, ou qu'il s'agisse de la découverte de la part de leurs hôtes que des Français parlent « l'allemand ». Les journaux s'en feront rapidement l'écho et les autorités publiques devront expliquer les pratiques linguistiques des réfugiés.[710] L'incidence subjective – en positif ou en négatif – sur les représentations linguistiques des Alsaciens (par rapport au français, par rapport à leurs propres dialectes) reste difficilement mesurable. En revanche, leurs pratiques linguistiques, qui n'ont pas connu de changements notoires en quelques mois, recommencent à créer des suspicions et provoquent des incidents, après l'invasion allemande en mai 1940, au point que le préfet d'un département d'accueil est obligé de faire placarder un appel (en français et en allemand) rappelant aux autochtones qu'il « serait absurde de croire que le fait de parler l'alsacien implique que l'on a des sentiments allemands » et demandant aux Alsaciens « de parler autant que possible français, particulièrement dans les lieux publics, quand ils connaissent la langue nationale, ce qui est le cas de beaucoup de jeunes. Ils doivent tenir compte, eux aussi, de la sensibilité de l'opinion publique trop souvent ignorante des choses de l'Alsace. »[711]

À partir de juillet 1940, après la défaite et l'armistice (entré en vigueur le 25 juin 1940), les Alsaciens commencent à rentrer chez eux, l'article 16 de la Convention d'armistice disposant que « le gouvernement français exécutera de concert avec les autorités allemandes le rapatriement de la population civile dans les territoires occupés »[712]. Environ deux tiers[713] des réfugiés retournent en Alsace, généralement de leur plein gré, poussés par le mal du pays (*Heimweh*), ayant sans doute encore le souvenir pas nécessairement négatif des « Prussiens » d'avant 1914. Pourtant, « ils ne réagirent guère lorsqu'au retour, les policiers nazis montèrent dans les wagons pour débusquer juifs et gitans. »[714] La réalité de l'annexion de fait de l'Alsace au *Reich* nazi allait leur enlever toute illusion sur la nature du régime.

Lorsque le 1er juillet 1940, le chef de la Chancellerie du Reich indique au secrétaire d'État au ministère de l'Intérieur que le Führer avait « décidé, en définitive, de faire passer l'Alsace-Lorraine sous administration allemande »,[715] la machine totalitaire se mettra en marche en Alsace également. Le 16 juillet 1940 au plus tard, l'administration civile allemande était en place dans toute l'Alsace, toutes les instances démocratiques légales étant suspendues. L'Alsace était *de facto* annexée au *Reich*, en dépit du droit international. Quelles que soient les raisons qui ont motivé cette annexion, elle est présentée idéologiquement comme une libération du joug français et, par conséquent, comme un retour à l'Allemagne.

C'est dans cette logique qu'avec la Lorraine, l'Alsace va être soumise non à une occupation, comme c'est le cas pour une partie du reste de la France, mais à une structuration administrative et politique identique à celle de l'Allemagne, les espaces alsacien et lorrain étant intégrés à des « régions » (*Gaue*) allemandes. La législation allemande est introduite soit rapidement, soit progressivement,[716] dans un espace qui, *de jure* faisait partie de la France.

Dans l'Alsace annexée, l'usage du français est sanctionné

S'agissant des langues, la tâche politique et idéologique de « défrancisation » (*Entwelschung*) s'imposait aux yeux des nazis. Les méthodes utilisées à cette fin relèvent de celles qu'utilise un État totalitaire lorsque l'adhésion de la population à ses conceptions fait défaut : intimidation, arbitraire, coercition (de l'amende à la réclusion), etc., quel que soit le domaine considéré. La « défrancisation » constitue le corollaire étroit de l'introduction de la langue allemande dans tous les domaines de la vie, publique et privée, les deux actes de politique linguistique constituant un tout indissociable. L'usage du français demeure interdit et est puni. Son emploi est interprété par les nazis comme une attitude hostile à leur égard.

Le 16 août 1940, l'allemand devient langue officielle en Alsace. Il est décrété que « tous les services publics, y compris les administrations des communes, organismes, établissements publics, cultes, maisons hospitalières et tribunaux utiliseront exclusivement l'allemand parlé et écrit. La population alsacienne, pour ses demandes et requêtes aux services publics cités, se servira uniquement de sa langue maternelle allemande. »[717] Aussi, lorsque le système scolaire (non confessionnel) allemand est à son tour introduit en Alsace, l'allemand devient-il langue scolaire.

Mais la logique politico-idéologique à l'œuvre exigeait que toute trace de français disparût en Alsace et que l'allemand fût « rétabli dans ses droits », s'affichant comme seule langue légitime. Une cascade de dispositions encadre la « défrancisation » linguistique et touche tous les domaines. Ainsi, par un décret du 20 juillet 1940 émanant du département de police et d'administration, la vente de livres et de revues en langue française est interdite, de même que les livres allemands manifestant une hostilité à l'égard de l'Allemagne, de ses dirigeants ou de ses institutions.[718] De la même manière, le français reste banni du système éducatif comme langue étrangère, alors que les élèves poursuivant des études secondaires dans d'autres parties du *Reich* peuvent le choisir. Cette règle ne souffre aucune entorse, pas même dans les vallées francophones.[719]

Anticipant la disposition d'août 1940, le chef de l'administration civile auprès du commandement de la 7e armée avait promulgué, dès le 2 juillet 1940, un « Premier règlement sur la réintroduction de la langue maternelle pour les noms et les panneaux de localités et les dénominations des rues, des places et des édifices », selon lequel « toutes les inscriptions incompatibles avec le sentiment allemand » devaient disparaître le plus rapidement possible et être remplacées par des panneaux provisoires.[720] Si le *Règlement* prévoit de rétablir les dénominations utilisées avant 1918, il introduit un filtre idéologique en excluant toutes celles qui avaient été maintenues au temps où l'Alsace faisait partie de la *Terre d'Empire*, mais rappelaient la domination française, ou celles qui ne seraient pas conformes à la relecture national-socialiste de l'histoire. Emblématiquement, il s'agissait bien de ne pas tergiverser, comme le régime nazi en avait fait le reproche à l'époque wilhelminienne.[721]

Dans une allocution du 23 août 1940, les commerçants furent mis en demeure « d'enlever le plus rapidement possible les inscriptions françaises et de les remplacer par des enseignes allemandes. »[722] Il s'agissait là de la condition préalable pour que la réouverture des magasins fût autorisée.

Toutes les inscriptions, tant celles de l'espace public que celles de l'espace privé sont touchées par l'obligation d'enlever toute trace de français et/ou d'effectuer un remplacement par une scriptuaire allemande : immeubles officiels, bureaux, musées, bibliothèques, monuments, mais aussi installations sanitaires…[723]

En cohérence avec la logique du « Dehors tout le fatras français » (*Raus mit dem welschen Plunder*) et la conception totalitaire d'une politique, la sphère privée ne reste pas à l'écart de cette épuration linguistique : d'une manière générale, « tous les imprimés ou objets en langue française comme les gravures, les calendriers, les assiettes murales, les diplômes religieux… »[724] jusqu'aux indications fonctionnelles en langue française comme « chaud » et « froid » sur les robinets, « sel, poivre, farine… » sur des récipients de cuisine doivent disparaître. Le système de quadrillage de la société mis en place par le parti permet de vérifier l'exécution de la décision.[725] La politique de « défrancisation » allait toucher les individus jusque dans leur identité propre, dans la mesure où l'ordonnance du 16 août 1940 exigeait également une « défrancisation » des patronymes et des prénoms.[726] Il en va de même pour les raisons sociales des entreprises.[727]

Ces changements linguistiques prenaient non seulement du temps, mais se sont sans doute heurtés à la passivité et à la mauvaise volonté des personnes concernées. Des rappels et des menaces sont encore nécessaires en juillet 1944.[728]

La presse se limite aux titres autorisés et ne sert que des objectifs de propagande ou de divertissement. Il en va de même pour le cinéma. En bonne logique, seule la langue allemande avait droit de cité dans les médias.

> L'instruction générale est le poison le plus corrosif et le plus dissolvant que le libéralisme ait trouvé pour sa propre destruction. Il ne peut y avoir qu'un degré d'instruction pour chaque classe, et dans chaque classe pour chaque échelon. La liberté totale de l'instruction est le privilège de l'élite et de ceux que l'élite a dans son sein. Tout l'appareil de la science doit rester sous un contrôle permanent. La science est l'instrument de la vie, mais elle n'en est pas l'essence. Conséquents avec nous-mêmes, nous accordons à la grande masse le bienfait de l'analphabétisme. (Adolf Hitler)[729]

Comme toutes les institutions – ou davantage encore –, l'école, en particulier l'école élémentaire, vise avant tout une formation idéologique de l'enfant. En tant que telle, elle participe activement à l'ensemble des activités sociales et politiques que le parti national-socialiste assigne à la société, y compris, notamment à partir de 1943, la participation à l'effort de guerre, comme des collectes diverses (plantes médicinales, vêtements…) ou la chasse aux doryphores… Qualitativement et quantitativement, l'enseignement sera progressivement insuffisant, au point que le ministre Schmitthenner déclare, en 1944, que «jamais encore le niveau de l'école allemande n'a été aussi bas qu'à l'époque actuelle. […] Mais cela ne fait rien, nous y remédierons après la guerre. Ce qu'il nous faut maintenant, c'est élever les enfants dans les idées du national-socialisme pur et sans compromis. Plus tard, dans des temps plus paisibles, nous leur donnerons les moyens intellectuels qui les mettront en état d'être les seigneurs et les dirigeants de notre nouvelle Europe.»[730] L'une des conséquences linguistiques – paradoxale – de l'insuffisance scolaire, combinée à l'âge des enfants et aux événements politiques et militaires, sera une maîtrise insuffisante de l'allemand standard écrit d'une tranche d'âge, qui aura, par ailleurs, bien du mal à (ré)apprendre le français après 1945.

Les nazis évitent de s'attaquer ouvertement aux dialectes

Le totalitarisme s'attaquera également, dans ses mesures de politique linguistique, aux dialectes. C'est le corpus qui est visé dans un premier temps : une «purification» lexicale devait éliminer tous les emprunts que les dialectes avaient faits au français. Il est vrai que les expressions de civilité de la vie courante («bonjour», «au revoir», «merci», «pardon»…) et les termes concernant des réalités qui ont vu le jour avant 1870 ont été empruntés au français, et largement intégrés aux habitudes phonatoires dialectales. Des mesures d'intimidation et de coercition sont prises pour modifier ces pratiques sociolangagières.

Il s'agit là d'un autre effet de la « défrancisation ». L'action menée sur le statut des dialectes se trouve, quant à elle, directement en lien avec l'idéologie globale du national-socialisme. L'homogénéisation et l'unification que l'idéologie nazie sous-tend voit une menace dans toute forme d'hétérogénéité ou de particularité. Or, l'hétérogénéité linguistique (les dialectes alsaciens par rapport à l'allemand standard officiel) et les particularités culturelles alsaciennes présentent toutes les caractéristiques d'une telle menace. Aussi n'envisage-t-on pas ouvertement une lutte contre les dialectes – ils peuvent même servir à prouver le caractère germanique de l'Alsace, lorsque cela sert la propagande. Le « Gauleiter », d'ordinaire sans scrupule et sans sens politique, nazi borné et fanatique, généralement partisan de la manière forte, recommande de « préférer ne pas évoquer publiquement le problème des dialectes »[731]. C'eût été une déclaration de guerre à l'ensemble des Alsaciens. Mais, lorsque c'est possible, on prend des mesures pour substituer l'allemand standard oral aux dialectes, notamment dans toutes les situations où un fonctionnaire est en relation avec le public.[732] Une circulaire datée du 1er mai 1944 de la « Région » (*Gau*) Bade-Alsace rappelle que « les parlers locaux (dialectes) représentent, eux aussi, un indubitable obstacle à l'évolution de notre peuple vers l'unité de la nation ». C'est dans le même sens que le ministère badois de l'Instruction et des Cultes reçoit l'ordre d'« introduire la langue officielle » (c'est-à-dire l'allemand standard oralisé, par opposition à l'allemand régional ou dialectal) dans les écoles normales du Pays de Bade et d'Alsace, dans la mesure où il dépendrait essentiellement des maîtres à l'avenir « que les générations futures ne s'expriment plus dans leurs dialectes actuels, mais dans la langue officielle. »[733] L'hostilité à l'égard des dialectes et le double langage tenu à leur propos sont cependant décelables bien plus tôt. Ainsi, une note « strictement confidentielle » indique que « le Gauleiter est fondamentalement opposé à toute publication et à toute représentation théâtrale en dialecte alsacien ou badois ». Il est demandé au chef de la propagande de faire des propositions qui permettraient de faire en sorte que de telles manifestations puissent être peu à peu supprimées dans la presse et sur scène.[734]

Toutes ces mesures de politique linguistique, notamment l'introduction de l'allemand comme langue officielle, ne devaient pas poser de problème « technique » au regard des informations fournies par le recensement de 1936 sur la connaissance de l'allemand et des dialectes. À l'exception des vallées vosgiennes romanophones et de certaines parties des couches supérieures cultivées de la population, l'immense majorité des Alsaciens comprenait l'allemand. Mais la « mise au pas », l'« assimilation » globales de la société (*Gleichschaltung*),[735] les pressions, les menaces et la coercition, la propagande anti-chrétienne[736] et l'embrigadement de la jeunesse, mais aussi et surtout l'introduction du service militaire obligatoire, le 25 août 1942, qui touchera environ un Alsacien sur dix, soit près de 100 000 hommes,[737] conditionnent lourdement le peu d'enthousiasme et l'attentisme dont faisait preuve la majeure partie des Alsaciens – ce qui leur était reproché avec véhémence par le régime –, pour se transformer en hostilité sourde.

Pourtant, un certain nombre d'Alsaciens (de 1 à 2 %) collaboreront avec les nazis « par conviction, faiblesse ou opportunisme »[738] et, parmi eux, des élus, en particulier d'anciens autonomistes (*cf. supra*), quelles que soient les motivations qu'ils invoqueront à la Libération.

Au sortir de ces années de sang et de larmes, le statut de l'allemand en Alsace est au paroxysme d'un paradoxe qui lui sera fatal : près de cinq années d'annexion ont renforcé objectivement ses positions, dans la mesure où il aura été la seule langue standard utilisée régulièrement et apprise, au moins superficiellement, par des enfants. Dans le même temps, comme langue des nazis et de leur système totalitaire, de la guerre et de tous les malheurs qui s'abattent sur l'Alsace, le statut subjectif de l'allemand atteint son niveau inférieur : discrédité et identifié à ses usagers hitlériens, une partie des Alsaciens s'en distance en se réfugiant de plus en plus dans leurs parlers dialectaux, accentuant ainsi davantage encore le rôle protecteur et disjonctif, presque atemporel, de leurs dialectes.

1945-1970

Une mutation linguistique en devenir

L'Alsace est libérée progressivement, entre la fin de l'automne 1944 et le début du printemps 1945. Suite à l'ordonnance du 15 septembre 1944 rétablissant la légalité républicaine,[739] une ordonnance du 29 septembre 1944 charge le représentant de l'État à Strasbourg «de préparer et de proposer au gouvernement toutes mesures législatives susceptibles de réaliser l'unité de législation entre les départements du Bas-Rhin, du Haut-Rhin et de la Moselle et les autres départements»[740]. Les autorités marquent ainsi d'entrée une volonté globale d'assimiler rapidement les départements concernés et de mener à terme l'entreprise qu'elles avaient déjà largement amorcée durant l'entre-deux-guerres. Mais, sur place, les avis présentent des divergences considérables sur le degré d'assimilation souhaitable. «Tout le monde est d'accord pour ne pas renouveler les erreurs de la précédente désannexion [en 1918-1919] et éviter les turbulences qu'elles ont engendrées, mais les opinions divergent sur la voie à suivre. Les uns se prononcent pour le maintien du *statu quo* d'avant 1940, du moins jusqu'aux élections, les autres souhaitent profiter de la "table rase" et de l'ambiance de délivrance pour engager sans tarder l'unification législative.»[741]

Dans une *Note relative à la politique gouvernementale en Alsace* (16 septembre 1944), le tout premier Commissaire régional de la République en Alsace, Charles Blondel, prendra une position claire, mais plutôt atypique pour un haut fonctionnaire, en indiquant que «la politique du Gouvernement vis-à-vis de l'Alsace ne peut être définie qu'à partir de données de fait que, quelles que soient les références idéologiques ou politiques, il faut bien commencer par accepter». À ses yeux, l'une de ces données de fait consistait à reconnaître que «l'Alsace [n'était] pas un pays bilingue, mais un pays de langue allemande.»[742] Ses propositions ne seront pas retenues.

Aussi, dans un certain nombre de domaines, des particularités locales cèdent-elles la place aux règles générales et des structures proprement locales ou régionales (partis politiques, syndicats, organisations de loisirs, voire mouvements confessionnels) sont-elles intégrées dans des ensembles nationaux.[743] Mais un nombre non négligeable de réglementations ou de mesures en vigueur avant-guerre va être maintenu, en particulier le régime de non-séparation de l'Église et de l'État.

En ce qui concerne la question des langues cependant, les autorités prennent une position plus abrupte, dans la mesure où elles interviennent directement dans deux domaines : celui de l'école, en suspendant provisoirement tout enseignement de l'allemand à l'école primaire, et celui de la presse, en proscrivant tout journal quotidien monolingue en langue allemande et en ménageant une place obligatoire au français dans chaque titre qui paraissait.

SITUATION LINGUISTIQUE DE L'ALSACE EN 1946

La lecture des résultats du recensement de 1946 concernant les langues pouvait conforter l'État dans le bien-fondé de ses choix comme elle pouvait alimenter leur contestation par un certain nombre de partis politiques. Les questions posées à propos des langues que savent parler les habitants sont identiques à celles qui avaient été soumises aux chefs de famille en 1931 et en 1936. Ils déclarent savoir parler les langues ou les combinaisons de langues suivantes :[744]

	français uniquement	français + dialecte	français + allemand	français + dialecte + allemand	dialecte uniquement	dialecte + allemand	allemand uniquement	autres langues	langues non indiquées
1946	4,91 %	3,41 %	2,36 %	52,02 %	6,17 %	24,20 %	1,26 %	0,15 %	5,52 %

En excluant les rubriques « autres langues » et « langue non déclarée », le français est présent, seul ou en combinaison avec une ou d'autres variétés, auprès de 62,69 % de la population (703 478 personnes). Il en est en revanche absent chez 354 878 recensés, c'est-à-dire auprès de 31,62 % de la population. Tant le dialecte, avec un taux de présence de 85,79 %, que l'allemand (79,83 %) dépassent le français dans le taux de connaissance déclarée, et sans doute est-ce là un fait qui inquiète l'État.

Si la situation linguistique n'est ni géographiquement, ni socialement ou sociétalement totalement homogène, elle n'en présente pas moins un certain nombre de traits qui marquent une forme de validité dans les grands axes. En examinant les déclarations sur la connaissance du français, il est vrai qu'il s'esquisse une forme de géographie de la francophonie alsacienne où, d'une part, le sud semble avoir une connaissance plus importante du français que le nord, et où, d'autre part, les cantons romanophones, situés près de la frontière germano-romane dans les Vosges, pèsent sur le profil obtenu. Un classement des arrondissements où les personnes recensées en 1946 ont déclaré le plus fréquemment savoir parler le français semble confirmer cette configuration de l'espace :[745]

1. Ribeauvillé : 80,7 % [746]
2. Strasbourg : 75,7 %
3. Molsheim : 72,4 %[747]
4. Thann : 71,0 %
5. Colmar : 67,8 %
6. Altkirch : 67,4 %
7. Mulhouse : 66,8 %
8. Sélestat : 65,2 %[748]
9. Guebwiller : 61,3 %[749]
10. Erstein : 60,9 %
11. Strasbourg campagne : 60,2 %
12. Haguenau : 58,5 %
13. Saverne : 57,4 %[750]
14. Wissembourg : 55,1 %

Un examen de la connaissance du français par catégories de communes doit également prendre en compte le fait que les cantons ruraux romanophones de Saales, Schirmeck et Villé (pour le Bas-Rhin) infléchissent les résultats en faveur du français, à l'instar de Sainte-Marie-aux-Mines (Haut-Rhin) pour les communes de 5 001 à 10 000 habitants.[751]

LES LANGUES DE L'ALSACE

	Communes rurales	Communes urbaines de 2 001 à 5 000 habitants	Communes urbaines de 5 001 à 10 000 habitants	Communes urbaines de 10 001 à 50 000 habitants	Communes urbaines de plus de 50 000 habitants
Bas-Rhin	58,2 %	65,4 %	65,4 %	68,1 %	75,7 %
Haut-Rhin	65,0 %	68,9 %	74,9 %	70,8 %	70,4 %

Il y a certes des corrélations entre la taille de la commune et la connaissance du français, mais d'autres critères comme l'âge des habitants ou leur métier peuvent être plus déterminants.

En corrélant l'âge des habitants – en 1946 – avec la langue standard dans laquelle ils ont été scolarisés, apparaît un noyau de personnes âgées de 18 à 33 ans qui ont fait leur scolarité en langue française, et deux groupes (les 7-14 ans et les 34-39 ans) qui ont eu une scolarité partielle en français :[752]

Années de naissance	Âge approximatif au début de 1946	Régime d'enseignement scolaire (école primaire)
1945 à 1939	0 à 6 ans	aucun
1938 à 1931	7 à 14 ans	allemand jusqu'en 1945, ensuite français
1930 à 1928	15 à 17 ans	français jusqu'en 1940 ; de 1941 à 1945 : allemand
1927 à 1912	18 à 33 ans	français
1911 à 1906	34 à 39 ans	allemand jusqu'en 1918, ensuite français
1905 à 1868	40 à 80 ans	allemand
1864 à 1859	81 à 86 ans	français jusqu'en 1871, ensuite allemand
1858 et avant	87 ans et plus	français

C'est ce noyau qui devrait déclarer le plus fréquemment connaître le français et qui le fera effectivement :[753]

	français		dialecte		allemand	
	Bas-Rhin	Haut-Rhin	Bas-Rhin	Haut-Rhin	Bas-Rhin	Haut-Rhin
0 – 4 ans	21,6	27,5	86,0	82,6	9,9	5,4
5 – 9 ans	50,8	56,7	89,4	89,3	37,3	29,5
10 – 14 ans	**85,6**	**91,7**	92,5	92,2	84,1	81,4
15 – 19 ans	**94,9**	**95,5**	91,9	92,2	93,2	91,9
20 – 24 ans*	**98,5**	**95,7**	84,3	87,4	85,4	88,0
25 – 29 ans	**97,4**	**96,2**	88,0	88,7	89,1	88,7
30 – 39 ans	**90,3**	**92,5**	90,4	91,7	92,3	92,5
40 – 49 ans	53,7	59,4	93,2	94,1	95,4	95,4
50 – 59 ans	38,6	46,0	94,1	94,3	95,3	95,0
60 – 74 ans	32,2	38,2	94,1	93,7	94,5	93,5
75 ans et plus	31,7	41,4	92,8	93,2	92,8	89,8
Tous âges	65,2	68,3	91,2	91,9	84,9	84,8

* « L'affaissement de la courbe du dialecte entre 20 et 30 ans indique la présence, dans ce groupe d'âge, de militaires, originaires en majeure partie d'autres départements français et, par conséquent, ignorant le dialecte. Le même affaissement se retrouve, pour les mêmes raisons, sur la courbe "allemand" » (INSEE *Aspects particuliers des populations alsacienne et mosellane, op. cit.*, p. 62 et note 1).

Sous l'angle professionnel, c'est l'agriculture qui représente le secteur le plus important, avec près d'un tiers (30,92 %) des emplois, mais c'est aussi le secteur professionnel où la connaissance du français est la moins répandue, avec un taux de connaissance déclarée du français de 52,8 %*.

Un classement par ordre *décroissant* du taux de connaissance du français montre, en toute cohérence, que les professions du secteur tertiaire, en relation constante avec l'écrit (en français), présentent les taux de connaissance du français les plus importants, en particulier les emplois de bureau, d'une part, et les emplois administratifs et les professions intellectuelles, d'autre part, avec des taux de connaissance déclarée du français de 94,6 % et de 93,6 %**.

Un classement par ordre décroissant du taux de connaissance du dialecte indique que le taux de connaissance du dialecte reste très élevé et qu'il présente une variation peu importante, dans la mesure où il n'y a guère que 12 % qui séparent le secteur professionnel le « plus dialectophone » (95,6 %) du secteur arrivant en 25e position (sur 26) (83,6 %)***.

*Le tableau détaillé se trouve en annexe, en fin de chapitre (tableau 1).
**Le tableau détaillé se trouve en annexe, en fin de chapitre (tableau 2).
***Le tableau détaillé se trouve en annexe, en fin de chapitre (tableau 3).

Globalement, par rapport à toutes les personnes recensées et ayant un emploi (705 500), déclarent savoir parler les langues suivantes, selon les secteurs professionnels :

Alsace	français avec ou sans autre langue	dialecte uniquement	dialecte + allemand	allemand uniquement	autres langues	langues non indiquées	TOTAUX
Professions agricoles	52,39 %	1,32 %	43,32 %	1,83 %	0,05 %	1,08 %	100 %
Toutes les autres professions	79,24 %	0,82 %	18,44 %	0,77 %	0,11 %	0,61 %	100 %
TOTAL	72,89 %	0,94 %	24,33 %	1,02 %	0,09 %	0,73 %	100 %

En catégorisant les professions *non agricoles* selon d'autres critères, les déclarations des 538 525 personnes concernées se répartissent ainsi :

Alsace	français avec ou sans autre langue	dialecte uniquement	dialecte + allemand	allemand uniquement	autres langues	langues non indiquées	TOTAUX
apprentis et ouvriers à capacité professionnelle réduite	94,30 %	0,42 %	4,21 %	0,32 %	0,02 %	0,73 %	100 %
manœuvres	61,99 %	1,62 %	33,81 %	1,73 %	0,01 %	0,83 %	100 %
ouvriers et employés	78,93 %	0,82 %	18,76 %	0,78 %	0,08 %	0,63 %	100 %
contremaîtres	83,49 %	0,25 %	15,35 %	0,42 %	0,04 %	0,46 %	100 %
chefs de service	97,57 %	0,06 %	1,25 %	0,09 %	1,53 %	0,49 %	100 %
artisans	67,42 %	0,67 %	30,39 %	1,07 %	0 %	0,45 %	100 %
patrons, directeurs, gérants	79,34 %	0,89 %	18,27 %	0,75 %	0,14 %	0,60 %	100 %
TOTAL professions autres qu'agricoles	79,24 %	1,38 %	18,44 %	0,77 %	0,11 %	0,61 %	100 %

Ces éléments quantitatifs pouvaient à la fois rassurer les autorités, mais aussi les inquiéter. En effet, d'une part elles pouvaient constater qu'après cinq ans de « défrancisation » par les nazis, le taux de connaissance déclaré du français restait relativement fort (près des deux tiers de la population) et que les forces vives, sur le plan de l'âge, étaient celles qui présentaient le plus fort taux de connaissance déclarée du français. Mais d'autre part, la connaissance déclarée du dialecte restait très élevée et se situait bien au-delà de celle du français, de sorte que le rapport concurrentiel restait, a priori, extrêmement favorable au dialecte. En outre, le groupe professionnel démographiquement le plus fortement représenté, les agriculteurs, constituait la part de la population active la moins francophone. Et, *a priori*, ils n'avaient pas beaucoup de raisons objectives de modifier leurs pratiques linguistiques.

En 1952, il n'y avait plus que « 6 % des jeunes gens qui se sont présentés aux conseils de révision* » sans comprendre ni parler le français.[754]

Le dialecte reste omniprésent

Au-delà des connaissances déclarées des langues, ce sont les pratiques linguistiques en Alsace qui restent singulières et, sans doute, décisives, dans la période de l'immédiat après-guerre.

L'essentiel des interactions quotidiennes continue à se faire, plus que jamais, dans la variété dialectale. « Le trait caractéristique de la situation linguistique alsacienne, c'est que le parler local s'emploie au-delà des limites ordinaires, dans des circonstances où, ailleurs, on passerait à l'emploi d'une langue commune. Il s'emploie dans les grandes villes, à Strasbourg notamment, à peu près aussi largement qu'à la campagne. Lorsque les interlocuteurs parlent des dialectes alémaniques différents – et de telles rencontres sont fréquentes dans une grande ville –, ils ne recourent pas à une koinè ; chacun continue à parler son dialecte, en faisant un effort instinctif pour éviter les particularités locales trop marquées. […] Lorsqu'on aborde des sujets de conversation qui sont normalement du domaine des langues communes, parce qu'ils exigent des termes administratifs, scientifiques, etc., on conserve la trame du parler local, en y introduisant des mots empruntés à l'une ou l'autre koiné, plus ou moins adaptés au dialecte. Ceci est surtout marqué dans la vie de la ville, où services publics et techniques jouent un grand rôle. […]

» Là où des personnes qui ne se connaissent pas sont réunies, c'est en dialecte que se font les premières amorces de conversation, non en français, ce qui risquerait d'exclure trop de personnes présentes. […]

---

*Les conseils de révision examinaient notamment si les jeunes gens étaient aptes à être incorporés dans l'armée. Cette procédure, mise en place (1804) peu après l'institution de la conscription, sera abandonnée avec la fin de cette dernière (dernière classe appelée en 1979, tous les appelés sont rendus à la vie civile fin novembre 2001).

» Il y a la radio : l'information française doit-elle être doublée, comme les textes imprimés, en allemand ? L'allemand est la solution suisse et celle de la radio strasbourgeoise avant 1939. On essaie aujourd'hui d'émettre en dialecte de Strasbourg ; la solution est discutée ; on parle un faux dialecte, une koinè déguisée. […]

» Il y a surtout la prédication religieuse. […] L'église est, en Alsace, à peu près le seul endroit où l'on puisse *entendre*, et non lire, l'allemand littéraire. […]

» Le mobilisé écrit en allemand ou en français à sa famille, avec laquelle il n'a jamais parlé qu'en dialecte local. »[755]

Si la langue usuelle, exclusive ou préférentielle, parlée par une partie des familles de la bourgeoisie ainsi que par des milieux intellectuels formés après 1918 est le français, le dialecte reste également un moyen de communication important chez les intellectuels en contact avec le reste du corps social : les instituteurs et professeurs, avocats, notaires, prêtres et pasteurs…[756]

La langue de l'écrit (en réception, en production) reste certes dépendante de la langue standard apprise à l'école. Cependant, tous les écrits qui n'émanent pas d'une autorité sont fréquemment en français et en allemand, sinon tout simplement en allemand. De la même manière est-ce la partie de la presse qui est rédigée en langue allemande qui trouve le plus de lecteurs (*cf. infra*).

Même dans un certain nombre de situations formelles – où la loi ou la réglementation prévoient la langue française comme langue de communication –, c'est le dialecte qui reste exclusif ou qui prévaut : le cas le plus fréquent est représenté par les délibérations des conseils municipaux[757] ou par l'appariteur, qui fait l'ensemble de ses annonces en dialecte.[758]

Le préfet du Bas-Rhin fait procéder, à l'automne 1953, après le renouvellement des conseils municipaux d'avril 1953, à une enquête sur la « connaissance de la langue nationale par Messieurs les Maires ».[759] Il cherche notamment à savoir « dans quelle mesure la connaissance de la langue française a pu être un facteur important dans les désignations de Maires, intervenues après le renouvellement général des Conseils Municipaux* »[760]. En communicant les résultats de son enquête au ministre de l'Intérieur, le préfet souligne qu'« il est intéressant de noter que de 1952 à 1953, le pourcentage des maires connaissant bien la langue nationale a passé de 37,4 à 43,1 »[761].

---

* Pour l'ensemble des résultats, *cf.* le tableau 4, en annexe à la fin de ce chapitre.

Ce sont les contacts avec les autorités politiques ou avec l'administration qui nécessitent l'utilisation du français, encore que des accommodations soient possibles : « Le percepteur lui [= à l'Alsacien] envoie sa feuille d'impôts dans les deux langues. Son architecte lui sert d'intermédiaire au M.R.U. [= Ministère de la Reconstruction et de l'Urbanisme]. Au tribunal, l'emploi du français reste purement formel : à l'ouverture de la séance, l'interprète est assermenté, puis le dialogue s'engage entre le juge et l'inculpé en dialecte. Enfin et surtout, il se trouve que, depuis 45, l'Alsace bénéficie d'un préfet, de secrétaires généraux et de sous-préfets qui parlent le dialecte. »[762] Ce fonctionnement sans heurts doit sans doute être nuancé, dans la mesure où de tels compromis linguistiques n'étaient possibles que lorsque les partenaires le voulaient bien, ce qui ne semblait pas toujours être le cas. En avril 1947, par exemple, le Mouvement républicain populaire (MRP)[763] fait adopter un vœu au Conseil général du Bas-Rhin où l'un de volets qui est évoqué vise précisément « le problème administratif et judiciaire » : (*cf.* aussi *infra*)

> Considérant d'une part que le français est la langue officielle de l'Administration en Alsace comme sur l'ensemble du territoire national,
> considérant d'autre part que la majeure partie de la population alsacienne ignore encore ou pratique insuffisamment la langue française,
> le Groupe du M.R.P. demande qu'aussi longtemps que durera cet état de choses :
> 1° les avis communiqués à la population en langue française le soient aussi et obligatoirement en allemand,
> toute administration en rapport constant avec la population comprenne obligatoirement, et dans l'intérêt même du service, une majorité de fonctionnaires connaissant l'alsacien ou l'allemand,
> 2° que les citations à comparaître en justice et les actes d'accusation soient accompagnés d'une traduction en allemand et que les magistrats appelés à communiquer directement avec les justiciables (juges cantonaux, juges d'instruction, juges enquêteurs des tribunaux civils, présidents des tribunaux correctionnels, etc.) ainsi que les auxiliaires de la justice et autres agents chargés de procéder à des interrogatoires et de dresser des procès-verbaux (gendarmes, policiers, douaniers, forestiers, etc.) soient choisis parmi ceux qui savent l'alsacien et l'allemand.[764]

De telles remarques valent pour tous les types d'administrations (fiscale, postale…), mais aussi pour bien d'autres services publics, comme la S.N.C.F.

Mais les pratiques linguistiques qui s'étaient installées dans les administrations à l'égard des administrés et que l'autorité avait implicitement acceptées avant guerre vont être – théoriquement – prohibées.

Le préfet rappelle assez sèchement les principes linguistiques qu'il entend voir appliquer :

> Monsieur le Commissaire de la République m'a fait l'observation qu'au sein des administrations publiques certains fonctionnaires alsaciens occupant même de hautes fonctions, non seulement continueraient dans leur rapport avec le public d'user le dialecte, mais encore répondraient en dialecte à des questions posées en français. [...] J'appelle votre attention de la manière la plus instante sur cet état de chose que vous devez vous attacher à surveiller et à combattre, la langue officielle étant le français.[765]

STATUT DES LANGUES ET POLITIQUE LINGUISTIQUE

La France mène une politique linguistique intégrative assez radicale

Au-delà de ces pratiques linguistiques factuelles, il est d'autres aspects dont le poids est déterminant. L'annexion et la guerre ont modifié le statut subjectif des langues : au-delà de son statut de langue écrite endogène, l'allemand a non seulement repris son statut de « langue de l'ennemi », mais aussi et surtout le statut de « langue des nazis ». Le français, en revanche, bénéficie du prestige des libérateurs français.

Par ailleurs, tout conflit demande un positionnement de l'ensemble des agents qui, de près ou de loin, y participent. Après la guerre, il est implicitement demandé à la population des gages de patriotisme, et la population a besoin d'en donner. Or, les langues apparaissent comme un symbole essentiel du patriotisme. Le raisonnement, théorisé par la Révolution, selon lequel la langue utilisée porte le signe intrinsèque de l'attachement patriotique et fait fonction de signe extérieur des sentiments politiques semble s'appliquer pleinement. Se désintéresser du français et/ou manifester un attachement trop important à l'allemand peut ouvrir le champ à des suspicions quant aux préférences et aux références politiques.

En outre, le statut subjectif des dialectes reste entier. Leur proximité linguistique avec l'allemand standard maintient des craintes voilées, dans le sens que les locuteurs dialectophones pourraient préférer la langue écrite allemande parce qu'elle leur est d'un accès plus immédiat.

De surcroît, l'allemand écrit reste largement en usage dans la vie sociétale écrite de l'immédiat après-guerre. Mais les dialectes apparaissent aussi, en raison de leur fonction de langue presque exclusive dans les interactions orales et de leur proximité avec l'allemand, comme une entrave grave, réelle ou potentielle, à l'apprentissage du français, par absence de motivation ou absence d'utilité et d'usage du français.

Aussi les mesures de politique linguistique explicite prises par l'État tranchent-elles, par la fermeté et le volontarisme dont font preuve les autorités, avec celles qui avaient été en usage durant l'entre-deux-guerres. La France va, en quelque sorte, mettre en œuvre une politique complémentaire et concomitante de « francisation » et de « dégermanisation »[766] linguistiques et culturelles, par une promotion sans précédent de la langue française et en imposant un cadre très restrictif à la présence de la langue allemande et à l'usage du dialecte. Toutes ses actions et ses mesures de politique linguistique vont être dictées par ce double souci de faire progresser la diffusion et la connaissance du français et de faire reculer l'usage de l'allemand. Elle touche prioritairement le domaine éducatif (l'enseignement de l'allemand est totalement suspendu à l'école primaire) et les médias: un journal ne peut plus paraître uniquement en allemand, une part de français étant nécessairement toujours présente ; la radio locale ne diffuse que des émissions majoritairement en français et quelques émissions en dialecte. L'allemand est absent des ondes dans un premier temps et ne sera réintroduit de manière régulière qu'au milieu des années cinquante. De la même manière, l'État mène une politique de lecture publique en favorisant essentiellement les livres en français. En corollaire, il essaie de contenir le plus largement possible la présence de l'allemand, en tentant de freiner l'importation de revues de langue allemande, en instaurant un quota pour les films en langue allemande, etc.

La politique linguistique intégrative menée par la France, explicite et implicite, présente une totale cohérence avec les options idéologiques fondamentales qui structurent la logique de l'État-nation et celle de son histoire. Dans ce sens, elle ne fait qu'appliquer, de manière plus radicale ou plus complète, la politique qu'elle aurait aimé mener dès 1918. Bien plus: la France rompt, en quelque sorte, avec les concessions qu'elle a faites avant 1940 en gardant à l'allemand un statut de fait. Que l'appréciation qu'en font les autres acteurs (politiques, sociaux, culturels, religieux…) puisse être laudative (parce que correspondant aux mêmes vues), critique ou franchement hostile relève d'un autre niveau d'analyse.

Ainsi, toutes les demandes dérogatoires concernant notamment l'usage des langues (dialectes et allemand) ne peuvent que heurter la volonté politique affichée par les représentants de l'État. Fondamentalement, les acteurs qui sont à l'origine de ces demandes n'ont pas compris que leur point de vue relève d'une autre idéologie politique et d'une autre manière de comprendre le sens de l'État. Tout comme avant 1940, les deux lectures du monde restent tellement éloignées l'une de l'autre qu'il n'est guère possible de trouver beaucoup de terrains de compromis.

Les réactions d'hostilité à la politique linguistique en faveur du français et contre l'allemand et les dialectes se transportent, contrairement à la majeure partie des réactions de l'entre-deux-guerres, non tant sur le terrain politique que sur le champ social et humain. La France demande, en quelque sorte, aux locuteurs des dialectes de faire le deuil de leurs pratiques langagières, au moins dans la sphère publique, ainsi que de leurs habitudes concernant l'allemand standard. Les protestations, lorsqu'elles existent, portent essentiellement sur ces formes d'« amputation », la primauté du français ou son nécessaire apprentissage n'étant jamais remis en cause. Du reste, il n'est guère aisé d'avoir accès au sentiment de la population alsacienne quant à cette politique. Les quotidiens proches du MRP, comme *Le Nouvel Alsacien* ou *Le Nouveau Rhin français*, ou l'organe du Parti communiste *L'Humanité d'Alsace et de Lorraine* fournissent tout un ensemble de critiques qui sont, peut-être, partagées par leur lectorat. Deux critiques de fond reviennent, sous différentes formes, dans les colonnes de ces journaux : ils s'interrogent, selon leur sensibilité, sur le caractère démocratique des mesures de politique linguistique qui sont prises, c'est-à-dire sur leur validité en l'absence de consultation des élus, et s'insurgent contre leur caractère socialement discriminant dans le sens que les couches sociales populaires, qui représentent celles dont la connaissance du français est la plus faible, sont, de fait, exclues de la vie publique et deviennent des citoyens de seconde zone.

Il semble bien que les autorités aient donné la priorité à l'option idéologique de la politique linguistique suivie, en faisant l'hypothèse que cette politique permettrait une généralisation de la connaissance du français en l'espace d'une ou de deux générations, et en acceptant qu'une ou que deux générations soient, en quelque sorte, sacrifiées. L'action des pouvoirs publics ne se heurtait pas, comme cela avait été le cas durant l'entre-deux-guerres, à des protestations idéologiques, politiques, religieuses ou culturelles, et pouvait être menée de manière beaucoup plus complète. Il semble que le « malaise » ait été beaucoup plus intériorisé par les locuteurs qui désapprouvaient cette politique. En effet, au-delà des raisons essentielles qui fondaient cette politique, se mettra en place une nébuleuse d'arguments se voulant certes incitatifs (pour le français, contre les dialectes et l'allemand), mais qui ne relevaient pas des principes de la politique linguistique nationale. Ces arguments étaient souvent diffusés par des personnalités représentant le pouvoir, notamment scolaire. C'est ainsi que l'assertion – déjà évoquée par le recteur Charléty (*cf. supra*) – qu'acquérir deux langues était impossible pour le commun des mortels resurgira, et connaîtra une variante : la connaissance (et l'usage) d'un dialecte empêche un apprentissage convenable du français. En voie de conséquence, il est préférable de ne plus faire apprendre un dialecte, mais directement le français. D'autres arguments sont également avancés : comme les dialectes ne seraient pas de vraies langues (parce qu'ils n'auraient pas de grammaire, parce qu'ils sont essentiellement oraux...), les structures mentales de ceux qui les parlent risquent d'être peu réceptives à une langue de culture comme le français. En conséquence, les locuteurs des dialectes risquent d'être intrinsèquement handicapés, quelle que soit leur bonne volonté. Dans ce cas, le handicap sera à la fois individuel et social.

L'intérêt du bilinguisme fait débat

La caractérisation du « dialecte alsacien » va être fréquente. Elle connaîtra de nombreuses variantes, qui s'appuient, selon le cas, sur une argumentation empirique constatative, idéologique, sociale... Celle d'Alfred Biedermann est représentative d'une bourgeoisie éclairée, respectueuse des individus et hostile à toute mesure coercitive, quelle qu'elle soit, mais consciente des fonctions et des rôles différents qui incombent aux différentes variétés linguistiques en présence, d'une part, mais aussi persuadée, d'autre part, que le dialecte est une barrière cognitive et intellectuelle empêchant leurs locuteurs d'acquérir des modes de pensée complexes :

> Si l'alsacien actuel constituait une langue complète, s'il possédait tout le registre des grandes langues de culture, il faudrait alors prendre ses responsabilités et faire droit, arrive que pourra, à la conclusion inévitable. Mais il se trouve que l'alsacien n'est qu'un parler d'usage domestique. Tous les sommets de la science, de la pensée, du lyrisme et du drame lui sont fermés. Sorti du quotidien, il est muet. Et cela est très grave. Car on ne pense dans une certaine mesure que ce qu'on est capable d'exprimer. Ou du moins, toute création dans l'ordre de la

> pensée suppose un relais, de courte échelle entre l'expression et l'esprit, dont l'élan se trouve dangereusement freiné par la carence verbale. Il est permis de se demander si une certaine infériorité, constatée chez beaucoup de nos grands élèves, dans le maniement des idées, voire même un certain manque d'intérêt pour les choses de l'esprit, ne trouvent pas ici un commencement d'explication. Confiner les Alsaciens dans la pratique du dialecte comme langue première, c'est les exposer à la médiocrité intellectuelle.[767]

Ces arguments, souvent d'ordre psycholinguistique, n'étaient pas nécessairement dirigés contre les seuls dialectes ou contre l'allemand, mais correspondaient assez bien à l'air du temps: «Des premières études relatives à la relation entre la bilingualité et le développement de la pensée – c'est-à-dire grosso modo celles qui datent d'avant 1960 – il ressortait que la bilingualité semblait avoir des effets nocifs sur le développement intellectuel de l'enfant. Comparativement aux enfants monolingues, les enfants bilingues étaient décrits comme souffrant d'un retard scolaire, comme ayant de pauvres résultats aux tests d'intelligence, indiquant donc un QI moindre et comme étant socialement mésadaptés.»[768] Dans les travaux qu'Andrée Tabouret-Keller publie autour de 1960, en s'intéressant à l'acquisition de deux langues en milieu familial et en milieu scolaire, notamment en Alsace, elle montre déjà la complexité des réalités et des réponses, s'agissant de l'apprentissage langagier et linguistique d'enfants d'âge préscolaire. Elle souligne d'une part que ce sont les facteurs économiques et sociaux qui peuvent amener des «retards» chez les bilingues et que ce n'est pas le fait de grandir dans deux langues qui les amènent, et, d'autre part, elle rappelle que «le bilinguisme précoce n'est pas nocif en soi», mais que son opportunité ou sa nécessité sont «avant tout d'ordre social»[769]. Elle montre, expérimentalement, que le bilinguisme, quelle qu'en soit sa forme, n'a pas d'incidence sur l'intelligence intrinsèque des individus.[770] Mais les résultats de l'ensemble de ses travaux ne semblent pas avoir eu d'écho auprès des responsables politiques et éducatifs.

Sous différentes formes, le «bilinguisme» fait également débat auprès de l'intelligentsia de la région. Emile Baas, défendant un point de vue globalement régionaliste, montre qu'un bilinguisme fonctionnel (réparti par domaines d'utilisation) existe déjà, sans dommages, en Alsace, et conclut: «L'usage d'un dialecte comme langue de conversation courante n'est pas un obstacle à l'étude de la langue nationale à l'école.»[771] Reprenant le plaidoyer de Baas, Alfred Biedermann s'inscrit en faux contre le dualisme qui est sous-tendu par le bilinguisme, d'une part, et sur la réalité même qui est désignée par «bilinguisme», chez Baas, d'autre part:

> Etre vraiment bilingue, ce serait être double : deux personnes en un seul être. Car c'est bien notre personne qui est engagée dans la formation de la langue. Celle-ci est un condensé mystérieux de nos expériences, de nos conquêtes, de nos joies et de nos peines, tout notre passé vivant et toute notre vocation. On conçoit mal que cette matière soit distribuée en deux moules différents, surtout si l'on songe encore que chaque langue tend à imposer à ceux qui la pratiquent des démarches et un esprit à elle. Une pareille division risque fort d'énerver l'esprit. En tout cas, si elle réussit chez quelques sujets d'élite, il serait téméraire d'en faire une règle générale. Les bilingues authentiques sont des exceptions. La plupart des exemples qu'on en cite représentent un faux bilinguisme, dans lequel une langue seconde se greffe sur un tronc mutilé. Et c'est bien ce qui arrive dans notre solution d'un dualisme alsacien. [...] Le dualisme linguistique alsacien, fondé sur la coexistence d'une langue familiale et d'une langue publique, ne peut être qu'un faux dualisme, générateur, pour ceux qui le pratiquent, de souffrances et de handicap moral.[772]

Tous ces éléments contribuent à faire émerger et à fixer des évaluations sans doute plus subjectives, mais tout aussi décisives pour les locuteurs alsaciens : le caractère prestigieux du français est accepté comme une donnée en soi, le caractère socialement rustique, culturellement négatif des dialectes gagne du terrain dans le sentiment linguistique des locuteurs, le caractère intrinsèquement suspect de l'allemand n'est pas discuté. Combinées aux symboles des sentiments politiques que sont censées porter ces variétés linguistiques (*cf. supra*) et qui seront largement intériorisés par les agents, au fil du temps qui passe, elles conditionneront également leurs attitudes et leurs représentations.[773]

L'aspect peut-être central que le recteur Charléty avait évoqué à plusieurs reprises reste absent de fait, mais se profile derrière toutes les questions linguistiques, quel que soit l'angle retenu : c'est la dimension culturelle, dans le sens que chacune des langues en présence renvoie à un monde et à des modes culturels différenciés. L'apprentissage du français par tous devra leur permettre d'avoir en partage les mêmes référents culturels, le renoncement à l'allemand endogène évitera toute tentation de s'intéresser au monde allemand exogène et l'abandon des dialectes devra amener l'abandon de comportements culturels et sociaux trop particuliers.

Dans les différents textes ou prises de position qui réclament le bilinguisme, la primauté du français est toujours affirmée en préambule : acte d'allégeance politique et linguistique rituel face au pouvoir politique légitime, sans doute, mais aussi expression d'une demande muette, inexprimable, celle de maintenir l'allemand, même lorsque le français sera su par la majorité des Alsaciens.

Les valeurs dont sont investies les langues relèvent à la fois de réalités factuelles, d'évaluations subjectives, de niveaux idéologique, politique, social et culturel. Les oppositions fonctionnent généralement de façon binaire, le français recevant l'ensemble des traits étant jugés positifs, les dialectes (et l'allemand) portant les signes des éléments qui doivent être compris comme négatifs.

le français et son usage		les dialectes et/ou l'allemand et leur usage
représentent / sont corrélés avec		
la langue de la loyauté politique envers la République	vs	des langues politiquement suspectes
la volonté d'intégration dans le monde social et culturel français	vs	de l'indifférence ou peu d'empressement d'intégration dans l'environnement français
une volonté d'ascension sociale	vs	peu d'intérêt pour une ascension sociale
un intérêt pour l'innovation et la modernité	vs	peu d'intérêt pour l'innovation et la modernité ou une forme d'hostilité envers l'innovation et la modernité

Quoi qu'en disent ou quoi qu'en pensent les différents acteurs de la vie publique, et malgré les très nombreuses dénégations qu'ils formulent, les choix linguistiques qui vont être opérés restent bien des choix politiques : ces choix explicitent la vision politique du cadre local et national, la conception politique du fait régional, la conception politique de l'intégration à la France. Il en va, en quelque sorte, des principes fondamentaux, même si ces choix présentent des aspects tout à fait empiriques.

« C'est chic de parler français »

Dans le même temps fleurit une campagne non officielle de promotion de la langue française, notamment en direction des jeunes, comme encouragement implicite à abandonner les dialectes.[774] Il s'agit du slogan « C'est chic de parler français », qui va être diffusé très largement dans l'immédiat après-guerre et qui, à partir des années soixante-dix, va être largement critiqué en ce qu'il est socialement discriminant. Or, il semble bien que, dans l'esprit de l'inventeur de la formule, il s'agissait de s'adresser à la jeunesse en utilisant le lexique familier des jeunes de cette époque. Dans ce sens, il fallait comprendre « chic » comme équivalent de « chouette », et non comme élément indiquant la distinction.[775] Incidemment, au détour d'une discussion sur la « correction » du français, notamment dans ce slogan, un journaliste des *Dernières Nouvelles d'Alsace*, Maxime Fels, corrobore, à titre personnel, cette interprétation : « Je connais, j'ai très bien connu, l'auteur de la fameuse phrase, le père spirituel de la campagne amorcée par elle. C'était un homme, aujourd'hui disparu, ingénieur sorti d'une de nos grandes écoles, qui fut, dans toute l'acception du terme, un honnête homme, excellent père (et père de famille nombreuse), et, enfin, pendant quelques années, chef d'une grande administration haut-rhinoise. […] Français d'outre-Vosges, mais très attaché à notre province par le "sentimentalisme" de la génération des combattants de la Grande Guerre, et également quelques liens de famille […], M. B. regrettait d'entendre notre jeunesse parler trop, et trop souvent, le dialecte, au lieu de se jeter à l'eau […] afin d'apprendre le français en le parlant. Pour toucher la fibre sensible de nos jeunes gens, leur amour-propre, M. B. eut alors l'idée de faire imprimer des papillons[776] portant cette phrase lapidaire : "C'est chic de parler français". Certes, ce n'était pas là un chef-d'œuvre de style. J'en fis un jour la remarque à M. B., critiquant le terme "chic" et toute la construction de la phrase. Il me répondit : "Je m'adresse aux scouts et aux éclaireurs. C'est dans leur langage que j'ai voulu parler. Ce sont eux qui doivent être les propagandistes de l'idée, résumée par ma formule, qui devait être simple et elliptique, à la fois une invitation et un slogan." »[777]

Mais, vraisemblablement, l'auteur de la formule ne mesurait-il pas le peu de connaissances du français familier dont disposait la majeure partie des Alsaciens, y compris ceux à qui la formule était censée s'adresser. Aussi est-il plus que probable que le terme n'ait pas été compris par la majeure partie de ses lecteurs dans le sens voulu par l'auteur du slogan et que ce soit bien la dimension socialement stratifiante implicite, tel qu'il existe aussi en allemand et dans les dialectes (« schick »), qui ait été retenue et plus ou moins bien acceptée. L'injonction implicite touchait ainsi, de manière stigmatisante, tous les Alsaciens dont la langue usuelle était un parler dialectal.

Les mesures de politique linguistique implicites restent plus difficiles à définir, à cause précisément de leur caractère implicite. Globalement, elles doivent sans doute concourir au succès de la politique explicite, mais restent mouvantes dans leurs modalités, selon la position et les besoins des acteurs en présence, selon que les pratiques linguistiques doivent être initiées ou consolidées... L'initiative n'en revient pas à l'État, mais bien plus à ses représentants et à certaines parties du corps social qui sont en accord avec la politique arrêtée. Ce sont sans doute les moyens utilisés qui apparaissent le plus clairement. Ils peuvent relever de différents niveaux d'actions, selon la position de l'initiateur et celle des locuteurs visés. Une politique linguistique implicite relève de différentes formes d'actions : elle peut être incitative («C'est chic de parler français»), mais aussi coercitive, la coercition pouvant relever de la contrainte psychologique (dévaluation, quelle qu'en soit la nature, de l'une des variétés linguistiques et/ou ré-évaluation d'une autre variété linguistique) ou de la coercition «douce» (dans une situation formelle, l'usage de l'une des variétés disqualifiant toute autre variété) et pouvant aller jusqu'à l'interdiction (ou, à l'inverse, l'obligation) de l'une des variétés, ce qui sera souvent le cas pour les dialectes, langue usuelle des enfants, dans l'espace scolaire, l'interdiction enfreinte étant sanctionnée par une punition (*cf. infra*).

Réception de cette politique dans l'espace public

Le changement de fait de langue officielle, au fur et à mesure que l'Alsace était libérée, n'a fait l'objet d'aucune contestation. Contrairement à la période qui a suivi la fin de la Première guerre mondiale, l'utilisation exclusive – dans le principe – du français comme seule langue officielle et administrative ne soulève pas de protestation de fond qui contesterait politiquement ce choix de la France. Les critiques portent plutôt sur l'absence de *realpolitik*, c'est-à-dire de prise en compte de la réalité linguistique telle qu'elle se présente, et, au moins partiellement, sur le refus de prendre en compte la particularité alsacienne.

Dès octobre 1945, le Conseil général du Bas-Rhin vote une motion demandant que «toutes les administrations appliquent le principe du bilinguisme chaque fois qu'il est nécessaire d'atteindre les couches de la population qui ne sait pas encore suffisamment la langue nationale.»[778] En juin 1946, le vœu est réitéré et très longuement complété par une demande de remise en application ces circulaires en vigueur dans l'enseignement primaire jusqu'en 1940.[779]

Le MRP revient à la charge en avril 1947, avec un vœu en trois points[780] : «le problème administratif et judiciaire» ; «le problème scolaire», c'est-à-dire l'enseignement du français à l'école primaire et la méthode ; la «place de l'allemand dans les écoles primaires d'Alsace».

À un vœu de 1948,[781] l'administration préfectorale répond favorablement en ces termes :

> J'ai l'honneur de vous faire connaître que j'ai veillé à ce que, dans l'intérêt des particuliers aussi bien que du service, des Administrations départementales fassent établir dans les deux langues les formulaires les plus importants et les plus complexes qu'elles utilisent dans leurs rapports avec le public.
> J'ajoute que tous les communiqués à la presse publiés par les Administrations sont automatiquement rédigés dans les deux langues. En tout état de cause, je veille à ce que les services publics facilitent au maximum leurs rapports avec les personnes connaissant imparfaitement le français et les résultats pratiques se sont révélés satisfaisants dans l'ensemble.[782]

Tous ces vœux, demandes ou motions seront renouvelés régulièrement,[783] mais, en toute logique, avec un succès tout relatif. C'est essentiellement le MRP, la première force politique dans l'immédiat après-guerre, qui défend ces points de vue.[784] Le MRP ne fait que reprendre peu ou prou les positions qu'avait défendues l'UPR avant-guerre. Les gaullistes, quant à eux, ont des opinions très partagées sur la question ; le Parti communiste, dont l'audience est nettement amoindrie par les récits qu'ont faits les incorporés de force (les « Malgré-Nous ») de retour des camps soviétiques, maintient, avec une constance sans faille, un point de vue très proche de celui qu'il avait défendu jusqu'en 1940. Il revendique « l'introduction de l'allemand dans l'appareil judiciaire, dans l'administration, dans les services publics en relation avec la population » ainsi que « l'utilisation de la langue maternelle dans les comités d'entreprise et autres institutions »[785] pour rendre la parole à la population, de manière à ce que la « bourgeoisie » ne soit pas la seule à être en état de s'exprimer.[786]

LA POSITION DES ÉGLISES : PRIER EN FRANÇAIS ET EN ALLEMAND

Dans cette Alsace de l'après-guerre, les Églises ont maintenu le statut qu'elles avaient avant l'annexion nazie : il n'y aura pas de séparation de l'Église et de l'État. Mais elles ne se trouvent plus aux avant-postes de la défense de l'enseignement et de l'utilisation de l'allemand, comme elles l'avaient été jusqu'en 1939, lorsqu'elles expliquaient leur position comme étant la seule possible si elles voulaient continuer à toucher les enfants et les jeunes dans leur cœur. La position officielle de l'Église catholique s'exprime, au lendemain de la guerre, de manière plus nuancée.[787] L'évêque de Strasbourg met les catholiques en garde contre des raisonnements trop simplistes et rappelle que « la diversité des langues est une difficulté dans la pastorale actuelle », mais que « ce n'est pas l'unique, ni le principal obstacle » au travail pastoral. Cependant, comme évêque concordataire,[788] il prend nettement position en faveur des positions politiques officielles, légitimant ainsi également l'ensemble de son raisonnement ultérieur :

> Ce qui constitue l'un des liens de l'unité française, c'est la langue française. Cette langue, il faut que les Alsaciens arrivent à la posséder s'ils veulent jouer un rôle dans la communauté nationale. Cela est d'autant plus nécessaire que le nombre des « Français de l'intérieur » fixés parmi nous est assez considérable, que nos jeunes gens font leur service militaire dans l'armée française, qu'un grand nombre de jeunes vont dans les autres provinces pour leurs études, leur situation ou leur travail, que des communications incessantes existent entre le reste de la France et nous. Cet état de choses ira plutôt en s'accentuant qu'en diminuant. On s'explique par là que les autorités civiles ou scolaires responsables fassent effort pour répandre la connaissance et l'usage du français : cela relève de leur devoir d'État.[789]

L'école fonctionnant en langue française, il apparaît comme essentiel à l'évêque que les jeunes puissent confesser leur foi dans cette langue et qu'ils reçoivent une « formation religieuse française ». Par ailleurs, les mouvements d'Action catholique sont aussi rattachés à Paris et le français en est la langue usuelle. Enfin, il est nécessaire que, hors d'Alsace, les jeunes puissent pratiquer leur foi, en français (compréhension de la prédication, confession). Dès 1947 est édité un nouveau catéchisme du diocèse de Strasbourg en langue française.

Mais comme la plupart des fidèles ont le dialecte alsacien en partage et l'allemand comme langue standard, il est également nécessaire de prier en allemand : « Il importe donc que partout où le dialecte est parlé, surtout là où il est parlé exclusivement, on prêche, on prie non seulement en français, mais également en allemand. » L'évêque voit aussi, dans cette double présence linguistique, la condition de non-rupture du lien intergénérationnel dans le domaine religieux. L'évêque plaide en faveur d'un « bilinguisme raisonnable et loyalement pratiqué », mais rappelle, *in fine*, que les Statuts synodaux de 1948 prévoient une présence du français dans tous les cas de figure, même lorsqu'aucun paroissien ne comprend le français.[790] De fait, c'est bien le français qui est appelé à devenir la langue de la foi des générations montantes.[791]

Sollicité à plusieurs reprises sur sa position au sujet des langues en Alsace, l'évêque répond néanmoins invariablement qu'il est « bilinguiste »,[792] c'est-à-dire « partisan du bilinguisme […], de la connaissance par tous et du français, langue nationale, et non seulement de notre dialecte, langage usuel de la majorité des Alsaciens, mais encore de l'allemand littéraire qui s'y rattache. C'est une richesse appréciable. »[793] Il explique sa position non pas parce qu'il est évêque, mais parce qu'il est alsacien. À ce titre, il est « partisan […] de l'enseignement de l'allemand littéraire à l'école »[794]. Dans ce sens, la position de l'évêque (primauté du français, mais maintien de l'allemand) est assez proche de celle du MRP alsacien.

Le clergé reste sans doute très partagé sur ces questions, selon les expériences des uns et des autres et les sensibilités individuelles. L'un des enjeux principaux reste néanmoins la cohérence de la communauté catholique paroissiale, pour éviter toute rupture en son sein. C'est sans doute cet aspect central qui poussera de nombreux curés à utiliser les deux langues dans une même célébration.[795]

Après le concile de Vatican II (1962-1965), l'usage des langues autres que le latin se pose encore avec plus d'acuité. L'évêque établit le principe qu'« il faut sauvegarder le bilinguisme en usage chez nous et faire en sorte qu'aucune partie de la population ne soit privée des trésors liturgiques mis à notre disposition. […] Pour résoudre le problème du bilinguisme, on laisse à la prudence et à la charité pastorale du curé et de son équipe liturgique de trouver la solution conforme aux besoins du peuple chrétien. »[796] Mais l'évêque rappelle aussi que ce serait une « erreur et même une faute que de vouloir profiter de la réforme liturgique pour faire des pas en arrière en faveur de l'emploi massif ou exclusif de la langue allemande ». Il faut éviter de sacrifier «nos jeunes générations à des idées préconçues»[797]. De fait, l'Église catholique a choisi de continuer de donner la priorité au français[798] et l'évêque rappelle, en 1967, que les grands choix linguistiques effectués en 1948 restent toujours en vigueur.[799] Cependant, dans la pratique, la répartition linguistique semble avoir suivi le schéma suivant: dans les paroisses – surtout urbaines – avec plusieurs messes le dimanche, la langue principale (à côté du latin) de la première messe est l'allemand, la grand-messe (notamment la prédication) se déroule en français et en allemand, et la troisième messe dominicale – souvent spécifiquement dédiée aux enfants et aux jeunes – est en français. Dans les paroisses qui n'ont qu'une messe dominicale, la répartition peut être différente, avec une part en langue allemande plus importante qu'en langue française.

Du côté protestant, dès 1946, le président du directoire de l'Église de la confession d'Augsbourg encourage les pasteurs à utiliser le français, notamment en direction des jeunes générations: «Nous avons constaté que les services célébrés en français attirent partout les jeunes. Ce désir s'intensifiera à mesure que l'enseignement de notre langue nationale dans nos écoles aura des résultats plus étendus. Nous invitons nos pasteurs à tenir compte de cette tendance. Dans chaque paroisse, un culte en français devra être célébré au moins une fois par mois.»[800]

Pour l'Église luthérienne, l'enjeu n'est pas seulement linguistique, mais aussi plus affectif et religieux, ce dont le président du directoire a bien conscience: «Sans vouloir minimiser d'aucune façon la valeur profonde des traditions dans le domaine religieux, la beauté de nos vieux cantiques, les souvenirs qu'éveille en nous la lecture de la parole sacrée dans la langue de Luther, la communion qu'elle maintient en vous avec nos parents et nos ancêtres, nous croyons que c'est un devoir impérieux pour nos pasteurs d'introduire le français dans la formation religieuse des jeunes générations.»[801] Comme l'évêque, il plaide pour le maintien d'un lien intergénérationnel, mais aussi pour la capacité des jeunes à s'intégrer dans le monde référentiel français:

> Si l'on pense et l'on prie dans nos villages en allemand, il ne faut pas qu'un fossé se creuse dans le domaine religieux entre les parents et les enfants, mais il importe que nos jeunes ne se trouvent pas en danger d'isolement spirituel, lorsqu'ils sont appelés à faire leur service militaire, à chercher du travail ou à s'établir dans une région quelconque de la vieille France, voire dans les colonies. Ce danger existe déjà maintenant, personne n'ignore les graves problèmes qui se posent aux pasteurs en ce qui concerne notre jeunesse, et les devoirs qui leur incombent de travailler de toutes leurs forces à leur évangélisation, afin de resserrer d'une façon indissoluble les liens entre nos jeunes

et l'Église. Il a été reconnu que les mouvements de jeunesse (Unions chrétiennes, scoutisme, etc.) sont de précieux auxiliaires des pasteurs dans leur lourde tâche auprès des jeunes. Il leur serait impossible de remplir leur ministère auprès des jeunes si ceux-ci n'apprenaient pas à penser leur foi en français.[802]

Dans les faits cependant – et bien que l'on ait pu reprocher aux Églises protestantes de ne pas prendre officiellement position dans le débat autour des langues[803] –, l'allemand, en tant que langue religieuse en quelque sorte, semble garder une forte présence, alors que l'introduction du français est restée très mesurée, en raison de la position de principe de distance qu'ont souvent adoptée les conseils presbytéraux. Aussi, en 1963, les cultes de l'Église de la confession d'Augsbourg d'Alsace et de Lorraine sont-ils à 76% en allemand, à 14% en français et à 10% bilingues.[804]

LES LANGUES DANS LES ADMINISTRATIONS

Le rappel comminatoire qu'opère le préfet à propos du français comme langue officielle (*cf. supra*) montre deux aspects complémentaires de la question: d'une part, il aurait été totalement illusoire d'imaginer que l'État allait reconnaître une quelconque fonction à une langue autre que le français, et, d'autre part, ce rappel à l'ordre montre qu'une partie des fonctionnaires tient compte, de fait, des réalités et des pratiques linguistiques des usagers et trouve des accommodements dans cette situation complexe.

La gestion linguistique des interactions avec les usagers devait très largement dépendre du fonctionnaire lui-même, de ses propres opinions, éventuellement de ses compétences linguistiques,[805] de l'empathie ou non qu'il pouvait éprouver à l'égard du demandeur, du service auquel il était affecté, du type de demande à laquelle il avait à répondre, etc. Dans une même administration, les personnels pouvaient avoir des comportements linguistiques différents. « Les relations concrètes avec le public n'ont fait l'objet d'aucune réglementation précise en ce qui concerne la langue utilisée. Cette question a donc été abandonnée à la vigilance des chefs de service, lesquels, selon les périodes ou les circonstances, ont manifesté à cet égard plus ou moins de bienveillance ou plus ou moins d'hostilité. »[806] Ce sont des attitudes de refus de certains fonctionnaires à des demandes formulées en allemand ou en dialecte, plaçant les usagers dans des situations impossibles, qui sont généralement évoquées et dénoncées dans la presse soutenant le MRP, par exemple pour illustrer l'aspect inflexible de l'administration dans l'utilisation du français. Néanmoins, si une telle attitude avait été systématique, il est fort probable que la bonne marche administrative en aurait été profondément affectée. Ce sont probablement davantage les dysfonctionnements qui ont soulevé l'indignation.

Par ailleurs, d'autres compromis ont dû être trouvés par l'administration elle-même. En effet, au début des années cinquante, 10 % des circulaires administratives sont bilingues.[807] Dans ce sens, le principe de réalité s'est également imposé dans certains secteurs, sans pour autant remettre en cause le principe même de la langue officielle unique. De fait, le préfet René Paira va formuler non tant une politique qu'une pratique « bilingue » assez pragmatique, qui rappelle à la fois que la seule langue officielle en Alsace reste le français, mais que des aménagements sont nécessaires pour les citoyens qui seraient désavantagés par l'emploi d'une langue qu'ils connaissent mal ou qu'ils ne connaissent pas. Dans un rapport adressé au gouvernement,[808] le préfet définit, en quelque sorte, sa politique et son rôle de médiateur entre les ministères et les citoyens :

> L'usage de l'allemand [dans les rapports entre l'administration et le public] n'a aucune conséquence politique. Il faut se garder d'y voir une concession à une quelconque revendication politique, mais simplement le souci de faciliter une compréhension réciproque entre les administrés et les Services Publics.
>
> [...]
>
> J'ai signalé [...] au gouvernement [après la Libération] les difficultés que ferait surgir la méconnaissance des principes, dont on s'était traditionnellement inspiré [avant guerre]. Mais les Administrations Centrales ne se sont pas toujours préoccupées de faciliter aux Alsaciens la compréhension d'une réglementation, pourtant plus complexe et plus touffue qu'avant la guerre et à laquelle même des Français de l'Intérieur ont eu des difficultés à s'assujettir.
>
> Ceci établi, j'ai tenu à marquer l'indiscutable progrès de la langue française, en lui accordant, par exemple, une primauté absolue dans les relations verbales, l'usage du dialecte ne devant constituer qu'un moyen de secours en cas d'incompréhension totale du français par la personne qui s'adressait à un fonctionnaire.
>
> Le système du courrier traduit au verso fut abandonné,[809] ainsi que celui du Bulletin d'information bilingue. Toutefois, une traduction de ce bulletin continue à être adressée aux Maires qui en font la demande. Il ne s'agit pas de voir ici une application du principe de la parité des langues, mais simplement un usage opportun et indispensable de l'allemand, lorsque le besoin s'en fait inéluctablement sentir.

J'ai demandé récemment aux diverses Administrations d'État dans mon département [= le Bas-Rhin], de me communiquer tous les imprimés qu'elles utilisaient dans leurs rapports avec le public.[810] [Si les résultats sont satisfaisants] pour certaines administrations, on constate tout de suite qu'il est regrettable qu'une administration comme le M.R.U. [Ministère de la Reconstruction et de l'Urbanisme], dont les contacts avec les nombreux sinistrés sont multiples et importants, n'utilise qu'un seul imprimé bilingue sur 148. Il en est de même pour la Délégation Interdépartementale des Anciens Combattants et pour certaines régies financières, telles que les Contributions Directes. Le seul imprimé bilingue utilisé par cette dernière administration est la déclaration pour l'impôt général sur le revenu. Par contre, les déclarations et avertissements intéressant l'impôt foncier et l'impôt cédulaire sur les bénéfices agricoles et sur les traitements et salaires sont exclusivement rédigés en français. Or, pour ne retenir que ces exemples, ils intéressent particulièrement la population rurale où la pénétration du français est la plus imparfaite.
Les réactions ne tardèrent pas à se faire jour et c'est ainsi qu'au Conseil Général du Bas-Rhin, à l'occasion des sessions de ces dernières années [*cf. supra*], furent déposés un certain nombre de vœux sur ce problème. Certains visaient uniquement des points particuliers, mais récemment le problème a été posé dans son ensemble.
Comme devant le Gouvernement, j'ai toujours affirmé devant le Conseil Général la primauté du français.
Au cours de la dernière session,[811] j'ai déterminé le principe d'une distinction entre deux catégories d'imprimés administratifs: la première, celle des imprimés s'adressant à des gens qui, par définition, savent le français. Il n'est pas nécessaire d'avoir, par exemple, des formulaires bilingues pour demander une bourse de l'enseignement supérieur. Par contre, pour la deuxième catégorie, il convient que le Gouvernement prenne l'initiative de donner aux services locaux des Administrations centrales des instructions pour qu'ils soient imprimés en bilingue. Il s'agit de tous les formulaires qui peuvent s'adresser à des gens n'ayant pas une connaissance parfaite du français.
J'ai affirmé devant l'Assemblée départementale la volonté du gouvernement de permettre de donner satisfaction aux légitimes aspirations de la population chaque fois que la nécessité et l'opportunité s'en feraient sentir.
Je propose donc de constituer une Commission qui serait chargée de procéder à un examen de tous ces imprimés et de faire une ventilation de ceux pour lesquels il importe de procéder sans délai à une impression bilingue, de façon que l'initiative ne soit pas abandonnée à un fonctionnaire quelconque qui, mal informé de la situation en Alsace, ne saurait prendre une décision opportune dans ce domaine. [...]
Dans la suite, des révisions périodiques devraient être opérées, en raison de l'introduction de nouveaux imprimés. Ainsi pourrait-on dégager sur ce problème une politique d'ensemble valable pour toutes les administrations. Il faudrait également prévoir la délégation aux

chefs de service locaux, des crédits pour permettre les impressions qui s'avéreraient nécessaires.
Parallèlement se pose la question des relations orales entre le public et certains fonctionnaires.
Le problème dans les agglomérations d'une certaine importance est évidemment facile à résoudre. Il en va autrement dans les localités rurales. Cette question s'est posée notamment dans les P.T.T.[812]
Dans une localité comme celle de Dambach, où 50 % de la population ignorent le français, il est bien nécessaire d'affecter systématiquement au guichet des fonctionnaires capables de s'exprimer en dialecte. Mais il s'est manifesté une certaine réticence des syndicats contre cette affectation systématique parce que le service des guichets est le plus fatigant et qu'il est de règle de le faire assurer par roulement à tous les employés. C'est un problème d'administration intérieure qu'il importe de signaler à l'Administration des P.T.T. Des instructions devraient être données aux chefs de service pour que le service des guichets soit assuré, dans toute la mesure du possible, par des agents connaissant le dialecte. Étant bien entendu, toutefois, que là encore doit être affirmée la primauté de la langue française, que les fonctionnaires ne devront employer le dialecte que lorsque la personne à qui ils s'adressent ne comprend pas le français.
Il convient surtout d'éviter des prises de position trop tranchées qui risqueraient de créer des incidents et de nuire à la cordialité des relations entre les services et le public.
C'est ainsi que, récemment, un chef de service des P.T.T. à Mulhouse, ayant diffusé une note de service rédigée en termes maladroits pour interdire aux standardistes l'usage du dialecte et cette circulaire ayant été connue de la presse, l'opinion a réagi très vivement. Il s'agit de l'affaire Pessard […].[813]
En conclusion de cet exposé, j'attire l'attention du Gouvernement sur l'intérêt de l'initiative dans ce domaine; il serait fâcheux de donner l'impression de céder aux récriminations que la population formulerait par le truchement des élus.
Adopter le bilinguisme dans les rapports entre l'administration et le public dans tous les cas où cela s'avère nécessaire facilitera la tâche des services publics en augmentant leur efficacité.
Tout manque de souplesse, toute incompréhension du légitime désir des populations de comprendre la réglementation à laquelle elles sont soumises, rejetterait les Alsaciens dans une hostilité à l'égard de l'Administration Française et par là-même à l'État. Un tel état d'esprit serait une arme facile et redoutable pour ceux qui désireraient l'utiliser à des fins politiques antinationales.

L'argumentaire du préfet n'aurait probablement pas été renié par la majorité des élus du MRP s'ils en avaient eu connaissance. En réaffirmant la primauté de principe du français, il signifie clairement qu'il n'a aucune intention de modifier la politique linguistique globale mise

en œuvre en Alsace ; en soulignant aussi la nécessité politique de garder l'initiative de mesures linguistiques facilitant la vie quotidienne des citoyens, le préfet se pose en garant des décisions de principe de l'État et en administrateur intercesseur des administrés.

L'initiative du préfet aura un succès inégal. S'agissant des imprimés relevant du ministère des Finances, le préfet est obligé d'écrire par deux fois à ce ministère[814] avant d'obtenir une réponse, qui sera à la fois positive et négative. Le ministère accepte de faire diffuser une douzaine d'imprimés dans une version bilingue (en sus de ceux qui sont déjà édités sous cette forme), mais récuse une version bilingue pour les autres imprimés proposés par le préfet pour les raisons suivantes :

> Pour ce qui est des imprimés utilisés par l'Administration des Contributions directes, l'extension de la langue allemande à tous les imprimés visés dans votre lettre n'a pas paru pouvoir être envisagée, remarque étant faite qu'elle aurait dû s'appliquer aux départements du Bas-Rhin et du Haut-Rhin.
> En effet, la généralisation de la formule transitoire du bilinguisme qui pouvait se justifier après la guerre de 1914-1918 alors que l'Alsace avait été sous l'emprise germanique pendant quarante ans se concevrait difficilement aujourd'hui, trente ans après le retour de ces départements dans la communauté nationale. Au surplus, dès la Libération, il avait été décidé, après enquête, d'adopter des textes exclusivement français et seuls les avertissements utilisés en 1946 pour les impôts locaux ont été rédigés dans un texte bilingue. Revenir sur cette position, au profit de la langue allemande, ne manquerait pas, semble-t-il, de provoquer de vives réactions.
> Il est apparu d'ailleurs que l'emploi des imprimés actuels n'avait jamais donné lieu à des difficultés particulières, même dans les régions où la population est encore peu familiarisée avec la langue française et les services locaux font preuve de toute la compréhension désirable lorsqu'il est reconnu que certains manquements proviennent d'une méconnaissance du français.
> Du point de vue technique, l'impression d'un texte allemand entraînerait un certain alourdissement dans l'exécution des tâches de l'Administration des Contributions directes, par voie de conséquence, un retard dans l'émission des rôles et un accroissement des dépenses.
> Toutefois, je n'ai pas cru devoir revenir sur le système actuel en ce qui concerne la déclaration mod. B d'impôt sur les revenus. Les mairies continueront donc, le cas échéant, à être approvisionnées de formules libellées en allemand.[815]

Cette manière de procéder est assez significative du peu d'enthousiasme dont font preuve les administrations concernées. Un certain nombre de services (centraux ou locaux) ne répondent pas au préfet ou, s'agissant des administrations locales, elles indiquent qu'elles n'ont pas les moyens financiers pour répondre à sa demande et/ou que les formulaires viennent de Paris et qu'elles ne peuvent pas les modifier.[816]

Contrairement aux administrations où, en l'absence de textes règlementaires, les autorités locales disposaient d'un large pouvoir interprétatif de la politique linguistique générale, des mesures précises sont prises à l'égard de la presse et dans le domaine scolaire, où les enjeux linguistiques sont centraux : ils concernent les générations montantes et conditionnent profondément le devenir du français en Alsace.

LES LANGUES DANS LA PRESSE

Par un arrêté du 1er septembre 1945, le Commissaire de la République interdit « l'impression, l'exposition, la mise en vente et la distribution de journaux ou de périodiques rédigés en langue allemande » qui seraient conçus en Alsace même.[817] C'est la première fois de son histoire que la presse monolingue de langue allemande – très largement dominante durant tout l'entre-deux-guerres – tombe sous le coup d'une interdiction ; l'État intervient dans un domaine auquel il n'avait jamais touché de la sorte auparavant.[818] S'il tire certainement les leçons politiques du rôle de la presse durant l'entre-deux-guerres, il semble bien que c'est avant tout la presse comme support de l'écrit au quotidien qui l'a amené à prendre cette mesure. En effet, dans l'ordonnance gouvernementale signée le 13 septembre 1945, d'une portée plus large, qui complète et remplace l'arrêté du Commissaire de la République tout en reprenant ses principales dispositions, l'article 11 encadre linguistiquement de manière très précise toute la presse :[819]

> Seront seuls autorisés à paraître les journaux et périodiques de langue française ou bilingues. Toute publication bilingue doit contenir une proportion de texte en langue française qui ne pourra être inférieure à 25 % et qui sera fixée pour chaque publication par arrêté du ministre de l'information, après avis du commissaire de la République à Strasbourg ou du préfet de la Moselle.
> Le titre des journaux, les mentions figurant de chaque côté du titre et à sa hauteur, ainsi que les titres développés sur plus de la moitié de la largeur du journal doivent être en français.
> En dehors des petites annonces, tout texte publicitaire ainsi que les communications d'état civil, qu'elles émanent ou non de l'autorité publique, doivent être publiés en français.
> Les rubriques sportives et les rubriques destinées à la jeunesse seront obligatoirement publiées en français ; les éditeurs des journaux pour-

ront, s'ils le désirent, publier en allemand un texte complet ou résumé de ces rubriques dans le même numéro.[820]

Si les deux textes présentent des différences, parfois non négligeables dans le détail, ils restent totalement convergents quant à l'esprit qui y préside. L'État prescrit de façon contraignante la part du français que les journaux doivent respecter. Il indique, partiellement, sous quelle forme elle doit apparaître, d'une part, et intervient, d'autre part, directement sur la langue qu'il souhaite voir apprise par la « jeunesse ».[821] Dans la liste nominative fixée par un arrêté du 10 janvier 1946, qui complète l'ordonnance, tous les quotidiens et périodiques autorisés dans une version « bilingue » ne sont soumis qu'au minimum de texte en langue française (25%), à l'exception significative de *L'Alsace illustrée*, dont le taux est fixé à 50%, et de *La jeunesse ouvrière d'Alsace*, qui doit publier 75% de sa part rédactionnelle en français.[822]

Les réactions dans la presse elle-même restent quantitativement mesurées – le papier est encore contingenté – et ce sont avant tout le quotidien *Le Nouvel Alsacien*, proche du MRP, *L'Humanité d'Alsace et de Lorraine*, organe du Parti communiste, et *Le Nouveau Journal de Strasbourg* (qui soutient le Parti républicain démocratique[823]) qui s'élèveront contre la mesure linguistique. Mais l'autorité ne changera rien à cette disposition. En effet, à eux trois, ces journaux ne représentent qu'un peu moins d'un quart du tirage quotidien de la presse en Alsace.[824]

En juin 1946, le directeur interrégional de l'information, qui avait déjà plaidé pour des mesures plus restrictives avant le 1er septembre 1945, propose une nouvelle version de l'article 11 de l'ordonnance du 13 septembre 1945 :

> Sont autorisés à paraître en Alsace et en Moselle, conformément aux dispositions en vigueur, les journaux et périodiques rédigés en langue française. Toutefois, à titre transitoire et jusqu'au 31 décembre 1950, les journaux et périodiques d'Alsace et de Moselle pourront obtenir du Ministre chargé de l'Information l'autorisation de publier en allemand certaines rubriques, notamment celles qui ont trait à l'information générale, aux comptes-rendus de représentations en dialecte ou la reproduction en feuilleton de romans et de nouvelles.
> Cette autorisation ne peut s'étendre en aucun cas aux textes publicitaires et aux annonces, ni aux rubriques concernant les sports, l'éducation physique et la préparation militaire, la jeunesse, les associations et les groupements, le tourisme, les voyages et le camping, les arts, les lettres et les sciences, le théâtre, le cinéma et la radiodiffusion, la couture, la cuisine et la mode, la philatélie, l'astrologie et les jeux.

> Les journaux et revues admis à bénéficier de cette dérogation sont tenus, en dehors des limitations fixées ci-dessus, de paraître sous titre français et de publier dans chaque numéro au moins un article de fond ou d'information en langue française. Ils devront porter en tête de chaque numéro la mention «édition bilingue».[825]

Cette proposition faisait passer les dispositions prises du statut de «provisoire» à celui de «transitoire» et excluait l'allemand à partir du 31 décembre 1950.[826] Le ministère estime que le fait de fixer un délai est «inopportun, plus d'un an après la Libération», mais qu'il y aurait «volontiers souscrit» si la mesure avait été prise tout de suite à la Libération. En revanche, il reprend à son compte tous les domaines d'exclusion de l'allemand proposés et suggère, à son tour, un dernier alinéa concernant la presse non quotidienne: «Les hebdomadaires et magazines illustrés devront contenir une proportion en langue française qui ne pourra être inférieure à 50%, la surface réservée aux clichés photographiques non comprise.»[827] En définitive, l'article 11 ne sera ni amendé ni remplacé,[828] mais les autorités locales suivront très attentivement l'évolution de la presse et l'application de l'article 11 de l'ordonnance de 1945.

Or, les dispositions légales se heurtent aussi à des intérêts commerciaux. Ainsi, l'assemblée générale extraordinaire des membres du Syndicat des éditeurs de journaux d'Alsace et de Lorraine (février 1947) constate que «de l'avis des nombreux annonceurs, une certaine partie de la clientèle ne peut pas être touchée par la publicité en langue française. Il en est de même pour les annonces émanant d'officiers ministériels et qui, dans certaines régions, doivent être publiées en allemand afin d'atteindre plus sûrement une clientèle très particulière, essentiellement rurale.»[829]

Globalement, l'application des dispositions pose de nombreux problèmes et les journaux sont régulièrement en infraction, ce qui amène l'administration préfectorale à proposer non une refonte de l'article 11 de l'ordonnance de 1945, mais une interprétation «dans un esprit libéral, mais averti, par voie d'accord entre le gouvernement et les représentants de la presse»[830]. Cet accord est réalisé le 15 avril 1950[831]. Il prévoit un «certain assouplissement de l'ordonnance du 13 septembre 1945» et indique que «l'administration a accepté que les quotidiens limitent les textes français aux rubriques suivantes: rubriques intéressant la jeunesse, rubriques sportives, critiques cinématographiques, critiques théâtrales, rubriques: camping, tourisme et voyages [et] la mode selon la nature de la clientèle à laquelle s'adresse l'article»[832] et qu'elle ne s'attache plus à la règle des 25 % de textes en français. Mais lorsqu'à l'automne 1950, l'administration préfectorale fait le bilan de l'application de cet accord, elle constate qu'il «n'est pratiquement plus respecté, sauf par la *Presse Libre*.⁸³³ Dans les autres journaux, les seuls textes français sont ceux qui paraissent dans les pages sportives du samedi et du mardi, avec évidemment d'importantes exceptions.»⁸³⁴ Périodiquement, le préfet est amené à faire des remontrances aux journaux qui ne respectent pas l'accord du 15 avril 1950.

Mais l'État a également affaire à une presse périodique en langue allemande éditée ailleurs qu'en Alsace qui, elle, n'est pas directement concernée par l'ordonnance de 1945, mais uniquement soumise aux règles économiques et douanières en vigueur. Ironie du sort, ce sont les hebdomadaires français, publiant des éditions de leur journal en allemand à destination de la Sarre occupée, qui cherchent à diffuser la version allemande en Alsace.⁸³⁵ Mais il s'agit là d'un phénomène marginal. En revanche, les journaux et illustrés en langue allemande en provenance d'Allemagne et de Suisse, parfois d'Autriche, préoccupent particulièrement les autorités locales. S'ajoute encore à cette presse en langue allemande la «petite librairie» (*Liebesromane, Heimatromane, Familienromane…*), qui n'a pas vraiment d'équivalent en langue française, mais qui est très lue en Alsace. L'autorité préfectorale est «d'avis d'adopter une attitude tolérante [vis-à-vis de la presse allemande], c'est-à-dire d'admettre l'information culturelle. Mais cette attitude ne saurait exclure la vigilance pour éviter une extension rapide de la diffusion de publications allemandes.»⁸³⁶ Mais elle est bien consciente que cette situation risque de changer rapidement et qu'elle n'aura aucun moyen légal pour endiguer une éventuelle vague de publications en langue allemande en provenance de l'étranger :

> L'article 11 de l'ordonnance du 13 septembre 1945 indiquant que «seront seuls autorisés à paraître les journaux et périodiques de langue française ou bilingues» est d'une imprécision regrettable. En effet, il est possible d'ergoter sur le terme «paraître», qui peut indiquer le fait pour une publication soit d'être imprimée en un lieu donné, soit d'y être simplement vendue.
> À mon sens, il faut comprendre ce terme *lato sensu*. La parution ne doit pas impliquer obligatoirement le fait pour les journaux d'être imprimés dans une région déterminée, mais simplement le fait d'y être diffusée, faute de quoi l'Administration serait singulièrement désarmée contre l'envahissement des publications allemandes.
> Aussi, j'estime indispensable qu'une décision gouvernementale précise la définition du mot «paraître».⁸³⁷

Après plusieurs notes alarmistes adressées au ministre de tutelle, le préfet du Bas-Rhin obtient du ministre de l'Information la définition qu'il souhaitait : « Le terme "paraître" vise non seulement l'impression, mais également la diffusion et la vente. »[838] En outre, il est chargé de fixer avec le représentant du Syndicat des éditeurs de journaux d'Alsace et de Lorraine « les chiffres maxima à l'entrée des différents journaux étrangers de langue allemande dans les départements du Bas-Rhin et du Haut-Rhin. »

Cette disposition n'amène pas vraiment un reflux de l'importation de publications étrangères en langue allemande. L'éditeur suisse Ringier – qui diffuse, en 1951, environ 30 000 exemplaires de ses périodiques en Alsace – s'est déclaré « disposé à respecter le principe de la règle des 25 % et à encarter dans les périodiques de langue allemande quatre pages rédigées en français »[839]. Lors d'une réunion au ministère de l'Intérieur, il est décidé d'appliquer cette règle à toute la presse non quotidienne, quoique cette décision soit, de l'avis de plusieurs participants, juridiquement problématique.[840] S'agissant des « romans de poche », les participants à la conférence cherchent vainement une parade fiable. Finalement, le ministère de l'Intérieur propose que les préfets établissent une liste d'éditeurs de cette littérature. « Il sera ainsi possible au ministère de l'Information d'exercer un contrôle efficace et de refuser l'octroi de licences d'importation pour les ouvrages inopportuns. »[841]

Ce ne sont pas tant les mesures coercitives ou dissuasives qui semblent avoir été déterminantes dans le choix de la lecture de la presse périodique, mais bien plus la politique menée en faveur de la connaissance du français à l'école. En effet, pour les périodiques, il faut attendre le milieu, puis la fin des années cinquante pour que la préférence linguistique en faveur des publications en français soit définitivement acquise : « Une étude de la presse périodique française, hebdomadaires politiques et d'information, illustrés, presse dite "du cœur" et presse féminine, révèle la nette prédominance des périodiques de langue française. Dans le département du Bas-Rhin, la vente des exemplaires de langue française s'élève à 123 474 pour 29 titres, tandis que 28 titres de langue allemande et édités en Allemagne ne groupent que 33 074 exemplaires vendus, soit 21 % contre 79 %. »[842]

Tableau comparatif des ventes d'hebdomadaires de langue française et de langue allemande

	hebdomadaires politiques et d'information[843]	illustrés[844]	presse du cœur[845]	presse féminine[846]
français - titres	12	5	5	7
français - exemplaires	19 859	25 027	31 290	47 298
français %	90,53	54,20	92,70	86,59
allemand - titres	4	11	6	7
allemand - exemplaires	2 053	21 147	2 462	7 412
allemand %	9,37	45,80	7,30	13,55

S'agissant de la presse quotidienne, c'est la pratique linguistique du chef de famille qui régule l'édition retenue. C'est l'écrit qu'il comprend qui dicte majoritairement le choix opéré. Au fil du temps, l'allemand, langue majoritaire de l'écrit, fera place au français.

La répartition géographique des préférences linguistiques n'est pas homogène : le nord du département du Bas-Rhin va longtemps préférer la version «bilingue»[847] des journaux, lorsque le choix existe ; dans le sud de l'Alsace, la préférence ira beaucoup plus rapidement à la version française ou à des journaux ne paraissant qu'en français[848].

Les exemples de la presse quotidienne éditée en Alsace[849] (*Dernières Nouvelles d'Alsace*, *Le Nouvel Alsacien*, *Le Nouveau Rhin français*, *L'Humanité d'Alsace-Lorraine*, *Dernières Nouvelles du Haut-Rhin* et *L'Alsace*) documentent cette tendance :*

	Tirage total	Éditions bilingues
1945 (sans les *D.N. du Haut-Rhin* ni *L'Alsace*)	155 000	146 600 = **94,19 %**
1950 (sans les *D.N. du Haut-Rhin*)	361 728	302 208 = **83,55 %**
1955 (sans les *D.N. du Haut-Rhin*)	329 705	258 844 = **78,51 %**
1960	351 598	248 160 = **70,58 %**
1965	415 345	256 110 = **61,66 %**
1969	410 406	208 610 = **50,83 %**

La presse hebdomadaire produite localement, qu'elle soit confessionnelle (*L'Ami du Peuple*), partisane (*L'Humanité*) ou uniquement à

Cf. le tableau 5 figurant en annexe, à la fin de ce chapitre. Entre 1945 et 1950 paraissent bien d'autres quotidiens encore : *Le Journal du Rhin* (bilingue, tirage : 10 000, 1945-1946), *Le Journal d'Alsace et de Lorraine* (en français, tirage : entre 20 000 et 30 000 exemplaires, ne paraît plus à partir du 1er mai 1950), *Le Journal de Strasbourg* (bilingue, tirage : 27 750, 1947-1948), etc. Leur point commun est de ne pas avoir continué à paraître au-delà de 1950.

but distractif (*Bonjour*), n'a guère les moyens de proposer une double édition et les titres qui s'y essaient renoncent après un certain temps.[850] Cette presse bilingue l'est, en quelque sorte, par nécessité: pour atteindre un public sachant majoritairement lire l'allemand à la fin des années quarante, pour atteindre un public plus jeune lisant essentiellement en français au milieu des années soixante*.

S'ajoutent à ces organes généraux des publications plus spécialisées (économiques, syndicales, professionnelles, religieuses, dans le domaine du sport et des loisirs).[851] En 1966, «il semble que l'on puisse discerner deux groupes principaux parmi ces publications spécialisées:

» D'un côté, celles qui émanent de la puissance publique (administration, armée, enseignement) ou de la bourgeoisie (bulletins de l'industrie et du commerce, presse d'entreprise aux mains des employeurs) [et qui] paraissent dans leur quasi-totalité en français.

» De l'autre côté, celles qui émanent des milieux populaires (artisanat, milieux agricoles ou ouvriers) ou d'institutions évoluant dans les milieux populaires (Églises et syndicats): ces publications paraissent le plus souvent en français et en allemand.[852]

» On peut aussi noter que les publications ayant trait aux sports, loisirs, tourisme paraissent le plus souvent exclusivement en français (dix-sept titres sur vingt). »[853]

À la fin des années soixante, la presse quotidienne locale présente un aspect linguistique global où les éditions bilingues et monolingues françaises s'équilibrent. L'édition de presse en français a largement progressé en vingt-cinq ans. À cette presse locale et régionale s'ajoute également la presse quotidienne, hebdomadaire ou mensuelle de langue française éditée ailleurs qu'en Alsace.

En même temps que diminuait l'achat de la presse «bilingue» locale, les ventes de périodiques de langue allemande, édités outre-Rhin ou en Suisse, augmentaient[854]:

Année	Total des ventes	Indice
1964	4 738 000	100
1965	5 231 000	110,4
1966	5 572 000	117,6
1967	5 977 000	126,1
1968	6 574 000	138,7
1969	7 183 000	151,6

* *Cf.* la progression du tirage des hebdomadaires indiquée au tableau 6, en annexe à ce chapitre.

1945-1970

145 titres ont été répertoriés à la vente en Alsace :

	représentés par	1964	1969
1. illustrés et magazines	25 titres	46,35 %	47,21 %
2. magazines de radio-télévision	5 titres	39,95 %	40,35 %
Total intermédiaire	*30 titres*	*86,30 %*	*87,56 %*
3. revues et magazines féminins (dont mode)	15 titres	10,42 %	9,12 %
Total intermédiaire	*45 titres*	*96,72 %*	*96,68 %*
4. mots croisés et autres formes de sport «cérébral»	28 titres	1,16 %	1,47 %
5. sports	8 titres	0,56 %	0,49 %
6. hebdomadaires d'information politique, économique et culturelle	11 titres	0,49 %	0,56 %
7. jeunes	4 titres	0,35 %	0,28 %
8. divers	13 titres	0,35 %	0,26 %
9. maison	7 titres	0,31 %	0,19 %
10. magazines pour hommes	29 titres	0,02 %	0,02 %
TOTAL GÉNÉRAL	*145 titres*	*99,96 %*	*99,95 %*

Les illustrés et magazines, ainsi que les magazines de radio-télévision représentent environ 87 % des ventes. Avec les revues et magazines féminins, ce sont presque 97 % des ventes qui sont couvertes. Plus des deux tiers des titres (100) se partagent les 3 % restants. Si l'envolée des ventes reste incontestable*, « il apparaît que le fait linguistique, s'il existe évidemment comme substrat, joue finalement un rôle assez secondaire dans *l'augmentation* des ventes des périodiques allemands. [...] L'acheteur d'un périodique allemand le *regarde* bien plus qu'il ne le *lit* !

» Il semble que la lectrice et le lecteur alsaciens recherchent dans la presse d'outre-Rhin ce que la presse française ne leur fournit pas... ou pas encore : des illustrés plus variés, plus copieux, plus gais, des programmes de radio-télé plus complets et plus adaptés, des revues de mode plus pratiques et – depuis 1967 – une littérature érotique et d'un goût parfois franchement douteux que la métropole, plus prude, leur refuse. En d'autres mots : l'Allemagne fournit le complément. [...] C'est la notion de choix qui nous semble fournir un élément d'explication important du comportement des lecteurs alsaciens : lorsqu'ils achètent allemand, ils le font moins parce qu'ils y sont contraints par la langue que parce que, comprenant (plus ou moins bien) les deux langues, ils peuvent choisir leurs lectures en fonction de leurs goûts. »[855]

---

*À titre d'exemple, nous indiquons la progression de magazines de radio-télévision, d'illustrés généralistes et de magazines féminins, en langue allemande, entre 1966 et 1970, au tableau 7 figurant en annexe de ce chapitre.

Il reste aussi un aspect plus pratique : les émissions des stations de radio et de télévision allemandes sont suivies avec une certaine assiduité, d'où l'intérêt d'acquérir un programme. Cette question des programmes de radio et de télévision semble indiquer que la préférence du choix audiovisuel du moment semble encore pencher largement vers les programmes en langue allemande. Les autorités ont tenté d'inciter les groupes de presse, en particulier les *Dernières Nouvelles d'Alsace*, à « faire paraître un journal spécialisé dans l'annonce des programmes de télévision », mais les interlocuteurs hésitent, « en l'absence de concours officiels, […] à se lancer dans ce qu'il[s] considère[nt] comme une aventure », encore en 1966.[856] À la fin des années soixante, la tendance ne s'est toujours pas inversée : « On peut estimer que le nombre de lecteurs des revues allemandes tourne autour de 130 000 [en 1969] contre 100 000 au deuxième trimestre 1967. Cette différence provient surtout de la vente accrue des programmes de radio et de télévision, 799 363 en 1967 contre 1 364 148 en juin 1969. »[857]

Au total, les autorités cherchent, avec une certaine constance, à endiguer la presse de langue allemande,[858] tout en sachant que les moyens dont elles disposent sont limités. Pour la presse locale, elles ont passé par des phases de négociation pour que les journaux appliquent mieux les dispositions légales. D'une certaine manière, l'État semble avoir passé par pertes et profits les générations dont il considère qu'elles ne sont plus linguistiquement amendables, mais il mène en revanche une politique linguistique extrêmement ferme en faveur du français pour les générations montantes.

LES LANGUES À L'ÉCOLE

L'allemand est totalement exclu de l'enseignement élémentaire

C'est le système éducatif qui est investi prioritairement de la fonction de faire apprendre le français. Il s'agit là, en quelque sorte, de la seule priorité qui vaille. Dans le domaine scolaire, les *Instructions* données dès janvier 1945, reprises pour la rentrée scolaire d'octobre 1945, vont dans le même sens que l'ordonnance sur la presse et soulignent, tant dans le fond que dans la forme et le ton comminatoire utilisés, les intentions de l'État et son changement d'attitude par rapport à l'entre-deux-guerres :

> Le but principal à viser est l'acquisition de la langue française. Aucune peine ne devra être négligée pour y parvenir dans le moindre délai. L'usage de tout manuel d'origine allemande est rigoureusement interdit. Il en résulte que l'enseignement de l'allemand est provisoirement suspendu pour l'année scolaire 1944-1945.
> [...]
> La seule langue d'usage à l'école primaire est la langue française. Le but de tout exercice scolaire est de familiariser nos élèves au plus tôt avec la langue française de façon à pouvoir poursuivre le plus vite possible leur formation intellectuelle. Vous érigerez en règle absolue que toute partie du programme fournira matière à l'acquisition de la langue française, que ce soit la lecture, la géographie, l'histoire, l'enseignement religieux ou moral, le calcul, les leçons de choses, etc.
> [...]
> Idée directrice : Tout exercice scolaire sera orienté vers l'acquisition de la langue française.[859]

Les *Instructions* d'octobre 1945[860] reprennent presque mot pour mot les mêmes directives impératives et ajoutent que « l'enseignement religieux doit être, lui aussi, donné intégralement en français et concourir à l'acquisition du français »[861].

L'État reprend ainsi complètement les concessions importantes qu'il avait faites en 1927 et recentre tout l'enseignement sur le français, exclut totalement l'allemand, y compris dans l'enseignement religieux, qui passe, du moins dans sa dimension linguistique, du domaine de la sphère privée à celle de l'école, en le soumettant aux mêmes règles et au même objectif. Dans ce domaine, c'est également la première fois dans l'histoire contemporaine que l'allemand reste totalement exclu de l'enseignement élémentaire.[862]

Par ces dispositions, l'État signifie clairement sa volonté d'intégrer linguistiquement l'Alsace au reste de la France, par le biais des jeunes générations. Au-delà de la scolarité obligatoire (6-14 ans), l'on va chercher à avancer le contact avec la langue française le plus tôt possible par une scolarisation précoce,[863] d'une part, et à prolonger le contact linguistique par une structure post-scolaire pour les adolescents de 14 à 18 ans et les adultes, d'autre part.

Dans le rapport qu'il remet au titre de l'année scolaire 1949-1950, l'inspecteur d'académie du Haut-Rhin souligne l'urgence, à ses yeux, d'une politique de préscolarisation soutenue :

> La grosse difficulté rencontrée en Alsace pour obtenir un alignement de nos écoles et de nos enfants sur les écoles et les enfants de l'Intérieur réside dans la familiarisation de l'enfant avec la langue française. Il y a certes, en France métropolitaine, d'autres enfants parlant en famille une langue ou un dialecte qui ne leur permettent pas de

> comprendre d'emblée le français, mais nulle part comme en Alsace, le dialecte n'a pris de prépondérance qui ne devrait revenir qu'aux langues véritables, lesquelles seules peuvent conduire à une culture complète, littéraire, scientifique ou philosophique. En Alsace, même, cette prépondérance tendrait vite, au grand dam de l'éducation populaire, vers l'exclusivité, et cela surtout pour des raisons de facilité.
> En conséquence, plus qu'ailleurs, en Alsace, l'école doit s'efforcer de donner aux enfants cette facilité d'élocution qui leur permettra de s'exprimer en français, n'ayant qu'à suivre leurs idées sans avoir la charge supplémentaire de recherche des mots et d'un travail de traduction. On a compté beaucoup, pour cela, sur les cours d'adultes. Du point de vue du français, la post-école, susceptible de rendre de grands services aux adolescents, tout en mobilisant des charges financières assez lourdes, ne suffira pas à apprendre le français à qui le sait insuffisamment ou ne s'y intéresse pas. L'adolescent qui veut parfaire ses connaissances acquises à l'école primaire doit faire un effort considérable dont il n'est pas toujours capable.
> *Par contre, il est un âge auquel l'enfant peut apprendre une langue sans difficultés et même sans s'en apercevoir. C'est l'âge de l'école maternelle**.
> C'est la raison pour laquelle, en Alsace, l'école maternelle doit être répandue dans des proportions que les règlements, suffisants ou acceptables pour l'Intérieur en la matière, ne sauraient ici limiter. Et c'est la raison pour laquelle également nous apportons dans le Haut-Rhin une attention toute spéciale à la prospérité de nos établissements pré-scolaires : écoles maternelles et classes enfantines. […][864]

Deux ans plus tard, il réitère plus discrètement son propos : « Écoles maternelles - Progrès en français : Les progrès sont étonnants dans certaines classes, moyens dans d'autres, où les maîtresses ont encore de grandes difficultés.

» On ne saurait trop souligner à ce point de vue l'importance des classes maternelles de campagne et la nécessité d'y admettre les enfants des l'âge de 3 ans et même plus tôt. »[865]

C'est dans ce cadre qu'en 1952, au titre du « développement de l'enseignement du français dans les départements du Haut-Rhin, du Bas-Rhin et de la Moselle », le gouvernement débloque 825 millions de francs supplémentaires pour des constructions scolaires. Dans le même temps, il crée 150 postes d'instituteurs supplémentaires dans les trois départements.[866] Comme ces 825 millions sont arrondis à 1 milliard, la presse appellera cette somme le « milliard de la langue française ».[867] Par un décret paru au mois d'octobre faisant suite à cette première décision, le gouvernement autorise « à titre exceptionnel, dans les régions de

---

*Nous soulignons.

dialecte des départements du Bas-Rhin, du Haut-Rhin et de la Moselle, et pour permettre la réalisation rapide de classes maternelles et enfantines normalisées [...] le versement d'une avance sur subvention aux communes où seront faites des constructions. »[868]

Le rôle central qui semble être dévolu à l'école maternelle pour l'acquisition du français va, du moins partiellement, se heurter au fait qu'une scolarisation précoce n'est pas vraiment entrée dans les comportements parentaux[869] et que, même dans les endroits où le souhait de scolarisation se fait jour, les moyens mis à disposition peuvent se révéler insuffisants.[870] Bien que la proportion des enfants fréquentant l'école maternelle soit en constante augmentation, la durée de fréquentation dépasse très rarement deux ans (4-6 ans), la section des petits (3-4 ans) n'existant pas toujours, par manque de moyens, ou parce qu'elle est moins demandée*.

« Le français étant véritablement en Alsace, pour la grande majorité de la population, une langue étrangère, il est recommandé aux maîtres et aux maîtresses de l'enseigner effectivement comme une langue étrangère, par la méthode directe ou par une méthode aussi rapprochée possible de la méthode directe qui plonge les enfants immédiatement dans le bain de l'idiome inconnu! Le miracle est qu'ils y parviennent, et qu'en trois mois, en six mois, en un an, on voit les tout-petits baragouiner d'abord et puis exprimer de plus en plus clairement une somme de mots français de plus en plus nombreux, de mieux en mieux prononcés et compris [...] »[871]

Des questions psycho-pédagogiques sur cette manière de procéder, l'apprentissage du français par immersion totale, ne semblent guère être soulevées, les aspects idéologiques et empiriques masquant très largement les autres enjeux. Aussi, dans ce contexte, était-il assez cohérent que le règlement prévoit que les femmes de service, dans leurs rapports avec les élèves, s'adressent aux enfants en français.[872]

De 14 à 18 ans, des cours postscolaires pour maintenir le lien avec le français

Cet enseignement se trouve certes en aval de la scolarité obligatoire, mais doit également jouer un rôle important. Créé par une circulaire rectorale du 26 octobre 1920,[873] il poursuit un objectif double:

---

*Cf. le tableau 8 «Aperçu de l'évolution quantitative du nombre d'enfants scolarisés à l'école maternelle», en annexe au présent chapitre.

> Les cours d'adultes pour l'enseignement du français sont et resteront longtemps indispensables pour consolider la connaissance du français acquise à l'école, qui, sans les cours d'adultes, risque d'être oubliée, dans les villages et les villes où la population ne parle pas le français habituellement.
> En dehors de cette utilité, les cours d'adulte servent, comme les études scolaires du premier degré, à la culture de l'intelligence et à l'acquisition des connaissances élémentaires nécessaires à l'homme dans les sociétés modernes. Ils ont donc dans ce pays une double importance et doivent être maintenus et développés le plus possible. [874]

Après une première année (1945-1946) avec un nombre record de 34 000 auditeurs, le succès de ces cours reflue nettement : 19 400 auditeurs en 1946-1947 et 14 500 en 1947-1948*. L'inspecteur d'académie du Bas-Rhin explique cette chute des effectifs de la manière suivante :

> Les adultes, c'est-à-dire les personnes âgées de plus de 18 ans, désireux de se perfectionner dans la langue française, suivent maintenant en moins grand nombre les cours d'adultes qu'au lendemain de la Libération [...] ; bon nombre de jeunes gens et de jeunes filles, qui travaillent dans des localités éloignées de leur domicile, ne rentrent souvent qu'assez tard et ne montrent que peu d'empressement à venir s'asseoir sur les bancs de l'école ; une bonne partie de la jeunesse est astreinte à suivre les cours professionnels ou agricoles. [875]

Son collègue du Haut-Rhin propose une analyse plus détaillée :

> Il faut d'abord rappeler que les chiffres de 1945-1946 sont ceux d'une année où toute la jeunesse alsacienne éprouvait le besoin et manifestait l'ardeur de se remettre immédiatement au contact avec le français. Aux années suivantes, le besoin d'apprendre le français s'est fait moins pressant, au fur et à mesure que s'effaçaient les lacunes provoquées par l'occupation. Une chute des effectifs était inévitable.
> D'autre part, les conditions d'horaires de travail dans certains centres industriels par les équipes du soir et de nuit rendent impossible une fréquentation normale.
> Par ailleurs, des jeunes gens suivent des cours professionnels ou des cours d'agriculture d'hiver.
> Mais il faut avouer aussi le peu d'enthousiasme manifesté par beaucoup de jeunes gens, ceci tenant à des causes variées, dont l'une ne manque pas d'être la dépréciation des valeurs intellectuelles dans un temps où celles-ci ne se traduisent pas par des apports immédiats de satisfactions matérielles.
> D'autres causes tiennent aussi aux multiples occupations de l'instituteur et qui limitent ses possibilités de travail ; au peu d'entrain de nombre de jeunes gens qui hésitent à sacrifier une soirée au profit d'un

---

*Un tableau récapitulatif du nombre d'auditeurs par année scolaire se trouve en annexe du présent chapitre (tableau 9).

> cours dans lequel ils ont trop tendance à voir une réédition de la classe qu'ils ont quittée.
> En définitive, pour de multiples raisons, les cours d'adultes, dans leur forme actuelle, sont une institution qui coûte cher et dont les résultats ne peuvent qu'être modestes. Mais il est nécessaire de tout tenter pour réparer les dégâts causés dans les esprits par l'occupation ; il est indispensable d'essayer de parler français, le plus possible, dans une région où la langue dialectale tend plus qu'ailleurs vers l'exclusivité, et où la presse locale est surtout rédigée en langue allemande.
> L'effort tenté par les cours d'adultes n'est pas vain, mais on ne saurait évidemment en comparer les espérances à celles que nous formons en cherchant le développement des écoles maternelles, où le français acquis sans effort et l'esprit préparé dans les meilleures conditions, fondées sur nos connaissances physiologiques et pédagogiques les plus à jour.[876]

Les préfets vont rendre ces cours obligatoires pour les jeunes de 14 à 17 ans qui quittent l'école, en octobre 1948 pour le Bas-Rhin, en septembre 1949 dans le Haut-Rhin.[877] L'objectif central assigné à ces cours en 1927 reste maintenu :

> C'est l'enseignement du français qui reste la tâche primordiale, les connaissances acquises à l'école primaire sont en effet assez fragiles. [...] Grâce à l'institution des cours post-scolaires obligatoires, il sera désormais possible, en ce qui concerne les adolescents âgés de 14 à 17 ans qui ne poursuivent pas leurs études, de préserver l'essentiel des acquisitions faites à l'école primaire et d'entretenir en particulier la connaissance de la langue française. Le niveau de ces cours ne manquera d'ailleurs pas de s'élever dans les années à venir, au fur et à mesure que les résultats d'une scolarité redevenue normale se seront améliorés.[878]

Mais au fil des années, l'efficacité de ces cours semble être de plus en plus compromise. Dès 1958-1959, l'inspecteur d'académie du Haut-Rhin est franchement d'avis que cet enseignement n'a plus de raison d'être : « La formule semble de plus en plus condamnée, l'efficacité s'amenuise d'année en année. La qualité de l'auditoire est médiocre par suite du départ des mieux doués et d'exode des ruraux. Le niveau de l'examen est faible »,[879] d'autant que les enfants qui quittent le système scolaire depuis 1953 ont connu un cycle primaire complet en français.

Son collègue du Bas-Rhin commence à se rallier publiquement à sa position en 1964-1965 :

> On note une progressive dégradation des cours post-scolaires dans la plupart des circonscriptions. On impute cette régression à l'accélération de la scolarisation au niveau du second degré. Si l'on ajoute à ce facteur que davantage de jeunes reçoivent une formation technique

professionnelle dans des établissements appropriés, on comprend que les «astreints» [sur les 6751, ils sont 5270, c'est-à-dire 78%] représentent les éléments les plus pauvres du point de vue des possibilités de travail culturel. [...] On est tenté, dans ces conditions, de songer à la suppression des cours post-scolaires. Néanmoins, aussi longtemps que l'obligation scolaire n'aura pas été portée à seize ans, mesure qui dans le cadre de la Réforme de l'Enseignement est prévue par paliers à compter de 1972, ils constitueront, en attendant, pour les enfants âgés de plus de quatorze ans, un complément d'instruction non négligeable.[880]

L'année suivante, il précise:

On estime que l'institution des cours post-scolaires d'enseignement général ne répond plus, à notre époque, aux objectifs définis par l'arrêté préfectoral du 23 octobre 1948. Les résultats de l'enquête faite à ce propos dans l'ensemble des circonscriptions permettent d'envisager la suppression du caractère obligatoire de ces cours et la transformation de l'enseignement post-scolaire traditionnel en «activités nouvelles» pour répondre aux impératifs de la Réforme de l'Enseignement (futures classes terminales de 14 à 16 ans).[881]

L'un des instituteurs exerçant à l'école primaire de la Robertsau confirme la difficulté dans ce cadre, faisant écho à la «dégradation» évoquée: «L'objectif [des cours post-scolaires] était de garder [les jeunes] sous la main, d'entretenir et de perfectionner leur français, tout en les ouvrant sur les problèmes du monde contemporain. Nous étions deux collègues volontaires à prendre en charge ces cours bi-hebdomadaires, fréquentés par une vingtaine de grands garçons. Notre enseignement prenait appui sur un journal mensuel conçu pour ces adolescents, mais nous pouvions choisir nos thèmes d'intérêt avec une grande liberté, dans l'actualité quotidienne. À ma grande déception, j'avoue notre échec: peu à peu, ces jeunes se laissèrent entraîner à défier l'institution, la contestation et la violence pénétraient sourdement dans l'école, malgré nos efforts pour trouver des points d'ancrage. Ah! si le cinéma ou la télévision eussent pu nous secourir! Mais, hélas, mon collègue et moi étions seuls aux avant-postes, et les cours allaient dégénérer en enfer.»[882]

Une comparaison quantitative rapide des deux leviers utilisés par l'État pour diffuser le français, l'un qui précède et l'autre qui suit la scolarité obligatoire, au sein de l'enseignement du premier degré, montre certes que l'investissement dans l'école maternelle est davantage porteur d'avenir, mais que l'intérêt des cours post-scolaires jusqu'au tournant des années cinquante n'était pas négligeable, du moins d'un point de vue quantitatif:

	Total général Enfants à la maternelle	Total général Cours post-scolaires
1945-1946		34 002
1946-1947	18 104	19 397
1947-1948	17 797	14 538
1948-1949	16 000	15 445
1.01.1950	18 252	21 121
1.12.1951		18 509
1.12.1952	23 341	16 200
1.12.1953	27 462	14 959
1.12.1954	28 833	13 473
1.12.1955	30 429	12 361
1.12.1956	31 909	11 397
1.12.1957	32 346	11 577
1.12.1958	35 147	9 246
10.12.1959	36 748	7 977
10.12.1960	37 848	7 709
10.12.1961	39 026	
10.12.1962	40 333	8 186

Dans l'évaluation de l'apprentissage du français dont bénéficient les élèves de l'école primaire, les jugements distinguent l'avis pédagogique de la pratique linguistique extra-scolaire :

> En apparence, les progrès accomplis dans ce domaine sont remarquables : partout où l'acquisition de la langue est affaire de travail de mémoire, d'application, il y a lieu de s'estimer pleinement satisfait (grammaire, orthographe, lecture). Mais au point de vue de l'expression orale et surtout écrite, les progrès demeurent moins probants. Cela tient sans doute au fait que l'élève n'use de la langue française qu'à l'école et l'abandonne, en général, dès qu'il en a franchi le seuil. À ce sujet, nous craignons que l'introduction de la langue allemande dans les écoles ne vienne, si elle était généralisée, interrompre les résultats du bel effort accompli depuis 1945 pour l'enseignement du français. (1954)[883]

Deux ans plus tard, l'inspecteur d'académie du Haut-Rhin précise :

> [Les progrès en français] demeurent encourageants et justifient un alignement total sur les programmes officiels sous réserve des remarques suivantes :
> - inégalité des résultats selon les sexes (ils sont meilleurs chez les filles) et la nature des écoles (certaines écoles rurales et montagnardes accusent de moindres progrès)
> - ces progrès très nets dans les petites classes, surtout dans les localités où fonctionne une école maternelle ou une section enfantine, ne trouvent pas une confirmation lorsque les élèves deviennent plus âgés.

> De telles constatations démontrent la nécessité de prolonger l'action de l'École au-delà de la durée normale des études primaires en développant au maximum les cours post-scolaires.[884]

Le rôle réel de ces cours post-scolaires reste ambigu, mais, symboliquement, ils incarnent la nécessité qu'il y a, aux yeux des responsables éducatifs, de faire maintenir aux élèves un contact régulier avec le français.

Si l'inspecteur d'académie du Bas-Rhin ne se départit pas de son constat de technicien («Le niveau s'améliore dans les cours post-scolaires. À présent, la scolarité française est complète et les enfants ont bénéficié de la préscolarisation dans les classes maternelles et enfantine.»)[885], son collègue du Haut-Rhin réitère ses inquiétudes en 1959 :

> Les résultats constatés sont d'un bon niveau, ils ne sont pas inférieurs à ceux d'autres régions de France. Cependant, ils sont incontestablement fragiles si le français n'est pas utilisé dans la famille et le milieu social. Dans les secteurs les plus défavorisés eux-mêmes, où l'enfant entre en classe sans connaître le français, il y a un progrès rapide et continu jusqu'au Cours Moyen 2e année, ce plafond n'est pas dépassé ensuite et s'abaisse à la sortie de l'École. Les résultats observés dans les Cours Post-Scolaires en sont la preuve irréfutable. Si la base élocutive et sociale du langage fait défaut, il est normal que le maniement de la langue soit menacé dès que cesse l'intervention de l'École.[886]

À partir du tout début des années soixante, la question des «progrès du français» n'est plus évoquée dans les rapports des inspecteurs d'académie, ou uniquement à la marge : «Un effort particulier dans le domaine du français en vue de promouvoir l'expression orale a été engagé et doit se poursuivre. Il était des plus nécessaires dans les communes rurales où le dialecte local garde la primauté.»[887] L'usage du français a probablement suffisamment progressé dans suffisamment de domaines d'usage pour qu'une inquiétude affichée ne soit plus de mise.

Les pratiques linguistiques au sein de l'école posent cependant des problèmes pratiques, pédagogiques et, d'une certaine manière, éthiques. En effet, où s'arrête et où commence l'espace scolaire auquel s'applique la réglementation linguistique en vigueur ? Le «Règlement intérieur des Écoles primaires élémentaires du département du Bas-Rhin» précise encore explicitement dans son article 17 que «le français sera seul en usage dans l'école».[888] Au-delà des nombreuses anecdotes sur les accommodations plus moins acceptables qui ont été élaborées, c'est le rôle modélisant du maître, au-delà de sa fonction au sein de l'école, qui est soumis à rude épreuve. Ainsi, un inspecteur de l'enseignement primaire formule ses instructions ainsi :

> Il faut demander aux élèves, avec une insistance accrue, de parler français pendant les récréations : cela doit devenir la règle absolue. [...]
> Il convient – je le redirai sans cesse – que dans leurs villages, maîtresses et maîtres donnent l'exemple, ne parlent que français avec leurs anciens élèves et avec tous ceux qui le comprennent. Il ne faut pas que, sitôt fermée la porte de la classe, on se mette au dialecte. De quel droit viendrait-on ensuite exiger des élèves qu'ils parlent français ? Les résultats obtenus sont dus à la fermeté, à la ténacité des maîtres. Ce n'est pas l'heure de les remettre en cause. Que chacun comprenne son devoir.[889]

Va-t-il au-delà des souhaits du recteur, qui affirme : « [Les élèves interrompent leurs propos en dialecte] une fois franchi le seuil de l'école, mais ils les reprennent à la sortie et même souvent pendant leurs récréations et leurs jeux, car le maître, s'il ne les encourage pas, n'a point ordre de les interdire »[890] ? (*cf. supra*)

La manière de traiter l'utilisation des parlers dialectaux dans des situations informelles à l'école, les enfants étant entre pairs, est assez peu évoquée dans l'espace public.[891] Ce sont essentiellement des témoignages, tardifs, souvent oraux – comme ailleurs en France où il existe/ existait une langue allogène –, qui rappellent qu'il existait une « chasse » au dialecte (E. Philipps) à l'école primaire. Eugène Philipps, lui-même instituteur de 1938 à 1954, évoque, avec l'intégrité et la nuance qui le caractérisent, les pratiques coercitives qui avaient cours, concernant au premier chef les élèves, mais aussi les maîtres.[892] Encore en 1971, le recteur assure pourtant qu'« il n'a jamais été question d'interdire le dialecte dans les écoles », ce qu'un syndicat d'enseignants traite de « sinistre comédie ».[893]

L'interdiction de parler l'alsacien dans l'espace scolaire informel

Ce n'est pas tant l'interdiction de parler l'alsacien qui est visée que l'utilisation – forcée – du français, comme le rappelle sobrement Alain Howiller : « On nous aidera fortement à progresser [en français] en interdisant l'usage du dialecte. [...] Cela coûte cher de parler le dialecte dans la cour de l'école. Les punitions pleuvent : était-ce nécessaire ? »[894] Antoine Kocher reprend à son compte la question de l'efficacité de cette manière de faire : « Une année, le nouveau maître, jugeant nos progrès trop lents, usa d'un procédé singulier pour nous inculquer la langue française. [...] Le matin, [il] se mettait à l'affût dans un coin de la cour, tel une araignée guettant sa proie, pour surprendre l'un d'entre nous parlant en dialecte. Le fautif, tout penaud, se voyait remettre une grosse clé dont il avait intérêt à se défaire dans les meilleurs délais en épiant un de ses camarades. Un seul mot en alsacien et le témoin changeait de poche. Le dernier qui, à quatre heures, posait la clé sur le bureau du maître devait copier cent fois "Je dois parler français". Pour échapper à la sanction, on provoquait souvent la faute chez un camarade. Si j'éprouve plus que des doutes quant à l'efficacité de la méthode, je suis certain qu'elle ne nous faisait pas aimer le français!»[895]

Plusieurs autobiographies ou biographies évoquent de manière explicite ou implicite les conséquences de cette manière de procéder. Ainsi, Jean Oehler, né en 1937, souligne l'enjeu et l'ambiguïté d'un plurilinguisme éprouvé comme stigmatisant: «Passer sans transition de l'allemand au français à l'école, c'est le meilleur moyen pour ne bien savoir parler ni une langue ni l'autre... Et puis, après guerre, on nous interdisait de parler alsacien, on était immédiatement puni par l'instituteur si on était pris à parler un mot d'alsacien dans la cour de récréation.» Par la suite la suite, Jean Oehler se sentit tellement culpabilisé par son français qu'il s'est interdit de parler alsacien avec ses enfants. «Ils arrivent plus ou moins à se débrouiller, mais j'ai tout fait pour qu'ils ne parlent pas le dialecte et maîtrisent parfaitement le français. J'avais tellement peur qu'ils aient des difficultés en français.»[896] Dans le récit du voyage initiatique qu'il entreprend à travers les Amériques, Jean-Marie Stoerckel (né en 1947) raconte une rencontre avec un prêtre alsacien: «Ca me fait drôle qu'ici, sur les hauts plateaux andins, on me parle en alsacien, que je n'ai plus entendu depuis la gare de Strasbourg. Je réponds dans un baragouin d'alsacien et de français. Quand j'étais gamin, on m'a tellement tapé sur les doigts, au sens propre à coups de trique et de règle, comme au sens figuré, que je n'ai jamais bien appris le dialecte de mon pays. "Il est chic de parler français", rabâchaient tout le temps les instituteurs et le curé à l'école primaire et ceux qui pétaient plus haut que leur cul dans le village.»[897] Cette logique peut aussi amener de véritables problèmes de communication pour de jeunes enfants. C'est ainsi que Marguerite Mutterer (née en 1921), scolarisée dans une classe enfantine dans une école à Guebwiller avant guerre, narre une sorte de traumatisme: «Je fus interpelée par la maîtresse très en colère. J'avais, la veille, emporté la boîte de jeux. [...] Je n'avais pas compris que nous n'avions pas le droit d'emporter à la maison la boîte de jetons. Je ne maîtrisais pas bien le français, seul mon père le parlait avec moi. En famille et dans l'atelier, on ne s'exprimait qu'en dialecte. L'interdiction m'avait échappé et je ne comprenais pas le sens de l'ire de la maîtresse. Mon cousin [...] et son ami [...] me l'expliquèrent. Ils me précisèrent qu'elle croyait que j'avais volé le jeu. Ils se firent mon interprète auprès d'elle, mais je n'ai pas oublié cette humiliation. »[898] De son côté, Simone Morgenthaler évoque la douce violence qu'avait choisie son institutrice : « J'étais émerveillée par la musique des mots qui s'envolaient de la bouche de mademoiselle Jérôme, mais je ne pouvais m'exprimer qu'en alsacien. Dès lors que les mots sortaient en alsacien, elle posait le doigt sur la bouche en disant : "Il faut parler français". Durant mes premiers jours d'école, je fus déchirée entre la joie de découvrir un monde nouveau et la honte de ne pas savoir taire ces mots alsaciens. Et lorsque je revenais le soir vers les miens, j'étais désarçonnée, honteuse pour ceux qui instituaient de telles règles, et honteuse pour nous qui ne parlions pas la bonne langue. [...] Il était aussi interdit de parler l'alsacien durant la récréation. Parfois la maîtresse me prenait à part dans la cour et me disait avec douceur, en refaisant ma queue-de-cheval : "Je t'ai encore entendue parler l'alsacien. Il faut parler en français." [...] Un hiatus m'a lézardée : je vivais une douleur incompréhensible à laquelle je n'étais pas préparée, vu que personne ne me l'avait expliquée. Et surtout je ne comprenais pas ce que je faisais de mal en parlant la langue des miens. »[899]

L'espace scolaire était généralement compris dans un sens assez extensif. Ainsi, Armand Perego indique, de manière assez constative, qu'au lycée Fustel-de-Coulanges, auquel il avait été admis (sur concours) au milieu des années cinquante, « la majorité des élèves parlait le français et non l'alsacien. La pratique de ce dernier était d'ailleurs interdite, y compris sur le parvis de la cathédrale et dans les rues adjacentes du lycée, après les cours, sous peine de se voir collé pendant deux heures. »[900]

À la fois position idéologique de principe, enjeu de politique nationale, nécessité fonctionnelle à moyen terme, mais aussi forme d'aveu d'impuissance, ce type de logique coercitive fait aussi partie des discours explicites et implicites sur la langue (ici : le français *vs* les dialectes) qui contribuent à mettre en place une hiérarchie et une évaluation, valorisante pour l'une, stigmatisante pour l'autre. Ces discours seront intériorisés au fil du temps et actés comme étant « vrais » par le corps social.

La formation des instituteurs

La politique de diffusion du français par l'école primaire reposait aussi sur les acteurs centraux de cette partie du système éducatif, les instituteurs. Une partie d'entre eux sera amenée, dans des conditions variables, à faire un stage dans des écoles normales « de l'intérieur » de la France, selon des conditions, elles aussi, variables. Les objectifs affichés et leur hiérarchie ne sont pas toujours les mêmes selon les textes publiés. Cependant, trois niveaux sont clairement identifiables. Ces stages doivent servir : au perfectionnement linguistique en langue française («progrès accomplis dans l'usage du français»); à acquérir une meilleure connaissance « de la vie des Français de l'intérieur »; « à se familiariser avec les méthodes pédagogiques en vigueur dans nos écoles ».[901] En conséquence, ces enseignants « doivent effectuer les mêmes études que les élèves-maîtres de quatrième année, participer à toutes leurs activités et partager leurs loisirs »[902].

L'idée majeure qui préside à ces stages va bien au-delà de la part linguistique, et réside bien plus dans l'objectif *intégratif* de ce séjour, par la connaissance de la France, par l'utilisation des méthodes pédagogiques en usage en France. Ainsi les instituteurs alsaciens partageront les mêmes référents français que leurs collègues des autres départements. Pour les instituteurs concernés, le stage n'est pas facultatif, mais relève bien d'une obligation : ceux « qui refuseront d'accomplir le stage pour lequel ils ont été désignés subiront un an de retard au moment de leur titularisation. »[903]

La question de l'enseignement de l'allemand[904]

En avril 1945, un rapport d'enquête sur l'état de l'opinion publique distinguait deux grandes tendances concernant l'enseignement de l'allemand à l'école primaire :

> De nombreuses personnes pensent que l'enseignement de l'allemand ne doit plus être donné dans les écoles primaires pendant trois ou quatre ans. Elles proposent de consacrer à l'enseignement du français les heures qui seraient réparties à l'étude de la langue étrangère.
> Certains vont même jusqu'à vouloir bannir complètement l'allemand des programmes du premier degré : celui qui veut être cultivé, disent-ils, pourra trouver, après sa scolarité ou encore dans l'enseignement du second degré, les moyens d'étudier une langue étrangère.
> D'autres par contre, peut-être une majorité, estiment que les enfants d'un pays frontalier doivent connaître le langage de leurs voisins. C'est nécessaire, ne serait-ce que pour des raisons commerciales. On

fait remarquer que la connaissance d'un peuple (langue, culture, coutume) est une des conditions de rapprochement. Car, dit-on, il faut préparer un monde où les motifs de guerre soient annihilés par des raisons de paix.[905]

C'est la première solution, liée à la volonté d'assimilation, qui sera retenue par l'autorité scolaire, qui suspendra l'enseignement de l'allemand à l'école primaire en janvier 1945.[906] Mais des voix s'élèvent, avec plus ou moins d'intensité et de fréquence, dès 1946, pour réclamer une réintroduction de cet enseignement. Les élus du MRP[907] ainsi que certains représentants des Églises ne désarment pas: ils demandent la réintroduction de l'enseignement de l'allemand à l'école élémentaire, tant pour des raisons pratiques que sociales et culturelles. Mais d'autres élus et les différents gouvernements qui se succèdent estiment que le français doit rester prioritaire et que le temps qui serait alloué à l'allemand serait du temps retranché au français. D'autant que pour ces derniers, c'est l'école qui reste essentiellement l'espace réel et symbolique dans lequel les enfants sont amenés à utiliser le français. Ils doutent fort qu'ils aient l'occasion de le pratiquer ailleurs.

L'argumentaire que construisent ceux qui souhaitent la réintroduction de l'enseignement de l'allemand est, en règle générale, modérément bien abondé: ils invoquent le besoin de l'allemand comment langue de l'écrit dans le lien intergénérationnel, son utilité économique pour la France en général, son utilité pour le devenir professionnel des individus en particulier... Mais dès 1946, après les précautions oratoires d'usage sur le bilinguisme en Alsace, le conseiller général Klock fournit un argument qui ne relève ni du domaine du besoin de la communication, ni du domaine économique, mais bien du domaine culturel, patrimonial et identitaire:

> Nous voudrions que l'on conserve au peuple alsacien, à cette population qui a tant souffert, le privilège – car c'est un privilège – de connaître deux langues. À mon avis, si on connaît trois langues, cela vaut encore mieux, mais cela n'a rien du tout à voir avec la conception nationale de la population alsacienne. [...] C'est le privilège de la population alsacienne de connaître ces deux langues et, personnellement, je voudrais que la jeunesse de l'avenir, en Alsace, conserve ce privilège de pouvoir parler parfaitement la langue française et de pouvoir s'exprimer aussi en allemand et de lire, dans cette langue, des ouvrages qui peuvent présenter un certain intérêt.[908]

L'argument sera repris dans un texte officiel du MRP par le considérant – bien plus bureaucratique et plus politiquement correct – suivant: «traditionnellement, l'allemand représente pour la majorité des

Alsaciens une langue seconde de culture, dont l'acquisition leur est rendue facile par la connaissance et la pratique du dialecte »[909].

Suite à un nouveau vœu, le conseiller général Klock plaide, à nouveau, en 1950, pour l'enseignement de l'allemand sous l'angle culturel et identitaire :

> Il faut bien reconnaître que pour la première fois dans l'histoire de l'Alsace française, on a cessé, à l'école primaire, d'apprendre aux enfants à lire et à écrire dans une langue dont leurs ancêtres se servaient, dont leurs aînés se servent encore pour prier et pour écrire et qui correspond à leur dialecte. […]
> La majorité de notre population estime qu'il y a lieu de rendre à notre langue régionale une place, modeste sans doute, mais suffisante aussi, dans l'enseignement primaire.[910]

Cette perception de l'allemand est aux antipodes de celle que développe le Conseil général du Haut-Rhin dans un vœu de la même année : « que l'enseignement de la langue allemande comme langue étrangère soit repris dans les écoles primaires d'Alsace aussitôt que les possibilités techniques le permettront ».[911]

Globalement, le bien-fondé d'une réintroduction de l'enseignement de l'allemand ne fait pas l'unanimité. L'inspecteur d'académie du Haut-Rhin fait observer, dès 1947 : « Il convient de remarquer […] qu'une grande partie du personnel n'est pas favorable à la réintroduction de l'enseignement de l'allemand dans les écoles primaires. Dans le même ordre d'idées, beaucoup d'instituteurs se plaignent de ce que les ministres du culte persistent à donner l'enseignement religieux en allemand. »[912] Le Conseil académique y est défavorable,[913] le Syndicat national des instituteurs y est hostile[914] et la Commission d'enquête chargée d'étudier le niveau de l'enseignement du français (1950) y voit un péril.[915]

Les positions se raidissent au point qu'à l'Assemblée nationale, le MRP dépose un amendement soutenu par le Parti communiste par lequel il demande une diminution de 1000 francs du crédit affecté aux dépenses du ministre de l'Éducation nationale « afin d'obtenir de ce dernier le rétablissement, dès la rentrée d'octobre, de l'enseignement de l'allemand dans les classes supérieures de l'enseignement primaire. […] Finalement l'Assemblée […] adopta [l'amendement] par 372 voix contre 174 ».[916]

La loi Deixonne sur « l'enseignement des langues et dialectes locaux » du 11 janvier 1951[917] n'a retenu comme « langues et dialectes locaux » que le breton, le basque, le catalan et la langue occitane. Les « langues et dialectes locaux » pouvant avoir un lien avec une langue standard étrangère (corse, dialectes flamands, dialectes en Alsace et en Moselle) ainsi que les langues d'outre-mer n'ont pas été retenus.

1952 : deux heures d'allemand facultatives, sans grands résultats

La pression exercée par des représentants alsaciens aboutit d'abord à la création par le ministre de l'Éducation nationale, en février 1952, d'une «commission chargée d'étudier les mesures relatives à l'introduction de l'enseignement facultatif de la langue allemande dans les programmes terminaux des écoles primaires des départements du Bas-Rhin et du Haut-Rhin».[918] Les conclusions des travaux semblent avoir été fixées dès l'été 1952, mais les textes d'exécution semblent tarder. Il était notamment prévu que les chefs de famille se prononcent pour ou contre la participation de leur(s) enfant(s) à cet enseignement à la rentrée d'octobre 1952; mais les formulaires n'étaient pas encore arrivés début décembre. «C'est au point qu'on peut se demander si ce retard n'est pas voulu et si par là on n'essaie pas d'entraver l'introduction de cet enseignement.»[919]

Sur le plan pratique de cette réintroduction, le MRP du Bas-Rhin demandait, en 1947, le «retour de principe au règlement de 1939», mais aussi une formation des maîtres dans les écoles normales ainsi qu'une «rétribution de ce personnel [pour] tenir compte de la charge supplémentaire qu'entraîne l'enseignement de l'allemand».[920] Mais les textes qui seront publiés en décembre 1952 restent très en retrait par rapport à ce qui avait été demandé cinq ans plus tôt. L'article 1 du décret du 18 décembre 1952 dispose qu'«un enseignement facultatif de la langue allemande est institué dans les classes terminales des Écoles Primaires élémentaires des Communes dont la langue usuelle est le dialecte alsacien.

» Cet enseignement sera donné pendant deux heures chaque semaine, au cours des deux dernières années de la scolarité obligatoire, aux enfants dont la famille en aura exprimé le désir. Les cours auront lieu pendant les heures normales d'enseignement. Ils seront confiés aux enseignants qui en auront accepté la charge.»[921]

Les dispositions retenues sont assez éloignées des modalités d'avant-guerre : l'enseignement est *facultatif*, fondé à la fois sur le choix des parents et le volontariat des maîtres ; il ne concerne que les élèves âgés de douze à quatorze ans ; il ne comporte que deux heures.

L'arrêté ministériel du lendemain reprend les mêmes dispositions, en précisant, dans ses articles 2 et 3 la manière dont les parents et les maîtres devront opérer leur choix :

> «Article 2 - Seront admis à suivre ces cours d'allemand les élèves dont le père ou le tuteur légal aura donné son accord écrit lors de la consultation qui devra être faite sur ce point, par MM. les Inspecteurs d'Académie intéressés.

Article 3 - Les cours seront assurés dans les écoles primaires publiques par les instituteurs qui, consultés par MM. les Inspecteurs d'Académie, se sont déclarés aptes à enseigner la langue allemande et disposés à assurer la charge de cet enseignement. [922]

À leur tour, les consultations des parents et des maîtres, prévues par les deux textes et précisées par une circulaire ministérielle du 19 décembre 1952[923], vont faire l'objet de vives discussions, tant sur le principe que sur les formes de réalisation, accompagnées de campagnes en faveur ou en défaveur de cet enseignement.

Les avis des parents des enfants pouvant bénéficier de l'enseignement l'allemand produisirent les résultats suivants :[924]

	Bas-Rhin		Haut-Rhin		Alsace	
Nombre de parents consultés	12 605		9 101		21 706	
Réponses affirmatives	10 716	85,01 %	7 611	83,63 %	18 327	84,43 %
Réponses négatives	1 889	14,98 %	1 490	16,37	3 379	15,57 %

Le résultat des consultations pour le personnel enseignant aboutit aux résultats suivants :[925]

	Bas-Rhin		Haut-Rhin		Alsace	
nombre total de réponses	2 109		2 106		4 215	
acceptent sans condition d'enseigner l'allemand	823	39,02 %	808	38,36 %	1 631	38,69 %
acceptent sous condition*	271	12,85 %	-		271	6,43 %
total d'acceptants	1 094	51,87 %	808	38,36 %	1 902	45,12 %
refusent	885	41,96 %	1 298	61,64 %	2 183	51,79 %
s'abstiennent	130	6,16 %	-		130	3,08 %

*Cette rubrique n'était pas prévue. L'inspecteur d'académie du Bas-Rhin rappelle, dans une lettre adressée au personnel enseignant (17 janvier 1953), qu'il s'agit de «répondre aux questions posées par OUI ou par NON, à l'exclusion de toute autre addition».

Le taux élevé de refus des maîtres, en particulier dans le Haut-Rhin, complique singulièrement la mise en place de cet enseignement, de sorte que le ministère prescrit l'institution d'un enseignement d'allemand itinérant fin octobre 1953.[926] Face aux manifestations de mécontentement, il est obligé d'envoyer un télégramme pressant le recteur et les inspecteurs d'académie d'organiser immédiatement un service d'instituteurs itinérants pour donner l'enseignement de l'allemand dans les écoles où cet enseignement n'est pas assuré.[927]

1945-1970

Les instituteurs itinérants ne semblent pas former un contingent important, pour peu que les chiffres soient connus : en 1953-1954, ils sont 31 (14 dans le Bas-Rhin[928] et 17 dans le Haut-Rhin[929]). Dans le Bas-Rhin, à partir de 1960 au moins, leur nombre tournera toujours autour de 7[930]. Dans le Haut-Rhin, l'effectif des instituteurs itinérants oscillera entre 11[931] et 17[932] selon les années (entre 1954 et 1960). Ce type d'instituteurs itinérants restera en fonction, dans ce département du moins, jusqu'à la suppression des classes de fin d'études et la mise en œuvre de la réforme Holderith à l'école élémentaire (1972).

Le débat de fond, à la fois sur l'opportunité même d'enseigner l'allemand à l'école élémentaire, mais aussi sur les modalités (dont la consultation des maîtres et des parents font partie) ne faiblira pas tout le long des années cinquante, chaque partie campant sur ses positions. Dès 1953, les inspecteurs de l'enseignement primaire de l'Académie de Strasbourg envoient aux « responsables syndicaux » copie d'une motion qu'ils ont votée. Ils considèrent « que l'introduction de l'enseignement de l'allemand dans les classes terminales des écoles de l'Académie de Strasbourg constitue une lourde faute ». Ils soulignent « les inconvénients graves qui en résultent au point de vue pédagogique et les dangers au point de vue national »[933]. Le signataire, R. Toraille, inspecteur dans la circonscription de Sarre-Union, se distingue de ses collègues par la diffusion de circulaires édictant les directives les plus restrictives possible en ce qui concerne l'enseignement de l'allemand et des propos particulièrement dissuasifs concernant l'usage des dialectes par les maîtres.

Cinq ans plus tard, le 5 mars 1958, de manière assez spectaculaire, les sept inspecteurs primaires et les deux inspectrices des écoles maternelles du Haut-Rhin s'adressent aux parents par le truchement d'une lettre qu'ils envoient aux journaux du département pour critiquer le système des deux heures d'allemand hebdomadaires et s'opposer à toute extension de cet enseignement :

> La connaissance du dialecte alsacien facilite d'une façon indéniable l'apprentissage de l'allemand. Or, la possession d'une seconde langue est du plus haut intérêt pour quiconque. Il est donc compréhensible que de nombreux parents estiment souhaitable l'enseignement de la langue allemande dès l'école primaire.
> Les inspecteurs de l'Enseignement primaire du Haut-Rhin, pourtant, considérant qu'un des devoirs essentiels de leur charge est d'informer et de renseigner les parents, tiennent à préciser nettement les points suivants :
> - l'intérêt majeur pour tous les enfants du pays est la connaissance aussi complète que possible de la langue nationale ;
> - l'apprentissage d'une langue étrangère ne peut être fructueux que si la langue de base est bien possédée ;

- les programmes scolaires sont tels que les heures qui seraient consacrées à l'enseignement de l'allemand seraient obligatoirement prises sur les horaires de français et de calcul, les horaires des autres disciplines étant déjà réduits à leur plus simple expression ;
- l'introduction dans les horaires de deux heures d'allemand dans les classes de fin d'études depuis quelques années a déjà entraîné une baisse sensible des résultats en composition française ;
- un enseignement bilingue ne pourrait actuellement conduire les enfants qu'à un résultat désastreux de ne posséder d'une façon satisfaisante, à leur sortie de l'école primaire, ni la langue française, ni la langue allemande ;
- privées d'un support linguistique solide, les connaissances acquises dans tous les domaines s'avéreraient fragiles et sans lendemains, et toute possibilité de culture après l'école compromise.
Pour ces raisons d'ordre exclusivement technique et pédagogique, que nulle personne informée ne pourra réfuter, les inspecteurs de l'Enseignement primaire soussignés,
estiment que sous la forme prévue, toute extension de l'enseignement de l'allemand à l'école primaire constituerait actuellement une utopie et une erreur dont les enfants seraient les victimes ;
demandent que la solution du problème soit différée jusqu'au moment où la mise en application d'une réforme de l'enseignement entraînera la prolongation de la scolarité ;
affirment avoir apporté les précisions ci-dessus en toute objectivité et dans le seul intérêt des enfants ;
souhaitent que les parents examinent attentivement et sans passion les arguments présentés ci-dessus avant d'engager les enfants dans une voie qui ne pourrait que leur être préjudiciable.[934]

La position des inspecteurs s'attire le soutien des opposants à l'enseignement de l'allemand et provoque l'indignation de l'autre camp.[935] Leur lettre reprend, en quelque sorte, les points essentiels de la problématique : la connaissance du français (qu'ils nomment bien d'après son statut « la langue nationale ») reste prioritaire ; l'allemand est désigné comme « langue étrangère », ce qui laisse entendre qu'il n'a pas de rôle sociétal[936] ; un apprentissage concomitant des deux langues amènerait les enfants à n'en savoir aucune ; il faut donc un apprentissage consécutif et non simultané ; le temps scolaire resterait insuffisant pour le français et les autres apprentissages si le temps alloué à l'allemand était augmenté.

D'une certaine manière, les inspecteurs sont dans leur rôle en mettant en garde les parents contre une possible désillusion ou un parcours néfaste pour leurs enfants. Or, les élus sont d'avis qu'ils ont outrepassé leurs fonctions en se plaçant sur un terrain qui n'est pas le leur.

Dans un souci d'apaisement peut-être, une commission d'enquête a été chargée, par le gouvernement, en 1959, d'examiner la question globalement.[937] La position des syndicats d'enseignants reçus par la commission n'a guère changé : le SGEN-CFTC préconise « qu'il faut consacrer les premières années de la scolarité à l'apprentissage de la seule langue française, [et] que l'enseignement de l'allemand doit commencer à l'âge de onze ans, une fois que l'enfant manie suffisamment la langue française »[938], le SNI se prononce « contre tout particularisme et pour une solution nationale » : « Nous tenons pour vrai qu'avant onze ans, il n'est pas possible d'apprendre deux langues, qu'après onze ans, cela n'est possible valablement que pour les plus doués. Nous tenons pour vrai que les petits Alsaciens doivent avoir les mêmes chances que tous les autres Français d'accéder à tous les échelons du savoir […] sur une base solide : la connaissance de la langue nationale. »[939] « L'enseignement de l'allemand, dans les conditions actuelles des horaires et des programmes, ne peut que porter préjudice à l'apprentissage de la langue nationale. »[940]

Comme d'autres représentants d'institutions, l'évêque du diocèse de Strasbourg[941] a été « invité par M. le Recteur d'Académie à donner son avis sur le problème du bilinguisme, en particulier sur l'enseignement de l'allemand à l'école primaire »[942]. Pour préparer son audition, il a fait procéder à un sondage, notamment sur la compétence des enfants en allemand à l'écrit. Il était demandé aux prêtres de « faire une courte interrogation écrite, en français et en allemand, sur un sujet simple d'histoire ou de catéchisme, parmi les élèves de la dernière année primaire ».[943] En effet, l'un des reproches récurrents fait à l'enseignement de l'allemand à l'école élémentaire portait sur son manque d'efficacité dû au fait que la présence de cet enseignement dans les écoles et son suivi restaient aléatoires. La compétence en langue allemande d'enfants de douze à quatorze ans à l'école élémentaire n'avait pas été examinée par les autorités scolaires.

Résultats généraux[944]

	français		allemand	
Note obtenue	nombre de copies	%	nombre de copies	%
10 – 7 (bien)	622	68 %	30	3 %
6 – 4 (passable)	214	23 %	124	14 %
3 – 0 (mauvais)	86	9 %	767	83 %
	922	100 %	921	100 %

S'agissant des résultats en français, la commission de dépouillement et les curés estiment que « les résultats sont bons. Le niveau de ces enfants de treize ans paraît d'autant plus satisfaisant que les meilleurs sujets ont en partie quitté l'école primaire pour les collèges ou lycées. Les filles ont de meilleures notes que les garçons : elles sont plus appliquées et parlent davantage français entre elles. »

En revanche, les enquêteurs sont effondrés à la vue des résultats en allemand :

> Les résultats sont lamentables, catastrophiques, inférieurs aux prévisions les plus pessimistes. Sous aucun régime et à aucune époque nous n'avons été si bas. [...] Ces résultats montrent d'abord qu'on ne donne actuellement aucun enseignement de l'allemand digne de ce nom, sauf rares exceptions. [...] Plus de 80% des enfants ne reçoivent pas l'enseignement décrété à la suite d'un référendum où les parents l'ont demandé. Les faits sont tels qu'ils autorisent à parler sans témérité de sabotage. Les deux heures d'allemand prévues au programme ne sont pas faites loyalement.

Cependant, les rapporteurs font observer qu'« il suffirait d'une chiquenaude pour faire accéder [les copies passables] au "bien", d'un peu d'assiduité auprès des textes allemands pour assurer l'orthographe. » Enfin, les rapporteurs proposent une analyse des « mauvaises copies », qu'ils divisent en trois catégories :

> 1. Un lot important s'essaie à un allemand incertain, mais allemand tout de même. Là encore, il suffirait d'un petit effort pour arriver à un seuil convenable.
> 2. Un grand nombre, totalement ignorant de l'allemand, se lance bravement dans une pittoresque transcription phonétique de l'alsacien, entremêlé de termes français. Même là on observe souvent combien l'enfant possède instinctivement le sens de la langue et serait capable d'apprendre celle-ci aisément.
> 3. Enfin un bon tiers de copies, 270 sur 767, sont des feuilles blanches.[945]

La conclusion globale à laquelle parviennent les rapporteurs et les curés enquêteurs semble convergente :

> Là où cet enseignement est donné, les enfants en ont donc profité pendant un an seulement, à raison de deux heures par semaine, souvent moins. Si l'on songe qu'en si peu de temps, avec un horaire si réduit, il a été possible d'obtenir des copies passables, on ne peut manquer d'être frappé par la facilité avec laquelle les petits Alsaciens apprennent l'allemand. Dans aucune autre matière on n'obtiendrait, toutes proportions gardées, semblable résultat. C'est l'observation capitale, sans cesse soulignée par les curés dans leurs lettres. La facilité à s'initier à l'allemand à partir du dialecte est extrême et c'est gaspiller un talent précieux que de n'en pas profiter. Cet argument est

l'un des plus forts, des plus raisonnables, des plus convaincants pour des pédagogues, en faveur du maintien de l'allemand au programme des écoles primaires.

Sur la question des horaires, «la plupart [des curés] [...] demande qu'on applique au moins loyalement le règlement actuel et, si possible, qu'on l'élargisse (deux heures hebdomadaires à partir de dix ans.)» Enfin, l'appréciation que portent les prêtres sur le volontariat des instituteurs rend assez bien compte de l'état d'esprit que d'autres soulignent également: «Les instituteurs ont l'habitude de se conduire d'après la pensée de leurs supérieurs. Si donc ils savent que ces derniers tiennent à l'application du règlement, ils feront consciencieusement l'enseignement de l'allemand. Au contraire, s'ils se savent mal vus en assurant cet enseignement, ils le négligeront: c'est le cas aujourd'hui.»[946]

Le rapport que l'évêque remet en décembre 1959 au recteur Angelloz consiste, au moins dans la partie consacrée à l'enseignement de l'allemand à l'école élémentaire, en un véritable plaidoyer pour une application généralisée des textes de 1952, c'est-à-dire en une forme de supplique muette adressée à l'administration scolaire pour qu'elle encourage les instituteurs à dispenser cet enseignement, au vu des résultats obtenus par le biais de l'enquête.[947] Cet aspect ne sera pas retenu par la commission Angelloz.

Cette enquête montre, *a fortiori*, que les enfants qui ont grandi dans l'après-guerre commencent à avoir une bonne compétence en français, dans le domaine de l'écrit, mais qu'ils n'ont guère de compétences en l'allemand à l'écrit, malgré un environnement oral très majoritairement dialectal et une forte présence de l'allemand oral (endogène: culte, certaines manifestations culturelles; exogène: radio) et de l'allemand écrit (endogène et exogène: presse). La «perte» de l'allemand écrit semble ainsi acquise pour ces générations de l'après-guerre.

Dans ses conclusions, la commission propose d'avancer l'âge de l'apprentissage d'un an (onze ans au lieu de douze ans), d'améliorer les méthodes pédagogiques, notamment en tenant compte de la connaissance du dialecte, de proposer une épreuve facultative d'allemand au certificat d'études primaires et d'organiser une formation pédagogique des maîtres dans les écoles normales de l'Académie.[948] La commission a ainsi repris à son compte un certain nombre de propositions faites par un syndicat enseignant (SGEN) et par un parti (MRP). Mais la revendication récurrente du SGEN et du MRP concernant «une rémunération spéciale des maîtres qui enseignent l'allemand»[949] n'a pas été retenue.

La circulaire rectorale du 4 septembre 1961,[950] qui fait suite aux travaux de la commission, se contente d'énumérer un certain nombre de généralités pédagogiques et reprend uniquement l'idée que ce n'est pas l'âge qui conditionne intrinsèquement l'autorisation d'apprendre l'allemand, mais le fait d'avoir terminé le CM2 et de se trouver dans une classe de fin d'études. Les autres points qu'avait retenus la commission ne sont pas évoqués.

Aussi, dans la pratique, bien peu de choses auront-elles changé, à supposer d'ailleurs que l'allemand soit réellement enseigné[951] : en 1966, par exemple, l'enseignement n'est toujours que de deux heures et n'est souvent donné qu'aux enfants qui ont déjà douze ans ; il y a toujours une consultation des parents selon les modalités de 1952 et aucun manuel spécifiquement adapté aux élèves dialectophones n'a été édité ; il n'est plus vraiment question de l'épreuve facultative au certificat d'études.[952]

D'ailleurs, à onze ans, de plus en plus d'enfants entrent en sixième ou en classe de transition, où l'allemand peut être enseigné. D'une certaine manière, l'objectif d'« assimilation » est atteint. La question de l'enseignement de l'allemand dans ce cycle terminal de l'école primaire ne se pose plus vraiment et le régime scolaire linguistique ne présente plus d'aspect particulier dans la mesure où, de fait, il est identique à celui qui a cours dans toute la France.

LES LANGUES DANS LES BIBLIOTHÈQUES

Les bibliothèques[953], municipales ou suivies par les services de l'État, vont devoir faire face, après 1945, à une situation qui sera souvent éprouvée comme paradoxale. Il y aura une forte demande de livres en allemand, y compris à destination de la jeunesse, mais il y a nécessité de diffuser la langue française, notamment parmi les jeunes, et singulièrement par le livre. Par ailleurs, les lecteurs ont exprimé leur mécontentement de façon récurrente quant au choix de livres en allemand qu'on leur proposait, selon les témoignages recueillis, mais sans grand succès.[954]

Selon les communes, la part de l'allemand dans la lecture de loisirs pouvait être importante : en 1955, à Haguenau, la part des romans en langue allemande prêtés représentait 50 % des prêts de livres ; dix ans plus tard, elle se réduisait à moins de 40 %.[955]

	1er semestre **1955**		Total	1er semestre **1965**		Total
Âge des lecteurs	Romans en **français**	Romans en **allemand**		Romans en **français**	Romans en **allemand**	
0 ou 8 – 14 ans	103 = 100 %	0	103	903 = 100 %	0	903
14 – 20 ans	1 004 = 94,45 %	59 = 5,55 %	1 063	911 = 100 %	0	911
20 – 30 ans	909 = 52,85 %	811 = 47,15 %	1 720	500 = 97,85 %	11 = 2,15 %	511
30 – 40 ans	898 = 50,22 %	890 = 49,78 %	1 788	578 = 65,83 %	300 = 34,17 %	878
40 – 50 ans	763 = 46,16	890 = 53,84 %	1 653	513 = 52,30 %	468 = 47,70 %	981
50 – 80 ans	243 = 14,58 %	1 423 = 85,42 %	1 666	454 = 20,60 %	1 750 = 79,40 %	2 204
	3 920 = 49,04 %	4 073 = 50,96 %	7 993	3 859 = 60,41 %	2 529 = 39,59 %	6 388

Par ailleurs, la plupart des bibliothèques ne prêtait pas de livres en allemand à destination des jeunes. Il semble qu'il se soit agi là d'un accord tacite qui n'a pas fait l'objet d'instructions spécifiques.[956]

Dans un rapport de 1960 aux Jeunesses socialistes, l'examen des prêts effectués par la Bibliothèque municipale de Mulhouse, par grandes catégories socio-professionnelles, fait apparaître la distribution suivante :

	Nombre de prêts en français	Nombre de prêts en allemand	Total des prêts
intellectuels	19 907 (95 %)	1 049 (5 %)	20 956
commerçants, employés	19 235 (83 %)	3 937 (17 %)	23 172
ouvriers	5 676 (54,71 %)	4 698 (45,28 %)	10 374
Total	44 818 (82,23 %)	9 684 (17,77 %)	54 502

Les taux indicatifs des prêts de livres en langue allemande de la Bibliothèque municipale de Mulhouse se profilent ainsi :

1949	44 %
1951	37,5 %
1954	33,4 %
1960	17 %
1963	14 %

Par ailleurs, pour la Bibliothèque centrale de prêt du Haut-Rhin (BCP), au début des années cinquante, le ministère n'envisage pas l'achat de livres en langue allemande, mais ne l'empêche pas s'il y a des subventions du Conseil général. Cependant, le comité consultatif de la BCP privilégie le prêt de livres en français.[957]

Il semble bien que la politique d'achats pouvait aussi dépendre du conservateur. En effet, en 1951, la Bibliothèque municipale de Mulhouse acquiert 950 livres en langue allemande (22 % des acquisitions); en 1963, elle achète 51 livres, ce qui représente 3,5 % des acquisitions.[958]

Le fonds de la BCP se présentait ainsi :[959]

	Total du fonds	dont livres en allemand	%
1953	44 119	2 558	5,7 %
1954	52 556	2 739	5,2 %
1955	56 082	2 870	5,1 %
1956	59 385	3 008	5 %
1958	65 112	3 230	4,9 %
1961	83 638	4 216	5 %

Répartition du fonds total en 1968[960]		livres sortis en 1968	livres sortis en 1969[961]
Adultes et adolescents	54,1 %	39,4 %	33,9 %
enfants	41,7 %	53,8 %	59,6 %
allemands	4,2 %	6,8 %	6,5 %

« La distorsion que l'on peut constater entre la proportion des livres sortis dans chaque catégorie et la proportion de ces mêmes catégories dans le fonds total est due au fait que les livres pour enfants et les livres en langue allemande circulent tous jusqu'au dernier et repartent aussitôt rentrés, alors que les livres dits pour adultes comportent une assez forte proportion d'ouvrages défraîchis, dépassés ou démodés qui ne sont plus demandés. »[962]

« Certaines bibliothèques alsaciennes ont tenté dans l'immédiate après-guerre de proposer des collections de livres en allemand, qui, sans exclure le type de littérature aimé du public, incluaient de la littérature contemporaine. Cette dernière n'a pas trouvé alors de public sans doute parce que le niveau culturel du lectorat traditionnel ne lui permettait pas d'accéder à une littérature plus exigeante. Renonçant rapidement à toute velléité d'infléchir les goûts du lectorat vers des lectures plus ambitieuses, les bibliothèques ont pratiqué une politique systématique de la demande. Celle-ci s'appuyait sur un postulat implicite, qui est le fondement des politiques de bibliothèques dans ce domaine, à savoir que la lecture en langue allemande était une survivance passagère, qui ne manquerait pas de disparaître avec l'apprentissage généralisé du français. Le souhait d'en finir avec le bilinguisme dans la région explique en fait l'indifférence des bibliothécaires par rapport à des collections dont ils refusaient l'équivalent en langue française.

» Cette volonté s'exprime aussi dans l'exclusion des livres pour la jeunesse pendant de longues années. Il n'était pas question de favoriser l'accès de nouveaux publics à la lecture en langue allemande. Ceux-ci ne pouvaient d'ailleurs qu'être découragés par la composition des fonds présents, qui accréditaient l'idée que la pratique de l'allemand était une activité désuète, réservée aux personnes âgées. »[963]

L'on sait que la « petite librairie » (*Liebesromane, Heimatromane, Familienromane...*) se vendait encore relativement bien à la fin des années soixante (*cf. supra*)[964] :

Année	Total des ventes	Indice
1964	1 228 000	100
1965	1 215 000	98,9
1966	1 124 000	91,5
1967	1 027 000	83,6
1968	1 030 000	83,8
1969	997 000	81,2

Aussi n'est-il pas étonnant que les genres demandés soient effectivement essentiellement des romans sentimentaux (*Frauenromane*), des policiers, des westerns (*Wildwestromane*) et des romans du terroir (*Berg- und Heimatromane*). « Le public cultivé, sachant le français ou l'apprenant rapidement, s'est détourné de la langue allemande. Le public populaire, habitué depuis de longues années à une lecture facile, n'est pas en mesure d'apprécier la littérature contemporaine proposée. Le fonds s'est ensuite adapté à la demande et la faiblesse des crédits a amené la bibliothèque à fonctionner grâce aux dons des lecteurs, essentiellement de la littérature populaire. »[965] La présentation des « lectures préférées du public alsacien lisant l'allemand fait apparaître qu'il s'agit de produits éditoriaux anachroniques par rapport à la société actuelle [1991], tant par leur présentation que par leurs contenus. Le *Heimatroman* en particulier est le véhicule d'une idéologie conservatrice et passéiste. Les modes de relation sociale, la répartition des rôles entre hommes et femmes, la morale proposée correspondent à des modèles qui n'ont plus cours. Le monde compensatoire élaboré dans ces livres, cette société rurale mythique, imperméable au changement, repliée sur elle-même et gardienne de valeurs "éternelles" est extrêmement rigide, empêche tout cheminement personnel et supprime tout espace de liberté. Pour toutes ces raisons, il semble devoir convenir à un public fragile, peu sûr de lui, peu intégré dans la société contemporaine, qu'il cherchera à fuir, à défaut de pouvoir le comprendre. Le public alsacien correspondrait-il plus qu'un autre à ce type de lecteur [...] ? »[966]

S'agissant de la Bibliothèque centrale de prêt du Bas-Rhin, le président de son comité consultatif, Gaston Mayeur, qui est également l'inspecteur d'académie du Bas-Rhin, considère, en 1948, que la bibliothèque n'a pas à diffuser de livres en langue allemande.[967] Cette opinion est partagée par les membres alsaciens du comité consultatif, mais est vivement contestée par l'inspecteur général des Bibliothèques de France et le directeur honoraire des Bibliothèques de France, qui considèrent qu'« une bibliothèque publique ne doit pas exclure toute une partie de la population parce que celle-ci ne peut pas lire le français ». Ils estiment que « la bibliothèque a pour mission de répandre non seulement le livre français, mais la culture française en général » et qu'il serait « injuste de priver de lecture une partie de la population ».[968] La direction des Bibliothèques maintient sa position en 1951, mais le comité consultatif ne modifie pas son avis antérieur. En 1960, il est saisi par un vœu du Conseil général du Bas-Rhin « tendant à obtenir la diffusion de livres allemands ». À nouveau, il va émettre un avis défavorable à ce type de diffusion.[969] Dix ans plus tard, la question est à nouveau posée. Au membre du comité qui a demandé si les lecteurs ne demandaient pas des livres en langue étrangère, il est répondu que tel était en effet le cas, mais que les gens se résignaient à emprunter des livres en français.[970] Cette bibliothèque prend ainsi des mesures de politique linguistique qui vont totalement dans le sens des objectifs de l'État, mais sans qu'il y ait, à proprement parler, un cadrage règlementaire explicite qui les prévoirait.

1945-1970

LES LANGUES AU CINÉMA[971]

Après la guerre, les films français et américains que les Alsaciens n'avaient pas encore pu voir sont projetés dans les salles. Mais très rapidement, il y a, en quelque sorte, un conflit d'intérêts : la langue dans laquelle le film est projeté, la qualité narrative ou esthétique du film, sa rentabilité économique (pour les propriétaires ou gestionnaires de salles de cinéma), la réglementation en vigueur sur les films en langue étrangère... Tous ces éléments peuvent entrer en conflit les uns avec les autres et influencer très largement la programmation. Or, la question des langues reste essentielle dans ce médium.

Du point de vue de la politique linguistique menée par l'État, le cinéma doit aussi contribuer à la diffusion du français. Mais contrairement à la presse et au domaine éducatif, il n'existe pas vraiment de cadrage règlementaire en faveur du français. La réglementation existante porte sur la provenance des films et sur des points commerciaux, de sorte que les autorités locales doivent adapter ce qu'elles considèrent comme des nécessités linguistiques aux données empiriques – issues de la réglementation en vigueur – auxquelles elles sont confrontées. D'où une certaine fluctuation dans le type de réaction qu'elles sont amenées à avoir.

Le souci constant de la présence et de la diffusion du français amènera les préfets à brider, autant qu'il est en leur pouvoir, la projection de films en langue allemande, dans la mesure où ils considèrent que de tels films desservent la politique linguistique qu'ils mènent par ailleurs :

> Comment [...] ne pas s'inquiéter des progrès que ne cessent de faire les films de langue allemande sur les écrans de nos départements de l'Est et principalement à Strasbourg ? Comment ne pas craindre lorsqu'on voit ces imposantes files d'attente que cet afflux n'ait bientôt pour conséquence une régression de l'emploi du français ? Si le public de ces files n'était composé que de gens âgés, le mal ne paraîtrait pas grand, mais il n'en est rien, et la jeunesse en forme une bonne part. Un grave problème se pose donc et des mesures de protection s'imposent. »[972]

Cependant, le fait que des films puissent être diffusés librement en langue originale allemande dans toute la France sauf dans les trois départements de l'est est sévèrement critiqué par la presse proche du MRP, d'autant qu'il s'agit d'une interdiction de fait et non de droit.[973] Le Parti communiste, qui dénonce les accords Blum-Byrnes de 1946[974], plaide inlassablement la cause du cinéma français, mais dans sa version allemande pour les spectateurs des départements du Rhin et de la Moselle.[975]

Fin 1950 intervient une décision conjointe des ministres de l'Intérieur et de l'Information fixant les conditions :

> [d']exploitation des films parlant en langue allemande ou sous-titrés en allemand, dans les départements du Bas-Rhin, Haut-Rhin et de la Moselle […] :
> 1. Films d'origine allemande ou autrichienne exploités en version originale
> a) Le nombre global de passages de la version originale en langue allemande de ces films sera limité à 2 pour l'ensemble des 3 départements considérés, lorsque ces films feront également l'objet d'une exploitation en version doublée en langue française.
> b) Le nombre global de passages pour l'ensemble des 3 départements considérés sera porté à 4 lorsque ces films seront projetés exclusivement en version originale.[976]

Cette disposition n'empêche pas la diffusion des films en langue allemande, mais elle permet d'en contrôler très étroitement l'exploitation par un système de visas. Ainsi, les services de police seront amenés à faire des relevés hebdomadaires des films projetés.

L'un des effets pervers résidera cependant dans la concentration des projections de films en allemand dans les grandes villes, amplement alimentées en films allemands – qui seront ainsi économiquement très rentables pour les exploitants de salles – tandis que les autres communes n'auront guère de films en langue allemande.[977] Par ailleurs, les dispositions règlementaires qui ont été prises sont bien souvent moyennement respectées.

Dès 1951, le préfet du Bas-Rhin est amené à expliquer qu'avec ses collègues du Haut-Rhin et de la Moselle, ils ont demandé, non sans une opposition certaine des producteurs et des distributeurs, « que de bons films français soient sous-titrés en allemand pour que les cinémas ruraux puissent avoir ainsi des films avec un sous-titrage qui rende la compréhension plus facile à la population qui n'a pas la connaissance suffisante ou qui n'a aucune connaissance de la langue française »[978]. Des pourparlers ont été engagés entre le gouvernement et les distributeurs, mais ils tardent à aboutir[979]. En 1954, le préfet du Haut-Rhin est amené à expliquer que ce sont les distributeurs de films qui commandent les films allemands qu'ils estiment économiquement intéressants pour eux, dans la mesure où ils touchent un pourcentage sur les recettes. C'est ce qui explique aussi la préférence qu'ils donnent aux trois grandes villes alsaciennes, où le public viendra beaucoup plus nombreux qu'ailleurs. Il rappelle la demande que ses collègues et lui-même avaient faite, en 1949 :

> Parce que nous savions qu'en Allemagne, en Suisse et en Luxembourg étaient projetés des films français doublés en langue allemande avec sous-titres français et qu'il s'agissait de films de haute qualité, [nous avions demandé] que ces films-là soient versés dans le circuit de la distribution dont dépendent l'Alsace et la Moselle. [...] Nous avions estimé, en effet, que cela aurait permis de proposer aux populations alsaciennes et mosellanes des films de grande valeur artistique, films de production française, alors que la plupart du temps, on donne, à part quelque films d'opérette, des films d'origine allemande dont la valeur artistique est beaucoup moins grande.
> Nous n'avons pas, jusqu'ici, pu obtenir ce que nous demandions.
> Mais [...] si l'on permettait à tous les visas valables en France de passer dans les salles d'Alsace et de Moselle, on pourrait courir le risque de voir d'abord le marché du cinéma submergé de films allemands, car les distributeurs croiraient faire une bonne affaire et retiendraient, évidemment, les meilleurs films pour les projeter dans les villes les plus importantes, et les petites salles de chefs-lieux de canton ne verraient jamais arriver à elles ces films allemands de qualité, car le nombre ne sera jamais suffisant pour répondre aux besoins des trois départements.[980]

À une question d'un conseiller général du Bas-Rhin qui demandait : « Je voudrais savoir, puisque l'Allemagne est le plus grand importateur de films français, donc de films français doublés en langue allemande [...] et puisque ces films existent, quelles raisons s'opposent à leur projection ici en Alsace et en Moselle. Pourquoi le public alsacien en est-il réduit à voir les productions bavaroises [...] ? »[981], le secrétaire général de la préfecture du Bas-Rhin n'évoque plus les choix des distributeurs, mais répond que :

> en la circonstance, nous nous heurtons à des dispositions élaborées par le ministre. Il existe une circulaire du 17 octobre 1950 qui interdit purement et simplement l'exploitation des films allemands en version originale s'ils ne sont pas originaires d'Allemagne ou d'Autriche. Dans cette circulaire, on précise que les films parlants en langue allemande autres que ceux qui sont d'origine allemande ou autrichienne – c'est le cas de films français qui seraient doublés en langue allemande – ne peuvent être exploités sur le territoire de la France métropolitaine.[982]

Il n'est pas impossible que la conjugaison de tous ces éléments ait largement conditionné le choix des films projetés et bridé la découverte d'autres formes cinématographiques.

Les films américains, en particulier les westerns, remportent un succès plus important qu'ailleurs, « parce que le dialogue est presque superflu. [...] Quelques grognements ponctués de coups de revolver suffisent à exprimer les états d'âme les plus compliqués. »[983] Ils plaisent sans doute plus encore en Alsace qu'ailleurs. « Le cinéma américain, adapté dès l'origine à un public cosmopolite, celui des migrants venus de partout, serait "moins bavard", plus visuel, plus compréhensible que les cinémas nationaux européens, et donc plus accessible à tous dans une région bilingue. »[984]

Mais à l'instar de la « petite librairie » et de la lecture populaire, les *Heimatfilme* connaîtront, à partir de 1950, lorsque la projection de films allemands est autorisée, un succès qui ne se démentira pas. Dans un long article donné à la revue *Elan* en 1957, Alphone Irjud, l'éditorialiste du *Nouvel Alsacien*, tente d'analyser les raisons pour lesquelles les films allemands rencontrent un très grand succès auprès du public alsacien.

> À quoi attribuer le succès du film allemand ? La grande raison est celle de la langue ; je m'excuse d'énoncer cette banalité : elle n'est pas inutile : si les gens vont en grand nombre voir les films allemands, c'est parce qu'ils comprennent.
>
> Le cinéma est avant tout un divertissement : c'est une chose qu'on oublie trop souvent ; vous ne pouvez pas demander à des personnes qui veulent se délasser de faire un effort pour comprendre ce qu'elles sont venues voir et de faire fonctionner leur dictionnaire intérieur pendant deux heures de séance.
>
> Il est donc naturel que ces personnes choisissent ce qu'elles comprennent le mieux, c'est un des choix les plus élémentaires dans une démocratie ! Même pour les personnes qui savent le français, la loi du moindre effort joue, ce qui est également très humain, surtout dans le domaine des loisirs. S'il est évidemment utile de guider la masse, il n'y aurait rien de plus condamnable que de vouloir lui dicter son plaisir. Le jour où nous aurons un Ministère du bonheur, nous ne serons pas très heureux. Cela ne veut pas dire qu'il ne faille pas tenter d'orienter le goût du public. Il est peut-être utile et intéressant de signaler que si le public d'après-midi des films allemands est composé de femmes d'un certain âge et de couples âgés, le public du soir par contre comprend une bonne partie de jeunes.
>
> J'ai dit tout à l'heure, en parlant du succès du western américain, que l'action est tracée par l'image pour que le spectateur puisse se passer du texte parlé ; c'est une constatation générale qu'on peut faire : deux genres de films remportent, en Alsace, un succès particulier : le film d'aventures mouvementé comme *Les Trois Mousquetaires* ou les films d'Eddie Constantine et, d'autre part, le mélodrame, *Le fils de personne*, *Les deux orphelins*, *Les Misérables* qui connaissent surtout un grand succès à la campagne. Même un film comme *Les chiffonniers d'Emmaüs* qui, en ville, n'a pas eu de succès, a été un grand succès à la campagne et il en est de même des *Enfants de l'Amour* de Moguy. Cela

correspond à ce qui plaît tellement – on pourrait dire hélas – dans les films allemands comme le *Pfarrer von Kirchfeld* ou la *Försterchristel* : c'est la sentimentalité capable de faire fondre les neiges éternelles. D'après l'enquête qui a été menée par le FEC [Foyer de l'étudiant catholique, à Strasbourg], une majorité s'est prononcée pour les films sentimentaux, notamment chez les paysans et les ouvriers (70%) et les fonctionnaires. Par contre, les films français trop dialogués, d'un esprit fin, ont peu d'attrait, toujours d'après l'enquête – c'est le défaut principal, ainsi qu'un certain amoralisme ou immoralisme.

Il y a parfois des exceptions qui ne font que confirmer la règle : *Napoléon* et *Si Versailles m'était conté*, où Sacha Guitry a réservé une place importante à son dialogue, ont connu le succès ; on peut admettre que c'est parce que les images parlent d'elles-mêmes. Il en est de même pour les films historiques ou soi-disant historiques comme *Lucrèce Borgia* ou *Madame du Barry* ou *La Tour de Nesles* où l'élément visuel l'emporte.

Depuis quelque temps, le film français du genre «aventures» ou «mélodrame» connaît un succès croissant ; à la campagne au début, les exploitants avaient, selon la formule de facilité, servi le film allemand et le rendement était assuré ; mais depuis quelque temps, partout où le film français – m'ont affirmé les distributeurs – du genre dont j'ai parlé, a été présenté, sans oublier les films de Fernandel, il a connu le plus vif succès ; l'un des plus récentes preuves est l'accueil réservé à *Cadet-Roussel* qui dans un petit bourg comme La Walck a fait plus de recettes que *Der letzte Walzer*.

Parmi les grands succès de ces dernières années, outre *Le petit monde de Don Camillo*, on relève bon nombre de films d'action, ce qui vient à l'appui de ma thèse : *Ivanhoé* […], *Samson et Dalila* […], *les Fils des Mousquetaires* (fabriqué par Hollywood) […] et *Robin des Bois* […].

Si nous prenons des films français au-dessus de la moyenne soit par le sujet ou par la réalisation, en tous cas meilleurs que les films allemands, il faut constater que le film français est loin derrière le film austro-bavarois (et je ne parle pas ici de *08/15*[985] avec 54 000 entrées !). […] La comparaison est écrasante ; cela va du simple au double et parfois même au-delà. Si en plus nous prenons des œuvres françaises de qualité moyenne, mais toujours incontestablement supérieures à la grande majorité des films allemands, la différence est encore plus nette et même catastrophique puisqu'un film de qualité moyenne comme *Rue de l'estrapade*[986] a fait 5 800 entrées et *Nous sommes tous des assassins*[987] 5 000 ! […]

D'ailleurs, comme le révèle l'enquête du FEC, ceux qui préfèrent le film allemand reconnaissent eux-mêmes que c'est parce qu'ils le comprennent mieux, parce qu'ils n'ont pas d'efforts à faire, tout en admettant que c'est presque toujours la même histoire et tout en admettant que, comparativement, le film français est de qualité supérieure.

Que conclure ? Comme Germain Muller, dans la dernière revue, que la masse alsacienne a une préférence pour le kitsch… la sentimentalité la plus idiote, le comique le plus gros pourraient le faire croire.

Mais n'est-il pas vrai qu'auprès de la masse de TOUTES LES RÉGIONS, ce sont les soi-disant comédies où on tire avec la grosse artillerie du mélo, où on chatouille sans finesse les glandes lacrymales qui connaissent les plus grands succès? Il suffit de rappeler les premiers films de Fernandel ou les grivoiseries délayées autour de quelque anatomie; en Italie, les chefs-d'œuvre du néo-réalisme que nous admirons attirent moins de monde que les mélodrames enfantins ou les films soi-disant historiques fabriqués en série.

Le malheur, ou la situation géographique – ce qui pour nous est la même chose, surtout en période de guerre – veulent que, pour la distraction d'une fraction importante de notre population, il n'y ait que des navets d'outre-Rhin qui en Allemagne d'ailleurs ne sont pas goûtés et ce serait à ce sujet intéressant de comparer les chiffres des entrées réalisés chez nous et dans les villes allemandes d'égale importance.[988]

Les films projetés à Strasbourg en 1955 peuvent donner une idée approximative de la répartition thématique et linguistique dans les cinémas:[989]

Films d'action	
Titre	Nombre d'entrées
Fils de mousquetaires	43 000
Ivanhoé	40 000
Samson et Dalila	33 000
Robin des bois	22 000
Total	138 000

Films austro-bavarois[990]	
Titre	Nombre d'entrées
Das sündige Dorf	77 000
08/15	54 000
Bruder Martin	45 000
Försterchristl	41 000
Czardasfürstin	37 000
Heidelberger Romanze	33 800
Tsarevitsch	30 000
Mein Freund Tom	29 000
Total	346 800

Films français ou étrangers (sauf austro-bavarois)	
Titre	Nombre d'entrées
Ça va barder	27 044
Le rouge et le noir	27 000
Salaire de la peur	26 000
Les diaboliques	26 000
Grandes manœuvres	24 000
Les hommes en blanc	23 000
Touchez pas au grisbi	21 000
French cancan	21 000
Du rififi chez les hommes	21 000
La Strada	21 000
Belles de nuit	20 000
Lettres de mon moulin	11 000
Le dossier noir	10 000
La vérité sur bébé Donge	7 400
Marianne de ma jeunesse	7 120
Agence matrimoniale	6 700
Rue de l'estrapade	5 800
Nous sommes tous des assassins	5 000
Total	310 064

Les choix politiques, parfois contradictoires, n'ont pas réellement favorisé la diffusion de la culture française ou de sa représentation, tandis que la langue française est plus largement représentée, notamment par les doublages de films américains. La politique linguistique s'est heurtée à des intérêts commerciaux, mais a probablement également sous-estimé l'importance des aspects culturels et thématiques des films proposés et celle de la stratification sociale des spectateurs.

En dépit des mesures prises pour endiguer la projection de films en langue allemande, leur succès ne faiblira pas avant la fin des années cinquante. Or, l'enjeu dépasse la part linguistique. En effet, la question est de savoir pourquoi on ne diffusait pas de films français en version allemande dans la mesure où l'Etat voulait fournir des référents culturels français aux spectateurs alsaciens par le biais du film. Les acteurs locaux, aux positions parfois fort éloignées, ont beaucoup de mal à comprendre que l'Etat refuse cette façon de faire qui servirait pourtant directement sa logique intégrative. Cette question est posée d'abord par le Parti communiste (*L'Humanité*), reprise par le MRP

(*Le Nouvel Alsacien* et *Le Nouveau Rhin français*) et, de fait, par certains préfets (*cf. supra*) ; elle est également évoquée à plusieurs reprises par les *Dernières Nouvelles d'Alsace*.[991]

Fondamentalement, ce sont des désaccords internes sur les options à prendre qui amènent des règles contestées et souvent contournées. Pour certains, c'est l'enjeu linguistique qui doit primer (soit par une présence maximale du français, soit par une présence minimale de l'allemand),[992] en mettant en place des mesures coercitives plus dissuasives. Pour d'autres, c'est la paix sociale qui est plus importante, et le coût en est l'autorisation de faire diffuser des films allemands, avec des restrictions, sans être trop regardant sur la qualité. Pour d'autres encore, l'enjeu est plus culturel et intégratif : le film pourrait être un moyen de mieux faire connaître la France aux Alsaciens, même si cette connaissance devait passer par la langue allemande. Et puis, il y a des contraintes économiques dues aux traités commerciaux internationaux, les intérêts économiques des propriétaires des salles, le reproche récurrent que les films français seraient plus fréquemment «amoraux» que les films d'autres provenances, et, par ce biais, déconseillés par l'Office catholique du cinéma[993]…

À la fin des années cinquante, les autorités préfectorales pensent pouvoir noter une lente, mais régulière décrue du succès des films allemands, même si les raisons de ce recul sont diversement évaluées : concurrence naissante de la télévision, diffusion de films allemands dans les circuits ruraux et périurbains, intérêt plus important à l'égard des films en français, moindre compétence en langue allemande de la part des jeunes spectateurs…[994]

Aussi l'abrogation «des dispositions restrictives relatives à l'exploitation en France des films d'origine étrangère et plus particulièrement de celles du décret du 3 novembre 1948 qui limitent à vingt pour l'ensemble des trois départements le nombre global de passages des versions originales de films étrangers» en juin 1961 est-elle approuvée par le préfet du Bas-Rhin, qui estime que la régression de l'audience des films allemands se poursuivra inexorablement.[995] René Metz note, en 1965 : «La pénétration des films français, même jusqu'aux confins de la campagne et de l'âme alsaciennes, pour lente et prudente qu'elle soit, est incontestable, sûre et irréversible.»[996]

Après la guerre se mettent aussi en place des ciné-clubs.[997] Les cadres dans lesquels ils s'implantent sont généralement en rapport avec la jeunesse, en particulier lorsqu'il s'agit du cadre scolaire et du cadre paroissial. Les films qui sont projetés le sont uniquement en français et doivent contribuer, lorsqu'ils dépendent des services de l'État, à diffuser la langue française. Rituellement, les responsables rappellent que :

> les ciné-clubs ruraux qui projettent régulièrement des films 16 mm sont en progression. Partout où leur animation peut être assurée, ils contribuent à freiner l'envahissement du film allemand dont la médiocrité est manifestement reconnue. Il en existe actuellement 200 de valeur culturelle inégale.
> Les ciné-clubs d'enseignement post-scolaire s'adressent tant aux élèves des cours post-scolaires qu'à la population rurale tout entière. Leur fonctionnement est satisfaisant dans les arrondissements de ... Les résultats sont par contre décevants dans les régions de ... où il n'a pas été possible de promouvoir une information et une formation d'animateurs et où les formules appliquées demandent à être revues.
> Leur bon fonctionnement exige l'organisation de journées et de stages d'information d'animateurs capables de mener des discussions en milieu rural. [...] Le nombre de localités desservies par les cinébus s'élève à environ 300 [998]

La vocation avant tout linguistique (diffusion du français) qui était affectée aux ciné-clubs ruraux et post-scolaires est soulignée tout particulièrement lors du déclin de l'enseignement post-scolaire : tous les responsables vont fortement insister auprès des instituteurs pour qu'ils créent, maintiennent ou vitalisent le ciné-club ou toute structure équivalente.

LES LANGUES À LA RADIO[999]

Comme tous les autres instruments institutionnels contrôlés par l'État, la radio devait également être, sur le plan linguistique, au service d'une politique de diffusion de la langue française. C'est donc le français qui représente la langue principale de la station régionale de Radio-Strasbourg. La qualité des émissions diffusées est cependant critiquée de toute part, notamment par comparaison aux stations de Radio-Luxembourg et de Stuttgart.[1000] Cette médiocre performance qualitative amène les auditeurs à préférer d'autres stations, ce qui, du point de vue de l'objectif linguistique, entraîne un effet contre-productif certain.

Cependant, la vocation des « émissions parlées en français » est en quelque sorte pédagogique pour aider à l'intégration politique et linguistique des Alsaciens. En effet, elles sont axées sur le principe suivant :

> - donner sur nos antennes des textes faciles, susceptibles d'être perçus par la majorité des auditeurs et bénéficiant, à ce titre, d'une mise en ondes spécialement soignée ;

- rechercher des ouvrages marquants ayant vu le jour sous l'occupation et que les auditeurs alsaciens ignorent;
- faire ressortir dans certains montages, spécialement écrits, le passé français de notre province, sa mission dans la vie de la Nation et d'autre part familiariser l'auditeur alsacien avec les productions de l'esprit français.[1001]

Si personne ne mettait en cause la place privilégiée du français, le fait de diffuser certaines émissions uniquement en français est souvent fortement contesté:

> Rares pour ne pas dire inexistants sont les reportages sur les grandes cérémonies, les manifestations économiques ou sociales de la région. Des reportages de ce genre sont diffusés en français. [...] Il serait normal qu'une telle émission soit faite en dialecte, sauf évidemment pour les villages des zones linguistiques françaises.
> Autre cas typique: chaque semaine, la poste diffuse les offres d'emploi des bureaux de la main-d'œuvre de notre région [...] et de la Sarre. Cette émission est destinée, de par sa nature même, à la classe ouvrière, c'est-à-dire précisément à cette partie de la population qui pratique le moins l'usage de la langue française. Eh bien, cette émission est faite uniquement en langue française!
> C'est là un véritable non-sens. Il en est de même de la chronique agricole diffusée en français.[1002]

Ainsi, la question de l'utilisation des autres variétés linguistiques (allemand, dialecte) ne pouvait pas ne pas être posée.

De manière délibérée, l'allemand sera écarté globalement de l'antenne régionale. Aussi est-ce uniquement le dialecte qui pourra y être utilisé comme langue de communication. De cette manière, on lui confère des fonctions qu'il n'avait jamais eues jusque-là et qui ne manqueront pas de soulever des problèmes et d'attirer la critique. La justification de ce choix est fournie par le directeur régional de la radio, en 1947, qui rappelle les conditions de remise en marche de la radio:[1003]

> L'aversion contre tout ce qui rappelait l'allemand avait atteint son apogée. On avait nettement l'impression qu'il fallait non seulement bannir le nazisme, mais en même temps qu'il fallait éviter d'utiliser sa langue. La population était, d'autre part, heureuse de pouvoir reprendre contact avec la langue française dont l'usage écrit et oral avait été sévèrement interdit sous l'occupation. Dans cette atmosphère de première semaine de la Libération, dans cette ambiance aussi peu favorable que possible à la langue allemande, il aurait été particulièrement inopportun de l'utiliser à la radio pour informer les Alsaciens.

Il ajoute un argument qui éclaire d'un jour différent encore le choix qui a été fait:

> Les Allemands n'avaient pas encore capitulé quand le poste « Radio-Strasbourg » a donné ses premières émissions et ils étaient encore maître du poste de Stuttgart [d'où ils rappelaient la communauté de langue entre l'Allemagne et l'Alsace][1004]. Il convenait de démontrer que l'Alsace pouvait parfaitement se passer de l'allemand et pour cela faire, informer les Alsaciens dans leur propre dialecte.[1005]

Ainsi, le dialecte va avoir un rôle multifonctionnel pour lequel ses usagers n'étaient guère préparés. Il doit être utilisé dans des domaines où, traditionnellement, l'allemand était utilisé : les informations et des émissions non récréatives. Or, les domaines où le dialecte était plutôt en usage relevaient plutôt de ceux qui englobaient les parts plus récréatives.

Ce très large empan fonctionnel du dialecte, mis en place dans des conditions précaires et sans grande préparation, allait engendrer toute une série d'insatisfactions et de récriminations de tous ordres.

Le dialecte comme ersatz de l'allemand en tant que langue véhiculaire des informations

Dès 1946, le gouvernement estime que pour une partie des émissions, l'allemand pourrait avantageusement remplacer le dialecte, qui pose de nombreux problèmes linguistiques. Mais le préfet du Bas-Rhin, consulté, estime que :

> pour ce qui est du service d'information en dialecte, les voix qui se sont élevées en faveur de son remplacement par des émissions en langue allemande s'inspirent de la constatation que ce service ne satisfait que très imparfaitement l'auditoire alsacien. Aussi bien celui-ci préfère-t-il souvent les informations diffusées par certains postes étrangers de langue allemande, tels que Luxembourg, Beromunster, voire même Stuttgart ou Fribourg. Mais cette constatation ne semble pas suffisante pour justifier l'abandon du principe même d'une émission d'information en dialecte. L'effort à faire, selon moi, serait d'améliorer sa forme et sa présentation.[1006]

Cette utilisation du dialecte comme langue de remplacement de l'allemand et la mise à l'écart de l'allemand sont soutenues par les « milieux nationaux ». Les tenants d'une politique intégrative, hostiles à l'utilisation de l'allemand, qui ne peut être, à leurs yeux, que le prélude à des comportements politiques condamnables, estiment que l'utilisation du dialecte permet, comme moindre mal, une diffusion suffisante des informations en direction de ceux qui ne savent pas le français. Dans ce sens, l'allemand n'est compris que comme variété linguistique exogène[1007]. Cette manière de procéder est contestée par le MRP et le

Parti communiste[1008]; elle est également mise en cause par les autorités religieuses. Elle alimentera une polémique de politique linguistique durant plusieurs années.[1009] Ces questions de choix linguistiques se doubleront de problèmes thématiques et qualitatifs, de sorte que les distributions linguistiques ne pourront pas ne pas être mises en lien avec les contenus véhiculés.

Tant le MRP que le Parti communiste mèneront campagne dans les journaux de leur obédience en faveur de l'utilisation de l'allemand à la radio locale. Ils reprochent aux opposants de l'utilisation de l'allemand une forme d'instrumentalisation de l'allemand qui serait, à leurs yeux, uniquement à mettre en lien soit avec le nazisme, soit avec un certain autonomisme d'avant-guerre. Dans ce sens, ils contestent la valeur idéologique que les opposants attribuent à l'allemand et y voient, au contraire, une forme de fonctionnalité (c'est le standard supra-local des variétés dialectales utilisées en Alsace), attribuant implicitement à l'allemand une valeur endogène.[1010]

Dès 1949, les autorités préfectorales envisagent très sérieusement de remplacer les émissions d'information en dialecte par des émissions en allemand, dans la mesure où le fonctionnement tel qu'il a été pensé en 1945 est devenu totalement contre-productif: en effet, un nombre important d'auditeurs écoutent les informations diffusées par des postes allemands ou suisses. Mais elles cherchent malgré tout à ne pas procéder à une substitution pure et simple.[1011]

Cette question sera encore évoquée en 1951 et 1952: «En raison des difficultés que nous avons rencontrées, pour donner par exemple le compte rendu de séance à l'Assemblée nationale ou pour traduire convenablement en dialecte les informations venant directement de la Présidence du Conseil ou du Gouvernement, nous avons réduit ces informations en dialecte et, s'il est exact que quelquefois elles n'aient duré qu'une minute par jour, il faut ajouter que la plupart du temps elles durent trois minutes.»[1012] Radio-Strasbourg commencera à diffuser des informations en langue allemande à partir du 19 octobre 1952.[1013] Une fois cette logique adoptée, c'est l'allemand qui va s'imposer lorsqu'il y a concurrence entre allemand et dialecte. Ainsi, lorsque la Chambre d'agriculture demande la diffusion de «deux causeries supplémentaires en dialecte, d'une durée de 20 à 30 minutes»,[1014] elle obtiendra «des émissions agricoles en langue allemande»[1015] de 10 minutes qui seront des traductions d'une chronique hebdomadaire en français.[1016]

Au-delà des questions de fonctionnalité, l'emploi du dialecte est contesté par une partie des élus, dans la mesure où ils ne lui reconnaissent pas une capacité à être autre chose qu'une langue du quotidien. Ils réclament son remplacement par une langue standard, notamment l'allemand, s'il le faut, à cause de l'image que donne, selon eux, ailleurs qu'en Alsace, l'utilisation du dialecte dans ce médium public :

> On a souligné à juste titre qu'il y a je ne sais combien de dialectes dans le département du Bas-Rhin. [...] Il est indigne d'un poste de l'envergure de Radio-Strasbourg, poste émetteur de la capitale de l'Europe, que d'émettre dans un dialecte que ne comprennent pas les Français de l'intérieur même s'ils savent l'allemand – car il y en a pas mal – mais que ne comprennent pas davantage ceux des auditeurs qui sont de langue allemande soit au Luxembourg, soit en Allemagne [...]. Je crois que dans l'intérêt de la dignité des émissions de Radio-Strasbourg, il faut progressivement aboutir à la suppression de toutes les émissions en dialecte et il faut que les émissions se fassent soit en langue française, soit, si elles se font en langue allemande, en langue allemande classique.[1017]

En revanche, le dialecte doit aussi servir à la diffusion du français. En effet, Martin Allheilig met en place une émission intitulée *E paar Minüte franzeesch* avec pour objectif « d'initier (ou de perfectionner) les Alsaciens à la langue française ». L'émission sera diffusée pendant plusieurs années, à raison de trois à quatre créneaux horaires par semaine.[1018]

La première émission – littéraire – en langue allemande de l'après-guerre aura lieu en 1949, à l'occasion de la commémoration du bicentenaire de Goethe. Une autre émission en langue allemande aura lieu en 1950, à l'occasion du dixième anniversaire de la mort de René Schickele, inaugurant ainsi les émissions en allemand.[1019]

Les émissions en dialecte (récréatives et/ou culturelles)[1020]

Si les auditeurs semblent être très attachés aux émissions en dialecte et souvent se satisfaire de ce qui leur est offert, des voix critiques portant sur les contenus proposés vont s'élever très rapidement. Le directeur de Radio-Strasbourg essaiera de faire valoir la bonne foi de ses services et d'exposer les difficultés auxquelles il a à faire face :

> Sur le *plan des émissions en dialecte*, la tâche était beaucoup plus ardue. En effet, au lendemain de la Libération, il avait été prévu de donner, chaque semaine, une émission de variétés et une émission de théâtre alsacien. Or, il est rapidement apparu que les producteurs locaux étaient dans l'impossibilité totale d'assurer, dans chacun de ces domaines, 52 émissions annuelles. À la pénurie des auteurs s'est ajoutée la pauvreté des manuscrits et ceci a eu comme corollaire la médiocrité de ces émissions. [Des mesures doivent être prises pour

remédier à cela, avec des chances de succès mitigées.] Il n'est pas douteux que les circonstances nous amèneront progressivement à réduire le nombre d'émissions en dialecte qui étaient précédemment prévues dans nos programmes.[1021]

Le préfet du Bas-Rhin reconnaît implicitement la validité du reproche de la valeur qualitative des émissions dialectales, mais reprend à son compte l'argumentation du directeur de la radio et explique régulièrement qu'elle reste un médium qui doit être alimenté régulièrement, ce qui impliquerait que la production en dialecte pour la radio soit abondante, ce qui n'est pas le cas. De plus, il fait valoir qu'il faudrait non seulement une abondance quantitative, mais aussi des émissions qui soient de bonne qualité, ce qui est encore plus difficile… La combinaison des deux devient alors une impossibilité. Ce que Paul Metz résume, en 1957, par la formule : « D'un côté incapacité de produire des émissions acceptables (car la radio ne demanderait pas mieux que de transmettre n'importe quel spectacle, n'importe quelle soirée récréative de n'importe quelle localité, de n'importe quelle société), de l'autre, protestations si jamais quelque chose d'acceptable est présenté au micro. La formule magique qui satisfasse les uns sans heurter les autres n'est pas encore trouvée. »[1022]

Cependant, Martin Allheilig rappelle, dès 1957, le rôle que joue la radio dans la diffusion de la nouvelle littérature dialectale : « Nos dialectes si longtemps trivialisés ont maintenant prouvé qu'ils pouvaient servir la grande poésie et la bonne littérature, qu'ils ne sont pas nécessairement voués à un usage grossier. »[1023] Il soulignera plus tard également le soutien sans faille que Radio-Strasbourg a donné à des auteurs dialectaux : « Sans l'appui constant de la radio, les Katz, Storck, Sebas, Weckmann et tous les autres eussent été réduits à la portion congrue durant la longue traversée du désert. […] Pour assurer la conservation des textes les plus marquants, nous avons pu mettre en chantier, à partir de 1960, une monumentale anthologie de la poésie alsacienne. […] En tout, plus de 50 000 volumes sont en circulation. »[1024]

Les émissions religieuses

Des représentants des cultes demandent que les émissions radiophoniques religieuses puissent avoir lieu dans une langue autre que le français ; ils plaident pour l'utilisation de l'allemand « du fait que [le] dialecte varie d'une région à l'autre, et par suite de l'insuffisance de son vocabulaire, il ne se prête qu'imparfaitement à la célébration du culte, son emploi en la circonstance ne paraît pas susceptible d'être envisagé ».[1025]

Le préfet du Bas-Rhin souhaite que cette question soit rapidement réglée et recommande que les informations ainsi que les émissions religieuses soient diffusées en allemand.[1026] La question du passage du dialecte à l'allemand se posera de manière plus aiguë encore lorsqu'il sera question de rattacher la Moselle à la région radiophonique alsacienne : « les Mosellans entendent mal le dialecte bas-rhinois ou haut-rhinois [mais] une partie importante de la population peut être rattachée linguistiquement à l'allemand ».[1027]

Le gouvernement choisit de ne rien céder sur ces questions linguistiques liées à la religion : « Des émissions religieuses en langue allemande, effectuées par les soins des autorités ecclésiastiques concordataires, seraient politiquement inopportunes. Elles pourraient au surplus créer des précédents fâcheux, susceptibles de servir de prétexte en faveur de l'extension de l'emploi de cette langue à d'autres émissions. »[1028] Il n'accepterait que des émissions en langue allemande qui seraient destinées à l'étranger. Il ouvre ainsi un bras de fer avec les représentants des cultes qui contestent le choix gouvernemental dans son principe, en faisant valoir qu'il est inadmissible que les Alsaciens soient mis sur le même pied que les étrangers, qu'il y a « lieu de ne pas oublier que la population alsacienne comporte un assez grand nombre de personnes pour qui la langue française présente des difficultés sérieuses, surtout lorsqu'il s'agit de comprendre le langage abstrait d'exposés religieux, philosophiques, etc. », et en soulignant qu'il était « incontestable que le refus des émissions faites en langue allemande a pour effet de livrer en quelque sorte aux Allemands une partie de la population alsacienne, car à défaut de postes français à leur portée, ils ont recours aux postes allemands, et cela non seulement pour les émissions religieuses, mais aussi pour d'autres. »[1029]

Globalement, la question des langues n'est pas à détacher de la question des émissions proposées et des goûts du moment, notamment dans le jeu de la concurrence avec les stations allemandes et suisses. C'est un argument qui est souvent avancé : les auditeurs fuient la radio régionale lorsque le contenu et/ou la langue ne leur conviennent pas pour écouter des stations allemandes ou suisses.[1030] Mais il est difficile de connaître les proportions d'auditeurs des différentes stations ainsi que les évolutions quantitatives qui ont dû se produire.[1031] Pour le Bas-Rhin, « l'écoute des émissions de postes allemands prédomine (surtout à la campagne) et peut être évaluée à 75%, alors que la radio luxembourgeoise n'attire qu'environ 15% et les émissions suisses (particulièrement celles en langue allemande) 5 % des auditeurs habituels de postes étrangers. »[1032]

Malgré tout, l'essentiel des émissions se déroule en langue française. Le volume de temps où l'allemand et le dialecte sont utilisés comme langues de communication a plus ou moins varié selon les années :

	Informations en allemand	Emissions en allemand[1033]	En dialecte
1945			5 séquences quotidiennes ; puis 4 émissions
1953	65 min par jour	30 min par jour	durée non indiquée
1954	10 min + 20 = 30 min / jour[1034]	non indiqué	114 émissions (2 émissions / semaine : 45 min + 50 min)[1035]
1955	non indiqué	non indiqué	108 émissions[1036]
1956	existent, mais non indiquées	à partir de novembre 1956 : magazine littéraire mensuel de 25 à 30 minutes	108 émissions d'une durée moyenne de 45 minutes
1957	non indiqué	à partir d'octobre 1957 : place plus importante ; 2 émissions littéraires par semaine[1037]	107 émissions d'une durée moyenne de 45 minutes
1958	non indiqué	2 émissions par semaine, 3e émission à partir d'octobre d'une durée moyenne de 30 minutes => 120 programmes	150 programmes d'une durée moyenne de 45 minutes
1959	non indiqué	100 émissions	130 programmes d'une durée moyenne de 45 minutes
1960	non indiqué	2 émissions par semaine	130 programmes d'une durée moyenne de 45 minutes
1961	2 bulletins d'information en allemand	2 émissions culturelles par semaine	150 programmes allant de 25 à 50 minutes
1962 : 7 844 h d'émissions	non indiqué	une gamme d'émissions	3 grandes tranches horaires hebdomadaires
1963	non indiqué	3 émissions hebdomadaires à caractère culturel	3 tranches hebdomadaires
1964	2 x 15 min par jour[1038]	3 émissions hebdomadaires à caractère culturel	Environ 12 productions/mois totalisant environ 10 heures
1965	non indiqué	3 émissions hebdomadaires à caractère culturel	Environ 12 productions/mois totalisant environ 10 heures
1966	3 h 15 par semaine	1h35 par semaine	4 h 30 hebdomadaires
1967	3 h 15 par semaine	78 h	234 h
1968	non indiqué	70 h	211 h

S'agissant du type d'émissions où le dialecte ou l'allemand étaient utilisés, la palette, telle qu'elle est décrite par les responsables, est assez large :

En dialecte :[1039]

	1958	1959	1960
Emissions variées	27 émissions	31 émissions	32 émissions
Suites radiophoniques	26 émissions	14 émissions	12 émissions
La poésie lyrique en dialecte	24 émissions	16 émissions	16 émissions
Emissions folkloriques	24 émissions	24 émissions	20 émissions
Evocations historiques et biographiques alsaciennes	10 émissions	11 émissions	12 émissions
Traductions et adaptations du répertoire français et étranger	9 émissions	9 émissions	9 émissions
Répertoire du théâtre alsacien	7 émissions	4 émissions	8 émissions
Emissions policières	6 émissions	8 émissions	8 émissions
Emissions publiques	4 émissions	3 émissions	4 émissions
Monographies locales	3 émissions	4 émissions	5 émissions
Magazines des arts populaires	-	4 émissions	4 émissions
	140 émissions	128 émissions	130 émissions

En allemand :

	1958	1959	1960
Voyage pittoresque à travers les provinces de France	36 émissions	31 émissions	32 émissions
Littérature en Allemagne	23 émissions	9 émissions	-
Artistes et écrivains d'Alsace	21 émissions	18 émissions	8 émissions
Initiation à la littérature française (1958) Littérature française et théâtre en France (1959, 1960)	18 émissions	12 émissions	12 émissions
Initiation à la musique française	9 émissions	9 émissions	9 émissions
La vie culturelle en Allemagne	8 émissions	-	-
Voyage poétique et musical à travers l'Europe	-	10 émissions	10 émissions
La vie culturelle en Alsace	-	9 émissions	12 émissions
Voyage musical à travers la France	-	2 émissions	7 émissions
	115 émissions	100 émissions	90 émissions

Le taux d'écoute des différentes stations reçues en Alsace n'est pas vraiment connu. Une enquête confidentielle, faite au milieu des années soixante à Strasbourg, donne les indications suivantes :[1040]

LES LANGUES DE L'ALSACE

Stations	Familles qui ne parlent que le français (venant, pour la plus grande partie, d'une autre région que l'Alsace)	Familles parlant le dialecte (également avec les enfants)	Familles bilingues
Europe 1	58 %	20 %	35 %
Luxembourg	49 %	13 %	25 %
Monte-Carlo	5 %	-	-
France Inter	12 %	0,5 %	7 %
Strasbourg régional	2 %	7 %	8 %
France Musique	1 %	-	-
France Culture	0,5 %	-	-
UKW / FM	4 %	26 %	17 %
Stuttgart	-	12 %	26 %
Südwestfunk	-	5 %	11 %
Beromünster	-	2 %	2 %
Saarbrücken	-	1 %	-
N'écoutent pas la radio	20 %	10 %	8 %

    Comme dans d'autres champs, la question des langues en usage à la radio locale s'estompe au début des années soixante. Le relatif fort taux d'écoute des stations d'Europe 1 et de Radio-Luxembourg tend à montrer que les générations montantes savent à présent le français et se tournent volontiers vers les stations privées « françaises », indice comportemental d'une forme d'intégration à la France, dans la mesure où les auditeurs de ces stations partagent les mêmes référents. Mais les stations de langue allemande gardent de très nombreux auditeurs en Alsace.

LES LANGUES À LA TÉLÉVISION

Les Alsaciens préfèrent les programmes télévisés allemands

    Avec l'apparition de la télévision au début des années cinquante, la question des langues sera plus que jamais d'actualité. Dès le mois de mai 1953 se profile une course de vitesse entre les télévisions allemande et française. Comme la première a été mise en service dans le Pays de Bade le 1er juin 1953, « l'opinion locale […] a cru pouvoir en conclure que nous avions été une fois de plus devancés par nos voisins d'outre-

Rhin dans ce domaine capital pour l'avenir de l'action culturelle française en Alsace »[1041]. Par ailleurs, le coût d'un récepteur peut induire un choix qui sera, de fait, linguistique. Les téléviseurs qui permettent de recevoir les émissions des deux pays étant plus chers, des propriétaires de débits de vin ont préféré acheter des appareils moins chers qui ne permettent de recevoir qu'un seul type de programme et ont opté pour le programme allemand.[1042] La mise en service de la télévision française est prévue pour le printemps 1954. La première émission régionale a lieu le 15 mai 1954.[1043]

La question du choix du récepteur est loin d'être anodine, au-delà des questions de coût. La réception des émissions allemandes, généralement bien meilleure que celle des émissions françaises pour des raisons techniques, dessert profondément la politique linguistique suivie.[1044]

La progression du nombre de téléviseurs en service est importante : d'environ 1 400 en 1954, il passera à près de 11 000 en 1957 pour aboutir à environ 80 000 en 1964*. 80 % des personnes consultées ont un poste à double définition et 20 % un poste à définition française uniquement.[1045]

L'autorité politique est très consciente de l'enjeu linguistique et politico-culturel que constitue le médium de la télévision. Dès 1955, elle crée l'émission *Télé-Départs*, qui s'adresse, au premier chef, aux jeunes des cours post-scolaires, aux foyers ruraux, aux maisons de jeunes, dans le but de diffuser plus amplement la langue française.[1046]

La question technique de la réception des programmes français en soi, le point de vue qualitatif dans certains cas, mais aussi le fait de ne pas pouvoir les capter dans de nombreuses régions d'Alsace reste encore d'actualité au milieu des années soixante.[1047] Ces éléments sont considérés, non sans quelque raison, comme une entrave à la diffusion des émissions françaises et, partant, de la langue et des référents politiques et culturels français.

Mais, très fréquemment, d'autres arguments sont également avancés pour expliquer la très large préférence des téléspectateurs pour la télévision allemande :

> Les sondages ont été catégoriques :
> 1) Les programmes de variétés [sont] beaucoup plus agréables, beaucoup plus enlevés.
> 2) Films beaucoup plus récents, parfois de 1961, y compris des grands films, parfois même des films français récents doublés.
> 3) Dans l'ensemble, [les] programmes [sont] jugés plus intéressants,

---

* *Cf.* le tableau 10 « Progression du nombre de téléviseurs en Alsace, 1954 – 1968 », en annexe au présent chapitre.

plus à la portée des auditeurs.
Les programmes français sont jugés trop axés sur Paris, des événements provinciaux, aussi importants et parfois plus, sont passés sous silence.[1048]

Dans un « sondage réalisé en 1965 sur l'audience de l'O.R.T.F. »,
- 86,5 % des téléspectateurs déclaraient posséder un récepteur leur permettant de capter les chaînes allemandes de télévision
- 50,9 % des téléspectateurs jugeaient les programmes allemands mieux conçus (agriculteurs et ouvriers surtout)
- parmi ceux qui déclaraient suivre des émissions allemandes de préférence aux émissions françaises,
- 36 % déclaraient le faire par goût
- 23 % invoquaient la meilleure qualité de l'image
- 41 % déclaraient le faire « pour d'autres raisons », linguistiques probablement.[1049]

Ces indications restent inquiétantes pour l'autorité politique, dans la mesure où la langue française ne semble pas profiter suffisamment du médium télévisuel. Cependant, si, par le biais de la télévision, les jeunes générations – qui ne choisissent pas nécessairement les programmes qu'elles souhaiteraient voir – gardent un contact certain avec la langue allemande, elles ne maintiendront que très partiellement le choix de leurs aînés lorsqu'elles auront elles-mêmes à décider du choix du programme télévisuel.

Pour endiguer la fuite vers des programmes venant de pays étrangers et pour atteindre un public allemand (Palatinat et Pays de Bade), il a été décidé de diffuser un journal télévisé hebdomadaire en allemand sous le titre de « Elsässische Woche », dont la première aura lieu le 20 janvier 1964, mais qui sera arrêté très rapidement.[1050]

Les Alsaciens semblent avoir accéléré l'achat de téléviseurs lorsque sont apparus les appareils permettant de recevoir les programmes des deux côtés du Rhin.

Il y a au moins deux raisons à cela :
1° À cause de la langue, les programmes allemands étaient évidemment plus compréhensibles, et de par leur niveau, plus accessibles. Or, la T.V. est avant tout une distraction. Il faut aussi se souvenir que jadis, les programmes de la T.V. française étaient ou bien du genre mondanités parisiennes, ésotériques pour la plupart des gens, ou des exercices intellectuels qui faisaient peut-être honneur à leurs auteurs s'ils ne plaisaient pas à leurs spectateurs.
2° Avec une avance de plusieurs années, la T.V. allemande, avec ses deux chaînes, a offert des programmes d'une plus grande diversité, au lieu du menu uniforme parisien, jusqu'à la tardive apparition de notre 2e chaîne[1051] et sa lente progression.[1052]

D'où la proposition qui est formulée :

> - Puisqu'il est établi qu'une partie de la population alsacienne préfère les émissions de la T.V. allemande, pourquoi ne pas lui en offrir directement, par le poste régional, soit en langue allemande, soit en alsacien ?
> - D'autre part, ne pourrait-on pas espérer que nos voisins d'outre-Rhin s'intéressent à ces émissions ? Il est périodiquement question d'échanges de programmes entre la France et l'Allemagne, dans le cadre du traité franco-allemand ; le poste régional de Strasbourg n'aurait-il pas un rôle à jouer, et n'est-il pas tout indiqué pour une telle mission ? [1053]

En 1968, l'autorité politique régionale s'alarme du fait que « différentes enquêtes ont déjà souligné les progrès de la télévision allemande en Alsace, souligné sa supériorité technique et mis en évidence les faiblesses de la télévision française qui, si elles n'étaient pas résorbées, risqueraient, à terme, de réduire les progrès indéniables réalisés, depuis la Libération, par la langue et la culture françaises en Alsace. »[1054]

Aux yeux du représentant du gouvernement, les raisons de cet état de fait doivent essentiellement être cherchées dans la mentalité même de la population alsacienne et son éducation culturelle sommaire :

> Un certain nombre de programmes allemands sont plus proches de la mentalité et de l'état d'esprit de la population adulte alsacienne, c'est-à-dire âgée de plus de trente ans. Les grandes émissions de variétés allemandes sont diffusées avec une abondance et un luxe de moyens qui, en général, dépassent les réalisations françaises, plus sobres, plus intéressantes, mais, on peut le craindre, moins populaires auprès d'un public très simple et plus sensible aux impressions de masse et de mouvements qu'à la qualité des textes et de l'enchaînement. On peut craindre que les téléspectateurs des classes populaires préfèrent, par exemple, le sport, la musique viennoise et le cabaret allemand aux variétés parisiennes ou à « Lectures pour tous ».

Mais, dans le même temps, d'autres raisons sont également avancées, qui rejoignent les reproches récurrents du problème qualitatif qu'a la télévision française par rapport à la télévision allemande dès qu'il s'agit d'émissions « grand public » :

> « Le succès relatif de la TV allemande réside dans le fait que les films présentés, souvent français ou italiens, sont de date récente (émissions du samedi soir ou du lundi soir sur la 2e chaîne allemande), que les reconstitutions historiques comme l'histoire de l'armée allemande de 1918 à 1945, le nazisme, etc., sont de très haute qualité et que les variétés ont un caractère international avec une fréquente participation française (Aznavour, Bécaud, Françoise Hardy, Trénet, etc.). »[1055]

LA SITUATION LINGUISTIQUE DE L'ALSACE À LA FIN DES ANNÉES SOIXANTE

Lorsque, durant le recensement de 1962, est à nouveau posée la question des langues que les habitants savent parler (français, dialecte, allemand), les réponses pour l'ensemble de la population se répartissent ainsi : [1056]

	français seulement	français et dialecte	français et allemand	français, dialecte et allemand	dialecte seulement	dialecte et allemand	allemand seulement
1946	4,91 %	3,41 %	2,36 %	52,02 %	6,17 %	24,20 %	1,26 %
1962	13,30 %	19,10 %	1,50 %	46,77 %	5,60 %	13,06 %	0,46 %

En ne prenant pas en compte les rubriques « autres langues » et « langue non déclarée », le français est présent chez 1 026 800 recensés, c'est-à-dire dans 80,68 % des réponses et n'est pas mentionné par 245 773 personnes, soit 19,31 % des recensés. Ainsi la progression du français est exponentielle, au point que l'INSEE estime que la projection opérée montre qu'en 1976, le taux de connaissance déclarée du français « sera d'environ 99 %, pourcentage qui, tenu compte des étrangers, des enfants en bas âge et de certains malades, ne pourrait être normalement dépassé »[1057].

Le dialecte est déclaré connu par 1 078 354 recensés, c'est-à-dire par 84,74 % de la population de plus de cinq ans. Le taux de connaissance déclarée du dialecte reste remarquablement stable par rapport aux déclarations antérieures.

Enfin, 80,29 % des recensés âgés de vingt ans et plus déclarent connaître l'allemand.[1058]

Comparées aux valeurs des années antérieures, ce sont à la fois la constance de la connaissance déclarée du dialecte et de l'allemand (pour les adultes, du moins) et la progression régulière et spectaculaire du français qui sont à relever :

1945-1970

Tableau récapitulatif

	présence du français	absence du français	présence du dialecte	présence de l'allemand
(1926 : langue usuelle)	(19,65 %)	(71,80 %)	(80 %)	(/)
1931	48,47 %	43,95 %	80,09 %	74,59 %
1936	55,63 %	38,62 %	82,11 %	76,07 %
1946	62,69 %	31,62 %	85,79 %	79,83 %
1962	80,68 %	19,31 %	84,74 %	80,29 %

Sur le plan de la distribution géographique, la connaissance déclarée du français n'est pas homogène, même si, par rapport aux constats de 1946 (*cf. supra*), la progression est, là aussi, très importante :

**Connaissance déclarée du français en 1962
Répartition par arrondissements**

Arrondissement	**1962** en %	1946 en %	Progression	Classement en 1946
1. STRASBOURG VILLE	88,6	75,7	12,9	2.
2. RIBEAUVILLÉ	87,6	80,7	6,9	1.
3. THANN	84,6	71,0	13,6	4.
4. MULHOUSE	83,7	66,8	16,9	7.
5. COLMAR	82,2	67,8	14,4	5.
6. MOLSHEIM	82	72,4	9,6	3.
7. ALTKIRCH	78,7	67,4	11,3	6.
8. GUEBWILLER	78,6	61,3	17,3	9.
9. SELESTAT	77,8	65,2	12,6	8.
10. ERSTEIN	76,5	60,9	15,6	10.
11. STRASBOURG CAMPAGNE	76,1	60,2	15,9	11.
12. HAGUENAU	73,6	58,5	15,1	12.
13. SAVERNE	70,3	57,4	12,9	13.
14. WISSEMBOURG	69,7	55,1	14,6	14.

De la même manière, le classement par arrondissement reste d'une stabilité remarquable pour la moitié des arrondissements présentant une francophonie moins importante (places de 1962 : 7 à 14) ; il reste assez stable pour la première moitié du classement, à l'exception de l'arrondissement de Mulhouse, qui augmente de manière plus importante le taux de déclarants du français.

Tendanciellement, ce sont les arrondissements présentant un taux plutôt faible de recensés déclarant savoir le français en 1946 qui ont le plus augmenté ce taux en 1962.

Classement selon le différentiel le plus important entre 1946 et 1962

	1946	1962	différentiel	classement en 1962
1. GUEBWILLER	61,3	78,6	**17,3**	8.
2. MULHOUSE	66,8	83,7	**16,9**	4.
3. STRASBOURG CAMPAGNE	60,2	76,1	**15,9**	11.
4. ERSTEIN	60,9	76,5	**15,6**	10.
5. HAGUENAU	58,5	73,6	**15,1**	12.
6. WISSEMBOURG	55,1	69,7	**14,6**	14
7. COLMAR	67,8	82,2	**14,4**	5.
8. THANN	71,0	84,6	**13,6**	3.
9. STRASBOURG VILLE	75,7	88,6	**12,9**	1.
10. SAVERNE	57,4	70,3	**12,9**	13.
11. SELESTAT	65,2	77,8	**12,6**	9.
12. ALTKIRCH	67,4	78,7	**11,3**	7
13. MOLSHEIM	72,4	82	**9,6**	6.
14. RIBEAUVILLÉ	80,7	87,6	**6,9**	2.

Combinée avec les tranches d'âge retenues en 1962, la connaissance déclarée du français cette année-là permettait d'envisager la permanence du français dans l'avenir avec un certain optimisme. En effet, les jeunes générations âgées de 5 à 23 ans ont passé ou vont passer par l'école en langue française. Globalement, les moins de cinquante ans vont afficher un taux de connaissance du français de plus de 94 %.

1962 (*cf. supra*)

année de naissance	âge approximatif en 1962	régime d'enseignement scolaire (école primaire)
1957 à 1953	5 à 9 ans	français
1952 à 1943	10 à 19 ans	français
1942 à 1933	20 à 29 ans	français ; allemand de 1940 à 1944
1932 à 1923	30 à 39 ans	français ; allemand de 1940 à 1944
1922 à 1913	40 à 49 ans	français
1912 à 1903	50 à 59 ans	allemand ; français à partir de 1919
1902 à 1888	60 à 74 ans	allemand
jusqu'en 1887	75 ans et plus	allemand

1962[1059] – Connaissance déclarée des langues par la population âgée de 5 ans et plus

	français			dialecte			allemand		
	Bas-Rhin	Haut-Rhin	Alsace	Bas-Rhin	Haut-Rhin	Alsace	Bas-Rhin	Haut-Rhin	Alsace
5-9 ans	77,9 %	87,2 %	81,73 %	80,8 %	71,7 %	77,05 %	4,1 %	2,9 %	3,52 %
10-19 ans	98,9 %	99,2 %	98,17 %	83,4 %	79,6 %	81,10 %	38,5 %	29,5 %	34,66 %
20-29 ans	98,3 %	98,5 %	98,40 %	82,4 %	80,1 %	81,49 %	65,7 %	57,5 %	62,39 %
30-39 ans	96,3 %	97,1 %	96,62 %	86,4 %	81,8 %	84,42 %	80,5 %	75,0 %	78,13 %
40-49 ans	94,0 %	95,0 %	94,44 %	86,9 %	82,7 %	85,20 %	82,4 %	77,7 %	80,49 %
50-59 ans	73,5 %	79,7 %	76,02 %	92,6 %	90,2 %	91,64 %	88,4 %	85,4 %	87,17 %
60-74 ans	42,0 %	48,8 %	44,89 %	94,6 %	92,9 %	93,88 %	91,3 %	89,6 %	90,61 %
75 ans et plus	32,9 %	38,2 %	35,18 %	94,0 %	93,4 %	93,74 %	89,7 %	88,3 %	89,08 %
Tous âges (5 ans et plus)	81,3 %	84,2 %	82,52 %	87,2 %	83,6 %	85,71 %	67 %	62,6 %	65,19 %

Pour la population âgée de 15 ans et plus, c'est-à-dire la population pouvant exercer une activité rémunérée, la connaissance déclarée des langues reste fortement corrélée aux secteurs d'activité et/ou au statut professionnel des recensés. Les agriculteurs représentent la catégorie se déclarant le moins fréquemment en possession du français (63,33 %), mais leur poids parmi les actifs a nettement décru, dans la mesure où ils ne représentent plus que 14% d'entre eux. La catégorie la plus représentée, les ouvriers (44,92% des actifs), déclare à 90% connaître le français, se situant ainsi au-delà de la moyenne de connaissance du français déclarée par l'ensemble des actifs (88,62%)[a].

Pour l'ensemble de la population, la connaissance des parlers dialectaux reste supérieure à celle du français. Mais la tendance est inversée lorsque sont uniquement considérés les actifs de plus de 15 ans, où le français prend la première place avec 88,62% de connaissance déclarée, le dialecte la seconde, à dix points de distance (78,93%), et l'allemand la troisième place, avec un taux important (77,04%), proche de celui de la connaissance déclarée du dialecte.

Le dialecte a continué à constituer la langue essentielle des interactions sociales de la majorité de la population, dans la mesure où la socialisation des enfants issues de l'immigration (polonaise, italienne, ukrainienne...[1060]) continue à se faire, dans la plupart des cas, au début des années soixante, en dialecte.[1061]

Germain Muller pressent le déclin du dialecte

Le français est à présent bien installé dans le paysage linguistique alsacien, au point qu'une inquiétude commence à poindre, celle que les dialectes puissent disparaître petit à petit au profit du français. C'est bien ce qu'écrit Germain Muller dans un de ses textes les plus célèbres, chanté dans la revue *D'Hausse nab*, en 1963-1964, *De elsässisch Schwânegsang* (*Le chant du cygne alsacien*) :

Mer sinn schint's d'letschde	Nous sommes, paraît-il, les derniers
Ja d'âllerletschde	Oui, les tout derniers
Vun denne Lätze, wo noch so babble,	De ces tordus qui parlent encore
Wie de Schnawwel ne gewachse-n-isch	Comme le bec leur a poussé[b]
Noch uns isch ferti mit dem Trâfâri	Après nous, fini ce charivari !
Un no wurd endli, im ganze Frankri	Alors, dans toute la France enfin,
Ge-parlez-vous numme Franzeesch.	On ne parlera plus que le français !

L'intuition de Germain Muller fait un peu l'effet d'un éclair dans un ciel somme toute assez serein. En effet, en 1963, les quatre cinquièmes des Alsaciens indiquent savoir parler un dialecte (*cf. supra*). Mais sans doute Muller sent-il que son usage commence – relativement

---

a. *Cf.* tableau 11, en annexe du présent chapitre, « 1962 – Population âgée de 15 ans et plus : classement par connaissance déclarée de chaque langue ». b. la langue dans laquelle ils ont grandi.

– à décliner: «Il faut se méfier, car cette chanson sous ses airs très nostalgiques, très "Heimetlied", est un chant révolutionnaire. Tout simplement parce que c'est un chant qui appelle une réaction? Dans une certaine mesure, il l'a amenée… et dès la première.»[1062] En filigrane, il met en cause la politique linguistique qui a été menée, mais aussi et surtout les Alsaciens eux-mêmes, qu'il considère comme les fossoyeurs de leur propre langue.

La prédiction de Germain Muller quant à la disparition des dialectes semble encore bien alarmiste à la fin des années soixante et au tout début des années soixante-dix.[1063] Mais les progrès de la diffusion du français se confirment. Une enquête réalisée par les *Dernières Nouvelles d'Alsace* en 1968 infirme la crainte de Germain Muller, dès la parution de la première partie par le titre retenu: «Un malade qui se porte bien».[1064] Cependant, le quotidien n'a pas procédé à un sondage ou à une enquête quantitative *stricto sensu*: des reporters se sont rendus dans des écoles maternelles «pour tenter d'établir dans quelle langue les enfants entre Rhin et Vosges s'expriment spontanément en entrant à l'école maternelle». Ils relèvent la diversité des situations, mais le rédacteur conclut: «De toute évidence, nos successeurs continueront à désespérer les adversaires du dialecte. Nous ne sommes pas les derniers à le parler.» En ce qui concerne l'emploi du français, le journaliste relève «que la promotion sociale et le purisme des adolescents contribuent remarquablement au progrès de la langue de Voltaire,[1065] que bien des étudiants s'éloignent nécessairement de l'alsacien, mais que beaucoup y reviennent ensuite par nécessité professionnelle et qu'un véritable fossé sépare certains de ceux qui le parlent de ceux qui ne le parlent pas.»[1066]

La présence du français et son apprentissage vont encore être renforcés par la modification du système éducatif. En effet, à partir de la rentrée 1967 entre en vigueur la prolongation jusqu'à seize ans de la scolarité obligatoire.[1067]

La question de l'ambiguïté du terme «apprentissage» du français à l'école commence à être débattue dans l'espace public: au-delà de l'usage du français en dehors de l'école et au-delà de l'école, la discussion porte sur le fait de savoir quel français est appris et comment il est appris, pour une partie des élèves dialectophones: d'où la question qui est (enfin?) posée s'il faut enseigner le français de la même manière qu'ailleurs en France.[1068] À la rentrée 1968, l'une des réponses consistera à expérimenter une forme différente de l'enseignement du français qui, si elle devait réussir, devrait être répandue dans l'ensemble de l'Hexagone: «M. le Recteur de l'Académie de Strasbourg s'est soucié cette année des enfants qui, d'origine dialectale, souffrent plus que d'autres de l'insuffisance verbale héritée du milieu familial. En dehors d'autres mesures dont il conviendra d'obtenir la réalisation, [il s'agit de] préparer les voies d'une pédagogie du français orientée non vers le formalisme et le dogmatisme, mais vers l'enrichissement des moyens d'expression orale et écrite.»[1069]

L'autre problématique, récurrente tout au long de la période considérée, est celle du maintien des connaissances du français après la scolarité obligatoire, dans un environnement essentiellement dialectal: «Retombé dans l'ornière dialectale, notre adolescent risque d'être coupé du reste du monde, ce dont il souffrira immanquablement, d'une façon ou d'une autre. Il serait tout à fait vain de l'engager à ne plus parler l'alsacien – sa langue maternelle, ne l'oublions pas. Il faut l'aider à ne pas perdre ce qu'il a acquis de la langue littéraire enseignée à l'école et qui constitue dès lors le plus indiqué et le meilleur des liens possibles avec le vaste monde. Reste à savoir comment. Il est bien évident que le problème n'est pas facile à résoudre. Mais a-t-on réellement cherché à le faire? S'est-on seulement aperçu qu'il s'agit d'un problème d'ordre culturel?»[1070] Implicitement, la connaissance et l'usage des parlers dialectaux semblent apparaître encore et toujours comme une entrave majeure à la connaissance et surtout à l'usage du français.

Au total, l'usage des langues pourrait être schématisé ainsi:[1071]

1945-1970

	Langues utilisées dans la «production» autochtone, par ordre d'usage	Langues utilisées dans la «consommation/réception», par ordre d'usage
1. littérature de divertissement	français, allemand, (dialecte)*	français, allemand, (dialecte)
2. écrits scientifiques	français, allemand	français, allemand
3. quotidiens alsaciens	français, allemand	allemand, français
4. autres quotidiens	-	français, allemand
5. hebdomadaires alsaciens	allemand, français	allemand, français
6. autres hebdomadaires	-	français, allemand *ou* allemand, français
7. télévision	français	allemand, français
8. radio	français, allemand, dialecte	français, allemand, dialecte *ou* allemand, français, dialecte
9. disques	dialecte	français, allemand, dialecte *ou* allemand, français, dialecte
10. cinéma	-	français, allemand, (anglais)
11. théâtre	(dialecte)	dialecte, français, (allemand)
12. églises	français, allemand	français, allemand
13. correspondance privée	français, allemand	français, allemand
14. correspondance commerciale et administrations publiques ou privées	français, (allemand)	français, (allemand)
15. publicité, annonces	français, (allemand)	français, (allemand)
16. conferences	français, (allemand)	français, (allemand)
17. débats dans les Conseils généraux	français	français
18. et municipaux	français, dialecte	français, dialecte
19. enseignement supérieur	français	français
20. enseignement secondaire	français	français
21. enseignement primaire	français	français
22. conversations entre autochtones	dialecte, français *ou* français, dialecte	dialecte, français *ou* français, dialecte

* (*langue*) : langue utilisée, mais beaucoup moins fréquemment que l'autre ou les autres langues indiquées.

Les corrélations qui sont opérées entre les valeurs sociales et culturelles des codes linguistiques sont rassemblées, de manière saisissante, par plusieurs écrivains aux avis très différents.[1072] Pour Germain Muller, «le dialecte constitue notre seul moyen d'identification alsacienne […]. L'Alsacien n'est réellement lui-même que lorsqu'il s'exprime en dialecte», c'est-à-dire qu'il lui confère un rôle identitaire majeur, sinon central. Mais il constitue aussi un signe distinctif, un bornage par rapport au monde qui l'entoure : «Le Coca-Cola a le même goût partout.» André Weckmann attaque la question sous un autre angle : «Si j'ai continué à m'intéresser au dialecte, c'est pour une raison de culture populaire. Si vous voulez toucher le peuple, lui faire comprendre ce qui se passe dans le monde [...], il faut d'abord lui apporter du nouveau dans sa propre langue, essayer de lui donner une bonne nourriture culturelle dans la langue alsacienne, la sienne, qu'il comprend le mieux. [...] Lentement nous habituons les gens à recevoir autre chose que de la camelote. »[1073]

Guy Heitz, quant à lui (*cf. infra*), n'écrit qu'en français et refuse d'utiliser l'alsacien, « véhicule d'inculture » à ses yeux : « Quatre-vingt-dix pour cent des citadins ne parlent plus qu'un patois d'une intolérable indigence. De toute façon, authentique ou dénaturé, le dialecte se meurt, le dialecte est mort. La raison en est la montée d'une culture et d'une mythologie à l'échelle mondiale. Les petites sociétés traditionnelles comme l'Alsace s'effondrent. Et cela est souhaitable : la survivance d'une langue d'une portée restreinte empêche la société qui la pratique d'acquérir, et surtout de maîtriser, un langage de portée universelle tel que le français, seul moyen de pouvoir discerner dans cette culture et cette mythologie mondiales le bon et le mauvais. Or l'Alsacien, dans sa majorité, ne maîtrise aucune langue, ni l'allemand, ni le français, ni le dialecte. Il doit en prendre conscience [...] et accélérer le mouvement déjà amorcé vers la disparition du dialecte. » Mais Guy Heitz concède que « le risque, c'est que disparaisse en même temps une atmosphère propre à l'Alsace, irremplaçable, faite d'une certaine poésie, du sens de la satire, d'une truculence [...]. Cela ne se fera pas sans traumatisme. »[1074] Le propos de Heitz présente un goût de prophétie sur le sort des sociétés ancrées dans la tradition et sur les dimensions auxquelles il conviendra de penser le monde.[1075]

L'un des organes de presse de la SFIO, qui milite « pour un socialisme moderne », s'appuyant sur le travail d'un groupe du parti, les clubs de la Convention des institutions républicaines, considère que le diptyque français-alsacien conduit à l'alinguisme et propose, en conséquence, d'affaiblir le plus possible la position du dialecte et de renforcer le plus possible la connaissance du français : implantation intensive d'écoles maternelles, amélioration des programmes de télévision en français, utilisation de méthodes modernes (audiovisuelles, laboratoires de langues), développement des œuvres culturelles et diffusion de la pensée française (bibliothèques, cinéma, théâtre)... Une fois cela réalisé, il s'agirait d'aboutir à un « bilinguisme français-allemand » : « Un bon enseignement du français est une condition pédagogique préalable à toute proposition d'enseignement de l'allemand. Pour qui et à quel âge ? L'instauration sera d'autant plus facile que le dialecte est en recul, donc surtout pour commencer, dans les villes. [...] L'introduction serait progressive et facultative, et elle se baserait sur une sélection scolaire et non sociale, seuls pouvant profiter du système d'enseignement bilingue les élèves dont les connaissances en français auraient été vérifiées à un bon niveau. » La proposition s'appuie sur le fait que « l'alsacien est un dialecte qui se différencie de l'allemand, non seulement par sa phonétique, mais par le fait qu'il est presque exclusivement parlé et que, coupé de toute évolution culturelle, il est devenu une langue pauvre qui se borne aux nécessités générales. Sans grammaire ni syntaxe précises et unifiées, ayant un vocabulaire restreint, perdant sa pureté originelle par des emprunts constants à la langue française ou à la langue allemande, l'alsacien se réduit progressivement à un patois populaire qui n'est plus à la mesure du monde moderne, incapable d'alimenter une conversation philosophique, technique ou artistique sérieuse. »[1076]

La réflexion politique de la gauche non communiste, traditionnellement monolinguiste, commence à se modifier dans la mesure où elle intègre l'allemand. Mais l'argumentaire contre le dialecte va être mis à mal par les lecteurs de la revue *Aujourd'hui*, dont les réactions ont été sollicitées.[1077]

Vingt-cinq ans après la fin de la guerre, la politique linguistique de la France semble avoir porté ses fruits, dans la mesure où le français s'est diffusé amplement dans le corps social alsacien, même si l'usage du dialecte reste très présent dans la vie quotidienne et si l'allemand écrit endogène et exogène et l'allemand oral essentiellement exogène des médias audiovisuels gardent une place non négligeable dans de très nombreux foyers alsaciens. La compétence de production en allemand, en revanche, s'est singulièrement amoindrie. Les générations qui ont grandi durant l'après-guerre deviennent des générations bilingues (dialecte-français) avec, selon les couches socio-professionnelles et les ambitions sociales, une prédilection pour l'une ou l'autre des langues en présence.

La création littéraire en dialecte marque le pas, sans doute parce que les auteurs de l'entre-deux-guerres ne renouvellent que peu leurs thématiques, mais aussi parce que la diffusion d'une œuvre littéraire en dialecte ne va plus de soi. La radio joue certes un rôle de médiation entre des auteurs, leurs textes et leurs publics potentiels, devenant par là mémoire et témoin, initiant une *Petite anthologie de la poésie alsacienne*, à partir de 1962, sous l'impulsion de Martin Allheilig (1920-

2007) (*cf. supra*). Mais la dépréciation des dialectes et la mise en doute de leur capacité de supporter une œuvre littéraire de qualité n'aident pas la création. L'utilisation des dialectes comme support d'une caricature de littérature (farces et autres pièces de théâtre à l'humour gras, vers de mirliton…) ne concourent pas à la crédibilité de l'existence d'une littérature de qualité. Bien sûr, *Enfin… redde m'r nimm devun*, la pièce cathartique de Germain Muller (1923-1994), créée en mars 1949, reste d'une qualité exceptionnelle. Parmi l'une des fonctions que l'auteur lui attribue, trente ans plus tard, il retient « la fierté d'avoir pu prouver que notre dialecte était autre chose que le véhicule de la vulgarité des sentiments et de l'esprit ».[1078] Le cabaret qu'il crée avec Raymond Vogel, en 1946, *De Barabli*, va présenter des textes, des sketchs et des chansons certes ancrés dans le moment, comme le veut la loi du genre, mais la force de certains d'entre eux en feront des « classiques »[1079]. Un autre cabaret, le *Cabaret Bonjour*, est fondé par Gaston Goetz (1914-1988) en 1947. Trente ans plus tard, il caractérise l'entreprise qu'il a menée : « Nous inaugurions ainsi un genre nouveau, basé sur la caricature, l'humour, la dérision. »[1080] Gaston Goetz considère qu'à partir du début des années soixante, ce fut une « période noire pour le cabaret. La francisation de l'Alsace avançait à grands pas… Les salles se dégarnissaient, on nous regardait de travers. »[1081] La troupe de ce cabaret participe très régulièrement à des émissions de radio.[1082] André Weckmann (1924-2012) produit aussi, essentiellement, de la prose poétique, que Martin Allheilig diffuse sur les ondes de Radio-Strasbourg et dont quelques textes seront repris[1083] dans la *Petite Anthologie* qui commence à être publiée.[1084] L'auteur a certes un succès d'estime, mais il ne perce pas réellement auprès d'un public plus large.

La littérature en langue française va se frayer un chemin nouveau, en particulier avec Marcel Haedrich (1913-2003) et Alfred Kern (1919-2001), qui publie son premier roman *Le jardin perdu* en 1950.[1085] Chez ces deux auteurs, l'Alsace reste toujours présente. D'autres écrivains, comme Guy Heitz (1932-1992), mais surtout Claude Vigée (1921), qui a dû fuir l'Alsace, puis la France, pour les États-Unis et Israël, vont également connaître une reconnaissance littéraire.

La création littéraire en allemand reste, pour l'essentiel, le fait d'écrivains qui ont déjà publié avant la guerre.

La décennie 1960-1970 consacre l'arrivée à l'âge adulte de générations dont la langue scolaire exclusive, la langue écrite et la langue de l'espace public officiel est le français. Ce sont aussi ces générations qui ont grandi dans une mise en ordre hiérarchique des langues, dans une forte corrélation politique et sociale des langues (*cf. supra*). Ces générations vont également adopter des comportements tendant à intégrer de plus en plus de traits de la modernité. Les langues et les comportements «linguistiques» n'échappent pas aux changements induits par les modifications comportementales. Il semble acquis que la seule langue porteuse de modernité est le français, les deux autres, dialecte et allemand, restant nécessairement corrélées à des traits de la tradition et du passé. Les dialectes sont dépréciés parce qu'ils corrèlent leurs locuteurs à des couches sociales peu prestigieuses, l'allemand renvoie à un monde du passé.

La décennie 1960-1970 fonctionne comme une période charnière ou, plutôt, comme une entame de bascule. Le monde linguistique dans lequel se meuvent les Alsaciens s'est à la fois considérablement modifié (la connaissance et l'usage du français sont en augmentation exponentielle; les traits de la modernité commencent à s'installer), tout en maintenant stables de nombreuses caractéristiques dont la connaissance et, dans une moindre mesure, l'usage des parlers dialectaux sont les marques emblématiques. La présence de l'allemand endogène, en revanche, se trouve en net recul.

Ces deux aspects combinés, français et modernité, s'inscrivent, symboliquement, dans la toponymie: ainsi un quartier de Strasbourg, créé *ex nihilo* à partir de 1968, ne garde-t-il pas le nom traditionnel du lieu où il est implanté (*Hohen Stein*), mais il est dénommé par la «traduction» en «Hautepierre». Aucune rue de ce nouveau quartier n'a été nommée par un terme ancien, elles ont toutes été «baptisées» avec des dénominations nouvelles, essentiellement des noms d'écrivains.[1086] L'Alsace semble effectivement être en train de se «franciser».

Annexes

Tableau 1

Classement des groupes professionnels selon leur importance relative dans le monde du travail – 1946
(avec les taux de connaissance déclarée du français et du dialecte)

Codage des catégories de métiers		Groupe professionnel	Part (en %) de chaque catégorie dans l'ensemble des emplois (Total Alsace : 540 063 emplois)	Taux de connaissance déclarée du français	Taux de connaissance déclarée du dialecte
3	1	agriculture	**30,92**	**52,8**	**93,6**
5	2	métallurgie et travail des métaux	7,35	77,4	93,8
22	3	emplois de bureau	6,25	94,6	94,4
21	4	services, soins personnels et santé	5,49	82,8	92,6
26	5	métiers mal désignés	5,46	75,1	91,6
20	6	commerce	5,27	87,0	94,6
23	7	emplois administratifs et professions intellectuelles	5,25	93,6	89,0
12	8	métiers du textile	4,08	71,1	85,6
9	9	métiers du bâtiment et des travaux publics	3,74	69,5	88,1
11	10	métiers de l'alimentation	3,45	78,9	95,0
15	11	métiers du bois	3,28	68,8	92,4
19	12	manutention	3,19	60,0	90,5
25	13	gardes et armée	3,18	91,2	42,7
13	14	métiers de l'habillement et de l'ameublement	3,06	84,0	94,0
4	15	mines, terrassement	2,31	60,8	85,1
18	16	transports par terre et navigation aérienne	1,91	78,1	89,5
6	17	électricité, radio-électricité	1,47	86,3	93,8
10	18	métiers des industries chimiques	1,28	67,8	89,2
14	19	métiers des cuirs et peaux	1,1	67,9	94,7
16	20	métiers du papier et de l'édition	0,80	81,1	95,6
2	21	forestage	0,51	58,2	89,3
24	22	spectacles	0,24	93,3	71,9
8	23	métiers des matériaux de construction	0,13	63,3	91,3
1	24	pêche, navigation maritime et fluviale	0,12	74,3	83,6
7	25	métiers du verre	0,11	76,0	94,0
17	26	bijouterie, orfèvrerie	0,03	77,0	89,2
		Moyennes		**71,3**	**90,6**

Source : Synthèse effectuée à partir des données publiées par INSEE *Aspects particuliers des populations alsacienne et mosellane, op. cit.*, pp. 108-109 et 112-113.

Tableau 2

Classement des groupes professionnels par ordre décroissant du taux de connaissance déclarée du français – 1946

Codage des catégories de métiers		Groupe professionnel	Taux de connaissance déclarée du français (%)	Taux de connaissance déclarée du dialecte (%)	Poids (en %) de chaque catégorie par rapport à l'ensemble des emplois
22	1	emplois de bureau	94,6	94,4	6,25
23	2	emplois administratifs et professions intellectuelles	93,6	89,0	5,25
24	3	spectacles	93,3	71,9	0,24
25	4	gardes et armée	91,2	42,7	3,18
20	5	commerce	87,0	94,6	5,27
6	6	électricité, radio-électricité	86,3	93,8	1,47
13	7	métiers de l'habillement et de l'ameublement	84,0	94,0	3,06
21	8	services, soins personnels et santé	82,8	92,6	5,49
16	9	métiers du papier et de l'édition	81,1	95,6	0,80
11	10	métiers de l'alimentation	78,9	95,0	3,45
18	11	transports par terre et navigation aérienne	78,1	89,5	1,91
5	12	métallurgie et travail des métaux	77,4	93,8	7,35
17	13	bijouterie, orfèvrerie	77,0	89,2	0,03
7	14	métiers du verre	76,0	94,0	0,11
26	15	métiers mal désignés	75,1	91,6	5,46
1	16	pêche, navigation maritime et fluviale	74,3	83,6	0,12
		moyenne	**71,3**	**90,6**	
12	17	métiers du textile	71,1	85,6	4,08
9	18	métiers du bâtiment et des travaux publics	69,5	88,1	3,74
15	19	métiers du bois	68,8	92,4	3,28
14	20	métiers des cuirs et peaux	67,9	94,7	1,1
10	21	métiers des industries chimiques	67,8	89,2	1,28
8	22	métiers des matériaux de construction	63,3	91,3	0,13
4	23	mines, terrassement	60,8	85,1	2,31
19	24	manutention	60,0	90,5	3,19
2	25	forestage	58,2	89,3	0,51
3	26	agriculture	**52,8**	**93,6**	**30,92**

Source: Synthèse effectuée à partir des données publiées par INSEE *Aspects particuliers des populations alsacienne et mosellane, op. cit.*, pp. 108-109 et 112-113.

Tableau 3
Classement des groupes professionnels par ordre décroissant du taux de connaissance déclarée du dialecte – 1946

Codage des catégories de métiers		Groupe professionnel	Taux de connaissance déclarée du dialecte (%)	Taux de connaissance déclarée du français (%)	Poids (en %) de chaque catégorie par rapport à l'ensemble des emplois
16	1	métiers du papier et de l'édition	95,6	81,1	0,80
11	2	métiers de l'alimentation	95,0	78,9	3,45
14	3	métiers des cuirs et peaux	94,7	67,9	1,1
20	4	commerce	94,6	87,0	5,27
22	5	emplois de bureau	94,4	94,6	6,25
13	6	métiers de l'habillement et de l'ameublement	94,0	84,0	3,06
7	7	métiers du verre	94,0	76,0	0,11
6	8	électricité, radio-électricité	93,8	86,3	1,47
5	9	métallurgie et travail des métaux	93,8	77,4	7,35
3	10	agriculture	**93,6**	**52,8**	**30,92**
21	11	services, soins personnels et santé	92,6	82,8	5,49
15	12	métiers du bois	92,4	68,8	3,28
26	13	métiers mal désignés	91,6	75,1	5,46
8	14	métiers des matériaux de construction	91,3	63,3	0,13
		moyenne	**90,6**	**71,3**	
19	15	manutention	90,5	60,0	3,19
18	16	transports par terre et navigation aérienne	89,5	78,1	1,91
2	17	forestage	89,3	58,2	0,51
17	18	bijouterie, orfèvrerie	89,2	77,0	0,03
10	19	métiers des industries chimiques	89,2	67,8	1,28
23	20	emplois administratifs et professions intellectuelles	89,0	93,6	5,25
9	21	métiers du bâtiment et des travaux publics	88,1	69,5	3,74
12	22	métiers du textile	85,6	71,1	4,08
4	23	mines, terrassement	85,1	60,8	2,31
1	24	pêche, navigation maritime et fluviale	83,6	74,3	0,12
24	25	spectacles	71,9	93,3	0,24
25	26	gardes et armée	42,7	91,2	3,18

Source : Synthèse effectuée à partir des données publiées par INSEE *Aspects particuliers des populations alsacienne et mosellane*, *op. cit.*, pp. 108-109 et 112-113.

Tableau 4

Connaissance du français attribuée aux maires du Bas-Rhin – 1952 et 1953

	Avant les élections d'avril 1952*								
	Erstein	Haguenau	Molsheim	Saverne	Sélestat	Strasbourg campagne	Wissembourg	Total	%
Maires parlant **couramment** le français**	24	25	38	21	37	40	27	**212**	37,86
Maires capables de s'exprimer **assez bien** en français	16	4	17	44	12	26	24	**143**	25,53
Maires parlant **très peu** le français	6	10	14	33	15	22	-	**100**	17,87
Maires ne parlant **pas du tout** le français	4	18	1	36	-	14	32	**105**	18,75
	50	57	70	134	64	102	83	560	100

	Après les élections d'avril 1953								
	Erstein	Haguenau	Molsheim	Saverne	Sélestat	Strasbourg campagne	Wissembourg	Total	%
Maires parlant **couramment** le français**	27	29	39	23	38	53	35	**244**	43,57
Maires capables de s'exprimer **assez bien** en français	16	7	16	46	9	29	24	**147**	26,25
Maires parlant **très peu** le français	5	11	14	38	17	11	-	**96**	17,14
Maires ne parlant **pas du tout** le français	2	10	1	27	-	9	24	**73**	13,03
	50	57	70	134	64	102	83	560	100

* Les calculs de synthèse ont été effectués à partir des données préfectorales. ** Les critères utilisés pour déterminer comment la compétence linguistique des maires est évaluée ne sont pas indiqués.
Source : ADBR 1130W388.

Tableau 5
Progression de l'édition en français de la presse quotidienne (1945-1970)[*]

1945[a]

	Tirage total	Édition bilingue	Édition en français
Dernières Nouvelles d'Alsace	50 000	41 600 = 83,20 %	8 400 = 16,80 %
Le Nouvel Alsacien	30 000	30 000	-
Le Nouveau Rhin français	30 000	30 000	-
L'Humanité d'Alsace-Lorraine	45 000	45 000	-
TOTAL	**155 000**	**146 600 = 94,19 %**	
Dernières Nouvelles du Haut-Rhin	30 000	?	?
L'Alsace	75 000	?	?
260 000			

a. La presse est encore contingentée par manque de papier.

1950[b]

	Tirage total	Édition bilingue	Édition en français
Dernières Nouvelles d'Alsace	153 144	123 388 = 80,57 %	29 756 = 19,43 %
Le Nouvel Alsacien	50 000	50 000	-
Le Nouveau Rhin français	40 000	40 000	-
L'Humanité d'Alsace-Lorraine	30 000	30 000	-
L'Alsace	88 584	58 820 = 66,40 %	29 764 = 33,60 %
TOTAL	**361 728**	**302 208 = 83,55 %**	
Dernières Nouvelles du Haut-Rhin	28 000	?	?
389 728			

b. Source pour les *Dernières Nouvelles d'Alsace* à partir de 1950 : données communiquées par les *Dernières Nouvelles d'Alsace* - Direction commerciale, et l'Office de justification de la diffusion, 12.12.2003. Source complémentaire pour *L'Alsace* à partir de 1950 : données communiquées par *L'Alsace – Le Pays*, Office de justification de la diffusion, 23.12.2003, et ADBR 1959W93.

*L'A.F.P. « a dû organiser, après la guerre, un service spécial de traduction pour les journaux bilingues des trois départements de l'Est, auxquels [elle] fournit un service complet d'information rédigé en allemand », SCHEIDT Bernard « Le problème de la traduction dans une agence de presse » in *Bulletin régional de l'Association des professeurs de langues vivantes* « La traduction et ses problèmes (II) », octobre 1962, pp. 31-32.

1945-1970

1955

	Tirage total	Édition bilingue	Édition en français
Dernières Nouvelles d'Alsace	158 611	122 701 = 77,36 %	35 910 = 22,64 %
Le Nouvel Alsacien	env. 37 000	env. 37 000	-
Le Nouveau Rhin français	env. 30 000	env. 30 000	-
L'Humanité d'Alsace-Lorraine	env. 13 500	env. 13 500	-
L'Alsace*	90 594	55 643 = 61,42 %	34 951 = 38,58 %
TOTAL	**329 705**	**258 844 = 78,51 %**	
Dernières Nouvelles du Haut-Rhin	22 600	?	?
	352 305		

* HAUSHERR Henri « À propos de bilinguisme à l'école primaire » in L'Alsace du 6 mars 1958.

1960

	Tirage total	Édition bilingue	Édition en français
Dernières Nouvelles d'Alsace	167 155	118 266 = 70,56 %	49 210 = 29,44 %
Le Nouvel Alsacien	35 924	35 924	-
Le Nouveau Rhin français	28 431	28 431	-
L'Alsace	95 088	50 539 = 53,15 %	44 549 = 46,85 %
Dernières Nouvelles de Colmar (1964)**	environ 25 000	env. 15 000 = 60 %	env. 10 000 = 40 %
TOTAL	**351 598**	**248 160 = 70,58 %**	

** Ibid.

1965

	Tirage total	Édition bilingue	Édition en français
Dernières Nouvelles d'Alsace	193 770	116 921 = 60,34 %	76 849 = 39,66 %
Dernières Nouvelles du Haut-Rhin (1966)	34 807	18 190 = 52,26 %	16 617 = 47,74 %
L'Alsace	129 009	63 240 = 49,02 %	65 769 = 50,98 %
Le Nouvel Alsacien	35 758	35 758	-
Le Nouveau Rhin français***	22 001	22 001	-
TOTAL	**415 345**	**256 110 = 61,66 %**	

*** Le journal est absorbé par L'Alsace en 1965.

1969

	Tirage total	Édition bilingue	Édition en français
Dernières Nouvelles d'Alsace	203 536	102 175 = 50,22 %	101 320 = 49,78 %
Dernières Nouvelles du Haut-Rhin	33 295	14 985 = 45,00 %	18 310 = 55,00 %
L'Alsace****	139 025	56 900 = 40,93 %	82 125 = 59,07 %
Le Nouvel Alsacien	34 550	34 550	-
TOTAL	**410 406**	**208 610 = 50,83 %**	

**** Source : feuillet « Situation de la presse écrite en Alsace – juillet 1969 » (ADBR 1130W732).

Tableau 6
Progression des tirages des hebdomadaires locaux entre 1945 et 1969

1945

	Tirage total	Édition bilingue	Édition en français
L'Ami du Peuple – Der Volksfreund	50 000	50 000	-
Bonjour (1946)	25 000	25 000	-
TOTAL	75 000	75 000	-

1950

	Tirage total	Édition bilingue	Édition en français
L'Ami du Peuple – Der Volksfreund	env. 80 000	env. 80 000	-
Bonjour (1949)	132 580	132 580	-
TOTAL	212 000	212 000	-

1955

	Tirage total	Édition bilingue	Édition en français
L'Ami du Peuple – Der Volksfreund (1958)	94 000*	94 000	-
Bonjour	80 000	80 000	-
TOTAL	174 000	174 000	-

* L'édition française a été lancée en 1958, puis abandonnée en 1969, *cf.* KLINGELSCHMITT René « La presse bilingue en Alsace depuis 1945 » in FINCK Adrien et PHILIPP Marthe (dir.) *L'allemand en Alsace/Die deutsche Sprache im Elsaß*, Actes du colloque de Strasbourg, 28-30.11.1985, Strasbourg 1988, Presses universitaires de Strasbourg, pp. 145-167 (p. 154).

1960

	Tirage total	Édition bilingue	Édition en français
L'Ami du Peuple – Der Volksfreund (1963)	100 200	87 900 = 87,72 %	12 300 = 12,28 %
Bonjour (1963)	44 440	44 400	-
*L'Humanité d'Alsace-Lorraine***	env. 11 500	11 500	-
TOTAL	156 140	143 800 = 92,10 %	-

** Hebdomadaire depuis le 1er janvier 1959, *cf.* LORENTZ Claude *La presse alsacienne du XXe siècle, op. cit.*, p. 181.

1945-1970

1965

	Tirage total	Édition bilingue	Édition en français
L'Ami du Peuple – Der Volksfreund	97 500	85 000 = 87,18 %	12 500 = 12,82 %
Dernières Nouvelles du Lundi* (1966)	84 000**	/	84 000
Bonjour (1963)	44 400	44 400	-
L'Humanité d'Alsace-Lorraine (1966)	16 500	16 500	-
TOTAL	242 400	145 900 = 60,19 %	

* Titre créé en 1962, *cf.* LORENTZ Claude *La presse alsacienne du XXe siècle, op. cit.*, p. 386.
** Indication chez MAUGUE Pierre *Le particularisme alsacien 1918-1967, op. cit.*, p. 175.

1969

	Tirage total	Édition bilingue	Édition en français
L'Ami du Peuple – Der Volksfreund	85 800	73 000	12 800
Bonjour (1970)	27 970	27 970	-
L'Humanité d'Alsace-Lorraine	16 500	16 500	-
TOTAL	130 270	117 470 (90,17%)	
Dernières Nouvelles du Lundi	?	/	

Tableau 7
Progression de magazines de radio-télévision, d'illustrés généralistes et de magazines féminins, en langue allemande, entre 1966 et 1970

Elle porte sur 26 numéros (1ᵉʳ semestre) et signale le nombre d'exemplaires par numéro dans les départements du Haut-Rhin, du Bas-Rhin et de la Moselle.

Vente des magazines de radio-télévision allemands

	1966	1967	1968	1969	1970	accroissement 1966-1970
Bild und Funk	21 641	22 112	29 044	32 854	37 852	+ 74 %
T.V. Hören und sehen	1 540	1 425	2 529	2 679	2 859	+ 85 %
Hör zu	7 885	8 232	13 220	15 312	14 983	+ 90 %
Gong	542	495	964	912	950	+ 75 %
Funk Uhr	467	552	635	711	1 295	+ 177 %
TOTAL	32 075	32 816	46 392	52 468	57 932	+ 79 %

Vente des magazines d'actualités illustrées allemands

	1966	1967	1968	1969	1970	accroissement 1966-1970
Bunte Illustrierte	6 801	6 845	8 071	8 263	7 327	+ 8 %
Neues Blatt	5 144	6 261	10 957	12 666	14 525	+ 182 %
Neue Post	3 012	6 751	10 483	13 863	16 347	+ 442 %
Neue illustrierte Revue	3 000	4 272	4 711	4 929	5 420	+ 80 %
Stern	5 506	6 440	6 531	5 729	5 302	- 4 %
7 Tage	1 571	1 994	3 224	3 641	4 989	+ 218 %
Ihre Freundin	376	320	534	544	1 272	+ 238 %
TOTAL	25 410	32 883	44 511	49 635	55 182	+ 117 %

Vente des magazines féminins allemands

	1966	1967	1968	1969	1970	accroissement 1966-1970
Burda	28 895	29 873	33 129	30 474	25 207	- 13 %
Neue Mode	3 847	3 227	3 238	2 762	2 280	- 41 %
Petra	262	568	691	1 109	1 312	+ 401 %
Für sie	798	864	1 926	1 712	820	+ 2 %
Praline	1 242	1 637	4 102	3 039	1 800	+ 45 %
TOTAL	35 044	36 169	43 086	39 096	31 419	- 10 %

Source : Préfecture du Bas-Rhin, note sur les ventes des périodiques allemands (ADBR 1130W732).

1945-1970

Tableau 8
Aperçu de l'évolution du nombre d'enfants scolarisés à l'école maternelle

	Bas-Rhin garçons	Bas-Rhin filles	**Total Bas-Rhin**	Haut-Rhin garçons	Haut-Rhin filles	**Total Haut-Rhin**	Total garçons	Total filles	**Total général**
1946-1947	4 951	4 745	9 696	3 737	3 663	7 400	8 688	8 408	18 104
1947-1948	non ind.	non ind.	± 10 000	3 983	3 814	7 797			17 797
1948-1949	4 633	4 402	9 035	3 499	3 466	6 965	8 132	7 868	16 000
1.01.1950	4 610	4 441	9 051	non ind.	non ind.	9 201			18 252
1.12.1951	5 922	5 668	11 590	non ind.	non ind.	+ c. e. 1 150			
1.12.1952	6 215	5 810	12 025	5 743	5 573	11 316	11 958	11 383	23 341
1.12.1953	7 010	6 779	13 789	6 969	6 704	13 673	13 979	13 483	27 462
1.12.1954	7 267	7 124	14 391	7 484	6 958	14 442	14 751	14 082	28 833
1.12.1955	7 718	7 645	15 363	7 644	7 422	15 066	15 362	15 067	30 429
1.12.1956 / 3.05.1957	8 156	7 850	16 006	8 092	7 811	15 903	16 248	15 661	31 909
1.12.1957	8 646	7 964	16 610	8 017	7 719	15 736	16 663	15 683	32 346
1.12.1958	9 112	8 443	17 555			17 592			35 147
10.12.1959	9 809	9 232	19 041	9 022	8 685	17 707	18 831	17 917	36 748
10.12.1960	10 139	9 554	19 693	9 241	8 914	18 155	19 380	18 468	37 848
10.12.1961	10 663	10 166	20 829	9 279	8 918	18 197	19 942	19 084	39 026
10.12.1962	11 119	10 434	21 553	9 676	9 104	18 780	20 795	19 538	40 333
10.10.1963	11 121	10 758	21 879			19 027			40 906
10.10.1964	11 628	11 501	23 129	10 376	9 958	20 334	22 004	21 459	43 463
10.10.1965	12 248	11 907	24 155	10 777	10 332	21 109	23 025	22 239	45 264
10.10.1966	12 731	12 067	24 798	11 189	10 695	21 884	23 920	22 762	46 682
10.10.1967	non ind.	non ind.	25 527	11 577	11 036	22 613			48 140
10.10.1968	13 165	12 575	25 740	10 738 + c. e. 771	10 212 + c. e. 784	22 505			48 245
1.10.1969	non ind.	non ind.	26 706	10 423 + c. e. 788	9 988 + c. e. 757	21 956			48 662
1970-1971	14 907	14 045	28 952						
1971-72	14 859	14 281	29 140	11 299 + c. e. 769	11 018 + c. e. 767	22 317 + c. e. = 23 853			51 457
1972-73	15 665	14 880	30 545			23 945 + c. e. 1 632			54 490
1973-1974	15 877	15 272	31 149			25 070 + c. e. = 26 784			56 219
1974-1975	16 813	16 256	33 069			26 735			59 804
1975-1976	non ind.	non ind.	33 022						
1976-1977	non ind.	non ind.	33 035						
1977-1978	non ind.	non ind.	32 634						
1978-1979	non ind.	non ind.	31 059						
1979-1980	non ind.	non ind.	30 334						

À ces chiffres s'ajoutent les enfants d'âge maternel scolarisés dans des classes enfantines (c. e.) de l'école primaire et dans des écoles privées. Source : les *Rapports* que fournissent les inspecteurs d'académie, chaque année, aux Conseils généraux du Bas-Rhin et du Haut-Rhin et qui paraissent avec les *Rapports annuels des chefs de service*.

Tableau 9
Enseignement post-scolaire
Évolution du nombre d'auditeurs par année scolaire

	Bas-Rhin	Haut-Rhin	Total
1945-1946	19 246 auditeurs	14 756 auditeurs	34 002 auditeurs
1946-1947	10 784	8 613	19 397
1947-1948	9 736	4 802	14 538
1948-1949	11 272	4 173	15 445
1949-1950	11 333	9 788	21 121
[1950-1951]		7 094	
1951-1952	12 073	6 436	18 509
1952-1953	10 706	5 494	16 200
1953-1954	10 181	4 778	14 959
1954-1955	9 661	3 812	13 473
1955-1956	9 075	3 286	12 361
1956-1957	8 870	2 527	11 397
1957-1958	8 858	2 719	11 577
1958-1959	7 486	1 760	9 246
1959-1960	6 603	1 374	7 977
1960-1961	6 619	1 090	7 709
1961-1962	6 849	nombre non indiqué	
1962-1963	7 088	1 098	8 186
1963-1964	7 194	nombre non indiqué	
1964-1965	6 751	nombre non indiqué	
1965-1966	6 557	nombre non indiqué	
1966-1967	5 853	nombre non indiqué	
1er janvier 1967 :	Application de l'ordonnance sur la prolongation de la scolarité obligatoire		

Sources : les *Rapports* que fournissent les inspecteurs d'académie, chaque année, aux Conseils généraux du Bas-Rhin et du Haut-Rhin et qui paraissent avec les *Rapports annuels des chefs de service*.

Tableau 10
Progression du nombre de téléviseurs en Alsace, 1954-1968

	Bas-Rhin	Haut-Rhin	Total
31.12.1954	1 319	94	1 413
31.12.1955	2 361	356	2 717
31.12.1956	4 125	1 974	6 099
31.12.1957	5 990	4 819	10 809
31.12.1958	8 668	8 617	17 285
31.12.1959	11 832		
31.12.1960	17 359	17 186	34 545
31.12.1961	23 794	22 835	46 629
31.12.1962	33 496		
31.12.1963	46 191		
31.12.1964	61 805	51 644	123 449
31.12.1965	76 177	62 574	138 751
31.12.1966	88 660	71 916	160 576
1967	?	?	
31.12.1968	119 613 + 94 postes couleur		

Sources : les « Rapports annuels de M. le Directeur régional de la radiodiffusion – télévision française » : in Conseil général du Bas-Rhin, *Rapports des chefs de service, op. cit.*
En complément pour 1958 : « 33 101 postes de TV et 489 848 postes de radio dans nos trois départements » in *Dernières Nouvelles d'Alsace* du 20 février 1959, p. 14 ; pour 1960 et 1961 : ECKERT Paul « La télévision en Alsace. I. Un phénomène irréversible » in *Dernières Nouvelles d'Alsace* du 13 janvier 1964, p. 21 ; pour 1963 : Conseil général du Bas-Rhin, 2e session ordinaire de 1963, *Rapports et délibérations* (vol. 56), p. 243 ; en complément pour 1964 : « Près de 5 millions et demi de récepteurs TV en France » in *Dernières Nouvelles d'Alsace* du 4 mars 1965, p. 33 ; en complément pour 1965 et pour 1966 : Note du 25 mars 1968 (ADBR 1743W38 [177bis]).

LES LANGUES DE L'ALSACE

Tableau 11
1962 – Population âgée de 15 ans et plus :
classement par connaissance déclarée de chaque langue

Classement par la connaissance déclarée du français

		français	dialecte	allemand	taux du secteur par rapport au total des actifs
3	1. professions libérales et cadres supérieurs	99,47	71,20	76,84	3,94
4	2. cadres moyens	99,20	84,98	83,90	7,20
5	3. employés	97,94	90,23	78,61	13,87
8	4. autres catégories	95,07	62,75	60,36	3,34
7	5. personnes de service	91,09	89,13	72,24	4,22
6	6. ouvriers	90,05	86,36	71,72	**44,92**
2	7. patrons de l'industrie et du commerce	90,04	93,37	**89,65**	8,42
0 à 8	total des actifs (moyenne)	**88,62**	78,93	77,04	100
	total actifs + non actifs (moyenne)	**80,58**	87,29	77,66	
9	total des non actifs (moyenne)	**70,83**	87,09	78,41	
0 + 1	8. agriculteurs exploitants et salariés agricoles	63,33	**95,83**	86,63	14,09

Classement par la connaissance déclarée du dialecte

		dialecte	français	allemand	taux du secteur par rapport au total des actifs
0 + 1	1. agriculteurs exploitants et salariés agricoles	95,83	63,33	86,63	14,09
2	2. patrons de l'industrie et du commerce	93,37	90,04	**89,65**	8,42
5	3. employés	90,23	97,94	78,61	13,87
7	4. personnes de service	89,13	91,09	72,24	4,22
	total actifs + non actifs (moyenne)	**87,29**	80,58	77,66	
9	total des non actifs (moyenne)	**87,09**	70,83	78,41	
6	5. ouvriers	86,36	90,05	71,72	**44,92**
4	6. cadres moyens	84,98	99,20	83,90	7,20
0 à 8	total des actifs (moyenne)	**78,93**	88,62	77,04	
3	7. professions libérales et cadres supérieurs	71,20	**99,47**	76,84	3,94
8	8. autres catégories	62,75	95,07	60,36	3,34

1945-1970

Classement par la connaissance déclarée de l'allemand

		allemand	français	dialecte	taux du secteur par rapport au total des actifs
2	1. patrons de l'industrie et du commerce	89,65	90,04	93,37	8,42
0 + 1	2. agriculteurs exploitants et salariés agricoles	86,63	63,33	**95,83**	14,09
4	3. cadres moyens	83,90	99,20	84,98	7,20
5	4. employés	78,61	97,94	90,23	13,87
9	total des non actifs (moyenne)	**78,41**	70,83	87,09	
	total actifs + non actifs (moyenne)	**77,66**	80,58	87,29	
0 à 8	total des actifs (moyenne)	**77,04**	88,62	78,93	
3	5. professions libérales et cadres supérieurs	76,84	**99,47**	71,20	3,94
7	6. personnes de service	72,24	91,09	89,13	4,22
6	7. ouvriers	71,72	90,05	86,36	**44,92**
8	8. autres catégories	60,36	95,07	62,75	3,34

Source : Synthèse et valeurs établies à partir des données de : INSEE – Direction régionale de Strasbourg *Recensement général de la population – 1962 : Langues parlées et religions déclarées en Alsace, op. cit.*, pp. 18-19.

* Par « substitution », la sociolinguistique catalane « engagée » nomme un processus où la langue politiquement « dominante » (ici : le français) s'impose et se « substitue » à la langue dominée (ici : l'alsacien). Elle l'oppose au processus de « normalisation », où une variété « dominée » reprend ses droits (qu'elle n'aurait jamais dû perdre) face à une variété « dominante », par une action volontariste, c'est-à-dire une politique linguistique.

1970-1981

« Substitution »* linguistique : le recul de l'usage de l'alsacien

La fin des années soixante et le début des années soixante-dix sont marqués par des formes de nivellement et d'homogénéisation de la société, ainsi que par des phénomènes d'évolution et l'adoption de traits de modernité et des refus, partiels ou plus larges, de poursuivre la tradition, c'est-à-dire la reproduction à l'identique de comportements sociaux.

Vingt ans après la fin de la guerre, l'«écologie» linguistique en Alsace est en train de se transformer de manière progressive, mais fondamentale : le français se diffuse de plus en plus largement, dans la quasi-totalité des couches de la population, diffusion qu'il n'a jamais connue auparavant, l'apprentissage de l'allemand commence à stagner et donne les premiers signes d'une régression, enfin et surtout, dans la connaissance et l'usage des parlers dialectaux se font jour les premiers indices d'un recul progressif, mais régulier.

La politique linguistique explicite menée par la France en faveur du français (et *de facto* contre l'allemand) par le biais de l'école, de la presse et dans de nombreux domaines, la volonté d'intégrer culturellement l'Alsace à la France ainsi que la politique linguistique implicite de dissuasion à l'égard des dialectes et de l'allemand ont fortement contribué à cette présence très large du français. Cependant, si les structures mêmes du corps social n'avaient pas changé, si des modifications, importantes et nombreuses, intra- et extra-sociétales n'étaient pas intervenues, il n'est pas sûr que le français se soit implanté comme il a pu le faire.

Ces modifications ne se présentent pas de la même manière dans tout l'espace alsacien, ni avec la même intensité. Elles restent largement fonction des transformations sociétales qui s'opèrent, de l'intensité de ces transformations, des combinaisons de ces transformations...

UNE RÉVOLUTION SILENCIEUSE[1087]

La société alsacienne entame une mutation de fond qui ne restera pas sans conséquence sur le plan linguistique. Jusqu'au lendemain de la dernière guerre, la part rurale de la société présente essentiellement un caractère agricole. Dans la plupart des villages de la Basse-Alsace, les familles vivant exclusivement ou en partie de l'agriculture représentent plus de 50% de la population totale (*cf. supra*). Or, la langue de communication presque exclusive du monde agricole reste le dialecte. «Au recensement de 1962 [*cf. supra*], 49,8% de la population active rurale bas-rhinoise est employée dans l'agriculture, dans le Haut-Rhin, cette proportion est de 37,7%. Pour l'ensemble des campagnes alsaciennes, plus de 4 actifs sur 10 travaillent dans ce secteur. Si l'on tient compte des nombreux jeunes adultes ayant un emploi dans l'industrie ou les services, qui vivent avec leurs parents agriculteurs et participent occasionnellement au travail des champs, les familles vivant de la terre sont nettement majoritaires dans les campagnes. En 1975, la situation est inversée: les familles tirant leur revenu des activités non agricoles l'emportent largement en Alsace. Les agriculteurs ne représentent plus que 14,4% des actifs ruraux alsaciens. [...] L'évolution est impressionnante puisque cette catégorie de personnes a diminué ses effectifs des deux tiers en 13 ans, soit un rythme moyen de 2,5% par an. Le relais est pris par les ouvriers qui dominent numériquement et, dans une moindre mesure, par les employés. La société rurale perd donc sa spécificité agricole qui était la sienne depuis toujours et devient une société d'ouvriers. Par leurs structures sociale et professionnelle, par leur formation intellectuelle, les 400 000 ruraux alsaciens forment, en 1975, un ensemble complexe.»[1088]

Les changements dans la texture de la «ruralité» vont de pair avec bien d'autres changements, touchant tout ou partie de la société et les langues ne sont pas absentes dans les mutations en cours.

La mécanisation dans l'agriculture induit des formes d'exode rural concernant avant tout les jeunes générations qui ne peuvent pas ou ne veulent pas vivre de la terre. Cette mobilité, consentie, subie ou voulue, ne présente pas uniquement des traits spatiaux en ce qu'il ne s'agit pas uniquement d'un déplacement matériel et provisoire. Elle constitue le prélude à des changements et déplacements d'appartenance à un groupe (de celui des agriculteurs vers celui des ouvriers, par exemple), avec des changements de codes sociaux.

Mais la mécanisation n'est pas la seule innovation dans l'espace rural. La diffusion du courant électrique amène des conditions de vie différentes ou, du moins, fournit des conditions proches de celles que connaissent les citadins. La banalisation de l'électricité permet aussi, pour ceux qui le souhaitent, de se constituer, dans l'espace rural, des conditions de travail partiellement différentes. Enfin, l'électricité reste la condition technique *sine qua non* pour qu'un équipement domestique soit possible, quel que soit l'espace concerné.[1089] Les conditions externes de la vie commencent à s'homogénéiser, quel que soit l'espace dans lequel vivent les Alsaciens. D'autres facteurs contribuent à une forme d'homogénéisation de la société : ainsi, la politique d'adduction d'eau menée à partir de 1954 fait qu'en 1970, les trois quarts des ruraux peuvent être alimentés en eau courante potable par un raccordement collectif. Les réseaux d'assainissement sont fortement développés à partir de 1962. La combinaison des deux éléments amène l'installation de salles d'eau et celle de WC à l'intérieur des logements. Elle renouvelle aussi, partiellement, les conditions de travail pour les agriculteurs.[1090] Aussi la différenciation « ville-campagne » commencera-t-elle à ne plus fonctionner comme élément discriminant central, dans la mesure où les modes de vie peuvent être de plus en plus proches.[1091] En revanche, les individus, qu'ils habitent l'espace « urbain » ou « rural », peuvent adopter des comportements qui les rapprochent de la tradition (et qui rappellent des habitudes comportementales qui caractérisaient la « campagne ») ou de la modernité (que l'on attribue plutôt à la « ville »).[1092] Ce n'est donc plus tant l'espace de vie, mais bien davantage les comportements singuliers qui « situent » les individus par rapport à la « tradition », c'est-à-dire à un fonctionnement social et individuel de reproduction, ou par rapport à la « modernité », c'est-à-dire à un fonctionnement où est aménagée une place (plus ou moins importante) à l'innovation et au changement.

L'aménagement du territoire par le développement des voies de communication, en particulier les routes, accélère le désenclavement territorial et favorise la mobilité spatiale (bicyclette, cyclomoteur, motocyclette, voiture, camion, car, train). C'est aussi le début d'une croissance exponentielle du bâti collectif[1093] dont la plupart des habitants viennent d'ailleurs, comme les transplantés, les relogés, les nouveaux venus…[1094] En dehors du fait que ce type d'habitat modifie probablement les modes de sociabilité, il peut influencer fortement le choix linguistique, le français pouvant être choisi par défaut, en l'absence de signes permettant de déterminer la connaissance linguistique des interlocuteurs ou leur préférence linguistique.

Le développement du téléphone, d'abord hésitant, puis plus significatif, et la mise en œuvre d'un système téléphonique automatique contribue à améliorer la communication interpersonnelle ou professionnelle et une forme de mobilité. Le développement de la radiodiffusion, puis de la télévision contribue à une mobilité virtuelle et à une forte homogénéisation de la société. Le fait qu'à partir de 1962, la presque totalité des radios produite soient des transistors, plus maniables, moins fragiles et d'un coût plus modeste que les appareils à lampe,[1095] permet d'individualiser l'écoute radiophonique de sorte que les choix musicaux ou les choix de stations ne sont plus uniquement les choix de ceux qui détiennent l'autorité dans l'espace familial. Partant, les choix linguistiques et culturels des générations montantes peuvent être moins contraints.

D'autres mobilités induites ne sont pas absentes : l'ordonnance du 6 janvier 1959, qui porte l'obligation scolaire de quatorze à seize ans, affecte les jeunes à partir de 1967.[1096] La création des collèges d'enseignement secondaire (C.E.S.) en 1963,[1097] puis l'instauration du collège unique en 1975[1098] vont modifier fondamentalement l'autarcie scolaire de l'école primaire. À partir de onze ans, au sortir du cours moyen 2e année, les enfants vont quitter leur école communale pour se rendre dans une structure commune à plusieurs écoles, le collège. C'est ainsi que se mettent en place un petit brassage géographique, d'une part, un élargissement de l'horizon quotidien de nombreux enfants, d'autre part. Pour les enfants habitant dans des localités sans collège, cela implique une distance de leur attache familiale, avec une longue journée (dix à douze heures parfois) qui se déroule en dehors du cadre environnemental familier. Au-delà de cette rupture spatio-affective, pour les enfants, la rupture peut aussi être linguistique. Cette politique de regroupement par le collège représente, empiriquement et symboliquement, le creuset d'une uniformisation et d'une homogénéisation. Enfin, il s'agit là d'une restructuration non seulement du système éducatif, mais aussi, à moyen et à long terme, d'un ébranlement d'une cohésion sociale de reproduction plutôt autocentrée et d'une mise en marche d'une cohérence entre le désir d'ascension sociale et une scolarisation plus longue.[1099]

Si l'essentiel de ces évolutions affectent globalement les sociétés occidentales, s'agissant de l'Alsace, ces changements s'opèrent dans le monde référentiel et linguistique français. Ce ne sont donc non seulement des formes d'hétérogénéité dans les habitus qui commencent à s'estomper, mais les habitus sont structurés par des référents français et *en* français, ancrant ainsi politiquement l'Alsace dans l'espace géopolitique français, et alimentant également la subjectivité des locuteurs alsaciens de stéréotypes et d'images mentales «à la française».

C'est aussi au quotidien que des référents français et de la modernité s'intègrent dans la vie des jeunes en Alsace. Les enfants et les adolescents de la région partageront l'enthousiasme pour les mêmes héros que leurs pairs dans le reste de la France, qu'il s'agisse de sportifs (cyclisme, football…) ou de bandes dessinées. Ils feront les mêmes collections et échangeront les mêmes images ou les mêmes symboles que les autres petits Français. Ils liront les aventures des mêmes héros, qu'il s'agisse du *Club des Cinq*, du *Clan des Sept*[1100] ou des romans qu'avait déjà lus, pour partie, la génération qui les a précédés, écrits par Alexandre Dumas ou la Comtesse de Ségur.

Pour les jeunes générations, les innovations dues à la modernité sont globalement vécues en français, qu'il s'agisse de la musique (yé-yé[1101] et rock[1102]) ou qu'il s'agisse de technologie, de cinéma ou d'autres divertissements. Les mêmes éléments de modernité véhiculés par la radio et la télévision allemandes sont certes présents, mais sans une telle intensité. Le transistor permet, pratiquement, d'individualiser l'écoute de la radio.

Si la religion conserve encore un poids certain, la vie des gens n'est plus uniquement rythmée par le temps de la religion et la pratique religieuse commence à connaître un certain recul, inégal selon les endroits, mais dans des mesures très nettement moindres de ce que connaît ou a connu le reste de la France. Là où la pratique religieuse résiste mieux, l'allemand cultuel et les traditions gardent une importance plus grande. Cette régression se combine avec une surveillance sociale moins importante, avec un éclatement progressif des structures traditionnelles.[1103]

Au-delà de Mai-68, une partie des jeunes générations cherche des formes d'émancipation qui peuvent se traduire par un refus partiel de la reproduction de la vie de la mère et/ou du père, par un refus partiel de la tradition et du mode de vie traditionnel, par une aspiration à d'autres formes sociales ou encore par une aspiration à une ascension sociale. De la même manière, l'irruption de la modernité amène des abandons partiels des comportements liés au mode de vie de la tradition, y compris également à des abandons partiels (ou complets) des comportements linguistiques de la tradition qui sont directement corrélés avec les dialectes et l'allemand.

Les modifications comportementales s'installent également dans d'autres domaines de la vie. Les classes moyennes vont aspirer, plus que jamais, à une ascension sociale pour leurs enfants. Elle passe, dans la plupart des cas, par une scolarité plus longue, un diplôme supérieur à celui des parents et, par conséquent, par une connaissance et un emploi du français généralement bien supérieurs à ceux qu'en ont les parents.

Pour les classes sociales «moyennes», ce sera l'une des aspirations centrales. Le souci d'une ascension sociale pour les enfants de ces classes se traduit notamment par une attention particulière aux codes sociaux des couches immédiatement supérieures et à leur apprentissage. Une bonne connaissance et un usage courant du français font partie de ces savoirs sociaux avec, selon les situations ou les contextes, une mise à distance et une forte péjoration des parlers dialectaux et des comportements sociaux auxquels ils renvoient subjectivement. L'abandon, définitif ou provisoire, du parler dialectal peut être le prix à payer – librement ou de façon contrainte – pour s'assurer l'ascension sociale et l'acceptation dans d'autres groupes sociaux.

Ce sont probablement les femmes de ces couches sociales moyennes qui vont être les plus sensibles à cet aspect des choses. Souvent femmes au foyer,[1104] elles commencent à s'occuper de la scolarité de leurs enfants et commencent à savoir évaluer l'importance de la connaissance du français dans le devenir social et professionnel de leurs enfants. Dans la mesure où elles ne peuvent pas s'émanciper de leur propre statut social dans la société – elles occupent encore très largement une place qui leur est socialement assignée, elles s'émancipent par procuration, par leurs enfants, les filles en particulier, en les poussant à investir dans le français pour leur propre avenir.[1105] Et, lorsqu'elles en ont la capacité ou la possibilité, elles sont «plus promptes à adopter la langue légitime», c'est-à-dire le français, par anticipation: «du fait qu'elles sont vouées à la docilité à l'égard des usages dominants et par la division du travail entre les sexes, qui les spécialise dans le domaine de la consommation, et par la logique du mariage, qui est pour elles la voie principale, sinon exclusive, de l'ascension sociale, et où elles circulent de bas en haut, elles sont prédisposées à accepter, et d'abord à l'École, les nouvelles exigences du marché des biens symboliques.»[1106] Le français est ici le bien symbolique sans lequel aucune émancipation sociale n'est possible, sans lequel aucune place et aucune position socialement dominantes ne sont accessibles. Probablement les femmes ont-elles compris plus rapidement que les hommes, de par la place qui leur est assignée dans la société à ce moment de l'histoire, que seule l'acquisition du capital linguistique (le français) pouvait assurer les pré-requis pour une ascension sociale.[1107] Par ailleurs, le français ne cesse de renforcer à la fois sa fonctionnalité et son prestige auprès de nombreux individus des générations montantes.

L'ensemble des changements qui se sont enclenchés marque les débuts d'une homogénéisation comportementale et indique qu'une distinction entre « rural » et « urbain » commence à être problématique si ces dénominations renvoient à des espaces. Ces changements sociétaux et comportementaux iront s'accélérant, et les comportements linguistiques, qui font constitutivement partie des comportements sociaux, n'échappent pas aux changements en cours.

1971 : pour la première fois, l'usage du dialecte n'est plus majoritaire chez les moins de 35 ans

Ce qui est train de changer n'est pas tant la connaissance des langues que leur usage, sans doute déterminé par la politique linguistique qui est menée, par les discours sur les langues qui sont tenus, par les hiérarchies qui sont établies, mais aussi par les changements sociétaux. Par ricochet, sur le moyen et le long terme, la connaissance des langues en sera affectée.

Les conditions externes de la diffusion intense du français auprès des générations montantes commencent à être assurées par une réception à l'extérieur de l'espace scolaire et par des pratiques linguistiques polymorphes, où le français peut être souvent inclus. Le fait qu'il soit présent, même de manière quantitativement relativement modeste dans le répertoire verbal mis en action au sein de la famille (*cf. supra*), indique une forme d'appropriation du français. Or l'école seule aurait sans doute été en mesure de faire acquérir le français, mais n'aurait pas pu amener son utilisation à court et à moyen terme. Ce sont toutes les modifications des structures matérielles, sociétales et comportementales qui ont contribué à installer le français de plus en plus fréquemment dans le répertoire verbal des locuteurs. Cela implique également que « toute domination symbolique suppose de la part de ceux qui la subissent une forme de complicité qui n'est ni soumission passive à une contrainte extérieure, ni adhésion libre à des valeurs. La reconnaissance de la légitimité de la langue officielle n'a rien d'une croyance expressément professée, délibérée, révocable [...]; elle est inscrite à l'état pratique dans les dispositions qui sont insensiblement inculquées, au travers d'un long et lent processus d'acquisition, par les sanctions du marché linguistique et qui se trouvent donc ajustées, en dehors de tout calcul cynique et de toute contrainte consciemment ressentie, aux chances de profit matériel et symbolique que les lois du marché promettent objectivement aux détenteurs d'un certain capital symbolique. »[1108]

L'usage du français *peut* amener un locuteur à exclure celui du dialecte; mais le comportement linguistique fonctionne rarement de manière dichotomique: des pratiques linguistiques (comme d'autres pratiques sociales) peuvent être gardées ou abandonnées sélectivement, selon de multiples choix des agents, des conformités voulues, consenties ou subies.

Si les dialectes restent le code dans lequel s'opèrent le plus d'interactions verbales durant toute la période concernée, leur statut subjectif reste complexe. Par rapport au français, ils représentent la variété linguistique de la tradition, de la reproduction sociale et de la non-modernité. Ils renvoient aussi à des modes comportementaux qui sont corrélés à ces attributs, la non-distinction, le non-prestige, autant d'indices d'une stigmatisation sociale intériorisée.

Ces appréciations concernent le statut des dialectes, la fonction qui leur est attribuée, mais aussi l'aptitude qui leur est conférée ou déniée à changer de statut et/ou de fonction. Langue de l'oralité, les dialectes ont généralement fonctionné en distribution complémentaire avec la langue commune, puis standard allemande à l'écrit. Dans ce sens, les différences avec les pratiques et usages linguistiques au Luxembourg et en Suisse alémanique ne sont pas considérables dans le principe. Mais à la différence de l'Alsace, les dialectes dans ces espaces ont maintenu et élargi leur assiette d'utilisation et leurs locuteurs les ont adaptés linguistiquement aux innovations du monde de la modernité. En Alsace, la dépréciation explicite (par exemple: comme handicap pour l'apprentissage du français) ou implicite (langue de « sous-culture ») des parlers dialectaux, qui ont été fortement corrélés avec le monde de la tradition, a été intégrée et acceptée mentalement par les locuteurs. La langue de l'innovation et de la modernité ne pouvait plus qu'être le français, les dialectes étant frappés d'une incapacité intrinsèque décrétée pour une prise en charge de l'innovation. Dans cet espace concurrentiel, sur le moyen et le long terme, le français ne pouvait que l'emporter, en tant que langue écrite, mais aussi et surtout comme autre langue orale.

L'autorité politique observe avec scepticisme, distance voire avec une certaine forme d'incrédulité l'ensemble de ces changements linguistiques qui sont en train de s'opérer, comme s'il s'agissait d'une phase provisoire, d'une situation qui ne serait pas définitivement acquise. Dans ce sens, elle craint toujours que le français ne conserve pas la place centrale qu'il a acquise, de sorte qu'elle continue à maintenir une politique forte en faveur du français et à ne rien faire qui puisse favoriser l'enseignement de l'allemand à l'école élémentaire et l'usage du dialecte dans la vie publique. En 1971 encore, une crainte diffuse quant à la place définitive du français reste présente dans le discours officiel des autorités, qui cherchent à mettre à distance l'influence de l'Allemagne et de la Suisse, ainsi que les velléités particularistes de certains Alsaciens :

> En Alsace, l'action culturelle, en même temps qu'elle doit développer dans l'ensemble de la population la connaissance et le goût des activités intellectuelles et artistiques, doit aussi avoir pour ambition de faire mieux connaître et pratiquer la langue nationale, moyen d'accès à la culture française.
> Cette région, où le passé pèse d'un poids plus lourd qu'en toute autre province française, est en effet l'héritière d'une longue imprégnation culturelle germanique et l'on y pratique dans les milieux les plus divers un ou plutôt des dialectes d'origine alémanique dont la forme d'expression littéraire est l'allemand. Une telle situation n'a rien d'anormal en soi dans la mesure où elle est la conséquence de l'Histoire. Elle donne à l'Alsace un visage qui lui est propre et une personnalité à laquelle cette région demeure, à juste titre, fermement attachée.
> Néanmoins, l'Alsace est une province française. Il convenait de donner à la langue et à la culture françaises la place qui, légitimement, devait lui revenir. Dans ce but, une œuvre de longue haleine a été entreprise dès 1945. […]
> Mais les temps ont changé. Il y a une vingtaine d'années, chacun avait une conscience claire des difficultés à surmonter et les obstacles psychologiques, voire même politiques, susceptibles de s'opposer à une telle entreprise étaient négligeables.
> Aujourd'hui, alors que les influences germaniques se font sentir en Alsace avec une force accrue, certains estiment, au contraire, que le problème a perdu de son acuité, voire qu'il ne se pose plus. Mieux, au nom de l'idéal européen, d'aucuns considéreraient comme normal que les petits Alsaciens reçoivent, dès la maternelle, un enseignement de l'allemand alors que l'on n'est pas toujours assuré qu'ils auront, par la suite, les moyens de bien apprendre ou de bien pratiquer le français écrit et parlé. Une telle situation ne pourrait, évidemment, qu'engendrer une inégalité choquante entre les Alsaciens et leurs compatriotes des autres régions françaises.
> Une action culturelle française en Alsace doit affronter l'influence de la langue et de la culture allemandes qui s'appuie sur le remarquable

essor économique des régions limitrophes telles que le Palatinat, le Bade Wurtemberg et le canton de Bâle en Suisse alémanique.

La télévision et la radio allemandes, dont le succès auprès d'une partie importante du public local est indéniable et, dans une moindre mesure, une certaine presse périodique spécialisée, les disques et les livres de même origine sont les vecteurs de cette influence dont la nature et la diversité permettent d'apprécier le contenu qu'il faut donner, en l'occurrence, au mot « culture ». Chaque jour, plus de 20 000 travailleurs frontaliers se rendent en Allemagne ou à Bâle, y emploient l'allemand, y vivent selon les normes allemandes ou suisses et, parmi eux, les jeunes sont nombreux. En Alsace même, des entreprises à capitaux allemands ont recours aux services d'états-majors de même nationalité qui emploient leur propre langue pour communiquer avec leurs subordonnés français. Des fondations[1109] ou associations étrangères s'intéressent de près à la vie culturelle régionale, à l'activité de chorales, sociétés musicales, troupes théâtrales, sociétés d'histoire et d'archéologie, et s'efforcent de tisser avec elles des liens plus ou moins étroits.

Enfin, l'on constate, localement, la résurgence des thèmes favoris d'un certain particularisme alsacien qui commencent à être exploités sur le plan politique et notamment la revendication d'un « bilinguisme » qui mettrait l'allemand sur le même plan que le français.

Le problème ainsi posé revêt donc des nouvelles dimensions et ne permet plus de considérer comme suffisantes les actions entreprises par l'administration préfectorale grâce, notamment, au précieux crédit d'aide du ministère de l'Intérieur, et celles relevant de la compétence d'autres départements ministériels, mais auxquelles les préfets du Bas-Rhin et du Haut-Rhin n'ont cessé de s'intéresser de très près depuis la Libération.

Il ne s'agit, en aucune façon, de dramatiser la situation ; un sondage récent, publié par les *Dernières Nouvelles d'Alsace*, tendrait à le prouver. De plus, il faut bien reconnaître qu'il est difficile d'apprécier objectivement les effets d'influences multiples et diffuses, dans la mesure où ceux-là même qui les subissent n'en ont pas toujours conscience. Le caractère insidieux de ce phénomène qui, à la limite, peut apparaître comme une conséquence normale de l'ouverture des frontières et de la multiplication des échanges franco-allemands, rend d'ailleurs ce problème particulièrement difficile à résoudre.

[Il y a encore] des efforts à consentir pour garder au français et à la culture française la place qui doit être la leur en Alsace. Ces mesures qui, au demeurant, sont loin d'être limitatives, poursuivent un double but : aider les Alsaciens, notamment les jeunes, à mieux s'insérer dans la communauté nationale et leur donner les moyens de résister à des influences qui, en l'état actuel des choses, paraissent inéluctables.

Enfin, il importe de ne point heurter le désir légitime des habitants de cette province de conserver une personnalité originale qui leur a permis, depuis un siècle, de résister à de si profonds bouleversements. L'action à entreprendre doit, de toute évidence, se garder de négliger une telle volonté. Mais sa raison d'être profonde est d'éviter qu'à l'exaltation bien naturelle du particularisme alsacien puisse jamais succéder le triomphe d'influences étrangères incompatibles avec l'intérêt national dans cette région.[1110]

Les alarmes préfectorales semblent peu justifiées. Le sondage (de 1971) cité par le texte des services du préfet ne montre pas uniquement qu'« une nette progression de la langue française » est en train de se produire et que « le dialecte reste néanmoins bien vivant », comme le souligne le titre choisi par la rédaction.[1111] Le sondage montre aussi que, dans les déclarations des personnes sondées, l'usage déclaré du français dépasse, pour la première fois, l'usage déclaré du dialecte, pour certains des sous-groupes interrogés.

À la question « En général, est-ce que vous parlez plutôt alsacien ou plutôt français ? », les réponses se répartissent ainsi :

	alsacien	français	ne se prononcent pas
en famille	57 %	42 %	1 %
avec des amis	52 %	45 %	3 %
au travail	29 %	39 %	32 %

En faisant intervenir le critère de l'âge, celui du lieu d'habitation et l'appartenance à la couche socio-professionnelle du chef de famille, les sondés indiquant qu'ils parlent plutôt l'alsacien en famille se répartissent ainsi :

selon l'âge	
20 à 34 ans	47 %
35 à 49 ans	53 %
50 à 64 ans	60 %
65 ans et plus	70 %

selon le lieu d'habitation	
communes rurales	79 %
villes de moins de 100 000 habitants	57 %
Strasbourg	45 %

selon la profession du chef de famille	
cadres supérieurs, professions libérales, industriels et commerçants	43 %
employés, cadres moyens	36 %
ouvriers	65 %
inactifs	66 %
agriculteurs	86 %

Globalement, les personnes interrogées ayant moins de 34 ans, les Strasbourgeois pris dans leur ensemble, les cadres et les employés – catégories cumulées – préfèrent utiliser le français en famille. C'est la première manifestation quantifiée d'un usage déclaré des langues où le dialecte n'est plus majoritaire. Il s'agit là, en quelque sorte, de la première rupture significative depuis les données du recensement de 1962 (*cf. supra*).

CONNAISSANCES ET USAGES DÉCLARÉS DES LANGUES

Au fur et à mesure que les changements sociétaux s'effectuent, la situation devient à la fois complexe et contrastée par les différents types de corrélations entre les locuteurs et les situations dans lesquelles ils utilisent leurs variétés linguistiques. Mais cette «complexité» est «dynamique»[1112] parce que les termes en présence, notamment les emplois des langues, sont sans cesse évolutifs en ce qu'ils sont repositionnés et rebrassés par leurs usagers.

Le français est présent dans l'espace rural

Une enquête menée par le pasteur Théo Metzger auprès de plus mille élèves dans le Bas-Rhin à partir de 1975[1113] semble devoir conforter l'État dans sa crainte que la place du français n'est pas encore définitivement acquise. En effet, l'enquête tend à montrer que l'usage exclusif ou presque exclusif du français est moindre dans les familles habitant la campagne (16%), plus important dans les villes moyennes (50%), très important à Strasbourg (80%), du moins par les déclarations des élèves des cours moyens 1 et 2. L'enquêteur estime que globalement, ce sont au moins 40% des élèves bas-rhinois (du CM1 à la classe de troisième) qui utilisent presque exclusivement le français en famille.[1114] Par ailleurs, il fait observer «que la pratique exclusive du dialecte en famille empêche une grande partie des élèves de continuer les études au-delà de la scolarité obligatoire. [...] Il paraît indéniable que des enfants ne parlant que rarement le français en famille sont largement en retard sur leurs camarades francophones [dans leurs connaissances lexicales]. [...] En règle générale, une très bonne connaissance du français est incompatible avec l'usage exclusif ou prépondérant du dialecte en dehors des heures de classe et en famille. » La logique de causalité proposée dans l'analyse soulève la question des contextes culturels des familles, de leurs pratiques et de leur *habitus* en général. Cette manière de lire les résultats, en excluant les logiques de reproduction ou d'ascension sociales et les appartenances socio-professionnelles, met en cause la conclusion implicite tirée par l'auteur, à savoir que l'usage presque exclusif du dialecte en famille empêche une bonne connaissance du français. Cependant, malgré le parti pris de l'enquêteur, ses résultats montrent des pratiques linguistiques familiales déclarées diversifiées et, d'une certaine manière au moins, le fait qu'une connaissance du français jugée insuffisante – en supposant qu'une critérisation de cette insuffisance soit possible – empêche de fait toute ascension sociale.

Ce type d'observation, qui déplore une insuffisance d'emploi du français et sous-tend que l'emploi du français est co-occurrent avec le dialecte, dans un rapport concurrentiel ou en remplacement du dialecte, n'explique pas cependant comme s'opère l'insertion du français dans un espace qui utilisait exclusivement un parler dialectal, l'espace rural. Au-delà des transformations sociétales globales, ce sont les femmes qui semblent avoir joué un rôle central dans l'insertion du français au foyer. « L'usage du français est introduit dans la vie familiale par les femmes, les jeunes mères et celles d'âge moyen, en particulier dans leurs relations avec les enfants ; il ne s'agit pas d'une introduction massive du français, mais [...] les femmes n'en excluent pas l'emploi. Dans les relations sociales en dehors de la famille, cependant, l'emploi de l'alsacien se maintient de manière bien plus radicale. Or les deux ensembles de réseaux de communication sont régis différemment. Il semble que la vie sociale au village le soit par le groupe des hommes âgés (plus de 56 ans), qui constitue le modèle auquel se conforment et les hommes plus jeunes et les femmes dans une très large mesure ; au sein des familles, par contre, le ton semble donné par les femmes dont, pourrait-on dire, le regard est centré sur les enfants. »[1115]

Cependant, l'espace rural ne présente plus l'homogénéité sociétale de la fin des années quarante. En effet, le nombre d'agriculteurs est en très net recul (*cf. supra*) et les autres habitants de l'espace ne forment pas un ensemble sociétal homogène, notamment par les professions exercées. « De manière générale, l'on constate que le français est mentionné dans les foyers où le père et/ou la mère occupent des professions qui exigent sa pratique »,[1116] en particulier le secteur tertiaire. Enfin, la génération des enfants déclare utiliser le dialecte dans la fratrie à 45 %, avec d'autres enfants à 25 %, sans qu'il soit possible de déterminer s'ils utilisent le français ou un « mélange » français-alsacien.[1117]

Le fait que le français soit présent dans les familles de l'espace rural – le domaine familial est généralement considéré comme étant l'espace où la langue non officielle, la langue de l'intimité, de la sphère privée, se conserve le mieux, qui plus est en milieu rural, vu comme l'un des espaces-conservatoires des dialectes –, quels qu'en soient les déclencheurs externes (situation de parole, thématique conversationnelle, interlocuteurs...), témoigne des changements de pratique linguistique qui se sont opérés et qui, probablement au début des années soixante-dix, vont connaître une forme exponentielle.

Le fait de savoir parler le dialecte n'implique plus son usage

La dynamique en faveur du français est irréversiblement enclenchée. Le premier corollaire est la diminution de l'usage déclaré des parlers dialectaux et un affaissement de l'usage réceptif de l'allemand. À la méfiance de la part des autorités fait pièce une inquiétude de plus en plus fréquemment formulée, à savoir que la baisse de la pratique dialectale pourrait mener, à terme, à une disparition des parlers dialectaux. Ce qui paraissait impensable au lendemain de la guerre* semble entrer dans l'ordre du probable : l'usage du dialecte se restreint ; il est de plus en plus fréquemment remplacé par le français ou, du moins, il peut l'être, selon les situations, les interlocuteurs, les thèmes de l'interaction, les lieux, etc.

Comme la connaissance déclarée des langues n'a plus fait l'objet de questions dans les recensements qui ont suivi celui de 1962, il n'existe pas de données quantifiées sur ces questions, de source officielle, avant 1979, date où l'INSEE a posé des questions concernant les langues[1118] dans une enquête plus globale sur le mode de vie en Alsace.[1119] L'enquête a seulement porté sur le dialecte et l'allemand. Il eût sans doute été psychologiquement impensable de poser des questions quant

---

* « Celui qui connaît le peuple d'Alsace sait d'intuition que l'usage de ce dialecte est inamovible. Il est psychologiquement impossible que notre paysan ou notre ouvrier cesse un jour de parler ce dialecte. [...] Imaginer que dans une auberge de village ou de banlieue mulhousienne on puisse, un jour, s'entretenir exclusivement en français, entre hommes du pays, et sur les faits divers du jour, c'est formuler une hypothèse grotesque et un contresens absolu sur la psychologie alsacienne. »
BAAS Emile *Situation de l'Alsace*, p. 82.

à la connaissance du français, dans la mesure où le seul fait de demander à un Alsacien s'il sait le français aurait été ressenti comme profondément blessant.

Cette inquiétude diffuse amène des enquêtes ponctuelles qui cherchent à «mesurer» la connaissance et/ou l'usage du dialecte chez les «jeunes», dans la mesure où «plusieurs facteurs jouent contre [l'alsacien]», selon Pierre Vonau, l'un des auteurs d'une micro-enquête intitulée précisément «L'alsacien et les jeunes – Est-ce le déclin?»[1120] En conclusion de son travail, l'auteur ne souligne pas tant les 60 à 70% des sujets interrogés qui déclarent que l'alsacien était la langue qu'ils parlaient «avant d'aller à l'école» (question 1), mais relève qu'«une nette correspondance existe entre milieu socio-professionnel aisé et pratique du français. L'alsacien demeure la langue de la majorité de la population et du peuple au sens sociologique du terme.» Il conclut en répondant malgré tout à la question posée par le titre en indiquant qu'«il semble prématuré de parler de déclin net du dialecte. Un important contingent de jeunes (60% au minimum) reste marqué par la pratique dialectale dans le cadre familial et social. Et il est probable que cette proportion, sans doute moins importante que dans le passé, se maintiendra ces prochaines années.»[1121]

«D'après l'enquête de 1979, 75% des personnes de plus de 15 ans déclarent parler le dialecte alsacien. Si l'on exclut les étrangers du champ d'observation de l'enquête, cette proportion atteint 79%. Dans les seuls ménages d'origine alsacienne[1122], 92% des personnes déclarent le parler.»[1123]

Au regard du recensement de 1962, la connaissance du dialecte a régressé de 12%:[1124]

Département	Parle le dialecte	Comprend le dialecte	Ne comprend pas
Bas-Rhin 1962	88	?	?
Bas-Rhin 1979	77	7	16
Haut-Rhin 1962	86	?	?
Haut-Rhin 1979	73	9	18
Alsace 1962	87	?	?
Alsace 1979	75	8	17

Bien que, pour l'enquête, l'INSEE ait préféré substituer les «bassins d'emploi» aux arrondissements, il semble que la «géographie» d'ensemble n'ait pas changé fondamentalement: l'Alsace du nord (Sarre-Union, Saverne, Niederbronn, Haguenau, Wissembourg) et de l'extrême sud (Altkirch) est, avec le bassin d'emploi de Sélestat, l'espace où les habitants déclarent le plus fréquemment savoir parler un dialecte, avec un taux supérieur à 85 %. À l'inverse, les bassins d'emploi en zone romanophone (Schirmeck et Sainte-Marie-aux-Mines) présentent les taux les plus faibles, inférieurs à 50 %. Les bassins d'emploi des trois agglomérations de Colmar, Mulhouse et Strasbourg n'entrent pas dans cette logique «géographique*». Cependant, les proportions et les taux de connaissance déclarée du dialecte ne sont plus comparables terme à terme.

Corrélée aux différentes tranches d'âge retenues, la connaissance déclarée des parlers dialectaux est la plus basse chez les informateurs les plus jeunes. Mais le taux global de 12 % de recul de la connaissance du dialecte ne s'applique pas mécaniquement à ces tranches d'âge, dont environ les deux tiers déclarent encore connaître le dialecte.

âge	parle le dialecte	dont, pour les personnes originaires de la région	comprend, mais ne parle pas	ne comprend pas
16 à 24 ans	66 %	83 %	13 %	21 %
25 à 34 ans	64 %	90 %	11 %	25 %
35 à 44 ans	71 %	93 %	9 %	20 %
45 à 54 ans	84 %	96 %	5 %	11 %
55 à 64 ans	84 %	97 %	5 %	11 %
65 à 74 ans	88 %	98 %	4 %	8 %
75 ans et plus	88 %	96 %	2 %	10 %
ALSACE	**75 %**	**92 %**	**8 %**	**17 %**

Le recul du dialecte semble affecter de manière plus importante les enfants de moins de 15 ans, dans la mesure où « la proportion de ménages où les enfants savent le parler » représente, selon les déclarations des parents, « 67 % en moyenne dans le Bas-Rhin, 59 % dans le Haut-Rhin. »[1125] Les déclarations parentales soulèvent, plus que dans le recensement de 1962, d'abord la question de la fiabilité parentale, mais aussi et surtout celle de la prédictibilité du maintien de la connaissance d'un parler dialectal, qui sera fonction, notamment, de l'usage ou du non-usage qui en sera fait.

Le sondage de l'IFOP de 1971 (*cf. supra*) avait déjà montré un usage différencié du dialecte, selon que la situation de parole est le milieu familial, amical ou professionnel. L'enquête de 1979 a également examiné l'usage déclaré du dialecte selon les situations dans lesquelles se

---

*Se reporter au tableau 1 en annexe de ce chapitre.

trouvent les enquêtés. Trois situations ont été proposées aux enquêtés, situations dont il faut faire l'hypothèse qu'elles devaient représenter, aux yeux des concepteurs, une situation informelle (« à la maison ») semi-formelle/semi-informelle (« en faisant les courses ») et plus formelle (« dans un service administratif », plus précisément « en allant à la mairie, à la Sécurité sociale »). L'hypothèse sous-jacente à la question est que l'usage du dialecte est le plus fréquent dans les situations informelles et le moins fréquent dans les situations formelles. Cela indique que la situation linguistique s'est assez profondément transformée, dans la mesure où, dans l'immédiat après-guerre, cet étalonnage ne semble pas avoir eu de pertinence (*cf. supra*).

60 % des ménages déclarent parler « toujours » ou « souvent » le dialecte « à la maison » (78 % des ménages originaires de la région), 52 % des ménages déclarent parler « toujours » ou « souvent » le dialecte « en faisant les courses » (66 % des ménages originaires de la région) et 48 % des ménages[1126] déclarent parler « toujours » ou « souvent » le dialecte « en allant à la mairie ou à la Sécurité sociale* ».

Le processus du recul de la connaissance du dialecte repose cependant sur un double mécanisme : la transmission intergénérationnelle s'opère de plus en plus mal, s'agissant de la connaissance, et les compétences communicationnelles s'amoindrissent, par le plus faible usage qui est fait des dialectes.

Les données de 1979 montrent que le fait de savoir parler le dialecte n'implique pas son usage. Dans le processus transmissionnel, il semble s'agir d'un facteur déterminant : [1127]

Âge du chef de ménage	ménages où les deux conjoints parlent alsacien (a)	ménages parlant presque toujours l'alsacien à la maison* (b)	Taux de francisation (a) - (b) x 100 (a)
15 – 24 ans	73,2 %	34,5 %	52,9 %
25 – 34 ans	84,1 %	36,6 %	56,5 %
35 – 44 ans	91,8 %	51,1 %	44,3 %
45 – 54 ans	95,1 %	67,8 %	28,7 %
55 – 64 ans	96,7 %	67,2 %	30,5 %
65 – 74 ans	97,6 %	71,8 %	26,4 %
75 ans et plus	96,1 %	81,7 %	15,0 %
Ensemble	91,7 %	60,3 %	34,2 %

* Il s'agit du pourcentage de ménages qui indiquent l'alsacien comme langue d'usage principal à la maison.

*Voir le détail au tableau 2 de l'annexe au présent chapitre.

Le différentiel d'usage déclaré est particulièrement élevé pour les tranches d'âge qui représentent celles qui ont sans doute le plus fréquemment des enfants entre 0 et 18 ans et à qui le dialecte alsacien n'est pas transmis de fait, par absence d'emploi dans l'espace familial au sens le plus étroit, à savoir entre les deux parents. L'affinement des données montre qu'au total, par les déclarations recueillies, le taux de perte au foyer est en moyenne de 25,3 % (70,2 % des parents parlent le dialecte, mais ce ne sont que 52,4 % des enfants qui sont dans ce cas).[1128]

D'autres facteurs peuvent accélérer l'absence de transmission ou d'usage du dialecte, comme les mariages « interlinguistiques », où l'un des conjoints ne connaît pas l'alsacien, ou l'espace de vie (« rural » / « urbain »).

Cela ne signifie pas nécessairement que les enfants n'apprendraient pas le dialecte : l'espace familial au sens plus large (grands-parents, oncles/tantes...) ou la socialisation extra-familiale peuvent remplacer les parents dans la transmission.[1129]

Les indications fournies par l'enquête de 1979 montrent également un aspect tout à fait nouveau et, peut-être décisif, dans la question de la transmission du dialecte (connaissance, usage) et, partant, du recul éventuellement accéléré de la connaissance du dialecte. C'est celui du rôle des femmes (*cf. supra*). Traditionnellement, les femmes présentent une connaissance déclarée légèrement plus importante que celle qui est relevée chez les hommes. C'est également le cas en 1979 : les hommes déclarent, dans leur ensemble, connaître le dialecte à 73,7 %, les femmes à 75,6 %.[1130] Les facteurs explicatifs habituellement avancés sont généralement extrinsèques, dans la mesure où, dans la population, l'apport de non-dialectophones venant d'autres régions françaises (militaires, fonctionnaires...) est plus fréquemment masculin que féminin. Des raisons intrinsèques seraient également à relever : comme dans bien des sociétés, tant que la femme a un rôle de pivot domestique, on lui attribue un rôle de transmission-conservation. Dans ce cas, elle transmet et/ou conserve aussi la langue familiale. Or, c'est bien cette fonction de « gardienne » qui semble être ébranlée dans les résultats relevés en 1979.[1131]

1970-1981

sexe et âge	parle alsacien	ne parle pas, mais comprend	ne comprend pas
hommes de 16 à 24 ans	70,9%	11,2%	17,9%
hommes de 25 à 34 ans	63,9%	12,5%	23,6%
hommes de 35 à 44 ans	69,1%	11,5%	19,3%
hommes de 45 à 54 ans	77,9%	6,8%	15,2%
hommes de 55 à 64 ans	82,8%	8,7%	8,5%
hommes de 65 à 74 ans	88,2%	4,3%	7,5%
hommes de 75 ans ou plus	89,5%	1,3%	9,2%
HOMMES ENSEMBLE	73,7%	9,5%	16,8%

sexe et âge	parle alsacien	ne parle pas, mais comprend	ne comprend pas
femmes de 16 à 24 ans	61,5%	14,5%	24,0%
femmes de 25 à 34 ans	64,6%	9,8%	25,6%
femmes de 35 à 44 ans	74,1%	5,6%	20,3%
femmes de 45 à 54 ans	90,3%	3,8%	5,9%
femmes de 55 à 64 ans	85,4%	3,0%	11,6%
femmes de 65 à 74 ans	88,3%	3,2%	8,5%
femmes de 75 ans ou plus	86,1%	3,0%	11,0%
FEMMES ENSEMBLE	75,6%	7,0%	17,4%

Si le tableau d'ensemble montre une dialectophonie *globalement* plus importante chez les femmes, la tranche d'âge des 16-24 ans présente un différentiel inédit entre les femmes et les hommes : les femmes déclarent savoir parler à 61,5% un dialecte, les hommes à 70,9% : près de 10% de moins de femmes que d'hommes seraient dialectophones.

En rapprochant ces déclarations des constats effectués quant au rôle des femmes dans l'introduction du français dans la sphère familiale, il faut prendre acte d'un tournant dans le rôle transmissionnel généralement dévolu aux femmes. Celles qui n'utilisent pas ou ne savent plus le dialecte ne le transmettront pas, mais renforceront la place du français dans l'espace privé. Il semble donc probable que le processus de recul du dialecte puisse s'accélérer, sauf à considérer que la transmission par la famille large ou l'environnement puisse se substituer à la sphère familiale ou, plus précisément, remplacer et pondérer les usages linguistiques maternels (*cf.* aussi *supra*).

Interrogés sur l'usage du dialecte au travail, 72% des actifs déclarent que le dialecte est «très utilisé» ou «assez utilisé», sans que des corrélations avec le type de lieu de travail puissent être faits. Le taux semble cependant assez important, dans la mesure où une répartition par catégorie de communes montre que le dialecte est très ou assez utilisé dans tous les cas de figure aux yeux de 60 % des actifs déclarants*.

33 % des répondants sont d'avis que, dans l'exercice de leur profession, le dialecte est nécessaire, 29,6 % sont d'avis qu'il est utile et 37,5 % estiment qu'il n'est ni utile ni nécessaire. Globalement, quelle que soit la catégorie socio-professionnelle, c'est toujours environ un tiers des répondants qui se positionne dans les catégories proposées. La catégorie des patrons d'industrie ou de commerce forme une exception notable. Elle estime le dialecte nécessaire à 68,8 % (et utile à 23,5 %). La position même des patrons, quelle que soit la taille de leur entreprise, les conduit probablement à une attitude d'un pragmatisme extrême : tant vers l'extérieur de l'entreprise (clientèle) qu'à l'intérieur de l'entreprise (employés, ouvriers…), la nécessité (et, *a fortiori*, l'utilité) renvoie probablement à un principe d'adaptabilité, y compris linguistique, dans l'intérêt économique des entreprises qu'ils dirigent.

Sur le plan des pratiques radiophoniques, « les émissions en dialecte intéressent 60 % des auditeurs de [la station de radio] FR3 », qui représentent 45 % des auditeurs de radio qui écoutent « souvent » ou « quelquefois » la radio, sans qu'il soit possible de déterminer quelles émissions ont les faveurs de ce public.[1132]

Le fait que les chercheurs de l'INSEE interrogent les enquêtés sur la nécessité ou l'utilité « de parler le dialecte » est sans doute significatif des changements qui ont (eu) lieu dans les mentalités et dans la perception subjective des pratiques linguistiques. Dix-sept ans plus tôt, non seulement ces questions auraient paru incongrues, mais elles n'auraient pas du tout été posées, dans la mesure où la connaissance subjective des pratiques linguistiques n'aurait probablement pas inspiré ce type de question aux enquêteurs.[1133]

Durant la décennie, cette idée du « déclin » dialectal, qui est pour partie confirmée, pour partie infirmée par les chiffres recueillis, mais tendanciellement prégnante (*cf.* aussi *infra*), est reçue comme une factualité par une partie des hommes politiques. Ainsi, s'exprimant au nom de l'UDF, mais aussi d'autres groupes du Conseil général du Bas-Rhin, Georges Traband est amené à citer la position des bureaux des deux assemblées départementales alsaciennes, qui ont indiqué leur volonté « d'examiner profondément la manière de préserver le dialecte ».[1134] Puis il prolonge le propos, au nom de son groupe, en

---

*Se reporter au tableau 3 de l'annexe au présent chapitre.

indiquant que « la situation linguistique alsacienne actuelle se caractérise par la régression sensible du dialecte et le recul de l'enseignement de l'allemand. »[1135]

Le déclin de l'allemand

La présence de l'allemand écrit, de l'allemand endogène du moins, régresse de manière régulière. Dès le milieu des années soixante, l'édition française du quotidien *L'Alsace* avait déjà supplanté quantitativement l'édition « bilingue ». En 1970, le mouvement de bascule affecte aussi les *Dernières Nouvelles d'Alsace*.

1970[1136]

	Tirage total	Édition bilingue	Édition en français
Dernières Nouvelles d'Alsace[1137]	207 419	98 607 = 47,54 %	108 812 = 52,46 %
L'Alsace[1138]	136 183	51 259 = 37,64 %	84 924 = 62,36 %
Le Nouvel Alsacien	33 200	33 200	-
TOTAL	**376 802**	**183 066 = 48,59 %**	**193 736 = 51,41 %**

1975

	Tirage total	Édition bilingue	Édition en français
Dernières Nouvelles d'Alsace	218 676	81 435 = 37,24 %	137 241 = 62,76 %
L'Alsace	131 024	38 953 = 29,73 %	92 071 = 70,27 %
Le Nouvel Alsacien (1974)	29 865	29 865	-
TOTAL	**379 565**	**150 253 = 39,59 %**	**229 312 = 60,41 %**

1980

	Tirage total	Édition bilingue	Édition en français
Dernières Nouvelles d'Alsace	232 762	66 779 = 28,69 %	165 983 = 71,31 %
L'Alsace	136 096	26 988 = 19,83 %	109 108 = 80,17 %
Le Nouvel Alsacien	27 026	27 026	-
TOTAL	**395 884**	**120 793 = 30,51 %**	**275 091 = 69,49 %**

Les hebdomadaires bilingues gardent encore un certain poids. Par exemple :

1969	Tirage total	Édition bilingue	Édition en français
L'Ami du Peuple – Der Volksfreund	85 800	73 000	12 000

1970	Tirage total	Édition bilingue	Édition en français
L'Ami du Peuple – Der Volksfreund	76 000	76 000	(abandonnée à partir de 1970)
Bonjour (1970)[1139]	27 970	27 970	-
L'Humanité d'Alsace-Lorraine (1969)[1140]	16 500	16 500	-
TOTAL	**120 470**	**120 470**	

1975	Tirage total	Édition bilingue	Édition en français
L'Ami du Peuple – Der Volksfreund	63 900	63 900	-
Bonjour (dernière parution : 1972)[1141]	18 400	18 400	-
L'Humanité d'Alsace-Lorraine	Donnée indisponible	Donnée indisponible	-
TOTAL	82 300	82 300	

En 1980, *L'Ami du Peuple – Der Volksfreund* a encore un tirage de 60 670 exemplaires dans une édition qui reste bilingue.

De la même manière, la presse directement liée aux Églises présente encore des tirages « bilingues » relativement importants : en 1983, la version bilingue de *Aux Carrefours de l'Alsace*, mensuel catholique, représente encore 41 % du tirage global (21 000 des 51 000 exemplaires). L'hebdomadaire protestant *Le Messager évangélique*, uniquement bilingue, est tiré à 17 000 exemplaires en 1984. La diffusion des deux journaux se concentre géographiquement dans le nord de l'Alsace.[1142] Pour *Le Messager évangélique*, une statistique faite en 1984 « sur les quelque 600 articles publiés dans l'année […] [montrait que] 53 % étaient en français et 47 % en allemand, [tandis qu']en 1979, les pourcentages étaient exactement inversés »[1143].

Des journaux professionnels ou syndicaux seront également publiés avec une part en langue allemande. En revanche, la part de l'allemand dans la presse à destination du monde agricole est de plus en plus réduite.[1144]

Sur le plan de la réception/consommation linguistique, le sondage d'octobre 1971[1145] fait également apparaître, de façon assez massive, que le français est devenu la langue de prédilection déclarée des Alsaciens en ce qui concerne les médias et l'écrit sous différentes formes : les personnes interrogées déclarent consulter les programmes de télévision ainsi que les programmes de radio à 61 % plutôt en français. 71 % déclarent lire un quotidien plutôt en français et 75 % lisent également un livre plutôt en français et une revue à 77 %. Cependant, les lecteurs de revues en langue allemande (allemand exogène), en particulier celles qui contiennent des programmes de radio et de télévision, voient encore leur nombre augmenter au début des années soixante-dix.[1146]

L'enquête de 1979 confirme, si besoin en était, que l'allemand, comme langue écrite endogène et exogène, a définitivement cédé le pas au français, mais qu'il garde encore des positions non négligeables dans certains cas de figure :[1147]

Vous lisez :	édition en :			ensemble
	français	allemand ou bilingue[1148]	autre langue	
un quotidien régional	73,2	26,7	0,1	100
un autre quotidien	82,1	14,3	3,5	100
un hebdomadaire d'information	75,1	23,3	1,6	100
un hebdomadaire de télévision	81,3	18,7	-	100
un magazine distractif	81,3	18,1	0,6	100
une autre revue périodique	94,4	5,2	0,4	100

S'agissant de la lecture publique, la demande de livres en langue allemande reste réelle tout au long de la décennie. Pour la Bibliothèque centrale de prêt (BCP) du Haut-Rhin,[1149] la situation se présente ainsi :

année	prêts de livres pour adultes	en langue allemande	%
1971	196 161	26 878	13,7 %
1972	196 094	35 678	18,2 %
1973	237 787	38 498	16,2 %
1974	200 728	52 686	26,2 %
1975	179 934	57 071	31,7 %
1976	150 433	54 819	36,4 %
1977	252 601	63 625	25,2 %
1978	265 467	67 948	26,6 %
1979	274 793	79 689	28,9 %

LES LANGUES DE L'ALSACE

La question posée par la lecture publique, s'agissant d'ouvrages en langue allemande, est, au moins, toujours double : quelle politique d'acquisition est mise en place ? Quels livres sont demandés ou lus ? « En 1974, une demande de crédits supplémentaires adressée au Conseil général du Haut-Rhin pour l'achat de livres pour la jeunesse en allemand, afin d'accompagner l'introduction de la méthode Holderith dans 120 classes élémentaires du département, est restée sans suite, les services de l'Éducation nationale étant intervenus auprès de la directrice de la BCP afin de la prier de surseoir » à cet achat.[1150] L'augmentation du nombre d'emprunts n'est donc pas le fait de nouveaux jeunes lecteurs. Il s'agit d'un phénomène dû au fait que les lecteurs des communes rurales peuvent à présent, eux aussi, choisir directement leurs livres, sans passer par un dépositaire.

Les stations de radio en langue allemande gardent une place non négligeable dans la consommation audiovisuelle : en 1979, 40 % des auditeurs les écoutent souvent et 23 % quelquefois. La préférence des auditeurs va aux émissions de variétés et de chansons (59 %). S'agissant de la télévision, ce sont les émissions de variétés, les films et les émissions sportives qui sont les plus regardées.[1151]

En 1979, près de 80 % des ménages déclarent savoir parler l'allemand (93 % de ménages d'Alsaciens).[1152] Les observations de l'INSEE tendent à montrer que la connaissance déclarée de l'allemand fait apparaître une répartition géographique corrélable avec la géographie de la connaissance du dialecte.[1153]

S'agissant des tranches d'âge, la connaissance de l'allemand augmente avec l'âge :[1154]

âge	Ensemble des chefs de ménages		Ménages d'origine alsacienne	
	% parlent allemand	% parlent le dialecte	% parlent l'allemand	% parlent le dialecte
16 – 24 ans	64	56	85	81
25 – 34 ans	69	63	87	91
35 – 44 ans	72	70	88	94
45 – 54 ans	84	80	96	94
55 – 64 ans	87	81	97	96
65 – 74 ans	90	87	97	96
75 ans ou plus	94	92	97	94
Ensemble	**80**	**73**	**93**	**94**

L'effet conjugué de la mise en place de référents français et d'un apprentissage scolaire relativement tardif de l'allemand, combiné à sa péjoration comme langue de la tradition ou des « vieilles » générations aboutit à une réception (lecture, écoute) déclinante. Cependant, la connaissance déclarée de l'allemand, notamment oral, reste néanmoins assez élevée.

À l'école élémentaire, vers un enseignement de l'allemand

L'enquête l'IFOP de 1971 (*cf. supra*) faisait apparaître une très large majorité de répondants (85 %) favorables à l'enseignement de l'allemand à l'école élémentaire. « Cette opinion est partagée par toutes les catégories de la population, quels que soient leur âge, leur profession, leur lieu de résidence ou leurs préférences politiques ».[1155] Visiblement, la question de l'enseignement de l'allemand ne se pose plus de la même manière au début des années soixante-dix qu'à la fin des années cinquante. Ni les enjeux fonctionnels ou intergénérationnels, d'une part, ni les enjeux nationaux, d'autre part, ne sont les mêmes.

Par ailleurs, l'importance de l'enseignement de l'allemand commence à décroître lorsqu'une alternative est proposée. En 1971, à la question « parmi les langues étrangères suivantes, quelles sont celles qui vous paraissent les plus utiles pour un jeune Alsacien aujourd'hui ? », l'allemand a été cité par 60 % des personnes interrogées en première réponse et par 35 % en deuxième réponse ; l'anglais a été mentionné par 39 % des personnes interrogées en première réponse et par 54 % en deuxième réponse.[1156] Chez les enquêtés de la tranche d'âge 20 à 34 ans, 46 % ont indiqué l'anglais et 52 % l'allemand en premier choix.[1157]

La question de l'enseignement de l'allemand, moins brûlante, reste cependant toujours d'actualité. Ainsi, en 1969, l'inspecteur d'académie du Haut-Rhin, saisi par une directrice d'école privée d'une demande visant à introduire une initiation à la langue allemande dans les classes maternelles et les cours préparatoires, ne refuse pas le principe même de cet enseignement. Il rend compte de cette demande au recteur et la commente en trois temps, montrant que le point de vue de l'autorité éducative commence à changer :

> Cette initiative me semble fort louable en soi, mais je n'oublie pas que nous sommes l'objet depuis quelque temps d'interventions de plus en plus pressantes en faveur de la réintroduction de l'enseignement de l'allemand dans l'ensemble des classes élémentaires et de l'extension de l'expérience aux classes maternelles.

> Nous avons jusqu'ici répondu par la négative en arguant du fait que les jeunes enfants de cette région ont réellement besoin d'asseoir leur connaissance de la langue française qui demeure le véhicule de l'acquisition des notions dans les autres disciplines. Cependant, je ne pense pas, pour ma part, que nous puissions rester longtemps sur cette position qui, aux yeux de nos interlocuteurs de bonne foi, paraît surannée et peu conforme en fin de compte à l'intérêt de la majorité des enfants. Si je puis aller jusqu'au bout de ma pensée, je me demande s'il ne vaudrait pas mieux accepter une expérience que nous organiserions et que nous contrôlerions dans son déroulement pédagogique plutôt que de laisser se cristalliser une action polémique dont certains animateurs sont prompts à saisir toutes les occasions propices.
> [...] Il me semble que nous ne pouvons pas accorder d'emblée l'autorisation sans courir le risque d'être immédiatement assaillis de demandes pressantes en faveur de classes correspondantes de l'enseignement public, demandes qu'il nous serait difficile de ne point prendre en considération, tandis que l'enseignement privé passerait aux yeux de tous pour avoir été l'initiateur d'un mouvement de rénovation pédagogique.[1158]

Mais les autorités rectorale et préfectorale ne partagent pas le point de vue qui est exposé, notamment l'idée de faire des concessions qui ne seraient pas conformes aux dispositions telles qu'elles existent.

En décembre 1969 a lieu une réunion non publique du Conseil général du Bas-Rhin, à laquelle assistent le président du Conseil général du Haut-Rhin, le recteur et Georges Holderith, inspecteur général de l'Instruction publique (notamment compétent pour l'allemand), réunion dont l'objet consistait précisément dans l'examen du « principe de l'introduction de l'enseignement de l'allemand dès les premières années de scolarité ». Il est décidé de « créer une commission interdépartementale regroupant les conseillers généraux du Bas-Rhin et du Haut-Rhin en vue d'étudier les possibilités d'application de cette réforme ». Dans son compte rendu au ministre de l'Éducation nationale, le préfet de Région rappelle longuement l'importance d'une meilleure préscolarisation, tant d'un point de vue quantitatif que qualitatif, pour rendre l'enseignement du français plus efficace. Il continue, quant à lui, à maintenir une position extrêmement distanciée, identique à celle qui avait toujours prévalu, à propos de l'enseignement de l'allemand. Le principal argument qu'il développe reste le risque d'alinguisme des Alsaciens :

> Si le « bilinguisme » tel que le présentent ses partisans possède, en apparence, de nombreux avantages, il convient toutefois, dans le cas particulier de l'Alsace, d'émettre des réserves sur cette appréciation. Il faut, en effet, avant de vouloir être bilingue, pouvoir pratiquer aisément une langue. Or, et les Alsaciens eux-mêmes ne manquent pas de

le regretter, bon nombre d'entre eux ne connaissent que très approximativement la langue française et ce, même dans les couches jeunes de la population. En effet, après leur scolarité, replongés dans un milieu dialectophone, de nombreux jeunes Alsaciens perdent l'usage de la langue française et finissent, au fil des ans, par n'avoir qu'un souvenir limité de ce qu'ils ont appris. Il est donc à craindre que l'enseignement cumulé de deux langues vivantes, en l'occurrence le français et l'allemand, dès l'école primaire, n'aboutisse à un résultat déplorable, l'enfant ne sachant ni l'un ni l'autre : seuls, les plus doués semblent pouvoir tirer profit d'un tel enseignement.[1159]

Le poids de deux heures d'allemand sur 27 heures hebdomadaires[1160] semble être singulièrement surévalué dans l'aspect pédagogique de l'argumentaire du préfet. Il n'envisage l'éventualité de satisfaire les demandes en faveur de l'enseignement de l'allemand à l'école primaire que sous la pression d'un « mouvement favorable au "bilinguisme" » qui serait « soutenu par une majorité de la population »,[1161] c'est-à-dire uniquement sous l'angle des conséquences politiques.

Dans le rapport suivant qu'il adresse au ministre de l'Éducation nationale, le préfet de Région ne change pas d'avis sur le fond mais estime « que l'enseignement précoce de l'allemand semble correspondre aux vœux d'une majorité de parents d'élèves et qu'il convient de tenir compte de ce mouvement d'opinion. Si toute idée de réforme se heurtait à un refus de la part des pouvoirs publics, il serait aisé [...] de prétendre que le "centralisme" ou le "jacobinisme" parisien tente d'"étouffer la personnalité alsacienne". Un tel sentiment est celui de maints élus, qui pressentent ce danger. »[1162]

Il est vrai que les élus locaux, les maires et les conseils municipaux en particulier, semblent ne plus vouloir se contenter de bonnes paroles. Une note de renseignements de l'été 1971 fait observer qu'« il apparaît en effet à beaucoup de maires notamment que l'enseignement de la langue allemande et ce à partir du 1er cycle répond de plus en plus à une nécessité, dictée à la fois par la situation géographique de notre province et certaines exigences d'ordre économique, culturel ou social posées par l'évolution de l'Europe, continent dans lequel la langue allemande a gardé sa prédominance par rapport à la langue anglaise ».[1163]

Il est vrai qu'un certain nombre de communes, aidées par le Cercle René-Schickele,[1164] ont commencé à organiser des cours d'allemand, en marge de l'Éducation nationale, parfois dans les locaux scolaires. En 1972, une circulaire ministérielle recadre de manière très serrée tous les enseignements dits précoces de langue vivante,[1165] de sorte que ces enseignements « sauvages » ne pourront plus avoir lieu dans les locaux scolaires.[1166]

L'administration préfectorale a pleinement conscience qu'elle ne pourra plus s'opposer à l'enseignement de l'allemand à l'école primaire. Mais elle considère qu'il « faut "garder les freins serrés" et adopter une position très prudente à propos de l'enseignement de l'allemand dans les écoles primaires ».[1167] Le point de vue exprimé reflète assez bien l'état d'esprit du principal parti au pouvoir en France, le parti gaulliste, qui n'est pas convaincu du caractère irréversible des changements linguistiques intervenus dans la société et, en particulier, du fait que le français s'est définitivement imposé dans la vie sociétale alsacienne. Cependant, non seulement la population, par le biais de sondages, mais aussi les élus, y compris au sein du parti gaulliste, expriment une position favorable à cet enseignement, de même que la gauche non communiste, traditionnellement opposée à cet enseignement, commence à se rallier à ce type de position.

Dans ces conditions, ce n'est sans doute pas une pure coïncidence si les deux Conseils généraux, dont les présidents appartiennent tous les deux à la formation gaulliste, plutôt peu encline à soutenir cet enseignement, demandent, « en parfait accord » l'un avec l'autre,[1168] « l'introduction d'une initiation à la langue allemande à l'école élémentaire. Cette initiation s'adresse à tous les enfants âgés de neuf ans et suivant un cours moyen de 1re année » et elle aurait un « caractère obligatoire »[1169]. L'abaissement de l'âge de onze à neuf ans et l'obligation représentent de franches innovations, modifiant les conditions définies en 1952.

Le rapporteur du Conseil général du Bas-Rhin rappelle cependant que « les conclusions proposées ont été élaborées en accord avec M. le Préfet de Région et M. le Recteur », montrant ainsi également qu'en amont du débat, la majorité des deux Conseils, appartenant à la même majorité que le gouvernement, a pris des garanties auprès de ses représentants. Le rapporteur du Haut-Rhin rend compte d'un souhait, certes non formalisé, mais dont le contenu pousse à décrocher l'allemand de son contexte endogène et de le rapprocher le plus possible d'une forme exogène : « Nous souhaitons, dans l'intérêt des relations de tous genres avec nos voisins d'outre-Rhin, qu'un effort identique soit fait en Allemagne pour l'enseignement de la langue française. » Dès cet instant, la demande se disjoint d'elle-même de la demande sociétale intra-alsacienne pour devenir une forme d'enseignement précoce de langue vivante. Il semble s'agir, en quelque sorte, du même objet (l'enseignement-apprentissage de l'allemand à l'école élémentaire), mais dans une autre perspective sociétale, politique et culturelle.

Dans ses rapports au ministre de l'Éducation nationale, le préfet de Région va suggérer au gouvernement de ne pas considérer les demandes des assemblées comme des «vœux pieux». Il propose qu'elles «trouvent une application progressive», faisant valoir qu'une surenchère politique est en train de voir le jour qui risque de submerger la demande des Conseils généraux, négociée à la baisse, et probablement jugée comme raisonnable et acceptable. La crainte du préfet est renforcée par un sondage de l'IFOP (1971) qui «révèle que le bilinguisme est ressenti comme une nécessité par 85 % de la population».[1170]

Le gouvernement aurait préféré ne pas avoir à répondre positivement aux vœux des Conseils généraux. Il le fera *a minima*,[1171] uniquement pour des raisons politiques et stratégiques. Le président de la République, Georges Pompidou, n'avait-il pas rappelé en 1972 à Sarre-Union, qu'«il n'y a[vait] pas de place pour les langues et cultures régionales dans une France destinée à marquer l'Europe de son sceau, c'est-à-dire de notre langue»?[1172]

Le vœu qu'avaient formulé les deux Conseils est entendu par le gouvernement. Ainsi, le préfet du Bas-Rhin peut faire état, dans la séance du 12 juin 1972, de la lettre que le ministre lui a fait parvenir, le 1er juin. Il indique aux Conseillers que:

> après avoir rappelé l'importance particulière et le caractère spécifique de ce problème en Alsace [...], le gouvernement a décidé de donner suite au vœu qu'ont exprimé tour à tour le conseil général du Bas-Rhin et celui du Haut-Rhin, et d'organiser à partir de la rentrée 1972 une expérience d'initiation à l'allemand dans un certain nombre d'écoles élémentaires d'Alsace et, au cours de cette première année scolaire, de faire porter cette expérience dans trente divisions de cours moyen première année, quinze dans le département du Bas-Rhin et quinze dans le département du Haut-Rhin, et de poursuivre à la rentrée 1973 cette expérience dans autant de classes de cours moyens deuxième année. Ensuite, on tirera les leçons de cette expérience. [...]
> Cet enseignement sera donné sous la forme de séances quotidiennes d'une demi-heure avec cinq séances hebdomadaires. [...] Il est entendu, d'autre part, que cette initiation conservera un caractère facultatif.[1173]

Il est particulièrement intéressant de relever que l'argumentaire du rapporteur au Conseil général du Bas-Rhin et la paraphrase des décisions gouvernementales faite par le préfet rappellent très nettement les propos que tiendra plus tard l'inspecteur général Georges Holderith, dont la présence se fait très fortement sentir jusque dans les dispositions qui sont prises.[1174]

L'opposition principale, certes présente pour partie au sein du parti présidentiel, est représentée par l'un des deux syndicats majoritaires des enseignants du premier degré, le Syndicat national des instituteurs

(SNI), proche de la gauche non communiste. Ainsi, la section haut-rhinoise du SNI adopte une motion à l'issue de son congrès départemental qui inventorie, de manière assez complète, toutes les objections ou les inquiétudes que les adversaires de cette « réintroduction » de l'enseignement de l'allemand pouvaient faire valoir :

> L'assemblée générale de la section du Haut-Rhin du SNI, après avoir discuté du problème de l'enseignement de l'allemand à l'école élémentaire,
> - dénonce la méthode utilisée pour introduire l'enseignement de la langue allemande (non-consultation des organismes et organisations, mis devant le fait accompli) à l'école élémentaire et estime insuffisantes les conditions de préparation des maîtres à cette tâche difficile ;
> - réaffirme son attachement au principe du volontariat des maîtres comme des élèves ;
> - souhaite que l'expérience actuellement en cours soit conduite honnêtement et que soient mises en lumière toutes les conditions rassemblées pour sa réalisation ;
> - estime que les conclusions de cette expérience ne doivent pas conduire automatiquement à la généralisation de la mesure parce qu'il n'y aurait pas partout les maîtres compétents et le support pédagogique nécessaire, notamment les moyens audio-visuels ;
> - réaffirme son attachement à la priorité de l'apprentissage correct de la langue nationale, et dans ce sens exige que les moyens soient mis à la disposition de l'Éducation nationale pour lui permettre d'accomplir convenablement sa mission ;
> - elle demande notamment l'enseignement d'une seconde langue dans tout le premier cycle y compris dans les classes de type III ;
> - tout en reconnaissant que le dialecte alsacien peut servir de support linguistique efficace à l'apprentissage de la langue allemande, elle dénonce la tendance qu'il y aurait à confondre le problème posé par le fait régional alsacien et celui de l'apprentissage de la langue allemande, et dans cet ordre d'idées, tout en prenant acte de l'existence de ce fait régional alsacien dont il peut paraître nécessaire de préserver les valeurs humaines et culturelles, elle refuse la volonté de certains de l'utiliser à des fins d'assimilation, de domination ou d'intérêts électoraux ;
> - pense que l'apprentissage d'une deuxième langue peut certainement être bénéfique au développement linguistique des enfants et présenter des avantages incontestables sur le plan pédagogique ;
> - attire l'attention sur le danger que constituerait le développement de l'enseignement de l'allemand à l'école élémentaire.
> Ce développement conduirait à terme à la fréquentation de plus en plus importante des grands moyens d'expression et de culture de langue allemande (film, disque, livres, télévision), au détriment de la culture française et au profit de la langue allemande sans que la culture alsacienne soit pour autant préservée.

- estime à ce propos qu'il leur paraît suffisant de commencer à enseigner l'allemand dans les sixièmes de tous ordres pour que les enfants puissent pratiquer cette langue à la fin de la scolarité obligatoire au moment de leur insertion dans la vie sociale et économique.[1175]

À la question de l'abaissement de l'âge d'apprentissage de l'allemand, qui commencera à être posée en filigrane, le ministre oppose un refus catégorique : « Le danger à cet égard serait d'aboutir à ce que les enfants finissent par parler l'allemand plus volontiers que le français. Aussi ne comptons-nous pas permettre aux élèves d'apprendre cette langue avant le cours moyen 1re année. »[1176] Tout au long de la décennie, cette question reviendra dans les débats, sous différentes formes.

Les « réformes Holderith » de 1969 et de 1972

La première réforme que Georges Holderith a menée, à partir de septembre 1969, concernait le premier cycle de l'enseignement secondaire. L'idée de base était fondée sur le constat que les élèves dialectophones et les élèves non dialectophones n'apprenaient l'allemand ni de la même manière ni à la même vitesse, et qu'il fallait donc les séparer de façon à ne pas désespérer les non-dialectophones et à ne pas laisser sombrer dans l'ennui les dialectophones.[1177] Dans ce sens, cette réforme concerne, au premier chef, « l'enseignement de l'allemand aux élèves d'expression dialectale des académies de Strasbourg et de Nancy-Metz ».[1178] Elle a été plutôt bien accueillie par les enseignants d'allemand, pour qui la gestion de publics aux compétences linguistiques aussi différentes a toujours été difficile.

La seconde « réforme Holderith » concerne la réintroduction de l'enseignement à l'école primaire (CM1 et CM2) en 1972. C'est Georges Holderith qui a étroitement suivi le dossier au ministère et qui va organiser la mise en place de cette réintroduction pour laquelle le gouvernement a donné son feu vert. La caractéristique centrale de la première réforme – séparer les élèves dialectophones et non dialectophones – n'est pas retenue. On demandera à des maîtres du premier degré, peu ou pas formés en didactique des langues, de faire ce que leurs collègues du secondaire n'ont plus besoin de faire, ce qui n'est pas le moindre des paradoxes. Si le nombre d'enfants dialectophones est certes encore élevé dans beaucoup de classes, il est surprenant que ce principe pédagogique n'ait pas été maintenu d'une réforme sur l'autre. Il n'est pas impossible que la mise en place politique et matérielle aurait été bien plus compliquée qu'elle ne le sera et qu'il s'agissait, en quelque sorte, du prix à payer pour que la réintroduction de l'allemand se fasse. Par ailleurs, aucun outil pédagogique spécifique n'a été créé pour l'école élémentaire : les ouvrages qui seront diffusés reprendront, comme structure de base, un manuel que Georges Holderith et son équipe avaient conçu pour les élèves apprenant l'allemand en classe de sixième. Il y sera simplement rajouté des textes, des poèmes, des chansons, etc., plus spécifiquement destinés aux élèves dialectophones. Ce traitement pédagogique quelque peu désinvolte reste étonnant pour un enjeu politique que l'on savait réel. Mais peut-être l'aspect politique avait-il absorbé toute l'attention et toute l'énergie des concepteurs de cette réintroduction.

L'enseignement de l'allemand sort du cadre – théoriquement – « expérimental » qui lui avait été octroyé en 1972 (30 classes) pour obtenir un statut reconnu par le fait qu'on lui confère officiellement une place dans l'horaire scolaire (« 2 h 30 dans le cadre des 27 heures d'enseignement ») en 1976, dans les cours moyens de première et deuxième années. Il s'agissait d'une disposition ardemment attendue par tous les tenants de cet enseignement.[1179] Au moment où l'autorisation a été donnée de généraliser cet enseignement à l'ensemble des cours moyens, 35 000 élèves en bénéficiaient déjà, de fait. Cependant, sur le moyen terme, ce sera bien l'aspect pédagogique, trop figé, peu adapté aux classes du cours moyen, difficilement gérable pour le maître, qui deviendra l'un des biais par lesquels l'enseignement de l'allemand à l'école élémentaire essuiera de nombreuses critiques, notamment de la part des enseignants.[1180]

Au fil de la décennie, notamment sous la pression d'un recentrage culturel et identitaire (*cf. infra*), se posera aussi la question de la présence du dialecte à l'école. Dans la discussion de l'« Orientation de la politique culturelle du département » (1975), des élus du Conseil général du Bas-Rhin, le député Adrien Zeller en particulier, sont amenés à s'interroger sur la place du dialecte à l'école,[1181] sans que cette question soit obligatoirement mise en rapport avec une connaissance ou une pratique qui seraient déclinantes.[1182] Les députés centristes précisent leur position dans une lettre qu'ils adressent au ministre de l'Éducation nationale en 1976 :

> Pour éviter tout malentendu, nous tenons à souligner qu'il ne saurait être question « d'enseigner » le dialecte. Il s'agit uniquement de garantir au petit Alsacien le droit d'utiliser sa langue d'origine dans des chants, des comptines, des saynètes, pour lui permettre de s'exprimer spontanément et naturellement.[1183] L'école maternelle, si elle doit favoriser prioritairement l'apprentissage de la langue française, ne saurait en même temps faire perdre l'usage de sa langue mater-

nelle. Ce risque est réel, car vous n'ignorez pas [...] qu'à l'âge de trois ans, la langue de l'enfant n'est pas encore fixée assez solidement pour qu'elle ne coure pas le risque d'être supplantée par une autre langue, quelle qu'elle soit d'ailleurs.[1184]

De fait, la réponse du ministre sera négative.[1185] Un de ses conseillers confirmera la position, lors du premier stage « culture régionale » à Strasbourg, où l'aspect linguistique dialectal est exclu : « Il n'apparaît ni opportun ni souhaitable – et d'aucuns le regretteront – de stimuler un dialecte qui est vivant et qui n'a pas besoin de l'école pour vivre. »[1186]

En 1978, une campagne lancée pour la présence du dialecte à l'école maternelle par un *Comité pour le droit au dialecte à la maternelle*, politiquement assez hétéroclite, relayée notamment par *Le Nouvel Alsacien*, aura un écho non négligeable jusque dans les débats et les décisions du Conseil général du Bas-Rhin. Lors de la discussion des activités culturelles pour 1979, le conseiller Marc Brunschweiler (PS) fait observer qu'il « constate qu'il n'est pas fait, explicitement du moins, mention à la question du dialecte ». Évoquant une « récession importante de notre parler dialectal », notamment à Strasbourg, il propose que le Conseil général finance « la confection d'un matériel pédagogique dialectophone à destination des maternelles, qui pourrait servir comme point d'appui aux maîtres pour une initiation et l'amélioration du dialecte à ce niveau-là ». Le débat débouchera sur l'adoption d'une position : « Le Conseil général, dans sa séance du 18 décembre 1978, s'inquiète de la régression du parler dialectal. Pour enrayer cette tendance dangereuse, il décide [notamment] l'étude de modalités de soutien à l'initiation éventuelle du dialecte à la maternelle par la création de matériel pédagogique dialectophone [...]. »[1187]

Après une décennie où le dialecte aura souvent été au centre des débats (*cf. infra*), l'opinion publique semble plutôt favorable à une présence du dialecte à l'école. En 1980, à la question « Êtes-vous pour ou contre le projet éventuel de dégager dans les écoles maternelles du temps consacré à l'alsacien ? », les personnes interrogées répondent :[1188]

	Pour	Contre	Ne se prononce pas
Ménages d'Alsaciens	71,8	16,8	11,5
Ménages « Alsacien » + autre	62,2	25,6	12,3
Ménages de l'« intérieur »	48,4	25,4	26,2
Ménages d'étrangers	45,4	17,4	37,2
ENSEMBLE	**66,6**	**18,9**	**14,5**

LES LANGUES DE L'ALSACE

LA DÉFENSE PASSIONNÉE DU DIALECTE DANS UNE DÉCENNIE REVENDICATIVE

L'après-Mai-68 déclenche, avec un léger décalage temporel, une forme de contestation globale du fonctionnement politique, social et culturel de la société – comme en connaîtront d'autres régions de France ou d'Europe, en particulier par les générations nées après 1945 devenues de jeunes adultes. En Alsace, c'est bien par le biais concomitant du politique, du culturel et du social – avec des inflexions différentes, évolutives et interagissant entre les trois champs – que les questions linguistiques vont, à nouveau, être d'une brûlante actualité durant toute la décennie. Les « contestataires » signifient à leurs interlocuteurs qu'ils ont pris conscience du fait que la modernité (ou, du moins, une partie de cette modernité) envahissait leur monde, leur mode de vie, leur identité et détruisait, à leurs yeux, des valeurs humaines fondamentales.

Particulièrement représentatif de cette manière de penser le monde, le poème d'André Weckmann, dont le titre indique très précisément le ressenti des « contestataires », *Aliénation*, passe en revue ce qui est mis en cause et rejeté, d'une part, mais montre aussi, d'autre part, que tous ces éléments sont solidaires les uns des autres et que les questions concernant les langues sont incluses dans le rapport de domination politique et économique qui est dénoncé :

lon d walder åbholze	On déboise vos forêts,
lon d acker betoniëre	on bétonne vos champs,
lon de båch grådstrecke	on rectifie vos rivières ?
lon d vogese verböjje	On lotit les Vosges,
lon d låndschåft verhunze	on défigure le paysage,
lon de rhin verrecke	on empoisonne
lon d kåminer géft kotze	l'air et le Rhin ?
un sejje gedrôscht :	Ne vous en faites pas :
es måcht si allewil ainer e båtze gald debî	il s'en trouvera toujours pour s'y remplir les poches.
loni uf d zeh dratte	On vous écrase les orteils,
loni uf d nås spitze	on vous crache au visage,
loni s mül züehewwe	on vous clôt le bec ?
loni d kåpp ewer d äuje zejje	On vous bande les yeux,
loni d wurzle åbschnîde	on vous coupe les racines,
loni d sprôch verwurje	on étouffe votre langue ?
un sejje gedrôscht :	N'en soyez pas chagrins :
es verdiënt si allewil ainer e rôts reckel debî	il s'en trouvera toujours pour y gagner honneurs et privilèges.

un jetz	Maintenant,
gehn haim	rentrez chez vous,
wascheni d hand	lavez-vous les mains,
setzeni vor d télé	asseyez-vous devant la télé
loni met kitsch stopfe	pour qu'elle vous bourre de kitsch,
loni s hérn ufwaiche	ramollisse votre cerveau
loni d seel plåttwålze	et aplatisse votre âme.
un	Puis
wann de speaker bonsoir het gsait	quand le speaker aura dit bonsoir
hankeni uf[1189]	allez vous pendre.[1190]

Le texte de Weckmann fait, en quelque sorte, un inventaire de toutes les actions contestées, parce qu'elles sont considérées comme l'imposition d'une modernité néfaste, humiliante, destructrice et aliénante pour l'homme : projets immobiliers dans les Vosges,[1191] mise en danger des rieds,[1192] etc., mais aussi et surtout toutes les questions touchant au nucléaire, qui amèneront aussi une jonction transfrontalière entre protestataires alsaciens, badois et suisses, confrontés à des problèmes similaires. Ce sera, en quelque sorte, le prélude à une forme d'« internationale alémanique ».[1193] Durant toute l'année 1975, des manifestations auront lieu à Marckolsheim (Alsace), à Wyhl (Pays de Bade), Kaiseraugst (Suisse), mais aussi à Fessenheim (où une centrale nucléaire existe déjà),[1194] relayées en 1977 par des manifestations contre un projet d'EDF à Gerstheim. De fortes oppositions se manifesteront aussi contre des travaux au niveau du canal reliant le Rhin au Rhône.[1195] Le projet d'injecter des saumures dans le sous-sol alsacien (1978) complètera la panoplie suscitant la colère des protestataires.[1196]

Dans leur mouvement de protestation, l'inclusion de la « défense » des langues autres qu'officielles,[1197] et tout particulièrement de celles qui ont été stigmatisées et dévalorisées au profit de la langue nationale, prend une résonance particulière en Alsace. Plus encore : les protestataires soulignent le fait que l'on ait cherché à déposséder les locuteurs de leurs langues, les privant ainsi d'une partie de leur identité, de leur mémoire et de leur singularité. Ils rejoignent, partiellement, les analyses de leurs aînés, en particulier celles qu'Eugène Philipps[1198] et André Weckmann avaient développées dans le cadre des Intellectuels chrétiens sociaux (ICS), au sein du Foyer de l'étudiant catholique (FEC) animé par Frère Médard.[1199] Philipps et Weckmann resteront partie prenante des réflexions et des actions que leurs cadets mèneront.[1200] Les revendications du Cercle René-Schickele, fondé en avril 1968, qui milite essentiellement pour un enseignement de l'allemand à l'école élémentaire, sont certes incluses dans le catalogue revendicatif, mais jugées bien insuffisantes.

Le lien entre le politique, le social et le culturel est souligné d'emblée dans le texte publié par le Front culturel alsacien,[1201] qui ne représente pas nécessairement l'opinion générale du moment, mais qui rassemble assez bien l'argumentation fréquemment avancée par les mouvements réclamant une modification des politiques linguistique et culturelle :

> Le peuple alsacien est en train de perdre sa personnalité originale. Sa langue est en régression, ses traditions s'effritent. Il ignore son passé historique. Il ignore son passé littéraire et artistique. Souvent il a honte de son alsacianité.
> Il n'est maître ni de son environnement, ni de son avenir économique et culturel.
> Il est maintenu sous tutelle par le pouvoir centralisateur parisien et les groupes de pression politiques et économiques qui régissent les affaires alsaciennes.
> L'analyse de cette situation et une volonté commune de lutter pour réenraciner le peuple alsacien dans sa culture d'origine ont conduit des militants issus de mouvements culturels, sociaux et familiaux à s'unir dans un Front culturel, force de réflexion, de proposition et d'action.[1202]

Dans une « Analyse de la situation », le collectif constate que « notre langue régionale, le dialecte alsacien (*Elsasserditsch*) est menacée dans son existence même […], nous sommes devenus un peuple sans passé et sans culture d'origine, […] nous sommes un peuple sans voix, […] notre patrimoine construit et naturel est détruit et dénaturé par les appétits capitalistes, […] nous sommes gouvernés par l'arbitraire […]. »[1203]

Sa plate-forme revendicative est formulée en quatre points :

> 1. Reconnaissance officielle du fait culturel et historique alsacien
> - enseignement de l'histoire régionale non tronquée et non édulcorée
> - initiation des jeunes Alsaciens à la littérature alsacienne dans ses trois expressions linguistiques
> 2. Reconnaissance du fait bilingue en Alsace
> - enseignement bilingue franco-allemand à dominante française de la maternelle à l'université
> - admission à l'école de l'*Elsasserditsch* comme un des moyens d'expression de l'enfant
> - suppression de la réglementation d'exception restreignant l'emploi de la langue allemande dans la presse et dans la vie publique
> - promotion du bilinguisme dans la vie professionnelle
> 3. Régionalisation du centre de radiodiffusion et de télévision de Strasbourg
> - mise à la disposition du peuple alsacien d'une chaîne de radio et d'une chaîne de télévision
> - emploi sur ces chaînes de la langue régionale sans aucune restriction
> […]

4. Promotion d'une culture vivante en harmonie avec un cadre de vie qui protège les paysages, le patrimoine construit et les systèmes écologiques [...][1204]

Il va de soi que ces points de vue ne sont pas partagés dans leur intégralité par une majorité en Alsace. Mais il n'en reste pas moins remarquable que s'opère une forme de jonction entre des revendications anciennes, notamment celles qui concernent l'enseignement de l'allemand, portées par des partis ou des institutions établis, plutôt du centre ou/et de la démocratie chrétienne (à l'exception notoire du Parti communiste, qui a toujours soutenu et revendiqué l'usage des dialectes et de l'allemand), et la reformulation proposée par des générations montantes, plutôt de gauche, venant de la tendance « autogestionnaire » ou de l'extrême-gauche. Cependant, au-delà de la codification politique du vocabulaire utilisé par ce « Front », un certain nombre de revendications obtiennent très certainement une adhésion d'une large partie de la population, au premier chef la défense et la réappropriation du dialecte, en second lieu l'enseignement de l'allemand.

Cette décennie verra ainsi apparaître une création artistique, notamment au service des idées défendues par ce « Front », création qui aura un écho assez large dans la population. Au premier chef, ce seront la création littéraire (en dialecte, en allemand et en français) et la chanson (en dialecte essentiellement) qui médiatiseront la jonction de tous les combats pour montrer qu'il s'agit d'une seule et même cause.[1205] Parmi les poètes, ce sont André Weckmann et Conrad Winter qui seront les porte-parole de cette « contestation ». C'est aussi l'éclosion de toute une pléiade d'artistes qui chantent et composent leurs propres textes ou mettent en musique des textes de poètes (Roland Engel, François Brumbt, Sylvie Reff...). Jean Dentinger, très engagé dans la « lutte écologique », avait déjà anticipé quelque peu le mouvement en enregistrant un quarante-cinq tours dès 1971, *E Strossburjer Spatz macht Protescht*. Roger Siffer[1206] qui, lui aussi, a déjà une certaine notoriété au début des années soixante-dix, s'emparera très rapidement de toutes les thématiques de ce mouvement.[1207] Ce sont notamment les « soirées alsaciennes » organisées à l'université à partir de 1974 par Richard Weiss qui vont fonctionner comme un point de focalisation et comme tremplin pour nombre de jeunes chanteurs et autres *Liedermacher*, notamment pour René Egles, qui mettra en musique des poèmes d'André Weckmann.[1208] À côté de groupes déjà constitués aux tout débuts des années soixante-dix et qui reprennent des formes de musiques et de chants traditionnels (*D'Luschtiga Malker*), d'autres vont se constituer soit avec une véritable ambition de (re)création musicale (sur des airs et des textes traditionnels) comme *Geranium*, soit avec l'objectif de perpétuer et de continuer de diffuser des chants populaires (*D'Stüd'ente*) ou avec des ambitions plus récréatives ou plus revendicatives, comme *D'Scheligemer*.

C'est aussi un autre théâtre dialectal qui va émerger sous différentes formes, notamment le *Babbedeckel Theater* et *D'Jung Elsaesser Buehn* (avec Pierre Kretz et Luc Schillinger), dont les thématiques sont, entre autres, reprises aux situations de la vie, mettant en scène la dépossession, notamment linguistique et identitaire, ainsi que l'oppression économique.[1209] Le théâtre dialectal de Bendorf sera également créé ; le Théâtre des Drapiers (avec Gaston Jung) commencera aussi à adapter des pièces en dialecte, à la fin des années soixante-dix.[1210] Le cabaret tente aussi de se renouveler par le *Narrespiejel* de Christian Hahn.

D'autres formes théâtrales, soit déjà instituées, soit plus nouvelles, prennent leur envol. Ce sera par exemple le cas du Théâtre du Marché-aux-grains (1974) avec Pierre Diependaële comme metteur en scène. De la même manière, à partir du début des années soixante-dix, Paul Sonnendrucker créera des pièces jouées dans le Kochersberg, où tout ou partie est en dialecte, ou pour la Troupe théâtrale de Lichtenberg, qui reprend ses activités au début des années quatre-vingt.

Des illustrateurs comme Raymond Piela, Alain Kauss ou Roland Peuckert s'engageront également très intensément dans ce mouvement, en produisant fréquemment des textes en dialecte.

D'une manière ou d'une autre, la presse « parallèle » ou « alternative », dont les titres sont significativement – symboliquement ? – en dialecte (*Uss'm Follik*, *Klapperstei*), ne publie pratiquement qu'en langue française.[1211] *De Budderflade*[1212] publie aussi presque exclusivement en français, avec quelques articles en allemand, et l'une ou l'autre contribution ainsi que des textes de poètes en dialecte.

1970-1981

UNE DÉCENNIE PARADOXALE ?
ENTRE ENSEIGNEMENT DE L'ALLEMAND
ET RECUL DE L'ALSACIEN

Les institutions politiques, sociales et culturelles, mais aussi ceux qui contestent et déplorent le manque d'action des institutions vont, en quelque sorte, présenter une forme de fonctionnement récursif ou, du moins, complémentaire.[1213] Tout au long de la décennie, ce sont les institutions, malgré les réticences, voire les oppositions dans leurs propres rangs, qui vont imposer l'enseignement de l'allemand à l'école élémentaire. Ce sont en revanche les « contestataires » – dont une part non négligeable soutient l'effort des institutions en faveur de l'enseignement de l'allemand – qui estiment, contrairement à une partie des institutions, que le dialecte, mémoire et expression vivante du peuple, est en recul, ce qui va priver les Alsaciens de leur identité et de leur bilinguisme. Ce n'est qu'à la fin de la décennie qu'une partie des institutions va prendre à son compte une partie de cette analyse.

Si les discussions restent souvent conflictuelles, jamais sans doute elles n'auront été si nombreuses, si denses, qualitativement si intenses. Cependant, ces débats, l'émergence d'une forme de nécessité, d'abord de l'enseignement de l'allemand, puis, plus tardivement et de manière plus distancée, d'une présence du dialecte dans l'espace scolaire sont autant de signaux indiquant que les pratiques linguistiques au sein du corps social sont en train de changer ou ont déjà changé de telle façon que seule une action d'urgence et relativement massive peut encore avoir un impact sur les pratiques.

Une tribune d'André Weckmann publiée par *L'Alsace*[1214] et les débats qu'elle suscite illustre assez bien et le phénomène évoqué et les thématiques abordées :

> « L'Alsace malade d'elle-même ? »
> Il y a en Scandinavie un petit rongeur appelé lemming. Il arrive que ces lemmings, poussés par un instinct suicidaire collectif, se précipitent en masse dans la mer pour s'y noyer.
> Des milliers d'Alsaciens semblent être mus, actuellement, par un comportement comparable en ce qui concerne leur existence culturelle : ils se précipitent par colonies entières dans l'assimilation totale, dans l'aliénation linguistique et culturelle.
> Faut-il rappeler ce qu'est l'aliénation ? C'est devenir un autre, étranger

à celui qu'on était avant. C'est abandonner sa langue d'origine, c'est se couper de l'histoire et de la culture de son pays. C'est changer d'identité.

L'Alsace est malade d'elle-même. Les signes cliniques sont évidents et constatables par qui sait voir et entendre : les enfants ne sont plus élevés dans le dialecte, l'enseignement de l'allemand recule, l'Alsacien moyen s'enfonce de plus en plus dans une pseudo-culture de supermarché.

La prise de conscience d'une minorité, la renaissance de la poésie et de la chanson alsacienne, la réforme Holderith : voici certes des points positifs permettant d'espérer une prise de conscience collective. Il ne faut cependant pas se leurrer : cette partie positive du bilan alsacien masque en réalité un grand vide et une fuite considérable de notre substance culturelle. Elle sert en outre d'alibi à nos responsables – qui n'ont jamais fait preuve d'initiative dans ce domaine – alibi qui permet d'évacuer des problèmes qui les dérangent dans leur confort intellectuel.

Il faut se rendre à l'évidence : deux tiers des enfants des grandes villes ne parlent plus le dialecte. Pour le tiers restant, le dialecte n'est plus qu'une langue seconde. Combien d'entre eux le transmettront à leurs propres enfants ? Une langue qui n'est plus parlée par la jeunesse est une langue morte.

Deuxième constatation : malgré la réforme Holderith, l'enseignement de l'allemand est en net recul : il est maintenant chic d'apprendre l'anglais. Dans de nombreux établissements scolaires, les enfants doués sont automatiquement dirigés, dès l'entrée en sixième, vers les sections d'anglais, l'allemand étant tout juste bon pour les moins doués, les péquenauds et les débiles légers. Les parents suivent docilement l'exemple des élites locales qui, pour se distinguer du peuple, dédaignent le dialecte, méprisent l'allemand et regroupent leurs rejetons dans des sections dites «nobles» où l'on fait de l'anglais. Quand donc les parents alsaciens des classes dites laborieuses cesseront-ils de singer aveuglément cette prétendue élite, bourgeoise et intellectuelle, qui trahit notre province en bradant ses ressources culturelles (entre autres) ?

De quelle langue avons-nous besoin ici, en plus du français : de l'anglais ou de l'allemand ? Avec qui commerçons-nous de Saint-Louis à Wissembourg (et de Lauterbourg à Thionville), avec des anglophones ou des germanophones ? Qu'on se pose cette question avant de se fermer l'avenir par un choix définitif. Avant de fermer l'avenir de nos enfants.

Mais, au fait, les Alsaciens veulent-ils garder leur dialecte ou bien sont-ils décidés à le jeter aux orties, dans les poubelles du prétendu standing ? Il semblerait, d'après les sondages, qu'ils y tiennent encore, à cette langue, mémoire de notre peuple. Mais pourquoi alors cette démission collective ?

Connaissent-ils l'enjeu ? L'enjeu, c'est la possibilité alsacienne de devenir, d'être bilingue. Le bilinguisme est un capital extraordinaire,

> au sens social, au sens économique et au sens culturel de ce terme.
> Le bilinguisme alsacien, c'est le bilinguisme franco-allemand – qui ne reste possible qu'aussi longtemps que l'on parle le dialecte dans ce pays. Le dialecte permet à la grande masse de nos enfants d'apprendre l'allemand à peu de frais.
> Beaucoup de parents croient qu'après avoir fait de l'allemand au CM1 et 2, l'enfant en sait assez. Grave erreur! Ces deux années ne représentent qu'une initiation à l'allemand et non pas un apprentissage intensif. Une langue, fût-ce la sienne propre, ne s'apprend pas en deux ans ni en quatre. Et les six années d'apprentissage de l'allemand, du CM1 à la fin de l'obligation scolaire (3e) ne représentent qu'un minimum au-dessous duquel il ne faudrait pas descendre.
> Entendons-nous bien: je ne suis absolument pas hostile à l'anglais «langue internationale», «langue des congrès scientifiques». L'anglais a sa place dans nos établissements scolaires et c'est une langue somme toute facile à acquérir par le dialectophone. Mais faut-il que cette acquisition se fasse absolument au détriment de l'allemand? Pour l'immense majorité de nos enfants (dialectophones et francophones), la logique linguistique et pédagogique conseille le choix suivant: allemand première langue, puis, à partir de la quatrième, acquisition des bases de l'anglais (ou d'une autre langue étrangère).
> La voie de la promotion sociale et culturelle passe par l'exploitation des ressources linguistiques et culturelles qui font l'originalité et la richesse de l'Alsace. Priver sciemment nos enfants de cette richesse est une faute impardonnable.

Et Weckmann ajoute dans *Le Nouvel Alsacien*: «Faut-il rappeler que les parents sont seuls maîtres du choix de la langue? Qu'aucune autorité n'a le droit de décider à leur place – et qu'il n'est pas trop tard, cette année encore, pour rectifier un choix fait dans l'ignorance des données véritables? – La voie de la promotion sociale et culturelle ne passe pas par le rejet de notre identité d'Alsaciens. Mr wurd nit gschejter, wenn mr siner Geburtsschin verrist [Ce n'est pas en déchirant son acte de naissance qu'on sera plus intelligent].»[1215]

L'Alsace va laisser une place importante aux réactions et publiera un volumineux courrier des lecteurs, piqué d'une lettre de provocation qui va encore amener davantage de réactions, durant les trois mois qui vont suivre le texte de Weckmann.[1216] S'il est difficile d'apprécier le tri qu'opère le journal dans les lettres qu'il publie, il est intéressant d'observer que le quotidien ait voulu qu'un débat ait lieu dans ses colonnes. Quelles que soient les positions qui sont défendues, il semble bien que la question initiale de Weckmann ou des sous-ensembles de cette question touchent particulièrement les lecteurs, même si, par ailleurs, il s'agit d'un choix éditorial du quotidien de faire développer la thématique par ses lecteurs. C'est une prise de parole par d'autres acteurs que les institutions ou les militants qui souligne l'importance du débat autour de ces questions. Quelques semaines plus tard, le *Comité pour le droit au dialecte à la maternelle* (*cf. supra*) était créé.

C'est, en quelque sorte, au moment où il commence à être «trop tard», que les débats ont lieu comme jamais, qu'un certain nombre d'actions commencent à se mettre en place. Or, les pratiques linguistiques des Alsaciens ont changé sous la double pression de la politique linguistique mise en œuvre et du discours idéologique en faisant partie, d'une part, de celle de la modernité et des référents français, d'autre part, les deux éléments ayant nécessairement partie liée.

Une enquête sur «le processus de normalisation linguistique en Alsace» réalisée auprès d'élèves de classes de troisième du Bas-Rhin[1217] tend à montrer que la pratique du dialecte chez les jeunes est bien entamée. Elle montre surtout que l'emploi des langues est à la fois lié aux situations d'énonciation et aux rôles sociaux des locuteurs. Là où, dans le passé, la pratique linguistique pouvait être plus homogène (en dialecte), l'hétérogénéité est de plus en plus importante, quand il ne s'agit pas d'un passage exclusif au français. L'enquête souligne une pratique déclarée nettement sexuée, les filles tendant nettement plus, dans leurs déclarations, vers la pratique du français (*cf. supra*). Par ailleurs, «les filles d'ouvriers, quel que soit le lieu d'habitation, quelle que soit la langue maternelle, considèrent l'alsacien comme un handicap dans l'éducation et la scolarité.»[1218] Le second facteur déclaré d'abandon du dialecte est fondé sur la motivation sociale: «Les enfants des classes supérieures, garçons et filles, sont fortement francisés, y compris dans leurs activités culturelles extra-scolaires. Les enfants des couches moyennes ont une très nette tendance à utiliser le français dès lors que leur trajectoire scolaire leur fait espérer une mobilité sociale ascendante. Les enfants des classes populaires restent significativement moins imprégnés de culture française»,[1219] mais les modèles dominants proposés comme référents culturels et/ou linguistiques seront nécessairement français. Ainsi, «les futurs employés du secteur tertiaire participeront au processus de francisation et les futurs producteurs conserveront leur parler local»[1220]. Par ce biais, c'est le rôle central joué par l'école dans ce processus qui est fortement mis en exergue. Le troisième élément souligné par l'étude porte sur le lieu d'habitation: ce sont les zones les plus fortement urbanisées qui voient apparaître une forte baisse de l'emploi du dialecte.[1221]

Par ailleurs, les données récoltées par l'INSEE en 1979 (*cf. supra*), retravaillées par Veltman en 1982, «montrent que la régression [...] de l'alsacien comme langue principale du foyer [est rapide] : de moins en moins d'enfants connaissent ou connaîtront le dialecte comme langue maternelle. [...] Dans l'hypothèse où la transmission familiale est le type le plus important de transmission de la langue, la régression du dialecte paraît plus avancée que les études antérieures ne l'ont laissé croire. »[1222]

Le processus du « déclin » dialectal est non seulement enclenché, mais il semble en voie d'accélération. Dans ce sens, toutes les actions menées pour l'enrayer semblent logiques de la part de ceux que ce « déclin » alarme, mais un processus sociétal de ce type demande, vraisemblablement, si l'on cherche à l'enrayer, une intervention volontariste, c'est-à-dire une politique linguistique de grande envergure. En revanche, ceux qui étaient d'avis que le français devait s'imposer et/ou que le dialecte devait, pour différentes raisons, passer à l'arrière-plan peuvent considérer que leur point de vue s'est imposé.

Le nombre d'initiatives qui fleurissent durant la seconde partie de la décennie, puis autour des années quatre-vingt, pour tenter d'enrayer le recul dialectal montre à la fois la préoccupation qu'engendre cette situation, la volonté d'y remédier, mais aussi, par l'absence d'une action concertée, l'impuissance à mettre en place une politique linguistique qui serait en mesure de modifier la situation et les pratiques linguistiques qui changent.

Début janvier 1980, les militants culturels, poètes, écrivains et autres chanteurs vont adresser un appel aux élus, leur demandant de mettre en place « un statut officiel pour [la] langue régionale ».[1223] Ils ont compris, en quelque sorte, que de simples mesures sont insuffisantes pour enrayer « la préoccupante régression du dialecte » et qu'il faut une intervention politique d'une autre nature. Cet appel débouche sur un mouvement pour l'autogestion culturelle nommé « Unsri Gerechtigkeit* ». Il estime que « seule une mobilisation consciente et active nous permettra d'élargir progressivement les libertés alsaciennes, de lutter pour la dignité des Alsaciens, pour le respect de leur droit à la différence et pour le développement de leurs richesses linguistiques et culturelles. » À ses yeux, le dialecte et l'allemand ne cessent de régresser. C'est donc en toute logique que « Unsri Gerechtigkeit » réclame, pour amorcer un mouvement en sens inverse, « la négociation d'un statut officiel pour

---

*Cette dénomination est inspirée d'un poème de Conrad Winter (paru in *Lieder vunn de Sunnebluem*, Strasbourg 1977, CEDA, p. 74). « Gerechtigkeit » est, dans un premier temps, à prendre au sens ancien d'« espace de vie », c'est-à-dire de la maison, des dépendances et du lopin de terre qui les entoure, et du fait qu'on en a la jouissance.

notre langue régionale dans ses deux composantes : le dialecte, expression orale, et l'allemand littéraire, expression écrite »[1224].

Le rapporteur de la commission de la culture du Conseil général du Bas-Rhin, André Traband,[1225] ouvre son intervention de janvier 1980 par un constat assez abrupt : « La situation linguistique actuelle se caractérise par la régression sensible du dialecte et le recul de l'enseignement de l'allemand. Cette évolution est sensible dans les villes, mais aussi dans certains secteurs ruraux où l'on constate une très forte diminution des inscriptions en "allemand, langue première" en classe de 6e. À terme, cette tendance conduit à la disparition du dialecte et à un affaiblissement considérable du potentiel linguistique de la population alsacienne, le dialecte étant un des piliers de notre bilinguisme. » Après différentes considérations soit « techniques », soit « psychologiques » (par exemple : « pour beaucoup d'Alsaciens, l'abandon du dialecte fait toujours partie d'une fausse conception de la promotion sociale »), le rapporteur pousse la problématique dans une autre direction, notamment dans celle d'une forme de responsabilité politique, c'est-à-dire des élus, dans les choix opérés :

> L'intérêt national mérite que nous, élus de notre province, dans une prise de position claire et nette, affirmons la nécessité de notre bivalence linguistique et culturelle. Que nous l'affirmions solennellement, sans crainte et sans complexe, pour opérer dans le peuple alsacien le retournement psychologique nécessaire.
> Dans cette affaire, nous élus, nous ne devons pas nous décharger de nos responsabilités sur Paris, sur des fonctionnaires qui veulent faire consciencieusement leur travail, mais auxquels on n'a pas dit que l'Alsace a ses particularités qui sont plus profondes que le folklore et les maisons à colombages. [...]
> Nous refusons de subir même si d'aucuns sont déjà résignés. Rien n'est perdu. Il n'y a pas de fatalité extérieure. Il y a une fatalité intérieure à nous-mêmes. Vient un moment où on se découvre vulnérable. Faut-il attendre ce moment pour agir ? [1226]

Les collègues du rapporteur, tant de gauche que de droite, vont approuver ses propos, les compléter par des réserves ou des aspects concernant des mesures possibles ou souhaitables, somme toute assez modestes face à l'enjeu qu'a mis en relief André Traband. D'autres vont très fortement relativiser les fonctionnements du passé, notamment dans l'espace éducatif, et mettre en doute le bien-fondé de la proposition d'André Traband – « Nous n'avons à aucun moment le droit de nous immiscer dans les affaires pour lesquelles nous ne sommes pas compétents »[1227] – ou insister sur l'importance qu'il y a toujours de donner un rôle central à l'apprentissage du français, notamment à l'école. Or, au moins pour partie et sans l'avoir dit explicitement, c'est bien ce que Traband suggère. Mais aucun collègue ne va reprendre l'idée, présente en filigrane, d'une politique linguistique qui pourrait être initiée sur place. Même Jean Oehler, conseiller socialiste, qui fera toute son intervention en dialecte,[1228] voit plutôt une question pédagogique qu'une question politique dans la question qu'a soulevée André Traband.

André Traband va reprendre la parole – d'abord en dialecte – pour interroger ses collègues : «Combien de temps encore voulez-vous tourner autour du pot? Combien de temps encore aurez-vous peur de vous brûler les doigts? Je n'aurais pas cru qu'on allait autant dévier du sujet. [...] En dernière analyse, le problème est éminemment politique [...]. Il se situe au-delà des rengaines, au-delà des suspicions, au-delà des zélateurs intéressés.»[1229]

En février 1980, le collègue centriste d'André Traband, le député Adrien Zeller[1230], relayant la position prise au Conseil général, va déposer une proposition de loi à l'Assemblée nationale dont l'article premier indique que «la langue régionale dans sa double expression, le dialecte et l'allemand littéraire, est intégrée dans tous les établissements scolaires du premier et du second degré des départements du Bas-Rhin, du Haut-Rhin et de la Moselle»,[1231] tout en maintenant «la liberté des élèves et des maîtres» de participer à ces enseignements... Il s'agit là d'une initiative inédite, qui a peu de chances d'aboutir.

Traband et Zeller ont, en quelque sorte, formulé une réponse politique à la demande des militants culturels, sans qu'il s'agisse nécessairement de la forme que ces derniers attendaient, mais il s'agit surtout d'une réponse qui n'aboutira pas, ni au sein du Conseil général, ni au Parlement. Le «ministre alsacien» du moment, Daniel Hoeffel, président du Conseil général du Bas-Rhin, n'écarte pas totalement la demande de statut officiel pour la langue régionale, même s'il donne une préférence aux mesures plutôt qu'à une politique globale: «Je crois qu'à ce jour l'urgence est d'obtenir, par des discussions très concrètes sur le plan de la langue et de la radio-télévision, une consolidation des positions de l'alsacien, si on veut arriver à ce que le bilinguisme soit plus affirmé dans la région. Un statut officiel de la langue me paraît être un objectif à atteindre à terme. Je suis pour une solution pragmatique de réalisations pas à pas, plutôt que pour une affirmation globale risquant de ne pas avoir le contenu concret souhaité.» [1232]

Par ailleurs, le système éducatif s'engage certes à poursuivre l'œuvre de Georges Holderith, notamment d'un point de vue qualitatif, mais ne souhaite pas aller au-delà:[1233] le «programme» du recteur Pierre

Magnin de septembre 1980[1234] prend acte du fait que, quantitativement, l'enseignement de l'allemand touche près de 80 % des élèves des cours moyens pour s'en réjouir. Il préconise un effort qualitatif pour éviter un abandon de l'allemand en sixième, cet effort reposant essentiellement sur des améliorations dans la formation et la pédagogie. « Le volontariat des maîtres et des familles » est maintenu. Pour le dialecte, « on peut à la limite [le] concevoir comme un vecteur d'association à l'appui d'une pédagogie de la langue française. Cependant, sa pratique *systématique* doit rester le fait de la vie familiale. L'école devra simplement avoir le souci d'éviter de créer une rupture brutale avec le milieu linguistique ambiant ; elle s'abstiendra de le proscrire des relations d'échange spontané. Mais cette attitude ne doit pas conduire à l'exploitation d'une tendance. Elle ne doit pas masquer le fait que l'obligation du maître est d'amener l'enfant à la maîtrise du français. »[1235]

Tant pour l'enseignement de l'allemand que pour la présence du dialecte à l'école, ni les élus ni les militants ne semblent avoir été réellement entendus. La crainte d'une connaissance insuffisante du français reste largement présente. Non sans cohérence, le texte rectoral évoquera l'idée qu'il est peut-être nécessaire d'enseigner le français autrement aux enfants dialectophones. Par ailleurs, il laisse une très large place au « patrimoine culturel alsacien », avec lequel les élèves pourront être familiarisés.

Dès octobre 1980, les deux conseillers généraux du Bas-Rhin Zeller et Traband vont essayer de modifier leur angle d'attaque, qui portait avant tout sur les principes mêmes de l'enseignement de l'allemand, en le focalisant sur les maîtres :[1236] après avoir rappelé que la voie législative aurait assuré une pérennité à toute l'entreprise, ils proposent « d'introduire dans l'ensemble du système scolaire élémentaire deux heures [...] en allemand. Il s'agirait d'un enseignement d'équilibre et de majoration du savoir, de nature à permettre aux jeunes, qui parlent ou qui ne parlent pas le dialecte alsacien, d'acquérir une connaissance et par là une maîtrise de la langue allemande. Ces cours n'auraient pas un caractère obligatoire. » Pour parvenir à cet objectif, ils proposent la création d'un « centre départemental ou de préférence interdépartemental de formation initiale et continue des instituteurs pour la diffusion de l'initiation précoce à la langue allemande, installé dans Écoles normales [...]. » Les maîtres pourraient acquérir « un diplôme de qualification en didactique des langues vivantes » et l'inspecteur d'académie accorderait à tout diplômé un agrément spécifique. Pour « reconnaître, encourager et encadrer l'action des enseignants », une « prime mensuelle serait versée par le Conseil général à tout maître agréé qui dispense l'initiation». La question de la rémunération est évoquée régulièrement, depuis les années cinquante, et repoussée tout aussi régulièrement par les adversaires de l'enseignement de l'allemand.

La rédaction, puis l'approbation de la deuxième «Charte culturelle», appelée à être signée par l'État et les collectivités territoriales, fera l'objet de critiques acerbes de la part d'un certain nombre d'élus, dans la mesure où, pour l'État, le ministère de l'Éducation nationale ne fera pas partie des signataires et que, par conséquent, la question des langues sera absente de la Charte. Adrien Zeller, à l'instar d'autres élus, laisse libre cours à son inquiétude lors de son approbation définitive par le Conseil régional d'Alsace: «L'absence de perspectives claires dans la reconnaissance, par l'école, de notre situation linguistique crée un nouveau malaise. Nous en sommes au point où une situation de droit doit être créée: l'Éducation nationale doit reconnaître le droit à la différence. C'est sur le bilinguisme que se jouera l'avenir de l'Alsace.»[1237]

Si l'espace éducatif reste toujours en première ligne, les médias audiovisuels sont, eux aussi, souvent dans le feu croisé à la fois de la critique et de l'exigence d'une contribution à une politique linguistique globale. Martin Allheilig, responsable durant de longues années de la radio et de la télévision en Alsace, a toujours rappelé avec force qu'il avait laissé une large place à la littérature et à la culture alsaciennes, notamment en dialecte et en allemand, et d'avoir fait connaître de «jeunes» auteurs dialectaux, notamment André Weckmann. Dans un entretien accordé en 1975 à la revue de la militance alsacienne *De Budderflade*[1238], il indique que le pourcentage d'émissions en dialecte à la radio est de l'ordre «de 4 à 5 heures sur environ 40 heures d'antenne, mais cela ne veut pas dire 4 à 5 heures d'alsacien, il faut compter 50% de musique.» S'agissant de l'allemand, il y a 15 minutes «d'informations vers 7h et 12h45, plus un décrochage spécial sur *Alsace II* de 12h05 à 13h30 avec reportage, magazine, etc. Ce qui fait 1h30 chaque jour et 2h le dimanche.» La question du volume horaire accordé à chaque langue est récurrente, difficile à évaluer, dans la mesure où chaque année les programmations peuvent être différentes, selon différents modes de diffusion, de sorte qu'une appréciation quantitative reste assez aléatoire.[1239] À la question de savoir s'il y a des études de marché pour FR3, Martin Allheilig regrette qu'il n'y en ait pas et reconnaît que la station ne sait pas «qui, pourquoi et comment on nous écoute ou on ne nous écoute pas [...] » et qu'il n'y a pas de sondage qui donnerait des indications plus précises. Par ailleurs, sur le plan qualitatif, les militants critiques considèrent, dans les formulations du moment, que « *Alsace-Matin* est le parfait relais débilitant d'une culture-dictature dont les points de repère se nomment Sheila, Zitrone, Cloclo... Quant aux speakers, copies conformes d'un Guy Lux anémié, ils sont les fantoches interchangeables d'un monopole abrutissant. »[1240]

Les politiques, quant à eux, ne veulent pas mettre Martin Allheilig dans l'embarras. S'ils ont parfois également été sévères, dans le passé, quant à la qualité des émissions, leurs exigences à propos du volume horaire sont relativement modérées. Dans le projet de la *Deuxième charte culturelle* soumis aux assemblées délibérantes début 1980, il est noté que « les partenaires prennent acte de l'effort accompli par FR3 Alsace dans le domaine de la diffusion du dialecte et de la culture régionale. Ainsi, à la radio, FR3 Alsace a diffusé, en 1979, 790 heures d'émissions en dialecte ou en allemand. Elle réalise 27 heures d'émissions de télévision en dialecte ou en allemand, soit plus de la moitié de la production régionale. »[1241] Si les élus demandent plus d'émissions télévisées en dialecte et qu'elles soient diffusées à des heures favorables[1242] et si André Traband souligne le rôle que doit jouer FR3 dans « la mise en valeur de la bivalence culturelle et linguistique de l'Alsace », son exigence reste relativement modeste (comparée à celles qu'il trace pour le système éducatif) : il demande que soit mise en place une structure de production qui permette de faire réaliser et d'acheter des émissions, que soient programmées « une ou deux fois par semaine des chroniques en dialecte entre 19h40 et 20h », que l'on trouve, pour la radio, « de meilleurs horaires d'émission » et que l'on y assure une « émission hebdomadaire en alsacien pour les enfants dialectophones ».[1243]

Fin 1980, le député centriste Jean-Paul Fuchs dépose un projet de loi « pour que soit accordé un statut aux langues et cultures régionales (occitan, basque, breton, catalan, corse et dialectes alsaciens). Ce statut [...] devrait permettre la programmation à la radio et à la télévision d'émissions en langues régionales ainsi que leur enseignement dès l'école maternelle. »[1244] Cette proposition aboutira aussi peu que celle de son collègue Zeller de février 1980.

Décennie complexe où c'est sans doute parce que, dans les pratiques linguistiques, le français – quel que soit le statut qui lui est octroyé : langue de domination et de classe, langue d'ascension sociale, langue du mépris, langue de prestige, etc. – gagne de plus en plus de place que la défense de la langue identitaire, l'alsacien, va revenir au centre des débats publics. Les politiques linguistiques dans plusieurs domaines linguistiquement sensibles (éducation, audiovisuel, presse, lecture publique) ne prendront pas vraiment en compte ces signaux d'une partie du corps social, engendrant mécontentement et amertume ou, à l'opposé, approbation.

Ce sera également le temps du retour sur les choix linguistiques, politiques et sociétaux qui ont été faits durant trente ans, selon les biographies, les âges et les générations, les besoins professionnels, les intérêts socio-culturels, la religion, etc., positions qui ont également largement contribué à définir les choix imposés aux locuteurs, consentis ou voulus par eux.

L'écrivain, poète et universitaire Claude Vigée relit son parcours comme une auto-mutilation par culpabilisation. C'est une lecture parmi beaucoup d'autres.

> J'ai été, comme tous mes copains de jadis, intimidé, inhibé, découragé par l'interdit – lourd d'un mépris aussi malfaisant qu'imbécile – qui pesait sur notre idiome natal. Toutes ces générations d'après 1920 ont ainsi contribué, elles-mêmes, à accréditer en leur for intérieur le soupçon mortel jeté sur le dialecte familial.
> Conséquence inéluctable de l'«enseignement du mépris» : la contagion de la honte linguistique m'a atteint également dans les parties vives de l'être mental, qui en fut longtemps comme paralysé.
> Négation de soi, mutilation de sa propre identité psychique, ce phénomène nocif peut se comparer, à une échelle réduite, bien sûr, au fameux *Selbsthass* juif ; ce dernier a été, lui aussi, dans des proportions bien plus dramatiques, le fruit du dénigrement et du doute qui ont rongé l'identité juive dans les terres de diaspora hostiles.
> Étant à la fois Juif et Alsacien de très vieille souche, dans un siècle meurtrier des âmes comme des corps, je comprends d'autant mieux (de l'intérieur, si j'ose dire) ce processus d'auto-effacement, né de l'imitation paniquée de l'agressivité du groupe socio-culturel dominant. Juifs et Alsaciens sont spécialistes dans l'art d'intérioriser leur propre anéantissement psychique…
> C'est en fonction de cette prise de conscience progressive des faits historiques, psychologiques et culturels, que mon propre jugement sur la nature du dialecte s'est modifié peu à peu. Autrefois, à l'exemple de ceux qui le dénigraient et avaient réussi l'introjection en nous de leur dédain gratuit (totalement infondé aux yeux de qui connaît la réalité linguistique objective de cette langue alsacienne, injustement calomniée par ses détracteurs ignorants), – oui, autrefois je tendais à voir dans le dialecte natal une sorte de vestige archaïque d'un monde à jamais révolu. Je croyais alors au mythe de la langue primitive, mineure, condamnée à une enfance éternelle – langue obtuse

du corps, de la gesticulation, du bégaiement... Dans cette optique mythologique, tout à fait erronée, mais soigneusement entretenue par un entourage culturel en Alsace, l'alsacien serait inapte à l'expression de la gamme complète des sentiments, des idées, des expériences qui définissent l'humaine condition. Tout au plus servirait-il de véhicule grotesque aux pensées informes de la première enfance, ou à l'affectivité brute : à peine une langue, en somme ! Je suis entièrement revenu de ces préjugés en grande partie dictés par la mauvaise foi, appuyée sur une solide ignorance des faits philologiques.[1245]

1970-1981

Annexes

Tableau 1
Connaissance déclarée de l'alsacien en 1980

Classement par ordre décroissant de connaissance déclarée (%), effectué sur la base de : INSEE (1980) *Étude du mode de vie en Alsace, op. cit.*, p. 144, tableau 138, « Pourcentage de personnes (> 15 ans) parlant alsacien selon le bassin d'emploi ».

Bassin d'emploi	Parle alsacien	Ne parle pas, mais comprend	Ne comprend pas
Sarre-Union	93,6	2,1	4,3
Saverne	91,4	3,8	4,9
Sélestat	90,7	3,2	6,1
Niederbronn	88,5	5,3	6,2
Haguenau	87,9	3,1	9,0
Altkirch	87,5	0,0	12,5
Wissembourg	86,3	2,9	10,8
Molsheim	80,7	3,5	15,8
Saint-Louis	79,9	8,0	12,1
Guebwiller	76,9	12,3	10,8
BAS-RHIN	76,5	7,4	16,1
Neuf-Brisach	76,3	4,0	19,7
Thann – Cernay	76,3	5,5	18,2
HAUT-RHIN	72,3	9,2	18,5
Colmar	71,0	8,9	20,2
Mulhouse	68,4	10,9	20,8
Strasbourg	67,8	10,6	21,6
Schirmeck	47,6	12,1	40,3
Sainte-Marie-aux Mines	34,3	28,4	37,3
ALSACE	74,7	8,2	17,1

LES LANGUES DE L'ALSACE

Tableau 2
Usage de l'alsacien en 1980

Lieu d'utilisation de l'alsacien	parlent l'alsacien			
	presque toujours	souvent	rarement	jamais
Bas-Rhin				
à la maison	51,0	12,0	7,4	29,5
dans les magasins	36,6	18,8	11,6	33,0
à la mairie, à la Sécurité sociale	29,1	12,4	13,9	44,6
Haut-Rhin				
à la maison	39,9	15,6	10,1	34,4
dans les magasins	29,0	18,5	13,8	38,6
à la mairie, à la Sécurité sociale	21,2	11,1	12,4	55,3
Alsace				
à la maison	46,3	13,5	8,6	31,6
dans les magasins	33,4	18,7	12,5	35,4
à la mairie, à la Sécurité sociale	25,8	11,8	13,2	49,1

INSEE (1980) *Étude du mode de vie en Alsace, op. cit.*, p. 144, tableau 139, « Usage de l'alsacien à la maison, dans les magasins, l'administration (% de ménages) »

Tableau 3
Usage de l'alsacien sur le lieu de travail en 1980

Catégorie de commune	À votre travail, le dialecte est			
	très utilisé	assez utilisé	rarement utilisé	jamais utilisé
Communes rurales	56,5	21,7	14,3	7,4
Communes de moins de 10 000 habitants	45,6	25,7	16,5	12,2
Communes de 10 000 à 49 999 habitants	48,8	33,5	16,0	1,7
Agglomération de Colmar	36,5	27,2	21,9	14,5
Agglomération de Mulhouse	34,1	28,2	26,8	10,9
Agglomération de Strasbourg	36,6	34,4	17,4	11,5
ALSACE	44,3	27,7	17,8	10,2

INSEE (1980) *Étude du mode de vie en Alsace, op. cit.*, p. 145, tableau 141, « Usage de l'alsacien sur le lieu de travail (personnes actives > 15 ans) selon la catégorie de commune » (%)

ptio
1981-1991

L'irréversible recul de l'alsacien

En 1981, l'élection d'un président de la République socialiste (François Mitterrand), puis celle d'une majorité parlementaire également socialiste[1246] pouvaient amener, *nolens volens*, une manière un peu différente de percevoir politiquement la périphérie depuis le centre. En effet, candidat à la présidence de la République, François Mitterrand avait affirmé à Lorient, le 14 mars 1981, que « le temps [était] venu d'un statut des langues et cultures de France qui leur reconnaisse une existence réelle. Le temps est venu de leur ouvrir grandes les portes de l'école, de la radio et de la télévision permettant leur diffusion, de leur accorder toute la place qu'elles méritent dans la vie publique. »[1247]

Pour une partie de la population et de la « militance » en Alsace, la victoire électorale de la gauche semble signifier une promesse d'une autre politique linguistique ou, du moins, de mesures qui tiendraient compte des demandes linguistiques qui sont faites, s'agissant de l'espace scolaire et culturel, notamment audiovisuel.

Plus de six mois après son intervention en alsacien à la télévision régionale au soir de son élection comme député du Bas-Rhin en juin 1981, Jean Oehler[1248] glose, de manière assez programmatique, le sens de l'utilisation du dialecte à cette occasion :

> Mon intervention en alsacien, le soir du 21 juin 1981 à la télévision, a suscité des réactions chez de nombreux téléspectateurs alsaciens : les unes enthousiastes, les autres indignées. Toutes étaient passionnées,

comme c'est le cas chaque fois qu'on aborde le problème du bilinguisme dans notre région. Et pourtant, je suis intervenu le plus naturellement du monde pour demander que ma langue maternelle ait véritablement droit de cité à la télévision régionale.

Ce soir-là, qui vit l'Alsace élire deux députés socialistes, je n'ai pas eu l'impression d'être particulièrement audacieux. J'ai eu plutôt la conviction de libérer le sentiment de frustration que ressentaient des dizaines de milliers de travailleurs alsaciens. De nous libérer du complexe de culpabilité que nous avait inculqué la bourgeoisie alsacienne, celle qui affichait: «Il est chic de parler français». Les travailleurs des champs, des ateliers et des chantiers n'ont eu dans leur enfance qu'une seule langue: l'alsacien. Le français, ils l'ont à peine appris. D'abord, parce qu'une partie de leur scolarité s'est accomplie à l'école allemande. Ensuite, parce qu'on a voulu leur apprendre le français comme aux enfants d'Île-de-France. À cette époque, le patriotisme ne faisait pas bon ménage avec la pédagogie. Enfin, parce que seule la bourgeoisie avait accès à la culture bilingue et avait tout intérêt à pérenniser cette situation.

Les petits dialectophones étaient humiliés à l'école: s'ils parlaient alsacien, ils étaient punis. S'ils parlaient français, ils se ridiculisaient et se punissaient eux-mêmes. C'est ainsi que se sont formées des générations d'Alsaciens honteux de ne pas pouvoir s'exprimer dans la langue nationale et de ne maîtriser qu'un «patois», coupables en un mot de n'être pas «chics», voire suspects d'être de mauvais Français, eux qui avaient déjà subi le traumatisme de la germanisation forcée. Notre jeunesse qui n'a pas, heureusement pour elle, connu ce traumatisme mais a vécu 1968, a redécouvert la richesse et la valeur de notre culture régionale. Mieux, elle y a trouvé son identité. Les années 1970 ont marqué le réveil de la conscience régionale et le début d'une reconquête par les Alsaciens de leur patrimoine culturel.

N'est-il pas significatif de voir le parallélisme entre cette reconnaissance culturelle et la progression de la pensée socialiste en Alsace, leur finalité étant commune: la libération et l'épanouissement de l'homme? Droit à la différence, richesse de la diversité, solidarité culturelle, ouverture aux autres, communication: ce sont les valeurs qui nous permettront de progresser vers ces objectifs. D'abord en rendant à chaque Alsacien sa véritable dignité. Puis en lui permettant d'accéder à la responsabilité. Cela passe par une réhabilitation de nos dialectes, par leur reconnaissance officielle et la reconnaissance de l'allemand, support écrit de ces dialectes. Cela passe aussi par la maîtrise du français, donc par une refonte de l'apprentissage qui prenne en compte notre spécificité linguistique. Car si nous voulons être fiers d'être alsaciens, nous n'en restons pas moins fiers d'être français. Je dirais même que nous serons encore plus fiers d'être français lorsque nous pourrons être fiers d'être alsaciens. Pour progresser dans cette voie, je compte beaucoup sur le rôle de la télévision et de la radio devenues véritablement régionales. D'où mon intervention du 21 juin. Partant d'une constatation simple selon laquelle dans l'entreprise

> comme dans les magasins, dans la rue comme à la maison, l'alsacien est un instrument de communication, je me demande pourquoi la radio-télévision se sert si rarement de cet outil pour diffuser des informations ou organiser des débats.
> D'autant plus que l'un des objectifs affirmés par ses responsables régionaux est de donner la parole aux Alsaciens. Je compte au moins tout autant [sur] l'école qui doit, par la place qu'elle accordera à la culture régionale, par la pédagogie de l'apprentissage du français et de l'allemand, faire des petits Alsaciens des citoyens du XXIe siècle. Les engagements pris par les pouvoirs publics, tant au niveau présidentiel que ministériel et rectoral, sont à cet égard très encourageants. Mais ne nous leurrons pas. Il faudra de longs et patients efforts pour inverser l'évolution qui mène actuellement à la fois à un appauvrissement de nos dialectes et à une régression de leur pratique. C'est une entreprise difficile qui ne réussira, à terme, que si les Alsaciens le veulent vraiment.
> En ce qui me concerne, avec mes amis, socialistes et militants culturels alsaciens, je m'emploie à créer les conditions nécessaires à l'expression de cette volonté et à sa traduction dans les faits.[1249]

Cependant, si un événement politique peut, à moyen terme, avoir certes un impact sur les comportements sociétaux, il peut difficilement infléchir des transformations fondamentales sur le court terme. Or, le recul de la connaissance et de l'usage des parlers dialectaux et de l'allemand standard endogène écrit, noté avec inquiétude tant par une majorité d'élus que par la militance contestataire ou plus traditionnelle, documenté de manière prudente dans l'*Étude du mode de vie en Alsace* de l'INSEE publiée en 1980, va être confirmé par tous les travaux qui seront entrepris à partir de la décennie 1970-1980.[1250]

LA CONNAISSANCE DES LANGUES

Les changements linguistiques identifiés et discutés dans la décennie précédente vont se confirmer et s'accélérer. Le français est conforté comme langue connue par la quasi-totalité des habitants, du moins par tous ceux qui sont nés après 1914. Son usage commence aussi à être «universel», dans la mesure où il peut être utilisé dans un très grand nombre de situations d'interactions. Il est également devenu la langue «neutre», celle qui est utilisée par les interactants dans un premier contact, lorsqu'ils ne savent pas de quelles variétés disposent les autres agents et/ou quelles sont leurs possibilités ou leurs préférences linguistiques. Ce n'est que par un effet de reconnaissance générationnelle, fondé sur des habitudes partagées, que les membres des générations nées avant 1920-1930 se «reconnaissent» et peuvent opter pour le dialecte comme langue de premier contact.

La place qu'a prise le français et/ou qu'il est en train de prendre amène l'attention sur la place et le rôle du dialecte dans la société. Toute une série d'enquêtes, de sondages et d'études vont tenter de quantifier à la fois le nombre de locuteurs du dialecte (parfois de l'allemand standard) et les pratiques linguistiques des Alsaciens. Ces comptages ne sont pas le fait de l'État, qui n'a plus de raison d'entreprendre de tels travaux, dans la mesure où son objectif était de connaître la pénétration du français en Alsace. Or, depuis la projection faite à partir du recensement de 1962, l'État a acquis la conviction qu'à la fin des années soixante-dix, la quasi-totalité de la population saurait le français. Ainsi, c'est bien le «recul» de la connaissance et/ou de l'usage des parlers dialectaux qui amène, de manière assez soutenue, des mesures régulières de la connaissance et de l'usage des parlers dialectaux, sous différentes formes, et avec différentes fonctions.

Baisse de l'usage du dialecte

Une projection du début des années quatre-vingt propose l'évolution suivante, s'agissant de l'«usage de l'alsacien»:[1251] « 1re génération 1979: 63,3%; 2e génération: 40,7%; 3e génération: 26,2%».

De fait, les études publiées entre 1981 et le début du XXIe siècle montrent le recul progressif de la connaissance du dialecte.

Un sondage de 1986 a cherché à savoir «qui parlait et comprenait l'alsacien».[1252]

	Parle et comprend	Comprend seulement	Ne parle ni comprend
hommes	70,7%	10,7%	18,4%
femmes	62,7%	12,1%	25,1%
18-24 ans	52,2%	22,4%	25,5%
25-34 ans	58,4%	19,5%	21,6%
35-49 ans	73,3%	8,1%	18,6%
50-64 ans	85,3%	5,4%	9,3%
65 ans et plus	90,7%	1,9%	7,4%
Ensemble	**71,7**	**11,4**	**16,7**

L'« érosion » globale du dialecte par rapport aux valeurs de 1979 ne semble pas très importante. En revanche, le taux de ceux qui déclarent savoir parler le dialecte baisse, notablement chez les sondés les plus jeunes.

Cette tendance se confirme globalement dans les sondages de 1990 et de 1991[1253]. En 1990, « à la question posée "Parlez-vous ou comprenez-vous le dialecte alsacien?", 71 % des personnes interrogées répondent positivement. Parmi celles-ci, 40 % affirment le parler souvent, 21 % assez souvent, 10 % presque jamais. Cette importance du dialecte baisse chez les plus jeunes, davantage toutefois chez les 25-34 ans que chez les 18-25 ans. On peut aussi observer que la proportion de réponses positives est plus forte dans le Bas-Rhin que dans le Haut-Rhin et en milieu rural qu'en ville. »[1254]

Les différentes caractéristiques retenues reviendront invariablement dans tous les sondages effectués: les générations les plus jeunes déclarent connaître/utiliser moins souvent le dialecte que les générations qui les précèdent; une répartition « géographique » de la dialectophonie est notée, les cantons du nord et plus particulièrement du quart nord et nord-ouest de l'Alsace (et le Bas-Rhin dans son ensemble) étant plus « dialectophones » que la moitié méridionale, à l'exception de l'extrême sud; une répartition géo-sociologique, l'espace « rural » étant plus dialectophone que l'espace « urbain ».

Ces caractéristiques sont relevées, sous différentes formes, dans la majeure partie des sondages et des enquêtes. Elles présentent le désavantage d'être uniquement constatatives et rarement explicatives. S'agissant de l'aspect générationnel, les comparaisons entre les enquêtes tendent à montrer que la non-connaissance déclarée dans la tranche d'âge 18-24 ans à un moment *n* n'amène pas nécessairement un effet « mécanique » de non-connaissance pour la même tranche d'âge quinze ou vingt ans plus tard. En d'autres termes, l'érosion de la connaissance déclarée du dialecte semble être plus lente que ce que les chiffres bruts laissent entendre.

La répartition géographique de la dialectophonie, quant à elle, est directement fonction des modes de vie et des comportements sociétaux (et donc aussi linguistiques) des micro-régions concernées. Lorsqu'elles seront à leur tour atteintes par des modes de vie et des comportements moins ancrés dans la tradition et bien plus dans l'homogénéisation de la modernité dans ses aspects les plus standardisants, elles se distingueront beaucoup moins du reste de l'Alsace. L'usage des catégories « milieu urbain » et « milieu rural » renvoie, lui aussi, à des comportements plutôt reproductifs de la tradition dans l'un des cas, plutôt en rupture avec le type reproductif et l'adoption d'autres formes comportementales, dans l'autre. Les transformations sociétales feront que la validité de ces caractéristiques commencera à se brouiller très rapidement au cours des deux décennies 1970-1990.

Quelle que soit la difficulté à comparer des valeurs chiffrées entre elles et quelles que soient les éventuelles critiques méthodologiques dont les différentes études pourraient faire l'objet, il reste indéniable qu'en l'espace d'une dizaine d'années, la connaissance déclarée du dialecte a globalement fortement baissé. Mais c'est probablement *l'usage* du dialecte qui a régressé, bien plus que la connaissance en soi (*cf.* aussi *infra*), ce qui pose la question de la *transmission* du dialecte.

Rupture partielle ou totale de la transmission du dialecte

Même s'il s'agit d'un aspect central pour la pluralité linguistique en Alsace, les données sur la transmission du dialecte, sur le plan quantitatif, sont nettement moins nombreuses que celles qui concernent l'ensemble de la situation du dialecte en Alsace. D'un point de vue déclaratif, des informateurs d'une enquête menée en juin 1991[1255] indiquent à 58% apprendre ou vouloir faire apprendre l'alsacien à leurs enfants (40% ont une attitude ou une intention déclarées de non-transmission). Ce taux important est tempéré par les comptages opérés par les services de l'Éducation nationale auprès des enfants d'âge primaire. Une enquête menée à l'école primaire dans le Haut-Rhin[1256] en 1984 montre que 13,14% des élèves sont des dialectophones actifs, « c'est-à-dire qu'ils comprennent et parlent l'alsacien ».[1257] Mais les instituteurs-animateurs qui ont procédé à l'enquête font observer que « la notion de dialectophonie est difficile à évaluer et les résultats doivent être relativisés ».[1258] L'enquête a néanmoins distingué entre dialectophones « actifs » et « passifs », pour l'ensemble du cycle primaire :

		dialectophones actifs	dialectophones passifs	non-dialectophones
Enseignement pré-élémentaire	22 337 élèves	1 754 = 7,9 %	2 548 = 11,4 %	18 035 = 80,7 %
Enseignement élémentaire	43 170 élèves	6 854 = 15,9 %	6 580 = 15,2 %	29 736 = 68,9 %
TOTAL	65 507	**8 608 = 13,14 %**	**9 128 = 13,93 %**	**47 771 = 72,92 %**

En écho à ce comptage, les résultats d'une enquête effectuée en 1989 dans l'enseignement pré-élémentaire dans le département du Bas-Rhin indiquent que les élèves dialectophones représentent 27,6 % des effectifs. Selon les circonscriptions scolaires, les variations sont très importantes (les extrêmes : Strasbourg III : 6,8 % – Haguenau I : 79,2 %).[1259] En 1990, les données sont confirmées pour les élèves fréquentant l'école pré-élémentaire dans le département du Bas-Rhin : 27,42 % des enfants d'âge maternel dans le département du Bas-Rhin (soit environ 10 000 enfants) sont considérés comme dialectophones (avec des taux très variables selon les espaces géographiques).[1260]

Dans une enquête publiée par *Le Nouvel Alsacien* en 1984,[1261] les causes – hypothétiques – retenues prioritairement par les répondants à la question de savoir pourquoi «des parents alsaciens ne transmettent plus le dialecte à leurs enfants», sont les suivantes :

Par un certain snobisme	35 %
Pour des raisons scolaires	29 %
Parce que l'un des parents ne le parle pas	18 %
Parce qu'ils n'en voient pas l'utilité	15 %
Par une certaine idée de fidélité à la France	2 %
Divers	1 %

Il est intéressant de noter que la désolidarisation sociale et, par ricochet, une certaine stigmatisation sociale est prêtée aux non-transmetteurs comme première cause de non-transmission. Dans ce sens, c'est aussi une logique de corrélation entre la connaissance du dialecte et l'ancrage social qu'il sous-tend qui est visée. Les autres raisons font écho au discours ordinaire qui circule dans le corps social : les «raisons scolaires» recouvrent probablement l'idée qu'il s'agit de faciliter la scolarisation, c'est-à-dire aussi l'apprentissage du français, «l'utilité» renvoie à l'absence de fonctionnalité du dialecte dans le monde d'aujourd'hui.

Dans une étude menée en 1989,[1262] il a été demandé aux personnes interrogées de donner des «raisons de transmettre ou non le dialecte». Pour celles qui ont indiqué qu'elles n'ont pas transmis le dialecte ou qu'elles ne pensaient pas le transmettre, c'est d'une part l'inutilité du dialecte (45 %) et, d'autre part, le fait que «la pratique dialectale constitue un handicap de l'apprentissage de la langue française» (23 %) qui constituent les facteurs essentiels de non-transmission.

Des études empiriques montrent comment, au sein d'une même famille (génération A née entre 1920 et 1930, génération B née entre la fin des années 1940 et le début des années 1960, génération C née entre la fin des années 1970 et le tout début des années 1990), quel qu'ait été le positionnement des agents, la génération C présente des ruptures partielles ou totales dans le processus transmissionnel, notamment sous la pression de la langue entre pairs qui devient, même pour les locuteurs dialectophones, le français, langue qui est ensuite importée au sein de la famille. De nombreux entretiens montrent qu'au sein d'une fratrie, ce sont les cadets qui jouent un rôle moteur dans l'abandon ou dans la restriction du dialecte et dans l'adoption ou l'utilisation plus fréquente du français.[1263] Évelyne Schmitt-Troxler (née en 1950 et faisant donc partie de la génération «B») explique que le dialecte a bien été transmis, mais que le changement linguistique a néanmoins lieu sous l'influence de la langue employée dans l'espace scolaire: «Dès que [ma petite sœur, née en 1956] mit les pieds à l'école, en 1959, je me mis à lui parler en français. Le processus de bouleversement linguistique dans notre famille était déclenché. Il se fera en quatre étapes: 1) ma sœur et moi parlons français entre nous; 2) nous répondrons en français à nos parents; 3) nos parents se mettent à parler français avec nous, puis entre eux; 4) nous parlons tous français devant ma grand-mère, ainsi exclue [...]. En l'espace de dix ans – de 1959 à 1968 –, nous avions changé de langue: nous étions passés du "tout alsacien" au presque "tout français", le code switching* étant encore utilisé.»[1264]

Ce processus de changement n'est pas exceptionnel en soi, dans la mesure où la langue sociétale dans laquelle s'ancrent les référents culturels de la modernité, d'une part, et la langue de sociabilité entre pairs, d'autre part, est le français, langue vers laquelle les jeunes générations tendent. Le processus n'est cependant pas réparti de manière homogène dans l'espace géographique et selon les couches sociales. Les *habitus* singuliers jouent également un rôle central dans le changement de langue. Si l'espace scolaire a pu être l'élément moteur de la diffusion du français et, surtout, de son usage dans les décennies de l'immédiat après-guerre, ce sont d'autres espaces comme l'espace médiatique (radio, télévision), puis l'espace amical et familial qui seront progressivement gagnés par ce changement. Dans ce sens, pour de jeunes enfants, l'école peut encore être l'espace majeur dont le dialecte est, de fait, exclu, mais il ne sera plus le seul espace d'exclusion.[1265]

---

*On parle de «code-switching» (= alternance de codes) lorsqu'une personne change de langue au sein d'un morceau de phrase, d'une phrase, d'un bout de conversation... Ici, il s'agit des conversations où l'on passe de l'alsacien au français et vice-versa.

Allemand endogène et allemand exogène

Selon les biographies des locuteurs, liées à leur âge et aux conditions de scolarisation, l'allemand est plus ou moins présent dans leur répertoire linguistique. Une connaissance passive («compréhension») est *minimalement* à postuler pour les locuteurs nés avant 1960 dont le dialecte est l'une des variétés d'usage. En effet, la place de l'allemand reste encore suffisamment importante dans le corps social et/ou dans les pratiques réceptives (radio, télévision, journaux…) pour que cette connaissance puisse être acquise de fait. Les deux formes d'allemand sont encore présentes, l'allemand endogène, produit en Alsace (presse régionale et vie cultuelle, essentiellement), et l'allemand exogène par le biais des médias, jusqu'à la fin des années quatre-vingt. Par la suite, c'est essentiellement l'allemand exogène qui sera présent, lorsque l'allemand est présent; la production régionale en langue allemande étant de plus en plus limitée, dans la mesure où le public préférant le standard allemand au standard français est en train de disparaître.

Une enquête de 1989[1266] relève un niveau de connaissance déclaré de l'allemand qui s'échelonne de la manière suivante:

Déclarent parler l'allemand:

très bien	43%
assez bien	19%
assez mal	16%
très mal	3%
pas du tout	20%

Ce sont donc 62% de la population qui déclarent parler «très bien» ou «assez bien» l'allemand. La proportion est identique à ceux qui déclarent parler le dialecte, sans que l'on puisse déterminer s'il s'agit des mêmes déclarants.

L'USAGE DES LANGUES

En l'absence d'une enquête de l'ampleur de celle que l'INSEE a menée en 1979, les données concernant l'usage des langues en Alsace après cette date restent assez parcellaires et très incomplètes. Une étude partielle (de 1984) portant sur les pratiques linguistiques au sein de la famille d'élèves de sixième de cinq collèges bas-rhinois fournit une première série d'indications.[1267]

Relations familiales	en français	en français et en alsacien	en alsacien	autre
La mère s'adresse à l'enfant	35%	34%	27%	4%
L'enfant s'adresse à la mère	47%	26%	25%	2%
Le père s'adresse à l'enfant	35%	29%	33%	3%
L'enfant s'adresse au père	48%	19%	30%	3%
Les parents parlent entre eux	21%	21%	53%	4%
Les grands-parents s'adressent aux petits-enfants	24%	17%	54%	5%
Les petits-enfants s'adressent aux grands-parents	35%	11%	50%	4%
L'enfant au sein de la fratrie	56%	20%	23%	0%

Si l'enquête montre, une fois de plus, que la pratique du dialecte décroît à chaque génération, elle confirme aussi, d'une certaine manière, les pratiques sexuées : « La relation linguistique, quand l'alsacien est parlé, est plus monolingue alsacien avec le père et plus bilingue avec la mère. »[1268]

Les pratiques des élèves en dehors de la famille ont également fait l'objet d'un bref examen :

	en français	en français et en alsacien	en alsacien
Dans la cour de récréation, l'élève parle	63%	28%	9%
Chez le commerçant, à la boulangerie, l'élève parle	63%	26%	10%

C'est l'usage déclaré qui semble étonnant, comme le fait remarquer à juste titre l'auteure de l'enquête, dans la mesure où, même si hors de l'espace familial, l'usage du français augmente fortement, il n'augmente généralement pas dans les mêmes proportions selon les domaines d'utilisation. Dans ce sens, la cour de récréation se situe dans l'espace scolaire, espace du français, où évoluent les pairs des enquêtés. En revanche, la boulangerie reste un espace semi-formel, où les enfants s'adressent généralement à des adultes : or à l'école, il s'agit de pairs (et de l'espace scolaire) et à la boulangerie, ils s'adressent à des adultes dont le comportement linguistique est probablement proche de celui des parents des élèves enquêtés.

Par ailleurs, selon la catégorie socio-professionnelle des parents, le dialecte est plutôt une pratique des catégories sociales plus modestes : agriculteurs, ouvriers, personnels de service, non actifs[1269] ; le français est le fait des « cols blancs », à partir de la catégorie des employés. S'agissant des femmes, « on pourrait souligner une opposition entre "mère ouvrière" et "mère employée". La "mère ouvrière" est située du côté plutôt alsacien et plutôt monolingue, [...] à l'opposé de la "mère employée", située plutôt du côté français et plutôt bilingue. L'une appartient à la classe laborieuse, l'autre est en ascension sociale. »

La situation décrite reste dans le droit fil des résultats de 1979. Les catégories plus modestes vont progressivement suivre la tendance des autres catégories et adopter, beaucoup plus souvent que par le passé, le français et utiliser (et transmettre) le dialecte bien moins souvent.

L'enquête publiée en 1989 à propos de la connaissance et des usages déclarés des langues par les lycéens en Alsace fournit à la fois une image plus fine et plus complète de la situation, mais confirme les grandes tendances que tous les travaux tendent à montrer.[1270] L'examen de la pratique du dialecte des adolescents au sein de leur famille confirme la corrélation générationnelle :[1271]

L'adolescent parle le dialecte avec les :

	grands-parents		parents		frères et sœurs	
	paternels	maternels	père	mère	plus âgés	plus jeunes
généralement	31,8%	32,3%	17,7%	15,9%	11,7%	10,8%
mi-temps	6,0%	6,8%	9,3%	10,3%	5,8%	5,2%
parfois	10,4%	11,5%	15,5%	18,8%	10,3%	8,2%
jamais	51,8%	49,4%	57,5%	55,0%	72,2%	75,8%

La pratique du dialecte déclarée par les adolescents avec leurs copains tend à montrer une baisse quantitative bien plus importante qu'au sein de la famille :

	Garçons	Filles	Ensemble
généralement	9,1 %	1,6 %	5,7 %
mi-temps	10,3 %	3,3 %	6,9 %
parfois	24,0 %	21,0 %	22,5 %
jamais	56,6 %	74,1 %	64,9 %

Les usages sexués sont particulièrement frappants dans ces déclarations. Les garçons indiquent qu'ils parlent à 19,4 % le dialecte avec leurs pairs (généralement [9,1 %] ou à mi-temps [10,3 %]) alors que les filles ne sont qu'à 4,9 % dans ce cas (généralement [1,6 %] ou à mi-temps [3,3 %]). En creux, cela implique que les garçons n'utilisent que parfois ou jamais le dialecte à plus de 80 % et les filles à plus de 95 %.

Les pratiques linguistiques des locuteurs vont se diversifiant au fil du temps

Dans la mesure où les locuteurs dialectophones qui ne savent pas ou très peu le français sont de moins en moins nombreux, voire en nombre totalement insignifiant vers 1990, l'ensemble du corps social a, minimalement, une compréhension du français de sorte que, potentiellement et théoriquement, l'usage du français est, pour la première fois de l'histoire linguistique de l'Alsace, possible sans restriction et sans exception.

Dans les faits, pour les locuteurs qui disposent du dialecte, les pratiques sont variables, selon différents critères qui, soit de façon isolée, soit de façon combinée, peuvent déclencher l'usage du dialecte, du français ou des deux variétés. La formalité de la situation, les biographies des agents (dont font partie l'âge, la position sociale, etc.), l'idéologie linguistique, les thèmes abordés, etc., sont autant de facteurs qui amènent des choix linguistiques variables. Dans presque tous les cas de figure, le français peut prendre la place ou le relais du dialecte.

Dans la mesure où les deux variétés linguistiques, en particulier le français, n'ont plus chacune de rôle spécifique comme cela avait pu être le cas dans le passé, quand la majeure partie du corps social disposait du dialecte, on ne peut plus rattacher une variété à une fonction. Le français n'est plus uniquement la langue des situations formelles ou uniquement celle des couches sociales supérieures et/ou celles qui détiennent le pouvoir. Dans ce sens, il n'y a plus de distribution complémentaire des langues, il n'y a plus de situation de « diglossie »,[1272] même asymétrique. Le français est également largement présent dans des situations informelles, y compris dans des couches sociales plus modestes.

Les locuteurs disposent d'un répertoire linguistique plus ou moins étendu, qui leur permet d'interagir verbalement comme ils l'entendent et comme ils estiment devoir ou vouloir le faire par rapport aux autres interactants de l'échange langagier. Il peut y avoir une forme de codage social, de signification sociale implicite dans les choix linguistiques qui sont faits, sans que ce soit nécessairement et uniquement la partie sociale qui amène des choix linguistiques. Cela peut aussi être une plus grande aisance dans l'un ou l'autre des codes, une meilleure adéquation avec la thématique traitée... et bien d'autres facteurs qui amènent les locuteurs à faire des choix linguistiques.

L'une des caractéristiques des pratiques linguistiques d'un nombre non négligeable de locuteurs dialectophones en Alsace, peut-être même d'une majorité d'entre eux, c'est d'utiliser à la fois le dialecte et le français pour s'adresser à une seule et même personne, soit successivement, soit en alternance. Les locuteurs nomment parfois eux-mêmes cet ensemble « mélange » (« Meschung »).[1273] Cet usage concomitant du français et du dialecte souligne l'importance de la diffusion du français dans la mesure où, sous cette forme, il doit être à la fois produit par des locuteurs et compris par des allocutaires.

Les raisons qui amènent l'alternance de codes sont multiples et parfois complexes : plus grande aisance dans l'une des variétés, tâtonnements linguistiques pour vérifier la préférence linguistique de l'interlocuteur, fonction symbolique dans le sens que le locuteur veut signaler qu'il sait aussi le français (ou le dialecte), efficacité ou besoins communicationnels, etc.[1274]

Cette façon de procéder était (est?) souvent évaluée négativement, dans la mesure où des usagers même de cette alternance y voyaient un effet de « paresse », de compétence insuffisante dans l'une ou dans les deux langues, de manque de rigueur... Des défenseurs du dialecte considèrent également que c'est une façon d'affaiblir linguistiquement l'alsacien et recommandent un meilleur apprentissage du dialecte pour éviter d'avoir recours à ces formes linguistiques.[1275]

Les locuteurs eux-mêmes considèrent très fréquemment ce « mélange » comme une forme usuelle de la parole : « Ça se fait spontanément ! C'est comme si on parlait la même langue. Ça se mélange naturellement ! », même s'ils ont un regard plutôt négatif sur ce processus.[1276] Ce processus est répandu à travers le monde et présente des fonctions multiples, y compris dans une situation avec les mêmes locuteurs.

Presse et écrits[1277]

La presse bilingue continue de garder un lectorat tout au long de la décennie, dans des proportions, somme toute, non négligeables. Néanmoins, en dix ans, les deux grands quotidiens connaissent une baisse de 10 % de l'édition bilingue au profit de l'édition en langue française.

1981

	Tirage total	Édition bilingue[1278]	Édition en français
Dernières Nouvelles d'Alsace	233 359	27,23 %	72,77 %
L'Alsace [1980]	136 096	19,83 %	80,17 %
Le Nouvel Alsacien	26 445	100 %	-

1984

	Tirage total	Édition bilingue	Édition en français
Dernières Nouvelles d'Alsace	234 962	23,40 %	76,60 %
L'Alsace	env. 137 000	17,50 %	82,50 %
Le Nouvel Alsacien[1279]	23 270	100 %	-

1990

	Tirage total	Édition bilingue	Édition en français
Dernières Nouvelles d'Alsace	239 893	17,81 %	82,19 %
L'Alsace	134 721	10,82 %	89,18 %

Les hebdomadaires bilingues gardent aussi encore un certain poids. Ainsi, en 1980, *L'Ami du Peuple – Der Volksfreund* tire encore à plus de 60 000 exemplaires. *L'Humanité d'Alsace-Lorraine* reste également invariablement bilingue, mais le chiffre du tirage au début des années quatre-vingt n'est pas disponible. Des magazines en langue allemande, publiés en Allemagne ou en Suisse, continuent à avoir un lectorat non négligeable avec environ 86 000 exemplaires vendus en 1983.[1280]

Tendanciellement, ce recul néanmoins rapide du nombre d'acheteurs de l'édition bilingue laisse présager sinon une accélération, du moins la poursuite de la baisse du nombre de lecteurs de cette édition.

À l'initiative du sénateur Henri Goetschy, un article de loi abolit formellement les dispositions de 1945 qui interdisaient, *de facto*, l'existence d'organes de presse uniquement en langue allemande.[1281] Mais cette « liberté » nouvelle n'a pas d'incidence autre que symbolique sur la publication de journaux.

Une enquête menée en 1991 a interrogé les Alsaciens sur leurs pratiques de lecture. 37 % des personnes interrogées déclarent lire des revues, des journaux ou des livres en langue allemande.[1282] Le taux reste relativement élevé, sans que l'on connaisse les tranches d'âge concernées et le choix du type de lecture. La probabilité qu'il s'agisse, en dehors de la presse bilingue endogène, de revues ou de livres écrits en allemand exogène (productions des pays germanophones européens) est très forte.[1283] Adrien Finck rappelle que « les auteurs [en Alsace] de langue allemande sont rares (dans la dernière anthologie : cinq, mais deux étant d'origine allemande). Remarquons cependant l'essor de la nouvelle chanson dialectale, qui est le fait de jeunes chanteurs et poètes de cette génération [celle née après 1945]. » Il ajoute, à juste titre, liant auteurs et lectorat potentiel : « Le problème de l'édition. Il n'y a plus chez nous d'éditeur qui prenne à son compte la publication d'un livre en langue allemande. Il semble bien qu'il n'y ait plus de public suffisant pour rentabiliser un livre allemand. D'où la nécessité de trouver un public de l'autre côté du Rhin, dans un espace linguistique élargi au-delà de nos frontières régionales et nationales. L'édition alsacienne paraissant incapable de s'y lancer, il faut avoir recours aux éditeurs allemands [Morstadt, à Kehl ; Olms, à Hildesheim]. » Par ailleurs, Finck revendique le fait que « notre allemand ne peut et ne doit être qu'un autre allemand, *ein anderes Deutsch* : autre par son contexte, son esprit, son vocabulaire même, vivifié par le dialecte, expression de notre situation particulière, de notre différence »[1284].

Radio et télévision

Les pratiques linguistiques par rapport à la radio et à la télévision n'ont pas été enquêtées de manière détaillée, d'une part, et, d'autre part, c'est en 1981 que l'État renonce à son monopole radiophonique, laissant un champ de possibilités d'écoute (théoriquement) assez large aux auditeurs potentiels.

Une enquête publiée par *Le Nouvel Alsacien* en 1984 tend à montrer que, s'agissant de la télévision, «les Alsaciens ne dédaignent pas de suivre les émissions d'outre-Rhin. 52% de ceux qui ont répondu à l'enquête affirment même suivre souvent les programmes de la télévision allemande. Curieusement, ce sont pour l'instant encore les émissions dialectales que l'on suit le moins souvent, tout en réclamant – à une majorité de 70% – leur développement. Mais en exigeant qu'elles soient de qualité et qu'elles ne prennent pas le pari de la futilité ou de la débilité.»[1285]

S'agissant des pratiques, en réception, des locuteurs en Alsace, 56% des personnes interrogées indique qu'elles suivent, à la radio ou à la télévision, des émissions en alsacien et 68% d'entre elles des émissions en langue allemande. Il s'agit là de taux particulièrement élevés, qui auraient mérité des informations complémentaires. Le différentiel avec la presse mérite également d'être relevé.[1286]

« OUVRIR GRANDES LES PORTES DE L'ÉCOLE AUX LANGUES DE FRANCE » (F. MITTERRAND)

Par avance, le futur président de la République avait désigné deux champs particuliers où les langues et cultures régionales devaient voir leur place changer: l'espace scolaire, d'une part, l'espace médiatique, d'autre part, tout en ajoutant qu'il s'agissait aussi «de leur accorder toute la place qu'elles méritent dans la vie publique». Cependant, les points de focalisation vont connaître des intensités inégales, selon le domaine considéré.

Avec le changement de majorité politique en France en mai et juin 1981, les «langues et cultures régionales» semblent trouver une place nouvelle dans le système éducatif, avec, en Alsace, un dispositif qui maintient l'enseignement-apprentissage de l'allemand dans son rôle antérieur, mais qui promeut beaucoup plus la culture régionale et, dans une moindre mesure, les parlers dialectaux. En effet, dès septembre 1981, le nouveau recteur de l'Académie, Pierre Deyon, indique qu'il considère que «la maîtrise écrite et parlée de l'allemand est un atout pour la région. Un atout culturel. Un atout économique aussi, qui se monnaie en termes d'emploi, en termes d'exportations. En termes de performance...» Cependant, si «l'enfant qui a parlé chez lui le dialecte doit pouvoir bénéficier d'un accueil qui tienne compte de cet environnement de la *Muttersprache*, il n'en reste pas moins que la tâche fondamentale des instituteurs et des institutrices demeure l'apprentissage et la maîtrise du français.»[1287]

Des commissions regroupant toutes les sensibilités

La gauche s'était engagée à repenser la question les langues régionales, notamment dans le domaine éducatif.[1288] Le changement politique du printemps 1981 va modifier l'analyse politique opérée par les autorités éducatives à propos de la situation linguistique, mais aussi, au moins provisoirement, les méthodes de travail. En effet, le nouveau recteur Pierre Deyon installe cinq commissions qui sont chargées de réfléchir thématiquement à différentes questions en rapport avec les langues et de faire des propositions opératoires: emblématiquement, la première commission de travail est chargée de «l'enseignement du français dans les zones à prédominance dialectophone», un chantier que son prédécesseur Pierre Magnin avait déjà ouvert, en soutenant les recherches faites en ce domaine par Rémy Stoecklé.[1289] Une thématique nouvelle, l'«accueil des enfants dialectophones et [la] présence des dialectes à l'école maternelle», est confiée à une seconde commission de travail.[1290] D'autres commissions s'occupent de «l'école élémentaire et la connaissance de son environnement» et de la «présence de la culture régionale dans l'enseignement et les examens du second degré». Enfin, une dernière commission est chargée respectivement de «l'allemand à l'école élémentaire et l'enseignement de l'allemand dans les collèges, lycées et lycées d'enseignement professionnel». Dans ces commissions siègent, autour de collaborateurs du recteur, des membres des corps d'inspection, des enseignants, des représentants de parents d'élèves, des organisations syndicales et des personnalités représentatives de la vie culturelle régionale.[1291]

La méthode retenue permet à toutes les sensibilités d'être représentées.[1292] Il n'est donc guère étonnant que des parts non négligeables des demandes et propositions du *Rapport sur le développement de l'enseignement de l'allemand dans l'Académie de Strasbourg* que le centriste André Traband avait rédigé, en 1981, pour le compte du Conseil régional d'Alsace et pour le Conseil général du Bas-Rhin[1293] soient reprises par l'une des commissions installées par le recteur. De la même manière, les éléments qui ont dû être fortement contestés par le Syndicat national des instituteurs n'ont pas été retenus, le SNI ayant pris position, par exemple, contre l'enseignement de l'allemand à tous les niveaux de l'école élémentaire, contre l'indemnité spécifique pour les enseignants volontaires (proposée par la formation centriste) et contre une épreuve obligatoire d'allemand au concours d'entrée à l'École normale.[1294]

Le travail mené débouche sur la publication, le 9 juin 1982, d'une «Circulaire sur la langue et la culture régionales en Alsace», signée par le recteur, qui précède – symboliquement – d'une bonne dizaine de jours celle de son ministre.[1295] Conçue en concertation avec tous les partenaires concernés, la circulaire est accueillie très positivement par l'essentiel des acteurs alsaciens,[1296] formant, en quelque sorte, un socle consensuel, sans doute minimal pour les uns, maximal pour les autres.

Les mesures de politique linguistique à l'école élémentaire

Les nouveautés portent essentiellement sur l'inclusion des parlers dialectaux au niveau préélémentaire, sur l'intégration d'un champ spécifique concernant l'enseignement du français dans les zones à prédominance dialectophone et sur la culture régionale à l'école.

Si la nécessité d'un «traitement» spécifique de l'enseignement du français dans les «zones» dialectophones a été reconnue antérieurement, il s'agit, dans ce cas, tardivement sans doute, d'une particularité et d'une nécessité, au même titre que les autres éléments qui ont été retenus.

Le fait que «le dialecte sera présent à l'école maternelle», qu'elles qu'en soient les limites indiquées et les raisons invoquées, rompt avec un discours éducatif et idéologique institutionnel qui aura couru tout au long du XXe siècle. Par ailleurs, d'une certaine manière, la culture régionale, du moins sous la forme de la découverte de l'environnement proche, a toujours été présente à l'école élémentaire. Ce qui est plus neuf, c'est le fait, d'une part, que les élèves puissent formuler leurs découvertes «en dialecte et en allemand aussi bien qu'en français» et que, d'autre part, des «moments d'expression dialectale, des activités théâtrales ou poétiques en alsacien» puissent être organisés. Cette présence – institutionnellement possible – du dialecte représente un retournement de situation considérable.

S'agissant de l'enseignement de l'allemand à l'école élémentaire, l'État adopte également une position en rupture totale avec ses attitudes antérieures par le fait qu'il s'engage à faire assurer l'enseignement de l'allemand dans chaque école élémentaire lorsque la demande existe et se crée une véritable obligation, indépendamment des compétences linguistiques des maîtres et de leur position face à cet enseignement.[1297] La seconde innovation porte sur l'âge des enfants concernés par l'allemand : « S'il paraît raisonnable pour le moment de maintenir le début de l'apprentissage au niveau du CM1, l'extension au CE2 sera envisagée partout où l'encadrement le permettra. » Ainsi l'abaissement à huit ans n'est pas vraiment conçu comme une question de principe, mais davantage comme un problème dépendant des moyens disponibles.[1298] L'abaissement de ce plancher symbolique que Georges Holderith avait en quelque sorte imposé[1299] ouvre, de fait, la voie à d'autres extensions. Le texte rectoral entérine l'inclusion de l'enseignement de l'allemand dans l'horaire officiel, à raison de deux heures et demie hebdomadaires, réparties en séance quotidienne d'une demi-heure.

La circulaire prévoit aussi, de manière assez détaillée, des dispositions de formation, notamment initiale, des maîtres qui doivent permettre d'honorer les différents engagements qui sont pris. Il s'agit, là aussi, d'une position inédite de l'autorité éducative, dans la mesure où elle prévoit une place non négligeable de l'allemand durant les trois années que dure la formation initiale d'alors.[1300]

Durant l'année scolaire qui suit (1982-1983), les Inspections académiques procéderont au recrutement des premiers instituteurs-animateurs en langue et culture régionales (détachés à plein temps), qui auront pour tâche notamment d'aider leurs collègues dans la conception et la réalisation de séquences d'allemand.

Les mesures de politique linguistique dans le reste du système éducatif

En indiquant que « la prise en compte de la réalité linguistique régionale se traduit par l'existence de deux voies pour l'enseignement de l'allemand 1re langue, la voie normale et la voie spécifique régionales », le texte institutionnalise l'idée de Georges Holderith, dans la mesure où cette voie spécifique régionale est essentiellement destinée aux « élèves qui ont accès à la langue allemande à partir d'une base dialectale ». L'apprentissage d'une deuxième langue vivante peut être avancé en classe de cinquième pour les élèves qui ont commencé l'allemand à l'école élémentaire. Dans les lycées d'enseignement professionnel, il est demandé de développer l'enseignement facultatif d'une langue (qui sera l'allemand) et de créer une mention spéciale « allemand » aux diplômes professionnels. Le second degré doit aussi bénéficier d'un enseignement de culture régionale, par le biais d'une option, à partir de la classe de quatrième, qui pourra déboucher sur une épreuve facultative au baccalauréat.

Au-delà de son rôle opératoire, la circulaire va endosser une fonction symbolique fondatrice, auquel le nom du recteur Deyon va rester durablement attaché : l'État, par le truchement du recteur, modifie assez radicalement son approche de la question des « langues et cultures régionales » dans le domaine de l'enseignement, et singulièrement, s'agissant de l'Alsace, de l'enseignement de l'allemand. C'est, en quelque sorte, l'État qui prend l'initiative de réguler et d'encadrer cet enseignement, non *a minima*, comme par le passé, mais en affichant un caractère volontariste de promotion notamment de l'allemand. Cet aspect est celui qui, politiquement, reçoit le plus d'écho.

Pour quelque temps, cette politique linguistique éducative, fondée sur un consensus, amène un climat sinon serein, du moins apaisé autour des questions de l'allemand à l'école.[1301] Il est vrai que les enjeux – symboliques et fonctionnels – ne sont plus comparables à ceux qu'ils ont pu être dix ou quinze ans auparavant. Comme durant la décennie 1970-1980, la présence de l'allemand en Alsace a reculé plus spectaculairement qu'auparavant, il ne peut plus présenter de réel danger pour le français puisqu'il ne peut plus guère le concurrencer auprès des générations qui ont grandi avec un nombre croissant de référents ancrés dans le monde culturel et politique français. Les convictions politiques se rapportant aux langues ne sont certes pas éteintes et ne tarderont pas à se manifester à nouveau, mais les enjeux seront nécessairement réorientés vers des objectifs plus conformes aux évolutions et aux changements constatés au sein du corps social.

Au mois d'avril 1983, le sénateur Louis Jung[1302] organise avec des collectivités territoriales allemandes, en tant que président du groupe de concertation des élus franco-allemands du Conseil régional d'Alsace, un colloque « Apprenons la langue du voisin », auquel le recteur et les acteurs de l'Éducation nationale sont étroitement associés et qui aura significativement lieu au Palais de l'Europe.[1303] Le parti qu'ont choisi de prendre les organisateurs du colloque réside dans le fait de considérer, pour le côté alsacien, que l'allemand est (aussi ?, surtout ?) la langue du voisin, et de ne pas mettre en exergue les aspects endogènes, qui ne sont qu'implicitement présents dans la circulaire de 1982 (« l'alsacien que parle la majorité des habitants de cette région a pour expression écrite une langue de culture et de diffusion internationales : l'allemand »).

S'il existe certes un aspect conjoncturel évident – c'était sans doute un moyen d'aider les *Länder* du Palatinat et de Bade-Wurtemberg à mieux asseoir leur propre programme d'enseignement du français à l'école primaire –, le fait de qualifier l'allemand de « langue du voisin » entérine une disjonction par rapport aux dialectes, une mise à distance, une forme d'altérité, en renvoyant l'allemand au-delà des frontières nationales.[1304] Ce sera le point de départ du programme «Apprendre la langue du voisin/Lerne die Sprache des Nachbarn», aux retombées multiples: correspondances scolaires, jumelages de classes (plusieurs centaines de classes seront concernées), échanges de maîtres (échanges de proximité, échanges à l'année), série télévisée commune[1305]...

La mise en œuvre du programme initié par la circulaire rectorale se heurte aux moyens en personnels et à leur capacité ou leur volonté d'enseigner l'allemand. En dehors de refus de principe, un certain nombre de maîtres est las du manuel alors en usage, certains sont décontenancés et ne savent pas trop quelle attitude adopter, dans la mesure où, depuis 1952, les inspections du Premier degré étaient, très généralement, réticentes ou hostiles à cet enseignement, et qu'en service commandé, elles cherchent à présent des volontaires pour le dispenser.[1306] Le changement de position assez radical de l'autorité éducative à l'égard de l'enseignement de l'allemand à partir de 1982 ne trouve pas de relais suffisant et immédiat dans le corps enseignant. Et sans doute l'administration scolaire n'intègre-t-elle pas cette réalité et exerce-t-elle de fait des pressions pour trouver des maîtres qui acceptent de dispenser l'enseignement de l'allemand, de manière à ce que les engagements pris soient honorés. En effet, ce n'est donc pas le moindre des paradoxes que ce soit le même appareil éducatif – parfois les mêmes personnes – qui soutenait très modérément cet enseignement ou le freinait qui soit alors à l'initiative de la promotion de l'enseignement de l'allemand et encourage plus que fortement les maîtres à s'engager dans la voie de l'enseignement de l'allemand. Le point culminant de cette révolution copernicienne réside sans doute dans la présence et l'usage – très encadrés – du dialecte à l'école pré-élémentaire et élémentaire.

Globalement, tous les partenaires ont sous-estimé l'effet que le discours de l'administration scolaire, des partis au pouvoir, d'une partie non négligeable d'un syndicat enseignant, etc., a produit sur une part importante du corps enseignant du Premier degré. L'idée que le dialecte peut être une entrave à l'apprentissage du français, que le rôle premier de l'école réside dans le fait de diffuser le français, que le dialecte est une affaire privée, etc., sont des raisons fréquemment indiquées qui amènent des enseignants à ne pas utiliser le dialecte à l'école. D'une certaine manière, il n'était pas possible que l'idéologie et que ces représentations dominantes dans l'espace éducatif soient considérées, du jour au lendemain, comme relatives, et puissent être mises en cause et considérées, au moins pour partie, comme non valides.[1307]

Ce texte fondateur sera suivi en 1985 et en 1988 par d'autres circulaires, qui confirment, complètent ou réorientent le dispositif de 1982.[1308] Il est vrai que le consensus autour du texte rectoral commence à s'effriter : les tenants du *statu quo* se heurtent aux partisans d'une évolution du texte consistant en une extension quantitative de l'enseignement de l'allemand, à laquelle le recteur n'est pas favorable. En septembre 1984 se constitue un « Comité pour l'enseignement obligatoire de la langue et de la culture régionale »[1309], avec, à la clé, une « requête aux autorités scolaires » où il est demandé « l'obligation pour l'État de généraliser à toutes les classes l'enseignement de la langue et de la culture régionales et d'en assurer la continuité de la maternelle à l'université. Ceci devrait se traduire par l'introduction d'ateliers d'expression dialectale ou de familiarisation au dialecte et par l'enseignement de l'allemand à partir du CE1 à raison de trois heures hebdomadaires », ainsi que par une « introduction d'unités de formation obligatoires permettant aux futurs maîtres d'assurer efficacement ces enseignements »[1310]. Le recteur mettra en garde, dans son bilan de juin 1985, contre le « danger de l'impatience » et le « danger aussi des surenchères ».[1311]

En mars 1985, André Traband établit un bilan de l'action des collectivités territoriales et de ses initiatives (avec Adrien Zeller), qui montre implicitement la part qui a été prise par les élus alsaciens dans les positions innovantes du recteur Deyon. Mais, dans sa conclusion, il reste sur ses gardes, rappelant que « tout n'est pas gagné, et les Jacobins veillent au grain. Dans le processus de formation des instituteurs, ils tiennent les deux bouts de la chaîne. En "amont", ils s'opposent à l'obligation, qui serait normale pour les élèves-maîtres d'Alsace, de maîtriser l'allemand. En "aval", ils s'opposent à l'indemnisation des instituteurs volontaires pour enseigner l'allemand.[1312] [...] Ainsi, par l'urbanisation des campagnes et le recul corrélatif de l'alsacien d'une part, et par les limites du bénévolat des enseignants d'autre part, sans bruit et sans secousse, "l'assimilation" se ferait toute seule. »[1313]

En juin 1985, après trois années de mise en œuvre du programme, le recteur établit un premier bilan[1314], comme la circulaire ministérielle de 1982 le prévoyait. En inventoriant les « points faibles » du programme, le recteur relève la problématique ancienne de la non-utilisation des parlers dialectaux pour l'apprentissage de l'allemand.[1315] Cet aspect paradoxal, présent depuis l'utilisation des manuels Holderith (1972), aboutira à la rédaction d'un manuel spécifiquement destiné aux enfants dialectophones, qui paraîtra en 1988.[1316]

C'est à l'occasion de ce bilan que le recteur définit «scientifiquement» la «langue régionale en Alsace»: «Ce sont les dialectes alsaciens dont l'expression écrite est l'allemand. L'allemand est donc une des langues régionales de la France». Il propose, à la suite de cette affirmation, une glose: «Les dialectes et l'allemand sont solidaires, on ne peut pas pratiquer une politique de la langue du voisin en Alsace en ignorant les dialectes, on ne peut pas célébrer les dialectes alsaciens sans comprendre que, coupés de l'allemand, ils s'appauvriront immanquablement et périront.»[1317]

Vu ainsi, la ligne de partage entre part endogène des langues («langue régionale») et part exogène («langue du voisin») pourrait être tracée ainsi:

	part endogène («langue régionale»)	part exogène («langue du voisin»)
oralité	dialectes (alsaciens)	allemand (oral)
scripturalité	allemand écrit	allemand écrit

Sur l'axe diachronique, la position du recteur est pleinement fondée. Cependant, les termes utilisés, en particulier les glottonymes, demanderaient à être définis ou explicités. Dans le sentiment subjectif des locuteurs alsaciens de la fin du XXe siècle, les liens entre la notion d'«allemand» telle qu'elle est ressentie alors et les parlers dialectaux apparaissent plus lâches.[1318] C'est probablement le caractère «officiel» de la définition, protégé par sa scientificité revendiquée, qui soulèvera des interrogations chez certains acteurs du consensus de 1982, mais qui obtiendra l'approbation d'une autre partie des représentants du corps social.[1319] Cette «définition», qui sera reprise peu ou prou jusque dans les textes officiels du début du XXIe siècle, s'appuie sur une vision de la distribution linguistique ancrée dans la tradition et ne tient pas compte des changements sociolinguistiques, dus à la politique et à l'idéologie linguistiques impulsées par l'État depuis 1945, relayés par les innovations et les changements sociétaux. Le processus par lequel le français a pu s'imposer comme langue standard de référence au détriment de l'allemand, et les changements sociétaux ainsi que les usages linguistiques modifiés ont amené les agents à opérer une disjonction entre dialectes et allemand qui débouche ou a déjà débouché sur une forme d'«autonomisation» des parlers dialectaux.

Comme en écho à ce constat rectoral est publiée, à l'initiative de l'Inspection générale d'allemand, en janvier 1987, une note de service portant sur l'«enseignement précoce de l'allemand».[1320] Le texte doit sans doute contribuer à ralentir ou à enrayer la chute du nombre d'élèves qui apprennent l'allemand en France et à anticiper la présence et la concurrence d'autres langues étrangères à l'école élémentaire, dont l'enseignement commencera à être expérimenté en 1989.[1321] Mais il inclut des « instructions complémentaires pour l'enseignement de l'allemand en Alsace et en Moselle » et des consignes spécifiques concernant la « mise en œuvre pédagogique pour l'enseignement de l'allemand aux enfants d'expression dialectale en Alsace et en Moselle ».[1322] Si le texte ne propose pas de pratiques innovantes, il n'en présente pas moins une nouveauté sur le plan de la politique linguistique dans le domaine éducatif, dans la mesure même où des instructions spécifiques concernent, au sein d'un texte à portée nationale, l'académie de Strasbourg et le département de la Moselle. Sa réception en Alsace restera limitée : les autorités éducatives locales ne procéderont pas à une diffusion commentée de la note dans les écoles ou lors de réunions pédagogiques assez systématiques des maîtres concernés pour les informer de son contenu, comme elles ont pris l'habitude de le faire pour les textes rectoraux. Elle fera certes l'objet d'une réflexion en formation initiale et continue des maîtres, mais ne sera incluse dans le dispositif académique que sous forme allusive dans la circulaire rectorale de 1988.[1323]

En effet, un deuxième complément à la circulaire de 1982 est publié en 1988. Pour l'école élémentaire, il formule un objectif tout à fait nouveau : « Notre ambition est de généraliser un enseignement efficace de l'allemand à l'école élémentaire, puis d'offrir à un grand nombre d'élèves l'enseignement de deux langues vivantes dès la sixième ».[1324] Le propos du recteur, qui s'adresse très précisément aux inspecteurs départementaux de l'Éducation nationale, renvoie à différents aspects du programme académique. Par « généralisation », il faut comprendre généralisation au cours moyen,[1325] qu'il entend voir se réaliser réellement. En faisant usage de la formule « enseignement efficace », le recteur critique le fonctionnement tel qu'il lui apparaît et tel qu'il l'a déjà décrit dans le paragraphe qui précède : « [Le projet régional] ne nous a pas apporté toutes les satisfactions que nous en attendions ; peut-être parce que nous en attendions trop, peut-être parce que le suivi des actions entreprises n'était pas suffisant, peut-être aussi parce que l'École a besoin de temps pour s'adapter à des mesures nouvelles. » En conséquence, il adresse une mise en demeure aux inspecteurs, dont l'engagement lui semble probablement trop tiède : « L'enseignement de l'allemand à l'école élémentaire, pour lequel je vous recommande la plus grande vigilance, est le socle de notre programme : il doit établir une base solide sans laquelle rien n'est possible. C'est pourquoi [...] vous devez rester attentifs à la qualité de l'enseignement dispensé et veiller à la régularité des cours. »[1326] Et de multiplier les injonctions en leur direction.

La raison à la fois de la volonté de généralisation et de celle concernant l'efficacité de l'enseignement trouve sa justification dans le fait que les enfants doivent pouvoir accéder, en sixième, aux sections «trilingues», créées en 1986, qui permettent aux élèves de poursuivre l'apprentissage de l'allemand et de commencer celui de l'anglais.[1327] C'était là également une manière d'enrayer la baisse du nombre d'élèves qui choisissaient l'allemand à l'entrée en classe de sixième – baisse qui apparaissait en contradiction avec l'esprit général du programme académique de «langue et culture régionales» – et de promouvoir globalement l'enseignement des langues dans l'académie.[1328]

Le rappel à l'ordre du recteur montre, en creux, les difficultés de mise en œuvre du programme à l'école élémentaire. Mais, dans le même temps, la circulaire inventorie toute une série de mesures en faveur des instituteurs (formation linguistique et formation didactique) qui doivent être autant d'éléments augmentant l'efficience du programme.

Dans une lettre adressée à l'ensemble des instituteurs de l'académie au printemps 1990,[1329] le recteur fait, en quelque sorte, le point sur l'enseignement de l'allemand à l'école primaire. En préambule, il revient sur le sens qu'il convient de donner à cet enseignement: «Parce qu'il constitue pour les enfants issus de familles dialectophones une véritable langue régionale, l'allemand, langue de référence des dialectes alsaciens, permet en effet à ces enfants d'enraciner leur parler dans une langue de culture et de communication internationale. [...] Pour les enfants non dialectophones, l'apprentissage de l'allemand est favorisé par l'environnement alsacien, par la proximité des pays germaniques, par la présence d'un grand nombre d'instituteurs qualifiés dont les effectifs et les compétences permettent une généralisation de cet enseignement [...]». Sur le plan définitoire, le fait de qualifier l'allemand de «langue de référence» permettait, sans doute, de ne pas l'enfermer dans sa dimension écrite et de justifier son enseignement et son usage dans l'espace, à l'oral. Le caractère opératoire de la définition proposée reste cependant problématique, dans la mesure où cette notion n'est pas explicitée.

La nouveauté annoncée dans cette ultime circulaire du recteur Deyon porte sur l'empan des âges où sera dispensé l'allemand: «L'enseignement de l'allemand sera généralisé dès le CE2 et il sera possible de l'entreprendre dès le CE1, à l'initiative du conseil d'école et sous réserve de l'accord des autorités académiques. » L'horaire hebdomadaire de deux à trois heures est confirmé et une différenciation de l'enseignement selon qu'il s'adresse aux dialectophones ou aux non-dialectophones est recommandée.

L'élargissement de l'enseignement de l'allemand aux dernières années de l'école élémentaire correspond sans doute à une demande de généralisation globale de cet enseignement à l'école primaire. La prudence avec laquelle opère le rectorat est due à la fois à une question de principe, mais aussi à un problème de moyens en personnels. En effet, les autorités rectorales gardent toujours la crainte à peine voilée que l'allemand puisse contrarier la bonne connaissance du français ou, du moins, priver de jeunes élèves d'heures dont ils auraient besoin dans les autres apprentissages. S'ajoute à ce point la difficulté de trouver et de former des maîtres qui puissent et/ou qui veuillent enseigner l'allemand. La partie du corps social favorable à la généralisation de l'enseignement de l'allemand, en particulier ceux qui sont activement engagés dans des associations militantes, interprètent, à tort ou à raison, cette retenue comme de la frilosité ou de la mauvaise volonté et peinent à croire qu'il n'y aurait pas de possibilité de solliciter davantage de maîtres, en proposant, notamment, un système de qualification spécifique et de rémunération, ce qui sera toujours refusé par les partisans du *statu quo*.

Si la décennie 1982-1990 a modifié le rapport global qu'entretenait le système éducatif avec la « langue régionale » en Alsace, la palette des intentions affichées en 1982 s'est réduite pour se focaliser sur l'enseignement-apprentissage de l'allemand et lui donner une priorité. Politiquement, c'est bien la langue standard qui va faire l'objet de toutes les attentions et, le cas échéant, des débats et des désaccords. La question de la présence des parlers dialectaux va s'estomper, chez la plupart des acteurs, comme s'il s'agissait d'un enjeu que le système éducatif ne pouvait pas prendre en charge. Les textes rectoraux publiés entre 1982 et 1990 prévoyaient l'usage des dialectes alsaciens, à l'école maternelle essentiellement, et l'utilisation des dialectes pour l'apprentissage de l'allemand. Dans les faits, les dispositions prévues, singulièrement dans l'enseignement pré-élémentaire, ont été suivies de peu d'effet. Une enquête de 1990[1330] montre que « le taux de fréquence dans l'emploi quotidien du dialecte [à l'école maternelle] est particulièrement bas si l'on considère le taux de dialectophonie par classes et/ou par enfants » et débouche sur une première conclusion : « Par-delà ces considérations de méthode et au-delà du problème des pratiques déclarées et des pratiques réelles, [le croisement des données recueillies tend] à montrer *l'extrême fragilité* de la position du dialecte dans son usage à l'école maternelle et plus particulièrement son statut de précarité. » Pourtant, la mesure en faveur des parlers dialectaux était en symbiose avec les souhaits des habitants de l'académie : plus de 66 % des ménages étaient favorables au fait de « dégager dans les écoles maternelles du temps consacré à l'alsacien ».[1331] Par ailleurs, de nombreuses personnes interrogées attribuent, dans leur discours épilinguistique, un rôle fondamental à l'école dans la revitalisation de l'usage des parlers dialectaux,[1332] mais donnent une nette priorité à l'allemand standard.[1333]

Les rapports parfois complexes avec le « terrain » (les écoles primaires) que l'ensemble des dispositions prises pour l'enseignement de l'allemand ont fait surgir, mais qui, pour partie, ont déjà existé à partir de la généralisation de cet enseignement en 1976 en CM1/CM2, ont essentiellement amené l'ensemble des partenaires à envisager cet enseignement sous ses aspects quantitatifs, rarement dans ses dimensions qualitatives.

En effet, les forts taux de couverture relevés des classes de cours moyens (entre 75 % et 98 % des classes de l'académie, selon les années observées) ont occulté nombre de questions qualitatives soulevées par les formateurs qui, conscients que l'empirie impressionniste et la subjectivité restaient insuffisantes pour fournir des éléments d'appréciation suffisants, ont suggéré d'entreprendre une « photographie » qualitative à grande échelle. Une enquête menée par une commission d'évaluation, nommée par le recteur,[1334] a été réalisée de mars à avril 1992.[1335] Les commissaires ont observé des séquences d'allemand dans 122 classes de CE2, CM1 et CM2 réparties de façon représentative dans l'académie et ont eu un entretien avec chaque maître, après quoi ils ont renseigné une grille de travail. Globalement, l'enquête confirme, par une observation structurée et quantifiée, une partie des impressions subjectives que rapportaient nombre d'observateurs. Elle observe qu'en moyenne, trois séquences d'une demi-heure sont consacrées par semaine à cet enseignement. Mais elle constate aussi et surtout qu'environ un tiers des maîtres ont des compétences linguistiques insuffisantes et/ou très moyennes. Parmi eux, quatre sur cinq n'ont pas fait personnellement le choix d'enseigner l'allemand. D'un point de vue plus professionnel, la commission s'inquiète de constater que la *moitié* des enseignants utilise des approches et des démarches didactiques et pédagogiques qualitativement très moyennes, ou même insuffisantes à très insuffisantes, dans leur enseignement de l'allemand. La commission a également procédé à une évaluation des « compétences » observées des enfants et a fait le constat que l'éventail était ouvert maximalement, de l'excellence à la compétence quasiment nulle : près de la moitié des élèves ont des compétences qui vont de « très bonnes » à « moyennes, mais correctes », mais l'autre moitié présentent des compétences beaucoup plus problématiques.

Cette « photographie » aurait, potentiellement, eu de quoi effrayer l'ensemble des partenaires. Elle aurait certainement pu ou dû inciter à orienter la politique linguistique de l'enseignement primaire différemment. Cependant, il est fort probable qu'une observation de ce type pour une autre discipline scolaire ait produit des résultats analogues. Mais un tel état des lieux n'aurait pas été politiquement acceptable et compréhensible pour les partenaires de l'Éducation nationale, de sorte que le recteur a préféré ne pas diffuser le bilan et que, par conséquent, la mise à plat qu'il aurait dû produire n'a pas eu lieu.

Le « bilinguisme » à l'école : nouvelle pomme de discorde

Pour une partie du corps social, l'évolution de l'enseignement de l'allemand à l'école élémentaire reste quantitativement trop lente et qualitativement trop incomplète. L'idée d'un enseignement bilingue, sous différentes formes, commence à prendre corps, notion que le recteur Deyon avait écartée implicitement, mais fermement, dans son bilan de 1985.

C'est durant l'année 1990 que commencent à naître les débats autour d'une présence plus importante de l'allemand à l'école, d'une fonctionnalité de la langue allemande dans l'apprentissage et, par ricochet, des formes d'enseignement à trouver et des méthodes à mettre en œuvre. En avril 1990, une association, présidée par le sénateur Henri Goetschy,[1336] « demande au Ministre et aux instances de décision de l'Éducation nationale qu'il soit érigé un statut bilingue propre aux académies concernées de Strasbourg et de Nancy-Metz. Ce statut devra permettre la mise en route d'un nouveau concept éducationnel s'articulant autour d'un enseignement bilingue fondamental français-allemand auquel s'ajouteront des langues étrangères. Cet enseignement bilingue commencera dès l'école maternelle. Il s'appuiera sur la tradition dialectale. Par souci d'efficacité, l'allemand sera non seulement langue enseignée, mais également langue d'enseignement, ceci dans un volume horaire allant de neuf à douze heures par semaine. »[1337]

Aux parents d'élèves d'une école maternelle de Colmar qui demandent, avec le soutien de certains élus, un enseignement/éveil français-allemand à parité horaire, il est opposé une fin de non-recevoir, début septembre 1990.

Un bras de fer va s'engager entre la fraction du corps social qui demande un enseignement bilingue, c'est-à-dire un enseignement où l'allemand fait également fonction de langue d'enseignement, et l'administration scolaire, pour qui cette revendication n'est pas contenue dans les engagements qui la lient à ses différents partenaires, ainsi que d'autres parties du corps social.[1338] En effet, les textes fondateurs portant sur l'enseignement des langues et cultures régionales (1982 et 1983) du ministre de l'Éducation nationale Alain Savary évoquent la possibilité de formes de bilinguisme, mais de manière assez discrète. Le texte de 1982 indique que « la cohérence du service public d'éducation n'exclut pas qu'outre l'enseignement de la langue régionale, certains enseignements puissent être dispensés à titre expérimental en langue régionale, notamment s'ils ont une dimension régionale particulière ». Il conclut le chapitre consacré à l'école élémentaire en relevant que « seront étudiées les conditions dans lesquelles pourraient être créées des classes expérimentales bilingues tenant compte des expériences déjà engagées dans certaines régions et faisant appel aux compétences qu'elles ont ainsi révélées. »[1339] La circulaire de 1983 se contente d'effectuer un rappel des dispositions prévues par la circulaire antérieure.[1340]

Ces aspects n'ont pas été retenus par la circulaire rectorale en vigueur dans l'Académie de Strasbourg, d'une part, et, d'autre part, il n'est pas à exclure que le texte local ait focalisé toute l'attention des partenaires et occulté les termes du texte-cadre national. Mais c'est bien sur ces textes que se fondent les parents demandeurs d'un enseignement bilingue à l'école maternelle de Colmar, qui seront à l'origine de l'Association pour le bilinguisme en classe dès la maternelle (ABCM).[1341]

L'initiative ne passe pas inaperçue dans la presse. Le recteur commentera la demande des parents de l'école maternelle de Colmar de manière sévère et définitive, en déclarant : « S'il s'agit de traiter l'allemand comme une langue nationale, à égalité avec le français, ni les instituteurs, ni le recteur n'adhèreront à cette démarche. Et nous ne le ferions que sur instruction du gouvernement. »[1342] Sa position est connue : dès 1985, dans son premier bilan, il écarte toute idée d'un statut paritaire des langues en Alsace.[1343] Durant le même entretien avec les représentants de la presse, il rappelle également son hostilité à un enseignement de l'allemand dès l'école maternelle. Il maintient, dans cette partie de son point de vue, l'attitude de prudence ou de méfiance qui lui a été reprochée dans le passé, en ne généralisant pas l'enseignement de l'allemand à tous les niveaux de l'école primaire. Aussi récuse-t-il également un enseignement de l'allemand en petite section : « Il n'est pas question d'enseigner l'allemand aux tout petits. Et moins encore, comme le demandent des parents de la maternelle "Les Géraniums" à Colmar, de créer des classes bilingues avec douze heures d'allemand et autant de français. » Un partage jugé « extravagant ».[1344]

Très rapidement, la Ville de Colmar et l'Inspection académique du Haut-Rhin décident « d'examiner les conditions nécessaires à une expérimentation d'enseignement de l'allemand de la Grande Section de maternelle jusqu'au CM », à raison de deux ou trois heures hebdomadaires.[1345] Mais la concession vient probablement trop tard. En effet, les parents d'élèves auront gain de cause sur le principe, soutenus en cela par un nombre non négligeable d'élus. Une délégation de parlementaires d'Alsace et de Moselle, conduite par le président du Conseil régional d'Alsace et accompagnée par les présidents des Conseils généraux des deux départements alsaciens ainsi que par le président du Haut Comité de la langue et de la culture alsacienne-lorraine est reçue, à sa demande,[1346] par le ministre de l'Éducation nationale, en présence du recteur Deyon, en décembre 1990. Dans le communiqué qui est publié suite à cette réunion,[1347] il apparaît que la position défendue par le recteur au mois d'octobre n'est plus celle qui prévaut. En effet, à côté de toute une série de mesures qui sont dans le droit fil de l'existant, le communiqué mentionne deux dispositions inédites qui forment comme une réponse aux deux refus du recteur Deyon et sonnent comme un désaveu : il précise d'abord le degré de « précocité » de l'enseignement de l'allemand en indiquant qu'il y aura « [...] diverses modalités d'enseignement, depuis l'accueil en grande section de maternelle et au cours préparatoire par une initiation ludique et musicale [jusqu'à la fin du collège]. »[1348] L'enseignement de l'allemand pourra donc débuter dès l'école maternelle. Puis vient une réponse à la question de l'enseignement bilingue : « Des expériences bilingues comportant l'enseignement en allemand d'une matière du programme de l'école élémentaire pourront être engagées dans chacun des départements concernés. La localisation devra être choisie, ses modalités de déroulement, de suivi, d'évaluation déterminées en concertation instituée avec les enseignants, les parents d'élèves et les élus. »[1349]

Ce changement à vue dans la politique linguistique éducative en Alsace – politique qui n'a aucun caractère dérogatoire parce que prévue par les circulaires Savary – ouvre, dans le principe, la voie à l'enseignement bilingue. La période de turbulence n'est cependant de loin pas close par ce communiqué. Les prises de position en faveur ou contre l'instauration de classes ou de sites bilingues ne font que commencer. Ce sera Jean-Paul de Gaudemar, le nouveau recteur de l'Académie de Strasbourg, remplaçant Pierre Deyon partant à la retraite, qui aura à gérer la situation nouvelle ainsi créée.

RADIO ET TÉLÉVISION RESTRUCTURÉES[1350]

Suite à l'une des promesses du candidat François Mitterrand, l'ensemble de la diffusion radiophonique et télévisuelle est restructuré par la loi du 29 juillet 1982 sur la communication audiovisuelle.[1351] Dès 1981, la gauche abandonne le monopole qu'avait l'État pour la radiodiffusion, ce qui modifiera profondément le paysage radiophonique en France.[1352] Cependant, « la disponibilité des fréquences, les objectifs parfois plus lucratifs qu'associatifs des radios, la multiplicité des demandes d'autorisation d'émettre... font de cette nouveauté un objet de débat permanent. Les choses se compliquent un peu plus en Alsace dans la mesure où, par exemple, la modulation de fréquence est particulièrement encombrée, du fait que des stations allemandes et suisses sont suffisamment puissantes pour être écoutées en Alsace et qu'il ne s'agit pas de les brouiller. Ce ne sont pas loin d'une quarantaine de dossiers qui ont été déposés pour le compte du Bas-Rhin et près d'une trentaine pour le département du Haut-Rhin. 41 stations locales seront autorisées en mars 1985 [...]. »[1353]

Si, dès 1984, plusieurs radios locales semblent avoir d'emblée un bon taux d'écoute, les grilles publiées tendent à montrer que le dialecte est totalement absent et/ou qu'il ne joue qu'un rôle tout à fait mineur. L'allemand, lorsqu'il est programmé, ne semble l'être que sous forme de chansons de variété.[1354] Il est vrai que les radios (allemandes et suisses) diffusant en langue allemande disposent également de nombreux auditeurs.

Après l'attribution des stations régionales radiophoniques à Radio France en 1983 (et le maintien des télévisions régionales au sein de France Région 3, FR3), il semble qu'il y ait une forme d'accélération du type radiophonique produit : « grâce à la suppression progressive des émissions "structurées", c'est-à-dire nécessitant textes d'auteur, d'interprètes et réalisateurs », les émissions tendent à devenir ou à être exclusivement des émissions d'une radio « d'animation », avec une forme d'interactivité avec ses auditeurs.[1355] La question du type d'émission, de la manière de gérer les langues (ou non), de l'auditorat, etc., va, également, devenir un sujet de discussion, notamment entre les «militants» culturels qui s'étaient affirmés dans la décennie précédente, les associations, les syndicats et les responsables de la station de radio.[1356]

«Depuis sa création en 1983, Radio France Alsace s'efforce d'apporter une programmation différente de celle des radios privées alsaciennes, elle assure un programme local de 6h à 24h, soit 18 heures par jour de décrochages. En revanche, cette nouvelle programmation soulève quelques remous en Alsace car les émissions en allemand sont abandonnées et les émissions en alsacien cantonnées à 1h30 le samedi soir avec *Bi de Litt*. Le quotidien *Les Dernières Nouvelles d'Alsace* plaide pour une véritable régionalisation de [la station], le mouvement culturel alsacien et de nombreuses associations manifestent place de Bordeaux, à Strasbourg (siège de Radio France Alsace), pour demander à la station une parité entre le français et le dialecte. Cette revendication légitime des défenseurs du [dialecte] alsacien va être récurrente dans la vie de la station. Depuis sa création, chaque fois que la destinée de la station est confiée à des personnalités de la "France de l'intérieur", ces dernières n'auront pas conscience de l'importance de la langue dans l'identité culturelle de la région et la réduiront à un particularisme folklorique et passéiste déconnecté de la vie de tous les jours. Devant ces réactions, la direction de la station crée de nouvelles émissions en alsacien, notamment les matins et confie les dimanches matin à Roger Siffer et son équipe de comédiens alsaciens. Ils présentent une émission en direct d'un cabaret strasbourgeois.[1357]

» Le programme du 235 m OM, qui n'est pas, à proprement parler, une station de radio, est un patchwork d'émissions de diverses origines : la nouvelle station pour les séniors, Radio Bleue, y est diffusée en remplacement de France Culture. Mais l'émetteur diffuse aussi le journal de France Inter, celui de Radio France Alsace et une émission spécifique de 12h à 14h, sans oublier les informations en langue allemande qui restent fidèles à cette fréquence.[1358]

» En 1989, après une nouvelle suppression de plusieurs émissions en alsacien et une remise en cause de la spécificité régionale de la station, le personnel de Radio France Alsace se met en grève et obtient le maintien des émissions.»[1359]

Pour la télévision, les changements semblent plutôt favorables au dialecte et conformes à ce qui est notamment prévu à l'article 5 de la loi de juillet 1982, à savoir de contribuer à assurer «l'expression des langues régionales». La mise en place de la nouvelle grille du 5 septembre 1983 est considérée comme un «tournant» (Michel Mathien). «Les premières émissions "locomotives", celles des tranches de grande écoute, qui sont à la fois en concurrence avec les émissions de TF1 et A2 et celles des télévisions allemandes, sont conçues en dialecte. La grille du "5 septembre 1983" est devenue une référence pour les suivantes. [...] La place accordée au dialecte alsacien avait non seulement un but culturel. L'objectif était de toucher les milieux populaires et de détourner une bonne partie des téléspectateurs de la région des télévisions "étrangères" et nationales.»[1360] La station régionale a produit, en 1983-1984, 85 heures d'émissions dialectales, ce qui représente 21% de la production alsacienne.[1361] En 1987, 153 heures seront produites en dialecte.[1362] Selon Pascale Erhart, «cette réforme constitue un tournant majeur dans l'histoire de la télévision régionale» et «les programmes régionaux de *France 3 Alsace* sont plus nombreux et répartis sur différents moments de la journée». Le nombre et la diversité des émissions, durant les années quatre-vingt, semblent les faire apparaître comme une sorte d'«âge d'or» (P. Erhart) auquel on se référera par la suite. Cela amène un foisonnement d'émissions, d'expérimentation, voire d'une forme d'«amateurisme» (P. Erhart).[1363] Même les «décrochages» régionaux du soir entre 19h35 et 19h55 au profit d'une émission en dialecte semblent plutôt être compris comme une sorte de complémentarité par rapport aux autres chaînes françaises (mais aussi par rapport aux chaînes allemandes).[1364] De même, le décrochage mensuel pour un «Gross Elsaesser Owe», contre lequel des téléspectateurs émettent certes des protestations, semble jouir d'un consensus majoritaire. Ce qui amène la rédaction de *DN Télévision* à publier l'une de ces lettres de protestation et à y répondre que «le problème posé n'est ni nouveau ni simple à résoudre. De très nombreux téléspectateurs de la région souhaitent trouver sur l'antenne une soirée alsacienne. Une fois par mois, ce n'est pas exagéré. Par ailleurs, l'émission nationale ainsi "décrochée" est chaque fois rediffusée sur FR3 Alsace, quelques semaines après [...]. Les tenants de la soirée alsacienne mensuelle sont en tout cas majoritaires. Il faut donc s'incliner.»[1365]

Cette décennie semble être celle de tous les possibles : FR3 Alsace et le rectorat de l'Académie de Strasbourg coproduisent une émission pour les enfants d'âge scolaire avec une forte présence dialectale, *Üss'm Schuelersack*. La presse qualifie l'émission de «grande première» en indiquant que le recteur a laissé entendre qu'elle «serait difficile à suivre par les non-dialectophones».[1366]

Mais comme pour la radio, dès 1989, puis plus drastiquement à la rentrée 1990, la voilure dialectale des émissions est réduite, avec son cortège de protestations, au succès plutôt mitigé.[1367]

Si la création en dialecte, sous des formes nouvelles, a connu son apogée dans la décennie précédente, une partie des acteurs de cette «renaissance» commence à structurer la scène culturelle régionale. Les institutions établies continuent certes à connaître un succès qui ne se dément pas, que ce soit les Théâtres alsaciens, sans parler des *Herre-n-Owa* du Théâtre alsacien de Mulhouse,[1368] ou les cabarets (*De Barabli* de Germain Muller, *Bonjour* de Gaston Goetz). Les «nouveaux venus» du début des années soixante-dix, comme René Egles ou Jean-Pierre Schlagdenhauffen, par exemple, vont aller au-delà des prestations qui les ont fait connaitre : le premier animera une émission de télévision pour les enfants à partir de 1986, le second retournera plus souvent sur scène. Mais ce sera sans conteste Roger Siffer, cherchant «un endroit où la culture régionale soit à l'aise», qui va inaugurer une forme inédite où les différentes formes culturelles, essentiellement en dialecte, pourront s'épanouir en créant le lieu de spectacles «La Choucrouterie».[1369] Dans ce sens, la création en dialecte se poursuit, en abandonnant de plus en plus l'«amateurisme» et en cherchant à gagner en qualité.

La décennie 1981-1991 montre de manière indéniable que la politique linguistique en faveur du français et les discours épilinguistiques en défaveur du plurilinguisme et, en particulier, du dialecte, qui ont circulé dans la société depuis 1945 sont en train de porter leurs fruits : les changements ne sont plus réversibles, le français s'est diffusé dans l'ensemble des espaces de vie (bien qu'il y ait encore des craintes du côté de l'État...), même si les parlers dialectaux se maintiennent probablement mieux et plus que ce qui était mécaniquement pensable ; pour les acteurs qui regrettent cet état de fait, il n'y a guère qu'une politique linguistique qui pourrait y remédier, pour ceux qui aspirent à ce que le dialecte joue un rôle mineur, les choses sont acquises ; s'agissant de l'allemand, son rôle au sein de la société est devenu marginal, mais il semble qu'on lui attribue de plus en plus fréquemment une fonction qui n'avait pas vraiment été mise en avant auparavant, celle qu'il pourrait avoir dans le champ économique.

C'est précisément durant cet empan temporel que toute une série de dispositions en faveur des «langues régionales» aura été prise, sans pourtant qu'aucune des propositions de loi portant sur les langues régionales qui sont déposées à l'Assemblée n'aille au-delà du stade de proposition. Pour la *Proposition de loi sur la promotion des langues et cultures de France* du 17 mai 1984, par exemple, qui ne sera pas discutée, un observateur indique qu'«il semble en fait que les initiateurs de cette loi aient craint qu'un débat à l'Assemblée réveillât quelques vieux démons jacobins, sévissant aussi bien sur les bancs de la droite que de la gauche.»[1370]

Eugène Philipps, en écho à ce projet de loi qui n'est pas discuté, souligne la précarité des dispositifs adoptés: «Certes, aucune loi ne pourra inciter les Bretons, Basques et autres Alsaciens à reparler leur langue s'ils en ont perdu l'usage. Certes, le recul dramatique des "langues de France" a encore d'autres causes que la non-reconnaissance juridique par l'État français. Certes, l'absence d'une loi votée en bonne et due forme par le Parlement n'a pas empêché le gouvernement de prendre un certain nombre de mesures en faveur des "langues et cultures de France" qu'aucun gouvernement précédent n'avait eu le courage de prendre. Mais sans le vote par le Parlement d'une loi garantissant aux "langues de France" des droits clairement définis et imprescriptibles, il suffirait d'un gouvernement indifférent, voire hostile à la diversité linguistique [...] pour réduire progressivement à néant tout ce qui a été réalisé au cours de ces dernières années, notamment à l'école et à la télévision des régions concernées.»[1371]

Dialecte et identité

Il est intéressant de noter que la dialectophonie, vue longtemps comme la base même d'une «identité» alsacienne, commence à ne plus être la condition *sine qua non* pour «se sentir Alsacien», signe intéressant d'un début de disjonction entre la langue comme signal nécessaire d'une identité et les traits constitutifs ressentis de l'identité. Dans une «enquête» menée par *Le Nouvel Alsacien*,[1372] dont les résultats sont publiés en 1984[1373], à la question «À votre avis, peut-on se sentir Alsacien sans savoir parler l'alsacien?», les répondants (tous bas-rhinois) ont exprimé leur accord à 36%, leur désaccord à 59% et 4% sont sans opinion. Chez les agriculteurs, la part de ceux qui pensent que l'on ne peut être Alsacien qu'en connaissant l'alsacien dépasse 80%, elle est de 72% chez les ouvriers et employés, tout comme chez les patrons de commerce et de l'industrie. Les cadres supérieurs sont partagés (à 50%) à ce sujet.[1374] Les lecteurs du quotidien font plutôt partie de la frange de la population qui a pris fait et cause pour la reconnaissance et l'usage du dialecte et de l'allemand.

Insensiblement, le statut du dialecte est peut-être aussi en train de changer pour devenir davantage une langue «en représentation», une «langue de plaisir» (Adrien Finck[1375]). En effet, le théâtre dialectal connaît une montée en puissance comme pour compenser le changement de langue qui est en train de s'opérer. Rien que dans la région de l'outre-Forêt, «une dizaine de nouvelles troupes se sont créées ou recréées ces cinq dernières années. Les unes sont caractérisées par l'esprit conservateur du théâtre d'après-guerre, d'autres évoluent vers des formes théâtrales plus contemporaines, allant jusqu'à briser la symbolique du «quatrième mur» pour provoquer une participation active du public. Cependant, toutes ont en commun le plaisir de produire un théâtre dialectal. Un théâtre populaire.»[1376] Aussi n'est-il pas étonnant, dans une logique représentationnelle et symbolique, sans enjeu fonctionnel véritable, que les municipalités de Mulhouse et de Strasbourg songent à apposer des plaques de rue bilingues, la forme dialectale semblant nettement l'emporter sur la forme standard pour des raisons psychologiques.[1377]

Dialecte et allemand

«Le discours sur les liens entre l'allemand et les dialectes alsaciens donne lieu à des positionnements très contrastés qu'on peut situer sur un continuum délimité, à ses extrémités, par une stratégie de distanciation, de coupure et par une stratégie de proximité ou de fusion. […] Dans les activités de catégorisation qui ont trait à l'apparentement de l'allemand et des dialectes alsaciens, la question des rapports d'inclusion et d'exclusion entre les deux variétés révèle chez la majorité des locuteurs une difficulté à s'inscrire dans une continuité historique. Dans le discours, la gêne, voire le malaise […] sont révélateurs de tensions conditionnées par les discours antérieurs, par les normes dominantes et le contexte social et sociétal.

» En reconstruisant des référents historiques ou en procédant à un "bricolage de la mémoire", les dialectes, en totale indépendance de l'empirie, sont en quelque sorte décrochés de l'allemand. […] En d'autres termes, les stratégies adoptées sont des stratégies de distanciation qui tendent à enfermer le dialecte dans un espace clos et à ne pas s'approprier l'allemand, langue étrangère de proximité renvoyant à une autre entité stato-nationale. […] Lorsque l'allemand est évalué en lien avec les enjeux économiques et éducatifs d'une compétence plurilingue, il conduit à opter pour des stratégies de proximité. » Qu'il s'agisse d'élèves ou d'employés d'entreprises internationales en Alsace, la logique adoptée est très proche et correspond à ce que d'autres locuteurs nés après 1945 déclarent également dans ce contexte économique. « La connaissance potentielle du dialecte (totalement détachée de la pratique) est le corrolaire d'une forme de compétence (de compréhension, d'expression orale) en allemand. »[1378]

DE 1991 AUX ANNÉES 2010

Vers une fonction symbolique de l'alsacien ?

Durant la vingtaine d'années à cheval sur la fin du XXe et le début du XXIe siècle, les évolutions de la situation linguistique restent dans le droit fil de la décennie précédente : l'usage du français reste la règle, la connaissance ainsi que l'usage des parlers dialectaux reculent et l'allemand devient avant tout, dans son abord sociétal, une langue exogène fonctionnelle.

BAISSE DE LA PRATIQUE DU DIALECTE CHEZ LES JEUNES

Près de vingt ans après l'étude de l'INSEE de 1979 et douze ans après le sondage de 1986, les résultats d'un sondage publié en 1998[1379] montrent que, tendanciellement, la connaissance déclarée du dialecte est de moins en moins importante chez les personnes interrogées âgées de moins de 34 ans :

LES LANGUES DE L'ALSACE

	Parlé couramment	Parlé de temps en temps	Parlé couramment + parlé de temps en temps	Compris, mais non parlé	Ne le parle ni ne comprend	Ne *parle* pas le dialecte (total)
18-24 ans	22%	15%	**37%**	24%	39%	**63%**
25-34 ans	33%	11%	**44%**	27%	29%	**56%**
35-49 ans	49%	16%	**65%**	13%	22%	**35%**
50-64 ans	67%	8%	**75%**	13%	12%	**25%**
65 ans et plus	79%	5%	**84%**	10%	6%	**16%**
ENSEMBLE	51%	11%	**62%**	17%	21%	**38%**

Selon le journaliste commentant le sondage, « l'alsacien, dans sa dimension de langue parlée couramment, est sur la voie d'un inexorable déclin. L'état des lieux de l'usage de la langue régionale montre qu'une majorité absolue d'Alsaciens la pratique encore couramment. Mais les réponses par tranches d'âge ne laissent aucun doute sur son devenir : à ce rythme, dans quelques générations, ce sera une langue morte. [...] C'est parmi les retraités (73%) et les ouvriers (51%) qu'on trouve le plus de personnes parlant couramment le dialecte. Mais plus le niveau d'instruction est important, moins la langue régionale est utilisée. Les urbains (39% des Strasbourgeois affirment le parler couramment) sont évidemment moins pratiquants que les ruraux (65%). Les dialectophones se situent plutôt à droite de l'échiquier politique. » Le sondage publié trois ans plus tard (2001) montre peu de changement dans la connaissance déclarée du dialecte : 61% des personnes interrogées déclarent savoir le parler.[1380]

En 2006, le rectorat de l'Académie de Strasbourg a procédé à une enquête sur la dialectophonie des élèves scolarisés à l'école primaire et de leurs parents. Eu égard à l'âge des élèves, il est probable que les parents sont très majoritairement âgés de moins quarante ans (nés aux alentours de 1965 et postérieurement). Ces derniers déclarent parler à 49,55% le dialecte (34,95% le parlent et 14,60% le parlent « un peu »). Selon leurs indications, ils le comprennent à 63,45% (50,30% le comprennent et 13,15% le comprennent « un peu »).[1381]

Enfin, une étude réalisée en 2012[1382] montre une baisse sensible et en accélération de la dialectophonie déclarée : 43% des habitants déclarent bien savoir parler l'alsacien (appelés les « dialectophones » par les sondeurs) ; 10% des habitants déclarent savoir parler un peu l'alsacien et bien le comprendre ; 5% des habitants déclarent le parler un peu et le comprendre un peu ; 17% déclarent le comprendre un peu, mais ne pas le parler ; 25% déclarent ne pas comprendre l'alsacien.[1383] Corrélée avec la variable de l'âge, la répartition des « dialectophones » s'opère ainsi : 3-17 ans : 3 % (déclaration des parents); 18-29 ans : 12 %; 30-44 ans : 24 %; 45-59 ans : 54 %; 60 ans et plus : 74 %[1384]. Sur le total des répondants, les hommes se déclarent dialectophones à 50 %, les femmes à 36 %.[1385] Cette différence sexuée, perceptible à partir des déclarations recueillies en 1979, continue à se confirmer (*cf. supra*). Si la connaissance déclarée reste, malgré tout, relativement élevée, c'est bien plus la transmission du dialecte qui semble de moins en moins assurée, phénomène qui peut, mécaniquement, amener une baisse brutale de la connaissance du dialecte.

Dès 1991 apparaît un différentiel de près de 10 % entre les locuteurs qui déclarent parler le dialecte et ceux qui déclarent le transmettre (ou vouloir le trasnmettre) à leurs enfants :[1386]

	oui	non
Vous comprenez l'alsacien	79	21
Vous le parlez	67	33
Vous l'apprenez ou l'apprendrez à vos enfants	**58**	**40**
Vous êtes favorable à son enseignement à l'école	73	26
Vous êtes favorables à un enseignement de l'allemand dès la maternelle	48	50

Ce ne sont que 39 % des plus jeunes des locuteurs qui envisagent la transmission (contre 58 % pour l'ensemble). Dans le même temps, les déclarants confieraient assez volontiers une telle tâche ou, du moins, une mission assez proche à l'espace éducatif, avec 73 % de réponses positives à propos de « l'enseignement » de l'alsacien à l'école. Est-ce le statut même du dialecte qui changerait en devenant objet d'enseignement ? Est-ce une sorte de délégation à l'école de ce que la famille ne peut/sait/veut plus faire ? Est-ce un hommage à l'efficacité de l'école ? Probablement un mélange de toutes ces raisons et d'autres encore.

Une enquête publiée en 1992 note les mêmes tendances : « Les intentions "fermes" de transmettre le dialecte passent à 57 % des enquêtés ayant des enfants, alors que la proportion n'est que de 33 % pour les autres. »[1387] Parmi les raisons invoquées pour ne pas transmettre le dialecte, « les explications données se résument en général à deux arguments principaux : le dialecte est responsable d'un accent "lourd, pénible, qui traîne" que l'on refuse. Il handicaperait l'enfant par rapport à sa scolarité en français. »[1388] (*cf. supra*)

Une enquête menée en 1994-1995 dans le département du Bas-Rhin livre une répartition plus détaillée des enfants dialectophones, selon les âges :[1389]

	Nombre d'élèves	Nombre de dialectophones	%
Petite section	11 783	830	7,04
Moyenne section	11 439	839	7,33
Grande section	11 128	909	8,17
CP	14 231	2 022	14,21
CE1	13 317	2 231	16,75
CE 2	12 927	2 706	20,93
CM1	12 669	2 974	23,47
CM2	12 490	3 082	24,68
	99 984	**15 593**	**15,59**

Si, proportionnellement, les élèves dialectophones représentent une minorité parmi les enfants scolarisés, dans l'absolu, il s'agit de près de 16 000 enfants entre trois et onze ans pour le département du Bas-Rhin et, possiblement, d'environ 8 000 enfants dans le département du Haut-Rhin. Au vu de ces chiffres non négligeables, la question de la transmission et/ou de l'entretien d'une compétence linguistique par d'autres instances que la famille, tout particulièrement par l'école, se pose nécessairement, dans la mesure où les élus, dans leur immense majorité, déclarent souhaiter que la connaissance du dialecte se maintienne.

En 1999, une enquête portant sur l'«Étude de l'histoire familiale», qui a été menée en même temps que le recensement général de la population, arrive à la conclusion que «l'alsacien est parlé en Alsace par 39% des adultes, soit 500 000 personnes».[1390] Elle précise que moins de 4 personnes sur 10 parmi celles nées après 1970 déclarent parler l'alsacien.[1391] Cependant, le questionnement est essentiellement centré sur la transmission.[1392] L'auteur de l'étude observe que «de nos jours [1999-2002] presque tous les enfants nés en Alsace parlent le français avec leurs parents, et seulement un enfant sur quatre parle l'alsacien. Par ailleurs, quand le dialecte est parlé entre parents et enfants, il devient de plus en plus langue occasionnelle : parmi l'ensemble des enfants nés en Alsace, seuls 10% des enfants apprennent aujourd'hui l'alsacien de façon habituelle.»[1393]

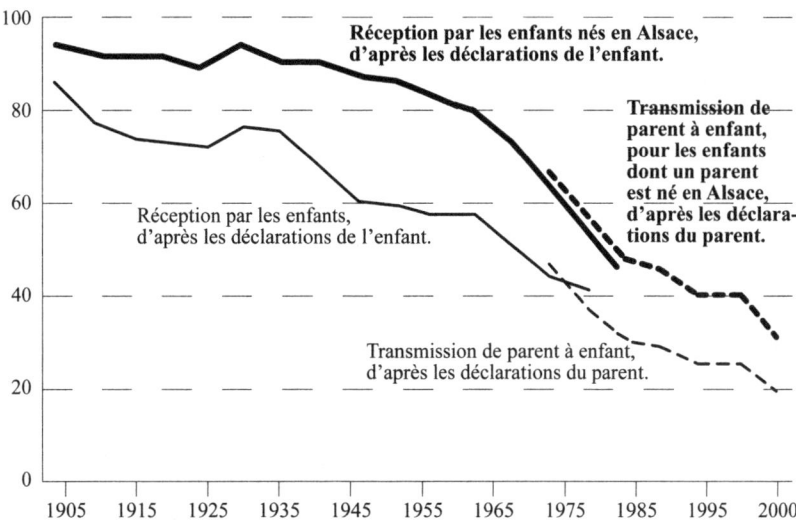

Transmission de l'alsacien de parent à enfant selon les générations

Lecture : 93 % des personnes nées en Alsace en 1930 déclarent qu'elles ont reçu l'alsacien de leurs parents. Selon les déclarations des parents, parmi les enfants nés en 1990 dont un parent est né en Alsace, 41 % ont reçu l'alsacien.[1394]

Enfin, les résultats d'un sondage de 2001 tendent à montrer que « seules 15,5 % des personnes interrogées disent apprendre le dialecte à leurs enfants (auxquelles il faut ajouter 13 % qui le transmettent "un peu"…). Chez les 18-34 ans, le taux de transmission tombe à 12,5 % alors qu'il est encore de 21 % chez les 35-49 ans. […] La transmission est quasi inexistante lorsqu'un seul des deux parents parle l'alsacien. »[1395]

De façon isolée, d'autres instances familiales (grands-parents, fratrie parentale…) ou sociales (associations, cercle amical, etc., fréquentés par les parents) peuvent jouer un rôle dans l'acquisition « passive » ou « active » du dialecte chez les enfants. Mais ce type de phénomène reste marginal et statistiquement non significatif.

Cinq ans plus tard (2006), une enquête menée par le rectorat de l'Académie de Strasbourg[1396] chez les élèves de l'école primaire aboutit aux conclusions suivantes :

Parlent le dialecte : 2,75 %
Le parlent un peu : 14,45 %
Ne le parlent pas : 82,80 %
Comprennent le dialecte : 11,20 %
Le comprennent un peu : 22,20 %
Ne le comprennent pas : 66,60 %

Quelle que soit l'exactitude ou la valeur absolue des comptages effectués, tendanciellement ils montrent que ce n'est pas tant le nombre des non-dialectophones qui a augmenté (même si deux tiers des enfants ne comprennent pas le dialecte) que le nombre des enfants qui savent parler le dialecte qui a chuté (plus de 4 élèves sur 5 ne le parleraient pas). Il s'agit d'une première réponse plutôt *empirique* (c'est-à-dire non uniquement auto-déclarative) à la question de savoir comment s'opère (ou non) la transmission des parlers dialectaux. En valeur absolue, les dialectophones plus ou moins «actifs», soit 17,2% (2,75% + 14,45 %) de la population de l'école primaire, devraient représenter environ 30 000 élèves,[1397] mais les 2,75% d'enfants qui «parlent le dialecte» ne représentent qu'environ 4 500 enfants. L'étude de 2012 semble corréler globalement ces proportions.

Les parents des élèves concernés déclarent parler le dialecte à 34,95%, auxquels s'ajoutent 14,60% qui déclarent le parler «un peu». Interrogés sur la transmission, les parents non transmetteurs «regrettent» cet état de fait à 51,80%, sans que se dégagent réellement des raisons de ce regret (sont cités : «à cause de difficultés d'échanges avec la famille» pour 20,55%, «parce que cela faciliterait l'apprentissage de l'allemand» à 48,35% et «à cause d'un sentiment de perte d'identité» à 41%). Mais les raisons qui ont amené à transmettre ou à ne pas transmettre le dialecte ne sont pas évoquées par l'enquête.

Si les données concernant la connaissance du dialecte chez les élèves de l'école primaire semblent bien valides dans leurs grandes tendances, et si les déclarations concernant la transmission du dialecte devaient également s'avérer globalement opératoires, le taux de connaissance du dialecte ira se rétrécissant à la fois par un effet mécanique de déperdition / non-transmission d'une génération à l'autre lorsque les jeunes dialectophones du début du XXIe siècle deviendront parents à leur tour et s'accroîtra encore, probablement, par un effet de manque d'usage du dialecte. Ce dernier aspect pourrait aussi accélérer le phénomène, dans la mesure où la présence de locuteurs du dialecte dans des situations où le dialecte est d'un usage possible ira aussi en diminuant.[1398]

De manière prédictive, dans l'étude de 2012, 65% des répondants estiment que les «prochaines générations» ne parleront pas l'alsacien, tandis que 30% sont d'un avis contraire.[1399]

En 1989, 62% de la population déclare parler «très bien» ou «assez bien» l'allemand. Dix ans plus tard (1999), l'enquête complétant le recensement de la population mesure la *pratique déclarée* de l'allemand : 208 000 adultes, soit 16,2 % de la population, déclarent utiliser l'allemand.[1400] La proportion des personnes qui auraient pu déclarer *savoir* l'allemand est probablement nettement plus importante, rapportée à la valeur recueillie dix ans plus tôt et au nombre de personnes déclarant pratiquer le dialecte en 1999. Environ 30 % (+/- 400 000 personnes de plus de 18 ans) pourrait constituer une proportion plausible.

L'USAGE DES LANGUES

L'usage du dialecte

Bien qu'il ne soit pas possible de transférer arithmétiquement les valeurs quantitatives pour une même génération à différentes époques d'une vie, dans la mesure où les comportements linguistiques ne sont pas figés, les pratiques déclarées du dialecte suivent néanmoins la même pente descendante que la connaissance déclarée du dialecte, dans des proportions assez comparables. En marge du recensement de la population de 1999, des travaux complémentaires se sont intéressés aux pratiques linguistiques des habitants des deux départements alsaciens, en particulier à l'usage du dialecte.[1401] Sans surprise, la corrélation entre usage du dialecte et appartenance générationnelle semble conditionner la fréquence de la pratique dialectale. L'appartenance socioprofessionnelle ne présente qu'une incidence marginale.

Année de naissance	« Discute » habituellement ou occasionnellement en alsacien
1920-1924	52,1 %
1925-1929	53,6 %
1930-1934	51,2 %
1935-1939	50,1 %
1940-1944	47,3 %
1945-1949	40,8 %
1950-1954	40,4 %
1955-1959	38,5 %
1960-1964	36,8 %
1965-1969	32,7 %
1970-1974	27,0 %
1975-1980	20,7 %

Globalement, ce sont 39 % de la population, soit environ 500 000 personnes, qui indiquent avoir une pratique du dialecte.[1402] Il resterait à connaître plus précisément quels sont les partenaires de dialogue qu'ont les personnes déclarant utiliser le dialecte, les thématiques plutôt abordées en dialecte (ou plutôt abordées en français), les circonstances d'échanges, etc.

Parmi les médias télévisuels, il n'y a guère que le service public[1403] qui diffuse régulièrement des émissions en dialecte, avec un volume horaire irrégulier (2008 : 53 h ; 2009 : 59 h ; 2010 : 62 h[1404] ; 2013 : 112,5 h[1405]) et qui n'égaleront plus la variété des émissions qui ont été diffusées durant la décennie précédente.[1406] Selon Pascale Erhart, « au milieu des années 1990, les responsables d'antenne semblent [...] disposer encore d'une certaine marge de manœuvre, qui se traduit par une programmation dialectale réduite et relativement instable, mais qui a le mérite d'exister et que le public semble apprécier ». Mais le début du XXIe siècle apparaît comme « difficile », notamment par la poursuite d'une forme de « "recentralisation" de France 3, à l'œuvre depuis le début des années 1990 ». Il ne restera que deux émissions. Après d'autres changements au sein de France 3 en 2005 et 2008, la valse des créations et des suppressions continue, une seule émission se maintenant sous des formes différentes, *Rund Um*, d'autres, dont la pérennité risque d'être relative, étant créées.[1407]

Parmi les médias radiophoniques, la station de service public *France Bleu Elsass* diffuse des émissions en dialecte sur ondes moyennes du lundi au vendredi de 7h à 12h et de 13h30 à 17h.[1408] L'une ou l'autre radio locale privée diffuse aussi, plus ou moins régulièrement, une partie de ses émissions en dialecte.[1409]

Le dialecte semble devenir, de plus en plus fréquemment, langue de représentation. À la fin des années 2000, plus de 200 troupes de théâtre alsacien ont été recensées.[1410] On estime à près de 200 000 le nombre de spectateurs qui ont fréquenté les « théâtres alsaciens » en 1999-2000.[1411] Cet engouement pour les spectacles en alsacien va de pair avec un usage moindre qu'en font les locuteurs potentiels. Et il n'est pas rare d'entendre des spectateurs qui se rendent dans ces théâtres poursuivre leurs échanges personnels, pour tout ou partie, en langue française, lors des entractes ou à la fin des pièces.[1412] La question de la relève des acteurs, mais aussi des spectateurs semble se poser globalement. Par ailleurs, les pièces jouées souffrent fréquemment d'une inadaptation au contexte sociétal de la fin du XXe et du début du XXIe siècle, qu'il s'agisse des thématiques et des trames dramatiques ou de la mise en scène. Il n'est donc guère étonnant que, pour le président de la Fédération des théâtres alsaciens, il faille «absolument s'engager dans une nouvelle voie, […] s'adapter à de nouvelles générations, […] jouer de nouveaux auteurs, […] promouvoir une mise en scène plus moderne, le tout dans le respect de la tradition et le souci de la qualité. Les troupes sont donc invitées à développer "un nouvel esprit", à sortir des sentiers battus, à montrer de la pugnacité, ni plus ni moins à "oser". »[1413] De fait, plusieurs troupes procèdent ou font procéder – comme cela a parfois déjà été le cas par le passé – à des traductions ou à des adaptations de pièces françaises, allemandes, anglaises, américaines…

Une forme religieuse de l'usage du dialecte, certes marginale, mais innovante, a émergé au début des années quatre-vingt.[1414] En 1992, cette démarche religieuse débouchait sur une messe en alsacien: il s'agit à la fois d'un acte symbolique et d'une forme d'aboutissement pour des croyants et militants étant d'avis qu'il s'agit de «prier Dieu dans sa langue maternelle». De manière significative, le questionnaire distribué à l'issue de la messe s'ouvrait par l'interrogation suivante: «Cette messe vous a-t-elle permis de prier?»[1415] L'autorisation pour célébrer la messe en alsacien a été délivrée, dans un premier temps, à titre provisoire par l'autorité ecclésiastique, mais des messes en alsacien continuent à être célébrées régulièrement jusqu'à nos jours, y compris dans la cathédrale de Strasbourg.[1416] Il existe aussi des cultes protestants en alsacien.

Très symboliquement, suite à l'adoption d'une loi touchant le fonctionnement des conseils municipaux (1992),[1417] un certain nombre de communes a adopté dans leur règlement intérieur une disposition prévoyant que le recours au dialecte dans les discussions orales était possible.

Allemand: recul de l'écrit, formes résiduelles à l'oral

S'agissant de l'allemand endogène, en dehors de quelques formes résiduelles sur le plan cultuel à l'oral,[1418] sa présence à l'écrit reste certes encore visible par le biais des quotidiens, mais elle recule de manière importante.

1995

	Tirage total	Édition bilingue	Édition en français
Dernières Nouvelles d'Alsace	238 361	13,47 %	86,53 %
L'Alsace	n. c.	7,83 %	92,97 %

2000

	Tirage total	Édition bilingue	Édition en français
Dernières Nouvelles d'Alsace	224 925	10,70 %	89,30 %
L'Alsace (2003)	n. c.	4,8 %	95,2 %

2005

	Tirage total	Édition bilingue	Édition en français
Dernières Nouvelles d'Alsace	208 642	8,8 %	91,2 %
L'Alsace[1419]	123 017	5,1 %	94,9 %

2009

	Tirage total	Édition bilingue	Édition en français
Dernières Nouvelles d'Alsace[1420]	194 158	7,4 %	92,6 %
L'Alsace	114 240	5,51 %	94,49 %
TOTAL	**194 512**	**18 927**	**175 585**

La perspective de l'édition «bilingue» des *Dernières Nouvelles d'Alsace* a été réorientée: de la perspective thématiquement plutôt endogène, le quotidien a réorienté ses choix vers un regard plus transfrontalier,[1421] accompagnant en cela les changements sociétaux qui sont en train de s'accomplir. En 2012, comme *L'Alsace* dix ans plus tôt, les *Dernières Nouvelles d'Alsace* optent pour un «supplément» quotidien en allemand, qui concerne 6 % du tirage total.[1422]

En 1999, l'hebdomadaire catholique *L'Ami du Peuple* tirait à 38 486 exemplaires et publiait 5 pages sur 36 (en moyenne) en langue allemande.[1423] En 2012, son tirage moyen est de 21 000,[1424] avec une partie en langue allemande représentant 2 pages sur 48,[1425] soit 4 % du journal.

Le mensuel catholique *Carrefours d'Alsace* tire, en 2009-2010, à 15 000 exemplaires, dont 2 000 pour une édition «bilingue».[1426] Le magazine protestant *Le Nouveau messager* publie essentiellement en français avec quelques rubriques en allemand.[1427]

Le lectorat auquel s'adressent ces productions écrites n'est pas connu, si ce n'est que les quotidiens s'orientent partiellement vers une sphère transfrontalière et/ou un public scolaire issu des sites «bilingues». Pour les publications confessionnelles, il n'est pas impossible que les parties en langue allemande s'adressent en particulier aux lecteurs plus âgés.

L'aspect essentiellement emblématique de l'écrit en langue allemande est apparu de manière exemplaire lors de la suppression de la possibilité de diffuser des professions de foi électorales en allemand, en décembre 2007. En effet, l'envoi des professions de foi en allemand, qui ont été diffusées pour chaque élection en Alsace, en même temps que les professions de foi en langue française, depuis 1919, a été supprimé à partir du 1er janvier 2008. C'est par un encadré dans le *Mémento à l'usage des candidats* aux élections municipales diffusé par le ministère de l'Intérieur que cette suppression a été annoncée. «Même si les électeurs alsaciens ne maîtrisant pas le français sont aujourd'hui très peu nombreux, supprimer cette possibilité au détour d'un "mémento" revient à agiter le chiffon rouge devant tous les partisans de l'exception culturelle, de l'identité régionale, voire de la simple promotion du bilinguisme (encore que la qualité de beaucoup de traductions laisse à désirer!)», estime non sans raison Claude Keiflin, le journaliste des *Dernières Nouvelles d'Alsace* qui commente la mesure.[1428] Devant le tollé suscité,[1429] le gouvernement aménage les dispositions prises.[1430] Le Conseil d'État, saisi par le biais du dépôt de deux recours, rend une décision le 22 février 2008 qui non seulement valide la décision du ministère de l'Intérieur, mais qui souligne que «le régime antérieur [...] méconnaissait les dispositions du code électoral». Ce qui reviendrait à dire que les documents électoraux diffusés depuis 1919 étaient illégaux...[1431]

Sur le plan fonctionnel et opératoire, le maintien d'une profession de foi électorale en allemand tend probablement à être superflu. Les *Dernières Nouvelles du Lundi* ont, par deux fois, sollicité l'avis de leurs lecteurs sur cette question, la première fois bien avant l'intervention ministérielle (mai 2007),[1432] la seconde fois immédiatement après cette décision (décembre 2007).[1433] Les avis des répondants sont partagés: en mai, 43% sont pour le maintien, 42% contre le maintien; en pleine polémique, les partisans du maintien sont un peu plus nombreux (56%) sans pour autant mobiliser un plus grand nombre de lecteurs. Si des arguments économiques (parfois écologiques) peuvent être avancés pour plaider pour la suppression de ces professions de foi, il semble néanmoins, dans le rendu que propose l'hebdomadaire, que ce soit la fonction *symbolique* de ces professions de foi qui prime, tant chez les partisans du maintien que chez les opposants. Selon les lecteurs, elle est politique, idéologique, culturelle, identitaire, etc., dans un sens comme dans l'autre. Il s'agit, en quelque sorte, d'une forme de positionnement de principe, qui dépasse de loin cette seule question. Si le journal rappelle régulièrement que sa question rituelle ne représente que l'avis des répondants, il n'en reste pas moins que, d'une certaine manière, par le fait que des lecteurs se mobilisent pour répondre à ces questions, il n'est pas impossible que le corps social soit, tendanciellement, partagé sur ces questions.

S'agissant de la lecture publique, les bibliothèques établies disposent généralement d'un fonds en langue allemande. La politique d'acquisition d'ouvrages n'est guère connue. En dehors des kiosques et des maisons de presse qui continuent à proposer un éventail d'écrits relativement large (quotidiens, hebdomadaires, magazines, presse de gare), les occasions d'acquérir des écrits en langue allemande sont plutôt restreintes. Les librairies ne disposent que d'un rayon d'ouvrages en langue allemande extrêmement modeste, lorsqu'il en existe un.[1434] Même les librairies spécialisées en ouvrages anciens sont moins enclines à racheter des alsatiques ou d'autres ouvrages en langue allemande, dans la mesure où les acheteurs potentiels issus des générations montantes ont des compétences de plus en plus hésitantes en allemand, comparés à leurs aînés.[1435]

L'ESPACE SCOLAIRE

Le nouveau recteur Jean-Paul de Gaudemar et la mise en œuvre des décisions ministérielles dans le premier degré

Quelques semaines après la publication du communiqué du 18 décembre 1990 ouvrant la voie à un enseignement de l'allemand dès l'école maternelle, d'une part, et à un enseignement *en* langue allemande en plus de l'enseignement de la langue allemande, d'autre part (*cf. supra*), le recteur Deyon quitte ses fonctions après avoir passé près de dix ans à la tête de l'Académie de Strasbourg. Le chantier ouvert par ce communiqué devra être mené à bien par son successeur, Jean-Paul de Gaudemar, qui peut compter sur le soutien des collectivités territoriales et de la majorité des élus alsaciens, signataires du communiqué publié avec le ministre de l'Éducation nationale. Néanmoins, des représentants des partis politiques du Haut-Rhin, département qui avait été à la pointe du conflit avec le recteur Deyon, qu'ils soient de la majorité ou de l'opposition, ne sont pas nécessairement en accord avec les dispositions que les grands élus alsaciens ont arrêtées avec le ministre de l'Éducation nationale, contenues dans le communiqué du 18 décembre. Il est vrai que les élus alsaciens sont majoritairement de la droite et du centre et que Lionel Jospin, le ministre, est socialiste. Ainsi, c'est à la fois le premier secrétaire du Parti socialiste du Haut-Rhin et un député RPR qui manifestent leurs désaccords avec les décisions qui ont été prises, parce qu'elles leur semblent aller trop loin. « La droite fait déjà du bilinguisme son cheval de bataille. Beaucoup de ses déclarations sont excessives, peu réalistes et même dangereuses. [...] Alors que c'est la gauche qui a réalisé depuis 1981 ce que la droite n'a pas fait : le développement de l'apprentissage des langues vivantes, une meilleure connaissance de la culture alsacienne ainsi que de l'environnement régional. [...] Le bilinguisme doit s'intégrer dans une stratégie de formation globale », indique le premier secrétaire du PS du Haut-Rhin, qui ajoute que le PS dit « non à la sélection par les langues, non à l'étude de l'allemand précoce, non à l'enseignement de l'histoire en allemand »[1436]. De son côté, le député-maire d'Altkirch, Jean-Luc Reitzer, déclare qu'il est « totalement pour le bilinguisme à la fois comme partie intégrante de l'identité alsacienne et en tant qu'atout économique et professionnel. Mais en aucun cas, [il ne peut] accepter que soit prônée la parité de l'enseignement de l'allemand et du français dans nos écoles. »[1437]

La décision politique qui venait d'être prise ne pouvait pas connaître de mise en œuvre pédagogique immédiate, dans la mesure où tout restait à inventer, tant pour les formes et les contenus d'enseignement de langue allemande au cycle 2 dans son acception habituelle que pour des enseignements disciplinaires en allemand, totalement inédits sous cette forme. En effet, jusqu'alors, les autorités éducatives n'avaient pas autorisé les formules très limitées et très contrôlées que leur avaient soumises des enseignants et des formateurs durant la décennie 1980-1990. L'expérience en la matière restait donc fort limitée.

Durant le 1er semestre 1991, une partie des instituteurs, plus ou moins volontaires, plus ou moins consentants, effectueront des stages de formation continue pour que la décision prise en décembre 1990 puisse connaître un début de traduction concrète dès la rentrée 1991. Dès le mois de juillet 1991, lors de la réunion de la commission quadripartite

État-Région-Départements, le nouveau recteur expose la manière dont il entend concrétiser les engagements pris en décembre :

> 1) généralisation effective dans le dernier cycle de l'école élémentaire (CE2, CM1, CM2) de 3 heures d'enseignement de l'allemand par semaine, si possible par séquence quotidienne ;
> 2) extension progressive dans le cycle des apprentissages fondamentaux, la continuité devant impérativement être assurée (grande section de maternelle, CP, CE1) ;
> 3) enseignement *en* allemand de certaines disciplines, à raison de trois heures par semaine, afin d'accroître l'immersion linguistique des élèves. Dans un premier temps, expérimentation contrôlée, puis extension progressive.[1438]

Ce programme sera pleinement confirmé et affiné par sa *Circulaire* du 20 septembre 1991.[1439] S'agissant de l'extension de l'enseignement de l'allemand à l'école maternelle, le recteur note : « Cette volonté de promouvoir une familiarisation précoce avec la langue et par conséquent la culture allemande pourra être ici ou là, en fonction des conditions locales, engagée sous des formes appropriées dès le cycle des apprentissages premiers, c'est-à-dire dès les petites classes de maternelle. » Mais, invoquant des raisons de réalisme, il indique qu'« il serait souhaitable que d'ici cinq ans, environ 25 % des enfants de l'académie puissent bénéficier de cette continuité pédagogique ». En revanche, l'innovation consistant dans le fait d'« accroître l'immersion linguistique et culturelle des élèves par la mise en œuvre de modules d'enseignements *en* allemand » doit arriver au taux de trois heures hebdomadaires le plus rapidement possible, de préférence déjà durant le deuxième trimestre de l'année scolaire qui s'ouvre. « Ainsi, au total, dans les classes bénéficiant de cette immersion linguistique supplémentaire, les élèves seront mis en présence active de la langue allemande durant six heures hebdomadaires, soit l'équivalent environ d'une journée entière de classe par semaine. »[1440]

L'innovation introduite par le recteur, étendue à un nombre considérable de classes, est considérée comme insuffisante par l'association ABCM-Zweisprachigkeit qui ouvre, de son côté, quatre classes bilingues maternelles à parité horaire, privées, à la rentrée 1991, avec le soutien – parfois distancé – d'élus, mais avec l'appui financier des collectivités territoriales et de la CEE.[1441] Au-delà des questions du bien-fondé du bilinguisme institutionnel paritaire, ces ouvertures donneront naissance, par endroits, à des conflits de droit et de compétences, notamment en ce qui concerne la légalité des décisions prises par les communes concernées et/ou l'autorité autorisée à mettre des locaux à disposition.

Au-delà de la polémique et au-delà des positions anciennes et attendues des syndicats et des partis – à l'exception du Parti socialiste, qui ne partage plus les positions de la SFIO sous la IVe République –, les points de vue n'ont guère changé. Il est vrai que les débats et les discussions à propos des langues n'ont lieu que sous la pression de l'urgence et qu'une longue et minutieuse préparation pour ce type d'enseignement, préconisée par des experts internationaux et l'UNESCO,[1442] a été totalement absente. Dans ce sens, les conflits engendrés par la question du bilinguisme scolaire (*i.e.* « enseignement de disciplines *en* allemand») ne pourront pas s'apaiser très rapidement. Par ailleurs, l'action semble prédominer à un tel point chez l'ensemble des protagonistes qu'ils semblent avoir perdu de vue que l'allemand, son rôle, sa fonction, son statut, etc., ont changé, de fait, au sein du corps social. C'est sans doute la raison pour laquelle la définition qu'en a donné le recteur Gaudemar est passée inaperçue, bien que sa formulation élargisse de façon significative le statut de l'allemand en Alsace : « L'allemand présente […], du point de vue éducatif, la triple vertu d'être à la fois l'expression écrite et la langue de référence des dialectes régionaux, la langue des pays les plus voisins et une grande langue de diffusion européenne et internationale. »[1443] Cette définition, rapportée à un domaine, l'éducation, formulée de manière très large – l'allemand comme langue régionale, comme langue des voisins et comme langue étrangère – aurait pu alimenter les représentations, les débats et aider à la prise de décisions pédagogiques.

Le lancement rapide de l'enseignement bilingue français-allemand dans l'enseignement public

Dès le mois de septembre 1992, le service public crée, dans dix classes maternelles, une voie d'enseignement bilingue à parité horaire entre l'enseignement fait en français et en allemand.[1444] Une forme de pérennisation de ce type d'enseignement est esquissée par la signature d'une charte de l'enseignement bilingue dans les écoles maternelles du département du Haut-Rhin, par le ministre de l'Éducation nationale et le président du Conseil général du Haut-Rhin (7 janvier 1993).[1445]

La situation aura évolué à une vitesse surprenante et présentera, en moins de deux ans, des contours totalement nouveaux : entre l'automne 1990 et septembre 1992, l'autorité scolaire a passé d'un refus catégorique d'envisager un quelconque enseignement disciplinaire en allemand à une mise en place d'un enseignement bilingue à parité horaire, en affichant son intention de l'installer dans la durée. Si ce changement spectaculaire reste sans doute également l'effet d'un changement de personne à la tête du rectorat de l'Académie et a été accéléré par une intervention explicite du ministre dans toutes les académies où un tel enseignement pouvait être envisagé,[1446] il n'en reste pas moins qu'un tel revirement révélera un état d'impréparation structurelle, didactique et pédagogique.

Ceux qui enseignent l'allemand (les instituteurs, les professeurs des écoles) n'échappent, dans leurs convictions de citoyens, ni aux mutations structurelles de la société et aux changements des pratiques linguistiques, ni au débat autour de l'allemand, ni à leur propre biographie, ni à l'opinion prédominant dans leur école ou leur hiérarchie. Au-delà de leurs propres convictions à l'égard de l'enseignement bilingue à parité horaire se posera à eux la question de leur propre compétence linguistique en allemand : elle est, pour une majorité de maîtres qui enseignent l'allemand, sans doute suffisante pour un enseignement de langue limité dans le temps, soutenu par un manuel et un appareillage d'accompagnement pédagogique, mais souvent largement insuffisante pour que l'allemand puisse devenir la langue de travail, fonctionnelle dans toutes les situations de la vie en classe et pour toutes les activités scolaires, c'est-à-dire pour enseigner dans un site à parité horaire. Les maîtres redoutent également, non sans raison, un surcroît de travail, dans la mesure où une didactique de l'enseignement disciplinaire en allemand n'a pas encore vu le jour, au début des années quatre-vingt-dix. Enfin, ils expriment des craintes quant aux moyens mis en œuvre : si des moyens supplémentaires, notamment en personnel d'enseignement, ne sont pas alloués, ils craignent que les classes non bilingues pâtissent de l'établissement de ce nouveau cursus. La palette d'inquiétudes diffuses ou explicites est large et reflète, dans le désordre, toutes celles – contradictoires parfois – qui s'expriment dans le débat polémique qui s'engage dans le corps social. Concernés au premier chef par cette mise en place, les maîtres manifesteront leur agacement, parfois leur colère ou leur dépit, face à une question qui ne leur semble pas nécessairement prioritaire à l'école et à laquelle ils ont été peu préparés.

Jusqu'au départ du recteur Gaudemar (1997), la Commission académique d'évaluation de l'enseignement des langues alimentera la réflexion des responsables académiques de la politique des langues.[1447] L'enseignement bilingue fera l'objet de nombreuses observations, sur lesquelles le recteur s'appuiera dans la rédaction des circulaires qui feront suite à celle de 1991. La *Circulaire rectorale* du 20 octobre 1993 définira le « Cadre pédagogique de référence pour la mise en place de "sites bilingues" dans l'enseignement du premier degré »[1448]. Les *Circulaires rectorales* du 20 et du 21 décembre 1994 portent respectivement sur « les objectifs pédagogiques de l'enseignement bilingue »,[1449] et sur « l'organisation de la formation des maîtres de l'enseignement bilingue »[1450] : le premier texte annonce la mise en extinction de la « formule pédagogique » à six heures, sauf pour « les sites fondés sur la dialectophonie », et indique que l'objectif prioritaire de l'académie en matière d'enseignement bilingue est de développer les sites à treize heures d'allemand, dans lesquels l'enseignement est réparti de manière égale entre les deux langues, le français et l'allemand », le second porte notamment sur les dispositifs particuliers mis au point avec l'IUFM d'Alsace.[1451]

La rapidité avec laquelle l'enseignement « bilingue » à six heures, puis surtout celui à parité horaire, s'est installé et développé n'a pas permis une réflexion sur la formation des maîtres, encore moins une réflexion, puis une réalisation de matériels pédagogiques. L'une des difficultés majeures restera, pour les personnes chargées de leur conception, les délais très brefs qui leur sont imposés : tous leurs choix seront immédiatement transformés, soit dans la formation, soit dans les matériaux qu'ils conçoivent. Le temps d'expérimentation reste bien insuffisant, le volume de documents à produire dans presque toutes les disciplines, à de nombreux niveaux, est beaucoup trop élevé pour le nombre restreint de personnels en charge de ces tâches, qu'ils accomplissent en marge de leur fonction principale, de sorte qu'une production abondante et rapide est impossible.[1452] Ces manques amèneront fréquemment mécontentement et surcharge de travail chez les enseignants engagés dans ces classes ou sections bilingues.

La part plus politique et idéologique de l'ensemble des décisions qui sont prises n'a pas pu faire l'objet d'un débat serein, les partisans de cet enseignement craignant des ralentissements intempestifs, voire des changements de cap, les acteurs plus réticents ou plus hostiles faisant valoir des arguments plus techniques (compétences et volontariat des enseignants, par exemple).[1453]

À partir de 1993-1994, sur le plan des principes, toutes les formes d'enseignement *de* l'allemand et *en* allemand (sauf celles qui auraient pour profil une immersion supérieure à la moitié du temps scolaire) semblent possibles. Le cadrage de l'enseignement de l'allemand à l'école élémentaire a changé radicalement en l'espace d'une douzaine d'années : généralisation de cet enseignement à tous les cours moyens (l'école s'oblige à en faire l'offre, tout en maintenant le caractère facultatif pour les maîtres et les élèves, depuis 1982), abaissement du niveau et donc de l'âge où l'allemand peut être dispensé (d'abord le CE2 [1982], puis le CE1 [1990], et la grande section de maternelle [1991]); de 2h30-3h (1982), l'enseignement peut passer à 6 heures (3 heures d'allemand et 3 heures disciplinaires en allemand, 1990-1991) ou à 13 puis 12 heures (enseignement à parité horaire, 1992). Dans la foulée, cette dernière forme d'enseignement peut commencer dès la petite section de maternelle (1993).

Recentrage sur les formes d'enseignement les plus répandues

Une fois adopté dans son principe, l'enseignement «bilingue», sous ses différents avatars, a largement occupé les acteurs et partenaires de l'institution scolaire, au point qu'un certain mécontentement a pu transparaître chez tous ceux, enseignants, parents, élus locaux, qui étaient essentiellement concernés par l'enseignement d'allemand le plus courant, c'est-à-dire deux à trois heures hebdomadaires. Le recteur paraît répondre à ce reproche, en 1995, par une longue circulaire portant sur «le développement de l'enseignement de l'allemand en Alsace par la voie extensive, à trois heures hebdomadaires».[1454] Son signataire indique qu'elle a pour «but de situer la progression, les objectifs de l'enseignement de l'allemand dans les classes des cycles 2 et 3* dans leur continuité.» Cette circulaire s'attarde longuement sur les objectifs pédagogiques généraux et linguistiques et sur les compétences langagières à acquérir. Elle détaille la démarche pédagogique dans le sens qu'elle demande aux enseignants de s'inscrire dans une «démarche de projet», passe en revue les différentes phases d'une «démarche d'enseignement structurée» et consacre une part pédagogique spécifique aux élèves dialectophones. Un tableau d'objectifs langagiers organisés autour de «notions et de fonctions langagières» et une «bibliographie indicative» des outils pédagogiques à la disposition des maîtres closent cette circulaire substantielle.

Les deux successeurs immédiats du recteur Gaudemar ont concentré leurs choix sur cette forme d'enseignement d'allemand.[1455] En 2000, le recteur Lambert renoue avec le souci de «continuité des apprentissages en allemand»:[1456] « La place primordiale de la langue allemande est confirmée [dans l'accent mis sur l'importance de la maîtrise des lan-

---

*En 1994, cycle 2: classes de grande section, CP et CE1; cycle 3: classes de CE2, CM1 et CM2.

gues]. Afin d'atteindre cet objectif de qualité pour la maîtrise de l'allemand, il est capital de mieux assurer la continuité des apprentissages tout au long du cursus scolaire. Il convient de définir les notions de sensibilisation et d'enseignement, de programmer leur mise en œuvre et de construire la succession ordonnée des apprentissages de l'école au collège. » La circulaire du recteur Lambert prend acte du fait que les enseignants compétents et volontaires ne sont pas en nombre suffisant « pour que l'enseignement soit étendu vers le cycle 2 ». S'appuyant probablement sur les évaluations faites antérieurement, il rappelle que « sans la motivation des élèves, la compétence des maîtres et la continuité des apprentissages, l'allongement du temps d'apprentissage et la précocité ne sont pas des conditions suffisantes pour améliorer la maîtrise de l'allemand ». En bonne logique, pour servir ces objectifs, la circulaire contient un référentiel (avec une programmation minimale) pour le CE2, le CM1, le CM2 et la sixième. Un an plus tard, le recteur est amené à repréciser « les objectifs, l'organisation, les contenus et les modalités d'accompagnement de l'enseignement de l'allemand par la voie extensive au cycle 3 », dans le cadre des « nouveaux programmes nationaux de l'école primaire [qui] introduisent, à partir de cette rentrée scolaire, un enseignement de langue vivante ».[1457]

L'une des innovations prévues dans ce texte rectoral réside dans la répartition du temps d'apprentissage. Sur les trois heures hebdomadaires, deux heures sont consacrées à l'« apprentissage de la langue sur la base du référentiel CE2/6e » et une heure est destinée à l'« utilisation et [à la] réactivation de la langue sous la forme d'activités linguistiques, culturelles et interdisciplinaires. »[1458]

L'orientation prise dans les deux textes ne concerne pas l'allemand en tant que l'une des composantes de la « langue régionale », mais bien plus comme élément central de la politique des langues vivantes à l'école élémentaire en général. Dans ce cadre, l'allemand est traité comme une langue vivante étrangère apparaissant sous la forme d'une discipline de l'école élémentaire.[1459]

En 2011-2012, environ 75 % de l'ensemble des élèves de la maternelle au CM2 sont concernés par un enseignement d'allemand, jusqu'à trois heures par semaine.[1460] Plus de 90 % des élèves de l'école élémentaire sont concernés, théoriquement, par cet enseignement. En effet, la *Convention portant sur la politique régionale des langues vivantes dans le système éducatif en Alsace prenant appui sur un apprentissage précoce de la langue régionale. Période 2007-2013*[1461] prévoit qu'« à partir de la rentrée 2010, chaque école offrira à tout élève dès l'entrée en maternelle la possibilité de suivre un enseignement extensif[1462] de qualité dont la continuité sera assurée jusqu'au CM2. » Cet enseignement est prévu « à raison de 3 h/semaine ».

Pour la « voie bilingue paritaire », près de 20 000 enfants, soit 11,2 % des élèves du premier degré (public et privé) sont inscrits, en 2011-2012, dans ce dispositif (318 écoles, 877 classes ou sections). L'enseignement se répartit paritairement, douze heures étant dispensées en français et douze heures concernant l'enseignement de l'allemand et en allemand (mathématiques, géographie, sciences expérimentales et technologie).

L'allemand dans le second degré[1463]

La palette de l'enseignement-apprentissage de l'allemand, au collège en particulier – où 76 % des élèves étudient l'allemand, toutes formes confondues –, est assez large. Mais, pour l'essentiel, les dispositifs mis en place sont, à présent, des dispositifs existant sur le plan national, ce qui semble indiquer que l'allemand est considéré, encore plus que dans l'enseignement primaire, comme langue « étrangère » et n'est vu comme « langue régionale » que dans la filière bilingue. Plusieurs possibilités s'offrent ainsi aux élèves :

1. L'allemand comme LV1 à partir de la classe de sixième ou LV2 à partir de la quatrième.

2. Pour éviter une déperdition des élèves poursuivant l'apprentissage de l'allemand, l'Académie de Strasbourg a mis en place des « sections trilingues » en 1986 (*cf. supra*), c'est-à-dire que les élèves qui ont déjà étudié l'allemand à l'école élémentaire peuvent commencer l'apprentissage de l'anglais dès la classe de sixième. Cette possibilité a été requalifiée de « bilangue » par le recteur Chaix.[1464] En juillet 2012, les élèves de plus de la moitié des collèges en Alsace suivent cette filière « bilangue ».[1465]

3. Les élèves, avec l'accord du conseil de classe, peuvent rejoindre une « section européenne » au collège à partir de la classe de quatrième. L'horaire d'enseignement linguistique y est renforcé par au moins deux heures hebdomadaires dans la langue de la section (notamment par l'enseignement d'une discipline dans une autre langue que le français). Si, en 2011, les sections européennes scolarisent bien 9 215 élèves (8 471 en 2010) soit 6,2 % des élèves du second degré de l'académie[1466], les élèves suivant un enseignement d'allemand ou en allemand ne représentent que 35 % (3 221 élèves) des élèves de cette section. Près des deux tiers (61 %) suivent un enseignement d'anglais.

4. Les premiers élèves des sites bilingues à parité horaire sont arrivés au collège en 1998, au lycée en 2002.

Au collège, le volume d'enseignement d'allemand et en allemand est d'environ neuf heures (langue, histoire, mathématiques, langue et culture régionales). En 2011-2012, 3 688 élèves, soit 4,3 % des collégiens de l'académie (3,8 % en 2009), sont inscrits dans le cursus bilingue français-allemand, répartis dans 54 collèges.

Pour le lycée, il n'y a pas de filière spécifique : ce sont des dispositions prévues par la préparation du double diplôme de l'*Abitur* et du baccalauréat, définies par la France et l'Allemagne,[1467] qui fournissent le cadre de la suite de l'enseignement « bilingue » à ce niveau scolaire. Les lycéens préparant l'*Abibac* suivent les programmes nationaux français, sauf en allemand et en histoire et géographie, disciplines à programmes spécifiques pour ce cursus avec neuf heures hebdomadaires (langue, civilisation, littérature, histoire et géographie). En 2011-2012, dans l'académie de Strasbourg, 14 lycées préparaient 1 160 élèves (soit presque 3 % des lycéens) à ce double diplôme.

En lycée professionnel, 58 % des élèves suivent un enseignement d'allemand (et environ 650 élèves suivent aussi les enseignements en allemand en section « européenne »). Dès 1985, une circulaire rectorale avait institué une mention régionale « allemand » en formation professionnelle destinée prioritairement, à ce moment-là, aux élèves qui avaient suivi la « voie régionale » (c'est-à-dire qui avaient fréquemment une bonne connaissance dialectale).[1468]

Si l'allemand reste, par toutes ces possibilités, une langue apprise par un nombre non négligeable d'élèves durant leur scolarité dans le second degré, la question d'une « réappropriation » ou d'un maintien, par ce biais, de la « langue régionale » reste entière.

Par ailleurs, l'Alsace n'échappe pas non plus à l'attrait de moins en moins fort qu'exerce l'apprentissage de l'allemand (*cf. supra*), même si les dispositifs mis en place ralentissent le phénomène, qui n'atteint pas encore les proportions que connaissent d'autres académies. Néanmoins, l'allemand (et les pays de langue allemande) ne serait plus assez « sexy »[1469] pour les apprenants d'aujourd'hui, par rapport à l'anglais ou à l'espagnol.[1470]

L'une des questions centrales, à laquelle répondra l'avenir, restera les effets des cursus bilingues : en quoi contribuent-ils à un maintien ou à une « reconquête »[1471] (Jean Petit) de la « langue régionale » ? Peut-être contribuent-ils, avant tout, à l'apprentissage plus intense et plus étendu d'une langue « transfrontalière », en ne renforçant pas nécessairement l'usage endogène de la « langue régionale ».

LE TERRAIN POLITIQUE SUR LE PLAN INSTITUTIONNEL

La décennie s'est ouverte par la loi constitutionnelle de 1992 qui intégrait, notamment, un élément nouveau dans la Constitution française, portant sur la langue. En effet, un alinéa du nouvel article 2 dispose que « la langue de la République est le français ». Le constitutionnaliste Guy Carcassonne faisait remarquer ironiquement que « [cet alinéa] n'est pas vraiment nocif, seulement incongru ».[1472] De fait, cependant, pour tous les acteurs qui souhaitent que la présence des langues régionales soit réglée par la loi et/ou pour ceux qui souhaitent que la France signe la *Charte européenne des langues régionales ou minoritaires* du 5 novembre 1992, cet alinéa va devenir un sérieux obstacle constitutionnel, contrairement à l'avis fort désinvolte de Guy Carcassonne. Dans un premier temps, la France refuse de signer cette Charte. Les Conseils généraux du Bas-Rhin et du Haut-Rhin réclameront cette signature en vain.[1473] « Le gouvernement français s'est appuyé sur la Constitution et le principe d'égalité entre les citoyens, et aussi sur une ordonnance de François Ier datant de 1539 règlementant l'usage de la langue française [dans l'espace du droit], pour affirmer que la Charte était en contradiction avec [les] traditions. »[1474]

En 1996, le Président Chirac « prononce un vibrant plaidoyer en faveur des identités régionales » et le Premier ministre Alain Juppé « confirme que le gouvernement a "décidé de faire étudier au plan juridique" par le Conseil d'État "la possibilité que la France adhère à la Charte". »[1475] Le 24 septembre 1996, le Conseil d'État produit son avis et indique, notamment, que les articles 9 et 10 relatifs à la justice et aux autorités administratives, qui « prévoient un véritable droit à l'utilisation des langues régionales ou minoritaires dans les rapports avec la justice et les autorités administratives » sont contraires l'article 2 de la Constitution, qui impose l'usage du français dans la sphère publique et rend la ratification de la Charte impossible. La gauche reprendra la question l'année suivante, notamment sous l'angle de l'enseignement. Le Premier ministre Lionel Jospin confiera à la députée basque Nicole Péry, puis à l'ancien député breton Bernard Poignant, une mission en les priant, notamment, de « formuler toute proposition permettant d'assurer le développement harmonieux et concerté de l'enseignement de ces langues ».[1476] Dans ses recommandations, Bernard Poignant estime qu'il convient d'abord d'expertiser juridiquement quels points de la Charte pourraient être retenus pour que la France puisse la signer, puis la ratifier.[1477] Suite à ce rapport, Lionel Jospin confie à Guy Carcassonne une « Étude sur la compatibilité entre la Charte européenne des langues régionales ou minoritaires et la Constitution », qu'il lui remet en 1998.[1478] La Charte sera signée le 7 mai 1999, mais sans être ratifiée par la suite. D'abord la signature, puis la non-ratification auront beaucoup occupé les partisans et les adversaires de cette Charte.[1479] La longue déclaration du conseiller régional et général Robert Grossmann, en réaction à la campagne de signatures en faveur de la signature de la Charte menée en Alsace, publiée en mars 1999, va amener un débat plutôt conflictuel sur la question en général, mais aussi et surtout sur l'ensemble de la discussion appliquée à l'Alsace.[1480] Le débat s'enflammera à nouveau[1481] suite à la parution d'un sondage sur la Charte dans les *Dernières Nouvelles d'Alsace*[1482] et celle d'un pamphlet de Robert Grossmann « contre les dérives linguistiques et politiques en Alsace ».[1483] C'est le point d'orgue où le plan local et le plan général sont étroitement imbriqués, où les choix qui sont faits, concernant les langues régionales, clivent également les partis.[1484]

Lors de la révision constitutionnelle de 1992, certains députés, dont le député alsacien Adrien Zeller, s'étaient inquiétés de l'effet possible du nouvel article 2 et avaient proposé un sous-amendement qui indiquait explicitement que cette disposition n'étaient pas prise en opposition aux langues régionales. Ni l'auteur[1485] de cette proposition ni le représentant du gouvernement[1486] n'avaient estimé que le nouvel article puisse nuire aux langues régionales.[1487]

Par ailleurs, en 1997, Nicole Péry rappelait que « pas moins de 52 propositions de loi [avaient] été déposées au Sénat et à l'Assemblée [au profit des langues régionales], par la gauche, par la droite, ces vingt dernières années. Aucune n'a été inscrite à l'ordre du jour »[1488], à l'instar des élus centristes qui avaient effectué un rappel du même type quinze ans auparavant.

Aussi est-ce une grande première qu'un gouvernement prévoie un débat sur les langues régionales, à l'occasion d'une révision constitutionnelle. C'est la ministre de la Culture et de la Communication d'alors (2008), Christine Albanel, représentant le gouvernement, qui va le rappeler dans sa déclaration d'ouverture. Dans son propos conclusif au débat, la ministre réitère l'opposition du gouvernement à une ratification de la Charte, qui serait « contraire » aux principes de la France, mais considère que les dispositions légales et règlementaires en faveur des langues régionales sont insuffisamment connues et qu'un « cadre de référence » est nécessaire. Elle annonce que le gouvernement soumettra une proposition de loi à la représentation nationale.[1489] Les députés vont pourtant adopter un amendement « surprise »[1490] le 22 mai 2008 visant à compléter la Constitution par la phrase « Les langues régionales appartiennent au patrimoine. » Après un désaccord massif du Sénat, puis une discussion houleuse entre les assemblées et au sein des partis, la réforme constitutionnelle adoptée par le Congrès le 21 juillet 2008 a fait entrer dans l'article 75 de la Constitution l'article suivant : « Art. 75-1. – Les langues régionales appartiennent au patrimoine de la France. »[1491] Une partie non négligeable des élus nationaux alsaciens a pris position en faveur de l'adoption de cet amendement. L'opinion publique française semblait également très majoritairement favorable (68 %) à l'inscription de la reconnaissance des langues régionales dans la Constitution.[1492] À titre indicatif, 76 % des répondants alsaciens à la question de l'inscription des langues régionales dans la Constitution sont favorables à cette inscription.[1493] Dix ans auparavant déjà, 70 % des Alsaciens se prononçaient en faveur de la ratification de la Charte.[1494]

Mais, suite à une question orale d'un député, le gouvernement indique que, finalement, il ne déposera pas de proposition de loi (8 décembre 2009), dans la mesure où l'article 75-1 de la Constitution est un cadre suffisant. Les deux dernières propositions de loi connues, déposées en décembre 2010, émanent d'Armand Jung (PS), « Proposition de loi relative au développement des langues et cultures régionales »,[1495] et de Marc Le Fur (UMP), « Proposition de loi pour la défense et la promotion des langues régionales », signée par onze députés alsaciens.[1496] Elles ont connu le même sort que celles qui les ont précédées et n'auront pas été discutées durant la législature.

LE MONDE DU TRAVAIL

Les questions autour du dialecte et de l'allemand dans le monde du travail n'ont commencé à être débattues de manière explicite qu'assez tardivement. De fait, lorsqu'il s'agit de l'usage du dialecte dans une perspective *endogène*, le monde du travail est englobé dans les questionnements généraux des pratiques et des connaissances dialectales. Ainsi, dans une enquête de 2012,[1497] il a été demandé aux informateurs dans quelles circonstances ils pratiquaient le dialecte. La rubrique « au travail avec des collègues » fait partie de cet ensemble : 34 % des personnes interrogées déclarent parler toujours ou presque toujours le dialecte, 37 % le font occasionnellement et 28 % n'utilisent jamais le dialecte. Comme dans bien d'autres situations, il est difficile d'évaluer la fréquence de l'usage du dialecte et la fonction qui lui est attribuée dans les relations interpersonnelles professionnelles, ainsi que les domaines professionnels où le dialecte est (ou n'est pas) utilisé. La question se posera différemment pour les emplois qui amènent un contact avec du public, où la question de la langue peut faire partie de la fiche de poste, comme compétence professionnelle facultative ou impérative.[1498]

Une étude[1499] menée sur les offres d'emploi proposées notamment dans les *Dernières Nouvelles d'Alsace* en 2004 et 2005, sur une durée de sept mois, fait apparaître que dans près de cinquante d'offres (soit presque 11 % de l'ensemble des offres demandant la connaissance explicite d'une langue), la connaissance du dialecte était demandée. L'étude rappelle que même si « tout se passe comme si un processus de dévalorisation mettait en lisière les codes linguistiques dialectaux, une lisière renforçant à son tour ces mêmes processus de défonctionnalisation et de mise en lisière du "monde du travail" »,[1500] il n'en reste pas moins que les dialectes alsaciens ne sont pas absents des propositions d'emploi. Classées selon les CSP en vigueur (nomenclature de 1994), les offres d'emploi demandant la connaissance d'un dialecte peuvent être liées à « la présence d'une clientèle dialectophone, l'utilisation de cette langue profitant d'effets de "majoritarisation" du fait de sa minoritarisation ».[1501] Mais toute une série d'offres d'emploi concernent, par exemple, des ouvriers, qualifiés ou non, dans le domaine industriel et artisanal. Il se pourrait que « les codes linguistiques dialectaux [soient] demandés comme langue de substitution à l'allemand »[1502]. Dans ce sens, on confère aux parlers dialectaux une dimension transfrontalière, comme langue de substitution à l'allemand standard (*cf. supra*) ou comme réelle langue de travail.[1503] L'étude souligne que des entreprises « semblent se caractériser par l'existence de réseaux de socialisation et de cooptation professionnelles spécifiques pouvant se répercuter sur la fonctionnalisation des dialectes alsaciens »[1504]. Lorsqu'il s'agit d'une entreprise allemande, il faut se demander s'il ne s'agit pas d'un fait davantage lié à une culture d'entreprise qu'à l'espace transfrontalier.

Au sein d'une entreprise, le dialecte peut, bien sûr, n'avoir aucune fonction, mais il peut également être refonctionnalisé pour des raisons commerciales, de stratégies internes (relations humaines), de cohésion, etc. Tendanciellement, même lorsque les dialectes n'ont aucun rôle fonctionnel dans une entreprise, il semble néanmoins que la compétence dialectale est fréquemment comprise par les informateurs comme étant une sorte de levier linguistique permettant, implicitement ou explicitement, d'utiliser l'allemand. Il s'agit, en quelque sorte, d'une «ressource linguistique particulière [qui permet, par exemple] aux acteurs, insécurisés par la pratique de l'anglais, d'opter pour une stratégie de compensation qui les conduit à (sur)majorer leurs compétences en allemand».[1505]

Lorsque, dans les offres d'emploi publiées dans les *Dernières Nouvelles d'Alsace* en 2004 et 2005, la connaissance d'une langue est demandée, l'allemand se trouve en tête avec plus de 80%, l'anglais est en deuxième position avec 48,5%, le dialecte au troisième rang avec 10,63%.[1506] Aussi pourrait-il y avoir plus qu'un effet d'annonce quand le rectorat de l'Académie de Strasbourg cite, parmi les «dix raisons d'apprendre l'allemand», en deuxième position, l'argument suivant: «La proximité des régions germanophones allemandes et suisses dans l'espace du Rhin supérieur permet des contacts nombreux et réguliers entre les locuteurs et facilite les relations interculturelles transfrontalières. Dans la recherche d'un emploi, l'allemand est un atout précieux.»[1507]

En novembre 2011, un rapport sur le «bilinguisme et l'emploi transfrontalier»[1508] tend à montrer que les compétences linguistiques en allemand de la part des Alsaciens commencent à être moins importantes et qu'elles risquent de les priver d'un certain nombre d'emplois. Alexis Lehmann, administrateur de la Fondation entente franco-allemande, qui est le commanditaire de l'étude, estime que «si une politique volontariste est mise en œuvre en faveur du bilinguisme, ce sont 100 000 emplois qui pourraient être occupés par des Alsaciens».[1509] Joachim Beck indique que l'enjeu est de taille pour l'Alsace, dans la mesure où «97 529 frontaliers travaillent dans le Rhin supérieur, soit 3% de la population active, mais 8,1% de la population active alsacienne». «Si un effort n'est pas fait en France en faveur de l'enseignement de l'allemand, 50 000 emplois pourraient être perdus par les frontaliers alsaciens», estime cette étude.[1510] Les représentants des Chambres de commerce et d'industrie en Pays de Bade citent également en premier lieu, avant d'autres critères, une compétence linguistique adéquate en allemand de la part de jeunes postulants français pour un emploi (ou une place en apprentissage) dans l'espace frontalier.

Évolution du nombre de frontaliers[1511]

Année	Vers l'Allemagne	Vers la Suisse	Total
1975	13 251	16 140	29 391
1982	15 844	18 904	34 748
1988	19 052	20 973	40 055
1990	21 988	29 616	51 604
1997	33 297	30 149	63 446
1999	36 610	33 220	69 830
2006	30 800	33 900	64 700
2009	30 600	32 600	64 200

À leur tour, les présidents des deux Conseils généraux et du Conseil régional d'Alsace, dans un communiqué de presse du 25 juillet 2012,[1512] soulignent le fait que « la maîtrise de l'allemand est vecteur d'ouverture culturelle et d'insertion professionnelle ». Ils demandent, notamment, que la filière d'enseignement bilingue soit renforcée. L'argumentation est, en particulier, fortement économique : « La considérable dégradation de l'emploi et de l'économie dans notre Région rend particulièrement urgent un renforcement quantitatif et qualitatif de la politique linguistique en faveur de l'allemand en Alsace. Les pays voisins (Suisse et Allemagne) offrent des dizaines de milliers d'emplois transfrontaliers disponibles ou à venir : des postes actuellement inaccessibles la plupart du temps aux jeunes d'Alsace par suite de déficit linguistique. »[1513] La presse régionale du Pays de Bade (ou de la région bâloise) souligne aussi le déficit de frontaliers alsaciens que risque de connaître le Pays de Bade, dans la mesure où les anciens – germanophones – partent à la retraite et que les jeunes générations sont moins nombreuses à savoir l'allemand.[1514]

UNE POLITIQUE LINGUISTIQUE ?

Malgré les sondages et les enquêtes, il reste assez difficile de saisir l'état de l'opinion publique et sa position face à l'« alsacien » ou à l'allemand. Selon les histoires singulières des citoyens, selon leur sensibilité politique et culturelle, selon leur adhésion ou non aux discours sur les langues qui circulent dans la société, selon leurs expériences, les positionnements globaux peuvent être argumentés en faveur ou en défaveur du dialecte et/ou de l'allemand. Selon la manière dont les langues sont envisagées, le positionnement peut changer. Il n'est pas rare que l'alsacien puisse encore être retenu comme marqueur identitaire, tandis que l'allemand peut être perçu comme langue fonctionnelle de proximité. De la même manière, la connaissance d'un dialecte peut être perçue comme source d'erreur dans l'apprentissage de l'allemand, voire de l'anglais ou, à l'inverse, comme vecteur facilitant l'acquisition de ces langues. Il s'agit de positions qui s'ancrent dans les habitus et les histoires des locuteurs. Des marques d'indifférence ou d'hostilité peuvent aussi être exprimées, tant à l'égard du dialecte que de l'allemand. Toutes les combinaisons sont possibles et sont réellement exprimées par les citoyens, quelles que soient leurs compétences en dialecte ou en allemand.

Pour l'essentiel, comme pour bien d'autres questions, ce sont les points de vue subjectifs (c'est-à-dire les points de vue des *sujets*) qui priment, l'argumentation plus distancée venant étayer, le cas échéant, la position subjective. Dans ce sens, les représentations socialement partagées ou singulières structurent l'appréhension des langues et permettent de façonner la « réalité » du monde et sa perception.[1515]

Les acteurs et décideurs politiques semblent hésiter quant à l'attitude à adopter : d'une part, ils contribuent à mettre en place des *mesures* de politique linguistique, notamment en faveur de l'allemand dans l'espace éducatif, mais, fondamentalement, ils ne semblent pas souhaiter que les parlers dialectaux et l'allemand soient ré-investis de rôles qu'ils occupaient ou de rôles nouveaux, sans qu'il soit réellement possible de percevoir s'il s'agit d'un choix par défaut ou d'un choix par conviction. En tout état de cause, ce qui a été longtemps considéré comme « le problème du dialecte » ou « le problème de l'allemand » n'est plus au centre des préoccupations des acteurs politiques. Ni les programmes des partis, ni les textes d'élus (en dehors de quelques individualités) ne donnent une place importante aux questions de langues. La Région et les Départements ont délégué la mise en œuvre des questions culturelles et linguistiques à un organisme qu'ils ont créé en 1994, l'Office régional du bilinguisme (ORBI), qui a été remplacé en 2001 par l'Office pour la langue et la culture d'Alsace (OLCA),[1516] en gardant le pouvoir décisionnel, sans pour autant signifier une volonté politique dans le domaine linguistique qui irait au-delà de mesures qu'ils contribuent à financer. Il n'y a pas, à proprement parler, de volonté politique explicite qui soit exprimée pouvant former l'ossature d'une politique linguistique partielle (dans un ou plusieurs domaines) ou globale. Il arrive que les assemblées régionale ou départementales élèvent une protestation, émettent un avis ou formulent des souhaits. Mais l'objectif implicite des assemblées alsaciennes semble consister en une sorte de maintien du *statu quo*, avec un souhait de meilleures performances en langue allemande dans le domaine éducatif, pour des raisons économiques. Au demeurant, c'est l'espace éducatif qui focalise l'essentiel de l'attention des acteurs, d'autres domaines, comme l'espace public, étant singulièrement peu présents dans les déclarations politiques concernant les langues en Alsace.

Une réflexion politique globale sur les langues, qui n'existe pas pour le moment, pourrait éventuellement être menée à partir des travaux issus des « Assises de la langue et de la culture régionales » initiées par la Région Alsace en 2012. Cependant, si l'objectif affiché est « d'établir un large état des lieux et de formuler des propositions innovantes permettant de conforter la langue et la culture régionales, ingrédients essentiels de l'identité alsacienne »,[1517] aucun engagement précis n'est formulé, en particulier sur la manière dont la Région pense s'emparer des propositions qui seront faites et des suites qui seront données à cet ensemble.[1518] Le devenir des variétés autres que le français reste donc entièrement ouvert.

CONCLUSION

Vers la normalisation de la situation linguistique alsacienne

Se pencher sur l'histoire linguistique de ce qui est aujourd'hui l'Alsace ne se justifie que par l'histoire socio-politique qui a été la sienne. C'est, fondamentalement, le fait qu'elle ait changé de cadre de référence politique (deuxième moitié du XVIIe siècle) et que ce changement se soit maintenu dans la durée qui amènera progressivement des changements dans les référents culturels, avec une accélération des processus entre 1870 et 1970. Sans ce passage sous la domination de la Couronne de France, la présentation de l'histoire linguistique de l'Alsace ne présenterait qu'un intérêt assez limité.

Ce sont les temps contemporains, la volonté et les idéologies politiques qui s'y manifestent qui vont accélérer à la fois les changements linguistiques, leur problématisation et, au-delà des questions fonctionnelles, leur symbolique. Les deux guerres de 1870-1871 et de 1914-1918 font surgir de manière radicale les valeurs symboliques des langues, comme signaux d'appartenance patriotique, identitaire, etc., l'idéologisation des langues contribuant à structurer de manière clivante leurs représentations. Les changements d'appartenance politique, mais aussi et surtout les injonctions linguistiques incluses dans ces changements déboucheront sur une forme de situation linguistique conflictuelle qui, avec des intensités diverses et des contextualisations spécifiques, se maintient, d'une certaine manière, jusqu'à aujourd'hui.

Les questions linguistiques induites par les changements politiques, Paul Lévy les analyse, en 1929, dans ses « conclusions générales », de la manière suivante :[1519]

La propagation d'une langue appartient :
non au domaine de l'administration pure, des lois et des arrêtés ;
assez peu même, si paradoxal que cela semble, au domaine de l'enseignement, qui peut donner des connaissances d'une langue, mais non la substituer à une autre comme langue maternelle ;
mais surtout au domaine de colonisation intérieure dans le sens le plus vaste du terme. Elle est une question de natalité, d'immigration, de conditions et d'offres de travail, d'exigences économiques, de relations sociales, de prestige mondain, etc.

Puis, d'une certaine manière, à partir de ces constats, il propose une esquisse du processus linguistique tel qu'il pourrait être imaginable, voire envisageable :

L'évolution future des deux langues en présence en sens inverse ne peut manquer de se préciser. L'allemand donne déjà des signes d'affaiblissement qu'on ne saurait méconnaître : on le parle et on l'écrit moins, on le parle et on l'écrit surtout moins bien. Même les intellectuels dont toute l'instruction s'est faite avant la guerre le manient moins correctement. Mais il serait tout à fait faux d'en conclure que l'allemand, même dans sa forme littéraire, disparaîtra de nos provinces dans un avenir rapproché. Les journaux, les sermons, les chansons se chargeront de l'empêcher. L'insuffisance du dialecte pour toutes les manifestations qui s'élèvent un tant soit peu au-dessus du commun rend la connaissance et l'emploi du haut-allemand indispensable.
Le dialecte est encore fortement ancré dans les coutumes et les nécessités du pays. Pour un temps dont il est impossible d'entrevoir le terme, il restera l'intermédiaire des relations de famille dans les maisons ouvrières, paysannes et jusque dans la moyenne bourgeoisie. Cela s'explique : changer de langue, s'adapter à une autre, demande un effort intellectuel inouï. [...] Tout cela fait augurer pour le dialecte germanique de nos provinces une vie encore bien longue, d'autant plus que sa proche parenté avec le haut-allemand lui permet de s'appuyer sur une grande langue de civilisation voisine et d'en tirer de nouvelles forces.
Le danger pour l'allemand comme pour le dialecte vient de la rupture de l'unité politique et de l'unité de civilisation. Les tendances à la divergence, qui existent dans tout parler, ne sont plus efficacement combattues par les facteurs d'unification parmi lesquels l'école figure au premier plan. Déjà l'observateur attentif peut constater un appauvrissement du vocabulaire. [...]
Les mêmes éléments qui désagrègent l'allemand favorisent maintenant le français. Les Alsaciens et Lorrains de langue allemande, qui forment la majorité dans leurs provinces, sont une petite minorité dans le cadre général de la France. Or, dans tous les domaines, la force des choses contraint les petits à se rallier à la cause des grands. Quoique plus lentement, les langues n'échapperont pas totalement à cette loi. Depuis le retour des trois départements à la France, toutes les grandes

> forces collectives agissent au profit de la langue nationale. Le français est la langue de l'administration, de l'école, de l'armée; il est de jour en jour davantage celle des journaux, de la littérature, du théâtre, du commerce; il a le prestige du parler mondain, l'utiliser, c'est s'élever au-dessus du moyen. L'amour-propre comme l'intérêt matériel le recommandent plus efficacement que toutes les admonestations et contraintes. Ajoutons que l'allemand a tendance à s'effacer plus facilement devant le français qu'inversement. [...] Nous nous avançons ainsi vers un bilinguisme ou, si on compte le dialecte à part, vers un trilinguisme toujours plus complet. Le jour viendra alors où le français et l'allemand seront en équilibre, ensuite un autre où le français l'emportera.
> Quand cela? Personne ne le sait, même approximativement. Tout ce que l'on peut dire, c'est que ce sera une affaire de générations. Cependant, vu l'intensité de la vie moderne et des mouvements de population, l'évolution dans l'avenir sera sans doute plus rapide et plus radicale que jamais dans le passé.

Paul Lévy semble ne pas attribuer de rôle central à la politique linguistique explicite[1520] des États en tant que volonté idéologique et n'évoque l'aspect conflictuel de la situation qu'en creux. En revanche, son travail l'amène à insister sur l'importance des fonctions attribuées à une langue, de son usage, d'une sorte d'empirie, qui représente néanmoins quand même les effets et le résultat implicites d'une vraie politique linguistique «appliquée», pour ainsi dire. Concomitamment cependant, il insiste sur l'importance des changements sociétaux comme moteur du changement linguistique. D'une certaine manière, il évoque une sorte de contrainte de fait («douce»?) dont seul le français tire profit.

Il décrit le phénomène de «substitution» linguistique dans une société bilingue, c'est-à-dire le fait de passer d'une langue majoritaire A à une langue majoritaire B, en abandonnant progressivement la langue A. Dans la logique globale qu'il développe, conformément à son époque et à son propre vécu, probablement, la catégorie «allemand» englobe à la fois l'écrit standard et l'oral dialectal. Au final, c'est bien dans l'une des dernières phases du processus de substitution linguistique, tel que Paul Lévy l'avait pensé, que l'Alsace semble se trouver aujourd'hui.

Cinquante ans plus tard, Eugène Philipps commentera une partie du processus de manière nettement plus abrupte: «Aucun peuple n'abandonne sa langue s'il n'y est contraint»[1521] pour rappeler qu'il est rare que les locuteurs abandonnent volontairement leur langue. De son point de vue, il s'agit de tirer profit de la co-présence des langues (bilinguisme), sans chercher à n'en éliminer aucune, contrairement à ce que la politique et l'idéologie linguistiques après 1945 ont provoqué.

En effet, le tournant majeur dans l'histoire linguistique de l'Alsace reste probablement la Deuxième Guerre mondiale, dont l'annexion de fait reste l'élément central en Alsace, et ses conséquences, en ce qu'elle va changer le rapport à l'allemand standard et radicaliser la politique et l'idéologie linguistiques de la France mises en œuvre en Alsace. Après 1945, il n'est plus possible de penser autrement les langues qu'à travers le prisme idéologique. En effet, toute l'action politique en Alsace est pensée à l'aune du contexte du moment et la lecture qui en est faite. La mise en lien avec les concessions faites durant l'entre-deux-guerres, le développement de la pensée autonomiste, l'annexion de l'Alsace, le comportement de certains responsables politiques du mouvement autonomiste, etc., amènent la France à une politique linguistique sans concession : priorité à la diffusion du français, mise à l'écart maximale des autres formes d'expression. La mise en application, y compris de manière coercitive, de cette politique, accompagnée de discours hiérarchisant (valorisant/stigmatisant) sur les langues et sur les effets néfastes d'un « prétendu bilinguisme » pour les locuteurs ordinaires, vont fournir un cadre décisif pour accélérer un changement linguistique (adoption du français, abandon progressif du dialecte, connaissance déclinante de l'allemand écrit). Cependant, sans changements importants dans la société, notamment par l'introduction d'éléments de modernité (*vs* tradition, reproduction), l'impact de cette politique n'aurait pas pu être aussi important qu'il l'aura été.

La réussite de cette politique se joue entre 1960 et 1980. La phase de « bilinguisme » oral semble atteinte au début des années 1960 et la phase de substitution opératoire semble s'installer durant la décennie 1970-1980. Ces vingt années « charnières » valident le choix politique fait dans l'immédiat après-guerre et transforme de manière radicale la situation sociolinguistique en Alsace : la connaissance du français s'est imposée, il peut être utilisé dans toutes les circonstances d'interactions verbales, formelles comme informelles, l'usage des parlers dialectaux montre les premiers signes d'un recul, l'allemand commence à jouer un rôle marginal dans la société. Cette situation est irréversible et les grandes tendances continueront à s'affirmer au fil du temps : au début du XXIe siècle, la connaissance déclarée du dialecte est devenue quantitativement minoritaire, avec une sorte d'autonomisation de l'alsacien, « décroché » en quelque sorte de l'allemand standard (et inversement). Par ailleurs, la connaissance de l'allemand comme langue endogène a été remplacée par une connaissance de l'allemand comme langue exogène, lorsque cette connaissance est présente.

CONCLUSION

D'une certaine manière, la situation linguistique en Alsace est en train de se «normaliser», c'est-à-dire de se rapprocher des situations linguistiques que connaissent la plupart des autres régions de France métropolitaine. C'est à la société, à ses élus, aux acteurs majeurs de sa vie sociale, culturelle et économique, aux citoyens de décider si cette situation doit être laissée en l'état pour qu'elle puisse aller à son terme, si elle doit être aménagée pour en modifier quelques éléments ou si une intervention plus radicale est souhaitable pour en modifier son devenir. Les activistes et militants des différents camps, les partis, les syndicats, les associations, etc., devront être le levain dans la pâte pour aider la société à prendre la décision qui corresponde à son aspiration profonde, quelle qu'elle soit.

> Faut-il penser qu'entre obligation d'appartenir et la revendication d'indépendance nulle négociation ne peut s'ouvrir ? Qu'entre les attaches et la liberté il y a une invincible incompatibilité ? L'interrogation est d'autant plus insistante qu'en réalité chacun de nous abrite en lui l'une et l'autre de ces exigences. […]
> Dans tous les débats [sur les identités, «républicanisme» *vs* «communautarisme»], j'ai eu en permanence le sentiment de pousser devant moi un troupeau d'incertitudes. L'affrontement binaire du particulier et de l'universel, que les républicains mettent si volontiers en scène, est d'une impérieuse et confortable simplicité. L'inconfort est pour celui qui vit dans un paysage embrouillé, contraint néanmoins de situer ses réponses dans le cadre raide qui lui est imposé.[1522]
>
> Mona Ozouf

REMERCIEMENTS

Que soient remerciés toutes celles et tous ceux qui, d'une manière ou d'une autre, nous ont aidé dans nos investigations, en particulier :

M. Jean-Louis Engel, archiviste à l'archevêché du diocèse de Strasbourg,
les services des Archives départementales du Bas-Rhin,
Monsieur le Sénateur Louis Jung, pour l'entretien qu'il nous a accordé,
MM. Charles Eckert († 2014), Inspecteur général honoraire de l'Éducation nationale (allemand), Charles Kopp († 2012), Inspecteur départemental de l'Éducation nationale à la retraite, Eugène Philipps, agrégé d'anglais, essayiste, Charles Weick († 2013), agrégé d'allemand, ancien responsable de la section « allemand » du CRDP, pour avoir répondu à nos questions sur l'enseignement de l'allemand, Mme Suzanne Schaffner ainsi que MM. Charles Beyer, Aimé Haubtmann, Henri Joseph, André Muller, Jean Schell, instituteurs, directeurs d'école ou conseillers pédagogiques en activité ou à la retraite, Pierre-Paul Schmitt, professeur agrégé d'allemand à l'École normale de Colmar à la retraite, pour avoir accepté de relater leurs expériences de la réforme Holderith et nous avoir prêté l'un ou l'autre document,
Mme Zimmermann et M. Bauer, directeurs d'école, pour nous avoir donné accès aux archives de leurs écoles,
MM. Jean-Paul Gunsett et Martin Allheilig († 2007) (par le truchement de sa fille, Mme Marie-Martine Griffejoen-Allheilig), anciens de Radio-Strasbourg et de la télévision régionale, qui nous ont fait profiter de leur connaissance du monde radiophonique et télévisuel ainsi que de documents qu'ils ont bien voulu nous communiquer,
MM. les rédacteurs en chef des quotidiens *Dernières Nouvelles d'Alsace* et *L'Alsace – Le Pays*, qui nous ont communiqué les éléments chiffrés concernant leurs journaux,
M. François Igersheim, professeur émérite à l'Institut d'histoire d'Alsace de l'Université de Strasbourg, pour les informations partagées,
M. Daniel Morgen, I.P.R. honoraire, ancien chef de la Mission académique aux enseignements régionaux et internationaux du rectorat de l'Académie de Strasbourg et ancien directeur du Centre de formation aux enseignements bilingues de l'IUFM à Guebwiller, pour l'échange d'informations et de documents depuis de nombreuses années.

D. H.

Publications et ouvrages cités

1. DOCUMENTS

1.1. Archives départementales du Bas-Rhin
Cotes : 339D13 ; 406D4 ; 544D190, 544D192, 544D193, 544D194, 544D196, 544D197, 544D198 ; 589D21, 589D23, 589D25, 589D27, 589D29, 589D30, 589D150, 589D151, 589D155, 589D188, 589D217 ; 659D47 ; 709D106 ; 1085W19 ; 1107W3 ; 1130W42, 1130W388, 1130W401, 1130W421, 1130W422, 1130W423, 1130W656, 1130W659, 1130W661, 1130W732, 1130W732, 1130W741 ; 1152W6, 1152W9 ; 1743W19 (100), 1743W38 (177bis) ; 1959W93

1.2. Archives départementales du Haut-Rhin
78850, versement 1311W

1.3. Archives de l'archevêché du diocèse de Strasbourg
Liasse 1020

1.4. Textes administratifs
Bulletin de l'Enseignement (Département du Bas-Rhin)
Bulletin de l'Instruction primaire (Département du Haut-Rhin) puis *Bulletin départemental de l'enseignement du Premier Degré du Haut-Rhin*
Bulletin Officiel de l'Éducation nationale
Bulletin Officiel du Commissariat régional de la République à Strasbourg, Strasbourg 1945
DEYON Pierre *Le programme Langue et culture régionales en Alsace (1982-1990)*, Strasbourg 1991, CRDP de Strasbourg
GAUDEMAR de Jean-Paul *Le programme Langue et culture régionales en Alsace. Textes de référence 1991-1996*, Strasbourg 1996, CRDP de Strasbourg
Instructions de M. le Recteur de l'Académie de Strasbourg Directeur de l'Instruction publique pour les départements du Bas-Rhin, du Haut-Rhin, de la Moselle pour la réouverture des Écoles primaires, imprimé à Saverne Imprimerie A. Mosbach, anc. Fuchs, 1944-45
Journal Officiel de la République française
L'apprentissage précoce des langues vivantes à l'école maternelle et à l'école élémentaire, circulaire (ministérielle) n° 72-1059 du 14 septembre 1972, non publiée au *Bulletin officiel de l'Éducation nationale*
Ministère de la Guerre - État-Major général (2e bureau) *Organisation politique et administrative et législation de l'Alsace-Lorraine*. 2e partie : *Textes législatifs traduits et annotés*. Tome 1 : *Organisation politique et administrative*, Paris 1918
Union des employés communaux de carrière d'Alsace et de Lorraine (UCAL) *Loi municipale locale d'Alsace et de Lorraine avec annexes. Textes annotés et mis à jour (février 1935) / Gemeindeordnung für Elsass und Lothringen mit Anhang. Zusammenstellung der im Februar 1935 geltenden Texte*, 2e édition / 2. Auflage, Strasbourg s.d.
Verordnungsblatt des Chefs der Zivilverwaltung im Elsass, années 1940 à 1944

1.5. Textes à caractère exécutif ou délibératif
Bulletin ecclésiastique du diocèse de Strasbourg
Conférence d'Alsace-Lorraine *Procès verbaux*, Paris, Imprimerie nationale, Tome 1 : 1917, tome 2 : 1919
Conseil général du Bas-Rhin, *Rapports et délibérations*,
Conseil général du Haut-Rhin, *Procès-verbaux des délibérations*,
Conseil général du Bas-Rhin, *Rapports annuels des Chefs de services*
Conseil général du Haut-Rhin, *Rapports annuels des Chefs de services*
Conseil supérieur d'Alsace et de Lorraine *Procès verbaux*, Strasbourg 1919, Imprimerie alsacienne

1.6.1. Presse quotidienne et hebdomadaire
Honneur et Patrie
L'Alsace
L'Alsace française
L'Humanité d'Alsace et de Lorraine
Le Journal d'Alsace et de Lorraine
Le Monde
Le Nouveau Journal de Strasbourg
Le Nouveau Rhin français
Le Nouvel Alsacien/Der Elsässer
Dernières Nouvelles d'Alsace

1.6.2 Presse autre que quotidienne et hebdomadaire
Bulletin du SNI du Haut-Rhin
Bulletin mensuel du Syndicat national des instituteurs et des institutrices de l'Union française, section du Bas-Rhin
De Budderflade
Elan
En route, bulletin départemental [Bas-Rhin] du SGEN-CFTC (puis SGEN-CFDT)
L'Église en Alsace
Le Rassemblement français

1.7. Données quantitatives
DUEE Michel « L'alsacien, deuxième langue régionale de France » in *Chiffres pour l'Alsace* n° 12, décembre 2002, pp. 3-6
EDInstitut *Étude sur le dialecte alsacien*, avril 2012 : « Étude réalisée par EDinstitut sur la base de 801 personnes résidant en Alsace interrogés par téléphone selon la méthode des quotas entre le 1er et le 9 mars 2012 » pour le compte de l'OLCA
INSEE (1980) *Étude du mode de vie en Alsace*, Documents pour l'Alsace n° 1, Strasbourg
INSEE – Direction régionale de Strasbourg *Recensement général de la population – 1962 : Langues parlées et religions déclarées en Alsace*, vol. I, Strasbourg s.d.
INSEE *Aspects particuliers des populations alsacienne et mosellane. Langues – Personnes déplacées. Religions*, Paris 1956 (Études et documents démographiques n° 7)
SELIGMANN Nicole « Connaissance déclarée du dialecte et de l'allemand » in *Chiffres pour l'Alsace* n° 4, 1979, pp. 21-30
Statistisches Bureau des Ministeriums für Elsass-Lothringen (Hrsg.) *Das Reichsland Elsass-Lothringen. Landes- und Ortsbeschreibung. Erster Theil : Allgemeine Landesbeschreibung*, Strassburg 1898-1901, Heitz

LES LANGUES DE L'ALSACE

Statistisches Bureau des Ministeriums für Elsass-Lothringen (Hrsg.) *Das Reichsland Elsass-Lothringen. Landes- und Ortsbeschreibung.* Zweiter Teil: *Statistische Angaben*, Strassburg 1901, Heitz
Statistisches Bureau des Ministeriums für Elsaß-Lothringen (Hrsg.) *Das Reichsland Elsaß-Lothringen.* Dritter Theil: *Ortsbeschreibung*, Straßburg 1901-1903, Heitz
Statistisches Bureau für Elsaß-Lothringen (Hrsg.) *Die Bevölkerung Elsaß-Lothringens nach den Ergebnissen der Volkszählung vom 1. Dezember 1905 und der früheren Zählungen.* A. *Textlicher Teil*, Straßburg 1908, M. DuMont Schauenberg

2. LITTÉRATURE PRIMAIRE

2.1. Ouvrages littéraires, culturels, politiques, philosophiques
ARNOLD J.G.D. *Der Pfingstmontag. Lustspiel in Straßburger Mundart*, Straßburg 1874, Schultz und Comp.
ARNOLD François et WECKMANN André *Elsassischi Liturgie. Essai d'une liturgie en dialecte alsacien*, Strasbourg 1980, SEB
BIZET J.A. (Choix de textes, introduction et notes par) *Mystiques allemands du XIVe siècle. Eckhart, Suso, Tauler*, Paris 1957, Aubier Montaigne
BRANT Sebastian *Das Narrenschiff* (hrsg. von Manfred Lemmer), Tübingen 1968, Niemeyer (2e éd. augmentée)
BRANT Sébastien *La Nef des Fous*, Strasbourg 1977, Éditions de la Nuée Bleue
EHRLICH Ernst Traugott [= SPIESER Hans] *Deutschlands Unfähigkeit, das Elsaß zu entwelschen*, Zürich 1909, Speidel
ERNAUX Annie *Les années*, Paris 2008, Gallimard
FICHTE Johann Gottlieb *Reden an die deutsche Nation*, München, Wilhelm Goldmann Verlag
GREGOIRE Abbé *Essai sur la régénération physique, morale et politique des juifs*, rééd. Paris 1988, Flammarion
HART Marie *G'schichtlen un Erinnerungen üs de sechziger Johr*, Stuttgart [1911], Greiner & Pfeiffer
HARTMANN C.F. *Alsatische Saitenklänge*, Straßburg 1840, Treuttel, Würtz, Schmidt und Grucker
HEBEL Johann Peter *Alemannische Gedichte. Für Freunde ländlicher Natur und Sitten / Poésies alémaniques. Pour les amis de la nature et des mœurs rurales*, genormter Urtext mit Anmerkungen, ins Französische übersetzt von / Texte original revu et annoté, traduit en français par Raymond Matzen, Kehl 2010, Morstadt
HIRTZ Georg Daniel *Gedichte*, Straßburg 1838, Dannbach
HIRTZ Daniel *Gedichte*. Zweite vermehrte Auflage, Straßburg 1846, Dannbach
KATZ Nathan *Œuvre poétique I Sundgau* [traduit de l'alémanique], Orbey 2001, Arfuyen; *Œuvre poétique II* [traduit de l'alémanique], Orbey 2003, Arfuyen
KETTNER Ch. F. *D'Maiselocker. Lustspiel in drei Akten*, Straßburg 1877, Noiriel
LIENHARD Friedrich, PFITZNER Hans et SPINDLER Carl (éds) *Der elsaessische Garten. Ein Buch von unsres Landes Art und Kunst*, Straßburg 1912, Karl J. Trübner
LUSTIG August *Gedichte in oberelsässischer Mundart*, Mülhausen i. Els. 1904, J. Brinkmann
LUSTIG August *Sämtliche Werke.* Zweiter Band: *Theater*, s.l.n.d., J. Brinkmann
LUTHER *Les grands écrits réformateurs* (Introduction, traduction et notes de Maurice GRAVIER), Paris 1955, Aubier Montaigne
LUTHER Martin *De la liberté du chrétien. Préfaces à la Bible. La naissance de l'allemand philosophique* (Traduction et commentaires par Philippe BÜTTGEN), Paris 1996, Seuil (Point Essais n° 338)
MATTHIS Albert et Adolphe *Bissali.* Augmenté d'un choix d'*Aephai*, de *Fülefüte* et d'inédits pour le 35e anniversaire de la première édition avec une introduction et des notes par Alfred Schlagdenhauffen, Strasbourg 1958, Publications de la Faculté des Lettres de l'Université de Strasbourg
MULLER Germain *Poèmes et chansons* [Colmar], Jérôme Do Bentzinger Editeur: volume I *Coups de cœur*, 1998 et volume II *Coups de gueule*, 2000
OTFRID von Weißenburg *Evangelienbuch*, Stuttgart 1987, Reclam
Petite anthologie de la poésie alsacienne, Strasbourg, Association Jean-Baptiste Weckerlin: Tomes I, IV, VI, VIII
Der Reinhart Fuchs des Elsässers Heinrich, Tübingen 1984, Niemeyer (Altdeutsche Textbibliothek Nr.96)
REINMAR de Haguenau *Chants d'amour. Minnesang* (traduction de Béatrice Weis), Paris 1990, Arfuyen
[STOEBER August] *E Fîrobe im e Sundgauer Wirthshüs*, Volks-Scenen in zwei Abtheilungen, Text von August Stoeber, Musik von Joseph Heyberger, Mülhausen 1891 (3. Vermehrte Auflage), Bader & Cie
STÖBER Ehrenfried *Daniel oder der Straßburger.* Lustspiel mit Gesängen, in zwei Aufzügen. Zum Theil in elsässischer Mundart, Straßburg 1825, Schuler
STÖBER Ehrenfried *Sämtliche Gedichte und kleine prosaische Schriften*, Straßburg, Schuler (vol. I et II: 1835, vol. III: 1836)
WAGNER Heinrich Leopold *Die Kindermörderin*, Stuttgart, édition de 1969, Reclam
WECKMANN André *Les nuits de Fastov*, Paris – Colmar 1968, Alsatia
WECKMANN André *schang d sunn schint schun lang*, Strasbourg 1975, Association J.B. Weckerlin
WECKMANN André *Fonse ou l'éducation alsacienne*, Paris 1975, Oswald
WECKMANN André *Die Fahrt nach Wyhl. Eine elsässische Irrfahrt*, Strasbourg 1977, CEDA
WECKMANN André *Fremdi Getter*, Pfaffenweiler 1980, Pfaffenweiler Presse
WECKMANN André *Wie die Würfel fallen*, Kehl 1981, Morstadt Verlag
WECKMANN André *Édition complète des œuvres poétiques/Werkausgabe der elsässischen Gedichte*, Strasbourg, Éditions Oberlin: Tome II/ Band II: *Hàn'r de blöje Storike gsahn?/Avez-vous vu la cigogne bleue? Habt ihr den blauen Storch gesehen?*. Textes en vers et en prose des années 1944-1972 (2000)
WECKMANN André *Édition complète des œuvres poétiques/Werkausgabe der elsässischen Gedichte*, Strasbourg, Band III *De Schrej / Le cri / Der Schrei. Poèmes des années 1972-1980/Gedichte der Jahre 1972-1980*, Strasbourg 2000, Éditions Oberlin
WICKRAM Jörg *Joyeuses histoires à lire en diligence* ou *Le Petit livre du coche*, Paris-Orbey 2012, Arfuyen (traduction de Catherine Fouquet)

2.2. Biographies, autobiographies, récits de vie, temoignages
BOCQUILLON Sophie & PEREGO Armand *Grandir à Strasbourg dans les années 1940 et 1950*, Paris 2012, Éditions Wartberg
BOHN Ernest *Un instituteur-organiste alsacien dans le XXe siècle*, La Broque 2004, Les Petites Vagues
BOURGART Raymond *Strasbourg... toujours. Souvenirs*, Strasbourg 1992, Éditions La Nuée Bleue / DNA
BRASSART-GOERG Marie *« Tel que je suis » Jean Oehler*, Strasbourg 1997, Éditions du Signe

PUBLICATIONS ET OUVRAGES CITÉS

CLAUSER Marie Elisabeth *Années 1950. Grandir en Alsace*, Saint-Avertin 2013, Éditions Alan Sutton

CLEMENS Paul *Aux yeux du souvenir. Les jeunes années d'un Mosellan, 1928-1952*, Paris 2012, L'Harmattan

DEYON Pierre *Rencontres en Alsace. Souvenirs d'un recteur, 1981-1991*, Strasbourg 1994, La Nuée Bleue / DNA

ERNY Antoinette et Pierre *Une enfance à Ammerschwihr ou comment devenir femme dans le vignoble de Haute-Alsace, 1934-1952*, Colmar 2008, Jérôme Do Bentzinger

ESCHBACH Paul *Pleurs et grincements. Un adolescent d'Alsace sous l'Occupation*, Mulhouse 1998, Éditions L'Alsace

FEISTHAUER Joseph *Frieher un hèit. Anderi Zèit, ànderi Welt! D'un monde à l'autre*, s.l. 2007, s. éd.

HEITZ Robert *Souvenirs de jadis et naguère*, Woerth 1963, chez l'auteur

HERRENSCHMIDT Suzanne *Mémoires pour la petite histoire. Souvenirs d'une Strasbourgeoise*, Strasbourg 1973, Istra

HOEFFEL Daniel *En trois points et quelques autres... Entretiens avec Michel Stourm*, Strasbourg 1999, La Nuée Bleue

KEIFLIN Claude *Adrien Zeller. Une vie au service de l'Alsace*, Strasbourg 2012, Éditions du Signe

KLEIN Pierre *Camille Dahlet. Une vie au service de l'Alsace*, Strasbourg 1983, bf/salde

KOCHER Antoine *Saisons d'enfance en Alsace*, s.l. 1995, Éditions du Bastberg

MANGEL Alain *1939. Chronique d'un exode. L'Alsace en Périgord*, Le Bugue 1990, PLB éditeur

MAYER Alfred *Un instituteur de campagne en Alsace de 1934 à 1972*, Paris 2004, L'Harmattan

MORGENTHALER Simone *Pour l'amour d'un père. Les moissons de la mémoire*, Pontarlier 2014, Éditions du Belvédère

MUTTERER Marguerite *« C'est vous dont la mère est folle »*, Colmar 2012, Jérôme Do Benztinger

OBERKIRCH Baronne d' *Mémoires sur la cour de Louis XVI et la société française avant 1789*, Paris 1970, Mercure de France

OZOUF Mona *Composition française. Retour sur une enfance bretonne*, Paris 2009, Gallimard

PAIRA René *Affaires d'Alsace. Souvenirs d'un préfet alsacien*, Strasbourg 1990, La Nuée Bleue / Dernières Nouvelles

[SCHÖRLIN Johannes] *Neuwilditsch. Us em Lebeslauf vo men alte Schuelmeischter*, St. Ludwig 1908, Perrotin & Schmitt

SPIESER Hans *Gedanken eines Altelsässers. Deutschlands Unfähigkeit, das Elsaß zu entwelschen*, Berlin-Steglitz 1913, Scheffer

VIGEE Claude « Témoignage » in *Revue alsacienne de littérature* n° 17-18, 1er et 2e trimestres 1987, pp. 9-10

WAGNER Louis *1939-1945 : mes écoles de guerre*, Colmar 2005, Jérôme Do Bentzinger

WALLER René *Les lampions de 36. Mémoires d'un fils d'ouvrier*, Nice 1996, Éditions du Losange

WEBER Edgard *Le petit garçon et la synagogue, de Bitche à Beyrouth*, s.l. 2013, Éditions des Genêts d'Or

WEBER Fernand *Le fils ingrat. Une jeunesse rebelle en Alsace 1935-1945*, Strasbourg 2006, La Nuée Bleue

WILL Robert *Steckelburi vun zellemols*, Strasbourg 1947, Éditions Oberlin

3. AUTRES OUVRAGES, PUBLICATIONS ET ARTICLES

42 Johr Barabli. Histoire d'un cabaret alsacien, Strasbourg 1988, Les Musées de la Ville de Strasbourg / Éditions Oberlin

ADAM Paul « L'école humaniste de Sélestat » in *Les lettres en Alsace*, Strasbourg 1962, Istra, pp. 93-105

ALLHEILIG Martin *E paar Minüte franzeesch*, premier fascicule, Strasbourg 1946, Les Éditions de l'Est

ALLHEILIG Martin « Ayez pitié des émissions alsaciennes » in *Elan*, n° 3/ mars 1957, pp. 6-7

ALLHEILIG Martin « Des émissions en dialecte aux émissions en allemand » in *Elan* n° 10/décembre 1957, p. 11

ALLHEILIG Martin « Retour en Alsace » in *Saisons d'Alsace* « Presse et médias en Alsace des débuts à nos jours » n° 100, juin 1988, pp. 123-126

ALTORFFER Ch. « Les cultes » in : Comité alsacien d'études et d'informations *L'Alsace depuis son retour à la France*, Tome premier, Strasbourg 1932, pp. 43-65

Annuaire bio-bibliographique des écrivains et publicistes de la Région d'Alsace et de Lorraine, Strasbourg 1931

ARETIN Felicitas von « Erziehung zum Hurrapatrioten ? Überlegungen zur Schulpolitik des Oberschulrates im Reichsland Elsaß-Lothringen 1871-1914 » in ARA Angelo et KOLB Eberhard (éds) *Grenzregionen im Zeitalter der Nationalismen : Elsaß-Lothringen/Trient-Triest, 1870-1914*, Berlin 1998, Duncker & Humblot (Schriften des Italienisch-Deutschen Historischen Instituts in Trient, Band 12), pp. 91-113

BAAS Emile *Situation de l'Alsace*, Colmar 1973 [1re éd. 1945], Éditions Alsatia

BAAS Geneviève *Le malaise alsacien 1919-1924*, Strasbourg 1972, Développement et Communauté

BACH Heinrich « Die Rolle Luthers für die deutsche Sprachgeschichte » in BESCH Werner, REICHMANN Oskar et SONDEREGGER Stefan *Sprachgeschichte. Ein Handbuch zur Geschichte der deutschen Sprache und ihrer Erforschung*, 2. Halbband, Berlin-New York 1985, Walter de Gruyter, pp. 1440-1447

BADARIOTTI Dominique, KLEINSCHMAGER Richard et STRAUSS Léon *Géopolitique de Strasbourg. Permanences, mutations et singularités de 1871 à nos jours*, Strasbourg 1995, La Nuée Bleue (coll. La bibliothèque alsacienne)

BAECHLER Christian *Le parti catholique alsacien 1890-1939. Du Reichsland à la République jacobine*, Paris 1982, Éditions Ophrys (Association des publications près les Universités de Strasbourg)

BAECHLER Christian « L'autonomisme alsacien dans l'entre-deux-guerres » in *Revue de l'Association des professeurs d'histoire et de géographie, Historiens & géographes* n° 347 - février 1995, pp. 249-255

BAKER Keith Michael « Condorcet » in FURET François, OZOUF Mona et collaborateurs *Dictionnaire critique de la Révolution française. Acteurs*, Paris 1992, Flammarion, pp. 113-128

BALIBAR Renée *L'institution du français. Essai sur le colinguisme des Carolingiens à la république*, Paris 1985, Presses universitaires de France (1re éd.)

BALIBAR Renée *Histoire de la littérature française*, Paris 1991, Presse universitaires de France

BANKWITZ Philipp *Les chefs autonomistes alsaciens 1919-1947*, Strasbourg 1980, Librairie Istra (*Saisons d'Alsace* n° 71)

BANNIARD Michel *Genèse culturelle de l'Europe Ve - VIIIe siècle*, Paris 1989, Seuil

BACZKO Bronislaw « Instruction publique » in FURET François, OZOUF Mona et collab. *Dictionnaire critique de la Révolution française. Institutions et créations*, Paris 1992, Flammarion, pp. 275-297

BAUER Roger « Le théâtre à Strasbourg vers 1770 et les débuts dramatiques de Goethe » in *Goethe et Alsace*, Strasbourg 1973, Istra, pp. 165-178

BEHE Martin *Heures inoubliables.*

LES LANGUES DE L'ALSACE

Recueil des relations des fêtes de libération, des discours prononcés dans plus de 80 villes et villages d'Alsace et Lorraine en novembre et décembre 1918 et des impressions personnelles des maréchaux et généraux, Strasbourg, Nancy, Paris 1920, Le Roux, Berger-Levrault

Bibliothèque nationale et universitaire de Strasbourg – Section des Alsatiques *Liste des périodiques en cours*, [Strasbourg] 1979

BIEDERMANN Alfred « Langue et culture » in *Le Semeur* (1948) « Alsace » (numéro spécial à l'occasion du Tricentenaire), Strasbourg, pp. 36-53

BISCH Yves *Écoles d'Alsace. Les leçons de l'histoire*, Mulhouse 1996, Éditions du Rhin

BISCHOFF Georges « Le Moyen Âge » in VOGLER Bernard (dir.) *L'Alsace, une Histoire*, Strasbourg 1990, pp. 43-82

BISCHOFF Georges « L'invention de l'Alsace » in *Saisons d'Alsace* n° 119 « Alsace imaginaire. Symboles, fantasmes et rêves », Strasbourg 1993, La Nuée Bleue, pp. 35-69

BISTER-BROOSEN Helga *Sprachkontakte und Sprachattitüden Jugendlicher im Elsaß und Baden. Vergleichende soziolinguistische Untersuchungen in Colmar (Frankreich) und in Freiburg und Müllheim (Deutschland)*, Frankfurt am Main, Berlin, Bern, New York, Paris, Wien 1998, Peter Lang (Duisburger Arbeiten zur Sprach- und Kulturwissenschaft, Bd. 34)

BLUM H. (Hrsg.) *Gesetze, Verordnungen und Verfügungen betreffend das niedere Unterrichtswesen in Elsaß-Lothringen*, 2. Umgearbeitete und vermehrte Auflage, Straßburg 1903, Friedrich Bull

BOCK Ch. « L'enseignement primaire » in Comité alsacien d'études et d'informations *L'Alsace depuis son retour à la France*, Tome premier, Strasbourg 1932, pp. 399-416

BOCK Ch. « L'enseignement post-scolaire » in : Comité alsacien d'études et d'informations *L'Alsace depuis son retour à la France*, Tome premier, Strasbourg 1932, pp. 417-426

BOEHLER Jean-Michel *Une société rurale en milieu rhénan : la paysannerie de la plaine d'Alsace (1648-1789)*, Strasbourg 1994, Presses universitaires de Strasbourg

BOGETTO Michel *La devise « liberté, égalité, fraternité »*, Paris 1997, P.U.F.

BOISSOU Lionel « Alfred Toepfer, un "ami de l'Alsace" » in *Saisons d'Alsace* n° 128, été 1995, pp. 99-108

BOLATOGLU Meryem, MORGEN Daniel et SCHLEMMINGER Gérald (2008) *1940-1950. Umschulung et réintégration. Parcours d'instituteurs alsaciens de la reconversion obligatoire au retour dans l'éducation nationale*, Jérôme Do Bentzinger, Colmar 2008

BOPP Marie-Joseph *L'Alsace sous l'occupation allemande, 1940-1945*, Le Puy 1945, Xavier Mappus

BOPP Marie-Joseph « La langue et la culture française à Colmar dans la seconde moitié du XVIIIᵉ siècle et au début du XIXᵉ siècle : le groupe de Pfeffel » in *Les lettres en Alsace*, Strasbourg 1962, Istra, pp. 157-178

BOPP Marie-Joseph « La poésie politique en Alsace pendant la Révolution », in *Deux siècles d'Alsace française*, Strasbourg-Paris 1948, F.-X. Leroux, pp. 175-220

BOPP Marie-Joseph « La littérature alsacienne de 1800 à 1870 », in *Les lettres en Alsace*, Strasbourg 1962, Istra, pp. 279-313

BOTHOREL-WITZ Arlette « Nommer les langues en Alsace » in TABOURET-KELLER Andrée (dir.) *Le nom des langues. I. Les enjeux de la dénomination des langues*, Louvain-la-Neuve 1997, Peeters, pp. 117-145

BOTHOREL-WITZ Arlette « La « langue régionale » en Alsace, polysémie et polémiques » in BOTHOREL-WITZ Arlette (dir.) *Enseigner en classe bilingue. Former les enseignants des classes bilingues « français / langues secondes-langues régionales »*, Actes de l'Université d'automne, IUFM d'Alsace, 24-27 octobre 2002, s.l. juin 2004, Ministère de l'Éducation nationale, de l'Enseignement supérieur et de la Recherche, Direction de l'enseignement scolaire, pp. 37-49

BOTHOREL-WITZ Arlette et TSAMADOU-JACOBERGER Irini « Les processus de minoration et de majoration dans le discours sur les langues et les pratiques dans des entreprises à vocation internationale (implantées en Alsace) » in HUCK Dominique et KAHN René *Langues régionales, cultures et développement. Études de cas en Alsace, Bretagne et Provence*, Paris 2009, L'Harmattan, pp. 43-91

BOURDIEU Pierre « La production et la reproduction de la langue légitime » [1982] reproduit in BOURDIEU Pierre *Langage et pouvoir symbolique*, Paris 2001, Seuil (collection Points Essais n° 461), pp. 67-98

BOURDIN-KUHLMANN Marie-Thérèse « Dix ans de chanson alsacienne » in *Revue d'Alsace* n° 110 (1984), pp. 219-236

BRAEUNER Gabriel *Pfeffel l'Européen. Esprit français et culture allemande en Alsace au siècle des Lumières*, Strasbourg 1994, La Nuée Bleue

BRANDHUBER Marius et TRABAND Georges *1954-1963. Les débuts de la télévision régionale en Alsace*, s.l. [2005], s. éd.

BRAUN Jean « La littérature d'expression allemande et dialectale de 1870 à 1918 » in *Les lettres en Alsace*, Strasbourg 1962, Istra, pp. 369-383

BROGLY Médard « Dokumente und Tatsachen zur Geschichte unseres Landes » in *Im Dienst der Kirche und des Volkes. Festschrift zum 60. Geburtstage des H. Abbé Dr. Xavier Haegy, op. cit.*, pp. 249-296

BRONNER Fritz *1870-1871. Elsass-Lothringen. Zeitgenössische Stimmen für und wider die Eingliederung in das Deutsche Reich*, 1. Halbband, Frankfurt am Main 1970, Erwin von Steinbach-Stiftung

BRUNOT Ferdinand *Histoire de la langue française des origines à nos jours*. Tome V *Le français en France et hors de France au XVIIᵉ siècle*, Paris, réimpression de 1966, Colin

BRUNOT Ferdinand *Histoire de la langue française des origines à nos jours*. Tome VII *La propagation du français en France jusqu'à la fin de l'Ancien Régime*, Paris, réimpression de 1967, Armand Colin

BRUNOT Ferdinand *Histoire de la langue française des origines à nos jours*. Tome VIII *Le français hors de France au XVIIIᵉ siècle*. Première partie *Le français dans les divers pays d'Europe*, Paris, réimpression de 1967, Armand Colin

BRUNOT Ferdinand *Histoire de la langue française des origines à nos jours*. Tome VIII *Le français hors de France au XVIIIᵉ siècle*. Deuxième partie *L'universalité en Europe*, Paris, réimpression de 1967, Armand Colin

BRUNOT Ferdinand *Histoire de la langue française des origines à nos jours* Tome IX *La Révolution et l'Empire*. Première partie *Le français, langue nationale*, Paris, réimpression de 1967, Armand Colin

CARRE DE MALBERG F. « L'organisation de la justice » in Comité alsacien d'études et d'informations *L'Alsace depuis son retour à la France*, Tome premier, Strasbourg 1932, pp. 66-75

CAUVIN-WACH Monique *Éléments sur les pratiques du dialecte alsacien*, IFCO de Strasbourg, mémoire CAFCO 1984 (synthèse reprise dans DENIS Marie-Noëlle et VELTMAN Calvin *Le déclin du dialecte alsacien*, Strasbourg 1989, Presses universitaires de Strasbourg, « Chapitre VI – Le vécu de l'élève dialectophone », pp. 101-122)

CAVALLI-SFORZA Luca *Gènes, peuples et langues*, Paris 1996, Odile Jacob

CAZEAUX L. *Essai sur la conservation de la langue allemande en Alsace*, Strasbourg 1867, Silbermann

CERTEAU DE Michel, JULIA Dominique et REVEL Jacques *Une politique de la langue. La Révolution*

PUBLICATIONS ET OUVRAGES CITÉS

française et les patois, Paris 1975, Gallimard
CHAURAND Jacques (dir.) *Nouvelle histoire de la langue française*, Paris 1999, Seuil
Chef der Zivilverwaltung im Elsaß – Verwaltungs- und Polizeiabteilung in Straßburg (bearbeitet vom) *Verzeichnis der Gemeinden und Kreise im Elsaß mit Angabe der Einwohnerzahlen*, Straßburg 1940, Straßburger Druckerei und Verlagsanstalt
Chef der Zivilverwaltung im Elsaß, Abteilung Volksaufklärung und Propaganda (herausgegeben durch den) *Wir sprechen deutsch. Ein Hilfsbuch für die Patois-Bevölkerung im Elsaß*, Straßburg s.d., Oberrheinischer Gauverlag und Druckerei GmbH.
«Straßburger Neueste Nachrichten»
CHEVALLIER P. et GROSPERRIN B. *L'enseignement français de la Révolution à nos jours, II : Documents*, Paris - La Haye 1971, Mouton
CHOLVY Gérard *Christianisation et société en France au XIXᵉ siècle (1790-1914)*, Paris (nouvelle édition) 2001, Seuil
CLAUS Philippe «Un centre de diffusion des Lumières à Strasbourg : la Librairie académique (1783-1799)» in *Revue d'Alsace* tome 108, Strasbourg 1982, pp. 81-102
CLAUS Philippe «L'*Avantcoureur* (1785-1791). Un périodique littéraire strasbourgeois au siècle des Lumières» in *Recherches germaniques* n° 13, Strasbourg 1983, pp. 175-195
Collectif *Un grand Strasbourgeois, Charles Frey*, Strasbourg 1956, Éditions des Dernières Nouvelles
DECK Pantaléon *Histoire du théâtre français à Strasbourg, 1681-1830*, Strasbourg - Paris 1948
DELAHACHE Georges *Les débuts de l'administration française en Alsace et en Lorraine*, Paris 1921, Hachette
DENTINGER Jean *L'âge d'or de la littérature en Alsace/Das goldene Zeitalter der Literatur im Elsaß*, Mundolsheim 1986, Éditions Dentinger
[DAUTHEVILLE] *Le français alsacien. Fautes de prononciation et germanismes*, Strasbourg 1852, Derivaux
DENIS Marie-Noëlle et VELTMAN Calvin *Le déclin du dialecte alsacien*, Strasbourg 1989, Presses universitaires de Strasbourg
DOHNA Gräfin Agnes (éd.) *Tausend Brücken*, Strassburg-Stuttgart-Stockholm 1952, Hünenburg-Verlag
DOLLINGER Philippe «Henri Farel, roman alsacien de Louis Spach», in *Les lettres en Alsace*, Strasbourg 1962, Istra, pp. 341-346
DOLLINGER Philippe (dir.) *Histoire de l'Alsace*, Toulouse 1970
DOLLINGER Philippe (dir.) *Documents de l'histoire de l'Alsace*, Toulouse 1972, Privat

DORE Joseph (Mgr), avec la collaboration de XIBAUT Bernard *Pourquoi j'aime tant l'Alsace. Souvenirs et réflexions*, Strasbourg 2014, La Nuée Bleue
DREYFUS François G. *La vie politique en Alsace 1919-1936*, Paris 1969, Armand Colin (Cahiers de la Fondation nationale des sciences politiques 173)
DUBY Georges (dir.) *Histoire de la France*, Paris 1985, Larousse (nouvelle édition mise à jour)
DUBLED Henri «L'activité littéraire en Alsace aux XVIIᵉ et XVIIIᵉ siècles» in *Les lettres en Alsace*, Strasbourg 1962, Istra, pp. 209-237
DUGRAND Alain «La parole retrouvée» in *Saisons d'Alsace* 105, *1939 - L'évacuation*, automne 1989, pp. 23-30
EICHENLAUB J.-L. (en collaboration avec BUCHI E. et ZELLER Odile) «L'Alsace et son environnement. Chronologie documentaire» in *Revue d'Alsace*, tome 116, 1989-1990, «L'Alsace au cœur de l'Europe révolutionnaire», pp. 411-428
ERHART Pascale «Les langues de la télévision régionale alsacienne : recherches pour une histoire de *France 3 Alsace*» in *Revue d'Alsace* n° 136, 2010, pp. 315-337
ERHART Pascale *Les dialectes dans les médias : quelle image de l'Alsace véhiculent-ils dans les émissions de la télévision régionale ?*, thèse soutenue le 17.11.2012, Strasbourg (2 volumes)
EPP René *Mgr André Raess, évêque de Strasbourg*, Strasbourg 1979, Culture alsacienne
EPP René *L'Église d'Alsace sous l'oppression nazie (1940-1945)*, s.l. 2000, Éditions du Signe
ERTZ Michel *Friedrich Lienhard und René Schickele. Elsässische Literaten zwischen Deutschland und Frankreich*, Hildesheim, Zürich, New York 1990, Olms
FEBVRE Lucien et MARTIN Henri-Jean *L'apparition du livre*, Paris 1971 (1ʳᵉ éd. : 1958), Albin Michel
FERENZY de Oscar *La Vérité sur l'Alsace*, Paris 1930 (2ᵉ éd.), Bloud & Gay
FICHTER Charles *René Schickele et l'Alsace jusqu'en 1914*, s.l.n.d. [Obernai 1980], Imprimerie Gyss
FINCK Adrien «Mundart und Protest. Zur neuen Mundartliteratur im Elsaß» in *Recherches germaniques* n° 7, 1977, pp. 197-221
FINCK Adrien *La stratégie du lierre. Essai sur l'identité alsacienne*, Strasbourg 1994, Le Drapier
FINK Gonthier-Louis «La prise de Strasbourg et son écho dans les lettres allemandes (1681-1684)» in LIVET Georges et VOGLER Bernard (actes réunis et publiés par) *Pouvoir, ville et société en Europe, 1650-1750*, Paris 1983, Ophrys, pp. 131-144

FINK Gonthier-Louis «Strassburg im Schnittpunkt der deutschen und französischen Aufklärung. Das soziale und kulturelle elsässische Mosaik zur Zeit Schoepflins» in *Recherches germaniques* n° 26, Strasbourg 1996, pp. 153-204
FINK Gonthier-Louis «Le jeune Goethe et la tradition populaire» in *Goethe et Alsace*, Strasbourg 1973, Istra, pp. 198-222
FOURQUET Jean «La situation linguistique» in *Le Semeur* (1948) «Alsace» (numéro spécial à l'occasion du Tricentenaire), Strasbourg, pp. 19-24
FREY Yves (dir.) *Ces Alsaciens venus d'ailleurs. Cent cinquante ans d'immigration en Alsace*, [Nancy] 2009, Éditions Place Stanislas
FUCHS Julien *Toujours prêts! Scoutismes et mouvements de jeunesse en Alsace 1918-1970*, Strasbourg 2007, La Nuée Bleue
FURET François et OZOUF Jacques *Lire et écrire. L'alphabétisation des Français de Calvin à Jules Ferry*, vol. I, Paris 1977, Éditions de Minuit
FURET François, OZOUF Mona et collaborateurs *Dictionnaire critique de la Révolution française. Institutions et créations*, Paris 1992, Flammarion
GACHOT Henri *Histoire de la poste aux lettres à Strasbourg*, Paris 1964, Les Belles Lettres
GALL Jean-Marie *Le théâtre populaire alsacien au XIXᵉ siècle*, Strasbourg 1974, Istra, Publications de la Société savante d'Alsace et des régions de l'Est, Collection «Recherches et documents», tome XIX
GALL Jean-Marie «Le Théâtre alsacien de Strasbourg, 1898-1998» in *E.T.S.-T.A.S. : 1898-1998 Hundert Johr Elsässischs Theater Strossburi/Les cent ans du Théâtre alsacien de Strasbourg*, Strasbourg 1998, Oberlin, pp. 15-67
GARDNER-CHLOROS Penelope «Le code-switching à Strasbourg» in SALMON Gilbert-Lucien (études recueillies par) *Le français en Alsace*, Paris-Genève 1985, Champion-Slatkine (*Bulletin de la Faculté des Lettres de Mulhouse*, fascicule XIV), pp. 51-60
GARDNER-CHLOROS Penelope *Choix et alternance des langues à Strasbourg*, Université Louis-Pasteur Strasbourg I, thèse, 18 décembre 1985
GERVAIS Michel, JOLLIVET Marcel et TAVERNIER Yves *La fin de la France paysanne. De 1914 à nos jours*, Paris 1976, Seuil (DUBY Georges et WALLON Armand (dir.) *Histoire de la France rurale*, tome 4)
GILLIG Jean-Marie *La question scolaire en Alsace de 1918 à 1939. Confessionnalisme et bilinguisme à l'école primaire*, [Strasbourg] 1979, Université des sciences humaines, thèse pour le doctorat de 3ᵉ cycle

LES LANGUES DE L'ALSACE

GIORDAN Henri *Démocratie culturelle et droit à la différence. Rapport au ministre de la Culture*, Paris février 1982, La Documentation française
GIORDAN Henri «Le pouvoir et la pluralité culturelle» in *Hérodote* «Langues et territoires», n° 105, 2ᵉ trimestre 2002, pp. 178-190
Goethe et Alsace, Strasbourg 1973, Istra
GOEDEL Denis, SCHWEYER Marc et WEISE Adelheid : «La presse périodique allemande en Alsace (1964-1969)» in *Recherches germaniques* n° 1 (1971), pp. 176-197
GOTTHELF A. [= PINCK Louis] «Zur Sprachenfrage» in *Im Dienst der Kirche und des Volkes. Festschrift zum 60. Geburtstage des H. Abbé Dr. Xavier Haegy*, Colmar 1930, Alsatia, pp. 297-326
GOZILLON-FRONSACQ Odile *Alsace Cinéma. Cent ans d'une grande illusion*, Strasbourg 1999, La Nuée Bleue/DNA
GRASSER Jean-Paul *Une histoire de l'Alsace*, s.l. 1998, Jean-Paul Gisserot
GROSSMANN Robert *Main basse sur ma langue. Mini Sproch heisst Frejheit*, Strasbourg 1999, La Nuée Bleue
GRUBER Carl *Zeitgenössische Dichtung des Elsasses*, Strassburg 1905, Ludolf Beust
HAENGGI Charles *La question linguistique en Alsace. Étude historique et politique de l'enseignement de l'allemand dans les écoles primaires*, s.d. [1955?], n.l., édité par l'auteur
HAMERS Josiane F. et BLANC Michel *Bilingualité et bilinguisme*, Bruxelles 1983 (1ʳᵉ éd.), Pierre Mardaga, (coll. Psychologie et sciences humaines, vol. 129)
HARTMANN Thierry *La droite et les problèmes linguistiques en Alsace sous la Vᵉ République*, mémoire de 2ᵉ année, Institut d'études politiques [de Strasbourg], [1983]
HARTWEG Frédéric «Le rôle de l'imprimerie dans la constitution de la norme de la langue allemande écrite aux XVᵉ et XVIᵉ siècles» in HARTMANN Sieglinde et LECOUTEUX Claude (éds) *Deutsch-französische Germanistik. Mélanges pour Emile Georges Zink*, Göppingen 1984, Kümmerle (GAG Nr.364)
HARTWEG Frédéric «Die Entwicklung des Verhältnisses von Mundart, deutscher und französischer Standardsprache im Elsaß seit dem 16. Jahrhundert» in BESCH Werner, REICHMANN Oskar, SONDEREGGER Stefan (éds) *Sprachgeschichte. Ein Handbuch zur Geschichte der deutschen Sprache und ihrer Erforschung*, 2. Halbband, Berlin - New York 1985, de Gruyter, pp. 1949-1977
HARTWEG Frédéric et WEGERA Klaus-Peter *Frühneuhochdeutsch.*

Eine Einführung in die deutsche Sprache des Spätmittelalters und der frühen Neuzeit, Tübingen 1989, Niemeyer (Germanistische Arbeitshefte 33)
HEITZ Robert «La "Révolution" strasbourgeoise de novembre 1918. Témoignage vécu» in *L'Alsace contemporaine. Études politiques, économiques, sociales*, Strasbourg - Paris 1950, F.-X. Le Roux, pp. 373-382
HEUMANN Gauthier «La question linguistique et culturelle en Alsace» in BOOSZ Alphonse, TRICART Jean, COGNIOT Georges, WURMSER André, FRUHLING Louis, HEUMANN Gauthier et KRIEGEL-VALRIMONT Maurice *Analyse de l'Alsace*, Paris 1955, Éditions de la Nouvelle Critique (coll. «Les essais de la N.C.» n° 1), pp. 99-149
HIMLY François-J. *Chronologie de la Basse-Alsace, Iᵉʳ - XXᵉ siècle*, Strasbourg 1972, [Archives départementales du Bas-Rhin]
HIRLE Ronald et FAUST Dinah *Le Barabli. Histoire d'un cabaret bilingue 1946-1992*, [Strasbourg 2007], Éditions Hirlé
HOFFET Frédéric *Psychanalyse de l'Alsace*, [Colmar] 1994, Alsatia (rééd. du texte original de 1951)
HOWILLER Alain *Mémoires de midi. Les mutations de l'Alsace (1960-1993)*, Strasbourg 1993, Koufra / La Nuée Bleue
HOWILLER Alain *Entre le coq et l'aigle. Géopolitique du Rhin*, Strasbourg 2000, La Nuée Bleue
HUBERT René «Certains aspects particuliers de l'école : Bas-Rhin – Haut-Rhin – Moselle» in *Encyclopédie générale de l'éducation française : L'école publique* (tome second), Paris [1952], Rombaldi, pp. 137-148
HUCK Dominique «Incidences des représentations sur la transmission d'une langue minorée. Quelques observations liminaires», in LABRIE Normand (éd.) *Plurilingua* XX/1997 : *Études récentes en linguistique de contact*, Bonn, Dümmler, pp. 146-154
HUCK Dominique «Du nécessaire dialogue entre les disciplines. Une étude de cas : l'opposition problématique "rural"/"urbain" dans le champ de la sociolinguistique» in MAILLARD Christine/BOTHOREL-WITZ Arlette (dir.) *Du dialogue des disciplines. Germanistique et interdisciplinarité*, Strasbourg 1998, Presses universitaires, pp. 219-232
HUCK Dominique «*D'r Herr Maire* (1898) de Gustave Stoskopf. Entre ethnologie et littérature : les Alsaciens en auto-représentation » in *Recherches germaniques* 28, Strasbourg 1998, pp. 163-190
HUCK Dominique «Quelle "langue régionale" en Alsace ? » in DABENE

Louise, LIDIL n° 20 *Les langues régionales. Enjeux sociolinguistiques et didactiques*, Grenoble, décembre 1999, pp. 43-60
HUCK Dominique «La politique linguistique de la France en Alsace et son écho dans la presse quotidienne alsacienne entre 1945 et 1952. Étude exploratoire», in CHATELLIER Hildegard et MOMBERT Monique (études réunies par) *La presse en Alsace au XXᵉ siècle. Témoin - acteur - enjeu*, Strasbourg 2002, Presses universitaires de Strasbourg, pp. 103-130
HUCK Dominique «Le *Théâtre alsacien de Strasbourg* et la production dramaturgique de ses fondateurs (1898-1914)», in BENAY Jeanne et LEVERATTO Jean-Marc (études réunies par) *Culture et histoire des spectacles en Alsace et en Lorraine. De l'annexion à la décentralisation (1871-1946)*, Bern 2005, Peter Lang (collection «Convergences», vol. 39), pp. 197-222
HUCK Dominique «L'enseignement de l'allemand à l'école élémentaire en Alsace. Questions de méthode : les manuels en usage entre 1952 et 1990» in MOMBERT Monique (dir.) *L'enseignement de l'allemand, XIXᵉ et XXIᵉ siècles*. Numéro spécial *Histoire de l'éducation* n° 106 (mai 2005), INRP, pp. 217-267
HUCK Dominique «L'enseignement de l'allemand à l'école primaire en Alsace entre 1945 et 1985» in *Revue d'Alsace*, tome 132 (2006), pp. 337-406
HUCK Dominique «"Apprendre la langue du voisin". Entre volonté et réalité : de l'ambiguïté des textes officiels relatifs à l'enseignement de l'allemand en Alsace» in BREUGNOT Jacqueline (éd.) *Les espaces frontaliers. Laboratoires de la citoyenneté européenne*, Bern, Berlin, Bruxelles, Frankfurt am Main, New York, Oxford, Wien 2007, Peter Lang (coll. Transversales - Langues, sociétés, cultures et apprentissages, vol. 22), pp. 69-81
HUCK Dominique «L'école primaire et les questions linguistiques en Alsace entre 1918 et 1940» in LIEUTARD Hervé et VERNY Marie-Jeanne (éds) *L'école française et les langues régionales. Actes du colloque RedÒc-C.E.O.*, [Montpellier] 2007, Presses universitaires de la Méditerranée (Études occitanes n° 3), pp. 217-234
HUCK Dominique «L'enseignement de l'allemand à l'école primaire en Alsace entre 1945 et 1955 : les positions des deux syndicats majoritaires chez les enseignants du Premier Degré (SNI et SGEN-CFTC)» in OLIVIER-UTARD Françoise (dir.) *Instits, profs et syndicats de l'enseignement public dans l'Académie de Strasbourg*, Strasbourg 2008, Almémos, pp. 125-146

PUBLICATIONS ET OUVRAGES CITÉS

HUMBERT Geneviève « Les grandes lignes de la politique allemande de la jeunesse en Alsace occupée (1940-1944) » in *Revue d'Alsace* n° 110 (1984), pp. 183-218

HUSSER Philippe *Un instituteur alsacien. Entre France et Allemagne, journal, 1914-1951*, Paris 1989, Hachette

IGERSHEIM François « L'occupation allemande en Alsace et en Lorraine. Le Commissariat civil du Gouvernement général d'Alsace et de Lorraine d'août 1870 à février 1871 : un aperçu », in L'HUILLIER Fernand (dir.) *L'Alsace en 1870-1871*, Gap 1971, Ophrys, pp. 249-367

IGERSHEIM François « La politique scolaire allemande en Alsace-Lorraine (1870-1871). De la confessionnalisation à la loi Falloux », in *Recherches germaniques* n° 5 (1975), pp. 243-287

IGERSHEIM François *L'Alsace des notables 1870-1914. La bourgeoisie et le peuple alsacien*, Strasbourg 1981, bf éditions

IGERSHEIM François *Politique et administration dans le Bas-Rhin (1848-1870)*, Strasbourg 1993, Presses universitaires de Strasbourg

IGERSHEIM François « La vie politique du Bas-Rhin sous la IVe République : la domination du M.R.P. », in *Revue d'Alsace* tome 130 (2004), pp. 21-69

IGERSHEIM François « L'Alsace et la Lorraine à Londres et à Alger : de la BBC à la Libération, 1940-1944 », *Revue d'Alsace* n° 136 (2010), pp. 199-273

IRJUD Alphonse « Cinéma et culture en Alsace » in *Elan* n° 1/janvier 1957, [pp. 5-6]

IRJUD Alphonse « L'Alsace et la TV allemande » in *Elan* 3-4/1966, pp. 20-21

IRJUD A[lphonse] « La réglementation archaïque de la presse alsacienne et mosellane par l'ordonnance du 13 septembre 1945 » in *Le Nouvel Alsacien*, 15 juin 1984, p. 19

IRJUD Alphonse « Presse » in *Encyclopédie de l'Alsace*, vol. 10, Strasbourg 1985, Publitotal, p. 6149

IRJUD Alphonse « La germanisation des noms en Alsace entre 1940 et 1944 » in *Revue d'Alsace*, tome 113 (1987), pp. 239-261

IRJUD Alphonse « Ah ! Ces Alsaciens... » in *Saisons d'Alsace* n° 105, *1939 - L'évacuation*, automne 1989, pp. 183-214

IRJUD Alphonse « Les ralliés au nazisme » in *Saisons d'Alsace* n° 121 - automne 1993 *« 1943 - La guerre totale »*, Strasbourg, pp. 131-141

IRJUD Alphonse « De l'Allemagne à la France. La "désannexion" », in *Saisons d'Alsace* n° 127 - printemps 1995 « 1945 - La délivrance », Strasbourg, pp. 205-216 (p. 205-206)

IRJUD Alphonse « Du rétablissement de la légalité républicaine au réveil politique » in *Revue d'Alsace* n° 130 (2004) *L'Alsace du second XXe siècle*, pp. 11-20

JENNY Bernard Germain. *« En Alsace le contraire est toujours vrai »*, [Colmar] 1997, Jérôme Do Bentzinger Editeur

JOLIVET Alfred et MOSSE Fernand *Manuel de l'allemand du Moyen-Âge des origines au XIVe siècle*, Paris s.d. [édition de 1965], Montaigne

JONAS Stéphane, GERARD Annelise, DENIS Marie-Noëlle et WEIDMANN Francis *Strasbourg, capitale du Reichsland Alsace-Lorraine et sa nouvelle université, 1871-1918*, Strasbourg 1995, Oberlin

KAISER Hans *Der Kampf gegen die deutsche Sprache in den elsässischen Schulen von 1833-1870 vornehmlich nach den Akten der Unterrichtsverwaltung*, Straßburg 1913, Elsaß-Lothringische Kulturfragen, Heft 4-5

KEITH Catherine *De Radio-Strasbourg PTT à Radio France Alsace 1014/102.6. Mémoires de radio*, Diplôme universitaire de langue et culture régionales, septembre 1997

KETTENACKER Lothar *La politique de nazification en Alsace. Deuxième partie*, Strasbourg 1978 (*Saisons d'Alsace* n°68)

KINTZ Jean-Pierre « Instruction et lectures populaires à la fin du Second Empire » in L'HUILLIER Fernand (dir.) *L'Alsace en 1870-1871*, Gap 1971, Ophrys, pp. 57-72

KINTZ Jean-Pierre *Journaux politiques et journalistes strasbourgeois sous le Second Empire (1852-1870)*, Strasbourg 1974, Istra

KINTZ Jean-Pierre « Liberté d'expression et censure de presse : l'expérience alsacienne de trois législations 1504-1984 » in *Histoire du droit local*, Strasbourg 1990, Institut du droit local alsacien-mosellan, pp. 205-220

KINTZ Jean-Pierre « Pour une étude de la presse politique révolutionnaire en Alsace 1789-1799 » in *Revue d'Alsace*, tome 116, 1989-1990 « L'Alsace au cœur de l'Europe révolutionnaire », pp. 77-104

KLINGELSCHMITT René « La presse bilingue en Alsace depuis 1945 » in FINCK Adrien et PHILIPP Marthe (dir.) *L'allemand en Alsace/Die deutsche Sprache im Elsaß*, Actes du colloque de Strasbourg, 28-30.11.1985, Strasbourg 1988, Presses universitaires de Strasbourg, pp. 145-167

KLINKENBERG Jean-Marie *Des langues romanes. Introduction aux études de linguistique romane*, Louvain-la-Neuve 1994, Duculot

KOCH Marcel « Les mouvements de la population » in *Comité alsacien d'études et d'informations L'Alsace depuis son retour à la France*, Tome premier, Strasbourg 1932, pp. 335-352

KOCH Ursula E. « La presse berlinoise et l'annexion de l'Alsace-Lorraine (janvier 1871-juin 1871) » in *Recherches germaniques* n° 5 (1975), Strasbourg, pp. 288-305

KOHSER-SPOHN Christiane « Radio-Strasbourg et le réveil de l'identité alsacienne (1930-1982) » in KREBS Claudia et MEYER Christine (textes réunis par) *Relais et passages. Fonctions de la radio en contexte germanophone*, Paris 2004, Kimé

KÖNIG Werner *dtv-Atlas zur deutschen Sprache*, München 1996 (11e éd.), Deutscher Taschenbuch Verlag

KRAUS Franz Xaver *Ludwig Spach. Ein Nachruf*, Strassburg 1880 (2e éd.), Schultz

KRUTA Venceslas *Les Celtes*, Paris 1983, Presses universitaires de France (3e édition)

KUNZE Konrad *dtv-Atlas Namenkunde. Vor- und Familiennamen im deutschen Sprachgebiet*, München 1998, Deutscher Taschenbuch Verlag (dtv Nr.3234)

LADIN Wolfgang *Der elsässische Dialekt – Museumsreif? Analyse einer Umfrage*, Strasbourg 1982, SALDE

LADIN W[olfgang] et ROSENFELD H[enri] « Le processus de normalisation linguistique en Alsace » in *Revue des sciences sociales de la France de l'Est* n° 1, 1979, Strasbourg, Université des sciences humaines, pp. 120-157

LAPRE Charles de « Radio-Strasbourg PTT » in *Comité alsacien d'études et d'informations L'Alsace depuis son retour à la France*, Tome premier, Strasbourg 1932, pp. 195-198

LAUNAY Michel *Versailles, une paix bâclée ?*, Bruxelles 1999, Complexes (1re éd. : 1981)

LAURENT Serge *Des Alsaciens dans les Landes. Accueil et vie des réfugiés alsaciens haut-rhinois dans les Landes de septembre 1939 à septembre 1940*, Mont-de-Marsan, Strasbourg 2011, Scérén / A.E.R.I.

LEBEAU Jean et VALENTIN Jean-Marie *L'Alsace au siècle de la Réforme, 1482-1621. Textes et documents*, Nancy 1985, Presses universitaires de Nancy

LEBECQ Stéphane *Les origines franques, Ve - IXe siècle*, Paris 1990, Seuil [Nouvelle histoire de la France médiévale 1]

LEFFTZ Joseph *Die gelehrten und literarischen Gesellschaften im Elsass vor 1870*, Colmar 1931, Alsatia

LEFFTZ Joseph « Die elsässischen Zeitschriften des 18. Jahrhunderts » in *Elsassland/Lothringer Heimat*, Guebweiler 1926, Alsatia, 6. Jahrgang, pp. 265-274

LEFFTZ Joseph *Das Volkslied im Elsass*, Colmar - Paris - Freiburg 1966, Band I

LEHEMBRE Bernard *Naissance de l'école moderne. Les textes fondamentaux, 1791-1804*, Paris 1989, Nathan
LELIEVRE Claude *Histoire des Institutions scolaires (1789-1989)*, Paris 1990, Nathan
« Le problème linguistique en Alsace » in *Aujourd'hui* n° 2, mars-mai 1969, pp. 6-7
« Le problème linguistique en Alsace » in *Aujourd'hui* n° 4, octobre-décembre 1969, pp. 3-4
LÉVY Paul *Die Verwertung der Mundarten im Deutschunterricht höherer Lehranstalten unter besonderer Berücksichtigung des Elsässischen*, Leipzig und Berlin 1913, Teubner
LÉVY Paul *Histoire linguistique d'Alsace et de Lorraine*. Tome I *Des origines à la Révolution française*. Tome II *De la Révolution française à 1918*, Paris 1929, Les Belles Lettres
LÉVY Paul « L'instruction primaire dans les départements du Bas-Rhin et du Haut-Rhin en 1833 », in *Annuaire de la Société historique, littéraire et scientifique du Club vosgien*, Nouvelle série, vol. II, Strasbourg 1934, Imprimerie alsacienne, pp. 260-321
LÉVY Paul « La langue française en Alsace et en Lorraine de 1871 à 1933 » in *Le français moderne*, 2e année, 1934 (pp. 132-153)
LEUILLIOT Paul *Les Jacobins de Colmar. Procès-verbaux des séances de la société populaire (1791-1795) publiés avec une introduction et des notes*, Strasbourg 1923, Istra
LEUILLIOT Paul *L'Alsace au début du XIXe siècle. Essais d'histoire politique, économique et religieuse (1815-1830). III. Religions et culture*, [Paris 1959], Bibliothèque générale de l'École pratique des hautes études, VIe section
LIBERA de Alain *La mystique rhénane d'Albert le Grand à Maître Eckhart*, Paris 1994, Seuil
LIENHARD Marc « Strasbourg et la guerre des pamphlets », in *Grandes figures de l'humanisme alsacien. Courants, milieux, destins*, Strasbourg 1978, Istra, pp. 126-133
LIENHARD Marc *Histoire et aléas de l'identité alsacienne*, Strasbourg 2011, La Nuée Bleue
LIESENFELD Thierry et BICKEL Gérard *Le temps des copains. Rock, twist Alsace années 1960*, Strasbourg 1996, La Nuée Bleue
LIVET Georges *L'intendance d'Alsace sous Louis XIV, 1648-1715*, Paris 1956, Les Belles Lettres
LIVET Georges et RAPP Francis (dir.) *Histoire de Strasbourg des origines à nos jours*. Tome I *Strasbourg des origines à l'invasion des Huns*, Strasbourg 1980, Éditions des Dernières Nouvelles de Strasbourg
LIVET Georges et RAPP Francis (dir.) *Histoire de Strasbourg des origines à nos jours*. Tome II *Strasbourg des grandes invasions au XVIe siècle*, Strasbourg 1981, Éditions des Dernières Nouvelles de Strasbourg
LIVET Georges et RAPP Francis (dir.) *Histoire de Strasbourg des origines à nos jours*. Tome III *Strasbourg de la guerre de Trente Ans à Napoléon, 1618-1815*, Strasbourg 1981, Éditions des Dernières Nouvelles d'Alsace-Istra
LIVET Georges et RAPP Francis (dir.) *Histoire de Strasbourg des origines à nos jours*. Tome IV *Strasbourg de 1815 à nos jours, XIXe et XXe siècles*, Strasbourg 1982, Éditions des Dernières Nouvelles d'Alsace-Istra
LORENTZ Claude *La presse alsacienne du XXe siècle. Répertoire des journaux parus depuis 1918*, Strasbourg 1997, Bibliothèque nationale et universitaire
LÜSEBRINK Claire « Un défi à la politique de la langue nationale : la lutte autour de la langue allemande en Alsace sous la Révolution française », in : Linguistique Institut Nanterre Paris X (LINX) *Langue et Révolution*, n° 15-1987, pp. 146-168
LUTZ Desire « Das elsässische Theater, seine Entwicklung und seine Literatur », in WOLFRAM Georg (éd.) *Das Reichsland Elsass-Lothringen 1871-1918*, Band III : *Wissenschaft, Kunst und Literatur in Elsass-Lothringen 1871-1918*, Frankfurt am Main 1934, Selbstverlag des Elsass-lothringischen-Instituts, pp. 207-225
MAGENAU Doris *Die Besonderheiten der deutschen Schriftsprache im Elsaß und in Lothringen*, Mannheim 1962, Bibliographisches Institut
MARTIN Ernst « Daniel Hirtz » in *Jahrbuch für Geschichte, Sprache und Literatur Elsaß-Lothringens*, XIX. Jahrgang, Strassburg 1903, Heitz, pp. 9-13
MARTINET André *Des steppes aux océans. L'indo-européen et les « Indo-Européens »*, Paris 1986, Payot
MARX Roland *Recherches sur la vie politique de l'Alsace prérévolutionnaire et révolutionnaire*, Strasbourg 1966, Istra
MATHIEN Michel *Médias en région. Exemple de l'Alsace*, Nancy 1986, Presses universitaires de Nancy
MATHIEN Michel « La presse quotidienne en Alsace en l'an 2000. Spécificités, développement, perspectives » in CHATELLIER Hildegard et MOMBERT Monique (études réunies par) *La presse en Alsace au XXe siècle. Témoin, acteur, enjeu*, Strasbourg 2002, Presses universitaires de Strasbourg, pp. 387-410
MATZEN Raymond « Jenisch » in *Encyclopédie de l'Alsace*, vol. 7, Strabourg 1984, Éditions Publitotal, pp. 4326-4329
MATZEN Raymond « Moscherosch Johann Michael » in *Encyclopédie de l'Alsace*, vol. 9, Strasbourg 1984, Publitotal, pp. 5260-5262
MAUGUE Pierre *Le particularisme alsacien 1918-1967*, Paris 1970, Presses d'Europe
MAURER Johanna *Elsässisch und Französisch. Die Funktion ihrer Alternanz im Diskurs*, Kiel 2002, Westensee
MAYEUR Jean-Marie *Autonomie et politique en Alsace. La Constitution de 1911*, Paris 1970, Armand Colin
MEKAOUI Frédéric « Langues et emplois dans l'espace du Rhin supérieur. Approche quantitative et subjective » in HUCK Dominique et KAHN René *Langues régionales, cultures et développement. Études de cas en Alsace, Bretagne et Provence*, Paris 2009, L'Harmattan, pp. 244-265
MENDRAS Henri (1994) *La Seconde Révolution française 1965-1984. Nouvelle édition refondue et mise à jour*, Paris 1994, Gallimard (collection « Folio essais » n° 243)
MENGES Heinrich *Volksmundart und Volkschule im Elsaß*, Gebweiler 1893, Boltze'sche Buchhandlung
METZ Paul « À propos de Radio Strasbourg. À quoi bon des émissions en dialecte ? » in *Elan*, n° 3/mars 1957
METZ René « Où va le film allemand en Alsace » in *Elan* 1-2, 1965
MEYER Anne-Doris *Au service de l'Alsace. Lettres d'Hugo Haug à Henri Albert (1904-1914)*, Strasbourg 2010, Publications de la Société savante d'Alsace / Musées de la Ville de Strasbourg, coll. « Recherches et documents », tome 81
MEYER René « L'évacuation, une tragédie frontalière » in *Saisons d'Alsace* 105, *1939 - L'évacuation*, automne 1989, pp. 37-137
MEYER René « Le pays welche dans la tourmente. Le sort difficile des Alsaciens francophones » in *Saisons d'Alsace* 114, hiver 1991-92, *1941 - La mise au pas*, pp. 131-150
MORGENTHALER Simone *Ces années-là Mes souvenirs radio-télé*, Strasbourg 2004, La Nuée Bleue
MOSZBERGER Maurice, RIEGER Théodore et DAUL Léon *Dictionnaire historique des rues de Strasbourg*, Illkirch 2002, Le Verger
MORET André *Anthologie du Minnesang*, Paris 1949, Aubier
MUSSET Lucien *Les invasions : les vagues germaniques*, Paris 1994, Presses universitaires de France (3e édition mise à jour)
NAGEL Bert *Meistersang*, Stuttgart 1962, Metzlersche Verlagsbuchhandlung
NOËL Jean-François *Le Saint-Empire*, Paris 1993, Presses universitaires de France (3e édition corrigée)
NOHLEN Klaus *Baupolitik im Reichsland Elsaß-Lothringen 1871-1918*, Berlin 1982, Mann Verlag

PUBLICATIONS ET OUVRAGES CITÉS

NORA Pierre « République » in FURET François, OZOUF Mona et collaborateurs *Dictionnaire critique de la Révolution française. Idées*, Paris 1992, Flammarion, pp. 391-414

Nouveau dictionnaire de biographie alsacienne, Strasbourg 1982-2007, Fédération des Sociétés d'Histoire et d'Archéologie d'Alsace

OBERLE Roland (éd.) *L'Alsace en 1700. Mémoire sur la province d'Alsace de l'Intendant Jacques de La Grange*, Colmar 1975, Alsatia

OLIVIER-UTARD Françoise « Du quotidien l'"Humanité d'Alsace-Lorraine" au magazine l'"Humanité 7 jours" : Grandeur et déclin de la presse militante germanophone » in GOTOVITCH José et MORELLI Anne (dir.) *Presse communiste, presse radicale (1919-2000). Passé, présent, avenir ?*, Bruxelles [2007], Aden, pp. 205-219

OUALID William « Les étrangers en Alsace » in : Comité alsacien d'études et d'informations *L'Alsace depuis son retour à la France*, Tome premier, Strasbourg 1932, pp. 572-581

PASQUINI Pierre *Les Pays des parlers perdus*, Montpellier 1994, Presses du Languedoc

PEIROTES Jacques « Ecrits choisis » in RICHEZ Jean-Claude, STRAUSS Léon, IGERSHEIM François et JONAS Stéphane *1869-1935 Jacques Peirotes et le socialisme alsacien*, Strasbourg 1989, bf éditions, pp. 169-208

PELLAT Jean-Christophe « Comment doit-on parler le français en Alsace ? » in SALMON Gilbert-Lucien (éd.) *Le français en Alsace*, Paris-Genève 1985, Champion - Slatkine, pp. 235-251

PETIT Jean *L'Alsace à la reconquête de son plurilinguisme. Eine schwere Wiedergeburt*, Strasbourg 2000, Nouveaux Cahiers d'allemand/SALDE

PETRY François « Des premiers hommes en Alsace à l'installation des Alamans » in VOGLER Bernard (dir.) *L'Alsace, une Histoire*, Strasbourg 1990, Oberlin, pp. 15-42 (pp. 26-27)

PETRY François (catalogue réalisé sous la dir.) *Le monde fraternel d'Albert et d'Adolphe Matthis. Strasbourg et l'Alsace de 1890 à 1940*, Strasbourg 2006, Bibliothèque nationale et universitaire de Strasbourg

PHILIPPS Eugène *Les luttes linguistiques en Alsace jusqu'en 1945*, Strasbourg 1975, L'Alsatique de poche

PHILIPPS Eugène *La crise d'identité. L'Alsace face à son destin*, Strasbourg 1978, SALDE

PHLIPPS Eugène *Le défi alsacien*, Strasbourg 1982, SALDE

PHILIPPS Eugène *L'ambition culturelle de l'Alsace*, Strasbourg 1996, SALDE/MEDIA

POIGNANT Bernard *Langues et cultures régionales. Rapport au Premier Ministre*, Paris 1998, La Documentation française (Collection des rapports officiels)

POLENZ Peter von *Geschichte der deutschen Sprache*, Berlin-New York 1972, de Gruyter (8e éd. augmentée)

POLENZ von Peter *Deutsche Sprachgeschichte vom Spätmittelalter bis zur Gegenwart*. Band II : *17. und 18. Jahrhundert*, Berlin - New York 1994, de Gruyter

Politisches Handbuch des elsaß-lothringischen Nationalbundes – Manuel politique de l'Union nationale d'Alsace-Lorraine, Colmar 1911, Buchdruckerei Jung

PONTEIL Félix *Un type de grand bourgeois sous la monarchie parlementaire Georges Humann (1780-1842)*, Paris 1977, Ophrys/Association des publications près les Universités de Strasbourg, Collection de l'Institut des hautes études alsaciennes, tome XXIV

PROST Antoine *Éducation, société et politiques. Une histoire de l'enseignement de 1945 à nos jours*, Paris, nouvelle édition augmentée 1997, Seuil (collection Points Histoire n°H242)

PROST Antoine « Frontières et espaces du privé » in ARIES Philippe et DUBY Georges (dir.) (édition revue et complétée 1999) *Histoire de la vie privée. 5. De la Première Guerre mondiale à nos jours*, Paris, Seuil (collection Points Histoire n°H264), pp. 13-132

RAPHAEL Freddy « Langue du passage et de la rencontre : le jeddich-daitch des Juifs d'Alsace » in *Juifs d'Alsace. Huit siècles d'histoire*, Strasbourg 2009, Coprur, pp. 165-216

RAPHAEL Freddy et HERBERICH-MARX Geneviève « Mémoire d'une rencontre obligée » in *Saisons d'Alsace* 105, *1939 - L'évacuation*, automne 1989, pp. 231-250

RAPP Francis « Introduction » in *Grandes figures de l'humanisme alsacien. Courants, milieux, destins*, Strasbourg 1978, Istra

RAYNAUD Franziska *Histoire de la langue allemande*, Paris 1993 (2e éd.), P.U.F.

REGNIER Claude « La scolarisation en Alsace » in *Revue des sciences sociales de la France de l'Est*, n° 2, 1973, pp. 107-140

REIMERINGER Bernard « Un communisme régionaliste ? Le communisme alsacien » in GRAS Christian et LIVET Georges (éds) *Régions et régionalisme en France du XVIIIe siècle à nos jours*, Paris 1977, P.U.F. (Publications de la Société savante d'Alsace et des régions de l'Est, t. XIII), pp. 361-392

REUSS Rodolphe *Notes sur l'instruction primaire en Alsace pendant la Révolution*, Paris - Nancy 1910, Berger-Levrault

REUSS Rodolphe *La Constitution civile du clergé et la crise religieuse en Alsace (1790-1795) d'après des documents inédits*, tome I *(1790-1792)*, Strasbourg 1922, Istra

REUSS Rodolphe *La Grande Fuite de décembre 1793 et la situation politique et religieuse du Bas-Rhin de 1794 à 1799*, Strasbourg 1924, Istra

REUSS Rodolphe *Histoire d'Alsace*, Paris réimpression 1977, Honoré Champion

REUSS Rodolphe *L'Alsace pendant la Révolution française*, rééd. Strasbourg 1988, ERCE, 2e partie

RICHEZ Jean-Claude « November Revolution » (dossier) in *De Budderflade* Nr.15 (1978), pp. 31-39

RICHEZ Jean-Claude « La Révolution de novembre dans les petites villes et les campagnes alsaciennes » in *Revue d'Alsace* 1981, tome 107, pp. 153-168

RICHEZ Jean-Claude « L'Alsace revue et inventée », in *Saisons d'Alsace* 119/printemps 1993, pp. 83-93

RICHEZ Jean-Claude « GRUMBACH Salomon » in RICHEZ Jean-Claude, STRAUSS Léon, IGERSHEIM François et JONAS Stéphane *1869-1935 Jacques Peirotes et le socialisme alsacien*, Strasbourg 1989, bf éditions, pp. 97-101

RICHEZ Jean-Claude, STRAUSS Léon, IGERSHEIM François et JONAS Stéphane *1869-1935 Jacques Peirotes et le socialisme alsacien*, Strasbourg 1989, bf éditions

RIEDWEG Eugène « Le Parti est partout » in *Saisons d'Alsace* n° 114 - hiver 1991-92 « 1941 - La mise au pas », Strasbourg, pp. 23-34

RIETSCH Raymond « Le parler mänisch ou yaenisch » in *Annuaire de la Société d'histoire des Quatre-Cantons* XVII, Benfeld 1999, pp. 111-113

RIMMELE Eva *Sprachenpolitik im Deutschen Kaiserreich vor 1914*, Frankfurt am Main 1996, Peter Lang

RIVAROL *Discours de l'universalité de la langue française* (1783), réédition : Paris 1998, Arléa

ROSSE J., STÜRMEL M., BLEICHER A., DEIBER F. et KEPPI J. (éds) *Das Elsass von 1870-1932*, I. Band, Colmar s.d., Alsatia

ROSSE J., STÜRMEL M., BLEICHER A., DEIBER F. et KEPPI J. (éds) *Das Elsass von 1870-1932*, III. Band *Geschichte der kulturellen und religiösen Entwicklung*, Colmar s.d., Alsatia

ROSSE J., STÜRMEL M., BLEICHER A., DEIBER F. et KEPPI J. (éds) *Das Elsass von 1870-1932*, IV. Band *Karten, Graphiken, Tabellen, Dokumente, Sach- und Namenregister*, Colmar 1938, Alsatia

ROTH François « Das Reichsland Elsaß-Lothringen. Formation, histoire et perceptions » in GRUNEWALD Michel (éd.) *Le problème de l'Alsace-*

Lorraine vu par les périodiques (1871-1914)/Die Elsaß-lothringische Frage im Spiegel der Zeitschriften (1871-1914), Bern, Berlin, Frankfurt, New York, Paris, Wien 1998, Peter Lang, Collection «Convergences» vol. 7, pp. 13-36

ROTHENBERGER Karl-Heinz *Die elsaß-lothringische Heimat- und Autonomiebewegung zwischen den beiden Weltkriegen*, Bern, Frankfurt/M. und München, Lang (Europäische Hochschulschriften, Reihe III Geschichte und ihre Hilfswissenschaften, Bd. 42)

ROUSSELOT Suzanne *Bilinguisme et bibliothèques en Alsace: les livres en langue allemande dans les bibliothèques de lecture publique du Haut-Rhin, 1945-1991*, mémoire École nationale supérieure des sciences de l'information et des bibliothèques et Université Grenoble II, 1992

ROVAN Joseph *Histoire de l'Allemagne des origines à nos jours*, Paris 1998, Seuil (édition revue et augmentée)

RUHLEN Merrit *L'origine des langues. Sur les traces de la langue mère*, Paris 1997, Belin (traduction française)

SABAN Roger *Aux sources du langage articulé*, Paris 1993, Masson

SCHAEFFER Patrick J. *L'Alsace et l'Allemagne de 1945 à 1949*, Metz 1976, Centre de recherches Relations internationales de l'Université de Metz, vol. 8

SCHÄFER Walter E. *Johann Michael Moscherosch. Staatsmann, Satiriker und Pädagoge im Barockzeitalter*, München 1982, C.H. Beck

SCHLIEBEN-LANGE Brigitte *Idéologie, révolution et uniformité de la langue*, Liège 1996, Mardaga

SCHLIENGER Paul «L'enseignement secondaire d'État» in : Comité alsacien d'études et d'informations *L'Alsace depuis son retour à la France*, Tome premier, Strasbourg 1932, pp. 369-385

SCHLOSSER Horst Dieter *dtv-Atlas zur deutschen Literatur*, München 1983, Deutscher Taschenbuch Verlag (1re éd.)

SCHLUMBERGER Camille «Les bibliothèques» in Comité alsacien d'études et d'informations *L'Alsace depuis son retour à la France*, Tome premier, Strasbourg 1932, pp. 461-479

SCHMIDT Charles *Histoire littéraire de l'Alsace à la fin du XVe et au commencement du XVIe siècle*, Paris 1879, 2 vol. (Reprographischer Nachdruck : Hildesheim 1966, Olms)

SCHMITT Jean-Marie «Un type de fédération urbaine : la Décapole alsacienne» in LIVET Georges et VOGLER Bernard (actes réunis et publiés par) *Pouvoir, ville et société en Europe, 1650-1750*, Paris 1983, Ophrys, pp. 555-559

SCHMITT Thomas *Les séminaristes strasbourgeois en mai 1968*, Strasbourg 2012, ERCAL Publications

SCHMITT-TROXLER Évelyne «Ce qui nous est arrivé…» in *Saisons d'Alsace* n°113, automne 1996 *Le dialecte malgré tout. Une langue à réinventer ensemble*, pp. 89-97

SCHMUTZ Théo *Alsace, mythe et réalités, 1850-1950*, s.l.n.d., s. éd.

SCHUNCK Catherine et François *D'Alsace en Périgord. Histoire de l'évacuation 1939-1940*, Saint-Cyr-sur-Loire 2006, Éditions Alan Sutton

[SCHNEEGANS Louis et STROBEL] (éds) *Code historique et diplomatique de la Ville de Strasbourg*, Tome premier, Strasbourg 1843, Silbermann

SCHNEIDER Camille *L'activité littéraire en Alsace et en Lorraine depuis la Guerre*, Bordeaux 1933, Éditions de la Renaissance provinciale

SCHULTZ Franz «Das literarische Leben in Elsaß-Lothringen von 1871-1918», in WOLFRAM Georg (éd.) *Das Reichsland Elsaß-Lothringen 1871-1918*, Bd. III : *Wissenschaft, Kunst und Literatur in Elsaß-Lothringen 1871-1918*, Frankfurt am Main 1934, Selbstverlag des Elsass-lothringischen-Instituts, pp. 139-206

SCHWAB Roland «La grande mutation des campagnes alsaciennes», in BOEHLER Jean-Michel, LERCH Dominique et VOGT Jean (dir.) *Histoire de l'Alsace rurale*, Strasbourg-Paris 1983, Istra, pp. 363-396

SEGUIN Jean-Pierre «La langue française aux XVIIe et XVIIIe siècles» in CHAURAND Jacques (dir.) *Nouvelle histoire, op. cit.*, pp. 225-343

SERGENT Bernard *Les Indo-Européens. Histoire, langues, mythes*, Paris 1995, Payot

SIAT Jeannine *Histoire du rattachement de l'Alsace à la France*, Le Coteau 1987, Horvath (rééd. Alsatia 1998)

SIFFER Roger *Alsace/Elsass ou À chaque fou sa casquette et à moi mon chapeau*, Paris 1979, Jean-Claude Lattès

SIFFER Roger *Morceaux choisis*, Strasbourg 1998, La Nuée Bleue

SITTLER Lucien *L'Alsace, terre d'histoire*, Colmar 1973, Alsatia

SONDEREGGER Stefan *Althochdeutsche Sprache und Literatur*, Berlin - New York 1987, de Gruyter (2e édition revue et augmentée)

SORGIUS M. *Die Volksschulen im Elsass von 1789-1870. Dargestellt unter Berücksichtigung der Regulative und der geschichtlichen Entwicklung des französischen Unterrichts*, Strassburg 1902, Friedrich Bull

SPIEWOK Wolfgang avec la collaboration de BUSCHINGER Danielle *Histoire de la littérature allemande du Moyen Âge*, Paris 1992, Nathan

Statuts synodaux publiés et promulgués en 1948 par S. Exc. Monseigneur Jean-Julien Weber, évêque de Strasbourg, Strasbourg 1948, F.-X. Leroux & Cie

STAUFFER Charles *L'Alsacien et son dialecte*, Strasbourg 1979, Oberlin

STOECKLE Rémy *Enseignement de la langue française en milieu dialectal*, Strasbourg 1982, CNDP, CRDP de Strasbourg

STORNE-SENGEL Catherine *Les protestants d'Alsace-Lorraine de 1919 à 1939 : entre les deux règnes*, Strasbourg 2003, Publications de la Société savante d'Alsace, coll. «Recherches et documents», tome 71

STRAUSS Léon «Le mouvement ouvrier alsacien» in RICHEZ Jean-Claude, STRAUSS Léon, IGERSHEIM François et JONAS Stéphane *1869-1935 Jacques Peirotes et le socialisme alsacien*, Strasbourg 1989, bf éditions, pp. 68-71

STROHL Henri *Le protestantisme en Alsace*, Strasbourg 1950, Oberlin

TABOURET-KELLER Andrée «Problèmes psychopédagogiques du bilinguisme» in *International Review of Education / Internationale Zeitschrift für Erziehungswissenschaft / Revue internationale de pédagogie*, vol. VI, 1960, pp. 52-67

TABOURET-KELLER Andrée «Vrais et faux problèmes du bilinguisme» in Collectif *Études sur le langage de l'enfant*, Paris 1962, Éditions du Scarabée, pp. 161-191

TABOURET-KELLER Andrée «La situation linguistique en Alsace : les principaux traits de son évolution vers la fin du XXe siècle» in *L'allemand en Alsace/Die deutsche Sprache im Elsaß*, Strasbourg 1988, Presses universitaires de Strasbourg, pp. 77-109

TABOURET-KELLER Andrée et LUCKEL Frédéric «Maintien de l'alsacien et adoption du français. Éléments de la situation linguistique en milieu rural en Alsace» in MARCELLESI Jean-Baptiste (dir.) *Langages* (Bilinguisme et diglossie) n° 61, mars 1981, pp. 39-62

TABOURET-KELLER Andrée et LUCKEL Frédéric «La dynamique sociale du changement linguistique. Quelques aspects de la situation rurale en Alsace» in *International Journal of the Sociology of Language* n° 29 (Regional languages in France: current research in rural areas), 1981, pp. 51-66

THEIS Laurent *L'héritage des Charles. De la mort de Charlemagne aux environs de l'an mil*, Paris 1990, Seuil, [Nouvelle histoire de la France médiévale 2]

TODD Malcolm *Les Germains aux frontières de l'empire romain (100 av. J.-C. à 300 ap. J.-C.)*, Paris 1990, Armand Colin (traduction française)

TRONCHON Henri «L'Université de Strasbourg et l'étranger, 1919-1935» in : Comité alsacien d'études et d'informations *L'Alsace depuis son retour*

PUBLICATIONS ET OUVRAGES CITÉS

à *la France*, premier supplément, Strasbourg 1937, pp. 61-97

TRUCHOT Claude et HUCK Dominique «Le traitement des langues dans les entreprises» in *Sociolinguistica* vol. 23 *Sprachwahl in Europäischen Unternehmen / Language choice in European companies / Choix linguistiques dans les entreprises en Europe*, Tübingen, 2009, Max Niemeyer Verlag, pp. 1-31

UBERFILL François *La société strasbourgeoise entre France et Allemagne (1871-1924)*. *La société strasbourgeoise à travers les mariages entre Allemands et Alsaciens à l'époque du Reichsland. Le sort des couples mixtes après 1918*, Strasbourg 2001, Publications de la Société savante d'Alsace (Collection «Recherches et documents», tome 67)

VAJTA Katharina *«Nous n'avons plus de langue pour nos fêtes de famille». Le changement de langue dans une famille alsacienne*, Göteborg 2004, Acta Universitatis Gothoburgensis

VEILLON Dominique avec la collaboration de MISSIKA Dominique *Nous les enfants (1950-1970)*, Paris 2003, Hachette

VELTMAN Calvin «La régression du dialecte» in *Chiffres pour l'Alsace* 1982, n° 3, pp. 39-42

VELTMAN Calvin «La transmission de l'alsacien dans le milieu familial» in *Revue des sciences sociales de la France de l'Est*, 1983, n° 12-12bis, pp. 125-133

VERDOODT Albert *Zweisprachige Nachbarn. Die deutschen Hochsprach- und Mundartgruppen in Ost-Belgien, dem Elsaß, Ost-Lothringen und Luxemburg*, Wien-Stuttgart 1968, Wilhelm Braumüller

VETTU Christiane *La presse en Alsace sous la Ve République*, mémoire présenté sous la direction de Monsieur Dreyfus, [Strasbourg 1967], [Institut d'études politiques de Strasbourg]

VERPEAUX Michel *Textes constitutionnels révolutionnaires français*, Paris 1998, Presses universitaires de France

VOGLER Bernard (actes réunis et publiés par) *Pouvoir, ville et société en Europe, 1650-1750*, Paris 1983, Ophrys, pp. 555-559

VOGLER Bernard (dir.) *L'Alsace, une Histoire*, Strasbourg 1990

VOGLER Bernard *Histoire culturelle de l'Alsace. Du Moyen Âge à nos jours, les très riches heures d'une région frontière*, Strasbourg 1993, La Nuée Bleue

VOGLER Bernard *Histoire des chrétiens d'Alsace des origines à nos jours*, Paris 1994, Desclée

VOGLER Bernard *Histoire politique de l'Alsace. De la Révolution à nos jours, un panorama des passions alsaciennes*, Strasbourg 1995, La Nuée Bleue

VOGLER Bernard «La question linguistique et l'Église (1945-1960)» in *Revue d'Alsace* n° 122, 1996, pp. 427-432

VOGLER Bernard *L'après-guerre à Strasbourg*, Illkirch 2002, Le Verger

VOGLER Bernard (dir.) *La Décapole. Dix villes d'Alsace alliées pour leurs libertés 1354-1679*, Strasbourg 2009, La Nuée Bleue

VOGLER Bernard et HAU Michel *Histoire économique de l'Alsace. Croissance, crises, innovations : vingt siècles de développement régional*, Strasbourg 1997, La Nuée Bleue

WACKENHEIM Auguste *La littérature dialectale alsacienne. Une anthologie illustrée*. Tome 2 : *L'âge d'or du XIXe siècle. La fin de l'Empire - la Restauration - le Second Empire*, Paris 1994, Prat

WACKENHEIM Auguste *La littérature dialectale alsacienne. Une anthologie illustrée*. Tome 3 : *La période allemande (1870-1918)*, Paris 1997, Prat-Éditions

WACKENHEIM Auguste *La littérature dialectale alsacienne. Une anthologie illustrée*. Tome 4 - *D'une guerre mondiale à l'autre (1918-1945)* (édition établie par Adrien Finck et Raymond Matzen), Paris 1999, Prat Éditions

WACKERMANN Gabriel «Radio et télévision» in *Encyclopédie de l'Alsace*, vol. X, Strasbourg 1985, Publitotal, pp. 6223-6239

WACKERMANN Gabriel «Ribeauvillé (Congrégation des Sœurs de la Divine Providence», in *Encyclopédie de l'Alsace*, volume XI, Strasbourg 1985, Publitotal, pp. 6422-6425

WAHL Alfred «L'immigration allemande en Alsace-Lorraine entre 1871 et 1918» in *Recherches germaniques* n° 3 (1973), Strasbourg, pp. 202-217

WAHL Alfred *L'option et l'émigration des Alsaciens-Lorrains (1871-1872)*, Paris 1974, Ophrys

WAHL Alfred «Le football alsacien entre France et Allemagne (1890-2012)» in *Revue d'Allemagne et des pays de langue allemande*, tome 44, n° 4, octobre-décembre 2012, pp. 425-439

WAHL Alfred et RICHEZ Jean-Claude *La vie quotidienne en Alsace entre France et Allemagne, 1850-1950*, Paris 1993, Hachette

WEBER Jean-Julien «Problème des langues et pastorale» in *Bulletin ecclésiastique du diocèse de Strasbourg*, 71e année, n° 6, 15 mars 1952, pp. 146-153

WEBER Jean-Julien «Quelques considérations sur la réforme liturgique» in *Bulletin ecclésiastique du diocèse de Strasbourg*, 1er avril 1965, n° 7, pp. 172-175

WEBER Jean-Julien «Documents» in *Sur les pentes du Golgotha. Un prêtre dans les tranchées*, Strasbourg 2001, La Nuée Bleue, pp. 260-268

WELSCHINGER Rémy *Vanniers (yeniches) d'Alsace. Nomades blonds du Ried, suivi d'un glossaire de vocabulaire yéniche*, Paris 2013, L'Harmattan

WESTPHAL Werner «La littérature alsacienne d'expression française» in *Les lettres en Alsace*, Strasbourg 1962, Istra, pp. 239-247

WILLAIME Jean-Paul *Les pasteurs d'Alsace et de Moselle. Résultats d'une enquête entreprise en 1978 par le Centre de sociologie sur le protestantisme*, Strasbourg 1980, Association des Publications de la Faculté de théologie protestante de l'Université des sciences humaines de Strasbourg, bulletin n° 3

WINCKELMANN Otto «Zur Geschichte des deutschen Theaters in Strassburg unter französischer Herrschaft» in *Jahrbuch für Geschichte, Sprache und Litteratur Elsass-Lothringens* (hrsg. [vom ...] Vogesenklub), Strassburg 1898, XVI. Jahrgang, pp. 192-237

WINOCK Michel *Chronique des années soixante*, Paris 1987, Seuil (collection Points Histoire n°H136)

WIRTZ-HABERMEYER Dominique E. «Evolution de la presse régionale de 1945 à nos jours» in *Saisons d'Alsace* «Presse et médias en Alsace des débuts à nos jours» n° 100, juin 1988, pp. 77-88

WITT-GUIZOT François de «Introduction» in Comité alsacien d'études et d'informations *L'Alsace depuis son retour à la France*, Tome premier, Strasbourg 1932, pp. 7-20

WITT-GUIZOT François de «L'armée» in : Comité alsacien d'études et d'informations *L'Alsace depuis son retour à la France*, Tome premier, Strasbourg 1932, pp. 76-88

WOEHRLING Jean-Marie «Quelques réflexions sur l'évolution du droit des langues en Alsace-Moselle», in *Histoire du droit local*, Strasbourg 1990, Institut du droit local alsacien-mosellan, pp. 181-204

WILCZYNSKA Julia *Le «retour» de l'Alsace après la Seconde guerre mondiale (1944-1951) : aspects politiques, culturels et sociaux*, thèse, Strasbourg 2012, vol. I

Notes

1. Dans sa version actuelle, le texte a été reproduit sur des tracts autour de 1780 et transcrit en 1842 par Hoffmann von Fallersleben. La mélodie est usitée en Suisse depuis 1810. (source : http://www.volksliederarchiv.de/text305.html).
2. La grande et belle thèse de Paul Lévy (*Histoire linguistique d'Alsace et de Lorraine*, Paris 1929, Les Belles Lettres, 2 vol.) a traité l'histoire linguistique jusqu'en 1918, de manière magistrale et innovante. Elle reste l'ouvrage de référence incontesté qui reste une mine de renseignements à laquelle nous avons largement puisé.
3. Ouvrages qui y réfèrent directement : MAUGUE Pierre *Le particularisme alsacien 1918-1967*, Paris 1970, Presses d'Europe ; PHILIPPS Eugène *Les luttes linguistiques en Alsace jusqu'en 1945*, Strasbourg 1975, Culture alsacienne ; PHILIPPS Eugène *L'Alsace face à son destin*, Strasbourg 1978, SALDE ; PHILIPPS Eugène *Le défi alsacien*, Strasbourg 1982, SALDE ; PHILIPPS Eugène *L'ambition culturelle de l'Alsace*, Strasbourg 1996, SALDE/MEDIA ; GREIB Robert, NIEDERMEYER Jean-Michel et SCHAFFNER François *Histoire de la langue régionale d'Alsace*, Strasbourg 2013, SCEREN/C.R.D.P. de l'Académie de Strasbourg / SALDE.
4. La vitalité du welche semble sérieusement s'amenuiser en ce début du XXIe siècle (*cf.* Keiflin Claude « La welche attitude », *Les Dernières Nouvelles d'Alsace*, 20.11.2011, p. 20). Mais au début des années 1970, du moins dans la partie romane de la Vallée de la Bruche, il semble bien qu'une partie des élèves de l'école primaire ait toujours été des locuteurs de welche ou, du moins, des locuteurs d'une forme de français régional assez dialectalisé, *cf.* Groupe d'échanges pédagogiques *Exercices correctifs de langage. Haute vallée de la Bruche*, 1975-1976, circonscription de Molsheim, ronéoté.
5. *Cf.*, par exemple, RAPHAEL Freddy « Le jeddich-daitch » des Juifs d'Alsace. Une langue qui se meurt » in VERMES Geneviève (dir.) *Vingt-cinq communautés linguistiques de la France. Tome 1 : Langues régionales et langues non territorialisées*, Paris 1988, L'Harmattan, pp. 318-331 et RAPHAEL Freddy « Langue du passage et de la rencontre : le jeddichdaitch des Juifs d'Alsace » in *Juifs d'Alsace. Huit siècles d'histoire*, Strasbourg 2009, Coprur, pp. 165-216.
6. *Cf.* MATZEN Raymond « Jenisch » in *Encyclopédie de l'Alsace*, vol.7, Strasbourg 1984, Editions Publitotal, pp. 4326-4329 ; RIETSCH Raymond « Le parler mānisch ou yaenisch » in *Annuaire de la Société d'Histoire des Quatre-Cantons XVII*, Benfeld 1999, pp. 111-113 ; WELSCHINGER Rémy *Vanniers (yéniches) d'Alsace. Nomades blonds du Ried, suivi d'un glossaire de vocabulaire yéniche*, Paris 2013, L'Harmattan.
7. *Cf.*, par exemple, plusieurs articles dans le numéro 67 (1979) de *Saisons d'Alsace* intitulé *Les tsiganes en Alsace*.
8. *Cf.* FREY Yves (dir.) *Ces Alsaciens venus d'ailleurs. Cent cinquante ans d'immigration en Alsace*, [Nancy] 2009, Editions Place Stanislas, pp. 35 et *passim*.
9. Pour reprendre le titre commode de l'ouvrage dirigé par Yves Frey : FREY Yves (dir.) *Ces Alsaciens venus d'ailleurs. Cent cinquante ans d'immigration en Alsace*, op. cit. En soi, tant par sa position géographique que son peuplement d'« Alsaciens venus d'ailleurs », l'ailleurs étant plus ou moins proche, plus ou moins exotique pour ceux qui habitent déjà cet espace. Selon la période considérée, selon la perspective retenue (endogène/exogène), etc., l'intensité et le nombre de ceux qui viennent d'ailleurs sont plus ou moins importants.
10. Il serait nécessaire d'entreprendre une interrogation systématique des fonctionnements micro-sociolinguistiques de ces « nouveaux » Alsaciens dans leurs rapports et leurs usages avec leurs langues. D'autant que l'Alsace a vécu pendant longtemps sans intégrer dans son histoire l'immigration et ses apports, alors même que la société alsacienne est le résultat de brassages de populations qui remontent aux Danubiens – existe-t-il des "Alsaciens de souche" ? » (FREY Yves (dir.) *Ces Alsaciens venus d'ailleurs. Cent cinquante ans d'immigration en Alsace*, *op. cit.*, p. 90). Pour l'époque contemporaine immédiate, des monographies, à hauteur d'homme, sur des réseaux familiaux, des clubs de football « communautaires », etc. pourraient fournir autant d'approches exploratoires.
11. Une synthèse, avec une forte part réservée au support anatomique, est proposée par SABAN Roger *Aux sources du langage articulé*, Paris 1993, Masson.
12. Voir SERGENT Bernard *Les Indo-Européens. Histoire, langues, mythes*, Paris 1995, Payot, en particulier l'argumentation p. 394 *sqq*.
13. Une réflexion globale et originale sur la répartition des peuples et, par ricochet, des langues, à partir de critères biologiques a été effectuée par CAVALLI-SFORZA Luca *Gènes, peuples et langues*, Paris 1996, Odile Jacob. La validité de la démarche a été discutée. Par ailleurs, une étude controversée veut montrer que les langues actuellement parlées sur la terre sont toutes les descendantes d'une seule langue ancestrale : RUHLEN Merrit *L'origine des langues. Sur les traces de la langue mère*, Paris 1997, Belin (traduction française).
14. Pour plus d'informations sur la relation entre les découvertes archéologiques et les hypothèses linguistiques, voir MARTINET André *Des steppes aux océans. L'indo-européen et les « Indo-Européens »*, Paris 1986, Payot. Particulièrement bien documenté : SERGENT Bernard *Les Indo-Européens. Histoire, langues, mythes*, Paris 1995, Payot.
15. Terme contesté par KRUTA Venceslas *Les Celtes*, Paris 1983, Presses universitaires de France (3e éd.).
16. *Cf.* KRUTA, *op. cit.*, pp. 26-27.
17. A propos des Germains : un aperçu historique et civilisationnel est donné par MUSSET Lucien *Les invasions : les vagues germaniques*, Paris 1994, Presses universitaires de France (3e édition mise à jour) ; un point de vue plus archéologique est donné par TODD Malcolm *Les Germains aux frontières de l'empire romain (100 av. J.-C. à 300 ap. J.-C.)*, Paris 1990,

Armand Colin (traduction française).
18. PETRY François « Des premiers hommes en Alsace à l'installation des Alamans » in VOGLER Bernard (dir.) *L'Alsace, une Histoire*, Strasbourg 1990, Oberlin, pp. 15-42 (pp. 26-27); HATT Jean-Jacques « L'Alsace romaine » in DOLLINGER Philippe (dir.) *Histoire de l'Alsace*, Toulouse 1970, Privat, p. 27; GRASSER Jean-Paul *Une histoire de l'Alsace*, s.l. 1998, Jean-Paul Gisserot, p. 8. Avec SITTLER Lucien *L'Alsace, terre d'histoire*, Colmar 1973, Alsatia, ces ouvrages serviront également à fixer le cadre historique général du présent ouvrage. Ils ne seront plus cités explicitement.
19. Des exemples chez DOLLINGER Philippe (dir.) *Documents de l'histoire de l'Alsace*, Toulouse 1972, Privat, pp. 59-61.
20. KLINKENBERG Jean-Marie *Des langues romanes. Introduction aux études de linguistique romane*, Louvain-la-Neuve 1994, Duculot, pp. 109-110.
21. Saint-Jérôme écrit, dans une lettre à la veuve Ageruchia, que plusieurs villes dont Strasbourg ont été transférées en Germanie (*translati in Germania*); texte reproduit dans: LIVET Georges et RAPP Francis (dir.) *Histoire de Strasbourg des origines à nos jours*. Tome I: *Strasbourg des origines à l'invasion des Huns*, Strasbourg 1980, Édition des Dernières Nouvelles de Strasbourg, pp. 284.
22. *Cf.* MUSSET, *op. cit.*, pp. 132-133.
23. BISCHOFF Georges « Le Moyen Âge » in VOGLER Bernard (dir.) *L'Alsace, une Histoire*, *op. cit.*, pp. 43-82 (p. 43); DOLLINGER Philippe in *Histoire de l'Alsace*, *op. cit.*, p. 58.
24. BISCHOFF Georges « Le Moyen Âge », *op. cit.*, p. 44.
25. Une partie d'entre eux poursuit la migration souvent belliqueuse vers le sud (Suisse actuelle) qui atteint son extension maximale au IXe siècle (Valais), *cf.* KÖNIG Werner *dtv-Atlas zur deutschen Sprache*, München 1996 (11e éd.), Deutscher Taschenbuch Verlag, p. 59; MUSSET, *op. cit.*, pp. 133-135.
26. Victoire des Francs sur les Alamans à Tolbiac (Zülpich) dont l'emplacement ne fait pas l'unanimité: peut-être près de Cologne ou de Bonn, en tout cas au nord de l'Alsace actuelle. L'événement, essentiel pour l'histoire linguistique de l'Alsace, aurait une portée culturelle, politique (et linguistique!) considérable s'il s'avérait qu'il serait à l'origine de la conversion de Clovis au christianisme: « [Clovis] fit la guerre aux Alamans qui [...] menaçaient les positions acquises par les Francs rhénans dans le bassin de Cologne: c'est au cours de l'une de ces opérations, souvent identifiée, par le rapprochement de deux passages distincts dans l'œuvre de Grégoire, à la bataille de Tolbiac [...] que [...] Clovis aurait fait, nouveau Constantin, le vœu de se convertir au christianisme si "Jésus que Clotilde proclame fils du Dieu vivant" lui donnait la victoire. » (LEBECQ Stéphane *Les origines franques, V^e - IXe siècle*, Paris 1990, Seuil [Nouvelle histoire de la France médiévale 1], pp. 50-51; *cf.* aussi l'extrait de la traduction du passage de Grégoire de Tours dans: DOLLINGER Philippe [dir.] *Documents de l'Histoire de l'Alsace*, *op. cit.*, pp. 69-70).
27. Franc salien, (C)lodwig (Clovis) succède à son père (C)hilderik (Childéric) en 481, fils de Hlodio (Clodion), de Mérovée ou d'un homme de sa chefferie, dont le nom fournira à l'historiographie la désignation de la dynastie.
28. *Cf.* LIVET Georges et RAPP Francis (dir.) *Histoire de Strasbourg des origines à nos jours*. Tome II: *Strasbourg des grandes invasions au XVIe siècle*, Strasbourg 1981, Édition des Dernières Nouvelles de Strasbourg, p. 6.
29. « ad Argentoratum urbem quam nunc Stradeburgum vocant », *cf.* LÉVY Paul *Histoire linguistique d'Alsace et de Lorraine*. Tome I *Des origines à la Révolution française*, Paris 1929, Les Belles Lettres, pp. 97-98 (désormais abrégé sous la forme de LÉVY I suivi de la page).
30. On a voulu voir dans les toponymes en *-ingen* des fondations alamanes, et dans les toponymes en *-heim* des fondations franques, donc postérieures aux premières. Déjà LÉVY I 71-89 appelle, arguments à l'appui, beaucoup de prudence. Tous les historiens de la fin du XXe siècle suivront son conseil. Pour les toponymes en *-willer* ou *-wihr*, les uns y ont vu des localités d'origine gallo-romaine (issu du lat. *-vilare*, rappelant les *villae* romaines), pour d'autres il s'agit de fondations franques ou alamanes. Les historiens de notre temps n'ont pas tranché. Il s'agit là d'un bel exemple où la toponymie peut atteindre ses limites comme témoin linguistique du passé, dans la mesure où le terme gallo-romain a pu être emprunté linguistiquement par des Germains qui s'en sont peut-être réservi...
31. Par le terme générique « roman », on entend les différents parlers issus du latin parlé dans les espaces occupés par les Romains, qui se sont maintenus après leur départ et se sont transformés au fil du temps. C'est le terme qui est employé par le concile de Tours (813) lorsqu'il invite les prêtres à prêcher dans les langues comprises par les fidèles (« rustica romana lingua »).
32. VOGLER Bernard *Histoire des chrétiens d'Alsace des origines à nos jours*, Paris 1994, Desclée, pp. 15-16; LIVET Georges et RAPP Francis (dir.) *Histoire de Strasbourg des origines à nos jours*. Tome I: *op. cit.*, pp. 241-242.
33. BANNIARD Michel *Genèse culturelle de l'Europe V^e - VIIIe siècle*, Paris 1989, Seuil, p. 27.
34. Banniard note, par ailleurs: « Les peuples germaniques, sauf les Francs, sont tous acquis au christianisme. Même dissidente, cette foi fait d'eux des obligés de certaines structures mentales et culturelles qui appartiennent depuis longtemps de plein droit à la civilisation dont ils menacent de faire éclater le cadre. [...] Le cas des Francs ne fait que partiellement exception. Tard venus sur le sol romain, ils n'en sont pas moins déjà préparés à l'acculturation: comment une aristocrate comme Clotilde aurait-elle obtenu si aisément la conversion de son mari [= Clovis] si le mécanisme d'assimilation culturelle et mentale n'avait pas là aussi fonctionné à plein? » (*op. cit.*, pp. 74-75).
35. *Cf.* BANNIARD Michel, *op. cit.*, p. 67: « La codification [des coutumes des Germains] est entièrement orale. [...] Le droit romain est avant tout un droit de la tradition écrite. Il est universel: tous les citoyens de l'Empire y sont partout soumis. [...] Le choc entre la civilisation barbare connaît son amplitude la plus grande à ce niveau d'opposition entre les cultures des peuples sans écriture et une société pour laquelle c'est dans l'écriture que s'investissent les valeurs les plus importantes. »
36. Une traduction du passage de la chronique concernant ces deux termes se trouve dans: DOLLINGER Philippe [dir.] *Documents de l'Histoire de l'Alsace*, *op. cit.*, p. 71.
37. Les auteurs de l'article « Elsass, Name » fournissent toute une liste d'attestations dans: Statistisches Bureau des Ministeriums für Elsaß-Lothringen (éd.) *Das Reichsland Elsaß-Lothringen. Dritter Theil: Ortsbeschreibung*, Straßburg 1901-1903, Heitz, p. 253.
38. Bien d'autres propositions ont encore été faites. *Cf.* note précédente, *op. cit.*, pp. 253-254. Par ailleurs, on s'est interrogé sur le fait de savoir si ce terme désignait tout l'Alsace ou uniquement la Basse-Alsace.
39. *Cf.* HIMLY François-J. *Chronologie de la Basse-Alsace, Ier - XXe siècle*, Strasbourg 1972, [Archives départementales du Bas-Rhin], p. 15.
40. L'unité politique coïncide avec l'unité religieuse: le diocèse de Strasbourg englobe les territoires qui plus tard reviendront à l'évêché de Bâle.
41. Ce raccourci est bien sûr grossier et inexact, *cf.* la belle démonstration de BANNIARD Michel, *op. cit.*
42. Ce territoire est traditionnellement, mais très approximativement, limité

NOTES

à l'est par la frontière des «quatre rivières» (Escaut, Meuse, Saône et Rhône).
43. *Cf.* THEIS Laurent *L'héritage des Charles. De la mort de Charlemagne aux environs de l'an mil*, Paris 1990, Seuil, [Nouvelle histoire de la France médiévale 2], pp. 32-34.
44. La couronne n'est plus carolingienne depuis 911. La dynastie othonienne va prendre le pouvoir avec Henri Ier l'Oiseleur en 919.
45. En allemand, la terminologie n'est pas exactement la même : «das Heilige römische Reich deutscher Nation» Un texte officiel utilise cette appellation pour la première fois en 1512, *cf.* NOËL Jean-François *Le Saint-Empire*, Paris 1993, Presses universitaires de France (3e édition corrigée), p. 66. Voir aussi le rappel utile qu'effectue Joseph ROVAN de cette désignation composite dans : ROVAN Joseph *Histoire de l'Allemagne des origines à nos jours*, Paris 1998, Seuil (édition revue et augmentée), pp. 931-932.
46. *Cf.* CHAURAND Jacques (dir.) *Nouvelle histoire de la langue française*, Paris 1999, Seuil, p. 33.
47. Une traduction du texte (transmis par une copie qui a dû être exécutée autour de l'an mil) est reproduite, accompagnée des textes roman et tudesque, dans BALIBAR Renée *L'institution du français. Essai sur le colinguisme des Carolingiens à la république*, Paris 1985, Presses universitaires de France (1re éd.), pp. 68-69.
48. *Cf.* THEIS Laurent *L'héritage des Charles*, *op. cit.*, p. 80 ; R. Balibar affirme, au contraire, que «aucun des petits-fils de Charlemagne ne parlait roman» (BALIBAR Renée *Histoire de la littérature française*, Paris 1991, Presses universitaires de France, p. 7).
49. Renée Balibar propose également une lecture intéressante des «Serments» : «À partir de la fin du IXe siècle, les clercs inventent une forme de l'écrit qui combine le pouvoir unitaire de l'écriture et la dispersion des parlers vulgaires. Le premier acte de leur politique des langues se produit le 14 février 842, *journée des Serments de Strasbourg*. [...] Conseillés par leurs clercs, ils [Louis et Charles] prononcent la formule du serment d'une façon nouvelle qui échappe à leur coutume dynastique et affirme leur mission de représentants de Dieu sur terre : au lieu de s'exprimer selon l'usage et le droit dans leur langage familial ou en latin parlé, ils emploient deux langages vulgaires différents : tudesque et roman. [...] Cette innovation affirme leur mission divine car les rois règneront ainsi en ces langues à la façon dont les hommes d'Église évangélisent les populations [...]).
Le deuxième acte de la cérémonie est l'acte sacramental : l'échange des serments des rois. Alors les deux rois échangent leurs deux langues royales. C'est l'héritier de la France de l'Est qui instaure la langue de la France de l'Ouest, et c'est l'héritier de la France de l'Ouest qui instaure la langue de la France de l'Est. *Chaque langue n'est donc légitime que comme partenaire d'une autre de même dignité, sous l'autorité des lettres latines*.
Troisième acte : les porte-parole des princes de chaque armée prêtent serment de fidélité à l'alliance dans la langue qui leur a été assignée, selon une formule qui, comme celles des allocutions et des serments, a été rédigée et traduite mot à mot (*eadem verba*) entre tudesque et roman par les clercs. [...] Les sujets sont circonscrits, les rois se légitiment en se traduisant, les clercs contrôlent toute l'opération.» (BALIBAR Renée *Histoire de la littérature française*, *op. cit.*, pp. 6-7) Le même auteur a développé son analyse beaucoup plus amplement dans BALIBAR Renée *L'institution du français*, *op. cit.*, pp. 17-91.
50. THEIS Laurent *L'héritage des Charles*, *op. cit.*, p. 82.
51. THEIS Laurent *L'héritage des Charles*, *op. cit.*, p. 84.
52. *Cf.* LEBECQ Stéphane *Les origines franques*, *op. cit.*, pp. 268-272.
53. *Cf.* BANNIARD Michel, *op. cit.*, pp. 207 sqq.
54. *Cf.* LEBECQ Stéphane *Les origines franques*, *op. cit.*, pp. 264-268.
55. *Cf.* LÉVY I, 130 : «easdem homilias transfere studeat in rusticam Romanam linguam aut Theodiscam» ; *cf.* CHAURAND Jacques (dir.) *Nouvelle histoire*, *op. cit.*, pp. 27-29 ; BALIBAR Renée *L'institution du français*, *op. cit.*, pp. 37-42.
56. CHAURAND Jacques (dir.) *Nouvelle histoire*, *op. cit.*, p. 28.
57. A. Jolivet et F. Mossé font observer que cette traduction «fut vraisemblablement confectionnée non à Murbach, mais à Reichenau. [...] On la nomme ainsi parce que le manuscrit est originaire de l'abbaye bénédictine de Murbach.» (JOLIVET Alfred et MOSSE Fernand *Manuel de l'allemand du Moyen-Âge des origines au XIVe siècle*, Paris s.d. [édition de 1965], Montaigne) ; *cf.* SONDEREGGER Stefan *Althochdeutsche Sprache und Literatur*, Berlin - New York 1987, de Gruyter (2e édition revue et augmentée), p. 100. Il est vrai que l'abbaye entretenait une correspondance active avec les plus importants centres religieux d'alors, la Reichenau sur le lac de Constance et Saint-Gall (Suisse orientale), *cf.* SITTLER Lucien *L'Alsace, terre d'histoire*, *op. cit.*, p. 40.
58. Voir par exemple l'édition et le commentaire de Gisela Vollmann-Profe : Otfrid von Weißenburg *Evangelienbuch*, Stuttgart 1987, Reclam.
59. *Cf.* DENTINGER Jean *L'âge d'or de la littérature en Alsace/Das goldene Zeitalter der Literatur im Elsaß*, Mundolsheim 1986, Éditions Dentinger, pp. 27-34.
60. MORET André *Anthologie du Minnesang*, Paris 1949, Aubier, pp. 26-27.
61. *Cf.* POLENZ Peter von *Geschichte der deutschen Sprache*, Berlin-New York 1972, de Gruyter (8e édition augmentée), pp. 53-59.
62. Reinmar de Haguenau *Chants d'amour. Minnesang* (traduction de Béatrice Weis), Paris 1990, Arfuyen.
63. SCHLOSSER Horst Dieter *dtv-Atlas zur deutschen Literatur*, München 1983, Deutscher Taschenbuch Verlag (1re éd.), pp. 60-61.
64. *Cf.* SPIEWOK Wolfgang avec la collaboration de BUSCHINGER Danielle *Histoire de la littérature allemande du Moyen Âge*, Paris 1992, Nathan, pp. 161-163.
65. *Der Reinhart Fuchs des Elsässers Heinrich*, Tübingen 1984, Niemeyer (Altdeutsche Textbibliothek Nr. 96) ; SCHLOSSER *op. cit.*, pp. 68-69 ; DENTINGER *op. cit.*, avec des extraits transposés en allemand standard contemporain, pp. 35-46.
66. LIVET Georges et RAPP Francis (dir.) *Histoire de Strasbourg des origines à nos jours. Tome II*, *op. cit.*, p. 47.
67. LIVET Georges et RAPP Francis (dir.) *Histoire de Strasbourg des origines à nos jours. Tome II*, *op. cit.*, p. 49.
68. BISCHOFF Georges in *L'Alsace, une Histoire*, *op. cit.*, p. 65.
69. LÉVY I, pp. 176-177.
70. LÉVY I, p. 178.
71. Nicolas de Bâle, dans une lettre qu'il adresse à des prêtres à Strasbourg en 1369, prétend que pour pouvoir mieux écrire, il s'est exercé quatre jours et quatre nuits dans «leur langue alsacienne» (*elsasser sproch*) : LÉVY I 157 rapporte l'anecdote. Nicolas exagère visiblement !
72. *Cf.* POLENZ Peter von *Geschichte der deutschen Sprache*, *op. cit.*, pp. 64-65.
73. *Cf.* SPIEWOK Wolfgang avec la collaboration de BUSCHINGER Danielle *Histoire de la littérature allemande*, *op. cit.*, pp. 282-284. Ellenhard avait été présent à la bataille de Hausbergen, acte fondateur de l'émancipation de la cité impériale. Pour plus de détails, voir [SCHNEEGANS Louis et STROBEL] (éds) *Code historique et diplomatique de la Ville de Strasbourg*, Tome premier, Strasbourg 1843, Silbermann, pp. 1-60 : *Notice sur Closener et Twinger de Koenigshoven*.
74. [SCHNEEGANS Louis et STROBEL] (éds) *Code historique et*

diplomatique de la Ville de Strasbourg, op. cit., pp. 1-2 des *Chroniken*: Men vindet geschriben in latine vil kroniken: das sint buecher von der zit, die so sagent von keysern, bebesten, künigen und von anderen fürsten un herren, wie ir leben si gewesen un von etlichen nenhaftigen dingen, die von in, oder bi iren ziten geschehen sint. Aber zu dütsche ist lützel sollicher buecher geschriben, wie doch das die klugen legen also gerne lesent von semelichen dingen also gelerten pfaffen. Ouch hant die menschen me lustes zu lesende von nuwen dingen, denne von alten, un ist doch von den striten, reysen un andern nenhaftigen dingen, die bi nuwen ziten sint geschehen, aller minest geschriben.
Har umb wil ich Jocob Twinger von Künigeshoven, ein priester zu Strosburg, us den croniken die Eusebius, Martinus, Sigebertus un Vicencius gemaht hant, un us andern buechern, zu dütsche schriben, etliche ding, die mich aller fürnemest dunket un lüstlich, und sünderliche von ettelichen nenhaftigen dingen, die zu Strosburg un zu Elsas, un in den landen do bi geschehen sint. [...]

75. Sur ce mouvement de la pensée théologique, *cf.*, par exemple, LIBERA de Alain *La mystique rhénane d'Albert le Grand à Maître Eckhart*, Paris 1994, Seuil.
76. *Cf.* BIZET J.A. (Choix de textes, introduction et notes par) *Mystiques allemands du XIV*^{e} *siècle. Eckhart, Suso, Tauler*, Paris 1957, Aubier Montaigne, pp. 85-90.
77. Sur l'apport linguistique des «mystiques», notamment sur le plan du lexique, *cf.* POLENZ Peter von *Geschichte der deutschen Sprache, op. cit.*, pp. 59-62.
78. *Cf.* SPIEWOK Wolfgang avec la collaboration de BUSCHINGER Danielle *Histoire de la littérature allemande, op. cit.*, pp. 199-201.
79. *Cf.* NAGEL Bert *Meistersang*, Stuttgart 1962, Metzlersche Verlagsbuchhandlung: l'«école» de chant de Strasbourg n'a été fondée formellement qu'en 1492. Elle disparaîtra en 1780. Il y en aura également une à Wissembourg. Celle de Colmar ne sera fondée qu'en 1546 par Jörg Wickram (voir *infra*).
80. Sur la fonctionnalité des noms de famille, voir KUNZE Konrad *dtv-Atlas Namenkunde. Vor- und Familiennamen im deutschen Sprachgebiet*, München 1998, Deutscher Taschenbuch Verlag (dtv Nr. 3234), pp. 61 *sqq*.
81. *Cf.* SPIEWOK Wolfgang avec la collaboration de BUSCHINGER Danielle *Histoire de la littérature allemande, op. cit.*, pp. 194-197: chansons chantées en société, chansons calendaires, narratives (ballades), à boire, etc.

82. LÉVY I 182-183.
83. SPIEWOK Wolfgang avec la collaboration de BUSCHINGER Danielle *Histoire de la littérature allemande, op. cit.*, p. 179.
84. «Le terme de Renaissance désigne le bouleversement culturel qui s'est effectué lors du passage du système intellectuel de la pensée médiévale (déterminé par la scolastique) à la pensée des temps modernes, pour l'essentiel orientée vers l'Ici-bas et marquée par les sciences. Son orientation vers le monde passe pour la caractéristique principale de la Renaissance. En abandonnant la crédulité aveugle et le dogmatisme borné, l'homme lutte pour se libérer de l'étroitesse de vue de l'Église et de la théologie. Il se comprend comme centre de la création, capable de tout, qui a pour tâche d'arracher ses secrets à la Terre, de la découvrir. Cela conduit à un essor énorme des études scientifiques, avec pour résultat l'élaboration d'une vision scientifique du monde. Cependant, la création d'un nouveau système, tourné vers le monde, exige aussi l'examen critique de ce qui a été transmis, avant tout la doctrine de l'Église, de ses dogmes, et l'analyse critique des sources. On qualifie ce nouveau comportement mental d'humanisme.» SPIEWOK Wolfgang avec la collaboration de BUSCHINGER Danielle *Histoire de la littérature allemande, op. cit.*, p. 184.
85. RAPP Francis «Introduction» in *Grandes figures de l'humanisme alsacien. Courants, milieux, destins*, Strasbourg 1978, Istra.
86. *Cf.* ADAM Paul «L'école humaniste de Sélestat» in *Les lettres en Alsace*, Strasbourg 1962, Istra, pp. 93-105.
87. DENTINGER Jean *L'âge d'or de la littérature en Alsace, op. cit.*, pp. 201-240, établit une liste impressionnante de savants et de pédagogues qui ont contribué, directement ou indirectement, à cette «renaissance» des lettres latines et grecques.
88. Les écoles latines fonctionnaient selon une méthode partiellement «directe», c'est-à-dire en «immersion»: toute la vie scolaire devait se passer en latin. Mais cela posait visiblement des problèmes. LÉVY I 232-237 souligne le fait que, dans une partie non négligeable des écoles latines, l'emploi de l'allemand entre élèves était puni comme une contravention à la règle scolaire. Tous les moyens coercitifs semblaient bons (coups, dénonciations, isolement social...) pour arriver à cette fin. Geiler, Wimpheling et d'autres admettront que l'allemand pouvait ou devait servir d'auxiliaire à l'apprentissage du latin. L'époque contemporaine connaîtra, pour d'autres raisons, des situations identiques.
89. SPIEWOK Wolfgang avec la colla-

boration de BUSCHINGER Danielle *Histoire de la littérature allemande, op. cit.*, p. 269.
90. BRANT Sebastian *Das Narrenschiff* (hrsg. von Manfred Lemmer), Tübingen 1968, Niemeyer (2e édition augmentée); adaptation en français moderne par Madeleine Horst: BRANT Sébastien *La Nef des Fous*, Strasbourg 1977, Éditions de la Nuée Bleue.
91. *Cf.* DOLLINGER Philippe «Le sens social dans la "Nef des fous" de Sébastien Brant» in *Grandes figures de l'humanisme alsacien, op. cit.*, pp. 13-22: «[...] en moins d'une centaine de vers sont évoqués une quarantaine de noms mythologiques, antiques ou bibliques [...]. Les lecteurs de Brant devaient être singulièrement érudits pour s'y retrouver! [...] Nourri des livres sacrés et classiques, [Brant] est fier de sa science et ne se lasse pas d'en faire étalage, persuadé, sans doute avec raison, que les lettrés et les demi-lettrés qui le lisaient souhaitaient eux aussi retrouver dans son œuvre les grandes figures du passé.» (p. 15).
92. SPIEWOK Wolfgang avec la collaboration de BUSCHINGER Danielle *Histoire de la littérature allemande, op. cit.*, pp. 232-233.
93. Sur Wimpheling, Brant, Geiler et Murner, l'ouvrage de SCHMIDT Charles *Histoire littéraire de l'Alsace à la fin du XV*^{e} *et au commencement du XVI*^{e} *siècle*, Paris 1879, 2 vol. (Reprographischer Nachdruck: Hildesheim 1966, Olms) reste toujours d'un grand intérêt.
94. L'introduction du papier comme support du texte permet d'avoir un matériau bon marché et de baisser considérablement le prix du livre. Sur ces questions, voir le premier chapitre de l'ouvrage classique de FEBVRE Lucien et MARTIN Henri-Jean *L'apparition du livre*, Paris 1971 (1re éd.: 1958), Albin Michel, intitulé «La question préalable: l'apparition du papier en Europe», pp. 39-60. Par ailleurs, deux cartes (pp. 260-261 et 266-267) visualisent l'importance de la diffusion de l'imprimerie en Europe, depuis son «invention» jusqu'en 1500.
95. LÉVY I 220.
96. HARTWEG Frédéric «Le rôle de l'imprimerie dans la constitution de la norme de la langue allemande écrite aux XVe et XVIe siècles» in HARTMANN Sieglinde und LECOUTEUX Claude (éds) *Deutsch-französische Germanistik. Mélanges pour Emile Georges Zink*, Göppingen 1984, Kümmerle (GAG Nr. 364), pp. 197-224 (p. 201).
97. *Cf.* HARTWEG Frédéric «Le rôle de l'imprimerie dans la constitution de la norme», *op. cit.*; HARTWEG Frédéric et WEGERA Klaus-Peter *Frühneuhochdeutsch. Eine Einführung in die*

deutsche Sprache des Spätmittelalters und der frühen Neuzeit, Tübingen 1989, Niemeyer (Germanistische Arbeitshefte 33).
98. LUTHER *Les grands écrits réformateurs* (Introduction, traduction et notes de Maurice GRAVIER), Paris 1955, Aubier Montaigne; LUTHER Martin *De la liberté du chrétien. Préfaces à la Bible. La naissance de l'allemand philosophique* (Traduction et commentaires par Philippe BÜTTGEN), Paris 1996, Seuil (Point Essais n° 338).
99. Le premier recueil de cantiques évangéliques (*Geistliches Gesangbuch*) paraît en 1524. *La messe allemande et l'ordonnance du service divin* (*Deutsche Messe und Ordnung des Gottesdienstes*) règle les rites du service religieux (1526). *Cf.* SPIEWOK Wolfgang avec la collaboration de BUSCHINGER Danielle *Histoire de la littérature allemande, op. cit.*, pp. 314-315.
100. DOLLINGER Philippe (dir.) *Histoire de l'Alsace, op. cit.*, p. 203.
101. *Cf.* La carte des territoires protestants en 1590, in VOGLER Bernard (dir.) *L'Alsace, une Histoire, op. cit.*, p. 90.
102. *Cf.* LÉVY I 242-246; LIVET Georges et RAPP Francis (dir.) *Histoire de Strasbourg des origines à nos jours*, Tome II, *op. cit.*, p. 383.
103. « Ich habe keine gewisse, sonderliche eigene Sprache im Deutschen, sondern brauche der gemeinen deutschen Sprache, daß mich beide, Ober- und Niederländer, verstehen mögen.» (cité d'après VON POLENZ Peter *Geschichte der deutschen Sprache, op. cit.*, p. 90).
104. Un consensus existe aujourd'hui parmi les chercheurs pour considérer que «Luther n'est pas le créateur, ni le fondateur de la langue commune moderne» (RAYNAUD Franziska *Histoire de la langue allemande, op. cit.*, p. 93; *cf.* HARTWEG Frédéric et WEGERA Klaus-Peter *Frühneuhochdeutsch, op. cit.*, pp. 61-71; BACH Heinrich «Die Rolle Luthers für die deutsche Sprachgeschichte» in BESCH Werner, REICHMANN Oskar et SONDEREGGER Stefan *Sprachgeschichte. Ein Handbuch zur Geschichte der deutschen Sprache und ihrer Erforschung*, 2. Halbband, Berlin-New York 1985, Walter de Gruyter, pp. 1440-1447.
105. Un de ces textes est présenté et traduit par Jean ROTT dans le volume *Grandes figures de l'humanisme alsacien, op. cit.*, pp. 118-121.
106. LIENHARD Marc «Strasbourg et la guerre des pamphlets», in *Grandes figures de l'humanisme alsacien, op. cit.*, pp. 126-133 (p. 126).
107. WICKRAM Jörg *Joyeuses histoires à lire en diligence* ou *Le Petit livre du coche*, Paris-Orbey 2012, Arfuyen (traduction de Catherine Fouquet).
108. DENTINGER Jean *L'âge d'or de la littérature en Alsace, op. cit.*, p. 181.
109. VOGLER Bernard *Histoire culturelle de l'Alsace. Du Moyen Âge à nos jours, les très riches heures d'une région frontière*, Strasbourg 1993, La Nuée Bleue, p. 87.
110. J. Lebeau et J.M. Valentin ont publié un ensemble de textes et de documents qui montrent, notamment, que l'allemand a été utilisé dans les situations les plus diverses. (LEBEAU Jean et VALENTIN Jean-Marie *L'Alsace au siècle de la Réforme, 1482-1621. Textes et documents*, Nancy 1985, Presses universitaires de Nancy).
111. LÉVY I 213 *sqq*.
112. LÉVY I 229-230.
113. DUBY Georges (dir.) *Histoire de la France*, Paris 1985, Larousse (nouvelle édition mise à jour), p. 242.
114. Voir, par exemple, STROHL Henri *Le protestantisme en Alsace*, Strasbourg 1950, Oberlin, pp. 29-35; LIVET Georges et RAPP Francis (dir.) *Histoire de Strasbourg des origines à nos jours*. Tome II, *op. cit.*, pp. 379-415.
115. *Cf.* STROHL Henri *Le protestantisme en Alsace*, Strasbourg, Oberlin, pp. 57-58; LIVET Georges et RAPP Francis (dir.) *Histoire de Strasbourg des origines à nos jours*. Tome II, *op. cit.*, p. 410.
116. *Cf.* REUSS Rodolphe *Histoire d'Alsace*, Paris réimpression 1977, Honoré Champion, pp. 72-73. Pour des données chiffrées plus fournies: LÉVY I 210-212.
117. LÉVY I 212-213; *cf.* LIVET Georges et RAPP Francis (dir.) *Histoire de Strasbourg des origines à nos jours*, Tome II, *op. cit.*, pp. 515-519.
118. LÉVY I 249; 252.
119. *Cf.* LÉVY I, 264 avec un certain nombre de détails.
120. La paix de Nimègue (1679) met un terme à la guerre de Hollande (1672-1678) mettant aux prises la France et l'Empire. « Le roi de France invaincu, ses adversaires ne pouvaient pas demander une révision des traités de Westphalie qui, au contraire, furent confirmés en ce qui concerne l'Alsace, de sorte que les villes impériales et les différents territoires seigneuriaux se trouvèrent entièrement entre les mains du roi de France.» (SITTLER Lucien *L'Alsace, terre d'histoire, op. cit.*, p. 170-171).
121. *Cf.* DOLLINGER Philippe [dir.] *Histoire de l'Alsace, op. cit.*, p. 144; SCHMITT Jean-Marie «Un type de fédération urbaine: la Décapole alsacienne» in LIVET Georges et VOGLER Bernard [actes réunis et publiés par] *Pouvoir, ville et société en Europe, 1650-1750*, Paris 1983, Ophrys, pp. 555-559). Sur l'intégration au royaume de France: VOGLER Bernard (dir.) *La Décapole. Dix villes d'Alsace alliées pour leurs libertés 1354-1679*, Strasbourg 2009, La Nuée Bleue, pp. 32-34.
122. SIAT Jeannine *Histoire du rattachement de l'Alsace à la France*, Le Coteau 1987, Horvarth (réed. Alsatia 1998).
123. Les Strasbourgeois espéreront en vain une intervention de l'Empire. G.L. Fink fait le point sur l'écho qu'a eu la prise de Strasbourg: FINK Gonthier-Louis «La prise de Strasbourg et son écho dans les lettres allemandes (1681-1684)» in LIVET Georges et VOGLER Bernard (actes réunis et publiés par) *Pouvoir, ville et société en Europe, op. cit.*, pp. 131-144. R. Reuss observe que «cette saisie de la ville libre en pleine paix fit un bruit énorme en Europe et spécialement à Ratisbonne, mais Louis ne s'était pas trompé en pensant qu'une mesure aussi violente n'amènerait pas une rupture immédiate» (REUSS Rodolphe *Histoire d'Alsace, op. cit.*, pp. 129-130).
124. *Cf.* SITTLER Lucien *L'Alsace, terre d'histoire, op. cit.*, p. 173-174.
125. LIVET Georges «Préface» in SIAT Jeannine *Histoire du rattachement de l'Alsace à la France, op. cit.*, pp. 5-6.
126. Document extrait de BRUNOT Ferdinand *Histoire de la langue française des origines à nos jours*. Tome 5: *Le français en France et hors de France au XVIIᵉ siècle*, Paris, réimpression de 1966, Colin, pp. 96-99; également dans LÉVY I 295-298.
127. L'Alsace en tant qu'unité politique ou administrative n'existait pas. La « mosaïque territoriale et politique» qu'elle constituait en 1648 figure sur une carte que G. Livet a publiée (*cf.* LIVET Georges *L'intendance d'Alsace sous Louis XIV, 1648-1715*, Paris 1956, Les Belles Lettres, hors-texte après la page 1084).
128. Cet article dispose: «Sa Majesté veut laisser le Magistrat dans le présent état avec tous ses droits et libre élection de leur Collège, nommément celui des Treize, Quinze, Vingt et un, Grand et Petit Sénat, des Echevins, des Officiers de la ville et chancellerie, des couvents ecclésiastiques, l'université avec tous ses docteurs, professeurs et étudiants, en quelque qualité qu'ils soient, le collège, les tribus et maîtrises, tous comme ils se trouvent, avec la juridiction civile et criminelle.» (SIAT Jeannine *Histoire du rattachement de l'Alsace à la France, op. cit.*, p. 95).
129. *Cf.* LÉVY I 290-291 qui en publie le texte intégral.
130. L'incursion du roi de France Henri II en Alsace, la dernière en date, en 1552, avait fait craindre le pire au

Magistrat de Strasbourg. *Cf.* LIVET Georges et RAPP Francis (dir.) *Histoire de Strasbourg des origines à nos jours.* Tome II, *op. cit.*, p. 536.

131. Par exemple: le traitement que réserva Turenne aux villes impériales, *cf.* SITTLER Lucien *L'Alsace, terre d'histoire, op. cit.*, p. 168-170.

132. B. Vogler croit pouvoir noter, pour le XVIe siècle, que «l'hostilité contre les welches prend une tournure obsessionnelle, au point qu'en 1580 un traité conclu entre plusieurs seigneurs et villes de Haute-Alsace proscrit rigoureusement les mariages entre les deux communautés, aux veuves et filles de bourgeois d'épouser un welche. [...] Dans l'imaginaire collectif, le mythe français se rapproche du mythe ottoman, renforcé par l'alliance entre les deux puissances.» (VOGLER Bernard *Histoire culturelle de l'Alsace, op. cit.*, p. 101).

133. Les procès-verbaux des séances du Magistrat de Strasbourg sont rédigés en allemand jusqu'en 1789; les registres des communes et des paroisses rurales sont tenus en allemand; les arrêts du sénat de Colmar commencent à être en français à partir de 1688. *Cf.* LÉVY I 298-304, avec des détails.

134. *Cf.* POLENZ von Peter *Deutsche Sprachgeschichte vom Spätmittelalter bis zur Gegenwart.* Band II: *17. und 18. Jahrhundert*, Berlin - New York 1994, de Gruyter, pp. 63 *sqq.*

135. *Ibid.*, p. 101.

136. *Ibid.*, pp. 100-101.

137. J.M. Valentin considère que «son œuvre, par son étendue, sa virtuosité et sa haute valeur spirituelle, marqua l'apogée de la littérature néo-latine inspirée de l'antiquité. Elle incarne pareillement la "conversion" des lettres au catholicisme posttridentin qui conduit de la Renaissance au Baroque.» (VALENTIN Jean-Marie «Balde Jakob [Jacques, Jacobus]» in *Nouveau dictionnaire de biographie alsacienne*, fascicule 2, Strasbourg 1983, p. 91).

138. *Cf.* POLENZ von Peter *Deutsche Sprachgeschichte vom Spätmittelalter bis zur Gegenwart, op. cit.*, p. 60; LÉVY I 293 et 314; MATZEN Raymond «Moscherosch Johann Michael» in *Encyclopédie de l'Alsace*, vol. 9, Strasbourg 1984, Publitotal, pp. 5260-5262.

139. *Cf.* SCHÄFER Walter E. *Johann Michael Moscherosch. Staatsmann, Satiriker und Pädagoge im Barockzeitalter*, München 1982, C.H. Beck, pp. 225-226.

140. OBERLÉ Roland (éd.) *L'Alsace en 1700. Mémoire sur la province d'Alsace de l'Intendant Jacques de La Grange*, Colmar 1975, Alsatia, p. 138.

141. VOGLER Bernard *Histoire culturelle de l'Alsace, op. cit.*, p. 109.

142. À en juger par le nombre de requêtes présentées demandant l'autorisation d'enseigner le français, Strasbourg semble avoir été particulièrement bien pourvue en «maîtres de langue» (*cf.* LÉVY I 308 *sqq.*).

143. *Cf.* HARTWEG Frédéric «Die Entwicklung des Verhältnisses von Mundart, deutscher und französischer Standardsprache im Elsaß seit dem 16. Jahrhundert» in BESCH Werner, REICHMANN Oskar, SONDEREGGER Stefan (éds) *Sprachgeschichte. Ein Handbuch zur Geschichte der deutschen Sprache und ihrer Erforschung*, 2. Halbband, Berlin - New York 1985, de Gruyter, pp. 1949-1977, qui conclut: «Deshalb haben Zweisprachigkeit oder zumindest Französischkenntnisse die politische Karriere Straßburger Bürger vor und nach 1681 gefördert.» (p. 1952).

144. LÉVY I 320-321.

145. LÉVY I 345-346.

146. LÉVY I 327 *sqq.* passe en revue, de façon critique, les différentes sources proposant des estimations (subjectives) du nombre de locuteurs de chacune des langues.

147. LÉVY I 345.

148. LÉVY I 331.

149. Cela semble être chose faite dès le milieu du XVIIIe siècle, comme le constate Gonthier-Louis Fink, qui brosse un vaste tableau de la société strasbourgeoise entre 1730 et 1780: FINK Gonthier-Louis «Strassburg im Schnittpunkt der deutschen und französischen Aufklärung. Das soziale und kulturelle elsässische Mosaik zur Zeit Schoepflins» in *Recherches germaniques* n° 26, Strasbourg 1996, pp. 153-204.

150. BRUNOT Ferdinand *Histoire de la langue française des origines à nos jours.* Tome VIII *Le français hors de France au XVIIIe siècle.* Première partie *Le français dans les divers pays d'Europe*, Paris, réimpression de 1967, Armand Colin, propose un vaste tour d'horizon des «pays» moins touchés (*cf.* p. X) (Proche-Orient et pays danubiens) aux plus touchés (Russie, Allemagne) en passant par le Portugal, l'Espagne, l'Italie, la Suisse, la Hollande, l'Angleterre, les Pays-Bas autrichiens, le Luxembourg et les pays scandinaves. SEGUIN Jean-Pierre «La langue française aux XVIIe et XVIIIe siècles» in CHAURAND Jacques (dir.) *Nouvelle histoire, op. cit.*, (pp. 225-343) rappelle l'enthousiasme de certains princes d'Europe pour la culture française: Frédéric II de Prusse monte sur le trône en 1740, Catherine II de Russie en 1762, Gustave III de Suède en 1771 (*cf.* pp. 257-258).

151. *Cf.* BRUNOT Ferdinand *Histoire de la langue française des origines à nos jours.* Tome VIII, première partie, *op. cit.*, pp. 549-632.

152. BRUNOT Ferdinand *Histoire de la langue française des origines à nos jours.* Tome VIII *Le français hors de France au XVIIIe siècle.* Deuxième partie *L'universalité en Europe*, Paris, réimpression de 1967, Armand Colin, p. 941.

153. *Ibid.*, pp. 941-942, citant un extrait du *Mémoire* n° 6 composé en réponse au concours de l'Académie de Berlin (1782) dont la première question était: «Qu'est-ce qui a fait de la langue française la langue universelle de l'Europe?» (*ibid.* p. 840).

154. *Ibid.*, pp. 790-798; et Brunot de commenter: «Dans ce siècle essentiellement cosmopolite, la pensée ne s'arrêtait point aux frontières. La société européenne [...] se constituait dans le domaine intellectuel, inspirée –avec bien des différences – d'un même idéal politique, économique, artistique. La presse le servait à sa façon. Pour exercer ce ministère, elle avait tout avantage à se servir de la langue de communication la plus répandue.» (p. 797).

155. *Ibid.*, pp. 799-837; *cf.* le propos de Gaspard de Réal que rapporte Brunot (p. 799): «Les Cours et les assemblées des Plénipotentiaires se servent ou de la langue maternelle des Ministres ou de la Latine ou de la Françoise, qui est devenue la langue universelle vivante, comme la Latine est la langue universelle morte, la langue Françoise a presque ôté à la Latine l'avantage d'être cette langue que les Nations apprennent, pour se pouvoir entendre, et l'on peut dire aujourd'hui de la langue Françoise ce que Cicéron disoit de la Grecque.»

156. Cité par LÉVY I pp. 332 et 356.

157. LÉVY I 353.

158. BRUNOT Ferdinand *Histoire de la langue française des origines à nos jours.* Tome VII *La propagation du français en France jusqu'à la fin de l'Ancien Régime*, Paris, réimpression de 1967, Armand Colin, p. 294.

159. VOGLER Bernard et HAU Michel *Histoire économique de l'Alsace. Croissance, crises, innovations: vingt siècles de développement régional*, Strasbourg 1997, La Nuée Bleue, p. 100.

160. *Ibid.*

161. *Ibid.*, pp. 104-105.

162. Voir les «arrivées et départs des courriers des postes de Strasbourg» de 1787 et la liste des messageries pour Strasbourg en 1786 in GACHOT Henri *Histoire de la poste aux lettres à Strasbourg*, Paris 1964, Les Belles Lettres, pp. 79-82.

163. LÉVY I 361.

164. Par ailleurs, LÉVY I 362-363 fait observer que «la langue allemande fut encore moins entamée chez les protestants que dans les milieux catholiques. [...] Leur union politique à la

NOTES

France catholique les incitait d'autant plus à rester en communion d'idées et de langue avec leurs coreligionnaires d'outre-Rhin.»
165. VOGLER Bernard (dir.) *L'Alsace, une Histoire, op. cit.*, p. 114. Yves Bisch souligne les progrès géographiquement et confessionnellement contrastés de l'alphabétisation : «En milieu catholique, au début du siècle, le pourcentage des alphabétisés oscille entre 30 et 40% pour les hommes, entre 5 et 15% pour les femmes. Au cours du siècle, cette proportion double chez les hommes (70 à 90%) et quadruple chez les femmes (30 à 50%). À Strasbourg, la notion d'obligation figure dans l'ordonnance ecclésiastique de 1598, mais ne tend à devenir une réalité qu'après 1768, quand le Magistrat de la ville l'impose à son tour. Strasbourg atteint des pourcentages élevés d'alphabétisation : on passe de 70% en 1700 à plus de 90% chez les hommes et de 50 à 85% chez les femmes. Ce pourcentage est de 90% chez les bourgeois et de 75% chez les manants. À Colmar, on passe de 61% en 1730 à 76% en 1789 pour les hommes et de 32% à 45% pour les femmes. À l'aube de la Révolution, l'alphabétisation est plus forte dans les territoires protestants : dans le comté de Hanau-Lichtenberg, 80 à 90% des hommes et 60 à 90% des femmes en ont bénéficié.» (BISCH Yves *Écoles d'Alsace. Les leçons de l'histoire*, Mulhouse 1996, Éditions du Rhin, p. 35).
166. *Cf.* LÉVY I 364-376.
167. BOEHLER Jean-Michel *Une société rurale en milieu rhénan : la paysannerie de la plaine d'Alsace (1648-1789)*, tome 2, Strasbourg 1994, Presses universitaires de Strasbourg, p. 1852.
168. En dehors de Strasbourg, l'Église la plus puissante était celle du comté de Hanau-Lichtenberg. (*Cf.* STROHL Henri *Le protestantisme en Alsace, op. cit.*, p. 264 sqq.)
169. BOEHLER Jean-Michel *Une société rurale en milieu rhénan, op. cit.*, pp. 1879-1880.
170. LÉVY I 370.
171. LÉVY I 371.
172. VOGLER Bernard *Histoire culturelle de l'Alsace, op. cit.*, p. 127.
173. SITTLER Lucien *L'Alsace, terre d'histoire, op. cit.*, p. 206.
174. BRAEUNER Gabriel *Pfeffel l'Européen. Esprit français et culture allemande en Alsace au siècle des Lumières*, Strasbourg 1994, La Nuée Bleue, p. 200.
175. *Ibid.*
176. *Ibid.*, p. 199 ; *cf.* également BOPP Marie-Joseph «La langue et la culture française à Colmar dans la seconde moitié du XVIIIe siècle et au début du XIXe siècle : le groupe de Pfeffel» in *Les Lettres en Alsace, op. cit.*, pp. 157-178.
177. KELLER Jules «SALZMANN 6. Jean-Daniel» in *Nouveau dictionnaire de biographie alsacienne*, Strasbourg 1998, fascicule 32, p. 3361.
178. LEFFTZ Joseph *Die gelehrten und literarischen Gesellschaften im Elsass vor 1870*, Colmar 1931, Alsatia, pp. 67 sqq. ; *cf.* aussi *Goethe et Alsace*, Strasbourg 1973, Istra, en particulier les contributions de KELLER Jules «Les sociétés culturelles à Strasbourg vers 1770», pp. 223-235 et d'Albert Fuchs «Goethe et l'Alsace», pp. 123-154.
179. «Es hing sprachideologisch und sprachpraktisch zusammen mit der zunehmenden Bedeutung von Verwaltung und Wissenschaft für das Funktionieren des absolutistischen Staates und mit der dafür konstitutiven professionellen Rolle des Bildungsbürgertums, vom Verwaltungsjuristen und Gelehrten bis zum Sekretär, Hofmeister und Poeten. Nicht von ungefähr sind die meisten Merkmale der „gespannten" Satzbautendenz (und ihrer Unterstützungsmittel in den anderen Teilsystemen der Sprache) bis heute vorwiegend schreibsprachlich und/oder bildungssprachlich markiert [...]. Die sind nicht oder nur schwach entwickelt vorhanden in den deutschen Dialekten [...]. [Die Entwicklung] hat auch mit sozial- und verfassungshistorischen Faktoren zu tun wie Absolutismus, Verwaltungsstaat, Merkantilismus, Ständestaat, Sozialdisziplinierung, Modernisierung und Verschriftlichung des Lebens.» (POLENZ von Peter *Deutsche Sprachgeschichte vom Spätmittelalter bis zur Gegenwart. Band II : 17. und 18. Jahrhundert, op. cit.*, p. 240).
180. Henri Dubled cite encore Jean-Stanislas Andrieux (1759-1837), Dufresnais, le baron Louis-François de Bilderbeck ainsi que le chanoine François-Louis Rupler. La liste s'arrête là... (DUBLED Henri «L'activité littéraire en Alsace aux XVIIe et XVIIIe siècles» in *Les Lettres en Alsace, op. cit.*, pp. 209-237 [pp. 219-220]) ; Werner Westphal n'en mentionne pas d'autres (WESTPHAL Werner «La littérature alsacienne d'expression française» in *Les Lettres en Alsace, op. cit.*, pp. 239-247).
181. Les différentes facettes du personnage sont rappelées par GAULMIER Jean «RAMOND DE CARBONNIÈRES Louis François Elisabeth, baron» in *Nouveau dictionnaire de biographie alsacienne*, Strasbourg 1997, fascicule 30, pp. 3077-3079.
182. Baronne d'Oberkirch *Mémoires sur la cour de Louis XVI et la société française avant 1789*, Paris 1970, Mercure de France.
183. LÉVY I 378.
184. Cité par LÉVY I 379.
185. La «circonstance» est le centenaire de la «réunion de Strasbourg à la France, le 30 septembre 1681».
186. La veille, «on donna un spectacle allemand sur le second théâtre de la ville. Tout le peuple y entra gratuitement ; les magistrats, en vue de varier les plaisirs, lui avaient préparé à dessein ce genre de réjouissances et fait venir une troupe allemande qui se trouvait dans le voisinage.» (DECK Pantaléon *Histoire du théâtre français à Strasbourg, 1681-1830*, Strasbourg - Paris 1948, pp. 37-38).
187. Baronne d'Oberkirch *Mémoires, op. cit.*, p. 131.
188. Il a même le monopole de l'organisation des bals et des jeux de marionnettes, sources de bénéfices appréciables, «surtout ceux provenant des bals toujours très aimés des Strasbourgeois.» (DECK Pantaléon *Histoire du théâtre français à Strasbourg, op. cit.*, p. 50).
189. *Cf.* VOGLER Bernard *Histoire culturelle de l'Alsace, op. cit.*, p. 161.
190. P. Deck détaille l'ensemble des problèmes (*ibid.*, pp. 39-49). L'inventaire du répertoire des pièces représentées à Strasbourg de 1770 à 1773 est donné en annexe, *ibid.*, pp. 229-231.
191. *Cf.* FINK Gonthier-Louis «Strassburg im Schnittpunkt der deutschen und französischen Aufklärung...», *op. cit.*, p. 168.
192. *Cf.* BAUER Roger «Le théâtre à Strasbourg vers 1770 et les débuts dramatiques de Goethe» in *Goethe et Alsace, op. cit.*, pp. 165-178 ; sur le théâtre en langue allemande, malgré des débordements du «sentiment national allemand» lié à l'époque, *cf.* WINKELMANN Otto «Zur Geschichte des deutschen Theaters in Strassburg unter französischer Herrschaft» in *Jahrbuch für Geschichte, Sprache und Litteratur Elsass-Lothringens* (hrsg. [vom...] Vogesenklub), Strassburg 1898, XVI. Jahrgang, pp. 192-237.
193. IRJUD Alphonse «Presse» in *Encyclopédie de l'Alsace*, vol. 10, Strasbourg 1985, Publitotal, p. 6149.
194. *Cf.* l'ensemble des titres inventoriés dans LEFFTZ Joseph «Die elsässischen Zeitschriften des 18. Jahrhunderts» in *Elsassland/Lothringer Heimat*, Guebweiler 1926, Alsatia, 6. Jahrgang, pp. 265-274. J. Lefftz rappelle aussi que des journaux allemands sont diffusés en Alsace.
195. *Cf.* LÉVY I 380-381 qui site l'aventure du *Strassburger Wochenblatt* (de 1788 à 1791) et le *Patriotisches Wochenblatt*, qui indique au bout de six numéros : «La plupart de MM. les Abonnés français entendant également la langue allemande, et leur nombre étant très petit, on a jugé à propos de supprimer le français et de ne donner à l'avenir qu'une feuille allemande.»

196. *Cf.* CLAUS Philippe «L'*Avantcoureur* (1785-1791). Un périodique littéraire strasbourgeois au siècle des Lumières» in *Recherches germaniques* n° 13, Strasbourg 1983, pp. 175-195; Philippe Claus fait remarquer que «la promotion du livre français en Allemagne n'est pas, dans le contexte de ce périodique, une mission exclusivement culturelle. L'*Avantcoureur* est un journal de libraire qui, de ce fait, soutient la politique commerciale de la Librairie académique de Strasbourg.» (p. 177).
197. *Cf.* LÉVY I 312.
198. BOEHLER Jean-Michel *Une société rurale en milieu rhénan, op. cit.*, p. 1906.
199. À l'exception de celui qu'éditera Jean-Frédéric Oberlin (*cf.* LÉVY I 380) pour les habitants du Ban-de-la-Roche dont la langue usuelle est un dialecte roman d'oïl.
200. VOGLER Bernard *Histoire culturelle de l'Alsace, op. cit.*, p. 153.
201. LÉVY I 381.
202. VOGLER Bernard *Histoire culturelle de l'Alsace, op. cit.*, p. 154, à propos de l'une de ces maisons. Mais cette répartition n'est sans doute pas éloignée de celle que connaissent d'autres imprimeries.
203. CLAUS Philippe «Un centre de diffusion des Lumières à Strasbourg: la Librairie académique (1783-1799)» in *Revue d'Alsace* tome 108, Strasbourg 1982, pp. 81-102 (p. 88).
204. *Ibid.*, p. 87.
205. *Ibid.*, graphique p. 87.
206. VOGLER Bernard *Histoire culturelle de l'Alsace, op. cit.*, p. 180.
207. LÉVY I 337, note 1, cite plusieurs témoignages où il est question de «schreckliches Deutsch» («allemand terrible») ou d'autres qualificatifs.
208. L'influence des travaux de Johann Christoph Gottsched (1700-1766) et de sa *Grundlegung einer Deutschen Sprachkunst* (1748) s'étend largement au sud de l'espace de langue allemande dans la mesure où il se distancie, de manière habile, du modèle luthérien. *Cf.* POLENZ von Peter *Deutsche Sprachgeschichte vom Spätmittelalter bis zur Gegenwart. Band II: 17. und 18. Jahrhundert, op. cit.*, pp. 157-161.
209. *Ibid.*, p. 200 *sqq.*
210. *Ibid.*, p. 160.
211. Cette distance sociale et linguistique, mais en même temps l'«authenticité» linguistique des locuteurs des dialectes, est attestée indirectement par le fait que les dialectes sont utilisés dans des pièces de théâtre et sont attribués aux personnages représentant la couche sociale la plus humble: des factotums du tribunal (*Fausthämmer*), par exemple, dans *L'Infanticide* (1776) de Heinrich Leopold Wagner (WAGNER Heinrich Leopold *Die Kindermörderin*, Stuttgart 1969, Reclam, pp. 63, 70, etc.).

Jérémie-Jacques OBERLIN, professeur, puis directeur du Gymnase protestant de Strasbourg, écrivait dans son *Essai sur le patois lorrain des environs du comté du Ban de la Roche, fief royal d'Alsace*, en 1775: «Il n'y a pas de pays où l'on parle une langue cultivée qui n'ait aussi son patois. Le même peuple, les paysans, les artisans, les gens réduits à gagner leur pain au manœuvre gardent des siècles entiers le langage grossier de leurs ancêtres, sans se soucier des raffinements dont les gens de lettres et le beau monde s'efforcent d'embellir la langue du pays. C'est ainsi que, pour donner un seul exemple que ma patrie me fournit, le patois allemand de Strasbourg ne diffère guère du langage qu'on trouve dans les livres et des titres et des actes publics des quatorze et quinzième siècles. [...] La culture de la langue, la fréquente lecture de bons écrits, même parmi le même peuple n'a pas été en état d'apporter un changement considérable dans cet objet. Qui plus est, cette même culture, cette même lecture ne rapproche pas même le langage des différents cantons d'une province. L'Alsace nous en fournit la preuve évidente. Nous sommes ici à Strasbourg à peu près au centre. Plus on remonte vers la Suisse, plus le langage allemand devient gras et grossier, plus on descend vers le Palatinat, plus le patois même s'épure et s'amollit. Et quand on feuillette les actes publics des siècles passés, l'on voit que ç'a été à peu près de même.» (Cité d'après l'extrait reproduit dans CERTEAU DE Michel, JULIA Dominique et REVEL Jacques *Une politique de la langue. La Révolution française et les patois*, Paris 1975, Gallimard, p. 257)
212. LÉVY I 337, note 1, cite le jugement de Laukhard: «Die Sprache der Strassburger ist Deutsch; aber das jämmerlichste Deutsch, das man hören kann, in der allergröbsten, widerlichsten, abscheulichsten Aussprache.» (Laukhard est un professeur d'université allemand de passage à Strasbourg en 1785, *cf.* BOEHLER Jean-Michel *Une société rurale en milieu rhénan, op. cit.*, p. 1910).
213. *Cf.* VOSS Jürgen «SCHOEPFLIN Jean-Daniel» in *Nouveau dictionnaire de biographie alsacienne*, fascicule 34, Strasbourg 1999, pp. 3527-3528.
214. *Cf.* VOSS Jürgen «KOCH Christophe Guillaume» in *Nouveau dictionnaire de biographie alsacienne*, fascicule 21, Strasbourg 1993, pp. 2036-2038. LÉVY I 334, s'appuyant sur un ouvrage de Reuss, cite une anecdote à son propos, dont l'authenticité n'est pas avérée, mais qui peut être considérée comme significative: Koch faisait part à l'Académie des Inscriptions et Belles-Lettres d'un mémoire qu'il avait rédigé et où il était question du Japon. Le président l'interrompit: «Monsieur Koch, on dit le Japon et non le chapon». Koch aurait rétorqué: «Monsieur le président, on ne dit pas Monsieur Coq, mais monsieur Koch.»
215. *Cf.* VOSS Jürgen «GRANDIDIER Philippe André» in *Nouveau dictionnaire de biographie alsacienne*, fascicule 13, Strasbourg 1988, pp. 1265-1267.
216. LÉVY I 332 *sqq.* cite nommément plusieurs savants ou intellectuels: J. Haffner, le théologien Jean-Laurent Blessig, l'abbé Grandidier ou même Jean-Frédéric Oberlin.
217. *Cf.* SEGUIN Jean-Pierre «La langue française aux XVIIe et XVIIIe siècles» in CHAURAND Jacques (dir.) *Nouvelle histoire, op. cit.*, p. 225-343: «Après cette date [1732] la langue française *sait et proclame* dans les grammaires qu'en son *principe* même elle est élégance et distinction.» (p. 259).
218. «Ihr sprecht und schreibt, der Himmel weiß wie! In Sachsen können wir nicht deutsch und in Paris nicht französisch [...]; wollen wir denn immer zu dem Zwittergeschlecht gezählt werden, immer Amphibien und Fledermäuse bleiben?», cité par LÉVY I 347.
219. *Cf.* une petite liste de «dénominations françaises» qui ont subi «quelques déformations dans la bouche des paysans ou sous la plume des notaires» proposée par BOEHLER Jean-Michel *Une société rurale en milieu rhénan, op. cit.*, pp. 1998-1999.
220. *Cf.* FINK Gonthier-Louis «Le jeune Goethe et la tradition populaire» in *Goethe en Alsace, op. cit.*, pp. 198-222: «La littérature populaire elle aussi évolue, elle subit, bien qu'avec retard, l'influence de l'époque, voire de la mode littéraire, elle se modèle selon la nature du groupe qui l'accueille ou même le tempérament du conteur ou du chanteur qui la transmet.» (p. 210) Joseph Lefftz observe: «Auch im Elsass haben schon vor Goethes Strassburger Aufenthalt Vagabunden, Bänkelsänger und hausierende Sängerinnen neuen leichtfertigen Liederkram in die Dörfer hineingetragen und den jungen Leuten vorgesungen, die überall auf diese billigen Liederbüchlein und fliegenden Blätter erpicht waren.» (LEFFTZ Joseph *Das Volkslied im Elsass*, Colmar - Paris - Freiburg 1966, Band I, p. 16). Dès 1737, l'évêque de Spire interdisait la diffusion de chansons qui contrevenaient à la morale, interdiction renouvelée en 1751. Si l'interdiction a dû être renouvelée, c'est que l'effet n'a pas dû être suffisant.
221. BOEHLER Jean-Michel *Une société rurale en milieu rhénan, op. cit.*, pp. 1999-2000.

222. *Cf.* aussi les quatre niveaux culturels que distinguent LIVET Georges et RAPP Francis (dir.) *Histoire de Strasbourg des origines à nos jours*. Tome III *Strasbourg de la guerre de Trente Ans à Napoléon, 1618-1815*, Strasbourg 1981, pp. 446-447 : « Premier niveau, le plus large mais le moins connu, [...] car domaine de l'"oralité", "culture populaire au premier chef" ; [...] second niveau proche de ce dernier, la culture en langue allemande qui a trouvé dans divers cercles et sociétés des foyers de persistance ou de réveils apparents, [...] culture sous un double aspect, populaire et savante ; culture française qui tient le haut du pavé, forte des institutions qui la patronnent ; plus restreinte [...] mais également importante, [...] la culture savante liée au latin. »
223. Une synthèse est proposée dans MARX Roland *Recherches sur la vie politique de l'Alsace prérévolutionnaire et révolutionnaire*, Strasbourg 1966, Istra, pp. 20-34.
224. Une telle politique aurait exigé une mise en place massive de moyens (scolarisation primaire, par exemple) qui n'entraient que très peu dans la préoccupation du pouvoir politique, même s'ils peuvent être au centre des préoccupations des Lumières, s'agissant notamment d'éducation ou du « peuple ».
225. Chronologies particulièrement utiles : LÉVY Paul *Histoire linguistique d'Alsace et de Lorraine*. Tome II *De la Révolution française à 1918*, Paris 1929, Les Belles Lettres, pp. 73-79 (désormais abrégé sous la forme LÉVY II, suivi de la page) ; EICHENLAUB J.-L. (en collaboration avec BUCHI E. et ZELLER Odile) « L'Alsace et son environnement. Chronologie documentaire » in *Revue d'Alsace*, tome 116, 1989-1990 « L'Alsace au cœur de l'Europe révolutionnaire », pp. 411-428 ; SCHLIEBEN-LANGE Brigitte *Idéologie, révolution et uniformité de la langue*, Liège 1996, Mardaga, « Annexe » pp. 267-271.
226. Dès 1788, l'abbé Henri Grégoire (1750-1831), curé d'Embermenil en Lorraine, qui jouera un rôle éminent dans la formulation de la politique linguistique de la Révolution, écrit : « La France a dans son sein peut-être huit millions de sujets dont les uns peuvent à peine balbutier quelques mots estropiés ou quelques phrases disloquées de notre idiome [= le français] ; les autres l'ignorent complètement. On sait qu'en basse Bretagne, et par-delà la Loire, en beaucoup de lieux, le clergé est encore obligé de prêcher en patois local, sous peine de n'être pas compris s'il parlait français. » (Grégoire *Essai sur la régénération physique, morale et politique des juifs*, rééd. Paris 1988, Flammarion, p. 154).

227. MARX Roland *Recherches sur la vie politique de l'Alsace prérévolutionnaire et révolutionnaire, op. cit.*, p. 147.
228. *Ibid.*, p. 113.
229. Cité par MARX Roland, *ibid.*, p. 147.
230. CERTEAU de Michel, JULIA Dominique, REVEL Jacques *Une politique de la langue. La révolution française et les patois, op. cit.*, p. 10.
231. Elle avait commencé ses travaux le 9 juillet 1789.
232. Claire Lüsebrink propose une analyse plus radicale : des traductions, mal faites, contenant des contresens, ont provoqué des actions violentes de la part de la population. C'est ce qui aurait amené le pouvoir central à déléguer « la quasi-totalité des travaux de traduction aux autorités locales alsaciennes ». (*cf.* LÜSEBRINK Claire « Un défi à la politique de la langue nationale : la lutte autour de la langue allemande en Alsace sous la Révolution française », in : Linguistique Institut Nanterre Paris X (LINX) *Langue et Révolution*, n° 15-1987, pp. 146-168, p. 151).
233. *Cf.* LÉVY II 27 sqq. qui mentionne également tous les inconvénients que présentaient les mauvaises, voire de très mauvaises traductions. Il rappelle qu'à Strasbourg, un piètre traducteur avait été à l'œuvre pour transposer des noms de rues : « Branthof » a ainsi été traduit par « rue Brûlée », « Kalbsgasse » par « rue des Veaux » ou « Knoblochgasse » par « rue de l'Ail ». Le traducteur (!) ignorait que Brant, Kalb et Knobloch étaient des patronymes...
234. Cité par LÉVY II 25.
235. C'est l'une des constantes des procès-verbaux de la Société populaire de Colmar, créée en janvier 1791 : « Arrêté que les motions à faire seront écrites, inscrites au bureau et que celles qui seront faites en français seront expliquées en allemand » (séance du 6 mars 1791, p. 16) ; « Un membre a donné lecture dans les deux langues d'un projet d'adresse à la Convention Nationale [...] » (séance du 1er août 1793, p. 69), etc. (*cf.* LEUILLIOT Paul *Les Jacobins de Colmar. Procès-verbaux des séances de la société populaire (1791-1795) publiés avec une introduction et des notes*, Strasbourg 1923, Istra).
236. Cité par LÉVY II 25.
237. « Opinion sur la nécessité des deux langues, françoise et allemande, dans les officiers de justice et les greffiers de la province d'Alsace », reproduit in CERTEAU de Michel, JULIA Dominique, REVEL Jacques *Une politique de la langue, op. cit.*, pp. 280-283. BRUNOT Ferdinand *Histoire de la langue française des origines à nos jours*. Tome IX *La Révolution et l'Empire* Première partie *Le français,*

langue nationale, rééd Paris 1967, Armand Colin, pp. 80-82, reproduit le texte sans titre et nom d'auteur. LÉVY II 30-31 cite des extraits du même texte en indiquant le nom de l'auteur et une autre source.
238. ULRIC[H] André « Discours prononcé dans la séance allemande des Amis de la Constitution de [Strasbourg] [6 juillet 1790] », reproduit in CERTEAU de Michel, JULIA Dominique, REVEL Jacques *Une politique de la langue, op. cit.*, pp. 274-279. (Créée le 15 janvier 1790, la Société de la Révolution à Strasbourg devient en février la Société des Amis de la Constitution.)
239. Les noms, l'étendue, les limites et les districts des 83 départements ont été fixés le 26 février 1790. Cette nouvelle division territoriale ne relève pas d'une mesure technique, mais constitue une mesure politique et idéologique de taille : mesurée à l'aune de l'empilement des unités territoriales diverses selon leur dépendance (religieuse, politique, fiscale...), cette innovation induit une unicité et une forme d'égalité spatiale, et, partant, politique. « La Constituante avait surtout cherché à faire voyager sans obstacle la décision du centre vers la périphérie, poursuivant, comme les administrateurs de Strasbourg, le rêve d'un territoire de bout en bout maîtrisé. Maîtrise qui suppose à la fois la soumission des parties au tout et l'idéal d'une rationalité centrale », écrit Mona Ozouf dans son article « Département » in FURET François, OZOUF Mona et collab. *Dictionnaire critique de la Révolution française. Institutions et créations*, Paris 1992, Flammarion, pp. 221-237 (p. 231).
240. « Une série de questions relatives aux patois et aux mœurs des gens de la campagne » reproduite in CERTEAU de Michel, JULIA Dominique, REVEL Jacques *Une politique de la langue, op. cit.*, pp. 12-14.
241. « Les gouvernements ignorent ou ne sentent pas assez combien l'anéantissement des patois importe à l'expansion des lumières, à la connaissance épurée de la religion, à l'exécution facile des lois, au bonheur national, à la tranquillité politique », écrivait-il dès 1788 (Grégoire *Essai sur la régénération physique, morale et politique des juifs, op. cit.*, p. 154).
242. Pour l'ensemble de la période, sur une trentaine de journaux politiques recensés, il n'en est que sept qui soient de langue française. *Cf.* KINTZ Jean-Pierre « Pour une étude de la presse politique révolutionnaire en Alsace 1789-1799 » in *Revue d'Alsace*, tome 116, 1989-1990 « L'Alsace au cœur de l'Europe révolutionnaire », pp. 77-104 (p. 78, p. 84).

243. Jean-Pierre Kintz fait observer que «l'obligation d'éditer des journaux en allemand s'imposa à tous ceux qui voulaient "instruire" le peuple» (*ibid.*, p. 84, note 10). Ce n'est qu'en décembre 1791 que Laveaux fonde le premier journal français de Strasbourg, le «Courrier de Strasbourg et le Courrier de Paris», *cf.* chronologie in LÉVY II 74.
244. REUSS Rodolphe *La Constitution civile du clergé et la crise religieuse en Alsace (1790-1795) d'après des documents inédits* Tome I *(1790-1792)*, Strasbourg 1922, Istra, p. 257.
245. FURET François et OZOUF Jacques *Lire et écrire. L'alphabétisation des Français de Calvin à Jules Ferry*, vol. I, Paris 1977, Éditions de Minuit, pp. 97-98.
246. BACZKO Bronislaw «Instruction publique» in FURET François, OZOUF Mona et collab. *Dictionnaire critique de la Révolution française. Institutions et créations*, *op. cit.*, pp. 275-297 (pp. 275-276).
247. REUSS Rodolphe *Notes sur l'instruction primaire en Alsace pendant la Révolution*, Paris - Nancy 1910, Berger-Levrault, pp. 28 *sqq.*, en cite toute une série.
248. *Cf.* FURET François et OZOUF Jacques *Lire et écrire, op. cit.*, p. 98; REUSS Rodolphe *Notes sur l'instruction primaire en Alsace pendant la Révolution, op. cit.*, pp. 50 sqq.
249. À la fin du Titre premier, «Dispositions fondamentales garanties par la Constitution», l'Assemblée a retenu le texte fondateur suivant: «Il sera créé et organisé une *Instruction publique* commune à tous les citoyens, gratuite à l'égard des parties d'enseignement indispensables pour tous les hommes et dont les établissements seront distribués graduellement, dans un rapport combiné avec la division du royaume.» («Constitution du 3 septembre 1791» in VERPEAUX Michel *Textes constitutionnels révolutionnaires français*, Paris 1998, Presses universitaires de France, pp. 8-35 [p. 9]).
250. Cité par REUSS Rodolphe *Notes sur l'instruction primaire en Alsace pendant la Révolution, op. cit.*, p. 25, note 1. La conscience linguistique de l'auteur, sans doute partagée par bien d'autres citoyens, s'exprime très directement par les dénominations qu'il emploie: «langue maternelle» pour l'allemand, «langue étrangère» pour le français.
251. Le texte complet de cette «Proposition faite au Corps municipal, relative aux écoles primaires de Strasbourg» est publié dans REUSS Rodolphe *L'Alsace pendant la Révolution française*, rééd. Strasbourg 1988, ERCE, 2ᵉ partie, pp. 203-206.
252. *Cf.* REUSS Rodolphe *Notes sur l'instruction primaire en Alsace pendant la Révolution, op. cit.*, p. 99.
253. Cité par BRUNOT Ferdinand *Histoire de la langue française des origines à nos jours* Tome IX *La Révolution et l'Empire* Première partie *Le français, langue nationale, op. cit.*, pp. 13-14.
254. Cité par BRUNOT Ferdinand, *ibid.*, p. 97.
255. BRUNOT Ferdinand, *ibid.*, p. 100.
256. Sur son projet, voir BAKER Keith Michael «Condorcet» in FURET François, OZOUF Mona et collab. *Dictionnaire critique de la Révolution française. Acteurs*, Paris 1992, Flammarion, pp. 113-128 (pp. 118-119).
257. *Cf.* l'article premier du Titre II de la «Constitution du 3 septembre 1791» in VERPEAUX Michel *Textes constitutionnels révolutionnaires français, op. cit.*, p. 9. Sur la république, *cf.* également NORA Pierre «République» in FURET François, OZOUF Mona et collab. *Dictionnaire critique de la Révolution française. Idées*, Paris 1992, Flammarion, pp. 391-414.
258. LEUILLIOT Paul *Les Jacobins de Colmar, op. cit.*, p. 66 (séance du 7 juillet 1793).
259. Le rapport, daté du 3 juin 1793, est cité par REUSS Rodolphe *Notes sur l'instruction primaire en Alsace pendant la Révolution, op. cit.*, pp. 107-108.
260. Le décret du 30 vendémiaire an II (21 octobre 1793) crée les écoles primaires d'État. (SEGUIN Jean-Pierre «La langue française aux XVIIᵉ et XVIIIᵉ siècles» in CHAURAND Jacques [dir.] *Nouvelle histoire, op. cit.*, [pp. 225-343], p. 268). Texte du *Projet de décret présenté à la Convention nationale par Romme, au nom de la Commission d'éducation* reproduit dans CHEVALLIER P. et GROSPERRIN B. *L'enseignement français de la Révolution à nos jours, II: Documents*, Paris - La Haye 1971, Mouton, pp. 21-23.
261. Arrêté du 29 décembre 1793: «Provisoirement et jusqu'à l'établissement de l'instruction publique, il sera formé dans chaque commune du canton du département du Bas-Rhin, une école publique de langue française.» Cité par BRUNOT Ferdinand *Histoire de la langue française des origines à nos jours* Tome IX *La Révolution et l'Empire* Première partie *Le français, langue nationale, op. cit.*, p. 188. Par ailleurs, cette école est gratuite: «Le Département du Bas-Rhin prendra sur le fonds provenant de l'emprunt sur les riches une somme de 600 000 livres pour organiser promptement cet établissement.» Cette décision est loin d'être isolée: le 2 décembre, la Commission municipale de Strasbourg avait décidé d'établir dans chaque arrondissement de la ville un instituteur pour enseigner la langue française, et le 25 décembre, elle lançait un appel pour trouver des instituteurs de langue française.
262. Lettre du 24 novembre 1793 citée par LÉVY II 64.
263. Procès-verbal du 25 novembre 1793 cité par LÉVY II 64.
264. Le texte est daté du 15 novembre (25 brumaire an II), reproduit in *Saisons d'Alsace* n° 9/hiver 1964 «L'Alsace et la Révolution française», p. 77. Le moins piquant n'est pas que le texte, comme à l'habitude, est rédigé dans les deux langues: «Die Bürgerinnen Straßburgs sind eingeladen die deutsche Tracht abzulegen, da ihre Herzen fränkisch gesinnt sind.»
265. «Rapport du comité de salut public sur les idiomes», séance du 8 pluviôse an II, reproduit in CERTEAU de Michel, JULIA Dominique, REVEL Jacques *Une politique de la langue. La révolution française et les patois, op. cit.*, pp. 291-299.
266. Département à la vie éphémère se situant aux confins de l'Alsace, de la Suisse (cantons de Délémont, Courtelary, Moutier...) et de la Franche-Comté. *Cf.* l'inventaire des langues par communes (1806) reproduit par BRUNOT Ferdinand *Histoire de la langue française des origines à nos jours* Tome IX *La Révolution et l'Empire* Première partie *Le français, langue nationale, op. cit.*, pp. 585-588 et VOGLER Bernard *Histoire politique de l'Alsace. De la Révolution à nos jours, un panorama des passions alsaciennes*, Strasbourg 1995, La Nuée Bleue, p. 48: «Le département du Mont-Terrible [...] comprend l'ancienne principauté de Bâle, des territoires situés dans le Jura suisse et le comté de Montbéliard.» Il sera incorporé au département du Haut-Rhin en 1800.
267. «Les habitants des campagnes n'entendent que le bas-breton; c'est avec cet instrument barbare de leurs pensées superstitieuses que les prêtres et les intrigants les tiennent sous leur empire, dirigent leurs consciences et empêchent les citoyens de connaître les lois et d'aimer la République. Vos travaux ne sont inconnus, vos efforts pour leur affranchissement sont ignorés.»
268. *Cf.* REUSS Rodolphe *La Grande Fuite de décembre 1793 et la situation politique et religieuse du Bas-Rhin de 1794 à 1799*, Strasbourg 1924, Istra.
269. Cité par REUSS Rodolphe *La Grande Fuite de décembre 1793, op. cit.*, p. 16.
270. MARX Roland *Recherches sur la vie politique de l'Alsace prérévolutionnaire et révolutionnaire, op. cit.*, pp. 118-119.

NOTES

271. *Ibid.*, p. 119.
272. Les lexèmes subjectifs retenus «jargons», «barbares» et «grossiers» sont autant de termes qui opposent les langues ou parlers allogènes au français, qui est une «langue», «noble» et «raffinée».
273. Il propose un «profil»-type pour les instituteurs: «Ces instituteurs n'appartiendront à aucune fonction de culte quelconque; point de sacerdoce dans l'enseignement public; de bons patriotes, des hommes éclairés, voilà les premières qualités nécessaires pour se mêler d'éducation. [...] Ils vont créer des hommes à la liberté, attacher des citoyens à la patrie et préparer l'exécution des lois en les faisant connaître.»
274. «Laisser les citoyens dans l'ignorance de la langue nationale, c'est trahir la patrie!»
275. *Cf.* REUSS Rodolphe *Notes sur l'instruction primaire en Alsace pendant la Révolution*, *op. cit.*, pp. 110-118.
276. *Cf.* REUSS Rodolphe *Notes sur l'instruction primaire en Alsace pendant la Révolution*, *op. cit.*, pp. 147-148.
277. *Cf.*, essentiellement, les repères chronologiques établis par LÉVY II 76-78.
278. BRUNOT Ferdinand *Histoire de la langue française des origines à nos jours* Tome IX *La Révolution et l'Empire* Première partie *Le français, langue nationale*, *op. cit.*, pp. 191-194, en cite de larges extraits. Au-delà de la «transplantation» d'Alsaciens vers d'autres parties de la France qu'il propose, il est un certain nombre de vœux qui sont autant de reproches adressés aux habitants et qui n'ont pas perdu de leur actualité au XXIe siècle: «Je voudrois qu'on sût que, même dans l'ancien régime, ce qu'on appeloit la politesse ne vouloit pas que deux hommes parlassent devant un troisième une langue qu'il n'entendoit pas, quand ils en savoient une qui leur étoit commune avec lui. Je voudrois que le patriotisme fît de chacun de ceux qui savent les deux langues, autant de maîtres de français au milieu de leurs familles et de leurs concitoyens», etc.
279. *Cf.* REUSS Rodolphe *Notes sur l'instruction primaire en Alsace pendant la Révolution*, *op. cit.*, p. 123.
280. Le texte complet est reproduit par BRUNOT Ferdinand *Histoire de la langue française des origines à nos jours* Tome IX *La Révolution et l'Empire* Première partie *Le français, langue nationale*, *op. cit.*, p. 190, note 1.
281. Dans son arrêté du 14 avril 1794, le Directoire précisait déjà que «[les administrateurs] invitent en outre tous les libraires et imprimeurs du Département de ne se servir dans l'impression des ouvrages ou traduction en langue allemande, que de caractères français» (*cf.* BRUNOT, *ibid.*).
282. BRUNOT Ferdinand *Histoire de la langue française des origines à nos jours* Tome IX *La Révolution et l'Empire* Première partie *Le français, langue nationale*, *op. cit.*, reproduit les conclusions du rapport de Simond pp. 194-195.
283. Jacobin, il est maire de Strasbourg, mais ne comprend pas l'allemand, sans doute parce qu'il est savoyard. (*cf.* BRUNOT Ferdinand *Histoire de la langue française des origines à nos jours* Tome IX *La Révolution et l'Empire* Première partie *Le français, langue nationale*, *op. cit.*, pp. 189 et 195.)
284. BRUNOT Ferdinand *Histoire de la langue française des origines à nos jours* Tome IX *La Révolution et l'Empire* Première partie *Le français, langue nationale*, *op. cit.*, p. 219, note 3, reproduit des extraits du discours.
285. «Arrête que toutes les inscriptions des bâtiments publics ne se feront désormais qu'en français, et que les inscriptions allemandes seront effacées. Invite instamment au nom du bien public ses Concitoyens d'effacer de même dans la décade les caractères allemands qui pourroient se trouver dans les inscriptions ou affiches placées aux maisons, au-dessus des magasins, ateliers, boutiques.» Reproduit dans: BRUNOT Ferdinand *Histoire de la langue française des origines à nos jours* Tome IX *La Révolution et l'Empire* Première partie *Le français, langue nationale*, *op. cit.*, p. 191.
286. «Ce malheureux état de choses a son principe dans l'aristocratie des riches, qui dominent dans ce pays, dans le caractère des Allemands, qui sont serviles, dans la langue, si différente de la nôtre, dans la présence des prêtres et d'une foule de juifs. Ils nous appellent des étrangers, et le mot *Français* donné à quelqu'un est une injure.» Cité par BRUNOT Ferdinand *Histoire de la langue française des origines à nos jours* Tome IX *La Révolution et l'Empire* Première partie *Le français, langue nationale*, *op. cit.*, p. 255.
287. *Cf.* LEUILLIOT, *op. cit.*, pp. 292-293.
288. LEUILLIOT, *op. cit.*, pp. 306-307.
289. *Cf.* BRUNOT Ferdinand *Histoire de la langue française des origines à nos jours* Tome IX *La Révolution et l'Empire* Première partie *Le français, langue nationale*, *op. cit.*, p. 195.
290. Texte complet reproduit dans: CERTEAU de Michel, JULIA Dominique, REVEL Jacques *Une politique de la langue, op. cit.*, pp. 300-317.
291. «Dans sa marche claire et méthodique, la pensée se déroule facilement; c'est ce qui lui donne un caractère de raison, de probité, que les fourbes eux-mêmes trouvent plus propres à les garantir des ruses diplomatiques.» Ce propos s'inscrit dans le droit fil du texte de RIVAROL Antoine *Discours de l'universalité de la langue française* (1783), prononcé devant l'Académie de Berlin (réédition: Paris 1998, Arléa).
292. *Cf.* la proclamation de Lebas et Saint-Just sur les costumes en Alsace, *supra*.
293. Le directoire du Bas-Rhin avait anticipé cette disposition en ordonnant l'emploi du français comme langue officielle dès le 12 avril 1794.
294. II. - Après le mois qui suivra la publication de la présente loi, il ne pourra être enregistré aucun acte, même sous seing privé, s'il n'est écrit en langue française. III. - Tout fonctionnaire ou officier public, tout agent du gouvernement qui, à dater du jour de la publication de la présente loi, dressera, écrira ou souscrira, dans l'exercice de ses fonctions, des procès-verbaux, des jugements, contrats ou autres actes généralement quelconques conçus en idiomes ou langues autres que la française, sera traduit devant le tribunal de police correctionnelle de sa résidence, condamné à six mois d'emprisonnement, et destitué. IV. - La même peine aura lieu contre tout receveur du droit d'enregistrement qui, après le mois de la publication de la présente loi, enregistrera des actes, même sous seing privé, écrits en idiomes ou langues autres que le français.» Cité par BRUNOT Ferdinand *Histoire de la langue française des origines à nos jours* Tome IX *La Révolution et l'Empire* Première partie *Le français, langue nationale*, *op. cit.*, pp. 186-187. Jean-Pierre Seguin observe, à juste titre, que le français tel qu'il est implicitement compris par ceux qui le nomment reste le français de «la haute bourgeoisie, [des] Philosophes, [des] Encyclopédistes; en 1791, en 1793, c'est lors de la réaction thermidorienne, c'est sociologiquement et linguistiquement» celui du même groupe de prestige. «Aucune variante "populaire" ne s'imposera, car le peuple doit s'élever jusqu'à la langue idéale, dont les fondements rationnels garantissent l'excellence au-delà, croit-on, des variantes individuelles. Refus définitif et renforcé de la variété des usages. La politique révolutionnaire de la langue a un seul objectif, indiscuté: mener à bien la francisation du peuple pour qu'il coïncide linguistiquement avec la nation: éducation, uniformisation par l'élimination des parlers locaux, accès de tous aux textes légaux du pouvoir central, développement et diffusion des imprimés en français.» (SEGUIN Jean-Pierre «La langue française aux XVIIe

et XVIIIe siècles» in CHAURAND Jacques [dir.] *Nouvelle histoire, op. cit.*, [p. 225-343], p. 264).
295. Toute la lettre est reproduite dans BRUNOT Ferdinand *Histoire de la langue française des origines à nos jours* Tome IX *La Révolution et l'Empire* Première partie *Le français, langue nationale, op. cit.*, p. 256.
296. *Cf.* Décret du 27 brumaire an III (17 novembre 1794) sur les écoles primaires, extraits reproduits dans: CHEVALLIER P. et GROSPERRIN B. *L'enseignement français de la Révolution à nos jours, II: Documents, op. cit.*, pp. 21-23 ; *cf.* REUSS Rodolphe *Notes sur l'instruction primaire en Alsace pendant la Révolution, op. cit.*, p. 166, note 1. C'est le rapport de Lakanal qui est à la base de la loi. REUSS Rodolphe *Notes sur l'instruction primaire en Alsace pendant la Révolution, op. cit.*, pp. 165-166, relate les péripéties de l'adoption de la disposition concernant la langue d'enseignement. La loi du 25 octobre 1795 concernant l'instruction publique, remplaçant celle du 18 novembre 1794, maintient l'emploi des idiomes comme «moyen auxiliaire». (*cf.* LÉVY II 78).
297. Un arrêté de l'administration départementale du Bas-Rhin concernant l'instruction publique prévoit, en son article 7: «Les administrations municipales feront également fermer toute école particulière, maison d'éducation et pensionnat dans lesquels on n'enseignerait pas le français, lorsqu'il sera constaté que le préposé de l'école serait en état de le faire.» Texte complet reproduit dans REUSS Rodolphe *Notes sur l'instruction primaire en Alsace pendant la Révolution, op. cit.*, pp. 256-259. Mais, comme pour l'ensemble des dispositions adoptées, les administrateurs ne sont pas sûrs que les directives seront respectées... (*Ibid.*, p. 260.)
298. Par exemple: en janvier 1795, le Club populaire de Strasbourg admet de nouveau des discours en langue allemande; à partir de février 1795, les demandes de discours allemands se succèdent de plus en plus fréquemment à la Société populaire de Colmar (*cf.* LÉVY II 78).
299. *Cf.* BOPP Marie-Joseph «La poésie politique en Alsace pendant la Révolution», in *Deux siècles d'Alsace française*, Strasbourg-Paris 1948, F.-X. Leroux, pp. 175-220.
300. «Composée par le capitaine Rouget de Lisle, chantée pour la première fois dans les salons du maire [de Strasbourg] Frédéric de Dietrich le 25 avril 1792, et entrée très rapidement dans l'inconscient collectif à partir d'un chant rhénan très connu.» (VOGLER Bernard *Histoire culturelle de l'Alsace, op. cit.*, p. 199).

301. Cette traduction, publiée dans le journal hebdomadaire *Wochenblatt* du 1er novembre 1792, est reprise dans les procès-verbaux des séances de la société populaire de Colmar. *Cf.* LEUILLIOT Paul *Les Jacobins de Colmar, op. cit.*, p. 44 (séance du 1er novembre 1792). La traduction est sans doute due au pasteur Jean-Frédéric Lucé. D'autres traductions suivirent, dont l'une est due à la plume d'Euloge Schneider. (*Cf.* BOPP Marie-Joseph «La poésie politique en Alsace pendant la Révolution», *op. cit.*, pp. 193-194.)
302. Sur les enjeux de ces idées et la constitution de la devise républicaine, voir BOGETTO Michel *La devise «liberté, égalité, fraternité»*, Paris 1997, P.U.F.
303. *Cf.* PHILIPPS Eugène *Les luttes linguistiques en Alsace jusqu'en 1945*, Strasbourg 1975, L'Alsatique de poche, p. 309, note 76: «Le français n'est pas la langue maternelle de Napoléon Ier. Il l'apprend à l'école militaire de Brienne dans laquelle il entre en 1779, à l'âge de 10 ans. Il ne pourra jamais se débarrasser de son accent corse, ce que personne ne lui a reproché.»
304. Cité par BRUNOT Ferdinand *Histoire de la langue française des origines à nos jours* Tome IX *La Révolution et l'Empire* Première partie *Le français, langue nationale, op. cit.*, p. 414.
305. Cité par LÉVY II 21.
306. «J'ai remarqué, Messieurs, que presque la totalité des percepteurs des communes de mon arrondissement continuent de rédiger leurs comptes en langue allemande, nonobstant l'arrêté du Premier Consul en date du 24 Prairial an XI [...]. Je vous rappelle en conséquence les dispositions ci-dessus, en vous priant, Messieurs, de les faire connaître aux percepteurs de vos communes respectives ; en les prévenant que tous les comptes non encore dressés, à quelqu'exercice qu'ils appartiennent, ne seront plus admis, s'ils ne le sont en langue française. Je renverrai en conséquence tous ceux qui seront rédigés en langue allemande pour être recommencés aux frais des percepteurs.» Lettre citée par BRUNOT Ferdinand *Histoire de la langue française des origines à nos jours* Tome IX *La Révolution et l'Empire* Première partie *Le français, langue nationale, op. cit.*, p. 489.
307. Cité par BRUNOT Ferdinand *Histoire de la langue française des origines à nos jours* Tome IX *La Révolution et l'Empire* Première partie *Le français, langue nationale, op. cit.*, pp. 438-439.
308. LELIEVRE Claude *Histoire des Institutions scolaires (1789-1989)*, Paris 1990, Nathan, pp. 51-52.

309. LEHEMBRE Bernard *Naissance de l'école moderne. Les textes fondamentaux, 1791-1804*, Paris 1989, Nathan, p. 182.
310. REUSS Rodolphe *Notes sur l'instruction primaire en Alsace pendant la Révolution, op. cit.*, p. 296 ; le texte de l'arrêté est reproduit par BRUNOT Ferdinand *Histoire de la langue française des origines à nos jours* Tome IX *La Révolution et l'Empire* Première partie *Le français, langue nationale, op. cit.*, pp. 511-512.
311. Cité par REUSS, *ibid.*
312. Cité par BRUNOT Ferdinand *Histoire de la langue française des origines à nos jours* Tome IX *La Révolution et l'Empire* Première partie *Le français, langue nationale, op. cit.*, pp. 414-415.
313. *Cf.* SORGIUS M. *Die Volksschulen im Elsass von 1789-1870. Dargestellt unter Berücksichtigung der Regulative und der geschichtlichen Entwicklung des französischen Unterrichts*, Strassburg 1902, Friedrich Bull, p. 25.
314. *Cf.* LIVET Georges et RAPP Francis (dir.) *Histoire de Strasbourg des origines à nos jours*. Tome III *Strasbourg de la guerre de Trente Ans à Napoléon, 1618-1815*, Strasbourg 1981, p. 629. Le préfet s'appuie sur l'article 108 du *Décret impérial portant organisation de l'Université* (17 mars 1808) qui dispose: «Il sera établi auprès de chaque académie, et dans l'intérieur des collèges ou des lycées, une ou plusieurs classes normales, destinées à former des maîtres pour les écoles primaires. On y exposera les méthodes les plus propres à perfectionner l'art de montrer à lire, à écrire et à chiffrer.» (Le *Décret* est publié sous forme d'extraits par CHEVALLIER P. et GROSPERRIN B. *L'enseignement français de la Révolution à nos jours, II: Documents, op. cit.*, pp. 56-62 ; p. 60).
315. Extrait de l'arrêté préfectoral du 24 octobre 1810, cité par LÉVY II 99. Texte de l'arrêté (en allemand) dans SORGIUS M. *Die Volksschulen im Elsass von 1789-1870, op. cit.*, pp. 25-26.
316. LIVET Georges et RAPP Francis (dir.) *Histoire de Strasbourg des origines à nos jours*. Tome III *Strasbourg de la guerre de Trente Ans à Napoléon, 1618-1815*, Strasbourg 1981, p. 634. *Cf.* DECK Pantaléon *Histoire du théâtre français à Strasbourg, op. cit.*, pp. 102-109.
317. La Révolution avait octroyé la citoyenneté française aux juifs le 27 septembre 1791 ; en novembre 1791, les juifs alsaciens obtiennent des droits civiques. Cela n'empêche pas la constance d'un fond antisémite. En 1808, on interdira aux juifs étrangers de s'installer en Alsace et un décret impérial du 20 juillet 1808 oblige les

NOTES

juifs français à prendre dans les trois mois un nom de famille fixe et un prénom. Les noms choisis témoignent, à leur tour, de la prédominance de l'allemand : « Parmi les 279 noms du registre de déclarations de Bouxwiller, nous n'en avons trouvé qu'un seul de forme indubitablement française : une dame Hirsch opte pour Cerf. Les autres familles s'appelleront Braun, Kaufmann, Burger, Loewenthal, Rosenfeld, Schuler, etc. » (LÉVY II 91) Sur le choix des noms et les problèmes qui se posent, *cf.* KUNZE Konrad *dtv-Atlas Namenkunde, op. cit.*, pp. 168-169.
318. VOGLER Bernard *Histoire politique de l'Alsace, op. cit.*, p. 71.
319. VOGLER Bernard *Histoire politique de l'Alsace, op. cit.*, pp. 64-65.
320. FICHTE Johann Gottlieb *Reden an die deutsche Nation*, München, Wilhelm Goldmann Verlag, p. 181.
321. La Restauration consacre le rétablissement des Bourbons avec Louis XVIII (avril 1814-mars 1815 ; juillet 1815-1824) et, à sa mort, son frère, Charles X (1824-juillet 1830). Après les journées de juillet 1830, c'est le « roi-bourgeois » Louis-Philippe Ier (1830-1848) qui monte sur le trône (Monarchie de Juillet) ; la révolution de février 1848 renverse la monarchie, et la deuxième République (25 février 1848-2 décembre 1852) est proclamée, le prince Louis-Napoléon devient président de la République ; le Second Empire est proclamé le 2 décembre 1852 (Napoléon III) et s'achèvera le 4 septembre 1870, après la défaite française dans sa guerre contre la Prusse et les autres États allemands.
322. *Cf.* SITTLER Lucien *L'Alsace, terre d'histoire, op. cit.*, p. 249, qui indique qu'en 1818, le gouvernement ordonna la rédaction en français de tous les actes officiels.
323. VOGLER Bernard *Histoire culturelle de l'Alsace, op. cit.*, pp. 289-290.
324. *Cf.* VOGLER Bernard *Histoire politique de l'Alsace, op. cit.*, p. 64.
325. Cité par KAISER Hans *Der Kampf gegen die deutsche Sprache in den elsässischen Schulen von 1833-1870 vornehmlich nach den Akten der Unterrichtsverwaltung*, Straßburg 1913, Elsaß-Lothringer Kulturfragen, Heft 4-5, pp. 36-37, note 22.
326. Cité par KAISER, *ibid.*
327. Rapporté par KAISER Hans *Der Kampf gegen die deutsche Sprache in den elsässischen Schulen von 1833-1870, op. cit.*, p. 36.
328. *Cf.* LÉVY II 148. *Cf.* EPP René Mgr *André Raess, évêque de Strasbourg*, Strasbourg 1979, Culture alsacienne, qui rappelle que « la population s'attachera vite à ce pasteur, proche d'elle par ses origines et les mœurs. Le fait qu'il fut le premier évêque depuis longtemps à pouvoir s'exprimer dans la langue du peuple contribuera à le rendre tout de suite populaire. La presse locale se félicita de l'accession au siège épiscopal de Strasbourg d'un prêtre "éclairé et tolérant, connaissant l'esprit et les mœurs des populations de notre contrée". » (p. 31) Le préfet du Bas-Rhin Louis Sers, pourtant protestant, avait soutenu la candidature de Raess. Parmi les arguments qu'il invoque, il fait valoir que « [ses] motifs pour désirer le choix qu'[il] indique sont [...] puisés surtout dans le caractère religieux et politique de l'abbé Raess, dans l'influence salutaire qu'un évêque sachant l'allemand exercerait sur les Alsaciens qui ne parlent pas d'autre langue et qui se plaignent assez justement d'être privés de la parole directe de leur évêque, dans l'importance que le gouvernement doit attacher à avoir à Strasbourg le lien de transition avec l'Allemagne catholique » (cité in EPP René Mgr *André Raess, évêque de Strasbourg, op. cit.*, p. 28). Le moins piquant n'est pas que le ministère ait envisagé le catéchèse en français, en 1844, sur les conseils du même préfet Sers... (*cf.* KAISER Hans *Der Kampf gegen die deutsche Sprache in den elsässischen Schulen von 1833-1870, op. cit.*, p. 15).
329. Édouard Reuss exprime l'opinion de la Faculté de théologie protestante de Strasbourg lorsqu'il écrit, dans la revue *Erwinia*, en 1838, ce passage célèbre : « Von deutschem Sinn und Art lassen wir nicht. Deutsch müssen wir predigen und singen, schreiben und reden, beten und dichten. Nur unter dieser Bedingung sind wir treu und fromm, tapfer und freiheitsliebend. Nehmt uns unsre Sprache – ihr erzieht euch als Volk von Sklaven, denen ihr selbst nicht trauen möget. Wir haben viel gegeben, viel geopfert ; wir fordern nichts zurück. [...] Aber unser deutsches Christentum sollen sie uns lassen und unsere Prediger nicht in Paris dressieren wollen ; unsern Kindern sollen sie's nicht wehren in derselben Sprache zu uns zu reden, in welcher wir zu unsern Vätern und Müttern geredet haben ; unsre Liederlust sollen sie uns nicht verkümmern, unsre Vergangenheit uns nicht aus der Seele reißen. » (Cité dans LÉVY II 162.) Reproduit partiellement, avec une traduction en français, dans : DOLLINGER Philippe (dir.) *Documents de l'histoire de l'Alsace, op. cit.*, pp. 402-406.
330. Lettre du recteur au préfet du Bas-Rhin (9 février 1831) citée par KAISER Hans *Der Kampf gegen die deutsche Sprache in den elsässischen Schulen von 1833-1870, op. cit.*, p. 36, note 20.
331. *Cf.* LÉVY Paul « L'instruction primaire dans les départements du Bas-Rhin et du Haut-Rhin en 1833 », in *Annuaire de la Société historique, littéraire et scientifique du Club vosgien*, Nouvelle série, vol. II, Strasbourg 1934, Imprimerie alsacienne, pp. 260-321. En s'appuyant sur les résultats de l'enquête administrative et scolaire menée durant l'été 1832, il donne une image assez pittoresque de la situation matérielle, de la situation morale et des aptitudes professionnelles des instituteurs, ainsi que de l'état matériel, de la situation administrative des écoles.
332. LÉVY Paul « L'instruction primaire dans les départements du Bas-Rhin et du Haut-Rhin en 1833 », *op. cit.*, p. 276. Mais toutes choses égales par ailleurs, la situation est sensiblement identique sous toute la France, sinon pire, notamment au sud de la ligne Saint-Malo-Genève, *cf.* FURET François et OZOUF Jacques *Lire et écrire, op. cit.*, pp. 118 sqq.
333. LÉVY Paul « L'instruction primaire dans les départements du Bas-Rhin et du Haut-Rhin en 1833 », *op. cit.*, p. 317.
334. « Je me suis passé du français, mon père l'ignorait aussi, disent les parents, mes enfants n'en ont pas besoin davantage pour cultiver leur vigne ou les champs, pour mettre un métier en mouvement dans leur fabrique. » Cité par LEUILLIOT Paul *L'Alsace au début du XIXe siècle. Essais d'histoire politique, économique et religieuse (1815-1830). III. Religions et culture*, [Paris 1959], Bibliothèque générale de l'École Pratique des Hautes Études, VIe section, p. 319, ou encore « Les pauvres, les journaliers, les laboureurs ou les vignerons, disent [les parents], n'ont pas besoin de savoir le français qui est la langue des riches », dit l'inspecteur primaire du Haut-Rhin au préfet en 1843, *cf.* LÉVY II 159.
335. *Cf.* VOGLER Bernard *Histoire culturelle de l'Alsace, op. cit.*, p. 218, qui établit le tableau suivant pour 1832 :

	Sait lire et écrire	Sait lire seulement	Ne sait ni lire ni écrire
Bas-Rhin	89,3 %	0,2 %	10,5 %
Haut-Rhin	76,5 %	0,7 %	22,8 %

336. Loi Guizot du 28 juin 1833 sur l'instruction primaire des garçons, reproduite dans CHEVALLIER P. et GROSPERRIN B. *L'enseignement français de la Révolution à nos jours, II : Documents, op. cit.*, pp. 121-127.
337. Circulaire adressée le 18 juillet 1833 à tous les instituteurs primaires en leur joignant la loi du 28 juin 1833, extraits in CHEVALLIER P. et GROS-

PERRIN B. *L'enseignement français de la Révolution à nos jours, II: Documents, op. cit.*, pp. 127-130, p. 128.
338. *Ibid.*, p. 129.
339. *Ibid.*, p. 128.
340. LELIEVRE Claude *Histoire des Institutions scolaires (1789-1989), op. cit.*, p. 66.
341. *Cf.* LELIEVRE Claude *Histoire des Institutions scolaires, op. cit.*, pp. 66-70.
342. Texte reproduit in CHEVALLIER P. et GROSPERRIN B. *L'enseignement français de la Révolution à nos jours, II: Documents, op. cit.*, pp. 140-143.
343. KAISER Hans *Der Kampf gegen die deutsche Sprache in den elsässischen Schulen, op. cit.*, p. 14.
344. Cité par KAISER Hans *Der Kampf gegen die deutsche Sprache in den elsässischen Schulen, op. cit.*, p. 40, note 36.
345. Cité par KAISER Hans *Der Kampf gegen die deutsche Sprache in den elsässischen Schulen, op. cit.*, p. 40, note 35.
346. Selon les termes du ministre (29 mai 1845), cités par KAISER Hans *Der Kampf gegen die deutsche Sprache in den elsässischen Schulen, op. cit.*, pp. 14-15.
347. Lettre-circulaire du 10 avril 1844, citée par KAISER Hans *Der Kampf gegen die deutsche Sprache in den elsässischen Schulen, op. cit.*, p. 14.
348. Un témoignage intéressant est fourni par le livre de souvenirs qu'a publié Jean Schoerlin (1821-1914) en 1908. Il commence son activité d'instituteur en 1835 (à 15 ans!) et fait part de sa volonté de devenir maître, à l'instar de ceux qui sont formés à l'École normale. La question du français, de l'obtention du « brevet de capacité », du salaire, des conditions matérielles, etc., y sont évoquées, mais aussi les récompenses et les honneurs que l'institution lui attribuera. L'intérêt du témoignage est renforcé par le fait que Schoerlin a exercé sa profession dans l'extrême sud de l'Alsace, le Sundgau, dans le canton de Huningue, où l'on disait les paysans rétifs à l'instruction et au français, d'une part, et par le fait qu'il n'a pris sa retraite qu'au 1ᵉʳ octobre 1888, d'autre part. C'est donc tout le siècle qui défile, avec un certain nombre d'indications sur la pédagogie, sur les inspecteurs, etc. [SCHÖRLIN Johannes] *Neuwilditsch. Us em Lebeslauf vo men alte Schuelmeischter*, St. Ludwig 1908, Perrotin & Schmitt, *passim.*
349. *Cf.* SORGIUS M. *Die Volksschulen im Elsass von 1789-1870, op. cit.*, p. 54.
350. *Règlement* reproduit dans BISCH Yves *Écoles d'Alsace. Les leçons de l'histoire, op. cit.*, p. 59.
351. Reproduit in SORGIUS M. *Die Volksschulen im Elsass von 1789-1870, op. cit.*, p. 66.
352. Mais comme la bourgeoisie moyenne, le clergé catholique commença également à mieux savoir le français après les années 1830.
353. WACKERMANN G. « Ribeauvillé (Congrégation des Sœurs de la Divine Providence », in *Encyclopédie de l'Alsace*, volume 11, Strasbourg 1985, Publitotal, pp. 6422-6425, p. 6423.
354. Lettre citée par KAISER Hans *Der Kampf gegen die deutsche Sprache in den elsässischen Schulen, op. cit.*, p. 37-38, note 29.
355. Le point de vue que défend Matter au milieu du siècle reste en cohérence complète avec les idées qu'il avait défendues bien plus tôt et les actions qu'il avait été amené à entreprendre. En 1822, il opposa au docteur Ristelhuber, qui préconisait la suppression des écoles primaires où l'on enseignait uniquement la langue allemande et une présence exclusive du français dans plusieurs domaines, un argument qui semble recevoir l'assentiment de nombre de ses pairs et qui relève d'un pragmatisme bien compris : « Donnons à l'Alsace deux langues, nous l'enrichirons, ne lui ôtons pas celle qu'elle possède, car nous l'appauvririons d'une manière déplorable. » (C'est LÉVY II 109 qui rapporte l'anecdote.) Ce qui ne l'empêcha pas, comme directeur du Gymnase protestant de Strasbourg (1822-1828), d'imposer le français comme langue d'enseignement pour toutes les matières. (*Cf.* VOGLER Bernard « MATTER Jacques », in *Nouveau dictionnaire de biographie alsacienne*, fascicule 26, Strasbourg 1995, p. 2561-2562 ; LEUILLIOT Paul *L'Alsace au début du XIXᵉ siècle, op. cit.*, *passim* : « En 1827, contre neuf cours en français, on n'en compte plus que quatre en allemand. » [p. 185].)
356. Cité par LEUILLIOT Paul *L'Alsace au début du XIXᵉ siècle, op. cit.*, p. 329 et in LIVET Georges et RAPP Francis *Histoire de Strasbourg des origines à nos jours*. Tome IV : *Strasbourg de 1815 à nos jours, XIXᵉ et XXᵉ siècles*, Strasbourg 1982, Éditions des Dernières Nouvelles d'Alsace-Istra, p. 139 : *Le National* écrivait le 1ᵉʳ juin 1841 : « M. Humann a la prétention d'être un honnête homme parce qu'il a l'accent alsacien... » (le mot était de Benjamin Constant).
357. SORGIUS M. *Die Volksschulen im Elsass von 1789-1870, op. cit.*, p. 72, rapporte les propos de plusieurs inspecteurs qui ont constaté que les progrès sont sensibles là où des supports visuels sont utilisés, et qu'en revanche, dans les classes où l'on utilise la traduction, les enfants n'arrivent pas à surmonter leur peur de prendre la parole.
358. *Cf.* l'avis de LÉVY II 105.
359. Nombre d'observateurs ont vu dans cette répartition des langues le français comme « langue de raison » et l'allemand comme langue de l'effusion et du sentiment, du cœur et de l'affect.
360. *Cf.* BOPP Marie-Joseph « La littérature alsacienne de 1800 à 1870 », in *Les Lettres en Alsace, op. cit.*, pp. 279-313.
361. Par exemple : HARTMANN C.F. *Alsatische Saitenklänge*, Straßburg 1840, Treuttel, Würtz, Schmidt und Grucker.
362. HIRTZ Georg Daniel *Gedichte*, Straßburg 1838, Dannbach.
363. *Cf.* DOLLINGER Philippe « Henri Farel, roman alsacien de Louis Spach », in *Les Lettres en Alsace, op. cit.*, pp. 341-346.
364. Extrait de son autobiographie, cité par KRAUS Franz Xaver *Ludwig Spach. Ein Nachruf*, Strasbourg 1880 (2ᵉ éd.), Schultz, p. 19, note 5.
365. Cité par BOPP Marie-Joseph « La littérature alsacienne de 1800 à 1870 », *op. cit.*, p. 289.
366. *Cf.* DOLLINGER Philippe (dir.) *Documents de l'histoire de l'Alsace, op. cit.*, p. 404.
367. *Cf.* LEVY II 120-124 ; LEUILLIOT Paul *L'Alsace au début du XIXᵉ siècle, op. cit.*, pp. 327-328 ; VOGLER Bernard *Histoire culturelle de l'Alsace, op. cit.*, pp. 244-245, 298.
368. LÉVY II 143 se fait l'écho d'une anecdote que les journaux racontèrent : à la tribune de la Chambre, Humann avait dit « mes projets sont détruits » et les députés auraient compris « mes brochets sont des truites ». *Cf.* aussi PONTEIL Félix *Un type de grand bourgeois sous la monarchie parlementaire Georges Humann (1780-1842)*, Paris 1977, Ophrys/Association des Publications près les Universités de Strasbourg, Collection de l'Institut des Hautes Études Alsaciennes, tome XXIV, p. 139 : *Le National* écrivait le 1ᵉʳ juin 1841 : « M. Humann a la prétention d'être un honnête homme parce qu'il a l'accent alsacien... » (le mot était de Benjamin Constant).
369. L'édition citée ici a été établie par Louis Spach : ARNOLD J.G.D. *Der Pfingstmontag. Lustspiel in Straßburger Mundart*, Straßburg 1874, Schultz und Comp.
370. « um den Stadt- und Landkunstrichtern nicht zu mißfallen », p. XLII.
371. « Wenn nun für Dialekte von Landbewohnern Idylle, Elegie und Lied wetteifernd passen, so eignen sich dramatische Formen gewiß am besten für die Selbstschilderung städtischer Volkssprachen. » (p. XLII).
372. *Cf.* « Göthes Beurteilung dieses Lustspiels », in ARNOLD, *op. cit.*, pp. XIX et XXXIV.
373. die Schnur : c'est dans une partie de l'espace dialectal contigu à l'Alsace, au nord-ouest, touchant le francique rhénan, le francique mosellan et le francique ripuaire, où cette forme est utilisée. *Cf.* la carte « Schwiegertochter » dans KÖNIG Werner *dtv-Atlas zur deutschen Sprache, op. cit.*, p. 170.

374. die Buxe = régional, en particulier en allemand moyen occidental et en bas allemand occidental.
375. Acte I, scène 2, pp. 3-4.
376. Acte I, scène 3, pp. 5-7.
377. Acte I, scène 4, p. 11.
378. Acte V, scène 4, p. 191.
379. Acte I, scène 4, p. 13.
380. Acte V, scène 8, p. 220.
381. Réédité en 1825 : STÖBER Ehrenfried *Daniel oder der Straßburger. Lustspiel mit Gesängen, in zwei Aufzügen. Zum Theil in elsässischer Mundart*, Straßburg 1825, Schuler.
382. Sur le théâtre dialectal : GALL Jean-Marie *Le théâtre populaire alsacien au XIXe siècle*, Strasbourg 1974, Istra, Publications de la Société savante d'Alsace et des régions de l'Est, Collection « Recherches et documents », tome XIX.
383. Dans son avant-propos à la première édition, Stöber écrit : « Mein Daniel ist [...] eine Apotheose des Bürgerstandes zu Straßburg und im Elsaß überhaupt. Mit warmem Herzen lege ich das Büchlein nieder auf den Altar unsers alsatischen Vaterlands. » Dans la deuxième édition, il précise : « Erheiternde und ehrende Schilderung unsers elsässisch-vaterländischen Bürgerlebens, in Sprache und Sitte, dies ist alles was bezweckt werden sollte. » (STÖBER Ehrenfried *Daniel oder der Straßburger*, *op. cit.*, sans pagination).
384. STÖBER Ehrenfried *ibid.* (avant-propos à la première édition).
385. Cette dernière expression est utilisée aux Assises du Bas-Rhin par le président Metz en 1825, citée par LEUILLIOT Paul *L'Alsace au début du XIXe siècle*, *op. cit.*, p. 323, notes 3 et 4.
386. HEBEL Johann Peter *Alemannische Gedichte. Für Freunde ländlicher Natur und Sitten / Poésies alémaniques. Pour les amis de la nature et des mœurs rurales*, genormter Urtext mit Anmerkungen, ins Französische übersetzt von / Texte original revu et annoté, traduit en français par Raymond Matzen, Kehl 2010, Morstadt. Arnold et Ehrenfried Stöber faisaient partie de ses amis en littérature.
387. *Cf.* STÖBER Ehrenfried *Sämtliche Gedichte und kleine prosaische Schriften*, Straßburg, Schuler (vol. I et II : 1835, vol. III : 1836).
388. *Cf.* HARTMANN C.F. *Alsatische Saitenklänge*, *op. cit.*, pp. 235-266.
389. HIRTZ Georg Daniel *Gedichte*, *op. cit.*, pp. 133-168.
390. HIRTZ Daniel *Gedichte*, Zweite vermehrte Auflage, Straßburg 1846, Dannbach, pp. 241-250.
391. Après un apprentissage de passementier, métier dans lequel il se perfectionna à Paris sous le Premier Empire, il travailla comme expéditeur et voyageur dans une entreprise de transport à Strasbourg. *Cf.* DENTINGER Jean « HARTMANN Charles-Frédéric », in *Nouveau dictionnaire de biographie alsacienne*, fascicule 15, Strasbourg 1989, p. 1423.
392. À l'âge de 12 ans, il quitta l'école pour apprendre le métier de tourneur sur bois auprès de son père. D'ailleurs, il indiquera sur chacune de ses publications sa qualité de « Drechslermeister », maître-tourneur. À partir de 1849, il fut employé de bureau au directoire de la Confession d'Augsbourg. *Cf.* MARTIN Ernst « Daniel Hirtz », in *Jahrbuch für Geschichte, Sprache und Literatur Elsass-Lothringens*, XIX. Jahrgang, Strassburg 1903, Heitz, pp. 9-13.
393. *Cf.* WACKENHEIM Auguste *La littérature dialectale alsacienne. Une anthologie illustrée*. Tome 2 : *L'âge d'or du XIXe siècle. La fin de l'Empire - La Restauration - Le Second Empire*, Paris 1994, Prat.
394. C'est également l'hypothèse que formule Georges Bischoff, dans un autre contexte. *Cf.* BISCHOFF Georges « L'invention de l'Alsace », in *Saisons d'Alsace* n° 119 « Alsace imaginaire. Symboles, fantasmes et rêves », Strasbourg 1993, La Nuée Bleue, pp. 35-69, p. 41.
395. WACKENHEIM Auguste *La littérature dialectale alsacienne. Une anthologie illustrée*. Tome 2, *op. cit.*, pp. 130-131.
396. Même Frédéric Hoffet considère que la première strophe « Jean dans son trou de moustiques a tout ce qu'il veut/Et ce qu'il a, il ne le veut pas/Et ce qu'il veut, il ne l'a pas/Jean dans son trou de moustiques a tout ce qu'il veut [traduit] admirablement l'insatisfaction essentielle de l'Alsacien, ce quelque chose de flottant, d'incertain qui explique ses brusques et mystérieux retournements. Il ne sait pas où il va. Il en est toujours à se chercher. » (HOFFET Frédéric *Psychanalyse de l'Alsace*, [Colmar] 1994, Alsatia [rééd. du texte original de 1951], pp. 104-105).
397. In STÖBER Ehrenfried *Sämtliche Gedichte und kleine prosaische Schriften*, vol. III, *op. cit.*, p. 222.
398. Wilhelm Stricker dans un article de la *Germania* cité par LÉVY II 141 : « In den höheren Schichten der Gesellschaft wird fast ausschließlich französisch gesprochen ; die meisten vornehmen Damen verstehen kaum noch den deutschen Volksdialekt. In den mittleren Bürgerklassen wird in der Regel deutsch gesprochen ; doch fängt auch hier das Französische an um sich zu greifen. In den untern Volksklassen der Städte und bei der gesamten Landbevölkerung ist die Umgangssprache durchgängig die deutsche. »
399. LÉVY II 207 rappelle qu'« au Congrès international de statistique de Londres, en 1865, la demande de plusieurs savants de procéder à une statistique générale des langues échoua devant la résistance du délégué français [...]. C'était visiblement la situation en Alsace et en Lorraine qui lui dictait son attitude ; selon lui le patois alsacien n'était qu'un patois entre les nombreux patois français, et non pas une langue étrangère. »
400. SCHWAB Roland « La grande mutation des campagnes alsaciennes », in BOEHLER Jean-Michel, LERCH Dominique et VOGT Jean (dir.) *Histoire de l'Alsace rurale*, Strasbourg-Paris 1983, Istra, pp. 363-396, p. 363.
401. WAHL Alfred et RICHEZ Jean-Claude *La vie quotidienne en Alsace entre France et Allemagne, 1850-1950*, Paris 1993, Hachette, p. 17.
402. *Cf.* WAHL Alfred et RICHEZ Jean-Claude *La vie quotidienne en Alsace entre France et Allemagne*, *op. cit.*, p. 42.
403. En effet, les motivations poussant à la diffusion du français peuvent reposer sur des intérêts ou des représentations qui restent liés au personnel et aux préoccupations du moment. Ainsi, le préfet Chanal, successeur de Sers, écrit-il, dans un rapport au ministre, le 16 octobre 1849 : « La nationalisation de la population allemande de l'Alsace doit être le but des efforts du gouvernement. Les doctrines les plus subversives, celles dont les résultats se sont traduits par les dernières élections, sont répandues en langue allemande. C'est de l'Allemagne que nous viennent toutes les rêveries communistes ou socialistes. Franciser l'Alsace, c'est le premier de tous les remèdes à apporter au mal présent. » (Cité par KAISER Hans *Der Kampf gegen die deutsche Sprache in den elsässischen Schulen*, *op. cit.*, p. 19).
404. Cité par LÉVY II 230.
405. REUSS Rodolphe *Histoire d'Alsace*, *op. cit.*, p. 335, narre l'épisode de la façon sarcastique suivante : « Le prince-président pouvait revenir à Strasbourg sans avoir à craindre d'autres cris séditieux que ceux de : Vive l'empereur ! qui ne lui étaient point désagréables. Il y arriva le 19 juillet, pour l'inauguration du chemin de fer de Strasbourg à Paris. Afin de bien montrer l'alliance intime du pouvoir séculier et de l'Église, une immense procession traversa toute la ville, l'évêque [Mgr Raess] en tête, pour aller bénir les nouvelles locomotives. Il n'y avait plus eu de procession dans Strasbourg depuis la révolution de Juillet. Les paysans étaient accourus en foule pour voir l'héritier du grand empereur. Le Président leur parla allemand, et il fut fort acclamé. »
406. *Cf.* le sentiment de LÉVY II 225.

407. Synthèse établie d'après les données publiées par KINTZ Jean-Pierre «Instruction et lectures populaires à la fin du Second Empire», in L'HUILLIER Fernand (dir.) *L'Alsace en 1870-1871*, Gap 1971, Ophrys, pp. 57-72, p. 60 : Population selon le degré d'instruction (sur un total général de 1 106 058 personnes, dont 530 644 hommes et 575 414 femmes) :
Ne sachant ni lire ni écrire, au-dessus de 5 ans : hommes, 7,42 % ; femmes, 8,74 %. Total : 8,11 %.
Sachant lire seulement : hommes, 5,00 % ; femmes, 5,63 %. Total : 5,51 %.
Sachant lire et écrire : hommes, 73,73 % ; femmes, 72,63 %. Total : 73,16 %.
Dont on n'a pas pu vérifier l'instruction : 1,22 %.
Il resterait bien entendu à déterminer ce que l'on entend par «lire» et «écrire».
408. KINTZ Jean-Pierre «Instruction et lectures populaires à la fin du Second Empire», *op. cit.*, p. 59.
409. *Loi relative à l'enseignement* du 15 mars 1850, dite Loi Falloux, reproduite, par larges extraits, dans : CHEVALLIER P. et GROSPERRIN B. *L'enseignement français de la Révolution à nos jours, II : Documents, op. cit.*, pp. 160-178.
410. La loi du 10 avril 1867 abaissera le seuil à 500 habitants (art. 1), comme c'était la règle pour les écoles de garçons depuis la loi Guizot. *Cf.* texte, reproduit par extraits, dans : CHEVALLIER P. et GROSPERRIN B. *L'enseignement français de la Révolution à nos jours, II : Documents, op. cit.*, pp. 210-214.
411. L'article 38 prévoit 200 francs comme plancher, à l'instar de la loi Guizot, mais oblige, de fait, à compléter le traitement jusqu'à hauteur de 600 francs.
412. Cité par KINTZ Jean-Pierre *Journaux politiques et journalistes strasbourgeois sous le Second Empire (1852-1870)*, Strasbourg 1974, Istra, p. 113.
413. Le recteur Delcasso avait pu se faire une opinion de la situation linguistique et scolaire dans la mesure où, quoique parisien de naissance, il enseignait à Strasbourg depuis 1827. *Cf.* LIVET Georges «Delcasso Laurent Étienne Pierre», in *Nouveau dictionnaire de biographie alsacienne*, fascicule 7, Strasbourg 1985, pp. 608-609.
414. *Cf.* CHEVALLIER P. et GROSPERRIN B. *L'enseignement français de la Révolution à nos jours, II : Documents, op. cit.*, p. 214.
415. Citée par KAISER Hans *Der Kampf gegen die deutsche Sprache in den elsässischen Schulen, op. cit.*, p. 28.
416. «En 1867, la moyenne départementale du nombre des salles d'asile en France est de 20. La même année, le département du Bas-Rhin en dispose de 174 (pour 541 communes) et le département du Haut-Rhin de 131 (pour 491 communes)», *cf.* LÉVY II 275 et HUAUT Étienne *Annuaire du Bas-Rhin année 1867*, Strasbourg 1867, Veuve Berger-Levrault et fils, pp. 90-91.
417. Cité par LÉVY II 276.
418. Cité par IGERSHEIM François *Politique et administration dans le Bas-Rhin (1848-1870)*, Strasbourg 1993, Presses universitaires de Strasbourg, p. 482.
419. Marie Hart – qui faisait partie de la couche aisée de la ville de Bouxwiller – confirme cette présence du français dès le plus jeune âge dans ses «Récits de souvenirs des années soixante», et admire le travail qu'avaient dû accomplir les éducatrices face à des enfants pour qui le français était une langue totalement inconnue, *cf.* le récit *In d'r Schuele*, in HART Marie *G'schichtlen un Erinnerungen üs de sechziger Johr*, Stuttgart [1911], Greiner & Pfeiffer, pp. 202-220.
420. Cité par IGERSHEIM François *Politique et administration dans le Bas-Rhin (1848-1870), op. cit.*, p. 467.
421. L'ensemble des textes, règlements et commentaires du Conseil général d'après IGERSHEIM François *Politique et administration dans le Bas-Rhin (1848-1870), op. cit.*, pp. 467-468.
422. «L'obstacle le plus énergique que nous rencontrions vient de l'obstination des clergés à donner en allemand l'instruction religieuse», écrit le recteur dans son rapport au ministre de l'Instruction publique du 7 décembre 1859. Le *Rapport* est reproduit par KAISER Hans *Der Kampf gegen die deutsche Sprache in den elsässischen Schulen, op. cit.*, pp. 49-56 (p. 28). «La résistance systématique de quelques curés et surtout de quelques pasteurs protestants» (12 juin 1862), cité par KAISER Hans *Der Kampf gegen die deutsche Sprache in den elsässischen Schulen, op. cit.*, p. 30.
423. Les principales dispositions et l'emploi du temps sont publiés dans SORGIUS M. *Die Volksschulen im Elsass von 1789-1870, op. cit.*, pp. 104-106.
424. Cette question du règlement départemental de 1860 est développée par IGERSHEIM François *Politique et administration dans le Bas-Rhin (1848-1870), op. cit.*, pp. 472-475.
425. Extrait du *Rapport* reproduit par KAISER Hans *Der Kampf gegen die deutsche Sprache in den elsässischen Schulen, op. cit.*, pp. 49-56 (pp. 52-53).
426. Extrait du *Rapport* reproduit par KAISER Hans *Der Kampf gegen die deutsche Sprache in den elsässischen Schulen, op. cit.*, pp. 49-56 (p. 54).
427. *Cf.* SORGIUS M. *Die Volksschulen im Elsass von 1789-1870, op. cit.*, p. 125 et LÉVY II 225-226.
428. *Cf.* SORGIUS M. *Die Volksschulen im Elsass von 1789-1870, op. cit.*, ibid. et LÉVY II 227.
429. *Cf.* les propos de l'abbé Guerber, «Es ist eine unstreitige Tatsache, daß in unseren besseren Schulen die Kinder beiderlei Geschlechts die deutsche sowie die französische, die ihnen beide notwendig sind, leicht lernen, und ordentlich schreiben und sprechen. Es ist ebenso unstreitig, [...], daß in den schlechteren Schulen die Kinder weder die französische noch die deutsche Sprache erlernen, weil es da an Eifer und Arbeitssinn mangelt», cités par LÉVY II 255.
430. Extrait du *Rapport* reproduit par KAISER Hans *Der Kampf gegen die deutsche Sprache in den elsässischen Schulen, op. cit.*, pp. 49-56 (p. 52).
431. CAZEAUX L. *Essai sur la conservation de la langue allemande en Alsace*, Strasbourg 1867, Silbermann : «Maintenant que peut-on, ou plutôt que doit-on attendre de cette masse de jeunes gens qui quittent l'école sans connaître suffisamment aucune des deux langues ; qui ont oublié ou désappris le langage maternel sans avoir appris le langage national ? Les effets de cette ignorance sont désastreux.» (p. 34). *Cf.* le commentaire de l'*Essai* par LÉVY II 256.
432. LÉVY II 229.
433. *Cf.* LÉVY II 229. Il paraît douteux que le revirement politique qui s'amorce à partir des années 1866-67, dans l'intransigeante francisation de l'école primaire, réponde à une pression de la population.
434. *Cf.* LÉVY II 204.
435. *Cf.* tableau in KINTZ Jean-Pierre «Instruction et lectures populaires à la fin du Second Empire», *op. cit.*, p. 71. Il est vrai qu'il est également diffusé au Pays de Bade et au Palatinat tout proches.
436. Ce qui expliquerait le succès du *Volksblatt*, qui tirait à 2 000 exemplaires en 1870 ; le chiffre peut paraître modeste, mais les aubergistes sont également destinataires du journal. *Cf.* KINTZ Jean-Pierre *Journaux politiques et journalistes strasbourgeois sous le Second Empire, op. cit.*, p. 125, et KINTZ Jean-Pierre «Instruction et lectures populaires à la fin du Second Empire», *op. cit.*, p. 64.
437. KINTZ Jean-Pierre «Instruction et lectures populaires à la fin du Second Empire», *op. cit.*, p. 66.
438. A partir des indications données par VOGLER Bernard *Histoire culturelle de l'Alsace*, p. 222.
439. Selon le tableau publié par IGERSHEIM François *Politique et administration dans le Bas-Rhin (1848-1870), op. cit.*, p. 489.

NOTES

440. *Cf.* les exemples cités par LÉVY II 205-206.
441. LÉVY II 216.
442. Il ne semble pas exister d'étude de la langue allemande de la presse alsacienne de cette époque, ni de la langue des auteurs utilisant l'allemand. Doris Magenau consacre quelques passages de son étude à l'allemand dans le journal bilingue *Le Courrier du Bas-Rhin* entre 1850 et 1870, *cf.* MAGENAU Doris *Die Besonderheiten der deutschen Schriftsprache im Elsaß und in Lothringen*, Mannheim 1962, Bibliographisches Institut, *passim*. En règle générale, elle ne constate que peu de variations par rapport aux journaux «allemands» de la même époque, à l'exception de calques du français, induits, selon elle, par le fait que le texte français était directement en regard du texte allemand dans le journal examiné (p. 147).
443. Cité par KAISER Hans *Der Kampf gegen die deutsche Sprache in den elsässischen Schulen, op. cit.*, p. 49, note 87.
444. GALL Jean-Marie *Le théâtre populaire alsacien au XIXe siècle, op. cit.*, p. 60.
445. À l'instar de quelques-uns de ses prédécesseurs et de plusieurs de ses confrères souvent issus de la petite bourgeoisie, du petit commerce ou de l'artisanat, le poète et homme de théâtre Jean-Thomas Mangold (1816-1888) est un pâtissier réputé pour ses pâtés de viande. Il va impulser une nouvelle vie au théâtre chanté, *cf.* GALL Jean-Marie *Le théâtre populaire alsacien au XIXe siècle, op. cit.*, pp. 72-79.
446. Édition consultée: *E Firobe im e Sundgauer Wirthshüs*, Volks-Scenen in zwei Abtheilungen, Text von August Stoeber, Musik von Joseph Heyberger, Mülhausen 1891 (3. Vermehrte Auflage), Bader & Cie, p. 2.
447. Marie Hart rapporte dans ses récits l'exaspération de l'inspecteur d'académie Duval-Jouve, qui, lors de l'examen de passage de l'école primaire vers l'école supérieure, bousculait les jeunes filles et sifflait entre les dents: «Elles ont un accent impossible!», *cf.* HART Marie *G'schichtlen un Erinnerungen üs de sechziger Johr, op. cit.*, p. 213. Le chanoine Cazeaux consacre tout un chapitre (peu convaincant) de son essai à la question pour dédouaner les Alsaciens de leur accent («II. De la prononciation française des Alsaciens», in CAZEAUX L. *Essai sur la conservation de la langue allemande en Alsace, op. cit.*, pp. 13-20).
448. I... D... [= Dautheville] *Le français alsacien. Fautes de prononciation et germanismes*, Strasbourg 1852, Derivaux, p. 4. Éléments d'analyse de ce premier traité normatif dans PELLAT Jean-Christophe «Comment *doit-*on parler le français en Alsace?» in SALMON Gilbert-Lucien (éd.) *Le français en Alsace*, Paris-Genève 1985, Champion - Slatkine, pp. 235-251.
449. Dans l'annexe IV de son étude *Le problème de la langue française en Alsace*, ENA, Section Administration générale, mémoire de stage, décembre 1952, Strasbourg (ADBR 589D155), François REYMOND indique qu'en 1870, 18% des enfants de sexe masculin dans le Haut-Rhin et 33% des enfants de sexe masculin dans le Bas-Rhin ne seraient pas à même de parler et de comprendre le français. De même, 50% des jeunes gens appelés à participer au tirage au sort en vue de la conscription du département du Bas-Rhin ne seraient pas à même de comprendre et de parler le français. L'auteur n'indique pas de sources.
450. Selon une hypothèse que formule LÉVY II 221 à partir des noms de famille de 1854 et de 1860.
451. Cité d'après LÉVY II 315-316 et BRONNER Fritz *1870/1871. Elsass-Lothringen. Zeitgenössische Stimmen für und wider die Eingliederung in das Deutsche Reich*, 1. Halbband, Frankfurt am Main 1970, Erwin von Steinbach-Stiftung, p. 162.
452. *Cf.* ROVAN Joseph *Histoire de l'Allemagne des origines à nos jours, op. cit.*, pp. 553 *sqq*.
453. Reproduite in ROSSE J., STÜRMEL M., BLEICHER A., DEIBER F. et KEPPI J. (éds) *Das Elsass von 1870-1932, IV. Band Karten, Graphiken, Tabellen, Dokumente, Sach- und Namenregister*, Colmar 1938, Alsatia, pp. 262-264.
454. Reproduit in ROSSE J., STÜRMEL M., BLEICHER A., DEIBER F. et KEPPI J. (éds) *Das Elsass von 1870-1932, IV. Band, op. cit.*, p. 264. Dans une lettre que l'évêque d'Angers Freppel adresse à l'évêque de Strasbourg André Raess, le 30 mars 1871, il souligne l'erreur commise par les députés alsaciens: «J'aurais empêché [si j'avais été élu à l'Assemblée nationale] les représentants de l'Alsace de faire la faute énorme qu'ils ont commise. Ne vont-ils pas, dès la première réunion, mettre les représentants en demeure de se prononcer entre la guerre à outrance, qui était devenue impossible, et la cession de l'Alsace. Je suis convaincu que sans cette malencontreuse proposition qui avertissait les Prussiens de notre faiblesse, nous aurions pu arriver à la neutralisation militaire de l'Alsace.» (reproduit in DOLLINGER Philippe [dir.] *Documents de l'histoire de l'Alsace, op. cit.*, pp. 421-422). Propos péchant certes par un optimisme démesuré, mais soulignant les divergences des points de vue ainsi que la fin de non-recevoir de l'Assemblée à la protestation émise par les députés alsaciens.
455. Document complet reproduit in ROSSE J., STÜRMEL M., BLEICHER A., DEIBER F. et KEPPI J. (éds) *Das Elsass von 1870-1932, IV. Band, op. cit.*, pp. 247-251.
456. Sur l'opinion publique allemande et la question de l'annexion de l'Alsace-Lorraine, *cf.* par exemple KOCH Ursula E. «La presse berlinoise et l'annexion de l'Alsace-Lorraine (janvier 1871-juin 1871)» in *Recherches germaniques* n° 5 (1975), Strasbourg, pp. 288-305: «Si l'on fait abstraction de la presse socialiste et de l'organe de l'extrême-gauche bourgeoise [...], presque tous les journaux berlinois revendiquent, pour des motifs de sécurité nationale, la zone fortifiée de Metz. [...] En ce qui concerne la germanisation des territoires annexés, les avis sont partagés.» Les journaux conservateurs soutiennent le chancelier Bismarck, «la presse libérale se montre plus réservée et attire l'attention du public sur les difficultés d'exécution qui risquent de surgir.» (p. 305).
457. Texte in ROSSE J., STÜRMEL M., BLEICHER A., DEIBER F. et KEPPI J. (éds) *Das Elsass von 1870-1932, IV. Band, op. cit.*, pp. 264-265.
458. Cette date sera repoussée au 1er janvier 1874.
459. *Cf.* l'historique esquissé par ROTH François «Das Reichsland Elsaß-Lothringen. Formation, histoire et perceptions» in GRUNEWALD Michel (éd.) *Le problème de l'Alsace-Lorraine vu par les périodiques (1871-1914)/Die Elsaß-lothringische Frage im Spiegel der Zeitschriften (1871-1914)*, Bern, Berlin, Frankfurt, New York, Paris, Wien 1998, Peter Lang, Collection «Convergences» vol. 7, pp. 13-36.
460. Rapport du 31.8.1870 au chancelier Bismarck, cité par IGERSHEIM François «L'occupation allemande en Alsace et en Lorraine. Le Commissariat civil du Gouvernement général d'Alsace et de Lorraine d'août 1870 à février 1871: un aperçu» in L'HUILLIER Fernand (dir.) *L'Alsace en 1870-1871, op. cit.*, pp. 249-367 (p. 289).
461. *Cf.* texte du *Traité de paix de Francfort-sur-le-Main du 10 mai 1871* in ROSSE J., STÜRMEL M., BLEICHER A., DEIBER F. et KEPPI J. (éds) *Das Elsass von 1870-1932*, IV. Band, *op. cit.*, pp. 251-257 (p. 252).
462. Sur la difficile question de la quantification du nombre de départs réels par rapport au nombre d'«optants» qui ne sont pas passés à l'acte (les optants étant les citoyens français ayant déclaré vouloir conserver la nationalité française sans nécessairement souhaiter quitter les régions annexées), *cf.*

WAHL Alfred *L'option et l'émigration des Alsaciens-Lorrains (1871-1872)*, Paris 1974, Ophrys.
463. Alfred Wahl fait valoir un ensemble nuancé: «En fait, le sentiment patriotique, l'esprit d'aventure, des habitudes anciennes [d'émigration], l'intérêt, tous ces facteurs se combinaient le plupart du temps chez l'ensemble des émigrants. [...] Le sentiment national est presque toujours intervenu à un degré plus ou moins important.» (WAHL Alfred *L'option et l'émigration des Alsaciens-Lorrains (1871-1872), op. cit.*, p. 192).
464. La date d'entrée en vigueur coïncide avec l'expiration du délai d'option: octobre 1872. La durée du service est de trois ans.
465. *Cf.* WAHL Alfred *L'option et l'émigration des Alsaciens-Lorrains (1871-1872), op. cit.*, pp. 190-191, 214-215.
466. Chiffres approximés d'après les données de WAHL Alfred «L'immigration allemande en Alsace-Lorraine entre 1871 et 1918» in *Recherches germaniques* n° 3 (1973), Strasbourg, pp. 202-217 (pp. 204-205).
467. Chiffres approximés d'après les données de: Statistisches Bureau des Ministeriums für Elsass-Lothringen (éd.) *Das Reichsland Elsass-Lothringen. Landes- und Ortsbeschreibung. Zweiter Teil: Statistische Angaben*, Strassburg 1901, Heitz, pp. 166-169, et WAHL Alfred «L'immigration allemande en Alsace-Lorraine entre 1871 et 1918», *op. cit.*, p. 205. En Lorraine annexée, la proportion d'immigrés est nettement plus élevée: 11% de la population en 1880, 20% en 1890, près de 24% en 1905 (*cf.* WAHL Alfred «L'immigration allemande en Alsace-Lorraine entre 1871 et 1918», p. 205) Par ailleurs, au fur et mesure que le temps passe, il est malaisé d'établir des chiffres précis dans la mesure où la distinction utilisée «ressortissant d'Alsace-Lorraine» et «ressortissant d'un autre État fédéral allemand» devient toute relative: fonctionnaires d'outre-Rhin qui deviennent ressortissants d'Alsace-Lorraine, naissances dans les foyers d'immigrés, etc. (*cf.* aussi WAHL Alfred «L'immigration allemande en Alsace-Lorraine entre 1871 et 1918», pp. 203-204; Statistisches Bureau des Ministeriums für Elsass-Lothringen [éd.] *Das Reichsland Elsass-Lothringen. Landes- und Ortsbeschreibung. Erster Theil: Allgemeine Landesbeschreibung*, Strassburg 1898-1901, Heitz, p. 262). Voir aussi l'ensemble très documenté de UBERFILL François *La société strasbourgeoise entre France et Allemagne (1871-1924). La société strasbourgeoise à travers les mariages entre Allemands et Alsaciens à l'époque du Reichsland. Le sort des couples mixtes*

après 1918, Strasbourg 2001, Publications de la Société savante d'Alsace (Collection «Recherches et documents», tome 67), pp. 33 *sqq.*
468. Retravaillé d'après les données de LÉVY II 333.
469. Retravaillée d'après les données de LÉVY II 335, qui indique que ces chiffres n'ont jamais été publiés.
470. D'après les données fournies par LÉVY II 358.
471. L'article premier de la loi dispose: «Tous arrêtés, actes et décisions par écrit qui émaneront des autorités ou agents de l'administration impériale, ainsi que les procès-verbaux des déclarations faites devant ces autorités ou agents, devront être rédigés en langue allemande.» Texte complet in: Ministère de la Guerre - État-Major général (2ᵉ bureau) *Organisation politique et administrative et législation de l'Alsace-Lorraine. 2ᵉ partie: Textes législatifs traduits et annotés. Tome 1: Organisation politique et administrative, op. cit.*, Paris 1918, pp. 38-39.
Une bonne partie des dispositions réglementaires et législatives est reproduite par LÉVY II, p. 347 *sqq.*
472. *Cf.* LÉVY II 354: «nach Lage der örtlichen Verhältnisse». Mais il est vrai que c'est la Lorraine romane annexée qui est concernée au premier chef par cette problématique, l'Alsace n'étant touchée que périphériquement par ce problème. À titre comparatif, le nombre de communes «dispensées» de l'allemand en Alsace et en Lorraine, *cf.* LÉVY II 358:

	1872	1878	1890	1892
Alsace	51	48	41	24
Lorraine	372	364	341	286

473. RIMMELE Eva *Sprachenpolitik im Deutschen Kaiserreich vor 1914*, Frankfurt am Main 1996, Peter Lang, p. 30, note 80; WOEHRLING Jean-Marie «Quelques réflexions sur l'évolution du droit des langues en Alsace-Moselle» in *Histoire du droit local*, Strasbourg 1990, Institut du droit local alsacien-mosellan, pp. 181-204 (pp. 186-187; p. 187, note 14).
474. Texte de la *Loi du 31 mai 1911 sur la Constitution d'Alsace-Lorraine*, traduite in: Ministère de la Guerre - État-Major général (2ᵉ bureau) *Organisation politique et administrative et législation de l'Alsace-Lorraine. 2ᵉ partie: Textes législatifs traduits et annotés. Tome 1: Organisation politique et administrative, op. cit.*, pp. 24-32 (p. 29). (Reproduit en allemand et en traduction française in *Politisches Handbuch des elsaß-lothringischen Nationalbundes - Manuel politique de l'Union nationale d'Alsace-Lorraine*, Colmar 1911, Buchdruckerei Jung, pp. 80-97.) *Cf.* MAYEUR Jean-Ma-

rie *Autonomie et politique en Alsace. La Constitution de 1911*, Paris 1970, Armand Colin.
475. Ministère de la Guerre - État-Major général (2ᵉ bureau) *Organisation politique et administrative et législation de l'Alsace-Lorraine. 2ᵉ partie: Textes législatifs traduits et annotés. Tome 1: Organisation politique et administrative, op. cit.*, p. 29.
476. Texte de la *Loi du 31 mai 1911 sur la Constitution d'Alsace-Lorraine*, traduite in: Ministère de la Guerre - État-Major général (2ᵉ bureau) *Organisation politique et administrative et législation de l'Alsace-Lorraine. 2ᵉ partie: Textes législatifs traduits et annotés. Tome 1: Organisation politique et administrative, op. cit.*, pp. 24-32 (p. 31).
477. Les trois premiers articles sont reproduits dans LÉVY II 433-434.
478. «Für die Verhandlungen und den sonstigen amtlichen Verkehr der Gerichte, der Staatsanwaltschaft und der Notare, sowie die amtlichen Handlungen der Anwälte, Advokaten und Gerichtsvollzieher in gerichtlichen Angelegenheiten ist die Geschäftssprache.» Cité par LÉVY II 374.
479. *Cf.* LÉVY II 375-376; RIMMELE Eva *Sprachenpolitik im Deutschen Kaiserreich vor 1914, op. cit.*, pp. 30-31. WOEHRLING Jean-Marie «Quelques réflexions sur l'évolution du droit des langues en Alsace-Moselle», in *Histoire du droit local, op. cit.*, p. 186, note 12, en donne le détail.
480. *Cf.* LÉVY II 377, LÉVY II 377 note 1 et WOEHRLING Jean-Marie «Quelques réflexions sur l'évolution du droit des langues en Alsace-Moselle», *ibid.*
481. *Loi du 7 mai 1874 sur la presse* et *Loi d'Alsace-Lorraine sur la presse du 8 août 1898*; *Loi du 10 juillet 1906 concernant l'affichage*, in: Ministère de la Guerre - État-Major général (2ᵉ bureau) *Organisation politique et administrative et législation de l'Alsace-Lorraine. 2ᵉ partie: Textes législatifs traduits et annotés. Tome 1: Organisation politique et administrative, op. cit.*, pp. 97-103 et pp. 94-96; pp. 103-105.
482. Paragraphe 24: «Vornamen, für welche eine deutsche Form besteht, sind in dieser einzutragen, Familiennamen von zweifellos deutschem Ursprung sind in der deutschen Schreibweise, sofern dieselbe als die ursprünglich anerkannt ist, auch dann einzutragen, wenn in neuerer Zeit eine fremdländische Schreibweise sich gebildet hat» (cité d'après LÉVY II 434); *cf.* RIMMELE Eva *Sprachenpolitik im Deutschen Kaiserreich vor 1914, op. cit.*, p. 31.
483. Rapporté par LÉVY II 368 note 1,

NOTES

qui relate d'autres tentatives fort malheureuses.
484. *Cf.* LÉVY II 369.
485. Sur la crise de 1887, ses causes et le raidissement politique qu'elle provoque, voir IGERSHEIM. François *L'Alsace des notables 1870-1914. La bourgeoisie et le peuple alsacien*, Strasbourg 1981, bf, chapitre « la Crise de 1887 », pp. 59-66.
486. *Cf.* LÉVY II 370-371, qui narre plusieurs autres faits de ce type.
487. *Cf.* LÉVY II 373.
488. Klaus Nohlen donne des exemples (rares?) où des inscriptions en français ont été acceptées sur des bâtiments publics : NOHLEN Klaus *Baupolitik im Reichsland Elsaß-Lothringen 1871-1918*, Berlin 1982, Mann Verlag, p. 204, note 16.
489. Texte de la loi traduit in : Ministère de la Guerre - État-Major général (2ᵉ bureau) *Organisation politique et administrative et législation de l'Alsace-Lorraine*. 2ᵉ partie : *Textes législatifs traduits et annotés*. Tome 1 : *Organisation politique et administrative, op. cit.*, pp. 84-91. En particulier l'article 5 : « Pour les discussions dans les réunions publiques, l'usage simultané de la langue française est autorisé d'une manière générale. »
490. Texte traduit in : Ministère de la Guerre - État-Major général (2ᵉ bureau) *Organisation politique et administrative et législation de l'Alsace-Lorraine*. 2ᵉ partie : *Textes législatifs traduits et annotés*. Tome 1 : *Organisation politique et administrative, op. cit.*, pp. 92-93.
491. Eva Rimmele consacre tout un chapitre de son ouvrage à la question de « l'article concernant les langues » de cette loi. RIMMELE Eva *Sprachenpolitik im Deutschen Kaiserreich vor 1914, op. cit.*, pp. 129-167, en particulier p. 155. Voir aussi le commentaire et les autres implications de cette loi chez WOEHRLING Jean-Marie « Quelques réflexions sur l'évolution du droit des langues en Alsace-Moselle », in *Histoire du droit local, op. cit.*, p. 187, note 16.
492. *Cf.* IGERSHEIM François « La politique scolaire allemande en Alsace-Lorraine (1870-1871). De la confessionnalisation à la loi Falloux », in *Recherches germaniques* n° 5 (1975), pp. 243-287 (p. 268 ; p. 268, note 111 et *passim*) ; RIMMELE Eva *Sprachenpolitik im Deutschen Kaiserreich vor 1914, op. cit.*, pp. 71 sqq.
493. RIMMELE Eva *Sprachenpolitik im Deutschen Kaiserreich vor 1914, op. cit.*, pp. 70-71 : « Für Bismarck war die deutsche Volksschule das wesentliche Mittel zur Integration der reichsländischen Bevölkerung, die er erst mit einer Generation unter deutscher Verwaltung heranwachsender und deutsch erzogener Elsaß-Lothringer erwartete. Die schrittweise Einführung und Förderung der deutschen Sprache sollte die Dauerhaftigkeit der Angliederung Elsaß-Lothringens beweisen und Wünsche nach einer Rückkehr zu Frankreich verstummen lassen. Die Verwaltung rechnete damit, daß durch die Volksschule der deutschen Sprache in der mehrheitlich deutschstämmigen Bevölkerung wieder zu ihrem geschichtlichen Recht verholfen werden könne, daß der dünne „Firniß" des Französischen gebrochen werde und die deutsche Art und Kultur dem französierten Elsässer wieder zu Bewußtsein gelangte. »
494. Texte complet de l'ordonnance in : Ministère de la Guerre - État-Major général (2ᵉ bureau) *Organisation politique et administrative et législation de l'Alsace-Lorraine*. 2ᵉ partie : *Textes législatifs traduits et annotés*. Tome 1 : *Organisation politique et administrative, op. cit.*, pp. 237-241.
495. *Cf.* IGERSHEIM François « La politique scolaire allemande en Alsace-Lorraine (1870-1871). De la confessionnalisation à la loi Falloux », *op. cit.*, pp. 268 sqq.
496. Texte de la *Loi du 31 mai 1911 sur la Constitution d'Alsace-Lorraine*, traduite in : Ministère de la Guerre - État-Major général (2ᵉ bureau) *Organisation politique et administrative et législation de l'Alsace-Lorraine*. 2ᵉ partie : *Textes législatifs traduits et annotés*. Tome 1 : *Organisation politique et administrative, op. cit.*, pp. 24-32 (p. 31).
497. *Cf.* RIMMELE Eva *Sprachenpolitik im Deutschen Kaiserreich vor 1914, op. cit.*, p. 72 et note 285.
498. *Regulativ für die Elementarschule* vom 4 Januar 1874, § 6 : « Die Unterrichtssprache ist die deutsche. Innerhalb des französischen und gemischten Sprachgebiets, dessen Abgrenzung für diesen Zweck dem Oberpräsidenten zusteht, darf nach des letzteren näherer Bestimmung der Unterricht in solchen Klassen, deren Schüler sämtlich französisch als Muttersprache reden, in französischer Sprache erteilt werden. In solchen Klassen im französischen und gemischten Sprachgebiet […], deren Schüler zum Teil deutsch, zum Teil französisch als Muttersprache reden, regelt der Oberpräsident die Unterrichtssprache mit Maßgabe der Verhältnisse. […] », reproduit in BLUM H. (éd.) *Gesetze, Verordnungen und Verfügungen betreffend das niedere Unterrichtswesen in Elsaß-Lothringen*, 2. Umgearbeitete und vermehrte Auflage, Straßburg 1903, Friedrich Bull, pp. 11-12 ; *cf.* aussi LÉVY II 379, qui reproduit une partie des dispositions de ce *Regulativ*.
499. *Cf.* LÉVY II 382 : dans le district de la Basse-Alsace, 33 communes (environ 48 000 habitants) sont concernées, en Haute-Alsace, il s'agit de 24 communes (environ 37 000 habitants) ; soit 57 communes (environ 85 000 habitants) au total. En Lorraine, le problème se pose très différemment, avec 378 communes (environ 218 000 habitants) touchées par ces mesures.
500. PHILIPPS Eugène *Les luttes linguistiques en Alsace jusqu'en 1945, op. cit.*, pp. 141-143 ; pp. 333-334, notes 155, 156, 157 et 158.
501. *Cf.* RIMMELE Eva *Sprachenpolitik im Deutschen Kaiserreich vor 1914, op. cit.*, p. 66 : « Für viele Altdeutsche war es selbstverständlich, daß „die deutsche Sprache wieder in ihr altes, ihr nur entzogenes Recht wiedereingesetzt" werde. »
502. PHILIPPS Eugène *Les luttes linguistiques en Alsace jusqu'en 1945, op. cit.*, p. 146 ; ROSSÉ J., STÜRMEL M., BLEICHER A., DEIBER F. et KEPPI J. (éds) *Das Elsass von 1870-1932*, III. Band *Geschichte der kulturellen und religiösen Entwicklung*, Colmar s.d., Alsatia, pp. 58-59 et p. 59, note 41.
503. *Cf.* les débats relatés par LÉVY II 448-449.
504. *Cf.* l'évocation de LÉVY II 471-473.
505. Texte de la déclaration que lit le président du conseil supérieur des écoles Paul Albrecht, cité in LÉVY II 465-466. RIMMELE Eva *Sprachenpolitik im Deutschen Kaiserreich vor 1914, op. cit.*, pp. 75 sqq., détaille d'autres prises de positions et débats, notamment au *Reichstag*. Voir aussi les enjeux politiques et culturels évoqués par IGERSHEIM François *L'Alsace des notables 1870-1914. La bourgeoisie et le peuple alsacien, op. cit.*, pp. 134-137.
506. *Cf.* LÉVY II 383-385.
507. *Cf.* ARETIN Felicitas von « Erziehung zum Hurrapatrioten ? Überlegungen zur Schulpolitik des Oberschulrates im Reichsland Elsaß-Lothringen 1871-1914 », in ARA Angelo et KOLB Eberhard (éds) *Grenzregionen im Zeitalter der Nationalismen : Elsaß-Lothringen/Trient-Triest, 1870-1914*, Berlin 1998, Duncker & Humblot (Schriften des Italienisch-Deutschen Historischen Instituts in Trient, Band 12), pp. 91-113 : « Die deutsche Schulverwaltung hat sich um die Integration der Sekundärschüler besonders bemüht, was in einer rücksichtsvollen, an den Bedürfnissen der Bevölkerung orientierten Politik zum Ausdruck kam. […] In den Anfangsjahren konnte ein Französisch sprechender Schüler ein fast ausschließlich in Französisch abgelegtes Examen machen. » (p. 98).
508. « Die Unterrichtssprache in allen höheren Schulen ist die deutsche »,

477

§ 10 du *Regulativ für die höheren Lehranstalten in Elsass-Lothringen* du 10 juilllet 1873, cité par LÉVY II 392-393.

509. Circulaire n°293 du 9 mars 1891 : « Die wesentliche Aufgabe des französischen Unterrichts kann nach seiner ganzen Stellung im Gymnasiallehrplan weder die logische Durchbildung des Schülers noch seine Einführung in das Geistesleben des französischen Volks sein, sondern ist der Gewöhnung des Schülers an eine gesprochene Fremdsprache zu suchen », cité in LÉVY II 392.

510. Par exemple, le pasteur protestant et journaliste Hans Spieser – d'origine alsacienne, mais nationaliste en diable – s'attaque, encore en 1913, à l'apprentissage du français dans le chapitre « Fremdsprachen und deutsche Erziehung » de son opuscule *Gedanken eines Altelsässers. Deutschlands Unfähigkeit, das Elsaß zu entwelschen*, Berlin-Steglitz 1913, Scheffer, pp. 101-108, et stigmatisant le français qui prétend être la langue de « la » culture, aux yeux d'une partie de l'élite allemande. Il dénonce cet état de fait comme une « escroquerie pédagogique » (« Bildungsschwindel ») dont la jeunesse fait les frais (p. 103, p. 108).

511. LÉVY II 388-389 et RIMMELE Eva *Sprachenpolitik im Deutschen Kaiserreich vor 1914, op. cit.*, pp. 68-70, en citent un certain nombre ; *cf.* également BLUM H. (éd.) *Gesetze, Verordnungen und Verfügungen betreffend das niedere Unterrichtswesen in Elsaß-Lothringen, op. cit., passim*, qui contient un nombre important de textes concernant les pensionnats de jeunes filles où les problèmes de langues sont explicitement ou implicitement présents.

512. Reproduit in BLUM H. (éd.) *Gesetze, Verordnungen und Verfügungen betreffend das niedere Unterrichtswesen in Elsaß-Lothringen, op. cit.*, pp. 97-98, § 3 : « Im übrigen [en dehors de l'enseignement du français et de l'anglais] ist die deutsche Sprache in allen Klassen und in allen Lehrfächern die Unterrichtssprache. » (p. 98) ; *cf.* LÉVY II 388.

513. *Cf.* RIMMELE Eva *Sprachenpolitik im Deutschen Kaiserreich vor 1914, op. cit.*, p. 70.

514. VOGLER Bernard *Histoire culturelle de l'Alsace, op. cit.*, p. 365.

515. Texte de l'ordonnance traduit in : Ministère de la Guerre - État-Major général (2e bureau) *Organisation politique et administrative et législation de l'Alsace-Lorraine.* 2e partie : *Textes législatifs traduits et annotés.* Tome 1 : *Organisation politique et administrative, op. cit.*, pp. 301-302.

516. Cité d'après LÉVY Paul *Die Verwertung der Mundarten im Deutschunterrichte höherer Lehranstalten unter besonderer Berücksichtigung des Elsässischen*, Leipzig und Berlin 1913, Teubner, p. 5 : « Es ist zu wünschen, daß der Deutschlehrer die elsässische Mundart studiere, um sich derselben als Anknüpfungspunkt beim Unterricht jüngerer Schüler zu bedienen. Dagegen ist der Dialekt an sich in den höheren Schulen nicht zu pflegen ; vielmehr wird überall von dem Schüler ein mustergültiges Schriftdeutsch gefordert. »

517. *Cf.* LÉVY Paul *Die Verwertung der Mundarten im Deutschunterrichte höherer Lehranstalten unterbesonderer Berücksichtigung des Elsässischen, op. cit.*, p. 6 : « Der Unterricht in der deutschen Sprachlehre soll die Schüler dazu anleiten, das Deutsche nicht als eine tote Büchersprache, sondern als eine geschichtlich gewordene, stetig sich fortentwickelnde, lebendige Sprache anzusehen ; darum soll der Unterricht mehr als bisher an die heimischen Mundarten anknüpfen. »

518. *Cf.* MENGES Heinrich *Volksmundart und Volksschule im Elsaß*, Gebweiler 1893, Boltze'sche Buchhandlung, p. VI (l'auteur cite Rudolf Hildebrand). Il ajoute, p. 11 : « Die deutsche Schriftsprache muß auch in der Volksschule des Elsaß die allgemeine Schulsprache und der besondere *Gegenstand des deutschen Unterrichts* sein und bleiben, und zwar aus praktischen, idealen und nationalen Gründen. » (Les mises en relief sont de Menges.)

519. Sur le rôle et la place emblématique et politique de l'Université, *cf.* JONAS Stéphane, GERARD Annelise, DENIS Marie-Noëlle et WEIDMANN Francis *Strasbourg, capitale du Reichsland Alsace-Lorraine et sa nouvelle université, 1871-1918*, Strasbourg 1995, Oberlin.

520. Tableau élaboré à partir des données fournies par WAHL Alfred « L'immigration allemande en Alsace-Lorraine entre 1871 et 1918 », *op. cit.*, p. 206.

521. WAHL Alfred et RICHEZ Jean-Claude *La vie quotidienne en Alsace entre France et Allemagne, op. cit.*, pp. 101-102.

522. *Cf.* LÉVY II 344.

523. Sur l'ensemble des questions soulevées par ces couples mixtes, voir l'étude très nuancée de UBERFILL François *La société strasbourgeoise entre France et Allemagne (1871-1924), op. cit., passim*.

524. WAHL Alfred « L'immigration allemande en Alsace-Lorraine entre 1871 et 1918 », *op. cit.*, p. 214 qui souligne la difficulté méthodologique de déterminer parmi les Alsaciens-Lorrains la part respective des autochtones et des sujets nés en Alsace-Lorraine de parents nés dans d'autres États de l'Empire.

525. WAHL Alfred « L'immigration allemande en Alsace-Lorraine entre 1871 et 1918 », *op. cit.*, pp. 214-215 ; *cf.* UBERFILL François *La société strasbourgeoise entre France et Allemagne (1871-1924), op. cit.*, p. 187.

526. WAHL Alfred et RICHEZ Jean-Claude *La vie quotidienne en Alsace entre France et Allemagne, op. cit.*, pp. 71-72.

527. *Ibid.*, pp. 318-319.

528. Synthèse effectuée à partir des données fournies par LÉVY II 423 et ROSSE J., STÜRMEL M., BLEICHER A., DEIBER F. et KEPPI J. (éds) *Das Elsass von 1870-1932*, IV. Band, *op. cit.*, p. 198.

529. Dans son commentaire pour le recensement de 1905, le bureau des statistiques rappelle que lors des recensements de 1900 et de 1905, les personnes recensées ont dû indiquer leur « langue maternelle ». Il fait observer que la notion de « langue maternelle » n'a pas été expliquée, ce qui lui paraît regrettable. Il propose que soit considérée comme telle la langue dans laquelle le recensé est le plus à l'aise et dans laquelle il pense. *Cf.* Statistisches Bureau für Elsaß-Lothringen (éd.) *Die Bevölkerung Elsaß-Lothringens nach den Ergebnissen der Volkszählung vom 1. Dezember 1905 und der früheren Zählungen. A. Textlicher Teil*, Straßburg 1908, M. DuMont Schauenberg, p. 93.

530. *Cf.* LÉVY II 424-425.

531. Statistisches Bureau für Elsaß-Lothringen (éd.) *Die Bevölkerung Elsaß-Lothringens nach den Ergebnissen der Volkszählung vom 1. Dezember 1905 und der früheren Zählungen. A. Textlicher Teil, op. cit.*, p. 98 : « Besonders groß ist das Vorwiegen französisch sprechender Frauen in den Städten. »

532. À partir des données publiées par le Statistisches Bureau für Elsaß-Lothringen (éd.) *Die Bevölkerung Elsaß-Lothringens nach den Ergebnissen der Volkszählung vom 1. Dezember 1905 und der früheren Zählungen. A. Textlicher Teil, op. cit.*, p. 98.

533. C'est l'hypothèse qu'avancent ROSSE J., STÜRMEL M., BLEICHER A., DEIBER F. et KEPPI J. (éds) *Das Elsass von 1870-1932*, III. Band *Geschichte der kulturellen und religiösen Entwicklung, op. cit.*, p. 62.

534. Les cantons dont le taux de personnes ayant indiqué le français comme langue maternelle est supérieur à 2 % se répartissent ainsi : (l'astérisque indique un canton qui compte traditionnellement – et non nécessairement administrativement – des locuteurs de parlers romans).

CANTON	1900	1905
Lapoutroie*	92,27 %	93,35 %
Saales*	87,51 %	85,41 %
Schirmeck*	74,53 %	74,20 %
Sainte-Marie-aux-Mines*	43,29 %	44,28 %
Villé*	28,56 %	28,55 %
Dannemarie*	14,33 %	14,18 %
Ferrette*	5,31 %	5,42 %
Molsheim*	4,42 %	4,40 %
Mulhouse-nord	3,19 %	3,02 %
Colmar	3,11 %	2,86 %
Hirsingue	1,97 %	2,69 %
Mulhouse-sud	2,47 %	2,41 %
Strasbourg	1,90 %	2,15 %

Synthèse établie d'après les données du Statistisches Bureau für Elsaß-Lothringen (éd.) *Die Bevölkerung Elsaß-Lothringens nach den Ergebnissen der Volkszählung vom 1. Dezember 1905 und der früheren Zählungen. A. Textlicher Teil, op. cit.*, p. 101. Solbach (canton de Schirmeck) reste la seule commune alsacienne sans habitant de langue allemande (*cf.* LÉVY II 431).

535. Les situations peuvent être nettement plus complexes, selon les endroits, les situations, les contacts, les âges... Robert Will raconte comment les choses se passaient dans la cour du Gymnase protestant de Strasbourg dans les années 1880 : « M'r han unter uns Strossburjer Dytsch oder Franzoesch gebabbelt. [...] 's sin jo au e paar Schowebuewle unter uns erumgeloffe, meischt Kinder vun vornehme Lyt, Professers- un Generalssoehn [...]. [Manchi], wie d'r Foerster Hans, im Seminar-Direkter syner Bue, han sich meh uns assimiliert as mier ihne, un der Gaertig, e Majorssohn, het noch zwei Johr Gymnase Elsaessisch parliert, so gut as einer üs'm Finkwiller. » (WILL Robert *Steckelburi vun zellemols*, Strasbourg 1947, Éditions Oberlin, p. 62).
536. *Cf.* LÉVY II 396.
537. VOGLER Bernard *Histoire culturelle de l'Alsace, op. cit.*, p. 370. Le français peut aussi être à la fois langue pour partie familiale et langue d'usage pour des raisons d'appartenance sociale et de choix politique, sans que l'allemand standard ou le dialecte soient ignorés, comme le montre l'exemple de Hugo Haug (1865-1948), secrétaire général de la Chambre de commerce de Strasbourg à partir de 1892; *cf.* MEYER Anne-Doris *Au service de l'Alsace. Lettres d'Hugo Haug à Henri Albert (1904-1914)*, Strasbourg 2010, Publications de la Société savante d'Alsace / Musées de la Ville de Strasbourg, coll. « Recherches et documents » tome 81.
538. *Cf.* LÉVY II 459.
539. EHRLICH Ernst Traugott [= SPIESER Hans] *Deutschlands Unfähigkeit, das Elsaß zu entwelschen*, Zürich 1909, Speidel.
540. *Cf.* MAGENAU Doris *Die Besonderheiten der deutschen Schriftsprache im Elsaß und in Lothringen, op. cit.*, qui ne constate pas de différences entre la presse purement régionale et la presse allemande en général, à l'exception du *Courrier du Bas-Rhin* et de *Der Elsässer* dans les premiers temps après 1871, qui gardent encore des traces linguistiques françaises (p. 15 et *passim*).
541. Sur Lustig, voir GALL Jean-Marie *Le théâtre populaire alsacien au XIXe siècle, op. cit.*, pp. 99-133. Œuvre : LUSTIG August *Gedichte in oberelsässischer Mundart*, Mülhausen i. Els. 1904, J. Brinkmann et LUSTIG August *Sämtliche Werke. Zweiter Band : Theater*, s.l.n.d., J. Brinkmann.
542. KETTNER Ch. F. *D'Maiselocker. Lustspiel in drei Akten*, Straßburg 1877, Noiriel.
543. Il est vrai que Hirtz avait d'abord été militaire. Il devint ensuite percepteur.
544. Sur Friedrich Lienhard, voir, par exemple, ERTZ Michel *Friedrich Lienhard und René Schickele. Elsässische Literaten zwischen Deutschland und Frankreich*, Hildesheim, Zürich, New York 1990, Olms, pp. 28-139.
545. Charles Spindler (1865-1938) est peintre, mais reste essentiellement connu pour ses marqueteries. Animateur du cercle d'artisans et d'artistes de Saint-Léonard, il crée avec Laugel la *Revue alsacienne Illustrée* en 1898. (*cf.* MARTIN Étienne « SPINDLER Charles Marie Joseph » in *Nouveau dictionnaire de biographie alsacienne*, fascicule 35, Strasbourg 2000, p. 3700).
546. Anselme Laugel (1851-1928) est élu de 1897 à 1912 député au *Bezirkstag*. Il est également député au *Landesausschuß* de 1900 à 1911. Francophile mais partisan d'une Alsace-Lorraine indépendante (1908), il joue un rôle important comme mécène du mouvement culturel alsacien, anime avec Charles Spindler le cercle artistique de Saint-Léonard et fonde avec lui la *Revue alsacienne illustrée* en 1898. Il participe aussi à la fondation du Musée alsacien et au lancement du Théâtre Alsacien de Strasbourg (T.A.S.) (*cf.* BAECHLER Christian « LAUGEL Marie Anselme Victor Henri » in *Nouveau dictionnaire de biographie alsacienne*, fascicule 23, Strasbourg 1994, pp. 2235-2236, et IGERSHEIM François *L'Alsace des notables 1870-1914, op. cit.*, pp. 269-270).
547. Sur le rôle de la *Revue*, *cf.* RICHEZ Jean-Claude « L'Alsace revue et inventée », in *Saisons d'Alsace* 119/printemps 1993, pp. 83-93.
548. L'abbé Delsor (1847-1927) est journaliste et homme politique; député au *Reichstag* de 1898 à 1918, il fait montre d'une francophilie sans faille (*cf.* BAECHLER Christian « DELSOR Nicolas » in *Nouveau dictionnaire de biographie alsacienne*, fascicule 7, Strasbourg 1985, pp. 612-613).
549. Charles Hauss (1871-1925), un moment proche de Delsor, est journaliste et exerce plusieurs mandats politiques. Il fut également l'un des membres fondateurs du Théâtre Alsacien de Strasbourg (T.A.S.), dont il restera le sous-directeur de 1901 à 1925. Son adaptation en dialecte de *l'Ami Fritz* d'Erckmann-Chatrian fut la première pièce jouée par le T.A.S. nouvellement créé. (*cf.* BAECHLER Christian « HAUSS Jean Charles René » in *Nouveau dictionnaire de biographie alsacienne*, fascicule 15, Strasbourg 1989, pp. 1451-1452).
550. Journaliste et homme politique, Thomas Seltz (1872-1959), profondément francophile, contribuera à faire connaître des auteurs alsaciens comme les frères Matthis, Friedrich Lienhard ou René Schickele (*cf.* BAECHLER Christian « SELTZ Thomas » in *Nouveau dictionnaire de biographie alsacienne*, fascicule 35, Strasbourg 2000, pp. 3616-3617).
551. IGERSHEIM François *L'Alsace des notables 1870-1914. La bourgeoisie et le peuple alsacien, op. cit.*, pp. 86-87.
552. L'histoire du T.A.S. est relatée par GALL Jean-Marie « Le Théâtre Alsacien de Strasbourg, 1898-1998 » in *E.T.S.-T.A.S. : 1898-1998 Hundert Johr Elsässischs Theater Strossburi/ Les cent ans du Théâtre Alsacien de Strasbourg*, Strasbourg 1998, Oberlin, pp. 15-67.
553. *Cf.* HUCK Dominique « *D'r Herr Maire* (1898) de Gustave Stoskopf. Entre ethnologie et littérature : les Alsaciens en auto-représentation », in *Recherches germaniques* 28, Strasbourg 1998, pp. 163-190.
554. Sur l'écriture de certains fondateurs du T.A.S. (Stoskopf, Greber et Bastian), *cf.* HUCK Dominique « Le Théâtre Alsacien de Strasbourg et la production dramaturgique de ses fondateurs (1898-1914) », in BENAY Jeanne et LEVERATTO Jean-Marc (études réunies par) *Culture et histoire des spectacles en Alsace et en Lorraine. De l'annexion à la décentralisation (1871-1946)*, Bern 2005, Peter Lang (collection « Convergences » vol. 39), pp. 197-222.
555. *Cf.* WAHL Alfred et RICHEZ Jean-Claude *La vie quotidienne en Alsace entre France et Allemagne, op. cit.*, p. 237 : « Cette action culturelle dia-

LES LANGUES DE L'ALSACE

lectale eut bien une fonction politique. Elle permit à la bourgeoisie alsacienne d'imposer à une population l'idée d'un peuple uni grâce à l'existence d'un parler propre.»

556. IGERSHEIM François *L'Alsace des notables 1870-1914. La bourgeoisie et le peuple alsacien, op. cit.*, p. 202.
557. *Cf.*, par exemple, pour le sud de la France, divers mouvements dont le «Félibrige» sera le plus célèbre; *cf.* PASQUINI Pierre *Les Pays des parlers perdus*, Montpellier 1994, Presses du Languedoc, en particulier le chapitre 3, pp. 93-146.
558. *Cf.* GRUBER Carl *Zeitgenössische Dichtung des Elsasses*, Strassburg 1905, Ludolf Beust, p. LXVI.
559. Selon le mot de Carl Gruber (*cf. Zeitgenössische Dichtung des Elsasses, op. cit.*, p. LXV).
560. Propos de Karl Storck, en 1899, cité par LUTZ Desire «Das elsässische Theater, seine Entwicklung und seine Literatur», in WOLFRAM Georg (éd.) *Das Reichsland Elsass-Lothringen 1871-1918*, Band III: *Wissenschaft, Kunst und Literatur in Elsass-Lothringen 1871-1918*, Frankfurt am Main 1934, Selbstverlag des Elsass-lothringischen-Instituts, pp. 207-225 (p. 213).
561. *Cf.* PETRY François (catalogue réalisé sous la dir.) *Le monde fraternel d'Albert et d'Adolphe Matthis. Strasbourg et l'Alsace de 1890 à 1940*, Strasbourg 2006, Bibliothèque nationale et universitaire de Strasbourg.
562. On leur prête le mot suivant: «Mer kann alles saawe, wemm'r s kann.»
563. Une vue d'ensemble de leur œuvre: MATTHIS Albert et Adolphe *Bissali*. Augmenté d'un choix d'*Aephai*, de *Fülefüte* et d'inédits pour le 35ᵉ anniversaire de la première édition avec une introduction et des notes par Alfred Schlagdenhauffen, Strasbourg 1958, Publications de la Faculté des Lettres de l'Université de Strasbourg.
564. *Cf.* FICHTER Charles *René Schickele et l'Alsace jusqu'en 1914*, s.l.n.d. [Obernai 1980], Imprimerie Gyss.
565. Bonne vue d'ensemble des productions proposée par: WACKENHEIM Auguste *La littérature dialectale alsacienne. Une anthologie illustrée*, tome 3: *La période allemande (1870-1918)*, Paris 1997, Prat-Éditions; un aperçu descriptif global de la littérature en Alsace a été rédigé par BRAUN Jean «La littérature d'expression allemande et dialectale de 1870 à 1918» in *Les Lettres en Alsace, op. cit.*, pp. 369-383.
566. Franz Schultz note ironiquement à ce propos: «Unbestreitbar bleibt die Tatsache, daß die Dialektdichtung besonders in den altdeutschen Kreisen beliebt wurde. [...] Die psychologischen Faktoren, die das Interesse der schriftlich bedingten Oberschicht, der „Gebildeten", an mundartlicher Dichtung bestimmen, sind noch niemals genügend aufgehellt worden. [...] Mancherlei scheint bei dieser heimlichen und ausgesprochenen Neigung des Gebildeten für die mundartliche Dichtung zusammenzuwirken: ein gewisser romantischer Hang zum vermeintlich Unverbildeten und Primitiven, zu einer naiven Menschheit und ihren Ausdrucksformen, Erinnerungen an gewisse erfrischende Berührungen mit diesem Urtümlichen und Heimathaften; vor allem sind es die Laute und Formen der Mundart selber, die, ohne daß die eigentliche Bezogenheit des Inhaltes genauer nachgeprüft wird, den gebildeten Leser und Hörer in ein überalltägliches oder vielmehr untertägliches Reich versetzen, das für ihn willkommene Flucht aus dem gewöhnlichen Dasein, gleichsam Rückkehr zur „Natur" bedeutet.» (SCHULTZ Franz «Das literarische Leben in Elsaß-Lothringen von 1871-1918», in WOLFRAM Georg (éd.) *Das Reichsland Elsaß-Lothringen 1871-1918*, Bd. III: *Wissenschaft, Kunst und Literatur in Elsaß-Lothringen 1871-1918, op. cit.*, pp. 139-206; p. 187).
567. *Cf.* Georges Bischoff et Jean-Claude Richez dans leurs articles fort éclairants: BISCHOFF Georges, «L'invention de l'Alsace», *op. cit.*; RICHEZ Jean-Claude «L'Alsace revue et inventée», *op. cit.*
568. WAHL Alfred et RICHEZ Jean-Claude *La vie quotidienne en Alsace entre France et Allemagne, op. cit.*, pp. 234-235. Mais cette focalisation sur l'Alsace est sans doute déjà dans l'air du temps. Dans son livre de souvenirs, Jean Schörlin raconte que l'inspecteur de l'enseignement primaire lui demande, en décembre 1871, pourquoi il n'a pas émigré en France comme un certain nombre de ses collègues. La première raison qu'il donne à l'inspecteur est d'ordre familial: il ne voulait pas abandonner sa famille. Puis il poursuit: «Es fehlt mr gewiss o nit an Patriotismus, aber mi Vaterland isch 's Elsass, ob's o jetz zue Ditschlang un nimmi zue Frankrich ghört, was jo nit vo mir abhangt, un Elsasser will-i bliebe mi Lebe un Sterbe. Das isch geit mi Vadderlandsliebe!» (*cf.* [SCHÖRLIN Johannes] *Neuwilditsch. Us em Lebeslauf vo mim alte Schuelmeischter, op. cit.*, p. 106).
569. LIENHARD Friedrich, PFITZNER Hans et SPINDLER Carl (éds) *Der elsaessische Garten. Ein Buch von unsres Landes Art und Kunst*, Straßburg 1912, Karl J. Trübner.
570. Cette attitude n'est pas propre au domaine des langues. Robert Heitz, peu suspect de germanophilie, raconte diverses anecdotes sur le «libéralisme relatif» du Deuxième Reich par rapport à la IIIᵉ République, *cf.* HEITZ Robert *Souvenirs de jadis et naguère*, Woerth 1963, chez l'auteur, pp. 77-80.
571. *Cf.* VOGLER Bernard (dir.) *L'Alsace, une Histoire, op. cit.*, p. 166.
572. LÉVY II 487-488 reproduit un certain nombre de proclamations des autorités militaires.
573. Cité d'après LAUNAY Michel *Versailles, une paix bâclée?*, Bruxelles 1999, Complexes (1ʳᵉ éd.: 1981), p. 22.
574. L'entrée progressive des troupes françaises et l'accueil qui leur est réservé ont fait l'objet de nombreuses publications. Particulièrement représentatif de la lecture patriotique des événements: BEHE Martin *Heures inoubliables. Recueil des relations des fêtes de libération, des discours prononcés dans plus de 80 villes et villages d'Alsace et Lorraine en novembre et décembre 1918 et des impressions personnelles des maréchaux et généraux*, Strasbourg, Nancy, Paris 1920, Le Roux, Berger-Levrault.
575. Comme dans de nombreuses villes allemandes, des «Conseils de soldats» (Soldatenräte) se constituent à Strasbourg, mais aussi ailleurs en Alsace, dans une atmosphère insurrectionnelle. *Cf.* RICHEZ Jean-Claude «La Révolution de novembre dans les petites villes et les campagnes alsaciennes» in *Revue d'Alsace* 1981, tome 107, pp. 153-168; RICHEZ Jean-Claude «November Revolution» (dossier) in *De Budderflade* Nr. 15 (1978), pp. 31-39; HEITZ Robert «La "Révolution" strasbourgeoise de novembre 1918. Témoignage vécu» in *L'Alsace contemporaine. Études politiques, économiques, sociales*, Strasbourg - Paris 1950, F.-X. Le Roux, pp. 373-382.
576. *Cf.* WAHL Alfred et RICHEZ Jean-Claude *La vie quotidienne en Alsace entre France et Allemagne, op. cit.*, pp. 248-249.
577. Partie du traité concernant l'ancien *Reichsland* reproduit in ROSSE J., STÜRMEL M., BLEICHER A., DEIBER F. et KEPPI J. (éds) *Das Elsass von 1870-1932*, IV. Band, *op. cit.*, pp. 381-390, (p. 381).
578. Sur les expulsions et sur l'épuration qui suivent l'armistice, voir l'étude détaillée de UBERFILL François *La société strasbourgeoise entre France et Allemagne (1871-1924), op. cit.*, pp. 191 sqq.
579. *Cf.* WAHL Alfred et RICHEZ Jean-Claude *La vie quotidienne en Alsace entre France et Allemagne, op. cit.*, pp. 118-119. Koch propose une estimation d'environ 80 000 personnes, dont plus des deux tiers pour le Bas-Rhin, *cf.* KOCH Marcel «Les mouvements de la population» in Comité alsacien d'études et d'informations *L'Alsace depuis son retour à la France*, Tome premier, Strasbourg 1932, pp. 335-352

NOTES

(p. 338). Dans sa thèse, François Uberfill se range également à l'estimation faite au début des années 1930 : environ 128 000 Allemands ont été expulsés ou sont partis, dont 16 500 employés et ouvriers des chemins de fer. (*cf.* UBERFILL François *La société strasbourgeoise entre France et Allemagne (1871-1924)*, *op. cit.*, p. 225).

580. L'Église catholique est peu touchée par le phénomène : une quinzaine de prêtres (sur les 700 que compte le diocèse) sont de nationalité allemande. L'Église luthérienne, en revanche, dispose de 30 pasteurs de nationalité allemande sur un effectif de 200 environ. Quelques-uns, mariés avec des Alsaciennes, ont demandé et obtenu la nationalité française. Mais 41 pasteurs ont quitté l'Alsace pour l'Allemagne, dont 11 Alsaciens. Storne-Sengel fait une estimation supérieure (avec l'inclusion du département de la Moselle, il est vrai) : elle décompte le départ de 75 pasteurs (non compris les professeurs de la faculté de théologie protestante et les postes non paroissiaux), 46 pasteurs luthériens et 29 réformés, soit 27 % des 281 pasteurs en exercice (STORNE-SENGEL Catherine *Les protestants d'Alsace-Lorraine de 1919 à 1939 : entre les deux règnes*, Strasbourg 2003, Publications de la Société savante d'Alsace, coll. « Recherches et documents », tome 71, pp. 34, 36.) « Ils n'aimaient pas la France [...] et pensaient ne jamais pouvoir l'aimer. » (ALTORFFER Ch. « Les cultes » in : Comité alsacien d'études et d'informations *L'Alsace depuis son retour à la France*, Tome premier, *op. cit.*, pp. 43-65 [pp. 61, 62]). La langue de culte restant essentiellement l'allemand, au moins dans l'église luthérienne, cette dernière aura du mal à trouver des pasteurs. Les cultes réformé et israélite sont également touchés par les problèmes de recrutement, mais dans une moindre mesure. Ces difficultés sont liées aux restrictions imposées par la loi. Pour les ministres du culte catholiques, l'article 32 de la loi du 18 germinal an X dispose « qu'aucun étranger ne pourra être employé dans les fonctions du ministère ecclésiastique, sans la permission du gouvernement. » L'article 1er des articles organiques des cultes protestants, plus restrictif, dispose que « nul ne pourra exercer les fonctions du culte s'il n'est Français. » Ces dispositions sont également prévues par l'article 57 de l'Ordonnance du 25 mai 1844 concernant le culte israélite : « Nul ne peut être nommé Grand Rabbin, rabbin communal, ministre-officiant, s'il n'est Français. ». (ALTORFFER Ch. « Les cultes » in : Comité alsacien d'études et d'informations *L'Alsace depuis son retour à la France*, Tome premier, *op. cit.*, pp. 59 et 64).

581. *Cf.* OUALID William « Les étrangers en Alsace » in : Comité alsacien d'études et d'informations *L'Alsace depuis son retour à la France*, Tome premier, *op. cit.*, pp. 572-581 (p. 577), qui rappelle, à la fin des années vingt, que pour une population étrangère d'environ 77 000 personnes, 33 000 sont d'origine allemande. En ce qui concerne les Allemands naturalisés, Koch commente le fait ainsi : « Notons qu'une proportion relativement importante des Allemands domiciliés en Alsace en 1913 se sont fait naturaliser Français en vertu des stipulations du Traité de Paix. Ils ne figurent donc pas dans les statistiques comme étrangers, et ce sont pourtant quelquefois des éléments plus dangereux pour la sécurité nationale que des étrangers recensés comme tels. » (KOCH Marcel « Les mouvements de la population » in : Comité alsacien d'études et d'informations *L'Alsace depuis son retour à la France*, Tome premier, *op. cit.*, p. 339).

582. *Cf.* WAHL Alfred et RICHEZ Jean-Claude *La vie quotidienne en Alsace entre France et Allemagne*, *op. cit.*, p. 118.

583. Chiffres proposés par MAUGUE Pierre *Le particularisme alsacien 1918-1967*, Paris 1970, Presses d'Europe, p. 47, mais sans indication de sources. *Cf.* REYMOND François *Le problème de la langue française en Alsace*, ENA, Section Administration générale, mémoire de stage, décembre 1952, Strasbourg (ADBR 589D155) : dans son annexe IV, il mentionne également qu'en 1914, 92 % de la population ne sont pas capables de comprendre ou de parler le français, mais n'indique pas de source.

584. Cité par INSEE *Aspects particuliers des populations alsacienne et mosellane. Langues - Personnes déplacées - Religions*, Paris 1956 (Études et documents démographiques n° 7), p. 8. Les données quantitatives ont été calculées à partir des chiffres bruts publiés par ROSSE J., STÜRMEL M., BLEICHER A., DEIBER F. et KEPPI J. (éds) *Das Elsass von 1870-1932*, IV. Band, Colmar 1938, Verlag Alsatia., p. 198, tableau 95 Synthèse établie d'après les données publiées in ROSSE J., STÜRMEL M., BLEICHER A., DEIBER F. et KEPPI J. (éds) *Das Elsass von 1870-1932*, IV. Band, *op. cit.*, p. 198, tableau 94.

585. Les militaires représentaient 1,76 % de la population en 1921 et 1,45 % de la population en 1926 (données établies d'après les chiffres publiés par ROSSE J., STÜRMEL M., BLEICHER A., DEIBER F. et KEPPI J. [éds] *Das Elsass von 1870-1932*, IV. Band, *op. cit.*, p. 43).

586. Reproduit in ROSSE J., STÜRMEL M., BLEICHER A., DEIBER F. et KEPPI J. (éds) *Das Elsass von 1870-1932*, I. Band, Colmar s.d., Alsatia., p. 651.

587. ROSSE J., STÜRMEL M., BLEICHER A., DEIBER F. et KEPPI J. (éds) *Das Elsass von 1870-1932*, I. Band, *op. cit.*, pp. 651-655, en reproduit un certain nombre (Président Poincaré en 1915, Deschanel, Président de la Chambre, en 1918, Maréchal Pétain en 1918, Général Gouraud en 1918, Édouard Herriot en 1918, le Commissaire général Millerand en 1919, etc.).

588. Les tâches de la Conférence sont définies lors de la première séance (10 février 1915) : « Préparer les documents, étudier les solutions en vue du régime administratif futur de l'Alsace-Lorraine réunie à la France. [...] La réunion de l'Alsace-Lorraine à la France soulève des questions nombreuses et délicates, personne ne peut songer à appliquer, sans délai ni adaptation, la législation et le régime administratif français aux territoires recouvrés. Les Alsaciens tiennent à leurs traditions, à leurs coutumes, qui leur ont permis de conserver leur intégrité et leur indépendance sous la domination allemande. » (Conférence d'Alsace-Lorraine *Procès verbaux*, Paris, Imprimerie Nationale, Tome 1 : 1917, pp. 1-2).

589. WITT-GUIZOT François de « Introduction » in : Comité alsacien d'études et d'informations *L'Alsace depuis son retour à la France*, Strasbourg. Tome premier, *op. cit.*, pp. 7-20 ; p. 11 : « On [lui] doit de beaux travaux, d'utiles conseils et des vues d'avenir auxquelles les pouvoirs publics ne se sont malheureusement pas rangés. »

590. *Ibid.* : « Bien que la restitution de l'Alsace par l'Allemagne figurât officiellement dans les buts de guerre publiés par les Alliés, ce ne fut pourtant que vers le mois d'août 1918, après l'offensive de Champagne, que le gouvernement français se préoccupa effectivement de l'éventualité prochaine du retour des départements arrachés en 1871, ainsi que du recrutement du personnel technique nécessaire pour les administrer. Il semble bien que, les événements aient marché plus vite que les prévisions et qu'il fallut, en face des faits, recourir à des improvisations auxquelles la révolution allemande et le départ d'Alsace de la majeure partie des fonctionnaires d'origine germanique devaient bientôt donner un caractère d'extrême urgence. »

591. *Cf.* DREYFUS François G. *La vie politique en Alsace 1919-1936*, Paris 1969, Armand Colin, p. 29 ; pour le domaine éducatif, Jean-Marie Gillig montre l'ampleur de la méconnaissance des réalités et des textes réglé-

mentaires en vigueur que manifestent les membres alsaciens de la Conférence (*cf.* GILLIG Jean-Marie *La question scolaire en Alsace de 1918 à 1939. Confessionnalisme et bilinguisme à l'école primaire*, [Strasbourg] 1979, Université des sciences humaines, thèse pour le doctorat de 3e cycle, tome I, pp. 50 *sqq.*).
592. BAAS Geneviève *Le malaise alsacien 1919-1924*, Strasbourg 1972, Développement et Communauté, p. 29.
593. «Arrêté déclarant la langue française langue judiciaire en Alsace et en Lorraine et relatif à diverses formalités judiciaires» in *Bulletin officiel d'Alsace et de Lorraine* n° 6, 17 février 1919, pp. 116-117. Voir aussi le plaidoyer *pro domo* publié à propos du français comme langue de la justice par CARRE DE MALBERG F. «L'organisation de la justice», in: Comité alsacien d'études et d'informations *L'Alsace depuis son retour à la France*, Tome premier, *op. cit.*, pp. 66-75, qui indique: «Il est donc excessif de prétendre que les classes populaires ont eu à souffrir particulièrement en Alsace de l'application de l'arrêté pris le 2 février 1919 et en vertu duquel la langue française devenait la langue judiciaire.» (p. 73).
594. WOEHRLING Jean-Marie «Quelques réflexions sur l'évolution du droit des langues en Alsace-Moselle», in *Histoire du droit local, op. cit.*, p. 188, note 18.
595. WOEHRLING Jean-Marie «Quelques réflexions sur l'évolution du droit des langues en Alsace-Moselle», in *Histoire du droit local, op. cit.*, pp. 188-189, note 19, donne un certain nombre de détails.
596. CARRE DE MALBERG F. «L'organisation de la justice», in: Comité alsacien d'études et d'informations *L'Alsace depuis son retour à la France*, Tome premier, *op. cit.*, p. 74. Le texte avait une validité de dix ans et n'a pas été prorogé, *cf.* le commentaire de WOEHRLING Jean-Marie «Quelques réflexions sur l'évolution du droit des langues en Alsace-Moselle», in *Histoire du droit local, op. cit.*, p. 200 et note 61.
597. Sur l'ensemble de ces partis et leurs conceptions: DREYFUS François *La vie politique en Alsace 1919-1936, op. cit.*; sur l'UPR: BAECHLER Christian *Le parti catholique alsacien 1890-1939. Du Reichsland à la République jacobine*, Paris 1982, Éditions Ophrys (Association des publications près les Universités de Strasbourg), pp. 237 *sqq.*; sur le socialisme: RICHEZ Jean-Claude, STRAUSS Léon, IGERSHEIM François et JONAS Stéphane *1869-1935 Jacques Peirotes et le socialisme alsacien*, Strasbourg 1989, bf éditions; sur l'autono-

misme «de gauche»: KLEIN Pierre Camille Dahlet. *Une vie au service de l'Alsace*, Strasbourg 1983, bf/salde; sur le mouvement autonomiste: ROTHENBERGER Karl-Heinz *Die elsaß-lothringische Heimat- und Autonomiebewegung zwischen den beiden Weltkriegen*, Bern, Frankfurt/M. und München, Lang (Europäische Hochschulschriften, Reihe III Geschichte und ihre Hilfswissenschaften, Bd. 42), sur une partie des chefs autonomistes: BANKWITZ Philipp *Les chefs autonomistes alsaciens 1919-1947*, Strasbourg 1980, Librairie Istra (*Saisons d'Alsace* n° 71); sur les positions du Parti communiste et sur le Parti communiste d'opposition «dissident», REIMERINGER Bernard «Un communisme régionaliste? Le communisme alsacien» in GRAS Christian et LIVET Georges (éds) *Régions et régionalisme en France du XVIIIe siècle à nos jours*, Paris 1977, P.U.F. (Publications de la Société savante d'Alsace et des Régions de l'Est, t. XIII), pp. 361-392.
598. Ce sera, par exemple, la position radicale de la séparatiste *Landespartei* de Karl Roos. Selon elle, l'allemand devait prendre la première place dans les écoles supérieures comme dans la vie publique, notamment dans les administrations, les tribunaux et la vie religieuse. La langue française devait être enseignée à l'école primaire, mais comme langue étrangère (*cf.* MAUGUE Pierre *Le particularisme alsacien 1918-1967, op. cit.*, p. 67).
599. Le programme de l'APNA est reproduit partiellement dans ROSSE J., STÜRMEL M., BLEICHER A., DEIBER F. et KEPPI J. (éds) *Das Elsass von 1870-1932*, IV. Band, *op. cit.*, pp. 504-505: «Die A.P.N.A. verlangt die Beibehaltung der Zweisprachigkeit unter Anerkennung der Französischen als Hauptsprache. Sie verlangt in der gleichen Beziehung Zweisprachigkeit in den Verwaltungen und hauptsächlich vor den Gerichten» (p. 505).
600. STRAUSS Léon «Le mouvement ouvrier alsacien» in RICHEZ Jean-Claude, STRAUSS Léon, IGERSHEIM François et JONAS Stéphane *1869-1935 Jacques Peirotes et le socialisme alsacien, op. cit.*, pp. 68-71 (p. 70). Salomon GRUMBACH a une position plus «assimilationniste» dans la mesure où il s'agit, à ses yeux, d'enlever toute velléité annexionniste à l'Allemagne: «Je ne demande pas que les Alsaciens oublient l'allemand, mais je veux qu'ils sachent le français.» Cité par RICHEZ Jean-Claude «GRUMBACH Salomon» in RICHEZ Jean-Claude, STRAUSS Léon, IGERSHEIM François et JONAS Stéphane *1869-1935 Jacques Peirotes et le socialisme alsacien, op. cit.*, pp. 97-101 (p. 100).

601. Extrait de: PEIROTES Jacques «Ecrits choisis» in RICHEZ Jean-Claude, STRAUSS Léon, IGERSHEIM François et JONAS Stéphane *1869-1935 Jacques Peirotes et le socialisme alsacien, op. cit.*, pp. 169-208 (pp. 204-205).
602. BAECHLER Christian *Le parti catholique alsacien 1890-1939, op. cit.*, p. 357.
603. Georges Wolf parle, en 1927, de «gesetzliche Sicherstellung der Zweisprachigkeit», cité par KLEIN Pierre Camille Dahlet, *op. cit.*, p. 18.
604. «Débats parlementaires 1929, Chambres des Députés - Séance du 29 janvier 1929», reproduit in KLEIN Pierre Camille Dahlet, *op. cit.*, pp. 122-147 (pp. 144-145).
605. Cité par GILLIG Jean-Marie *La question scolaire en Alsace de 1918 à 1939. Confessionnalisme et bilinguisme à l'école primaire*, tome II, (thèse), p. 570.
606. BOCK Ch. «L'enseignement primaire» in: Comité alsacien d'études et d'informations *L'Alsace depuis son retour à la France*, Tome premier, *op. cit.*, pp. 399-416 (p. 403). Depuis 1930, Bock est directeur de l'enseignement primaire à la Direction générale des Services d'Alsace et de Lorraine. Sur son parcours: voir BAECHLER Christian «BOCK Charles» in *Nouveau Dictionnaire de biographie alsacienne* n° 4, Strasbourg 1984, pp. 266-267.
607. *Cf.* l'arrêté ministériel du 7 juin 1880 fixant le règlement-modèle des écoles primaires, qui stipule que «le français sera seul en usage dans l'école», cité par HERAN François, FILHON Alexandra et DEPREZ Christine «La dynamique des langues en France au fil du XXe siècle» in *Population et sociétés* n° 376, février 2002, p. 1
Cf. l'article 14 du *Règlement scolaire modèle pour servir à la rédaction des règlements départementaux relatifs aux écoles primaires publiques* du 18 janvier 1887, qui dispose que «le français sera seul en usage dans l'école.»
608. DELAHACHE Georges *Les débuts de l'administration française en Alsace et en Lorraine*, Paris 1921, Hachette, p. 134.
609. Dès la fin de l'année 1918, les services de l'Instruction publique font une enquête auprès des instituteurs en place. Un ensemble de questions porte sur la langue française: «Connaît-il le français? Le parle-t-il couramment? Est-il capable de l'enseigner? L'a-t-il déjà enseigné?», *cf.* HUSSER Philippe *Un instituteur alsacien. Entre France et Allemagne, Journal, 1914-1951*, Paris 1989, Hachette, en date du 9 décembre 1918. Ce *Journal* reste un témoignage précieux sur la manière

NOTES

dont les événements sont vécus par le citoyen de base.
610. Dans le bilan que fait BOCK Ch. « L'enseignement primaire » in : Comité alsacien d'études et d'informations *L'Alsace depuis son retour à la France*, Tome premier, *op. cit.*, pp. 400-402, se trouve un certain nombre d'indications quantitatives à propos de toutes ces mesures, notamment le nombre de stagiaires envoyés en France. Pour les trois départements, 135 instituteurs mobilisés sont détachés, « 475 instituteurs et 860 institutrices sont recrutés à l'intérieur [= en France], soit par le Sous-Secrétaire à la Présidence du Conseil, soit directement. En octobre 1919, non seulement tous les postes vacants sont occupés, mais 384 maîtres sont employés en surnombre à enseigner le français à côté du personnel du cadre local, qui ne pouvait le faire immédiatement » (p. 401). *Cf.* aussi les détails donnés par DELAHACHE Georges *Les débuts de l'administration française en Alsace et en Lorraine*, *op. cit.*, pp. 134-139 ; l'Université avait également organisé, dès l'été 1919, des cours de vacances à l'usage des instituteurs, pour leur permettre d'enseigner le français. *Cf.* TRONCHON Henri « L'Université de Strasbourg et l'étranger, 1919-1935 » in : Comité alsacien d'études et d'informations *L'Alsace depuis son retour à la France*, premier supplément, Strasbourg 1937, pp. 61-97 (pp. 80-81).
611. *Cf.* GILLIG Jean-Marie *La question scolaire en Alsace de 1918 à 1939*, *op. cit.*, pp. 96-97.
612. Conseil supérieur d'Alsace et de Lorraine – session d'octobre 1919, *Procès verbaux*, Strasbourg 1919, Imprimerie alsacienne, p. 59 (circulaire du 27 septembre 1919). *Cf.* également GILLIG Jean-Marie *La question scolaire en Alsace de 1918 à 1939*, *op. cit.*, p. 97.
613. « L'enseignement de la langue française et de la langue allemande dans les écoles d'Alsace et de Lorraine. Instructions de M. le Recteur aux Inspecteurs d'Académie (15 janvier 1920) » in *Bulletin de l'Enseignement (Département du Bas-Rhin)*, 1re année, n° 2, juin 1920, pp. 37-47 (p. 39).
614. *Ibid.*
615. *Ibid.*, p. 41.
616. *Ibid.*, p. 40.
617. *Ibid.*, p. 43.
618. *Ibid.*, p. 42.
619. « Au sujet des programmes d'enseignement et de la situation du personnel. Circulaire de M. le Recteur aux Inspecteurs d'Académie », 19 octobre 1920, in *Bulletin de l'Enseignement (Département du Bas-Rhin)*, 1re année, n° 4, octobre 1920, pp. 77-82 (pp. 79-80).
620. « Programme d'enseignement de l'allemand dans les écoles primaires élémentaires. (Révision du "Normallehrplan de 1910"). Instruction du 10 février 1926 de M. le Recteur, Directeur général de l'Instruction publique », in *Bulletin de l'Enseignement (Département du Bas-Rhin)*, 7e année, n° 1, janvier-février 1926, pp. 14-16 ; « Enseignement de la langue allemande dans les écoles primaires. Instructions complémentaires du 31 janvier 1927 de M. le Recteur, Directeur général de l'Instruction publique » in *Bulletin de l'Enseignement (Département du Bas-Rhin)*, 8e année, n° 1, janvier-février 1927, pp. 14-17. L'ensemble de ces *Instructions* s'appuie indifféremment sur des considérations pédagogiques et didactiques, sur les pratiques linguistiques supposées des élèves, sur la distance ou la proximité linguistique entre allemand standard et dialectes, sur les attentes sociales... et produisent un discours métalinguistique reflétant l'embarras politique et didactique de l'autorité scolaire face à situation où l'on attend d'elle, s'agissant d'instructions, des indications *explicites*.
621. « Lettre du 18 octobre 1926 de M. le Président du Conseil à M. le Recteur, Directeur général de l'Instruction publique » in *Bulletin de l'Enseignement (Département du Bas-Rhin)*, 8e année, n° 1, janvier-février 1927, pp. 13-14.
622. *Cf.* « Circulaire de 12 juillet 1924 de M. le Recteur, Directeur général de l'Instruction publique » in *Bulletin de l'Instruction Primaire (Département du Haut-Rhin)*, 6e année, n° 25, novembre-décembre 1924, pp. 1173-1174.
623. Extrait d'un article de *La Gazette des Métiers*, organe officiel de la Chambre des Métiers, du 22 octobre 1926, reproduit in-extenso dans FERENZY de Oscar *La Vérité sur l'Alsace*, Paris 1930 (2e éd.), Bloud & Gay, pp. 336-338 (p. 337).
624. Extrait d'une lettre du président de la Fédération agricole d'Alsace et de Lorraine à Poincaré, président du Conseil, publiée in ROSSE J., STÜRMEL M., BLEICHER A., DEIBER F. et KEPPI J. (éds) *Das Elsass von 1870-1932*, IV. Band, *op. cit.*, pp. 529-531. La même argumentation avait déjà été produite lors d'un discours du président de la Fédération devant l'Union des groupements professionnels des membres de l'Enseignement d'Alsace et de Lorraine, *cf.* FERENZY de Oscar *La Vérité sur l'Alsace*, Paris 1930 (2e éd.), Bloud & Gay, qui en cite des extraits pp. 327-328.
625. C'est l'énumération apocalyptique qu'entreprend GOTTHELF A. dans « Zur Sprachenfrage » in *Im Dienst der Kirche und des Volkes. Festschrift zum 60. Geburtstage des H. Abbé Dr. Xavier Haegy*, Colmar 1930, Alsatia, pp. 297-326 (p. 321).
626. « Gotthelf » est le pseudonyme de Louis Pinck (*cf.* HAENGGI Charles *La question linguistique en Alsace. Étude historique et politique de l'enseignement de l'allemand dans les écoles primaires*, s.d. [1955 ?], s.l., édité par l'auteur, p. 19).
627. *Cf.* le panorama beaucoup plus nuancé qu'en dresse CHOLVY Gérard *Christianisation et société en France au XIXe siècle (1790-1914)*, Paris (nouvelle édition) 2001, Seuil, en tenant compte de la pratique religieuse, de l'hétérogénéité des comportements d'un point de vue géographique, social ou groupal.
628. Déclaration de l'évêque de Strasbourg, reproduite avec d'autres prises de position (évêque de Metz, autorités protestantes) in ROSSE J., STÜRMEL M., BLEICHER A., DEIBER F. et KEPPI J. (éds) *Das Elsass von 1870-1932*, IV. Band, *op. cit.*, pp. 542-545.
629. Cité par BROGLY Médard « Dokumente und Tatsachen zur Geschichte unseres Landes » in *Im Dienst der Kirche und des Volkes. Festschrift zum 60. Geburtstage des H. Abbé Dr. Xavier Haegy*, *op. cit.*, pp. 249-296 (p. 279).
630. GILLIG Jean-Marie *La question scolaire en Alsace de 1918 à 1939*, *op. cit.*, p. 105 *sqq.*, se demande jusqu'à quel point la doctrine définie par Charléty n'est pas, en partie, son œuvre personnelle, en tant que représentant typique des universitaires français nationalistes. *Cf.* aussi WOLFF Christian « Charléty Sébastien » in *Nouveau dictionnaire de biographie alsacienne*, fascicule n° 6, Strasbourg 1985, pp. 492-493.
631. « Instructions du 30 août 1927 de M. le Recteur d'Académie, Directeur général de l'Instruction publique » in *Bulletin de l'Instruction Primaire (Département du Haut-Rhin)*, 8e année, n° 37, juin-septembre 1927, pp. 1616-1619.
632. « Mais il est bien entendu que cette méthode, que nous recommandons, ne doit pas être employée d'une façon rigide et exclusive », *ibid.*, p. 1617.
633. *Ibid.*
634. *Ibid.*, p. 1618.
635. « L'assiduité scolaire et le dévouement d'un personnel actuellement et dans l'ensemble bien entraîné permettent à de nombreux élèves d'aborder avec succès l'examen du certificat d'études primaires élémentaires. Cet examen n'avait pas d'équivalent sous le régime allemand. Il fut introduit dès 1919. Son niveau, un peu faible au début, par l'indulgence des commissions, se rapproche de plus en plus de celui du certificat passé dans les autres départements. » (BOCK Ch. « L'enseignement primaire » in : Comité alsacien d'études et d'informations *L'Alsace depuis son retour à la France*, Tome premier, *op. cit.*, p. 405).

636. *Ibid.*, p. 1618.
637. De la part du recteur, c'est bien une réponse à une demande politique, réponse qui devrait être comprise comme un signal indiquant que l'enseignement de l'allemand est pris au sérieux. *Cf.* la proposition de résolution de députés alsaciens (automne 1926) : «Nous voudrions également qu'on insérât dans le C.E.P.E. [Certificat d'études primaires élémentaires] une épreuve d'allemand. Si dès le début nous avions eu cette épreuve d'allemand au C.E.P.E., l'Administration aurait pu depuis longtemps se rendre compte que les résultats en allemand étaient insuffisants. D'autre part, la population a cru voir dans le fait que le C.E.P.E. ignorait complètement l'allemand un manque d'intérêt pour cet enseignement de la part de l'Administration. Les partisans du C.E.P.E. ne sont peut-être pas très nombreux parmi nous; mais si l'on demande à nos enfants le C.E.P.E., nous désirerions y voir une épreuve d'allemand, et que cet examen ne soit demandé à nos élèves qu'à la fin de leur scolarité.» Texte complet de la «Proposition de résolution» in ROSSE J., STÜRMEL M., BLEICHER A., DEIBER F. et KEPPI J. (éds) *Das Elsass von 1870-1932*, IV. Band, *op. cit.*, pp. 536-542.
638. L'espace géographique exclu est formé des vallées vosgiennes romanophones: «abstraction faite [...] des localités du Ban-de-la-Roche, de Val-de-Villé, de la région d'Orbey», les élèves non concernés de façon globale étant les «enfants de fonctionnaires ou de parents venus de l'intérieur de la France» (*ibid.*). Pour des raisons historiques et/ou économiques et religieuses, il existe quelques communes isolées ou parties de communes germanophones dans les vallées romanophones, comme Natzwiller (Vallée de la Bruche) ou Sainte-Marie-aux-Mines, dont René Waller rappelle que «la rive droite de la Liepvrette était la *Ditsch Sitt* [rive allemande], la rive gauche la *Walsch Sitt* [rive française], le monde ouvrier parlait alsacien, la bourgeoisie le français». (WALLER René *Les lampions de 36. Mémoires d'un fils d'ouvrier*, Nice 1996, Éditions du Losange, p. 77).
639. *Cf.*, par exemple, la petite revue de presse qu'entreprend le mensuel (clérical et autonomiste) *Die Heimat* n° 10, en 1927, pp. 279-293.
640. René Paira fait remarquer que, lorsqu'il était sous-préfet de Sélestat, au vu des lettres écrites en allemand dont il prenait régulièrement connaissance, il avait conclu qu'il serait nécessaire que l'enseignement-apprentissage de l'allemand dépasse une «expression rudimentaire» fournie par les dialectes. «Je n'ai jamais pu obtenir de l'autorité scolaire qu'elle tire de cette constatation des conclusions pédagogiques qui auraient pu conduire à une solution raisonnable de l'enseignement de l'allemand en Alsace.» (PAIRA René *Affaires d'Alsace. Souvenirs d'un préfet alsacien*, Strasbourg 1990, Éditions La Nuée Bleue / Dernières Nouvelles d'Alsace, p. 131).
641. *Cf.* BAECHLER Christian *Le parti catholique alsacien 1890-1939*, *op. cit.*, p. 399 et note 385.
642. Ce texte législatif est reproduit in ROSSE J., STÜRMEL M., BLEICHER A., DEIBER F. et KEPPI J. (éds) *Das Elsass von 1870-1932*, IV. Band, *op. cit.*, p. 449.
643. BAECHLER Christian «L'autonomisme alsacien dans l'entre-deux-guerres» in *Revue de l'Association des Professeurs d'Histoire et de Géographie, Historiens & Géographes* n° 347 - février 1995, pp. 249-255 (p. 252).
644. «Prolongation scolaire - Rapport au Président de la République française» in *Bulletin de l'Enseignement (Département du Bas-Rhin)*, 17e année, n° 5, octobre 1936, pp. 103-104 (p. 104).
645. «[Prolongation de l'obligation scolaire] Décret du 10 octobre 1936» in *Bulletin de l'Enseignement (Département du Bas-Rhin)*, 17e année, n° 5, octobre 1936, pp. 104-105 ; «[Sanctions de l'obligation scolaire] Décret du 10 octobre 1936» in *Bulletin de l'Enseignement (Département du Bas-Rhin)*, 17e année, n° 5, octobre 1936, pp. 106-110.
646. Cité par BAECHLER Christian *Le parti catholique alsacien 1890-1939*, *op. cit.*, p. 507.
647. *Ibid.*; *cf.* GILLIG Jean-Marie *La question scolaire en Alsace de 1918 à 1939*, tome II, p. 528, citant la lettre de Léon Blum adressée au chanoine Muller (30.01.1937): «J'ai donc l'intention de soumettre dans le plus bref délai, au Parlement, un projet de loi relatif au régime scolaire des départements recouvrés. Au cours des amples débats [...], chacun des représentants du Haut-Rhin, du Bas-Rhin et de la Moselle pourra faire connaître individuellement et publiquement s'il est partisan, comme le Gouvernement l'avait cru, du maintien du statut scolaire actuellement en vigueur, c'est-à-dire du maintien du bilinguisme et de l'enseignement religieux, avec le corollaire nécessaire du maintien d'une scolarité plus longue que dans les anciens départements ou si, au contraire, il demande la même durée de scolarité et, partant, les mêmes programmes que dans le reste de la France.»
648. De nouveaux décrets doivent donc être pris. Ils sont reproduits in *Bulletin de l'Enseignement (Département du Bas-Rhin)*, 18e année, n° 6, novembre-décembre 1937, pp. 114-118.
649. *Cf.* LÉVY Paul «La langue française en Alsace et en Lorraine de 1871 à 1933» in *Le français moderne*, 2e année, 1934 (pp. 132-153), p. 144. DELAHACHE Georges *Les débuts de l'administration française en Alsace et en Lorraine*, *op. cit.*, pp. 125-126, précise: «En raison de l'origine même des élèves, il a été nécessaire de créer dans chaque classe deux sections d'études parallèles, l'une pour les élèves venus de l'intérieur et les jeunes Alsaciens ayant une connaissance suffisante de notre langue, l'autre pour les enfants adolescents du pays connaissant imparfaitement le français; les efforts ont tendu à ce que la première section absorbât le plus rapidement possible la seconde.» S'agissant des établissements secondaires de jeunes filles, «l'enseignement se donne en français, sans qu'une distinction soit nécessaire entre élèves d'origine alsacienne et lorraine et celles qui sont originaires de l'intérieur. Dans les établissements les plus importants, il a fallu scinder certaines classes trop nombreuses en deux sections, suivant les origines ; mais, sauf une légère différence de manière dans cet enseignement, le français est seul usité.» (DELAHACHE Georges *Les débuts de l'administration française en Alsace et en Lorraine*, *op. cit.*, p. 133).
650. «Das Schul- und Bildungswesen» in ROSSE J., STÜRMEL M., BLEICHER A., DEIBER F. et KEPPI J. (éds) *Das Elsass von 1870-1932*, III. Band *Geschichte der kulturellen und religiösen Entwicklung*, Colmar s.d., Alsatia, pp. 98-155 (p. 141).
651. SCHLIENGER Paul «L'enseignement secondaire d'État» in : Comité alsacien d'études et d'informations *L'Alsace depuis son retour à la France*, Tome premier, *op. cit.*, pp. 369-385 (p. 380).
652. SCHLIENGER Paul «L'enseignement secondaire d'État», *op. cit.*, p. 377.
653. Christian Pfister, cité par TRONCHON Henri «L'Université de Strasbourg et l'étranger, 1919-1935» in : Comité alsacien d'études et d'informations *L'Alsace depuis son retour à la France*, premier supplément, *op. cit.*, p. 61.
654. *Ibid.*, p. 62.
655. *Cf.* LÉVY Paul «La langue française en Alsace et en Lorraine de 1871 à 1933», *op. cit.*, p. 144.
656. DELAHACHE Georges *Les débuts de l'administration française en Alsace et en Lorraine*, *op. cit.*, p. 124.
657. *Ibid.*, p. 174.
658. BOCK Ch. «L'enseignement postscolaire» in : Comité alsacien d'études et d'informations *L'Alsace depuis son retour à la France*, Tome premier, *op. cit.*, pp. 417-426 (p. 418).

NOTES

659. DELAHACHE Georges *Les débuts de l'administration française en Alsace et en Lorraine, op. cit.*, p. 174.
660. WITT-GUIZOT F. de «L'armée» in: Comité alsacien d'études et d'informations *L'Alsace depuis son retour à la France*, Tome premier, *op. cit.*, pp. 76-88 (p. 82). Le ministre de la Guerre signe, le 26 mai 1923, une instruction qui réorganise l'enseignement du français donné dans les corps de troupe, en dehors du service commun, à la partie alsacienne et lorraine du contingent (*ibid.*, p. 83).
661. DELAHACHE Georges *Les débuts de l'administration française en Alsace et en Lorraine, op. cit.*, p. 175.
662. *Ibid.*, p. 174.
663. «Organisation de l'Enseignement post-scolaire. Circulaire de M. le Recteur du 26 octobre 1920» in *Bulletin de l'Enseignement* (Département du Bas-Rhin), 1re année, n° 5, novembre 1920, pp. 98-101; BOCK Ch. «L'enseignement post-scolaire» in: Comité alsacien d'études et d'informations *L'Alsace depuis son retour à la France*, Tome premier, *op. cit.*, p. 418.
664. Chiffres extraits de BOCK Ch. «L'enseignement post-scolaire» in: Comité alsacien d'études et d'informations *L'Alsace depuis son retour à la France*, Tome premier, *op. cit.*, p. 422. En 1920-1921, ce sont environ 26 000 personnes (pour les deux départements alsaciens) qui ont suivi les cours des différentes organisations («Les cours populaires», «La conférence au village», «La cigogne» et «La Renaissance alsacienne»), *cf.* JAEGER Jules-Albert «L'enseignement du français en Alsace» in *L'Alsace française*, 11 juin 1921, pp. 371-373 (p. 372).
665. Article premier de l'«Arrêté du 11 mars 1922 de M. le Commissaire général de la République» in *Bulletin de l'Enseignement (Département du Bas-Rhin)*, 3e année, n° 2, mars-avril 1922, pp. 67-70 (p. 67).
666. «Rapport de M. le Recteur, Directeur général de l'Instruction publique, à M. le Commissaire général de la République» in *Bulletin de l'Enseignement (Département du Bas-Rhin)*, 3e année, n° 2, mars-avril 1922, pp. 66-67 (p. 67).
667. WAHL Alfred et RICHEZ Jean-Claude *La vie quotidienne en Alsace entre France et Allemagne, op. cit.*, pp. 312-313.
668. René Paira, sous-préfet de Sélestat avant la guerre, rappelle que sa préoccupation était celle «la vulgarisation du français» et estime que c'est la précocité de l'apprentissage qui pourra être l'un des leviers: c'est ce qui l'amène à faire créer une quarantaine d'écoles maternelles (*cf.* PAIRA René *Affaires d'Alsace. Souvenirs d'un préfet alsacien, op. cit.*, p. 131).
669. Les questions étaient formulées ainsi: «− Savez-vous parler le français? (oui ou non) / − Savez-vous parler le dialecte? (oui ou non) / − Savez-vous parler l'allemand? (oui ou non) / − Savez-vous parler d'autres langues, lesquelles?», *cf.* INSEE *Aspects particuliers des populations alsacienne et mosellane, op. cit.*, p. 8.
670. Pour 1931: synthèse effectuée à partir des données publiées in ROSSE J., STÜRMEL M., BLEICHER A., DEIBER F. et KEPPI J. (éds) *Das Elsass von 1870-1932*, IV. Band, *op. cit.*, p. 199, tableau 96; pour 1936: synthèse effectuée à partir des données publiées in INSEE *Aspects particuliers des populations alsacienne et mosellane, op. cit.*, p. 151.
671. Dans son récit de la «drôle de guerre», Paul Eschbach note que c'est au moment où les soldats (français) avaient pris leurs quartiers dans son village (Bennwihr) – il avait 12 ans – que «pour la première fois, [il] évolue dans un milieu francophone et use dans la vie de tous les jours une langue jusqu'ici réservée aux activités scolaires.» (ESCHBACH Paul *Pleurs et grincements. Un adolescent d'Alsace sous l'Occupation*, Mulhouse 1998, Éditions L'Alsace, p. 22).
672. P. Eschbach rapporte que «c'est par la pratique religieuse [catholique] surtout que nous avons été initiés à l'allemand. [...] Par le truchement de la prière, l'allemand est entré dans ma vie quotidienne bien avant que je n'acquisse les premiers rudiments de français. [...] En allemand, les prières quotidiennes, les cantiques, les prêches dominicaux des prêtres et les pieuses sentences que les parents reprenaient en écho pour l'édification des jeunes. C'est aussi en hochdeutsch également que nous était enseigné le catéchisme que je connaissais sur le bout des doigts, de la première à la dernière page d'un manuel de surcroît imprimé en caractères gothiques. [...] J'ai récité dans mes jeunes années des milliers de pater et d'ave dans la langue de Goethe.» (ESCHBACH Paul *Pleurs et grincements.*, *op. cit.*, p. 13).
673. WAHL Alfred et RICHEZ Jean-Claude *La vie quotidienne en Alsace entre France et Allemagne, op. cit.*, p. 312: «En 1930, sur 25 villes de plus de 4 000 habitants, 12 dans le Bas-Rhin et 13 dans le Haut-Rhin, 5 seulement ne possédaient pas de bibliothèque: Bischheim, Erstein, Schiltigheim, Cernay et Riedisheim. Dans 15 villes, la bibliothèque était municipale.»
674. SCHLUMBERGER Camille «Les bibliothèques» in: Comité alsacien d'études et d'informations *L'Alsace depuis son retour à la France*, Tome premier, *op. cit.*, pp. 461-479 (p. 473). Les ouvrages en allemand représentent, en 1922, 57,5 % des emprunts, soit 22 275 volumes; en 1924, 52,2 % des prêts, soit 22 171 volumes.
675. *Ibid.*, p. 477.
676. WAHL Alfred et RICHEZ Jean-Claude *La vie quotidienne en Alsace entre France et Allemagne, op. cit.*, p. 312.
677. *L'Alsace française* du 22.12.1929 citée par WACKERMANN Gabriel «Radio et télévision» in *Encyclopédie de l'Alsace*, vol. X, Strasbourg 1985, Publitotal, pp. 6223-6239 (p. 6224 et note 2 p. 6239). *Cf.* VOGLER Bernard *Histoire culturelle de l'Alsace, op. cit.*, p. 411.
678. *Cf.* LAPRE Charles de «Radio-Strasbourg PTT» in Comité alsacien d'études et d'informations *L'Alsace depuis son retour à la France*, Tome premier, *op. cit.*, pp. 195-198.
679. *Cf.* WACKERMANN Gabriel, article «Radio et télévision» in *Encyclopédie de l'Alsace, op. cit.*, pp. 6226-6227.
680. WAHL Alfred et RICHEZ Jean-Claude *La vie quotidienne en Alsace entre France et Allemagne, op. cit.*, p. 153; ces auteurs ont reconstitué le réseau des cinémas en Alsace en 1936 (pp. 153-154) (Les totaux et ratios sont de notre fait.).

Ville	Population	Nbre de cinémas	Rapport théorique
Strasbourg	180 000	12	1 salle pour 15 000
Schiltigheim	21 000	1	1 s. / 21 000
Erstein	5 700	1	1 s. / 5 700
Haguenau	19 000	3	1 s. / 6 335
Molsheim	3 500	1	1 s. / 3 500
Saverne	8 500	1	1 s. / 8 500
Sélestat	11 000	2	1 s. / 5 500
Wissembourg	5 500	0	
Bischheim	11 000	1	1 s. / 11 000
Bischwiller	8 000	1	1 s. / 8 000
Marckolsheim	2 000	1	1 s. / 2 000
TOTAL Bas-Rhin	**275 200**	**24**	**1 s. / 11 466**
Colmar	46 000	3	1 s. / 1 534

LES LANGUES DE L'ALSACE

Altkirch	3 600	1	1 s. / 3 600
Guebwiller	11 000	1	1 s. / 11 000
Thann	6 000	0	
Mulhouse	100 000	12	1 s. / 8 334
Ribeauvillé	5 000	1	1 s. / 5 000
Munster	5 000	1	1 s. / 5 000
Soultz	4 500	1	1 s. / 4 500
Cernay	6 900	1	1 s. / 6 900
Kaysersberg	2 750	1	1 s. / 2 750
Saint-Louis	6 400	1	1 s. / 6 400
Total Haut-Rhin	197 150	23	1 salle pour 8 572
Total Alsace	472 350	47	1 salle pour 10 050

	1921	1926	
		Total	dont part de femmes
Bas-Rhin	51 730	55 019	16 688 (30,33 %)
Haut-Rhin	34 671	37 511	11 013 (29,36 %)
Alsace	86 401	92 530	27 701 (29,94 %)

L'administration décida de compter à part les femmes actives dans ce secteur lors du recensement de 1931, signe que leur conquête de ces emplois se précisait. L'avènement de la machine à écrire consacra la fonction de sténo-dactylographe qui échappa aux hommes dès le début du siècle et plus encore après 1918. »
681. GOZILLON-FRONSACQ Odile *Alsace Cinéma. Cent ans d'une grande illusion*, Strasbourg 1999, La Nuée Bleue/DNA, pp. 66-67.
682. Bock note, en 1932 : « Les enseignements de l'allemand et de la religion, en réduisant de près de 1/4 le temps consacré aux autres disciplines, empêchent d'atteindre, dès à présent, et le niveau et la proportion des candidats [au certificat d'études primaires élémentaires] des autres départements. » Il estime qu'un quart de l'effectif total des enfants quittant l'école est reçu au Certificat. (BOCK Ch. « L'enseignement primaire » in : Comité alsacien d'études et d'informations *L'Alsace depuis son retour à la France*, Tome premier, *op. cit.*, p. 406).
683. Sur l'organisation de ce type de scolarité complémentaire, *cf.* BOCK Ch. « L'enseignement primaire » in : Comité alsacien d'études et d'informations *L'Alsace depuis son retour à la France*, Tome premier, *op. cit.*, pp. 406-409.
684. WAHL Alfred et RICHEZ Jean-Claude *La vie quotidienne en Alsace entre France et Allemagne*, *op. cit.*, p. 74.
685. *Ibid.*, p. 71 : « En 1931, les services publics administratifs employaient 16 575 personnes dans le Bas-Rhin, 11 048 dans le Haut-Rhin. La catégorie des employés bénéficia d'une croissance constante :
686. *Cf.* MAGENAU Doris *Die Besonderheiten der deutschen Schriftsprache im Elsaß und in Lothringen*, *op. cit.*, p. 148.
687. Un panorama – sans doute quelque peu partial – est donné par SCHNEIDER Camille *L'activité littéraire en Alsace et en Lorraine depuis la Guerre*, Bordeaux 1933, Éditions de la Renaissance Provinciale.
688. Voir, par exemple, WACKENHEIM Auguste *La littérature dialectale alsacienne. Une anthologie illustrée.* Tome 4 - *D'une guerre mondiale à l'autre (1918-1945)* (édition établie par Adrien Finck et Raymond Matzen), Paris 1999, Prat Éditions.
689. SCHNEIDER Camille *L'activité littéraire en Alsace et en Lorraine depuis la Guerre*, *op. cit.*, p. 43. *Cf.* KATZ Nathan *Œuvre poétique I Sundgau* [traduit de l'alémanique], Orbey 2001, Arfuyen ; *Œuvre poétique II* [traduit de l'alémanique], Orbey 2003, Arfuyen.
690. *Cf.* la présentation de la *Société* dans l'*Annuaire bio-bibliographique des écrivains et publicistes de la Région d'Alsace et de Lorraine*, Strasbourg 1931, p. 3.
691. *Cf.* aussi l'entretien accordé à la revue *De Budderflade* (« Maxime Alexandre ou le bilinguisme malheureux » in *De Budderflade* n° 6, septembre-octobre 1976, pp. 11-12).
692. *Cf.* WAHL Alfred et RICHEZ Jean-Claude *La vie quotidienne en Alsace entre France et Allemagne*, *op. cit.*, pp. 157, 162, 166.
693. « Loi abrogeant des départements du Bas-Rhin, du Haut-Rhin et de la Moselle les dispositions de l'article 48 de la loi municipale locale du 6 juin 1895 et introduisant, dans ces départements, les prescriptions des articles 54 et 56 de la loi du 5 avril 1884 » in *Journal officiel de la République française* du 29 mai 1930, p. 5922.
694. Sur l'interprétation de cette loi, *cf.* WOEHRLING Jean-Marie « Quelques réflexions sur l'évolution du droit des langues en Alsace-Moselle » in *Histoire du droit local*, *op. cit.*, p. 190. *Cf.* Union des employés communaux de carrière d'Alsace et de Lorraine (U.C.A.L.) *Loi municipale locale d'Alsace et de Lorraine avec annexes. Textes annotés et mis à jour (février 1935) / Gemeindeordnung für Elsass und Lothringen mit Anhang. Zusammenstellung der im Februar 1935 geltenden Texte*, 2e édition / 2. Auflage, Strasbourg s.d. : l'article 52 de la loi de 1895 disposant qu'« il appartient au conseil municipal de fixer son règlement » est pourvu d'une note des éditeurs concernant la langue : « Ceci s'applique aussi, à défaut d'une réglementation légale, à la détermination de la langue dont il doit être fait usage dans les délibérations du conseil municipal » (p. 98). En d'autres termes, le conseil resterait maître, par le biais de son règlement intérieur, de la langue dans laquelle ont lieu les débats du conseil.
695. La publicité électorale est diffusée dans les deux langues (*cf.* Instruction du Président du Conseil d'août 1919). « Durant les premières années après 1918, le Bulletin officiel d'Alsace-Moselle comporte de façon assez systématique une traduction en allemand des principaux textes publiés. Cette traduction sera abandonnée après 1925. De même, certaines communes comme Strasbourg publient des documents bilingues (rapports, comptes rendus de délibérations) jusqu'en 1939. Les formulaires administratifs étaient très fréquemment bilingues entre les deux guerres (déclarations de revenus, etc.). » (WOEHRLING Jean-Marie « Quelques réflexions sur l'évolution du droit des langues en Alsace-Moselle », in *Histoire du droit local*, *op. cit.*, pp. 198-199).
696. LÉVY Paul « La langue française en Alsace et en Lorraine de 1871 à 1933 », *op. cit.*, pp. 151-152.
697. *Cf.* DELAHACHE Georges *Les débuts de l'administration française en Alsace et en Lorraine*, *op. cit.*, chapitre « Propagande et presse », pp. 173-180.
698. Propos rapporté par BENJAMIN René « M. Charléty, Recteur de l'Université de Paris » in *Le Figaro* du 12 février 1927, p. 1 : « C'est ainsi qu'on Alsace beaucoup demandant qu'on enseigne l'allemand avant le français, pour flatter l'électeur qui, d'instinct, a le goût de toutes les facilités. [...] On n'élève vu un peuple en lui cédant ! » ; *cf.* FERENZY de Oscar *La Vérité sur l'Alsace*, *op. cit.*, p. 352.
699. LÉVY Paul « La langue française en Alsace et en Lorraine de 1871 à 1933 », *op. cit.*, p. 153. Il doit penser, entre autres, à ce qu'il écrivait, quelques pages plus haut (pp. 145-146) : « A vrai

NOTES

dire, il y a eu des situations tragiques. Des hommes qui avaient fait toutes leurs études et toute leur préparation professionnelle avant la guerre, n'ont plus réussi à s'assimiler même les éléments les plus indispensables à l'exercice de leur emploi. [...] Des drames intimes se sont déroulés là-bas dont le grand public n'a pas soupçonné ni l'existence ni surtout l'acuité et, pour tout dire, la cruauté. » Il note ailleurs (pp. 146-147): «Les masses [...], il faut bien en convenir, sont restées étrangères à la langue nationale, et extrêmement nombreux sont les parents hors d'état de lire la lettre française que leur écrivait le fils du régiment ou la fille en condition. C'est encore une situation bien douloureuse. »

700. C'est la manière dont le député (UPR) Henri Meck résume la question en 1936, une fois que les grands conflits se sont apaisés et que l'Allemagne nazie se fait de plus en plus inquiétante : « Il n'y a pas de question politique, c'est un problème humain qu'il s'agit de résoudre pour le bien de nos populations, françaises de cœur même lorsqu'elles s'expriment dans une autre langue.» (cité par DREYFUS François G. *La vie politique en Alsace 1919-1936, op. cit.*, p. 243).

701. VOGLER Bernard *Histoire politique de l'Alsace. De la Révolution à nos jours, un panorama des passions alsaciennes*, Strasbourg 1995, Éditions La Nuée Bleue/Dernières Nouvelles d'Alsace, p. 250.

702. Sur les autonomistes les plus connus et leurs motivations, *cf.* BANKWITZ Philipp *Les chefs autonomistes alsaciens 1919-1947, op. cit.*, en particulier pp. 113-119, et sur l'«Appel au Führer», pp. 74 sqq. *Cf.* également ROTHENBERGER Karl-Heinz *Die elsaß-lothringische Heimat- und Autonomiebewegung zwischen den beiden Weltkriegen, op. cit.*, pp. 234-244.

703. Sur l'ensemble des chiffres et la difficulté à les établir, voir MEYER René « L'évacuation, une tragédie frontalière » in *Saisons d'Alsace* 105, automne 1989, *1939 - L'évacuation*, pp. 37-137 (pp. 118-119), *cf.* également la carte des zones évacuées, p. 127. VOGLER Bernard *Histoire politique de l'Alsace, op. cit.*, p. 250, indique le chiffre de près de 430 000 personnes, soit le tiers de la population alsacienne.

704. En mai et juin 1940, une deuxième vague d'évacuation aura lieu qui touchera 57 communes, soit 33 200 habitants. Au total, ce sont plus de 300 000 personnes (au moins) qui auront été évacuées.

705. Environ 80 000 Alsaciens furent évacués en Dordogne, dont 12 000 à Périgueux. Un petit ouvrage tente de faire le point des problèmes que posait cette évacuation : SCHUNCK Catherine et François *D'Alsace en Périgord. Histoire de l'évacuation 1939-1940*, Saint-Cyr-sur-Loire 2006, Éditions Alan Sutton.

706. *Cf.* MEYER René « L'évacuation, une tragédie frontalière », *op. cit.*, p. 73 ; carte in VOGLER Bernard (dir.) *L'Alsace, une Histoire, op. cit.*, p. 183.

707. MEYER René « L'évacuation, une tragédie frontalière », *op. cit.*, pp. 74-75.

708. DUGRAND Alain «La parole retrouvée» in *Saisons d'Alsace* 105, automne 1989, *1939 - L'évacuation*, pp. 23-30 (pp. 26-27).

709. RAPHAEL Freddy et HERBERICH-MARX Geneviève «Mémoire d'une rencontre obligée» in *Saisons d'Alsace* 105, automne 1989, *1939 - L'évacuation*, pp. 231-250 (p. 232).

710. *Cf.* IRJUD Alphonse «Ah! Ces Alsaciens...» in *Saisons d'Alsace* 105, automne 1989, *1939 - L'évacuation*, pp. 183-214 (pp. 187-190). Dès septembre 1939, le ministre de l'Éducation nationale Yvon Delbos attire l'attention des recteurs, préfets et inspecteurs d'Académie concernés sur les particularités linguistiques propres aux réfugiés d'Alsace et de Lorraine et demande aux enseignants de « mettre tout en œuvre pour qu'aucun malentendu ne se produise » (lettre du 18 septembre 1939, reproduite in LAURENT Serge *Des Alsaciens dans les Landes. Accueil et vie des réfugiés alsaciens haut-rhinois dans les Landes de septembre 1939 à septembre 1940*, Mont-de-Marsan, Strasbourg 2011, Scérén / A.E.R.I., p. 130.

711. Texte complet reproduit in IRJUD Alphonse «Ah! Ces Alsaciens...», *op. cit.*, pp. 211-212.

712. Cité par MEYER René « L'évacuation, une tragédie frontalière », *op. cit.*, p. 104.

713. VOGLER Bernard (dir.) *L'Alsace, une Histoire, op. cit.*, p. 184.

714. RAPHAEL Freddy et HERBERICH-MARX Geneviève «Mémoire d'une rencontre obligée», *op. cit.*, p. 249.

715. Cité d'après KETTENACKER Lothar *La politique de nazification en Alsace. Deuxième partie*, Strasbourg 1978 (*Saisons d'Alsace* n°68), p. 17.

716. Par exemple : statut communal allemand au 1er octobre 1940 ; introduction du code pénal allemand le 30 janvier 1942 ; le 4 janvier 1943 : droit commercial introduit en totalité ; le système juridique est introduit progressivement et est en place en juin 1943 ; etc. *Cf. Verordnungsblatt des Chefs der Zivilverwaltung im Elsass*, années 1940 à 1944 ; *cf.* aussi KETTENACKER Lothar *La politique de nazification en Alsace. Deuxième partie, op. cit.*, p. 121 et *passim*. Les structures du parti national-socialiste, les obligations des ressortissants allemands, etc., vont également être introduites en Alsace : le *Reichsarbeitsdienst* (abrégé «RAD», service du travail) est introduit le 8 mai 1941 («tous les habitants masculins ou féminins de l'Alsace entre 17 et 25 ans peuvent être appelés au RAD»), l'obligation d'adhérer aux Jeunesses hitlériennes en 1942, etc., et surtout le service militaire obligatoire, le 25 août 1942.

717. «Dritte Anordnung zur Wiedereinführung der Muttersprache vom 16. August 1940», § 1 in *Verordnungsblatt des Chefs der Zivilverwaltung im Elsass*, Nr. 1, 24. August 1940, p. 2 (traduction française in KETTENACKER Lothar *La politique de nazification en Alsace. Deuxième partie, op. cit.*, p. 45).

718. *Cf.* KETTENACKER Lothar *La politique de nazification en Alsace. Deuxième partie, op. cit.*, p. 57.

719. *Cf.* BOPP Marie-Joseph *L'Alsace sous l'occupation allemande, 1940-1945*, Le Puy 1945, Xavier Mappus, p. 147, et KETTENACKER Lothar *La politique de nazification en Alsace. Deuxième partie, op. cit.*, p. 79. Les habitants des vallées romanophones disposent de cinq ans pour apprendre l'allemand, *cf.* MEYER René « Le pays welche dans la tourmente. Le sort difficile des Alsaciens francophones » in *Saisons d'Alsace* 114, hiver 1991-92, *1941 - La mise au pas*, pp. 131-150 (pp. 138-139). Un livre est édité pour accélérer l'apprentissage de l'allemand : *Wir sprechen deutsch. Ein Hilfsbuch für die Patois-Bevölkerung im Elsaß*, herausgegeben durch den Chef der Zivilverwaltung im Elsaß, Abteilung Volksaufklärung und Propaganda, Straßburg s.d., Oberrheinischer Gauverlag und Druckerei GmbH. «Straßburger Neueste Nachrichten». Dans la première phrase de la préface, les lecteurs romanophones apprennent qu'ils parlent «un patois bien différent de la langue allemande. Et pourtant vos aïeux ont parlé allemand comme nous autres Alsaciens. » (p. 5).

720. KETTENACKER Lothar *La politique de nazification en Alsace. Deuxième partie, op. cit.*, p. 46 ; *cf.* Chef der Zivilverwaltung im Elsaß – Verwaltungs- und Polizeiabteilung in Straßburg (bearbeitet vom) *Verzeichnis der Gemeinden und Kreise im Elsaß mit Angabe der Einwohnerzahlen*, Straßburg 1940, Straßburger Drukkerei und Verlagsanstalt, pp. 36-40 «Verzeichnis der Gemeinden abc-lich geordnet nach den bisherigen französischen Ortsnamen soweit diese anders als die deutschen Ortsnamen lauteten »

721. *Cf.* BOPP Marie-Joseph *L'Alsace sous l'occupation allemande, op. cit.*, qui reproduit une partie de la

directive, pp. 69-70 : « Les communes alsaciennes reprendront immédiatement leurs noms allemands ; les expressions françaises, étrangères en Alsace, doivent être éliminées des dénominations officielles et remplacées par celles de la « Muttersprache » (langue maternelle). Sont à considérer comme dénominations officielles : les noms de communes, les pancartes, les poteaux indicateurs, les tableaux d'orientation, les inscriptions sur les bâtiments publics et les noms de rues. Les inscriptions en français doivent être remplacées par des noms en allemand, compte tenu des appellations existant avant 1918. Quand il y a deux inscriptions, l'une en français et l'autre en allemand, la première doit être supprimée.
Quant aux noms de rues, les difficultés sont plus grandes, car dans beaucoup de cas, l'ancien nom allemand ne correspond plus à la conception actuelle. Ainsi il ne faut plus rétablir les noms de rues ou de places rappelant des personnalités ou des formes de l'histoire allemande qui ne méritent plus un souvenir permanent, ni ceux évidemment qui rappellent le temps de la domination française... On donnera donc de préférence à ces rues des noms d'Alsaciens qui ont pris une part active à la lutte pour leur [terre natale]. Si l'on veut donner des noms d'Allemands de l'État actuel, il faudra demander une autorisation spéciale. »

722. Cité par KETTENACKER Lothar *La politique de nazification en Alsace. Deuxième partie, op. cit.*, p. 46-47.

723. *Ibid.*, p. 47 et p. 64, note 26.

724. Règlement du 24 mars 1941, cité par KETTENACKER Lothar *La politique de nazification en Alsace. Deuxième partie, op. cit.*, p. 50.

725. C'est, généralement, le « Blockleiter », responsable d'un ensemble d'immeubles, comprenant une cinquantaine de ménages qu'il doit surveiller et conseiller, qui est chargé de cette vérification. Sur le fonctionnement et l'organisation du Parti national-socialiste, *cf.* RIEDWEG Eugène « Le Parti est partout » in *Saisons d'Alsace* n° 114, hiver 1991-92, « 1941 - La mise au pas », Strasbourg, pp. 23-34.

726. « Dritte Anordnung zur Wiedereinführung der Muttersprache vom 16. August 1940 », in *Verordnungsblatt op. cit.*, Nr. 1, 24. August 1940, p. 2 ; KETTENACKER Lothar *La politique de nazification en Alsace. Deuxième partie, op. cit.*, p. 47. Le « Gauleiter » (chef politique de la « région ») attache une grande importance à cette mesure, non point de vue qu'il n'est pas du tout partagé par les plus hautes instances du parti, d'autant que ce type de politique n'était pas mené en Allemagne même. Ce sera Hitler en personne qui sera amené à trancher, en mars 1941. (*Cf.* KETTENACKER Lothar *La politique de nazification en Alsace. Deuxième partie, op. cit.*, pp. 47-48) L'ordonnance du 15 janvier 1943 sur la dénomination en allemand rappelle brutalement que toutes les « personnes de sang allemand » habitant l'Alsace sont tenues d'avoir des prénoms et des noms allemands. (§ 1) Le délai expirait au 1ᵉʳ mars 1943 (§ 4) (le texte complet s'intitule « Verordnung über die deutsche Namensgebung im Elsaß vom 15. Januar 1943 » in *Verordnungsblatt, op. cit.*, 1943, Nr. 3, p. 22).

727. Sur l'ensemble de la question des changements onomastiques, voir IRJUD Alphonse « La germanisation des noms en Alsace entre 1940 et 1944 » in *Revue d'Alsace*, tome 113 (1987), pp. 239-261.

728. *Cf.* KETTENACKER Lothar *La politique de nazification en Alsace. Deuxième partie, op. cit.*, pp. 46, 48-49.

729. Cité par BOPP Marie-Joseph *L'Alsace sous l'occupation allemande, op. cit.*, pp. 156-157, reprenant RAUSCHNING Hermann *Hitler m'a dit. Confidences du Führer sur son plan de conquête du monde*, Paris 1939, Editions Coopération, p. 62.

730. Cité par BOPP Marie-Joseph *L'Alsace sous l'occupation allemande, op. cit.*, p. 155 ; *cf.* également HUMBERT Geneviève « Les grandes lignes de la politique allemande de la jeunesse en Alsace occupée (1940-1944) » in *Revue d'Alsace* n° 110 (1984), pp. 183-218 : « Qu'il s'agisse d'un excès de politisation (à un moment où le Reich était en train de perdre la guerre...) ou du recul de l'enseignement devant des activités extra-scolaires, le bilan de l'enseignement à l'allemande paraît bien négatif. » (p. 205).

731. « Dabei ist zu berücksichtigen, daß das Mundartenproblem zurzeit in der Öffentlichkeit besser nicht erörtert wird », cité in DOHNA Gräfin Agnes (éd.) *Tausend Brücken*, Strassburg-Stuttgart-Stockholm 1952, Hünenburg-Verlag, p. 877.

732. À titre d'exemple : les contrôleurs de tramway de Mulhouse et de Strasbourg sont invités à parler l'allemand standard afin que chacun puisse les comprendre... (*cf.* KETTENACKER Lothar *La politique de nazification en Alsace. Deuxième partie, op. cit.*, p. 57).

733. *Cf.* KETTENACKER Lothar *La politique de nazification en Alsace. Deuxième partie, op. cit.*, p. 57 et p. 69, note 133. Friedrich Hünenburg [= Fritz Spieser] reproduit presque intégralement le circulaire du Gauleiter dans son autobiographie justificative in DOHNA Gräfin Agnes (éd.) *Tausend Brücken, op. cit.*, pp. 875-877.

734. L'original est cité par PHILIPPS Eugène *L'ambition culturelle de l'Alsace*, Strasbourg 1996, SALDE/MEDIA, p. 86, note 26. Les comédies dialectales pouvant égratigner les Allemands étaient de toute façon interdites.

735. Cette « mise au pas » de la société s'effectue par la mise en place de l'appareil du Parti national-socialiste et de l'ensemble de ses organisations, qui remplacent les structures existantes. Le quadrillage systématique du corps social s'effectue ainsi de la même manière que dans le reste du *Reich*.

736. Voir, par exemple, la documentation réunie par EPP René *L'Église d'Alsace sous l'oppression nazie (1940-1945)*, s.l., 2000, Éditions du Signe.

737. Ils seront même versés pour partie, à partir de 1944, dans la *Waffen-SS*. La majeure partie d'entre eux combattra sur le front de l'Est, l'état-major n'ayant guère d'illusions sur les sentiments patriotiques de ces incorporés de force. 30 000 Alsaciens furent portés disparus ou moururent et 20 000 furent blessés dans une guerre qui n'était pas leur : ils restaient, de droit, des ressortissants français. (Chiffres donnés par VOGLER Bernard [dir.] *L'Alsace, une Histoire, op. cit.*, p. 192).

738. *Cf.* RIEDWEG Eugène «La mise au pas», in *Saisons d'Alsace* n° 114, *op. cit.*, pp. 9-12 (p. 12); *cf.* également IRJUD Alphonse «Les ralliés au nazisme» in *Saisons d'Alsace* n° 121 - automne 1993 «1943 - La guerre totale», Strasbourg, pp. 131-141.

739. *Cf.* IRJUD Alphonse «Du rétablissement de la légalité républicaine au réveil politique » in *Revue d'Alsace* n° 130 *L'Alsace du second XXᵉ siècle*, 2004, pp. 11-18.

740. Cité par IRJUD Alphonse «De l'Allemagne à la France. La "désannexion"», in *Saisons d'Alsace* n° 127 - printemps 1995, «1945 - La délivrance», Strasbourg, pp. 205-216 (p. 205-206). C'était notamment le point de vue du préfet Haelling (1945) (*cf.* HEITZ Robert *Souvenirs de jadis et naguère, op. cit.*, p. 154).

741. IRJUD Alphonse «De l'Allemagne à la France. La "désannexion"», *op. cit.*, p. 208.

742. Citée par PHILIPPS Eugène *L'ambition culturelle de l'Alsace, op. cit.*, pp. 46-47. Blondel exerce sa fonction du 5 septembre 1944 au 19 juin 1945 (*Cf.* BAECHLER Christian «Blondel Charles Henri Marie» in *Nouveau Dictionnaire de biographie alsacienne* n° 4, Strasbourg 1984, p. 260).

743. *Cf.* BAAS Émile *Situation de l'Alsace*, Colmar 1973 [1ʳᵉ éd. 1945], Éditions Alsatia, p. 197.

744. Synthèse effectuée à partir des données publiées par INSEE *Aspects particuliers des populations alsacienne et mosellane, op. cit.*, p. 82.

NOTES

745. *Ibidem.*, pp. 28-29.
746. Cet arrondissement inclut les cantons fortement romanophones de Sainte-Marie-aux-Mines et de Lapoutroie.
747. L'arrondissement inclut les cantons fortement romanophones de Saales et de Schirmeck.
748. Une partie du canton de Villé est romanophone.
749. Avec le canton de Guebwiller présentant un taux de connaissance du français de 59,4 %, cet arrondissement haut-rhinois se rapproche des valeurs présentes dans les arrondissements du Bas-Rhin.
750. C'est l'arrondissement qui présente les cantons les moins francophones d'Alsace, avec les cantons de Drulingen (50,00 %) et de La Petite-Pierre (50,7 %).
751. Synthèse effectuée à partir des données publiées par INSEE *Aspects particuliers des populations alsacienne et mosellane, op. cit.*, pp. 42-43.
752. Tableau adapté de INSEE *Aspects particuliers des populations alsacienne et mosellane, op. cit.*, p. 53.
753. Synthèse effectuée à partir des données publiées par INSEE *Aspects particuliers des populations alsacienne et mosellane, op. cit.*, pp. 57.
754. REYMOND François *Le problème de la langue française en Alsace*, ENA, Section Administration générale, mémoire de stage, décembre 1952, Strasbourg (in : ADBR 589D155) ; annexe IV. L'auteur avait été chargé par le préfet du Bas-Rhin d'une enquête sur la connaissance de la langue française par les conscrits du département (p. 3).
755. FOURQUET Jean «La situation linguistique» in *Le Semeur* (1948) «Alsace» (numéro spécial à l'occasion du Tricentenaire), Strasbourg, pp. 19-24 (pp. 21-23). Linguiste, philologue et dialectologue, titulaire de la chaire de philologie allemande de 1934 à 1955 à l'Université de Strasbourg, Jean Fourquet aura été l'un des germanistes les plus importants du XXᵉ siècle en France. Il impulse, avec Georges Straka, le renouveau des études dialectologiques après 1945, à l'Université de Strasbourg (*cf.* STRAKA Georges et SIMON Péla «Quarante ans d'études de linguistique et de philologie à l'Université de Strasbourg (1919-1959)» in *Orbis*, tome IX, n° 2 [1960], pp. 41-44). Dans le récit de ses jeunes années qu'il entreprend à l'intention de ses descendants, P. Clémens raconte son retour au «pays natal», début 1945, après avoir passé le temps de la guerre en France : «[La] situation linguistique est peut-être ce qui m'a frappé le plus à mon retour. [C'était] un autre univers, très germanique, ou du moins très germanisé. [...] La langue française n'existait plus.» *Cf.* CLEMENS Paul *Aux yeux du souvenir. Les jeunes années d'un Mosellan, 1928-1952*, Paris 2012, L'Harmattan, p. 154.
756. BAAS Emile *Situation de l'Alsace, op. cit.*, p. 81.
757. Malgré l'obligation qui est faite de délibérer en langue française par la loi du 14 mai 1930 (*cf. supra*) ; *cf.* BIEDERMANN Alfred «Langue et culture» in *Le Semeur* (1948) «Alsace» (numéro spécial à l'occasion du Tricentenaire), Strasbourg, pp. 36-53 : «Sait-on assez que dans la majorité des villages, et même dans les bourgs où n'existent ni tribunal ni collège, il arrive souvent que pas un membre du conseil municipal ne sache le français ?» (p. 37) Même à Strasbourg, les conseillers municipaux interviennent dans les deux langues ; *cf.* un extrait de la séance du conseil municipal de Strasbourg du 16 janvier 1950 où Pierre Pflimlin confirme cette pratique : «Nous pratiquons le bilinguisme dans nos délibérations du conseil municipal», après une interpellation du conseiller communiste Boosz sur le respect du bilinguisme (in : ADBR 544D194).
758. *Cf.* aussi PHILIPPS Eugène *L'ambition culturelle de l'Alsace, op. cit.*, p. 142, note 17. Les annonces étaient ouvertes par un «Es wurd bekànnt gemàcht : ...» [«Il est porté à la connaissance du public»]. Cependant, la forme écrite (français ? allemand ? dialecte scripturalisé ?) à partir de laquelle l'appariteur faisait ses annonces n'est pas connue.
759. L'ensemble du dossier est conservé in ADBR 1130W388.
760. Lettre du préfet du Bas-Rhin du 15 octobre 1953 (réf. 1804/53/C) au secrétaire général, chargé de l'administration de l'arrondissement de Strasbourg-Campagne, et aux sous-préfets d'Erstein, Haguenau, Molsheim, Saverne, Sélestat et Wissembourg (ADBR 1130W388).
761. Lettre du 16 décembre 1953 (sans réf.) (ADBR 1130W388).
762. BIEDERMANN Alfred «Langue et culture» in *Le Semeur, op. cit.*, p. 39.
763. Le MRP est l'un des principaux partis politiques du Bas-Rhin, de tendance démocrate-chrétienne, qui a, en quelque sorte, succédé à l'UPR ; *Cf.* VOGLER Bernard *Histoire politique de l'Alsace. De la Révolution à nos jours, un panorama des passions alsaciennes, op. cit.*, p. 284 : «En février 1945, des anciens de l'UPR et de l'APNA décident de constituer un parti républicain populaire [= PRP] d'Alsace, qui demeure réservé à l'égard du MRP, car il conserve sa tradition sociale d'avant 1939 et continue à affirmer la nécessité de protéger le particularisme culturel. Mais ses dirigeants, à l'instar de Henri Meck, sont désormais acquis au principe d'une fusion avec le M.R.P.» Le PRP franchit le pas en juillet 1945. *Cf.* aussi BADARIOTTI Dominique, KLEINSCHMAGER Richard et STRAUSS Léon *Géopolitique de Strasbourg. Permanences, mutations et singularités de 1871 à nos jours*, Strasbourg 1995, La Nuée Bleue (coll. La bibliothèque alsacienne), pp. 43-44 ; VOGLER Bernard *L'après-guerre à Strasbourg*, Illkirch 2002, Le Verger, p. 61. Détails chez IRJUD Alphonse «Du rétablissement de la légalité républicaine au réveil politique» in *Revue d'Alsace* n° 130 (2004) *L'Alsace du second XXᵉ siècle*, pp. 11-20 (pp. 14-18).
764. «Vœu n° 64 de M. Koessler, président de la fraction du M.R.P. concernant le problème linguistique en Alsace» in : Conseil général du Bas-Rhin, 1ʳᵉ session ordinaire de 1947, *Rapports et délibérations*, séance du 25 avril 1947, pp. 326-329 (pp. 326-327).
765. «Langue officielle» reproduit in *Bulletin de l'Enseignement* (Département du Bas-Rhin), 22ᵉ année, n° 4, novembre-décembre 1945, p. 103.
766. Selon la dénomination employée par SCHAEFFER Patrick J. *L'Alsace et l'Allemagne de 1945 à 1949*, Metz 1976, Centre de recherches relations internationales de l'Université de Metz, vol. 8, p. 63.
767. BIEDERMANN Alfred «Langue et culture» in *Le Semeur* (1948) «Alsace», numéro spécial à l'occasion du Tricentenaire, Strasbourg, pp. 36-53 (pp. 46-47).
768. HAMERS Josiane F. et BLANC Michel *Bilingualité et bilinguisme*, Bruxelles 1983 (1ʳᵉ éd.), Pierre Mardaga, (coll. Psychologie et sciences humaines, vol. 129), p. 90.
769. TABOURET-KELLER Andrée «Vrais et faux problèmes du bilinguisme» in Collectif *Études sur le langage de l'enfant*, Paris 1962, Éditions du Scarabée, pp. 161-191.
770. TABOURET-KELLER Andrée «Problèmes psychopédagogiques du bilinguisme» in *International Review of Education / Internationale Zeitschrift für Erziehungswissenschaft / Revue internationale de pédagogie*, vol. VI, 1960, pp. 52-67.
771. BAAS Emile *Situation de l'Alsace, op. cit.*, p. 86.
772. BIEDERMANN Alfred «Langue et culture» in *Le Semeur, op. cit.*, pp. 45-46.
773. Des éléments discursifs, travaillant dans l'implicite, peuvent également se trouver dans des manuels scolaires. Dans une méthode de lecture pour CP, une leçon portant sur <ien> comporte le texte suivant : «Le petit Parisien.
1. Il n'y a pas bien longtemps qu'il

est arrivé de Paris. Son vrai nom est Lucien, mais tout le village l'appelle «le petit Parisien». 2. À l'école il est parmi les premiers. Il parle mieux que les enfants du village et son cahier est très bien tenu: sur chaque page il y a des «bien» et des «très bien». 3. Lorsqu'un jouet est cassé ou qu'une bicyclette est abîmée, c'est au petit Parisien qu'on s'adresse: Lucien est un vrai petit mécanicien. Combien de service il a déjà rendus à ses camarades! 4. Tous les jeudis et tous les dimanches il vient chez Jacqueline avec sa flûte, car il est aussi musicien. Bientôt Jacqueline et Lucien donneront un concert à leurs amis.» (MORGENTHALER H. et ISNARD M. *Le livre que j'aime. Deuxième livret*, Strasbourg 1956, Istra, p. 31) L'ouvrage était encore en usage vingt ans plus tard, avec le même texte, *cf.* Alsaticus «Le petit Parisien», *Le Nouvel Alsacien*, 8.04.1976.

774. «Décréter que l'intérêt de l'État réclame la disparition rapide du dialecte et prendre, en conséquence, toutes mesures utiles (scolaires, policières et autres) pour hâter le triomphe de la Raison d'État. Je sais que, souvent, sans oser prononcer le mot de Raison d'État, beaucoup songent à une semblable solution.» (BAAS Emile *Situation de l'Alsace, op. cit.*, p. 87).

775. Près d'un demi-siècle plus tard, l'évaluation qu'en fait Raymond Bourgart, francophile revendiqué, est particulièrement intéressante pour une autre facette de l'éventuelle contreproductivité et/ou, du moins, pour le bienfondé de cette affichette, en septembre 1945: «D'accord, bien entendu, sur la formule, mais pourquoi répéter, d'une façon toute de même moins abrupte, le message cynique des Allemands en 1940: "Elsässer, sprich deine deutsche Muttersprache!" (Alsacien, parle ta langue maternelle allemande!)? Tout en approuvant le principe, j'aurais souhaité que le "chic" fût spontané et non pas suggéré! Fallait-il chez nous répéter à l'envers en 1945 les slogans hitlériens de 1940?» (BOURGART Raymond *Strasbourg... toujours. Souvenirs*, Strasbourg 1992, Éditions La Nuée Bleue/DNA, p. 169).

776. Reproduction de l'affichette dans WEILL Claude «La guerre de l'alsacien est déclarée», *Le Nouvel Observateur*, 28.10-3.11.1999, pp. 94-97 (p. 95).

777. *Dernières Nouvelles d'Alsace*, 2-3 décembre 1951, p. 7. Julien Fuchs confirme que l'auteur de la formule et du mode de diffusion est issu du monde du scoutisme (FUCHS Julien *Toujours prêts! Scoutismes et mouvements de jeunesse en Alsace 1918-1970*, Strasbourg 2007, La Nuée Bleue, pp. 277-278), mais les deux sources divergent sur les personnes; l'une cite «M.B.»,

l'autre «M. Rosenberg». Une branche au moins de ce mouvement, les Eclaireurs de France, participe, sans doute épisodiquement, à sa diffusion: «Les Eclaireurs de France ont pris l'initiative d'une campagne pour développer l'usage du français. Il ne s'agit pas d'une campagne de propagande personnelle, mais d'un service que notre mouvement veut rendre à l'Alsace et à la France. [...] Les Eclaireurs voudraient aider tous ceux qui se consacrent à cette tâche sacrée.» (Lettre du responsable des éclaireurs de Colmar au préfet du Haut-Rhin, 28 mars 1946, citée par FUCHS Julien *Toujours prêts!, op. cit.*, p. 278). Dans sa thèse, Julia Wylczyńska indique que Frédéric Billmann, le directeur de l'Information, était, avec le groupe «Jeune Alsace», à l'origine de cette affichette, sans indication de source (WYLCZYNSKA Julia *Le «retour» de l'Alsace à la France après la Seconde guerre mondiale (1944-1951): aspects politiques, culturels et sociaux*, Strasbourg 2012, vol. I, p. 128, note 340).

778. «Vœu n°183 de M. Meck relatif au bilinguisme dans les administrations» in: Conseil général du Bas-Rhin, session d'automne 1945, *Rapports et délibérations*, séance du 31 octobre 1945, pp. 119-120. À l'appui de sa demande, Henri Meck cite un certain nombre de cas de figure où le français seul a été utilisé (par l'Inspection du Travail, bulletin de vote au référendum) et s'inquiète d'une circulaire de la SNCF du 10 août 1945 qui prévoit que tous les écrits dans l'enceinte du chemin de fer soient rédigés exclusivement en français (p. 120).

779. «Vœu n° 176 de M. Meck et de ses collègues du M.R.P. relatif au bilinguisme» in: Conseil général du Bas-Rhin, 1ʳᵉ session ordinaire de 1946, *Rapports et délibérations*, séance du 8 juin 1946, pp. 396-402. Henri Meck constate qu'à la SNCF, rien n'a changé, que la situation est analogue dans l'administration postale, que les brochures à l'usage des sinistrés n'ont été éditées qu'en français... (p. 397).

780. «Vœu n° 64 de M. Koessler, président de la fraction du M.R.P. concernant le problème linguistique en Alsace» in: Conseil général du Bas-Rhin, 1ʳᵉ session ordinaire de 1947, *Rapports et délibérations*, séance du 25 avril 1947, pp. 326-329.

781. «Vœu n° 180 de M. Klock et ses collègues du M.R.P. concernant l'usage du bilinguisme en Alsace» in: Conseil général du Bas-Rhin, 2ᵉ session ordinaire de 1948, *Rapports et délibérations*, séance du 21 décembre 1948, p. 325.

782. «n°501. Bilinguisme. – Usage du bilinguisme en Alsace» in Conseil général du Bas-Rhin, 1ʳᵉ session ordinaire de 1949, *Rapports et délibérations*, p. 85.

783. Conseil général du Bas-Rhin, 1ʳᵉ session ordinaire de 1949, *Rapports et délibérations*, séance du 10 mai 1949, pp. 127-129; puis en janvier 1950: Conseil général du Bas-Rhin, 1ʳᵉ session ordinaire de 1951, *Rapports et délibérations*, séance du 26 avril 1951, pp. 184-185; Conseil général du Bas-Rhin, session extraordinaire de 1951, *Rapports et délibérations*, séance du 14 décembre 1951, p. 271; Conseil général du Bas-Rhin, session extraordinaire de décembre 1952, *Rapports et délibérations*, séance du 4 décembre 1952, pp. 208-209; etc.

784. Le MRP, minoritaire au Conseil général du Haut-Rhin, ne réussit pas à faire adopter une motion concernant le bilinguisme dans la mesure où la majorité de l'assemblée considère que, dans la pratique, l'utilisation de l'alsacien est assurée tant que de besoin (*cf.* Conseil général du Haut-Rhin, session ordinaire d'octobre 1945, *Procès-verbaux des délibérations*, séance du samedi 3 novembre 1945, pp. 304-310).

785. BOOSZ Alphonse, TRICART Jean, COGNIOT Georges, WURMSER André, FRUHLING Louis, HEUMANN Gauthier et KRIEGEL-VALRIMONT Maurice *Analyse de l'Alsace*, Paris 1955, Éditions de la Nouvelle Critique (Les essais de la N.C. 1), chapitre 3, par HEUMANN Gauthier «La question linguistique et culturelle en Alsace», pp. 99-149 (p. 141).

786. À travers son organe *L'Humanité d'Alsace et de Lorraine*, le Parti communiste va très régulièrement aborder la question du bilinguisme dans l'administration ou, plus largement, dans certains domaines de la vie publique. Après que deux députés communistes, Anna Schell (Moselle) et Marcel Rosenblatt (Bas-Rhin), ont déposé une proposition de loi (n°11800) tendant à introduire le bilinguisme dans les administrations publiques (séance du 29 décembre 1950), la question sera régulièrement abordée sous différents aspects: „Vor dem Gericht – Weil er nicht die französische Sprache beherrschte...", 13 janvier 1951, p. 1; „Ein Advokat erklärt: ‚Die gerichtlichen Zahlbefehle sind in zwei Sprachen verfasst, die Urteile aber nur in französisch!'", 27 janvier 1951, pp. 1 et 3; „In Strasbourg – Die kommunistische Gemeinderatsfraktion verlangt Zweisprachigkeit in der Stadtverwaltung", 10 février 1951, p. 1; „Weil der Angeklagte elsässisch sprechen wollte, schreit der Gerichtspräsident: ‚Ich schmeisse Sie raus...' ", 13 décembre 1951, pp. 1-2; „Jugend an der Schwelle des Lebens – Junge Elsässer in der französischen Armee", 5 mars 1952, p. 4; „Aus der Strass-

burger Strafkammer: Zu was Sprachschwierigkeiten und Übersetzungsfehler führen können. Eine 61 Jahre alte Frau unter der Anklage des Meineids", 25 juillet 1952, p. 10; la même question est reprise dans l'édition du 29 juillet 1952, pp. 1-2; „Gestern vor dem Schwurgericht des Bas-Rhin – 4 Geschworene können den Verhandlungen in französischer Sprache nicht folgen: Sie wurden von der Geschworenenliste gestrichen", 2 août 1952, pp. 1-2; „Die Zweisprachigkeit am Gericht: Einem Maire wurde eine falsche Beurteilung unterschoben... weil er die französische Sprache nicht beherrscht", 1er octobre 1952, pp. 1-2; „Ein Beamter schreibt uns: ,Wenn die Zweisprachigkeit anerkannt und durchgeführt würde, dann hätte ich längst einen höheren Posten inne...' ", 9 octobre 1952, p. 6; „Warum keine Zweisprachigkeit am Telefon?", 15 octobre 1952, p. 10; „Ich verstehe die französische Sprache nicht, ich bin unschuldig!", ruft ein Angeklagter in einer Kriegsschadenaffäre aus. Dennoch wird er zu 4 Monaten Gefängnis und 50 000 Frs Geldstrafe verurteilt", 26 octobre 1952, p. 4; „Warum fordert auch der Handwerker die Zweisprachigkeit?", 7 novembre 1952, p. 9; „Die Eisenbahner und die Zweisprachigkeit", 21 décembre 1952, p. 9; etc. (justice, service militaire, administrations en général, P.T.T., police, écriteaux dans les nouveaux bus de Strasbourg, imprimés des caisses de vieillesse... [1953-1957]).

787. WEBER Jean-Julien «Problème des langues et pastorale» in *Bulletin ecclésiastique du diocèse de Strasbourg,* 71e année, n° 6, 15 mars 1952, pp. 146-153.

788. Il n'est sans doute pas indifférent que l'évêque ait reçu une éducation secondaire française et soit officier de réserve dans l'armée française. (*Cf.*, par exemple: WEBER Jean-Julien «Documents» in *Sur les pentes du Golgotha. Un prêtre dans les tranchées,* Strasbourg 2001, La Nuée Bleue, pp. 260-268).

789. WEBER Jean-Julien «Problème des langues et pastorale», *op. cit.,* p. 148.

790. L'article 102 des *Statuts synodaux* de 1948 (*Statuts synodaux publiés et promulgués en 1948 par S. Exc. Monseigneur Jean-Julien Weber, évêque de Strasbourg,* Strasbourg 1948, F.-X. Leroux & Cie, p. 3) reprend les prescriptions de l'évêque de 1945 («Prescriptions de Mgr l'Evêque concernant l'emploi du français et de l'allemand à l'église et au catéchisme» in *Bulletin ecclésiastique du diocèse de Strasbourg,* 64e année, n° 12, 15 décembre 1945, pp. 315-316): «Nous donnons les prescriptions suivantes pour l'emploi du français et de l'allemand à l'église et au catéchisme: 1° Dans toutes les paroisses où cela est désiré par les fidèles ou simplement possible (paroisses de villes, de gros bourgs...), on prêchera, on priera, on chantera dans les deux langues. 2° Dans une paroisse où il existe une minorité de langue française, ou dans laquelle se trouve une minorité qui parle ou comprend le français, on prêchera au moins pendant quelques minutes en français avant de prêcher en allemand; on fera prier et chanter dans les deux langues. 3° Dans les paroisses où personne n'est de langue française et où très peu de paroissiens parlent ou comprennent le français, on pourra prêcher provisoirement en allemand, jusqu'à ce qu'on puisse le faire utilement en français; mais dès maintenant on fera prier et chanter dans les deux langues. 4° Si les enfants d'une classe inférieure ne sont pas encore aptes à comprendre les explications du catéchisme en français, les prêtres pourront les donner en allemand ou en dialecte, selon le cas. À mesure que l'école aura fait accomplir des progrès suffisants dans la langue française, on superposera de plus en plus le français à l'allemand. En tout cas, on fera dès maintenant prier et chanter les enfants dans les deux langues.» Le Commissaire de la République, à qui l'évêché a communiqué les *Prescriptions* de l'évêque de 1945, écrit le 6 février 1946) pour lui indiquer que «les prescriptions sur l'usage du français et de l'allemand à l'église et au catéchisme» qu'il a publiées lui «donnent entière satisfaction.»

791. *Cf.* l'article 102 des *Statuts synodaux* de 1948 (*cf. supra*); par lettre du 28 juillet 1948 au ministre de l'Intérieur, le préfet rend compte des travaux du synode et indique que «l'Evêque et le Directeur diocésain de l'Enseignement ont pris, à cette occasion, une position catégorique pour imposer au clergé de faire les cours de religion en français.» (ADBR 1130W401).

792. *Le Nouveau Rhin français* des 22 et 23 mai 1949, pp. 1-2.

793. Lettre de l'évêque au directeur de la Radiodiffusion française à Strasbourg du 22 mars 1947 (Archives de l'archevêché de Strasbourg, carton 1020).

794. Lettre de l'évêque ad nomen apostolique en date du 29 janvier 1949 (Archives de l'archevêché de Strasbourg, carton 1020).

795. Sur les tensions au sein de l'Église catholique d'Alsace, *cf.* VOGLER Bernard «La question linguistique et l'Église (1945-1960)» in *Revue d'Alsace* n° 122, 1996, pp. 427-432. Il n'est pas indifférent que les prédications aient eu lieu plus souvent en allemand dans la mesure où l'évêque rappelle sèchement et fermement, en 1954, qu'«il est inadmissible que devant un auditoire qui comprend, même minime, ne comprend pas l'allemand, le prêtre ne dise pas à l'office religieux ne fût-ce que quelques mots en français» («Prédications en langue française et en langue allemande» in *Bulletin ecclésiastique du diocèse de Strasbourg*, 73e année, n° 8, 15 avril 1954, p. 235).

796. «Ordonnance épiscopale – Entrée en vigueur de l'instruction du "Consilium" liturgique et des Ordonnances de l'épiscopat français» in *Bulletin ecclésiastique du diocèse de Strasbourg,* 1er février 1965, n° 3, pp. 60-61 (p. 61).

797. WEBER Jean-Julien «Quelques considérations sur la réforme liturgique» in *Bulletin ecclésiastique du diocèse de Strasbourg,* 1er avril 1965, n° 7, pp. 172-175 (p. 175).

798. C'est bien ainsi que le préfet a compris la position que l'évêque a exprimée dans «Quelques considérations sur la réforme liturgique», *op. cit.* Dans une lettre au ministre de l'Intérieur du 2 avril 1965 (n°440/65/C), il fait part de sa satisfaction: «Cette mise au point me paraît fort satisfaisante, de nature à apaiser les appréhensions et à permettre, si elle est strictement observée, comme il y a lieu de le penser, de préserver l'œuvre accomplie avec persévérance depuis la Libération en vue de la généralisation de la connaissance et de l'emploi de la langue française. L'évolution qui tend à une lente mais régulière progression du français ne se trouvera pas stoppée comme on aurait pu le craindre, car l'idée directrice de Mgr Weber est que la langue nationale doit, sauf exceptions de moins en moins fréquentes, conserver la primauté dans la liturgie comme dans l'enseignement religieux catholique.» (ADBR 1152W9).

«En 1966, l'évêque coadjuteur de Strasbourg, Mgr Elchinger, déclarait dans une paroisse que, dans le cadre de la réforme liturgique accordant une large place à la langue populaire aux dépens du latin, le service religieux devrait être célébré uniquement en français, parce qu'il est en général la langue des jeunes. Il demandait que les plus âgés montrent de la compréhension, étant donné que, s'ils ne comprennent pas le français, cela ne changerait pas grand-chose à la situation antérieure, puisqu'ils ne comprenaient que le latin et, d'ailleurs, ils comprennent certainement mieux le français que le latin.» MAUGUE Pierre *Le particularisme alsacien 1918-1967, op. cit.,* p. 180.

799. «Le bilinguisme à la liturgie» in *L'Église en Alsace,* 4 [avril 1967], p. 21. Dans *Les séminaristes strasbourgeois en mai 1968,* Strasbourg

2012, ERCAL Publications, Thomas Schmitt rappelle que le latin reste langue liturgique et indique que le passage en «langue vernaculaire» semble se faire assez rapidement. Mais la place de l'allemand, que l'auteur évoque uniquement incidemment (*cf.* pp. 34 *sqq.* et 70 *sqq.*), est plus difficile à apprécier.
800. Cité dans la lettre (C.744) du directeur des Cultes au ministère de l'Intérieur adressée au préfet du Bas-Rhin, 2 juillet 1946 (ADBR 1152W6).
801. *Ibid.*
802. *Ibid.*
803. *Cf.*, par exemple, «Das Oberkonsistorium der lutherischen Kirche und die Sprachenfrage» in *Honneur et Patrie* du 27 janvier 1950, p. 5.
804. VOGLER Bernard *Histoire des chrétiens d'Alsace des origines à nos jours*, *op. cit.*, p. 346.
805. «L'administration a toujours eu soin d'envoyer en Alsace des "Français de l'intérieur". [...] Le système aboutit parfois à des situations burlesques, comme dans ce village reculé où les P.T.T. avaient envoyé pour postière une jeune femme originaire de Carcassone. Même en français, on avait du mal à se comprendre de part et d'autre du guichet...», LEGRIS Michel «Les "parlers maternels" en France: V. L'Alsace entre deux langues» in *Le Monde* 13-14 septembre 1964, p. 13.
806. WOEHRLING Jean-Marie «Quelques réflexions sur l'évolution du droit des langues en Alsace-Moselle», in *Histoire du droit local*, *op. cit.*, p. 200, note 60.
807. *Ibid.*, p. 199 et note 58: «Une enquête administrative effectuée au début des années 1950 a pu recenser environ 70 circulaires bilingues sur un total d'environ 700.»
808. «Le bilinguisme dans les rapports entre l'administration et le public», s.d. [1950] (ADBR 589D150).
809. Il s'agissait là d'une pratique d'avant-guerre.
810. Lettre du préfet du 16 mars 1949 demandant la «collection des formulaires administratifs à l'usage du public employés dans les services» aux services suivants: Services agricoles, Contributions directes, Contributions indirectes, Directeur départemental de la Santé et de la Population, Enregistrement, Domaines et Timbre, Délégué départemental du ministère de la Reconstruction et de l'Urbanisme, Caisse régionale de Sécurité sociale, Délégué départemental des Anciens Combattants et Victimes de la Guerre (ADBR 544D190).
811. *Cf.* Conseil général du Bas-Rhin, 1re session ordinaire de 1950, *Rapports et délibérations* (vol. 15), pp. 82-83. Le propos du préfet y est assez succinct et lapidaire, mais c'est surtout dans la séance des Commissions réunies du 3 janvier 1950 (compte rendu in ADBR 589D150) que le préfet expose très clairement sa façon de voir.
812. Dès janvier 1949, la direction des P.T.T. du Bas-Rhin a donné, suite à une indication du préfet, des consignes aux receveurs pour que les guichets soient tenus par des agents bilingues (circulaire n° 2 D du 14 janvier 1949, ADBR 544D190). Les syndicats semblent avoir protesté contre cette mesure en expliquant qu'il «n'y a jamais eu de difficultés à cause du bilinguisme» et en refusant un «traitement différent pour les agents locaux ou de l'Intérieur» (feuille manuscrite du 19 janvier 1949, ADBR 544D190).
813. Par une note de service, le chef de centre du central télégraphique et téléphonique de Mulhouse avait déclenché une vague de protestation de la part des journaux proches du MRP et du Parti communiste. Cette note était censée réguler les interactions linguistiques entre le personnel et les usagers: «Il est rappelé au personnel que le dialecte alsacien, comme les autres patois des provinciaux, ne peuvent être admis que dans des relations purement privées, voire même simplement familiales. Il est inadmissible qu'un agent des services publics, dans l'exercice de ses fonctions, utilise un autre langage que le français. En conséquence, j'interdis d'une façon absolue l'emploi des parlers locaux dans toute l'étendue de mes services sous les deux réserves ci-après:
1) Il est bien entendu qu'une opératrice doit toujours tenter l'emploi du français dans ses relations avec la clientèle. Le collationnement se fera donc en notre langue nationale, même si la demande a eu lieu en alsacien. Toutefois, s'il appert qu'un usager ne connaît que le dialecte, il pourra lui être répondu dans cet idiome à titre de simple complaisance.
2) Pour la même raison, certains agents des lignes et certains gérants de cabine peu cultivés ne peuvent s'exprimer en français. Je tolèrerai donc exceptionnellement l'emploi du dialecte avec ce genre de correspondants.
Dans tous les autres cas, j'invite de la façon la plus formelle le personnel de contrôle et de surveillance à me signaler par P.V. 685 les contrevenants au présent ordre de service.»
Le texte de la note de service est reproduit par *Le Nouveau Rhin français* des 22-23 janvier 1950 (JACOB Marcel «An der Mülhauser Post ist der elsäs. Dialekt strafbar») et *Le Nouvel Alsacien* du 24 janvier 1950 (IRJUD Alphonse «Ici commence le pays... du P.V. 685», p. 2). L'hebdomadaire du R.P.F. *Le Rassemblement français* le reproduit à son tour le 28 janvier 1950 (NOEL R. «Eigentümliche Dienstanweisung des Chef du Central Téléphonique et Télégraphique in Mulhouse – H. Pessard verbietet den Gebrauch unseres Dialektes», p. 4).
C'est le ton comminatoire et une certaine forme de mépris pour les usagers des dialectes qui scandalisent tout autant les commentateurs que l'interdiction même d'utiliser le dialecte. L'Union départementale C.G.T. du Haut-Rhin adressera une lettre de protestation à l'auteur du texte (reproduite dans *L'Humanité d'Alsace et de Lorraine* du 27 janvier 1950, p. 1).
Le commissaire central en poste à Mulhouse fin 1955 demandera également l'usage exclusif du français au sein de son service et n'autorisera le dialecte ou une autre langue qu'en cas de difficulté de communication (*Cf.* circulaire reproduite dans: JACOB Marcel «Im elsässischen Aquarium» in *Le Nouveau Rhin français*, 27 et 28 novembre 1955, pp. 1-2.)
814. Lettres (771/50/C) du 28 février 1950 et du 11 avril 1950 (ADBR 544D190).
815. Lettre du ministre des Finances au préfet (2e bureau n° 20-A.M.) du 13 juin 1950 (ADBR 544D190). Cependant, le signataire ajoute, *in fine*, qu'«il serait adressé aux contribuables, pour l'acquit des impôts directs, des avertissements dont les mentions essentielles (montant de la somme à payer; dates de mise en recouvrement, d'exigibilité et d'application de la majoration pour paiement tardif; renseignements relatifs à l'établissement et au paiement de l'impôt; procédures de réclamation) seraient rédigées dans les deux langues»
816. *Cf.* lettre (n° SP 3587) du 9 avril 1951 du préfet au ministère de l'Intérieur (ADBR 544D190).
817. «Arrêté du 1er septembre 1945 portant réglementation de la parution des journaux en Alsace» in *Bulletin officiel du Commissariat régional de la République à Strasbourg*, Strasbourg 1945, pp. 986-987. Des dispositions similaires avaient déjà été prises dès le début de 1945, mais elles n'ont visiblement pas été respectées: «Au mois de février 1945, M. le Ministre de l'Information a émis, à l'intention de la presse alsacienne, des instructions formelles concernant l'obligation impérative de respecter le principe d'un pourcentage minimum de 25% de français dans les éditions bilingues. Il était, de plus, entendu qu'aucune indication en langue allemande ne devait figurer dans l'en-tête. Il est aisé de constater aujourd'hui que, dans la majorité des cas, ces instructions sont demeurées lettre morte.» Suit un rappel des prescriptions et des sanctions en cas de non-respect (Note circulaire

NOTES

du directeur régional de l'Information à la presse alsacienne du 14 mai 1945, ADBR 544D193).

818. Même si le Conseil consultatif d'Alsace et de Lorraine, créé en juillet 1943, n'a pas eu de véritable pouvoir décisionnel, le fait que la presse devienne entièrement bilingue est déjà présent dans ses propositions de décisions, *cf.* IGERSHEIM François « L'Alsace et la Lorraine à Londres et à Alger: de la BBC à la Libération, 1940-1944 », *Revue d'Alsace* n° 136 (2010), pp. 199-273 (p. 226).

819. « Ordonnance n°45-2113 du 13 septembre 1945 relative à la réglementation provisoire de la presse périodique dans les départements du Haut-Rhin, du Bas-Rhin et de la Moselle (J.O. du 16 septembre) » in *Bulletin officiel du Commissariat régional de la République à Strasbourg*, Strasbourg 1945, pp. 943-946.

820. La question de la durée de la validité de cette *Ordonnance* est diversement appréciée. *Cf.* KINTZ Jean-Pierre « Liberté d'expression et censure de presse: l'expérience alsacienne de trois législations 1504-1984 » in *Histoire du droit local*, Strasbourg 1990, Institut du droit local alsacien-mosellan, pp. 205-220. J.P. Kintz propose l'interprétation suivante: « À partir du 1er juin 1946, les dispositions de l'article 11 de l'ordonnance du 13 septembre 1945 auraient dû être considérées comme caduques. La loi du 10 mai 1946 portant fixation de la date légale de cessation des hostilités mit fin à de nombreuses "réglementations provisoires". Comment expliquer dès lors le maintien des mesures anciennes ? Mutisme de l'administration ? Volonté pédagogique d'encourager la langue française ? Docilité alsacienne ? [...] La discussion du projet de loi sur la presse de 1984 permit au sénateur Goetschy de proposer un amendement qui fut adopté. Il forme l'article 44 de la loi [n°84-937] du 23 octobre 1984 [J.O. du 24.10.1984 p. 3326] qui abroge de manière directe et formelle l'article 11 de l'ordonnance du 13 septembre 1945. » (pp. 220-221).

821. Il s'agit, de plus, d'une intervention directe dans la politique linguistique suivie par la presse en ce sens que, si le marché du lectorat reste relativement captif, le risque de voir décliner le nombre de lecteurs est réel; dans ce cas, l'intervention de politique linguistique peut aussi devenir intervention économique dans un secteur privé. *Cf.* aussi IRJUD A[lphonse] « La réglementation archaïque de la presse alsacienne et mosellane par l'ordonnance du 13 septembre 1945 » in *Le Nouvel Alsacien*, 15 juin 1984, p. 19.

822. « Arrêté du 10 janvier 1946 fixant la proportion des textes en langue française des journaux bilingues des départements de la Moselle, du Haut-Rhin et du Bas-Rhin (J.O. du 12 janvier 1946) » in *Bulletin officiel du Commissariat régional de la République à Strasbourg*, Strasbourg 1946, pp. 248-249.

823. Charles Frey, maire de Strasbourg de 1935 à 1955, était l'un des chefs de ce parti régional modéré protestant, *cf.* SCHAEFFER Patrick J. *L'Alsace et l'Allemagne de 1945 à 1949, op. cit.*, p. 158 note 24, et p. 358 note 7 ; *cf.* Collectif *Un grand Strasbourgeois Charles Frey*, Strasbourg 1956, Éditions des Dernières Nouvelles.

824. Présentation des arguments développés par ces journaux et des réactions des autres quotidiens : HUCK Dominique « La politique linguistique de la France en Alsace et son écho dans la presse quotidienne alsacienne entre 1945 et 1952. Étude exploratoire », in CHATELLIER Hildegard et MOMBERT Monique (études réunies par) *La presse en Alsace au xxe siècle. Témoin - acteur - enjeu*, Strasbourg 2002, Presses universitaires de Strasbourg, pp. 103-130 (pp. 113-118).

825. Texte cité dans la lettre du ministère de l'Information au directeur de l'Information en date du 2 juillet 1946 (ADBR 544D193).

826. *Cf.* le commentaire d'Alphonse IRJUD « La réglementation archaïque de la presse alsacienne et mosellane par l'ordonnance du 13 septembre 1945 » in *Le Nouvel Alsacien* du 15 juin 1984, p. 19.

827. Lettre du ministère de l'Information au directeur de l'Information en date du 2 juillet 1946 (ADBR 544D193).

828. La proposition de modification de l'article 11 a dû être adressée à différents partenaires. Le syndicat des journalistes professionnels du Haut-Rhin estime « inacceptable le texte proposé » et propose, à son tour, un texte de remplacement. (Lettre du président du syndicat des journalistes professionnels du Haut-Rhin au directeur interrégional de l'Information du 4 juillet 1946, ADBR 589D151). Le directeur général de l'hebdomadaire *Bonjour* souligne un autre aspect, néfaste à ses yeux, du projet : « Si vous maintenez votre projet, nous serons contraints [d'éditer *Bonjour* avec 95 % d'allemand] afin de faire face à la concurrence, mais nous trouverions cela désastreux pour le développement de la langue française. Nous vous signalons que des journaux suisses parus entièrement en allemand, et en particulier un journal d'astrologie, prennent des abonnements qui ne tiennent compte d'aucun contingent et qu'il vous est impossible de contrôler. Il faut donc nous permettre de lutter avec eux si vous ne voulez pas que les rubriques interdites par vous en allemand dans les journaux français ne soient lues dans les journaux suisses » (Lettre du directeur général de l'hebdomadaire *Bonjour* en date du 5 juillet 1946 au directeur régional de l'Information au ministre de l'Information, ADBR 589D151). En 1949 (lettre du 24 juin 1949), le ministre de l'Intérieur [Jules Moch] autorise le préfet à « procéder dans [son] département à une consultation en vue d'arriver à envisager les modalités d'une révision de l'Ordonnance du 13 septembre 1945 » sur le bilinguisme ». Par lettre du 31 octobre 1949, le ministre de l'Intérieur indique à son collègue de l'Information qu'« il résulte de cette consultation qu'il est préférable de ne pas rechercher la modification de l'Ordonnance, mais la signature » de conventions interprétatives de l'Ordonnance. Un projet de convention est établi en décembre 1949. (ADBR 544D193).

829. Note relative à l'application des règles du bilinguisme en Alsace et en Lorraine qui rend compte de la réunion du 20 février 1947 de l'Assemblée générale extraordinaire des membres du Syndicat des éditeurs de journaux d'Alsace et de Lorraine (ADBR 544D193). La société « Meubles Eureka », par exemple, envoie une lettre au directeur des *Dernières Nouvelles du Haut-Rhin* (19 février 1947) pour expliquer son opposition aux dispositions prises : « La mesure prescrite par les services de l'Information [= ne plus accepter d'annonces rédigées en langue allemande] va à l'encontre de nos intérêts commerciaux, car elle ne tient pas compte d'une situation de fait qui ne pourra se résorber qu'avec le temps. [...] La seule clientèle vraiment intéressante pour nous est celle des personnes d'âge mûr qui sont en mesure d'acheter des meubles, soit pour eux-mêmes, soit pour établir leurs enfants. Or, cette clientèle ne lit malheureusement pas l'allemand. Nous ne pouvons que déplorer cette situation, comme le font les milieux officiels. Mais en tant que commerçants, nous sommes obligés d'en tenir compte pour l'établissement de notre budget de publicité. Aussi nous vous prions de bien vouloir faire votre possible pour que les services de l'Information aient leur attention attirée sur les inconvénients de la nouvelle réglementation, à notre avis rigide, qui ne tient pas compte des réalités. Si les nouvelles mesures étaient maintenues, nous nous verrions contraints, à notre grand regret, de revoir tous nos contrats de publicité. » (ADBR 589D151).

830. *Le bilinguisme dans la presse*, janvier 1950 (ADBR 544D192).

831. Compte rendu de la réunion du 15 avril 1950 sur le bilinguisme dans la

presse (ADBR 544D193). L'accord est validé par le ministre de l'Information (lettre du 23 septembre 1950 au préfet du Bas-Rhin, ADBR 544D192).
832. Note – Application de l'accord du 15 avril 1950 concernant la réglementation provisoire de la presse dans les départements du Rhin, s.d. [automne 1950] (ADBR 544D192).
833. Il s'agit de l'organe de la S.F.I.O. du Bas-Rhin. La S.F.I.O. est l'un des partis qui soutiennent la politique linguistique du gouvernement en Alsace.
834. Note – Application de l'accord du 15 avril 1950 concernant la réglementation provisoire de la presse…, *op. cit.*
835. Lettre (5208-R/K) du directeur de l'Information à Strasbourg au préfet du Bas-Rhin, en date du 2 janvier 1948, à propos de la «diffusion en Alsace d'une presse périodique éditée en allemand» (ADBR 339D13): «J'ai l'honneur d'attirer votre attention sur les dangers qui peuvent résulter pour la presse périodique régionale de la diffusion en Alsace des journaux illustrés hebdomadaires ou autres édités à Paris en langue allemande. En effet, depuis le rattachement économique de la Sarre, une série d'illustrés français ont décidé, certains l'ont déjà fait, comme "Marie-France", de publier des éditions destinées à la population sarroise. Pour ces journaux, la tentation est évidemment grande d'étendre leur rayon d'action en diffusant une partie de leur édition allemande dans nos trois départements. Nous avons eu récemment un exemple frappant du danger qui menace notre politique de bilinguisme, lorsque "Marie-France" a sorti un numéro de Noël entièrement rédigé en langue allemande. Si ce fait devait se généraliser, nous ne pourrons continuer à imposer à notre propre presse régionale une réglementation qui constitue pour elle une charge très lourde.»
836. *Le bilinguisme dans la presse*, janvier 1950, p. 7 (ADBR 544D192).
837. *Ibid.*, p. 8 (ADBR 544D192).
838. Lettre du 23 septembre 1950 au préfet du Bas-Rhin, objet: application de l'Ordonnance du 13 septembre 1945 (articles 11 et 12) sur le bilinguisme dans la presse d'Alsace (ADBR 544D192).
839. Note du 14 mars 1951 (ADBR 589D151).
840. *Synthèse des décisions prises à la conférence du jeudi 16 octobre [1952] sur la situation de la presse de langue allemande dans les départements du Rhin et de la Moselle*, 20 octobre 1952 (ADBR 589D21).
841. Lettre (PER/SEC n° 112) du 25 novembre 1952 du ministre de l'Intérieur au préfet du Bas-Rhin (ADBR 589D21).
842. Tableaux «Répartition de la presse périodique dans le département du Bas-Rhin en 1959», 30 juin 1959, in: lettre du 1er juillet 1959 du préfet du Bas-Rhin au ministre de l'Intérieur (ADBR 709D106).
843. Données des tableaux II et III: *L'Humanité* (105 exemplaires), *Lettres françaises* (100), *France-Observateur* (527), *L'Express* (1791), *Témoignage Chrétien* (164), *Réforme* (232), *Carrefour* (174), *Rivarol* (362), *Le Canard Enchaîné* (1872), *France Dimanche* (7904), *La Vie Française* (1230), *Ici Paris* (5398); *Der Spiegel* (92), *Die Welt* (62), *Rheinischer Merkur* (39), *Weltwoche* (1860).
844. Données des tableaux IV et V: *Jours de France* (3504), *Radar* (2542), *Point de vue* (1344), *Paris Match* (15317), *Noir et blanc* (2320); *Bild und Funk* (6036), *Stern* (1669), *Frankfurter. Illustrierte.* (1465), *Münchner Illustrierte* (1077), *Neue Illustrierte* (1988), *Quick* (3334), *Revue* (1193); *Schweizer Illustrierte* (1492), *Sie und Er* (1205), *Ringier* (1040), *Blatt für alle* (638).
845. Données des tableaux VI et VII: *Votre roman* (1610), *Confidence* (4541), *Intimité* (6238), *Rêves* (1884), *Nous deux* (17017); *Blauer Roman* (279), *Delphin Roman* (593), *Erika Roman* (582), *Heimatglocken* (196), *Mein Roman* (346), *Stella Roman* (466).
846. Données des tableaux VIII et IX: *Secrets de femmes* (3367), *Elle* (6399), *Marie-Claire* (9731), *Marie-France* (6299), *Bonnes soirées* (3993), *Femmes d'aujourd'hui* (13129), *Mode de Paris* (4380); *Beyers Mode* (1773), *Burda Mode* (3221), divers (mode) (1365), *Brigitte* (264), *Constanze* (364), *Libelle* (75), *Ihre Freundin* (350).
847. Il faut comprendre «bilingue» au sens de l'article 11 de l'*Ordonnance du 13 septembre 1945*.
848. *Cf.* les évolutions respectives des *Dernières Nouvelles d'Alsace*, plutôt centrée sur le Bas-Rhin, et de *L'Alsace*, plutôt diffusée dans le Haut-Rhin.
849. Pour l'ensemble des titres: LORENTZ Claude *La presse alsacienne du XXe siècle. Répertoire des journaux parus depuis 1918*, Strasbourg 1997, Bibliothèque nationale et universitaire (*Dernières Nouvelles d'Alsace* pp. 384-386, *Le Nouvel Alsacien* p. 114, *Le Nouveau Rhin français* p. 295, *L'Humanité d'Alsace-Lorraine* p. 181, *Dernières Nouvelles du Haut-Rhin* p. 54, *L'Alsace* p. 14, *L'Ami du Peuple – Der Volksfreund* p. 435, *Bonjour* p. 39).
850. L'édition française de *L'Ami du peuple* a été lancée en 1958, puis abandonnée en 1969.
851. Le nombre de publications est élevé, *cf.* LORENTZ Claude *La presse alsacienne du XXe siècle, op. cit.*; Bibliothèque nationale et universitaire de Strasbourg – Section des Alsatiques *Liste des périodiques en cours*, [Strasbourg] 1979 ou, plus modeste, mais plus éclectique: WIRTZ-HABERMEYER Dominique E. «Evolution de la presse régionale de 1945 à nos jours» in *Saisons d'Alsace* «Presse et médias en Alsace des débuts à nos jours» n° 100, juin 1988, pp. 77-88.
852. C'est par exemple le cas du *Messager évangélique* (protestant), avec un tirage de 15000 en 1946, de 26000 en 1964 et de 23000 en 1969, *cf.* LORENTZ Claude *La presse alsacienne du XXe siècle., op. cit.*, p. 259.
853. MAUGUE Pierre *Le particularisme alsacien 1918-1967, op. cit.*, p. 177.
854. GOEDEL Denis, SCHWEYER Marc et WEISE Adelheid «La presse périodique allemande en Alsace (1964-1969)» in *Recherches germaniques* n° 1 (1971), pp. 176-197.
855. *Ibid.*, p. 194, et p. 194 note 2.
856. Lettre au préfet du Bas-Rhin de la part du directeur du bureau de presse, en date du 7 septembre 1966 (ADBR 1130W741).
857. Préfecture du Bas-Rhin, note du 14 février 1970 (ADBR 1130W732).
858. D'autres moyens avaient encore été suggérés pour aider la diffusion du français et restreindre celle de l'allemand: «Pour bien faire, il faudrait favoriser par tous les moyens [les quotidiens de langue française] et augmenter, artificiellement, les difficultés de vente des éditions allemandes. On pourrait, par exemple, fixer le prix des quotidiens en langue allemande à une somme nettement supérieure aux journaux de langue française. On inciterait ainsi le lecteur à choisir le journal le moins cher.» (Lettre n°1027-B/K au directeur régional de l'Information au ministre de l'Information, en date du 10 août 1945, ADBR 544D193).
859. *Instructions de M. le Recteur de l'Académie de Strasbourg, Directeur de l'Instruction publique, pour les départements du Bas-Rhin, du Haut-Rhin, de la Moselle pour la réouverture des Écoles primaires*, imprimé à Saverne, Imprimerie A. Mosbach, anc. Fuchs, 1944-45.
860. «Instructions de M. le Recteur de l'Académie de Strasbourg, Directeur de l'Instruction publique d'Alsace et de Lorraine pour la rentrée des écoles primaires (octobre 1945)» in *Bulletin de l'Enseignement* (Département du Bas-Rhin), 22e année, n° 3, septembre-octobre 1945, pp. 49-50: «L'acquisition de la langue française demeure le principal but du travail scolaire. L'enseignement de l'allemand reste provisoirement suspendu pour l'année scolaire 1945-1946. L'usage de tout livre d'origine allemande [= d'inspiration natio-

NOTES

nal-socialiste] est interdit. [...] La seule langue d'usage est la langue française. Le dialecte ne peut intervenir, exceptionnellement, que comme élément d'appoint ou de contrôle. Les seules méthodes à suivre sont les méthodes directes et actives. Tout exercice scolaire, quel qu'il soit, doit être une initiation au vocabulaire et une occasion de familiariser au plus tôt les élèves avec la langue française. On érigera en règle absolue que chaque partie du programme est matière à acquisitions verbales, orthographiques et grammaticales, que ce soit la lecture, la géographie, l'histoire, le calcul, les leçons de choses, etc. »

861. Par lettre du 9 juillet 1946, le recteur rappelle les enseignants sèchement à l'ordre, pour la langue à utiliser dans l'enseignement religieux: «Mes instructions de janvier et d'octobre 1945 ont prescrit que l'enseignement religieux devait être donné intégralement en français et concourir comme toutes les autres matières à l'acquisition de notre langue nationale. Je vous serais obligé de vous assurer de l'exacte observation de ces règles. [...] » in *Bulletin de l'Enseignement* (Département du Bas-Rhin), 23e année, n° 4, juillet-août 1946, p. 214. Dès 1943, le futur Mgr Hincky, alors membre du bureau du Conseil consultatif d'Alsace et de Lorraine, « demande que l'enseignement du catéchisme se fasse désormais en français de même que les sermons des ministres du culte », IGERSHEIM François « L'Alsace et la Lorraine à Londres et à Alger: de la BBC à la Libération, 1940-1944 », *Revue d'Alsace* n° 136 (2010), pp. 199-273 (p. 226).

862. Cette disposition fait l'objet de discussions dès 1943, au sein du Conseil consultatif d'Alsace et de Lorraine: «Une partie du Conseil souhaite le maintien de l'apprentissage de l'allemand: l'économie française aura besoin de personnels bilingues. Une autre partie soutient que cet enseignement a justifié les prétentions allemandes et l'annexion. Finalement on se met d'accord: suppression de l'enseignement de l'allemand, sauf pour les enfants des parents volontaires. » Le Service d'Alsace et de Lorraine, qui prend le relais du Conseil en 1944, précise que «la suppression de cet enseignement sera provisoire, et l'enseignement facultatif sera limité aux maîtres volontaires, aux enfants de parents volontaires à partir de l'âge de 10 ans à raison de 2 heures par semaine.» La raison avancée, souvent reprise: «Après une annexion de fait qui dure depuis 4 ans, il est souhaitable d'assurer une primauté absolue à la langue nationale », *cf.* IGERSHEIM François « L'Alsace et la Lorraine à Londres et à Alger: de la BBC à la Libération, 1940-1944 », *op. cit.*, pp. 225-226 et 241.

863. Selon le préfet Paira, «il était manifeste qu'il fallait faire un effort immédiat et important pour la diffusion du français en Alsace. Je rédigeai un rapport d'ensemble sur la question que je remis personnellement au président Queuille en lui demandant son appui. Je réclamai la création d'une centaine de postes de maître d'école maternelle. [...] Pour une fois, je fus suivi sans réserve par Paris.» C'est à lui aussi que l'on devrait la reprise de l'enseignement postscolaire en vigueur avant-guerre (PAIRA René *Affaires d'Alsace*, *op. cit.*, p. 207).

864. «Rapport de l'Inspection académique du Haut-Rhin» in Conseil général du Haut-Rhin, 2e session ordinaire de 1950, *Rapports annuels des Chefs de services*, pp. 22-35 (p. 33-34).

865. «Rapport de l'Inspection académique du Haut-Rhin» in Conseil général du Haut-Rhin, 2e session ordinaire de 1952, *Rapports annuels des Chefs de services*, pp. 28-38 (p. 37).

866. «Loi n° 52-803 du 9 juillet 1952 relative au développement de l'enseignement du français dans les départements du Haut-Rhin, du Bas-Rhin et de la Moselle» in *Journal officiel de la République française* du 11 juillet 1952, p. 6945. Curieusement, au moment de la décision, la presse n'en parle guère (un entrefilet dans *Le Nouvel Alsacien* du 12 juillet 1952, p. 2).

867. Par exemple: *Dernières Nouvelles d'Alsace* du 19 décembre 1952.

868. Décret n° 52-1165 du 18 octobre 1952 «Objet: Subventions pour la construction de classes maternelles dans les départements du Bas-Rhin, du Haut-Rhin et de la Moselle» (J.O. du 19 octobre 1952) in *Bulletin officiel de l'Éducation nationale* n° 39 du 30 octobre 1952, p. 2985.

869. Antoine Prost fait observer que «la généralisation de la préscolarisation [en France] à partir de 1959 s'est effectuée à l'imitation de la bourgeoisie salariée: jusque-là, la maternelle était une école de pauvres et de laborieux; elle a changé de signification quand des cadres supérieurs lui ont confié leurs enfants. Mais ils ne l'auraient pas fait s'ils n'avaient pas été eux-mêmes gagnés par la nouvelle attitude envers l'enfance: le fait nouveau est qu'ils pensent désormais que leurs enfants ont besoin, très tôt, de rencontrer d'autres enfants, de développer leur sociabilité [...] » (PROST Antoine *Éducation, société et politiques. Une histoire de l'enseignement de 1945 à nos jours*, Paris, nouvelle édition augmentée 1997, Seuil [collection Points Histoire n°H242], p. 24).

870. En 1957, l'inspecteur d'académie du Bas-Rhin souligne que «les écoles maternelles existantes ne sont pas capables d'accepter tous les enfants d'âge préscolaire. La création de 150 classes supplémentaires serait nécessaire pour donner satisfaction à toutes les demandes d'inscription. » («Rapport annuel de M. l'Inspecteur d'Académie» [1956/1957] in Conseil général du Bas-Rhin, *Rapports des chefs de service*, 2e session ordinaire de 1957, pp. 39-47 (p. 40).
Encore en 1973, le démographe C. Régnier s'interroge sur le rôle des maternelles «et leur insuffisance. Il y a ici un retard à combler. C'est connu et reconnu. Le rôle des maternelles et des classes enfantines est essentiel, surtout en Alsace et dans certains milieux. Si la connaissance de l'allemand est un atout supplémentaire pour les Alsaciens, et des efforts devront être entrepris dans ce sens, il leur faut, en règle générale, mieux maîtriser le français. Les maternelles ont un rôle d'éveil évident à jouer, ceci a été démontré.» (REGNIER Claude «La scolarisation en Alsace» in *Revue des Sciences sociales de la France de l'Est*, n° 2, 1973, pp. 107-140 [p. 117])

871. HUBERT René «Certains aspects particuliers de l'école: Bas-Rhin – Haut-Rhin – Moselle» *in Encyclopédie générale de l'éducation française: L'école publique* (tome second), Paris [1952], Rombaldi, pp. 137-148 (pp. 139-140). René Hubert n'est autre que le recteur de l'Académie de Strasbourg de 1946 à 1954.

872. «Règlement des femmes de service des écoles maternelles et classes enfantines» *in Bulletin de l'enseignement (Département du Bas-Rhin)*, 34e année, n° 5, juin-octobre 1957, pp. 274-275 (p. 275).

873. «Organisation de l'Enseignement post-scolaire. Circulaire de M. le Recteur du 26 octobre 1920» in *Bulletin de l'Enseignement* (Département du Bas-Rhin), 1re année, n° 5, novembre 1920, pp. 98-101.

874. «Cours d'adultes d'enseignement du français. Instruction du 1er février 1927 de M. le Recteur, Directeur général de l'Instruction publique» in *Bulletin de l'Enseignement* (Département du Bas-Rhin), 8e année, n° 2, mars-avril 1927, pp. 42-50.

875. «Rapport annuel de M. l'Inspecteur d'Académie» [1947/1948] in Conseil général du Bas-Rhin, *Rapports des chefs de service*, 2e session ordinaire de 1948, pp. 160-164 (p. 163).

876. «Rapport annuel de M. l'Inspecteur d'Académie» [1947/1948] in Conseil général du Haut-Rhin, *Rapports annuels des chefs de service*, 2e session ordinaire de 1948, pp. 19-30 (pp. 28-29).

877. Bas-Rhin: «À la suite de l'arrêté préfectoral du 23 octobre 1948, les cours postscolaires ont été établis sur des bases plus rationnelles et ont connu

une importante extension. D'une part, il a été établi une nette distinction entre les cours post-scolaires d'enseignement général (anciens cours d'adultes) et les cours professionnels (artisanaux ou agricoles) qui sont organisés dans certains centres. D'autre part, l'obligation de suivre ces cours a été instituée pour les jeunes gens et jeunes filles ayant quitté l'école en 1948, cette obligation devant s'étendre progressivement sur les 3 années qui font suite à la scolarité primaire.» («Rapport annuel de M. l'Inspecteur d'Académie» [1948/1949] in Conseil général du Bas-Rhin, *Rapports des chefs de service*, 2e session ordinaire de 1949, pp. 72-75 [p. 74]); Haut-Rhin: «Pour restreindre cette tendance amorale et nocive, M. le Préfet, par arrêtés des 10 et 23 septembre 1949, a rendu obligatoire la fréquentation des cours d'enseignement post-scolaire. [...] Malheureusement, cette obligation comporte un point faible: elle n'est appuyée d'aucun moyen véritable de coercition. [...] Il faudrait aussi que la fréquentation ainsi imposée ne soit pas une cause de perte pécuniaire pour les auditeurs. Le fait, pour certains employeurs, d'exiger la compensation des heures de travail non faites ou de ne point les payer est regrettable, mais dépasse nos possibilités d'action. En certains centres, l'obligation a provoqué chez des élèves une mauvaise volonté évidente et même agressive, soit pendant les cours, soit à leur sortie. [...] Mais c'est là une manifestation dont il ne faut pas exagérer l'importance. Elle est de celles qui accompagnent habituellement les institutions nouvelles et qui contrarient les habitudes acquises.» («Rapport annuel de M. l'Inspecteur d'Académie» [1949/1950] in Conseil général du Haut-Rhin, *Rapports annuels des chefs de service*, 2e session ordinaire de 1950, pp. 22-35 (pp. 30-31)

878. «Rapport annuel de M. l'Inspecteur d'Académie» [1949/1950] in Conseil général du Bas-Rhin, *Rapports des chefs de service*, 2e session ordinaire de 1950, pp. 81-84 (p. 83).
879. «Rapport annuel de M. l'Inspecteur d'Académie» [1958/1959] in Conseil général du Haut-Rhin, *Rapports annuels des chefs de service*, 2e session ordinaire de 1960, pp. 37-47 (pp. 43-44).
880. «Rapport annuel de M. l'Inspecteur d'Académie» [1964/1965] in Conseil général du Bas-Rhin, *Rapports des chefs de service*, 2e session ordinaire de 1965, pp. 35-39 (p. 37).
881. «Rapport annuel de M. l'Inspecteur d'Académie» [1965/1966] in Conseil général du Bas-Rhin, *Rapports des chefs de service*, 2e session ordinaire de 1966, pp. 39-42 (p. 41).

L'enseignement post-scolaire va être maintenu sous une forme non obligatoire et la plus «déscolarisée» possible, sous forme de clubs de jeunes (de lecture, ciné-club, télé-club...) animés par les enseignants.
882. BOHN Ernest *Un instituteur-organiste alsacien dans le XXe siècle, op. cit.*, pp. 117-118. C'est la dernière année où cet enseignement est dispensé. L'aide de la télévision qu'il appelle de ses vœux avait existé durant quatre ans (de janvier 1956 à mars 1960). En effet, au «journal mensuel» qu'il évoque (c'est très probablement la revue *Départs*) correspondait l'émission de télévision *Télé-Départs* qui était diffusée les mercredis de 19h à 19h30, cf. BRANDHUBER Marius et TRABAND Georges [2005], *1954-1963. Les débuts de la télévision régionale en Alsace*, s.l. n. éd., pp. 95-97.
883. «Rapport annuel de M. l'Inspecteur d'Académie» [1953/1954] in Conseil général du Haut-Rhin, *Rapports annuels des chefs de service*, 2e session ordinaire de 1954, pp. 25-36 (p. 31).
884. «Rapport annuel de M. l'Inspecteur d'Académie» [1955/1956] in Conseil général du Haut-Rhin, *Rapports annuels des chefs de service*, 2e session ordinaire de 1956, pp. 20-34 (p. 33).
885. «Rapport annuel de M. l'Inspecteur d'Académie» [1958/1959] in Conseil général du Bas-Rhin, *Rapports des chefs de service*, 2e session ordinaire de 1959, pp. 42-49 (p. 46).
886. «Rapport annuel de M. l'Inspecteur d'Académie» [1957/1958] in Conseil général du Haut-Rhin, *Rapports annuels des chefs de service*, 2e session ordinaire de 1959, pp. 34-51 (pp. 49-50).
887. «Rapport annuel de M. l'Inspecteur d'Académie» [1966/1967] in Conseil général du Haut-Rhin, *Rapports annuels des chefs de service*, 1967, pp. 249-273 (p. 269).
888. «Règlement intérieur des Écoles primaires élémentaires du département du Bas-Rhin» in *Bulletin de l'enseignement (Département du Bas-Rhin)*, 33e année, n° 4, juillet-août-septembre-octobre 1956, pp. 149-151 (p. 151).
889. Inspection primaire de Sarre-Union, circulaire n° 9 du 5 mars 1953 (archives d'un établissement scolaire).
890. HUBERT René «Certains aspects particuliers de l'école: Bas-Rhin – Haut-Rhin – Moselle», *op. cit.*, p. 138.
891. Quelques exemples: dans une enquête publiée à partir du 20 janvier 1950 dans le *Journal d'Alsace et de Lorraine*, par Roger KIEHL, sur *L'enseignement de l'allemand doit-il être réintroduit dans les écoles primaires d'Alsace?*, le journaliste rapporte, dans la cinquième partie publiée le 27 janvier 1950, intitulée «La parole est aux pédagogues» (27 janvier

1950), un entretien avec un directeur d'école: «Vos enfants parlent-ils pendant les récréations? – Non, à partir de la seconde année, les instituteurs les obligent à parler le français en surveillant très étroitement leurs conversations. – Le pli est donc donné.» Dans l'autre camp politique, *L'Humanité* du 25 septembre 1954 publie un article «Es ist der Jugend verboten elsässisch zu sprechen» qui informe de cette interdiction (élargie aux environs de l'école édictée par le règlement des cours post-scolaires) pour contester le fait que l'on puisse interdire à des jeunes de parler leur «langue maternelle» et le journal communiste publie le 7 mai 1957 un article «Mit Strafen erreicht man das Gegenteil» qui prend appui sur le fait que des enfants sont punis (copie multiple de «Je dois parler le français dans la cour de l'école») pour avoir parlé le dialecte dans la cours (*eine Schikane*) pour montrer que la «réaction» ne sait pas respecter la langue de la population.
892. Cf., par exemple, PHILIPPS Eugène *L'ambition culturelle de l'Alsace*, Strasbourg 1996, SALDE / MEDIA pp. 107-114.
893. BAUERLE R. «Il n'a jamais été question d'interdire le dialecte dans les écoles» in *En Route – Bulletin départemental du SGEN-CFDT* n° 128, octobre 1971, p. 2.
894. HOWILLER Alain *Mémoires de midi. Les mutations de l'Alsace (1960-1993)*, Strasbourg 1993, Koufra / La Nuée Bleue, p. 39. Cf. l'historien Jean-Pierre Kintz in KINTZ Jean-Pierre, compte rendu de l'ouvrage WACKENHEIM (Auguste), *La littérature dialectale alsacienne. Une anthologie illustrée*, tome 5. *De 1945 à la fin du XXe siècle*. Éditions établie par Adrien FINCK et Maryse STAIBER, Issy-les-Moulineaux, Prat éditions, 2003, 276 p., ISBN: 2-85890-505-3 in *Revue d'Alsace* n° 131 (2005), pp. 550-551, ou WEBER Edgard *Le petit garçon et la synagogue, de Bitche à Beyrouth*, s.l. 2013, Éditions des Genêts d'Or: «À l'école, nous parlions [...] tout naturellement le *platt* et les injonctions du maître qui voulaient nous imposer le français n'y changeaient rien. Il finit par se sentir obligé de nous mener une guerre d'usure jusqu'à ce que nous renoncions à notre *patois*, comme il disait» (p. 81), ou encore CLAUSER Marie Elisabeth *Années 1950. Grandir en Alsace*, Saint-Avertin 2013, Éditions Alan Sutton, où l'auteur se fait le porte-parole de Christian, né en 1945, et narre des tranches de vie du «conteur», notamment celles qui concernent l'école: «Egalement soumis à retenue, les élèves surpris à jargonner en alsacien, cette langue du quotidien; cette langue dans laquelle

NOTES

on s'amuse, se dispute, communique avec tous les membres de la communauté villageoise. [...] Copier 100 fois "Je ne dois pas parler alsacien", telle est la punition» (pp. 17-18).

895. KOCHER Antoine *Saisons d'enfance en Alsace*, s.l. 1995, Éditions du Bastberg, p. 149. *Cf.* aussi ERNY Antoinette et Pierre *Une enfance à Ammerschwihr ou comment devenir femme dans le vignoble de Haute-Alsace, 1934-1952*, Colmar 2008, Jérôme Do Bentzinger: «L'enseignement a recommencé officiellement à la rentrée de 1945. [...] Alors que du temps des Allemands il était tabou de parler français, il était à présent tabou de parler le dialecte durant la récréation. Une sorte de jeton (appelé "le sou") était mis en circulation. Celui qui le détenait devait le transmettre à quiconque il surprenait à enfreindre l'interdit. En fin de journée, le détenteur endurait une punition du genre: écrire vingt fois ou plus "je ne parle pas alsacien durant la récréation"» (p. 235).

896. BRASSART-GOERG Marie *« Tel que je suis » Jean Oehler*, Strasbourg 1997, Éditions du Signe, p. 38.

897. STOERCKEL Jean-Marie *Le chaos de l'âme. Du Struthof à l'Amérique, de l'abbé Pierre au Che*, Haguenau 2008, Éditions du Basberg, p. 184.

898. MUTTERER Marguerite *« C'est vous dont la mère est folle »*, Colmar 2012, Jérôme Do Bentzinger, pp. 16-17.

899. MORGENTHALER Simone *Pour l'amour d'un père. Les moissons de la mémoire*, Pontarlier 2014, Éditions du Belvédère, p. 112.

900. BOCQUILLON Sophie & PEREGO Armand *Grandir à Strasbourg dans les années 1940 et 1950*, Paris 2012, Éditions Wartberg, p. 39.

901. «Stage des instituteurs d'Alsace-Lorraine dans les Écoles Normales», circulaire du 10 juin 1947 aux Directeurs d'Écoles Normales in *Bulletin officiel de l'Éducation nationale* n° 20 du 19 juin 1947, p. 701.

902. «Stages des instituteurs et des institutrices d'Alsace-Lorraine dans les Écoles Normales de l'intérieur», circulaire du 11 décembre 1947 aux directeurs et directrices d'Écoles Normales, aux inspecteurs d'Académie et recteurs (pour information) in *Bulletin officiel de l'Éducation nationale* n° 6 du 5 février 1948, p. 175.

903. «Stages des instituteurs et des institutrices d'Alsace-Lorraine dans les Écoles Normales de l'intérieur», circulaire du 15 octobre 1948 aux recteurs, aux inspecteurs d'Académie, aux directrices et directeurs d'Écoles Normales, in *Bulletin officiel de l'Éducation nationale* n°28bis du 28 octobre 1948, pp. 1221-1222 (p. 1222). Le nombre d'instituteurs concernés n'est pas connu. D. Morgen a rencontré une quinzaine d'enseignants qui avaient connu l'«Umschulung» durant l'annexion nazie. Ils ont tous été amenés à faire un stage à l'intérieur (sauf un couple qui a été astreint à un stage «filé» en Alsace), *cf.* BOLATOGLU Meryem, MORGEN Daniel et SCHLEMMINGER Gérald (2008) *1940-1950. Umschulung et réintégration. Parcours d'instituteurs alsaciens de la reconversion obligatoire au retour dans l'Éducation nationale*, Jérôme Do Bentzinger, Colmar. Nos plus vifs remerciements à D. Morgen qui nous a fait bénéficier des informations et des documents dont il dispose.

904. Sur l'ensemble de cette question, *cf.* HUCK Dominique «L'enseignement de l'allemand à l'école primaire en Alsace entre 1945 et 1985» in *Revue d'Alsace*, tome 132 (2006), pp. 337-406.

905. HERRY J.M. *Rapport d'enquête: opinion publique - Statut scolaire (enseignement de la religion, des langues, mouvements de jeunesse)*, 9 avril 1945, Ministère de la Guerre, Direction de la Presse, Section «Alsace», Service Analyse-Presse (ADBR 406D4).

906. Instructions de M. le Recteur de l'Académie de Strasbourg, Directeur de l'Instruction publique pour les départements du Bas-Rhin, du Haut-Rhin, de la Moselle pour la réouverture des Écoles primaires, *op. cit.* Cette «suspension» et l'argumentation qui la justifie ont été formulées dès le printemps 1944 au moins. Mais dès ce moment, «les avis sont partagés.» (J. d'Alsace), *cf.* la note n°229 (Archives nationales F/1a/3814) que Jacques d'Alsace, alors à Alger, adresse en date du 1ᵉʳ juin 1944 au Commissariat d'État à l'Éducation nationale. En octobre 1944, dans un courrier au ministre de l'Intérieur Adrien Tixier, E.-M. Naegelen [S.F.I.O.] donne son point de vue de manière assez abrupte: «Quant à l'enseignement de l'allemand, il faut à mon avis rester ferme. Les enfants n'ont fait que de l'allemand depuis plus de 4 ans, ils en savent assez. Par contre, ils n'ont pas entendu un mot français. Que l'enseignement se donne intégralement en français et qu'on ne perde pas quelques heures précieuses chaque semaine à enseigner l'allemand.» (Archives nationales F/1a/3300) Les textes et informations nous ont été communiqués par notre collègue historien François Igersheim. Qu'il en soit très cordialement et très vivement remercié !).

907. *Cf.* le long rappel que fait le conseiller général Henri Meck dans la séance du 8 juin 1946 : «Vœu n° 176 de M. Meck et de ses collègues du M.R.P. relatif au bilinguisme» in : Conseil général du Bas-Rhin, 1ʳᵉ session ordinaire de 1946, *Rapports et délibérations*, séance du 8 juin 1946, pp. 396-402.

908. Conseil général du Bas-Rhin, 1ʳᵉ session ordinaire de 1946, *Rapports et délibérations*, séance du 8 juin 1946, p. 402.

909. Conseil général du Bas-Rhin, 1ʳᵉ session ordinaire de 1947, *Rapports et délibérations*, séance du 25 avril 1947, p. 327.

910. Conseil général du Bas-Rhin, *Rapports et délibérations*, séance du 6 janvier 1950, p. 334.

911. Conseil général du Haut-Rhin, 2ᵉ session extraordinaire de 1950, *Procès-verbaux des délibérations*, séance du 17 novembre 1950, p. 299. L'évêque de Strasbourg, à qui le projet avait été soumis, avait remplacé «langue étrangère» par «forme littéraire de notre dialecte» et avait biffé toute la restriction «aussitôt que les possibilités techniques le permettront» (Archives de l'archevêché, liasse 1020).

912. «Rapport annuel de M. l'Inspecteur d'Académie» [1946/1947] in Conseil général du Bas-Rhin, *Rapports des chefs de service*, 2ᵉ session ordinaire de 1947, pp. 73-76 (p. 75); *cf.* aussi la lettre de l'inspecteur d'Académie du Haut-Rhin du 11 avril 1947 au recteur, fruit d'une «enquête discrète aux fins de connaître l'opinion du personnel sur l'introduction de l'allemand à l'école primaire» (Archives départementales du Haut-Rhin, 78850, versement 1311W).

913. Séances du 19 janvier 1950 et du 25 janvier 1951, *cf.* MAUGUE Pierre *Le particularisme alsacien 1918-1967*, *op. cit.*, p. 153.

914. Différentes positions de 1950 citées dans MAUGUE Pierre *Le particularisme alsacien 1918-1967*, *op. cit.*, pp. 153-154.

915. Juin 1950, *cf.* MAUGUE Pierre *Le particularisme alsacien 1918-1967*, *op. cit.*, p. 154.

916. BALLET André «Le budget de l'Éducation nationale : L'Assemblée se prononce pour le rétablissement d'un enseignement bilingue en Alsace et en Moselle» in *Le Monde*, 22 et 23 avril 1951, p. 4, faisant le compte rendu de la séance du 20 avril 1951 ; *cf.* Conseil général du Bas-Rhin, session ordinaire de 1951, *Rapports et délibérations*, séance du 27 avril 1951, p. 236 ; *cf.* aussi MAUGUE Pierre *Le particularisme alsacien 1918-1967*, *op. cit.*, pp. 155-156.

917. Loi n° 51-46 du 11 janvier 1951, J.O. du 13 janvier 1951.

918. «Arrêté du 28 février 1952. Objet : Institution d'une commission chargée d'étudier les mesures relatives à l'introduction de l'enseignement facultatif de la langue allemande dans les programmes terminaux des écoles primaires du Bas-Rhin et du Haut-Rhin»

(J.O. du 5 mars 1952) in *Bulletin officiel de l'Éducation nationale* n° 11 du 13 février 1952, p. 834. Il est à remarquer que le département de la Moselle n'est pas cité.

919. Propos du rapporteur Débes in : Conseil général du Bas-Rhin, session extraordinaire de 1952, *Rapports et délibérations*, séance du 5 décembre 1952, p. 239.

920. Conseil général du Bas-Rhin, 1re session ordinaire de 1947, *Rapports et délibérations*, séance du 25 avril 1947, p. 328.

921. « Décret n° 52.1347 du 18 décembre 1952 relatif à l'enseignement de la langue allemande dans les classes terminales des écoles primaires des communes dont la langue usuelle est le dialecte alsacien » in *Journal officiel* de la République française du 19 décembre 1952, p. 11.673.

922. « Arrêté du 19 décembre 1952. Objet : Enseignement de l'allemand dans les Écoles primaires d'Alsace » in *Bulletin officiel de l'Éducation nationale* n° 3 du 15 janvier 1953, p. 193 (reproduit dans : *Bulletin départemental de l'enseignement du Premier Degré du Haut-Rhin*, n°41 [janvier 1953], p. 364, et *Bulletin de l'enseignement (Département du Bas-Rhin)*, 30e année, n° 1 [décembre 1952 - janvier 1953], p. 6).

923. Reproduite in *Bulletin départemental de l'enseignement du Premier Degré du Haut-Rhin*, n°41, janvier 1953, pp. 364-365, et *Bulletin de l'enseignement (Département du Bas-Rhin)*, 30e année, n° 1 (décembre 1952 - janvier 1953), pp. 6-7.

924. Synthèse des chiffres fournis par MAUGUE Pierre *Le particularisme alsacien 1918-1967, op. cit.*, p. 157, sans indication de sources.

925. *Ibid.* Parmi les syndicats des enseignants, le SNI s'était franchement prononcé contre l'enseignement de l'allemand, comme pétition de principe. Le SGEN-CFTC a pris une position plus nuancée, à la fois pour des raisons internes (les positions étaient très contrastées) et corporatistes. *Cf.* HUCK Dominique « L'enseignement de l'allemand à l'école primaire en Alsace entre 1945 et 1955 : les positions des deux syndicats majoritaires chez les enseignants du Premier Degré (SNI et SGEN-CFTC) », in OLIVIER-UTARD Françoise (dir.) *Instits, profs et syndicats de l'enseignement public dans l'Académie de Strasbourg*, Strasbourg 2008, Almémos, pp. 125-146.

926. 29 octobre 1953 : des instructions ont été données par le Directeur général de l'enseignement du 1er degré aux différents inspecteurs d'Académie ; elles ont été publiées par *Le Nouveau Rhin français* du 22-23 novembre 1953 : JACOB Marcel « Drei Dokumente », pp. 1-2.

927. Le texte du télégramme est publié dans son intégralité dans le *Supplément* au *Bulletin mensuel* de novembre 1953 du Syndicat national des instituteurs et des institutrices de l'Union française, section du Bas-Rhin.

928. Intervention de M. Mayeur, inspecteur d'académie, in Conseil général du Bas-Rhin, 1re session ordinaire de 1954, séance du 19 mai 1954, *Rapports et délibérations* (vol. 27), p. 164.

929. « Inspection académique du Haut-Rhin » in Conseil général du Haut-Rhin, 2e session ordinaire de 1954, *Rapports annuels des chefs de service*, pp. 25-36 (pp. 31-32).

930. Intervention de M. Mayeur, inspecteur d'académie, in Conseil général du Bas-Rhin, 2e session ordinaire de 1961, séance du 11 décembre 1961, *Rapports et délibérations* (vol. 50), p. 138 ; intervention de M. Schibi, inspecteur d'académie, in Conseil général du Bas-Rhin, 2e session ordinaire de 1965, séance du 12 janvier 1966, *Rapports et délibérations* (vol. 62), p. 161 ; intervention de M. Schibi, inspecteur d'académie, in Conseil général du Bas-Rhin, session extraordinaire de mai 1966, séance du 9 mai 1966, *Rapports et délibérations* (vol. 63), p. 87.

931. « Inspection académique du Haut-Rhin » in Conseil général du Haut-Rhin, 2e session ordinaire de 1955, *Rapports annuels des chefs de service*, pp. 22-36 (p. 34).

932. « Inspection académique du Haut-Rhin » in Conseil général du Haut-Rhin, 1re session ordinaire de 1959, *Rapports annuels des chefs de service*, pp. 34-51 (p. 50) ; « Inspection académique du Haut-Rhin » in Conseil général du Haut-Rhin, 1re session ordinaire de 1960, *Rapports annuels des chefs de service*, pp. 37-47 (p. 46).

933. La lettre datée du 19 mars 1953 est reproduite dans l'organe du SGEN-CFTC *En route*, avril (?) 1953, p. 7.

934. Lettre reproduite in *L'Alsace* du 5 mars 1958, p. 5, sous le titre « À propos de l'enseignement de l'allemand : Aux parents des élèves des écoles primaires publiques ». [Le Conseil général du Haut-Rhin] avait discuté, dans sa séance du 7 février 1958, un rapport de sa « Commission spéciale [...] pour l'étude des questions touchant l'enseignement de l'allemand dans les écoles primaires » et avait retenu un certain nombre de propositions visant à étendre cet enseignement, *cf.* Conseil général du Haut-Rhin, 1re session extraordinaire de l'année 1958, *Rapports du Préfet. Procès-verbaux des délibérations* : « Rapport n° 1 : Enseignement de la langue allemande dans les écoles primaires du Haut-Rhin », pp. 5-15, séance du 7 février 1985, discussion du *Rapport*, pp. 41-62.

935. Positions *opposées* aux inspecteurs :
les journaux proches du MRP, *Le Nouvel Alsacien/Der Elsässer*, mais surtout *Le Nouveau Rhin français*, publient presque quotidiennement, durant tout le mois de mars 1958, un article sur cette question. Dans l'autre camp, celui des positions *favorables* aux inspecteurs, c'est *L'Alsace* qui mène campagne au quotidien contre cet enseignement.

936. Le point de vue reste bien sûr une sorte de pétition de principe, idéologique et politique : l'allemand peut être difficilement assimilé à une « langue étrangère », au sens scolaire, pour des enfants dialectophones.

937. Arrêté du 27 juin 1959 instituant une Commission d'enquête pour étudier les conditions d'application du décret n° 52-1347 du 18 décembre 1952 concernant l'enseignement de l'allemand dans les classes élémentaires des départements du Bas-Rhin, du Haut-Rhin et de la Moselle, évoqué lors de la publication des conclusions de la Commission in : Conseil général du Bas-Rhin, 1re session ordinaire de 1962, *Rapports et délibérations* (vol. 51), pp. 61-62.

938. « Mémoire résumant la position de la section départementale du Bas-Rhin face au problème de l'enseignement de l'allemand dans les écoles du premier degré » in *En route*, bulletin départemental du SGEN-CFTC n° 34, janvier 1960, p. 7.

939. « Rapport de la section du Haut-Rhin du S.N.I. à la Commission d'enquête sur l'enseignement de l'allemand » in *Bulletin du SNI du Haut-Rhin*, janvier-février 1960, pp. 23-27 (p. 27).

940. « Texte de la déclaration faite le 21 décembre 1959 par Th. Siegler, secrétaire général de la section du Bas-Rhin du Syndicat national des Instituteurs » in *Bulletin du SNI du Bas-Rhin* n° 76, décembre-janvier 1959-1960, pp. 28-33 (p. 31).

941. La plupart des limites territoriales des évêchés en France recouvre peu ou prou des frontières départementales ; l'évêché de Strasbourg couvre deux départements, le Bas-Rhin et le Haut-Rhin, c'est-à-dire l'ensemble de l'Alsace.

942. *Enquête auprès du clergé sur le problème du bilinguisme en Alsace*, [s.l.] 1959, 15 pages ronéotées agrafées.

943. *Enquête auprès du clergé, op. cit.*, p. 1. Le protocole de correction des copies a été fixé de manière assez précise.

944. D'après *Enquête auprès du clergé, op. cit.*, p. 2.

945. *Enquête auprès du clergé, op. cit.*, pp. 3-4.

946. *Enquête auprès du clergé, op. cit.*, p. 4.

947. Dans une lettre au recteur en date du 26 novembre 1959, l'évêque fait

NOTES

allusion au rapport qu'il va lui remettre incessamment et espère que la Commission Angelloz (dont fait partie l'évêque depuis le 18 novembre 1959) « saura trouver une solution large, nette, européenne, au problème qui les [les prêtres] intéressez, pour les motifs que vous connaissez, culturels et pastoraux » (archives de l'archevêché, carton 1020).
948. Texte des conclusions in : Conseil général du Bas-Rhin, 1re session ordinaire de 1962, *Rapports et délibérations* (vol. 51), pp. 61-62.
949. « Mémoire résumant la position de la section départementale du Bas-Rhin face au problème de l'enseignement de l'allemand dans les écoles du premier degré » in *En route*, bulletin départemental du SGEN-CFTC n° 34, janvier 1960, p. 7.
950. In *Bulletin de l'enseignement (Département du Bas-Rhin)*, 38e année, n° 5, juillet-septembre 1961, p. 406.
951. Gérard Schuffenecker note, en 1968 : « On sait que dans la plupart des cas, cet enseignement n'est pas assuré actuellement. » *Cf.* SCHUFFENECKER Gérard « L'Alsacien et son dialecte. VIII) Se décidera-t-on enfin à jouer l'atout ? » in *Dernières Nouvelles d'Alsace* du 26 avril 1968, p. 22.
952. *Cf.* le point que fait, par exemple, l'inspecteur d'académie du Bas-Rhin dans : Conseil général du Bas-Rhin, 2e session ordinaire de 1965, *Rapports et délibérations* (vol. 62), séance du 12 janvier 1966, pp. 160-161.
953. *Cf.* ROUSSELOT Suzanne *Bilinguisme et bibliothèques en Alsace : les livres en langue allemande dans les bibliothèques de lecture publique du Haut-Rhin, 1945-1991*, mémoire École nationale supérieure des Sciences de l'Information et des Bibliothèques et Université Grenoble II, 1992.
954. *Ibid.*, p. 36.
955. Données issues de VERDOODT Albert *Zweisprachige Nachbarn. Die deutschen Hochsprach- und Mundartgruppen in Ost-Belgien, dem Elsaß, Ost-Lothringen und Luxemburg*, Wien-Stuttgart 1968, Wilhelm Braumüller, p. 115, note 35, sans indication de source. Pour 1965, l'auteur aboutit, avec les mêmes chiffres, au taux de 24%...
956. ROUSSELOT Suzanne *Bilinguisme et bibliothèques en Alsace : les livres en langue allemande...*, *op. cit.*, p. 47.
957. *Ibid.*, p. 58.
958. *Ibid.*, p. 52.
959. *Ibid.* p. 55.
960. *Ibid.* p. 55.
961. « Bibliothèque centrale de prêt du Haut-Rhin » in Conseil général du Haut-Rhin, *Rapport annuel des chefs de service*, 1969, pp. 294-297 (p. 295).
962. « Bibliothèque centrale de prêt du Haut-Rhin » in Conseil général du Haut-Rhin, *Rapport annuel des chefs de service*, 1968, pp. 329-331 (p. 330).
963. ROUSSELOT Suzanne *Bilinguisme et bibliothèques en Alsace : les livres en langue allemande dans les bibliothèques de lecture publique du Haut-Rhin, 1945-1991*, *op. cit.*, pp. 69-70.
964. GOEDEL Denis, SCHWEYER Marc et WEISE Adelheid : « La presse périodique allemande en Alsace (1964-1969) », *op. cit.*, p. 178.
965. ROUSSELOT Suzanne *Bilinguisme et bibliothèques en Alsace : les livres en langue allemande dans les bibliothèques de lecture publique du Haut-Rhin, 1945-1991*, *op. cit.*, p. 50.
966. *Ibid.*, p. 26.
967. Comité consultatif de la Bibliothèque centrale de Prêt du Bas-Rhin *Procès-verbal* de la séance du 28 juin 1948 (ADBR 1130W421).
968. *Ibid.*
969. Comité consultatif de la bibliothèque centrale de prêt du Bas-Rhin *Procès verbal* de la séance du 24 mars 1960 (ADBR 1085W19).
970. Note au directeur de cabinet du préfet du Bas-Rhin, en date du 23 mars 1971 (ADBR 1085W19).
971. Sur les questions de cinéma, voir GOZILLON-FRONSACQ Odile *Alsace Cinéma. Cent ans d'une grande illusion*, pp. 90-95.
972. ROQUES Pierre *Le cinéma, moyen de diffusion de la langue et de la culture française* [sic] *dans les départements de l'Est*, [rapport de] stage, décembre 1951, Strasbourg, p. 3 (ADBR 1130W423).
973. IRJUD Alphonse « Streng verboten... en Alsace, mais autorisé à Paris et ailleurs » in *Le Nouvel Alsacien* du 8 février 1949, p. 3 ; JACOB Marcel « Zweisprachige Franzosen » in *Le Nouveau Rhin français* des 20-21 février 1949, pp. 1-2.
974. « Le gouvernement français ayant demandé aux USA un prêt financier pour la reconstruction du pays, des négociations s'engagèrent à Washington. Le secteur cinématographique français avait fait connaître sa position avant ces négociations : ne pas descendre au-dessous des 7 semaines réservées au film français, sur 13 semaines d'exploitation. Lorsque l'accord Blum-Byrnes est signé, le 28 mai 1946 à Washington, celui-ci fait la part belle au cinéma américain avec 9 semaines sur 13, contre 4 à la production cinématographique nationale. Toutefois, la France, sous la pression des professions cinématographiques et des partis politiques, réagit très tôt – dès 1946, avec la contestation des accords Blum-Byrnes – à cette mise en coupe réglée par les studios américains du marché cinématographique. Entre 1946 et 1948, un conflit interminable entre le cinéma et les pouvoirs publics entraîne la révision des accords Blum-Byrnes (le 20 janvier 1948). En juillet 1948, les Américains acceptent une semaine de plus pour la distribution des films français en salle (5 au lieu de 4 – pour 13 semaines). En septembre 1948, une mesure compensatoire est votée, visant à transférer au secteur cinématographique une partie de la taxe prélevée sur l'exploitation en salle (30 à 50% des recettes en salle étaient alors prélevées sous forme de taxe : une partie est donc réservée au secteur). » THIEC Yvon « Le cadre actuel des échanges culturels : les investissements », site http://www.planetagora.org/theme2_suj1_note.html (août 2013).
975. « Eine Notwendigkeit : Wie verlangen deutschsprachige Fassungen französischer Filme » in *L'Humanité*, 11-12 décembre 1949, p. 4 ; « Kleiner Rückblick auf 1949 » in *L'Humanité* du 8 janvier 1950, p. [p. 4] ; puis est commencée une véritable campagne de presse en faveur des versions allemandes des films français (« Die Notwendigkeit französischer Filme in deutscher Fassung. Der Leser hat das Wort » in *L'Humanité* des 22-23 janvier 1950, p. 8) qui se poursuit jusqu'en juin 1950 (« Zur Zweisprachigkeit in den Filmtheatern und eine Nebenbemerkung » in *L'Humanité* du 4 juin 1950, p. 12). La campagne en faveur des films français doublés en allemand reprendra en 1951 et se poursuivra régulièrement jusqu'à la fin des années cinquante. Début mai 1957, le groupe communiste à l'Assemblée nationale déposera un projet de loi pour la diffusion des films français en langue allemande (*cf.* BOOSZ Alphonse « Für den französischen Film in deutscher Sprache » in *L'Humanité* du 15 mai 1957, p. 4. Le rapport de cette proposition de loi sera adopté par la Commission de la presse et du cinéma début 1958 (« Le bilinguisme au cinéma... » in *Dernières Nouvelles d'Alsace* du 1er février 1958, p. 5).
976. *Régime d'exploitation dans les départements du Haut-Rhin, du Bas-Rhin et de la Moselle des films parlant en langue allemande ou sous-titrés en langue allemande*, 17 octobre 1950 (ADBR 1130W423).
977. *Cf.* T.-HENCHES Jean « Des faits, des chiffres (II) – Le problème du film allemand et des possibilités de solution » in *Dernières Nouvelles d'Alsace* du 19 octobre 1951, p. 13 : « Avant son départ de Strasbourg, M. René Paira [le préfet du Bas-Rhin] a signé une lettre dans laquelle il proteste contre le sans-gêne [...] avec lequel on applique en Alsace et en Lorraine l'autorisation, accordée voici un an, de projeter des films allemands. Il s'agissait, en effet, de permettre aux spectateurs des cités rurales, moins familiarisés que ceux

des grandes villes avec la langue nationale, d'assister à des séances cinématographiques. Or, le visa de quatre semaines accordé aux films de langue germanique est uniquement exploité à Strasbourg, à Colmar, à Mulhouse et dans les salles à proximité de la frontière sarroise, cependant que l'on continue de projeter sur les écrans ruraux, et exclusivement, des bandes américaines doublées en français. Comprenne qui pourra !»
978. Conseil général du Bas-Rhin, 1re session ordinaire de 1951, *Rapports et délibérations* (vol. 18), séance du 27 avril 1951, p. 229. Plusieurs types d'essais ont été faits par les exploitants pour rendre les films plus compréhensibles. Ainsi, certains «ont essayé de faire passer, de vive voix, par l'intermédiaire du micro, le récit, en dialecte, du film qui va être présenté.» (Note au préfet du Bas-Rhin en date du 2 octobre 1948, ADBR 1130W423).
979. Le ministère de l'Intérieur affirme sa volonté de régler les problèmes par un «accord amiable avec la profession» (Régime de diffusion des films de langue allemande dans les départements du Rhin et de la Moselle. Procès verbal de la réunion du 3 avril 1952, ADBR 544D197) tandis que les autorités locales, notamment le préfet du Bas-Rhin, souhaiterait passer par la voie règlementaire (note du 5 mai 1952, ADBR 544D197), que le gouvernement veut éviter.
980. Intervention du préfet in: Conseil général du Haut-Rhin, 1re session ordinaire de 1954, *Procès-verbaux des délibérations*, séance du 6 mai 1954, pp. 359-360.
981. C'est d'ailleurs la même demande qu'exprime le Parti communiste: «Nous demandons [...] pour l'Alsace la projection de films de qualité [...] doublés en allemand» (HEUMANN Gauthier «La question linguistique et culturelle en Alsace» in BOOSZ Alphonse, TRICART Jean, COGNIOT Georges, WURMSER André, FRUHLING Louis, HEUMANN Gauthier et KRIEGEL-VALRIMONT Maurice *Analyse de l'Alsace, op. cit.*, p. 144).
982. Conseil général du Bas-Rhin, 2e session ordinaire de 1955, *Rapports et délibérations* (vol. 32), séance du 5 décembre 1955, p. 195. Une telle disposition aurait pu être modifiée par une autre circulaire si tel avait été le souhait du gouvernement.
983. IRJUD Alphonse «Cinéma et culture en Alsace» in *Elan* n° 1, janvier 1957, pp. 5-6 (p. 5).
984. *Cf.* GOZILLON-FRONSACQ Odile *Alsace Cinéma. Cent ans d'une grande illusion, op. cit.*, p. 93. Une note adressée au préfet du Bas-Rhin, en date du 2 octobre 1948 (ADBR 1130W423), fait un constat analogue: «Les distributeurs et exploitants sont d'accord pour dire que le film américain plaît en général plus que le film d'origine française. Cela provient du fait que la plupart des films d'outre-Atlantique sont de préférence des films d'action. Par ailleurs, leur dialogue est en général plus bref et moins subtil que le nôtre.»
985. Film de Paul May, 1954, avec Joachim Fuchsberger. Il s'agit d'une comédie sur la vie militaire, à partir d'un roman éponyme de Hans Hellmut Kirst. Ce film aura plusieurs suites (comme les romans dont elles sont tirées). Les romans ont également un grand succès en Alsace.
986. Film de Jacques Becker, 1952.
987. Film d'André Cayatte, 1952.
988. IRJUD Alphonse «Cinéma et culture en Alsace», *op. cit.* L'analyse que fait Henri Munch est plus d'ordre économique, *cf.* MUNCH Henri «Le marché alsacien doit-il être la poubelle du cinéma allemand ?» in *France-Observateur*, 16.08.1956, p. 15.
989. Synthèse effectuée à partir des données de IRJUD Alphonse «Cinéma et culture en Alsace», *op. cit.* Dans une rubrique parue dans *Elan* 3 (mars 1957), p. 27, où A. Irjud répond aux lecteurs, il indique que le film *Die Fischerin vom Bodensee* a été vu par 80 000 spectateurs dans un cinéma de Strasbourg et en indique la raison principale: les paysages qu'offre ce genre de films.
990. Les préfets auraient donné des instructions orales aux propriétaires de cinéma pour leur demander de trouver un accord pour ne pas diffuser plus d'un film en langue allemande par semaine dans une même commune, selon VERDOODT Albert *Zweisprachige Nachbarn, op. cit.*, p. 95. Ce qui est effectivement respecté, à l'exception de Strasbourg, où deux cinémas - dont le Rit's - diffusent presque exclusivement des films en langue allemande.
991. Par exemple: T.-HENCHES Jean «L'Alsace livrée au cinéma allemand» in *Dernières Nouvelles d'Alsace* des 24-25 mars 1957.
992. *Cf.* la lettre du préfet du Haut-Rhin au ministre de l'Intérieur (n°MM/SD) du 6 février 1958 où il indique son opposition à des films français doublés en allemand, avec cet arguments linguistiques: «Donner en ce moment à la population alsacienne de voir des films français dialogués en langue allemande serait de nature à détourner un certain nombre de spectateurs des films en langue française. Il ne faut jamais perdre de vue en effet que le français reste ici une langue acquise, la langue courante étant le dialecte tout proche de l'allemand. On risquerait ainsi de stériliser en partie les résultats extrêmement substantiels acquis depuis dix ans et qui ont permis de faire accéder à la pratique du français des couches de plus en plus larges de la population. Il serait paradoxal qu'à une époque où la télévision française trouve des spectateurs de plus en plus nombreux, où dans les zones rurales se donnent à présent avec succès des spectacles de théâtre populaire en français, soit perdue de vue la position classique du C[entre] N[ational] [du] C[inéma] qui estimait fort justement qu'il serait inopportun que selon les régions françaises des films français puissent être projetés dans une version post-synchronisée dans une langue étrangère, surtout alors, je le répète, que la nécessité ne s'en fait pas sentir.» (ADBR 544D198)
993. Alphonse Irjud nuance très fortement ce jugement: «La proportion des films à proscrire (selon les centrales catholiques de France et d'Allemagne) est légèrement supérieure que [sic] la production française, mais pour un plus grand nombre d'œuvres allemandes, les *Filmdienst* [...] fait de sérieuses réserves, on déconseille en raison d'un érotisme (peut-être moins léger) mais sous-jacent à bien des films allemands.» («Cinéma et culture. M. Irjud répond aux lecteurs» in *Elan* n° 3, 1957).
994. Note au préfet du Bas-Rhin du 22 mai 1959 (ADBR 589D188), note du 11 mars 1960 (ADBR 1743W19 [100]), lettre du préfet du Bas-Rhin au ministre de l'Intérieur du 17 mars 1960 (ADBR 544D196).
995. Lettre du préfet du Bas-Rhin au ministre de l'Intérieur du 25 octobre 1960 (n° 1166/60/C) (ADBR 659D47): «Ces enquêtes permettent d'aboutir à l'analyse suivante qui situe l'audience respective des films français et allemands auprès du public bas-rhinois: 1. quoique le nombre des films en langue allemande projetés dans le département soit en progression (il ne représentait que 10 % en 1954, alors qu'il atteint plus de 35 % en 1959), le nombre moyen de spectateurs par film allemand, s'il est toujours légèrement supérieur à celui des films français, est en constante régression. 2. le nombre moyen de spectateurs pour l'ensemble des films est en nette régression depuis 1956. La concurrence de la télévision, le succès que rencontrent les loisirs organisés et individuels et une indéniable désaffection du public sont sans doute cause de cette situation nouvelle.
Les tendances actuellement constatées en matière de fréquentation de films allemands iront certainement en s'accentuant; les spectateurs, et en particulier les jeunes spectateurs, seront de moins en moins à même de suivre

facilement un film allemand – beaucoup d'entre eux ne peuvent d'ailleurs les comprendre qu'en lisant les sous-titres en français. La progression due à ce mouvement est continue et gagnera encore en ampleur lorsque les jeunes générations, formées à l'école française depuis la Libération, viendront grossir les rangs des spectateurs des salles de cinéma. »
La prévision se confirmera effectivement dans les années qui suivront, cf. note du 27 janvier 1962 pour Strasbourg et note du 9 octobre 1963 pour Mulhouse (ADBR 1743W19 [100]).

996. METZ René «Où va le film allemand en Alsace» in *Elan* 1-2, 1965.
997. Sur l'essor des ciné-clubs, cf. GOZILLON-FRONSACQ Odile *Alsace Cinéma. Cent ans d'une grande illusion*, op. cit., pp. 96-101.
998. «Rapport annuel de M. l'Inspecteur d'Académie» [1959/1960] in Conseil général du Bas-Rhin, *Rapports des chefs de service*, 2e session ordinaire de 1960, pp. 43-56 (pp. 54-55); «Rapport annuel de M. le Chef de service départemental de la jeunesse et des sports» in Conseil général du Bas-Rhin, *Rapports des chefs de service*: 2e session ordinaire de 1958, p. 53; 2e session ordinaire de 1959, p. 52; 2e session ordinaire de 1961, p. 82; 2e session ordinaire de 1962, p. 84. En 1967, la seule ville de Strasbourg comptait « la Cinémathèque française (10 séances par an, rassemblant chacune 300 à 400 spectateurs), 17 ciné-clubs confessionnels (dont 15 catholiques), 10 ciné-clubs d'associations d'étudiants (300 spectateurs par séance), 5 ciné-clubs de cités universitaires, 3 ciné-clubs d'œuvres laïques, 1 ciné-club MJC, 1 ciné-club OCCAJ, 2 ciné-clubs appartenant à des associations de cinéphiles (l'un d'eux donnant 12 séances par an, pour chacune 400 spectateurs environ)» (*Enquête sur la vie culturelle de 7 villes françaises* – IVe Rencontres d'Avignon, juillet-août 1967, ADBR 659D47).
999. L'essentiel des données quantitatives émane des «Rapports annuels de M. le Directeur régional de la radiodiffusion – télévision française» publiés in: Conseil général du Bas-Rhin, *Rapports des chefs de service*, 2e session ordinaire de 1953 (pp. 94-98), 2e session ordinaire de 1954 (pp. 89-92), 2e session ordinaire de 1955 (pp. 80-84), 2e session ordinaire de 1956 (pp. 74-77), 2e session ordinaire de 1957 (pp. 70-73), 2e session ordinaire de 1958 (pp. 79-83), 2e session ordinaire de 1959 (pp. 73-76), 2e session ordinaire de 1960 (pp. 75-78), 2e session ordinaire de 1961 (pp. 56-58), 2e session ordinaire de 1962 (pp. 54-57), 2e session ordinaire de 1963 (pp. 40-43), 2e session ordinaire de 1964

(pp. 58-60), 2e session ordinaire de 1965 (pp. 64-66), 2e session ordinaire de 1966 (pp. 61-64); «Rapport annuel de M. le Délégué du Directeur général de l'Office de la radiodiffusion – télévision française», 2e session ordinaire de 1967, (pp. 63-64), 2e session ordinaire de 1968 (pp. 63-65), 2e session ordinaire de 1969 (pp. 67-69).
1000. Même les critiques les plus bienveillants font part de leur exaspération, cf. T.-HENCHES Jean «La critique est aisée, mais... La grande pitié de Radio Strasbourg est un scandale qui doit prendre fin » in *Dernières Nouvelles d'Alsace*, 7 août 1945.
1001. Lettre référencée «D.R.S. n° 53» du chargé de mission dans les fonctions de directeur régional à Strasbourg au préfet du Bas-Rhin, en date du 27 janvier 1947, dont l'objet est: «Exposé sur les questions intéressant le Poste "Radio-Strasbourg"», pp. 8-9 (ADBR 589D27).
1002. Propos du rapporteur Débes, à propos de propositions de vœux concernant la radiodiffusion, in Conseil général du Bas-Rhin, session extraordinaire de 1952, *Rapports et délibérations* (vol. 21), séance du 19 juin 1952, p. 207.
1003. Lettre référencée «D.R.S. n° 53» du chargé de mission dans les fonctions de directeur régional à Strasbourg au préfet du Bas-Rhin, op. cit., pp. 11-12.
1004. «Le 25 décembre 1944, la Mission chargée de remettre en route l'émetteur de Strasbourg arrivait en Alsace et trois semaines plus tard, les premières émissions ont été à nouveau diffusées sur la longueur d'ondes de Strasbourg.» (Lettre référencée «D.R.S. n° 53» du chargé de mission dans les fonctions de directeur régional à Strasbourg au préfet du Bas-Rhin, en date du 27 janvier 1947, dont l'objet est: «Exposé sur les questions intéressant le Poste "Radio-Strasbourg"», p. 3 [ADBR 589D27]).
1005. Martin Allheilig, l'un des acteurs de la réinstallation de la radio française en Alsace, justifie également la décision qui a été prise en 1945 en expliquant que «ce n'est que sur place, après avoir senti le climat psychologique après quatre années d'annexion, que nous avons compris combien le moment était inopportun de recourir au *hochdeutsch*. Les oreilles alsaciennes à cette époque eussent difficilement supporté la langue qui leur fut imposée au détriment du français. C'est dans ce contexte que nous avons opté pour la diffusion des informations en alsacien. Un choix qui très tôt sera contesté. L'expérience courageusement tentée par nos journalistes-rédacteurs ne fut pas concluante. Elle n'a duré que quelques mois. La presse régionale devait à maintes reprises en souligner

les inconvénients, le côté artificiel et ridicule. Ce fut le coup de grâce. La solution pour sortir de l'impasse: revenir à l'allemand.» (ALLHEILIG Martin «Retour en Alsace» in *Saisons d'Alsace* «Presse et médias en Alsace...», op. cit., pp. 123-126 [p. 124]).
1006. Lettre (A.L./SEC. n° 4027) du 14 octobre 1946 du ministre de l'Intérieur au préfet du Bas-Rhin et réponse du préfet, après consultation du directeur de l'Information (qui lui donne son avis par courrier [n° 3294 – B/K] du 31 octobre 1946) par lettre (n° 1317/C) du 7 novembre 1946 au ministre de l'Intérieur (ADBR 589D27). Ce n'est pas l'avis du directeur régional en charge de «Radio-Strasbourg» qui estime que les critiques formulées quant au fait que les informations sont présentées en dialecte sont justifiées, pour des raisons linguistiques. Il rappelle que les radios suisses informent aussi en langue standard et fait remarquer que la presse bilingue imprime ses textes en allemand standard et non en dialecte. (Lettre référencée «D.R.S. n° 53» du chargé de mission dans les fonctions de directeur régional à Strasbourg au préfet du Bas-Rhin, op. cit., p. 13).
1007. En dehors de la gauche non communiste, ce sont des associations qui défendent ce point de vue: par exemple: l'«Association des Alsaciens et Lorrains réfractaires et évadés qui se sont volontairement soustraits à la conscription militaire nazie 1940-1945» (lettre du 27 janvier 1947 au préfet du Bas-Rhin) ou le «Comité départemental du Bas-Rhin de la Fédération nationale des déportés et internés patriotes et résistants» (lettre du 3 mars 1947 au ministre de l'Information (ADBR 589D27).
1008. Pour la gauche proche du Parti communiste, cf. une série de réactions de lecteurs à la demande du secrétaire général de la C.G.T. du Bas-Rhin, adressée au président du Conseil, dans laquelle il réclamait le droit de pouvoir utiliser l'allemand sur la radio locale, publiées par le *Journal d'Alsace et de Lorraine*: «L'emploi de l'allemand au micro de Radio-Strasbourg» (21 janvier 1947, p. 4), «L'allemand à Radio-Strasbourg» (23 janvier 1947, p. 2; 24 janvier 1947, p. 2; 26 janvier 1947, p.), «Déceptions en série» (28 janvier 1947).
1009. Résumant assez cruellement l'avis d'un nombre non négligeable d'acteurs de la vie politique, y compris de certains tenants de l'assimilation et de hauts fonctionnaires de l'administration, l'éditorialiste du *Nouvel Alsacien* écrira: «[Notre poste régional] n'a-t-il pas inventé un idiome particulier grâce auquel "les informations en dialecte" sont devenues la meilleure émission

humoristique, tout en nous ridiculisant auprès de nos voisins de Suisse ou de Pays de Bade?» (IRJUD Alphonse «Streng verboten... en Alsace, mais autorisé à Paris et ailleurs», *op. cit.*, p. 3).
1010. *Le Nouveau Journal de Strasbourg*, organe officieux du parti démocrate (Union démocratique de rénovation) dont est membre le maire de Strasbourg, Charles Frey, défend le même point de vue, *cf.* «Politik und Sprache im Elsass. Allerlei Stimmen» et «Dialekt im Elsass» in *Le Nouveau Journal* du 25 janvier 1947, p. 2.
1011. Note du 23 mars 1949, reprise avec des variantes dans la note d'avril 1950 *Le bilinguisme à la radio*; lettre (n° 191/49/C) du 3 décembre 1949 du préfet du Bas-Rhin au directeur de Radio-Strasbourg (ADBR 589D27).
1012. L'information est donnée par le directeur régional de la radiodiffusion-télévision in: Conseil général du Bas-Rhin, session extraordinaire de juin 1952, *Rapports et délibérations* (vol. 21), p. 209.
1013. Conseil général du Bas-Rhin, *Rapports et délibérations*, session extraordinaire de décembre 1952, séance du 5 décembre 1952, p. 244: intervention du directeur régional de la Radiodiffusion française.
1014. Vœu concernant l'augmentation des émissions d'actualités agricoles en dialecte, session ordinaire du 14 mai 1954 (ADBR 589D30).
1015. Lettre (D.R.S. 677) du 27 juillet 1954 du directeur régional de la Radiodiffusion au directeur des Services agricoles du Bas-Rhin (ADBR 589D30).
1016. Lettre (4296/SAG/1740) du 12 novembre 1954 du ministre de l'Industrie et du Commerce au président de la Chambre d'agriculture du Bas-Rhin (ADBR 589D30).
1017. Conseiller général Klock, in Conseil général du Bas-Rhin, 1re session ordinaire de 1954, *Rapports et délibérations* (vol. 27), séance du 18 mai 1954, p. 136. Une autre partie fait une distinction entre les émissions du genre «variétés», pour lesquelles il n'est vu aucune objection à ce que le dialecte soit la langue utilisée, et les émissions plus sérieuses où le français ou, à défaut, l'allemand doivent être les langues d'usage (Conseiller général Ehm, in Conseil général du Bas-Rhin, 1re session ordinaire de 1954, *Rapports et délibérations* [vol. 27], séance du 18 mai 1954, p. 136).
1018. Selon les indications de M. Allheilig, envoi du 21.09.2006; *cf.* ALLHEILIG Martin *E paar Minüte franzeesch*, premier fascicule, Strasbourg 1946, Les Éditions de l'Est.
1019. *Cf.* KEITH Catherine *De Radio-Strasbourg PTT à Radio France Alsace 1014/102.6. Mémoires de radio*,

Diplôme universitaire de langue et culture régionales, septembre 1997, p. 48; KOHSER-SPOHN Christiane «Radio-Strasbourg et le réveil de l'identité alsacienne (1930-1982)» in KREBS Claudia et MEYER Christine (textes réunis par) *Relais et passages. Fonctions de la radio en contexte germanophone*, Paris 2004, Kimé, pp. 199-226 (p. 208).
1020. Quelques détails sur ces émissions et le type d'émissions diffusées dans KOHSER-SPOHN Christiane «Radio-Strasbourg et le réveil de l'identité alsacienne (1930-1982)», *op. cit.*, pp. 210 *sqq*.
1021. Lettre référencée «D.R.S. n° 53» du chargé de mission dans les fonctions de directeur régional à Strasbourg au préfet du Bas-Rhin, *op. cit.*, pp. 9-10.
1022. METZ Paul «À propos de Radio Strasbourg. À quoi bon des émissions en dialecte?» in *Elan*, n° 3, mars 1957, pp. 6-7. Voir aussi le plaidoyer de Martin ALLHEILIG «Ayez pitié des émissions alsaciennes» in *Elan*, n° 3, mars 1957, pp. 6-7, l'entretien qu'il accorde à *L'Humanité* du 4 mai 1958.
1023. ALLHEILIG Martin «Des émissions en dialecte aux émissions en allemand» in *Elan* n° 10, décembre 1957, p. 11.
1024. ALLHEILIG Martin «Retour en Alsace» in *Saisons d'Alsace* «Presse et médias en Alsace...», *op. cit.*, pp. 124-125.
1025. Lettre (n° 1.923) du 23 décembre 1947 du ministre de l'Intérieur au préfet du Bas-Rhin citant les propos du directeur des Cultes saisi d'un vœu du synode de l'Église réformée (ADBR 589D23).
1026. Lettre du préfet du Bas-Rhin au ministre de l'Intérieur du 4 janvier 1948 (ADBR).
1027. Lettre (n°D.R.S. 70) du 11 février 1948 du directeur régional de la radiodiffusion française à Strasbourg au préfet du Bas-Rhin.
1028. Lettre (n°1801) du 27 avril 1948 du ministre de l'Intérieur au secrétaire d'état à la Présidence du Conseil (ADBR 589D23).
1029. Lettre (n°C.543) du 29 mai 1948 du directeur des Cultes à Strasbourg au ministre de l'Intérieur.
1030. «Suivant toutes les considérations émises jusqu'à ce jour au Conseil général sur le rôle éducatif de la radio, celle-ci, dans l'immédiat, doit créer une certaine atmosphère de détente et de gaieté chez les auditeurs se trouvant à l'écoute après les soucis du travail quotidien, exactement comme une musique de brasserie à laquelle nos pères et nos ancêtres ont été habitués et à laquelle ils pensent quelquefois avec mélancolie.

On peut déplorer ce fait, mais on ne peut pas le nier. Les auditeurs recherchent ce genre de programme et s'ils ne le trouvent pas dans ce que leur offre Radio-Strasbourg, ils préféreront abandonner l'écoute et prendre Beromunster ou un autre poste de l'autre côté du Rhin.» (Le rapporteur Fricker, à propos de la proposition d'un vœu concernant la radiodiffusion, in: Conseil général du Bas-Rhin, session extraordinaire de décembre 1952, *Rapports et délibérations* (vol. 23), séance du 5 décembre 1952, p. 246)
1031. Une note d'information assez circonstanciée du 25 octobre 1951 souligne que la qualité des émissions en dialecte de Radio-Strasbourg est souvent critiquée, ce qui incite de nombreuses personnes à écouter des postes d'outre-Rhin, notamment celui de Stuttgart» (ADBR 589D25).
1032. Note n° 195 du 27 janvier 1954 (ADBR 1130W42) où le rédacteur précise «que ces pourcentages sont basés sur les émissions "parlées"», ce qui laisse supposer que les émissions musicales allemandes et suisses sont encore plus écoutées, ce que confirment toutes les notes destinées aux préfets alsaciens tout au long de la décennie.
1033. Les émissions en langue allemande ne reprennent qu'en 1949, à l'occasion de la commémoration du bicentenaire de Goethe (*cf.* WACKERMANN Gabriel «Radio et télévision» in *Encyclopédie de l'Alsace*, vol. X, *op. cit.*, p. 6229).
1034. L'information est donnée par le préfet in: Conseil général du Bas-Rhin, 1re session ordinaire de 1954, *Rapports et délibérations* (vol. 27), p. 138.
1035. L'information est donnée par le préfet in: Conseil général du Bas-Rhin, 1re session ordinaire de 1954, *Rapports et délibérations* (vol. 27), p. 138.
1036. Selon le calcul de *L'Humanité*, sur 23 heures et 37 minutes de diffusion, Radio-Strasbourg n'émet que durant 1 heure et 43 minutes en dialecte («Etwas Radiostatistik. Nur 1 Stunde 43 Minuten Dialekt-Sendungen am Strassburger Rundfunk» in *L'Humanité* du 9 février 1955, p. 12).
1037. *Cf.* aussi plus de détails sur les contenus: «Eine Neuerung, die noch wenig bekannt ist: Die deutschsprachigen Sendungen von Radio-Strasbourg» in *Le Nouveau Rhin français* du 15 janvier 1958, «M. Cazé a présenté à la presse le programme de la saison à la R.T.F.» in *Dernières Nouvelles d'Alsace*, [p. 19]
1038. LEGRIS Michel «Les "parlers maternels" en France: V. L'Alsace entre deux langues», *op. cit.*
1039. D'après les «Rapports annuels de M. le Directeur régional de la radiodiffusion – télévision française» in Conseil général du Bas-Rhin, *Rap-*

ports des chefs de service, 2ᵉ session ordinaire de 1959 (p. 75), 2ᵉ session ordinaire de 1960 (p. 77). Martin ALLHEILIG fait un bilan – *pro domo* – des émissions en dialecte, par genres, jusqu'en 1957, «Dossier "émissions alsaciennes"» in *Elan* n° 4, avril 1957, p. 7.
1040. VERDOODT Albert *Zweisprachige Nachbarn, op. cit.*, p. 119, sans indication de source.
1041. Lettre (n°789/53/C) du préfet du Bas-Rhin au ministre de l'Intérieur, en date du 11 juin 1953 (ADBR 1130W422).
1042. Note au préfet du Bas-Rhin du 29 septembre 1953 (ADBR 1130W422).
1043. Note du 12 mai 1954 au directeur de cabinet du préfet du Bas-Rhin (ADBR 1130W422); le «Rapport annuel de M. le Directeur régional de la radiodiffusion – télévision française»: in Conseil général du Bas-Rhin, *Rapports des chefs de service*), 2ᵉ session ordinaire de 1955, pp. 80-84 (p. 82) date la première émission au 8 mai 1954.
1044. Dans une lettre au préfet du Bas-Rhin du 19 juin 1955, le directeur régional de la R.T.F., exaspéré, fait observer que «les émetteurs allemands [...] pénètrent profondément dans les vallées les plus reculées en y apportant une image dont on vante d'autant plus facilement la brillance et les qualités qu'une comparaison avec les émissions françaises restera impossible. Vous trouverez là une des principales raisons pour lesquelles la vente des postes de T.V. ne connaît pas le succès qu'elle a connu dans d'autres régions de France.» Dix jours plus tard, le 29 juin, il réécrit au préfet (lettre D.R.S. 668) où il indique, sans ambages: «Voici comme convenu la lettre officielle dont j'adresse immédiatement copie à Paris. Dans ce texte, j'expose la situation sous le jour le plus favorable pour mon Administration. Je ne puis faire autrement. La réalité est cependant tout autre.» Et il expose «très franchement» sa façon de voir, en soulignant l'absurdité de construire des émetteurs en plaine, au lieu de les construire en altitude comme les Allemands, etc. Puis il conclut: «Je pense que si le Président du Conseil général était simplement informé [des choix de Paris] de la moitié de ce que je vous écris, il y aurait des coups de gosier avenue de Friedland.» (ADBR 589D29).
1045. Informations données par le rapporteur d'un vœu pour apporter des arguments en faveur du rejet du vœu: Conseil général du Bas-Rhin, 2ᵉ session ordinaire de 1963, *Rapports et délibérations* (vol. 56), p. 243.
1046. *Cf. supra*. L'émission a été dif-

fusée de janvier 1956 à mars 1960. L'émission se faisait en lien avec la revue *Départs*, destinée aux cours postscolaires (*cf. Elan* n° 2/1957).
1047. *Cf.* le compte rendu de la réunion des secrétaires généraux et des sous-préfets du Bas-Rhin du 31 janvier 1962 (ADBR 589D217). Les préfets des deux départements alsaciens soulignent l'enjeu politique d'un meilleur «arrosage», mais Paris ne semble pas prêt à améliorer la situation sans l'apport financier des Conseils généraux. Une série d'articles de 1964 montre que les problèmes techniques ne sont toujours pas réglés: ECKERT Paul «La télévision en Alsace» in *Dernières Nouvelles d'Alsace* du 14 février 1964, p. 18, du 15 février 1964, p. 20, et des 16 au 17 février 194, p. 24.
1048. Lettre (n° 8523/63) au préfet du Haut-Rhin du 19 novembre 1963 (ADBR 589D217).
1049. Les résultats de ce sondage sont transmis, avec un dossier complet, au préfet de Région, par lettre (n°2966) du 18 octobre 1965 (ADBR 589D217 et 1107W3). Il ne s'appuie que sur le département du Bas-Rhin. Une note du 6 avril 1966 concernant le Haut-Rhin (ADBR 1743W38 [177bis]) souligne «qu'il est pratiquement impossible de connaître l'audience exacte de la télévision allemande, une opérette ou la diffusion d'un important match de football pouvant regrouper les ¾ des auditeurs alsaciens, et une émission intéressante de la radio française, telle "Les cinq dernières minutes" regroupant, elle aussi, la totalité des auditeurs haut-rhinois.»
1050. *Cf.* Note du 21 janvier au préfet du Bas-Rhin, *cf.* «À Strasbourg. Premières A[ctualités]T[élévisées]» en langue allemande» in *Le Figaro* du 21 janvier 1964, p. 12; LEVAILLANT Pierre «Louable dessein: mauvaises lignes... à propos des actualités télévisées en langue allemande» in *Le Figaro* du 22 janvier 1964, p. 5. Dans le souvenir de Martin Allheilig, cette première émission a également été la dernière émission, l'arrêt étant dû à des pressions politiques (envoi du 21.09.2006). Brandhuber Marius et Traband Georges [2005], *1954-1963. Les débuts de la télévision régionale en Alsace, op. cit.*, p. 159, indiquent que l'émission a été arrêtée après le troisième numéro (qui a été diffusé le 3 février 1964).
1051. Le 26 novembre 1964, *cf.* WINOCK Michel *Chronique des années soixante*, Paris 1987, Seuil (collection Points Histoire n°H136), p. 88.
1052. IRJUD Alphonse «L'Alsace et la TV allemande» in *Elan* 3-4/1966, pp. 20-21. Il répondait en même temps à un constat et à des interrogations qu'*Elan* 1-2/1966, pp. 16-17, avait

publiés: «Monsieur le Ministre de l'Information, Messieurs les Parlementaires. Il paraîtrait qu'en Alsace 100 000 magazines TV allemands sont vendus chaque semaine. Comment interpréter ce phénomène? Quelle leçon en tirer? N'incriminez ni l'autonomisme, ni les hauts fonctionnaires, le problème est ailleurs. Qu'en pensent nos lecteurs?» Fin 1967, le délégué du directeur général de l'O.R.T.F. déclare au *Figaro*: «Des sondages ont été entrepris, qui révèlent que 50% des Alsaciens sont en mesure de regarder les émissions allemandes. Les stations d'outre-Rhin leur offrent des programmes que nous n'avons pas la possibilité de réaliser: des informations régionales fournies, d'abord, mais encore, dans le domaine artistique, des opéras et des opérettes que le public apprécie beaucoup et que nous ne produisons pas», *cf.* BELOT Jean «Une politique de prestige, seul moyen pour la télévision alsacienne de faire face à la concurrence étrangère» in *Le Figaro* du 29 novembre 1967, p. 17.
1053. IRJUD Alphonse «L'Alsace et la TV allemande» in *Elan* 3-4/1966, *op. cit.*
1054. *Les problèmes de la télévision en Alsace*, rapport du cabinet du préfet du Bas-Rhin du 9 avril 1968 (ADBR 1743W38 [177bis]).
1055. *Les problèmes de la télévision en Alsace, op. cit.* À ces raisons s'ajoutent celles de l'attractivité économique du prix d'un récepteur de télévision en couleurs: les téléviseurs couleurs allemands sont de moitié moins chers. L'insuffisance des moyens (personnel, investissement financiers dans des émissions...) en sont d'autres.
1056. Synthèse et valeurs établies à partir des données de: INSEE – Direction régionale de Strasbourg *Recensement général de la population – 1962: Langues parlées et religions déclarées en Alsace*, vol. I, Strasbourg s.d., pp. 4-5. La question posée était formulée ainsi: «Quelles langues savez-vous parlez [sic]? Français, dialecte, allemand» (INSEE, *op. cit.*, p. III).
1057. INSEE, *op. cit.*, pp. VII-VIII.
1058. Ne sont prises en compte que les tranches d'âge à partir de 20 ans: en incluant les deux autres tranches d'âge retenues par l'INSEE (5-9 ans, 3,52% et 10-19 ans: 34,66%), la présence de l'allemand se situerait à 65,19% (valeurs établies à partir des données issues de: INSEE – Direction régionale de Strasbourg *Recensement général de la population – 1962: Langues parlées et religions déclarées en Alsace*, vol. I, Strasbourg s.d., pp. 34-36, 38, 40-41).
1059. Synthèse et valeurs établies à partir des données de: INSEE – Direction régionale de Strasbourg *Recensement général de la population – 1962: Lan-*

gues parlées et religions déclarées en Alsace, vol. I, Strasbourg s.d., pp. 34-36, 38, 40-41.

1060. *Cf.* l'observation de TABOURET-KELLER Andrée «Vrais et faux problèmes du bilinguisme» in Collectif *Études sur le langage de l'enfant*, Paris 1962, Éditions du Scarabée, pp. 161-191 (p. 178): «[les enfants de langue maternelle italienne] commencent à utiliser couramment le dialecte alsacien qu'ils ont appris peu à peu au cours des jeux avec leurs camarades alsaciens»; entretiens avec des témoins. C'est fréquemment aussi le cas d'enfants dont les familles, de milieu social modeste, sont venues d'autres régions de France, mais leur périple linguistique est peu documenté. F. Krumnow l'évoque, incidemment, pour l'avant-guerre, dans un portrait qu'il trace: «Fils de flic, petit titi parisien ayant appris à l'école l'alsacien le plus grossier, ce qui donnait des choses étonnantes.» (KRUMNOW Frédo *Croire*, Paris 1974, Les éditions ouvrières, p. 114).

1061. Alfred Wahl, reprenant une étude de Martin Riegel, rappelle que la langue du football est certes un parler populaire (dialectal), mais sous une forme singulière: «Jusqu'aux environs des années 1960, le football alsacien a connu un vocabulaire très original; il n'a pas été germanisé jusqu'en 1919, mais il n'a pas non plus été francisé après cette date, malgré la pénétration de la langue française. En fait, la langue du football est restée très originale avec une forte empreinte britannique.» (WAHL Alfred «Le football alsacien entre France et Allemagne (1890-2012)» in *Revue d'Allemagne et des pays de langue allemande*, tome 44, n° 4, oct.-déc. 2012, pp. 425-439 [pp. 431-432]).

1062. JENNY Bernard Germain. *«En Alsace le contraire est toujours vrai»*, [Colmar] 1997, Jérôme Do Bentzinger Editeur, pp. 302-304.

1063. Les changements allaient néanmoins être assez rapides, la présence du dialecte dans l'espace public pouvant fonctionner comme un bon indicateur: Pierre Pflimlin rappelle par exemple qu'en 1962, il faisait tous ses discours électoraux en dialecte. Une quinzaine d'années plus tard, un journaliste consacre un article au fait qu'une assemblée de viticulteurs se soit tenue presque exclusivement en dialecte, soulignant par là le caractère exceptionnel de cette manière de faire (TRENDEL G[uy] «La langue que parle le cœur», *Le Nouvel Alsacien*, 29.09.1979, p. 3).

1064. SCHUFFENECKER Gérard «L'Alsacien et son dialecte. I) Un malade qui se porte bien» in *Dernières Nouvelles d'Alsace* du 21-22 avril 1968, p. 26.

1065. Roger Siffer fournit un témoignage intéressant sur les choix à la fois linguistiques et sociaux, qui sont interprétés de différentes manières par l'enfant, puis l'adolescent et le jeune adulte qu'il était, mais fortement conditionnés par le discours idéologique et hiérarchisant qui circule dans le corps social, *cf.* SIFFER Roger *Alsace/Elsass ou À chaque fou sa casquette et à moi mon chapeau*, Paris 1979, Jean-Claude Lattès, pp. 33-46.

1066. Toutes les citations: *ibid.*

1067. *Cf.* MARCK Claude «La scolarité obligatoire jusqu'à seize ans semble avoir pris de court employeurs et enseignants» in *Dernières Nouvelles d'Alsace* du 13 septembre 1967, p. 13; «La rentrée 1967. La scolarité obligatoire prolongée jusqu'à 16 ans» in *L'Alsace* du 15 septembre 1967, p. 9.

1068. SCHUFFENECKER Gérard «L'Alsacien et son dialecte. VII) Une méthode controversée: le "bain de français"» in *Dernières Nouvelles d'Alsace* du 25 avril 1968, p. 24.

1069. Propos de l'inspecteur pédagogique régional Coppey rapportés dans l'article «Pour l'enseignement du français à l'école élémentaire. Une nouvelle formule pédagogique sera mise à l'essai dans l'académie de Strasbourg» in *Dernières Nouvelles d'Alsace* des 23-24 juin 1968, p. 28.

1070. *Ibid.*

1071. Tableau adapté de VERDOODT Albert *Zweisprachige Nachbarn*, *op. cit.*, p. 129.

1072. SCHUFFENECKER Gérard «L'Alsacien et son dialecte. IV) Le coca-cola a le même goût partout» in *Dernières Nouvelles d'Alsace* du 18 avril 1968, p. 22.

1073. Ce qui ne l'empêche pas de publier, la même année (1968), *Les nuits de Fastov* (Paris – Colmar, Alsatia) en français, sans doute un hommage à ses camarades de désespoir, mais sans doute aussi pour expliquer «ce que fut notre drame, à vous, mes compatriotes de ce que l'on a coutume chez nous d'appeler l'Intérieur de la France.» (p. 9).

1074. Toutes les citations: *ibid.*

1075. D'autres intellectuels partagent un avis analogue. Ainsi, Roland Recht (né en 1941), conservateur en chef et directeur général des Musées de Strasbourg de 1986 à 1993, professeur d'université depuis 1980 et professeur au Collège de France depuis 2001, membre de l'Institut depuis 2003, déclare en 1988: «Je n'ai jamais bien compris la sacralisation de la cause dialectale en Alsace. [...] Il n'est de maturité culturelle ici que dans la promotion des langues nationales française et allemande», IBRAM Corinne et WICKER Antoine (propos recueillis par) «Roland Recht "Le regard est un apprentissage"», *Dernières Nouvelles d'Alsace*, 18.06.1988, p. 7.

1076. «Le problème linguistique en Alsace» in *Aujourd'hui* n° 2, mars-mai 1969, pp. 6-7.

1077. «Le problème linguistique en Alsace» in *Aujourd'hui* n° 4, octobre-décembre 1969, pp. 3-4. Dans son numéro 6 d'avril-juin 1970 (pp. 3-4), la revue clôt le débat, avec deux lettres prenant des positions opposées. L'une d'entre elles rappelle que la gauche non communiste a déposé une proposition de relative aux langues et cultures régionales en août 1969 et que la position du journal n'a rien à voir avec la position prise par les députés (p. 3).

1078. Cité par JENNY Bernard *Germain. «En Alsace le contraire est toujours vrai»*, *op. cit.*, p. 200. La pièce de Charles-Gustave Stoskopf *Harmonie un Concordia* semblait tout aussi prometteuse, tant sur le plan thématique que sur le plan dramaturgique (*cf.* les critiques «Toute la ville en parle» in *Dernières Nouvelles d'Alsace*, p. 16 et «Saisonbeginn im Elsässischen Theater "Harmonie Concordia"» in *L'Humanité* du 17 octobre 1951, p. 8). L'acte II a été largement réécrit par Germain Muller qui a mis en scène la pièce selon les indications de Charles-Gustave Stoskopf (entretien téléphonique, début décembre 2003). Le texte de la pièce, telle qu'elle a été représentée, c'est-à-dire avec le remaniement opéré par G. Muller, reste cependant introuvable.

1079. Par exemple, dans des registres très différents: *Kumbel vum Cuntad* (1948), *De Rhyn* (1951), *Strasbourg by night* (1959), *D'Letschte* (1963), *D'Alemanne* (1965), *Vietnam Song* (1965) (publiés ou republiés in MULLER Germain *Poèmes et chansons* [Colmar], Jérôme Do Bentzinger Editeur: volume I *Coups de cœur*, 1998, et volume II *Coups de gueule*, 1999). Sur le cabaret: *42 Johr Barabli. Histoire d'un cabaret alsacien*, Strasbourg 1988, Les Musées de la Ville de Strasbourg / Éditions Oberlin; HIRLE Ronald et FAUST Dinah *Le Barabli. Histoire d'un cabaret bilingue 1946-1992*, [Strasbourg 2007], Éditions Hirlé.

1080. WICKER Antoine «Une revue, un disque, un anniversaire. Les trente ans du "Cabaret Bonjour"» in *Le Nouvel Alsacien* du 9-10 octobre 1977, p. 7. «Avec la comédie musicale "By de Ochsewirte", [...] en 1951, le cabaret [...] entame une nouvelle période que Gaston Goetz appelle "période rose" qui a duré 7 à 8 ans», in: «25 années de "Cabaret Bonjour" – II. Un quart de siècle d'humour: de la grosse farce à la contestation» in *Dernières Nouvelles d'Alsace* du 5 octobre 1972, p. RéIV.

1081. WICKER Antoine «Une revue, un disque, un anniversaire. Les trente ans du "Cabaret Bonjour"», *op. cit.*

NOTES

1082. G. Goetz indique, en 1981, qu'il veut arrêter les revues, mais pense encore poursuivre des spectacles sous d'autres formes, *cf.* G. M.-Th. «Gaston Goetz: "Le Cabaret Bonjour... c'est terminé"», *Dernières Nouvelles d'Alsace*, 15.03.1981, p. LoVIII. Mais, de fait, il continuera à présenter des revues.

1083. *Cf.* tout particulièrement WECKMANN André *Édition complète des œuvres poétiques/Werkausgabe der elsässischen Gedichte*, Strasbourg, Éditions Oberlin: Tome II / Band II: *Hàn'r de blöje Storike gsahn?/Avez-vous vu la cigogne bleue? Habt ihr den blauen Storch gesehen?* Textes en vers et en prose des années 1944-1972 (2000).

1084. *Petite anthologie de la poésie alsacienne*, Strasbourg, Association Jean-Baptiste Weckerlin: Tomes I, IV, VI, VIII.

1085. Entre 1950 et 1964, Alfred Kern publie sept romans, dont cinq seront distingués par des prix littéraires (dont le «Renaudot» pour *Le Bonheur fragile* [1960]).

1086. *Cf.* MOSZBERGER Maurice, RIEGER Théodore et DAUL Léon *Dictionnaire historique des rues de Strasbourg*, Illkirch 2002, Le Verger, pp. 225-229.

1087. *Cf.* ARIES Philippe et DUBY Georges (dir.) (édition revue et complétée 1999) *Histoire de la vie privée. 5. De la Première Guerre mondiale à nos jours*, Paris, Seuil (collection Points Histoire n°H264): PROST Antoine «Frontières et espaces du privé», pp. 13-132; MENDRAS Henri (1994) *La Seconde Révolution française 1965-1984. Nouvelle édition refondue et mise à jour*, Paris 1994, Gallimard (collection «Folio essais» n° 243); VEILLON Dominique avec la collaboration de MISSIKA Dominique *Nous les enfants (1950-1970)*, Paris 2003, Hachette. *Cf.* aussi, sous une forme plus littéraire, ERNAUX Annie *Les années*, Paris 2008, Gallimard.

1088. SCHWAB Roland «La grande mutation des campagnes alsaciennes» in *Histoire de l'Alsace rurale*, Strasbourg/Paris 1983, Istra, pp. 363-396 (pp. 389-390).

1089. Fin 1972, plus de 7 ménages sur 10 disposent de la télévision, du réfrigérateur et du lave-linge. Il s'agit là d'une conformité à la norme sociale de la période. *Cf.* aussi WINOCK Michel *Chronique des années soixante*, *op. cit.*, pp. 112-113; *cf.* PROST Antoine «Frontières et espaces du privé», *op. cit.*, pp. 57-59. La modernité fonctionnelle peut, selon les objets, faire une entrée plus rapide dans l'espace «rural» que dans l'espace «urbain»: cela semble être le cas du congélateur, *cf.* LUTTEN L.-P. «Die Gefriertruhe im Dienste der Hausfrau auf dem Lande» in *L'Alsace illustrée – Chez soi*, 1er mars 1965, pp. 5-7.

1090. GERVAIS Michel, JOLLIVET Marcel et TAVERNIER Yves *La fin de la France paysanne. De 1914 à nos jours*, Paris 1976, Seuil, *passim* (DUBY Georges et WALLON Armand [dir.] *Histoire de la France rurale*, tome 4).

1091. Il subsiste bien des hétérogénéités qui seront levées, des différences qui seront largement atténuées au fur et à mesure que le temps passe, *cf.* VEILLON Dominique avec la collaboration de MISSIKA Dominique *Nous les enfants (1950-1970)*, *op. cit.*, pp. 116-121.

1092. Sur ces questions, voir, par exemple, HUCK Dominique «Du nécessaire dialogue entre les disciplines. Une étude de cas: l'opposition problématique "rural"/"urbain" dans le champ de la sociolinguistique» in MAILLARD Christine/BOTHOREL-WITZ Arlette (dir.) *Du dialogue des disciplines. Germanistique et interdisciplinarité*, Strasbourg 1998, Presses universitaires, pp. 219-232.

1093. *Cf.* WINOCK Michel *Chronique des années soixante*, *op. cit.*, pp. 121-124.

1094. PROST Antoine «Frontières et espaces du privé» in ARIES Philippe et DUBY Georges (dir.) *Histoire de la vie privée. 5. De la Première Guerre mondiale à nos jours*, [édition revue et complétée] Paris 1999, Seuil, coll. Points Histoire n° H264, pp. 13-132 (p. 104). Paul Metz esquisse les contours d'une image assez négative des changements qui se produisent aux portes de Strasbourg, en particulier pour les jeunes générations: METZ Paul «Un village-faubourg: Mundolsheim. Recherche du confort? – Culte du bien-être matériel? – Indifférence à l'égard de la vie publique?» in *Elan* 1/1960, pp. 8-9. *Elan* consacrera assez fréquemment des enquêtes ou des articles au comportement des jeunes dans l'espace qui avait été rural.

1095. PROST Antoine «Frontières et espaces du privé», *op. cit.*, p. 123. En 1959, la moitié des postes produits utilisaient des transistors.

1096. Elle concerne les enfants nés après le 1er janvier 1953.

1097. Décret du 3 août 1963 signé par le ministre de l'Éducation nationale Christian Fouchet.

1098. Réforme Haby (du nom du ministre de l'Éducation nationale en fonction, René Haby). A. Prost rappelle qu'en France, entre 1965 et 1975, 2354 collèges ont été construits, soit à peu près un collège tous les jours pendant dix ans, *cf.* PROST Antoine *Éducation, société et politiques*, *op. cit.*, p. 101.

1099. Sur le cadre global des changements dans le système éducatif, *cf.* PROST Antoine *Éducation, société et politiques*, *op. cit.*

1100. L'auteur en est Enid BLYTON (1897-1968) et tous ses romans ont paru en traduction française chez Hachette, dans la «Bibliothèque rose».

1101. Le premier numéro du magazine *Salut les copains* est tiré à 50000 exemplaires en juillet 1962, à un million d'exemplaires un an plus tard, *cf.* WINOCK Michel *Chronique des années soixante*, *op. cit.*, p. 99.

1102. LIESENFELD Thierry et BICKEL Gérard *Le temps des copains. Rock, twist Alsace années 1960*, Strasbourg 1996, La Nuée Bleue.

1103. La plupart des autobiographies et des récits de vie consultés soulignent l'importance de la temporalité religieuse dans la vie quotidienne: *cf.*, par exemple, KOCHER Antoine *Saisons d'enfance en Alsace*, s.l. 1995, Éditions du Bastberg (un tiers des chapitres s'appuient explicitement sur le rythme imprimé par la vie religieuse); FEISTHAUER Joseph *Frieher un hèit. Ànderi Zèit, ànderi Welt! D'un monde à l'autre*, s.l. 2007, s. éd., chapitre «Trop c'est trop, même en matière religieuse» (pp. 182-193): «On n'imagine plus aujourd'hui quel rôle jouait [la religion] dans la vie d'alors. Les gens qui étaient enfants dans les années cinquante et soixante peuvent raconter bien des choses à ce sujet.» (p. 185); surtout ERNY Antoinette et Pierre *Une enfance à Ammerschwihr ou comment devenir femme dans le vignoble de Haute-Alsace, 1934-1952*, Colmar 2008, Jérôme Do Bentzinger, en particulier le chapitre IV «Hors de l'Église point de salut», pp. 135-211. Pierre Erny revient, non sans raison, en conclusion sur l'importance de la religion: «Quand [...] on lit ce qu'a été la vie religieuse il y a cinquante ou soixante ans à peine, on ne peut qu'être stupéfait de l'extrême rapidité avec laquelle l'évolution s'est opérée. Or la religion était comme le pilier autour duquel le reste s'agençait et prenait sens.» (p. 245).

1104. Le fait d'être femme au foyer a pu représenter pour elles une promotion sociale si elles ont quitté le groupe social des agriculteurs ou si elles appartiennent au groupe des ouvriers. En France, les femmes ne représentent que 33% de la population active entre 1962 et 1965, puis 36% en 1975 (46,4% en 1992), *cf.* MENDRAS Henri (1994) *La Seconde Révolution française 1965-1984*, *op. cit.*, p. 298.

1105. Cette tension vers d'autres positionnements sociaux dans une société dominée par les hommes est jalonnée, durant la seconde moitié du XXe siècle, par toute une série d'«émancipations» : politique (droit de vote en 1944), conjugale (1965 : le mari ne peut plus s'opposer à l'exercice d'une activité professionnelle par son épouse) ; sexuelle (la loi Neuwirth de 1967 autorise la contraception et la loi Veil de 1975 autorise l'interruption volontaire de grossesse), etc.

1106. BOURDIEU Pierre «La production et la reproduction de la langue légitime» [1982] reproduit in BOURDIEU Pierre *Langage et pouvoir symbolique*, Paris 2001, Seuil (collection Points Essais n° 461), pp. 67-98 (p. 78).

1107. *Cf.* aussi *infra*, les travaux d'Andrée Tabouret-Keller sur l'introduction du français dans les familles.

1108. BOURDIEU Pierre «La production et la reproduction de la langue légitime», *op. cit.*, pp. 78-79.

1109. Il est probablement fait allusion à la Johann Wolfgang von Goethe-Stiftung, qui finance plusieurs prix dans le domaine des lettres, des arts, des sciences, de l'environnement, etc. Son fondateur Alfred Toepfer (1894-1993) a eu des liens étroits avec des organismes nazis. Parmi les nombreux articles qui lui ont été consacrés, *cf.* par exemple BOISSOU Lionel «Alfred Toepfer, un "ami de l'Alsace"» in *Saisons d'Alsace* n° 128, été 1995, pp. 99-108.

1110. Préfecture du Bas-Rhin *Note sur certains aspects particuliers de l'action culturelle en Alsace* du 25 octobre 1971 (ADBR 1107W3).

1111. «L'Alsacien en 1971 – Un sondage de l'Ifop pour les «Dernières Nouvelles d'Alsace» (VI) Nette progression de la langue française, mais le dialecte reste néanmoins bien vivant» in *Dernières Nouvelles d'Alsace* du 16 octobre 1971, pp. 32-33.

1112. TABOURET-KELLER Andrée (J 988) «La situation linguistique en Alsace : les principaux traits de son évolution vers la fin du XXᵉ siècle» in *L'allemand en Alsace/Die deutsche Sprache im Elsaß*, Strasbourg 1988, Presses universitaires de Strasbourg, pp. 77-109 (p. 88).

1113. «L'usage du français en famille et ses conséquences : plus de mille élèves bas-rhinois interrogés par le pasteur Metzger» in *Dernières Nouvelles d'Alsace* du 14 février 1980, p. Ré III.

1114. L'ensemble du protocole d'enquête n'est cependant pas connu.

1115. TABOURET-KELLER Andrée et LUCKEL Frédéric «Maintien de l'alsacien et adoption du français. Éléments de la situation linguistique en milieu rural en Alsace» in MARCELLESI Jean-Baptiste (dir.) *Langages (Bilinguisme et diglossie)* n° 61, mars 1981, pp. 39-62 (p. 50) ; TABOURET-KELLER Andrée et LUCKEL Frédéric «La dynamique sociale du changement linguistique. Quelques aspects de la situation rurale en Alsace» in *International Journal of the Sociology of Language* n° 29 (*Regional languages in France : current research in rural areas*), 1981, pp. 51-66.

1116. TABOURET-KELLER Andrée et LUCKEL Frédéric «Maintien de l'alsacien et adoption du français...», *op. cit.*, p. 60.

1117. TABOURET-KELLER Andrée et LUCKEL Frédéric «La dynamique sociale du changement linguistique...», *op. cit.*, p. 58.

1118. SELIGMANN Nicole «Connaissance déclarée du dialecte et de l'allemand» in *Chiffres pour l'Alsace* n° 4, 1979, pp. 21-30.

1119. INSEE (1980) *Étude du mode de vie en Alsace*, Documents pour l'Alsace n° 1, Strasbourg. L'enquête s'est déroulée entre les mois de février et de juillet 1979, *cf.* SELIGMANN Nicole «Connaissance déclarée...», *op. cit.*, p. 22.

1120. VONAU Pierre «L'alsacien et les jeunes – Est-ce le déclin ? Une enquête au C.E.S. Poincaré» in *Le Nouvel Alsacien* 14, 15 et 16 décembre 1976.

1121. Toutes choses égales par ailleurs, la région de Saverne où cette microenquête a été menée présente, comme une grande partie du nord de l'Alsace, un taux de locuteurs se déclarant dialectophones proche du maximum relevé (*cf. supra* et *infra*).

1122. Il faut entendre «ménage d'origine alsacienne» ou «ménage d'Alsaciens» au sens de l'INSEE. Sont considérés d'origine alsacienne, «les ménages ayant répondu «oui» à la question «Êtes-vous d'origine alsacienne ?», *cf.* SELIGMANN Nicole «Connaissance déclarée...», *op. cit.*, p. 22 ; est considéré comme «ménage d'Alsaciens» le ménage «avec un couple où : a) les deux conjoints déclarent être «d'origine alsacienne» ; ou b) l'un des conjoints est d'origine alsacienne, l'autre ayant passé son enfance en Alsace» ou c) «ni l'un ni l'autre ne sont d'origine alsacienne, mais tous deux ont passé leur enfance en Alsace», *cf.* INSEE (1980) *Étude du mode de vie en Alsace, op. cit.*, p. 156.

1123. SELIGMANN Nicole «Connaissance déclarée...», *op. cit.*, p. 23.

1124. SELIGMANN Nicole «Connaissance déclarée...», *op. cit.*, p. 23, tableau 1.

1125. SELIGMANN Nicole «Connaissance déclarée...», *op. cit.*, p. 24.

1126. SELIGMANN Nicole «Connaissance déclarée...», *op. cit.*, p. 25, données issues du tableau 5. Le détail, vu sous l'angle de la fréquence, est fourni par : INSEE (1980) *Étude du mode de vie en Alsace, op. cit.*, p. 144, tableau 139 : Usage de l'alsacien à la maison, dans les magasins, l'administration (% de ménages).

1127. VELTMAN Calvin «La régression du dialecte» in *Chiffres pour l'Alsace* 1982, n° 3, pp. 39-42, tableau *Pourcentage de ménages alsaciens qui parlent presque toujours le dialecte*, p. 41.

1128. VELTMAN Calvin «La transmission de l'alsacien dans le milieu familial» in *Revue des sciences sociales de la France de l'Est*, 1983, n° 12/12bis, pp. 125-133 (p. 128).

1129. D'autres processus sont encore à l'œuvre, *cf.* par exemple : HUCK Dominique «Incidences des représentations sur la transmission d'une langue minorée. Quelques observations liminaires», in LABRIE Normand (éd.) *Plurilingua* XX/1997 : *Études récentes en linguistique de contact*, Bonn, Dümmler, pp. 146-154. Daniel Hoeffel, ancien président du Conseil général du Bas-Rhin et ancien ministre, né en 1929, indique en 1999 : « J'ai ma part de culpabilité dans la non-transmission [du] dialecte à la jeune génération puisque, si mes filles le comprennent, elles ont beaucoup de difficultés à le parler.» Il ajoutera, en 2013 : «Ma fille Dominique, qui m'a succédé à la mairie de Handschuheim, l'a appris au contact des habitants.» (HOEFFEL Daniel *En trois points quelques autres... Entretiens avec Michel Stourm*, Strasbourg 1999, La Nuée Bleue, p. 227 ; MIRGUET Olivier et FRANTZ Jacques «Une lutte pour la survie» in *L'Express* du 12 juin 2013, dossier «Alsace – Peut-on sauver la langue alsacienne ?», p. II-IV [p. III]).

1130. INSEE (1980) *Étude du mode de vie en Alsace, op. cit.*, p. 143 : tableau 136 *Pourcentage de personnes (> 15 ans) parlant alsacien selon le sexe et l'âge*. En 1962, les valeurs étaient les suivantes : hommes : 84,2 %, femmes : 87 %.

1131. INSEE (1980) *Étude du mode de vie en Alsace, op. cit.*, p. 143 : tableau 136 *Pourcentage de personnes (> 15 ans) parlant alsacien selon le sexe et l'âge*.

1132. *Cf.* INSEE (1980) *Étude du mode de vie en Alsace, op. cit.*, p. 100. Les tableaux de la synthèse sont singulièrement peu explicites sur la question du type d'émission. Le commentaire du rédacteur de la synthèse est un peu surprenant : «L'attrait de ce genre d'émissions est largement fonction de l'âge des personnes : 43 % des auditeurs de 16 à 24 ans sont intéressés, 69 % entre 45 et 54 ans, 80 % au-delà de 65 ans.» Cela signifierait que «les émissions en dialecte» sont un genre en soi, qu'il s'agisse d'une soirée divertissante, d'une dramatique ou d'une émission littéraire. Par ailleurs, cette donnée ne donne aucune indication sur la fréquentation d'émission télévisuelle en dialecte bien qu'il y ait une sous-partie

NOTES

portant sur la télévision, pp. 101-104 et 113-117.
1133. INSEE (1980) *Étude du mode de vie en Alsace, op. cit.*, p. 145 : tableau 142 *Dans votre profession pensez-vous qu'il est nécessaire ou utile de parler le dialecte, selon la catégorie socio-professionnelle (personnes actives > 15 ans)*.
1134. Conseil général du Bas-Rhin, session extraordinaire de janvier 1980, *Délibérations*, 3e séance du vendredi 11 janvier 1980, p. 111.
1135. *Ibid.*.
1136. Pour l'ensemble des titres : LORENTZ Claude *La presse alsacienne du XXe siècle. Répertoire des journaux parus depuis 1918, op. cit.* : *Dernières Nouvelles d'Alsace* pp. 384-386, *Le Nouvel Alsacien* p. 114, *L'Humanité d'Alsace-Lorraine* p. 181, *Dernières Nouvelles du Haut-Rhin* p. 54 : le journal « publie son dernier numéro le 28 août 1969 avant d'être absorbé par les *Dernières Nouvelles d'Alsace* » dont il devient alors l'édition de Colmar, *L'Alsace* p. 14, *L'Ami du Peuple – Der Volksfreund* p. 435, *Bonjour* p. 39. Selon VETTU Christiane *La presse en Alsace sous la V° République*, mémoire présenté sous la direction de Monsieur Dreyfus, [Strasbourg 1967], [Institut d'Études Politiques de Strasbourg], « la situation de monopole des *Dernières Nouvelles* pour le Bas-Rhin et de *L'Alsace* pour le Haut-Rhin a pour conséquence d'uniformiser leur clientèle : du patron à l'ouvrier, en passant par le cadre moyen, tous sont abonnés aux *Dernières Nouvelles* ou à *L'Alsace*. Seule une fraction des catholiques échappe à ce phénomène d'uniformisation et est abonnée au *Nouvel Alsacien*. Celui-ci touche pour 30 % les milieux ouvriers, pour 30 % les classes moyennes, pour 40 % les milieux ruraux. L'abonnement au *Nouvel Alsacien* est une tradition familiale dans les milieux ruraux. [...] Aussi est-il clair que c'est dans les milieux ouvriers ou les classes moyennes que *Le Nouvel Alsacien* perd ses lecteurs, car les ouvriers et les jeunes cadres préfèrent s'abonner à un journal de langue française. » (p. 61). Ces observations quantifiées, plutôt rares dans la documentation, sont données sans indication de source.
1137. Source complémentaire pour les *Dernières Nouvelles d'Alsace* : données communiquées par les *Dernières Nouvelles d'Alsace* - Direction commerciale et l'Office de justification de la diffusion, 12.12.2003. Ces valeurs sont retenues pour mars 1971 par SEGER Charles « Les Dernières Nouvelles d'Alsace » in *Presse Actualité* n° 107, février 1976, pp. 24-31 (p. 30).
1138. Source complémentaire pour *L'Alsace* : données communiquées par *L'Alsace – Le Pays*, Office de justification de la diffusion, 23.12.2003 et ADBR 1959W93.
1139. Dans un mémoire de fin d'année de l'IEP de Strasbourg de 1967, l'auteure indique presque systématiquement que les publications bilingues n'ont pas d'avenir. Pour l'hebdomadaire *Bonjour*, elle fait observer que, « du fait de son caractère bilingue, le journal n'a pas d'avenir : il ne peut gagner de lecteurs dans les classes jeunes, d'autant plus que les sujets traités dans cet hebdomadaire le sont aussi dans des revues parisiennes à grande diffusion. », VETTU Christiane *La presse en Alsace sous la V° République, op. cit.*, p. 37. L'appréciation, subjective en soi, est le fait de l'auteure qui doit se sentir appartenir à la catégorie des « jeunes » et pour qui cette façon de penser va de soi.
1140. Françoise Olivier-Utard estime que « ce chiffre est très largement gonflé », sans plus d'indications matérielles qui étaieraient son appréciation, probablement justifiée au vu du nombre de militants du Parti communiste en Alsace, *cf.* OLIVIER-UTARD Françoise « Du quotidien l'« Humanité d'Alsace-Lorraine » au magazine l'« Humanité 7 jours » : Grandeur et déclin de la presse militante germanophone » in GOTOVITCH José et MORELLI Anne (dir.) *Presse communiste, presse radicale (1919-2000). Passé, présent, avenir ?*, Bruxelles [2007], Aden, pp. 205-219 (p. 215).
1141. L'hebdomadaire disparaît en septembre 1972, *cf.* LORENTZ Claude *La presse alsacienne du XXe siècle, op. cit.*, p. 38.
1142. Une enquête sur les pasteurs d'Alsace et de Moselle menée en 1978 montre que les « jeunes » pasteurs utilisent le dialecte relativement plus que leurs aînés dans leur fonction sacerdotale : « 45 % des moins de 41 ans, 28 % des 41-60 ans et 13 % des plus de 60 ans prononcent parfois la prédication en dialecte ». La tranche d'âge des moins de 41 ans estime à 48,4 % qu'il est plus est plus facile de prêcher en français, mais indique néanmoins à 47,3 % qu'il est tout aussi facile de prêcher en allemand qu'en français. *Cf.* WILLAIME Jean-Paul *Les pasteurs d'Alsace et de Moselle. Résultats d'une enquête entreprise en 1978 par le Centre de sociologie sur le protestantisme*, Strasbourg 1980 Association des publications de la Faculté de théologie protestante de l'Université des sciences humaines de Strasbourg, bulletin n° 3, pp. 121-124.
1143. *Cf.* KLINGELSCHMITT René « La presse bilingue en Alsace depuis 1945 », *op. cit.*, pp. 154-156. Le *Bulletin de nos communautés*, « l'organe du judaïsme d'Alsace et de Lorraine », aura également des articles en allemand jusqu'en 1965, *cf.* GRUNEWALD Jacquot *Histoire du « Bulletin de nos Communautés d'Alsace et de Lorraine »*, consultable sous : http://judaisme.sdv.fr/histoire/document/bulletin/bulletin.htm (août 2012).
1144. *Cf.* VETTU Christiane *La presse en Alsace sous la Ve République, op. cit.*, pp. 44 sqq.
1145. « L'Alsacien en 1971 – Un sondage de l'Ifop pour les "Dernières Nouvelles d'Alsace" » « VI) Nette progression de la langue française, mais le dialecte reste néanmoins bien vivant », *op. cit.*
1146. *Cf.* note du 14 février 1970 (ADBR 1130W732).
1147. INSEE (1980) *Étude du mode de vie en Alsace, op. cit.*, p. 118 : tableau 112 *Langue des journaux lus « régulièrement »*
1148. « bilingue allemand/français ou bilingue dialecte/français »
1149. ROUSSELOT Suzanne *Bilinguisme et bibliothèques en Alsace : les livres en langue allemande..., op. cit.*, p. 56.
1150. *Ibid.*, p. 59.
1151. INSEE (1980) *Étude du mode de vie en Alsace, op. cit.*, p. 103. La valeur absolue des regardants n'est pas indiquée.
1152. INSEE (1980) *Étude du mode de vie en Alsace, op. cit.*, p. 146, tableau 144 *Connaissance de l'allemand selon l'origine du ménage (% de ménages)*.

	Parle et écrit	Parle seulement	Ne parle pas
Ménages d'Alsaciens	75,2	17,8	7,0
Ménages « Alsaciens » + autre	46,8	19,4	33,8
Ménages de l'« intérieur »	27,7	11,7	60,6
Ménages d'étrangers	7,7	9,5	82,8
ENSEMBLE	62,7	17,0	20,3

1153. SELIGMANN Nicole « Connaissance déclarée... », *op. cit.*, p. 27.
1154. *Ibid.*, p. 27, tableau 9 *Proportion de chefs de ménages déclarant parler l'allemand ou le dialecte selon l'âge*.
1155. « L'Alsacien en 1971 – Un sondage de l'Ifop pour les "Dernières Nouvelles d'Alsace" (VI) Nette progression de la langue française... », *op. cit.*, p. 33.
1156. *Ibid.*, p. 32.
1157. *Ibid.*, p. 32.
1158. Lettre (1re division, 2e bureau, n° 785) de l'inspecteur d'Académie du Haut-Rhin au recteur de l'Acadé-

mie de Strasbourg, 24 septembre 1969 (ADBR 1130W659).

1159. Lettre du préfet de la Région d'Alsace, préfet du Bas-Rhin, [Jean Verdier] au ministre de l'Éducation nationale, 25 février 1970 (ADBR 1130W661).

1160. L'horaire hebdomadaire à l'école primaire est redéfini par l'arrêté du 7 août 1969 (J.O. du 8 août 1969), qui passe de 30 heures à 27 heures. Dans la pratique, les cours du samedi après-midi sont supprimés à partir de la rentrée 1969.

1161. *Ibid.*

1162. Lettre du préfet de la Région Alsace, préfet du Bas-Rhin, au ministre de l'Éducation nationale, 9 mars 1971 (ADBR 1130W656).

1163. Note (n° 179/171) du 4 août 1971 (ADBR 1130W659).

1164. Le Cercle René-Schickele a été créé en avril 1968. C'est une association qui indique vouloir promouvoir le bilinguisme en réclamant «un enseignement hebdomadaire de 3 heures d'allemand à partir de la deuxième année scolaire (sur la base de la circulaire du recteur Pfister de 1927)», une extension à l'Alsace des expériences de bilinguisme qui sont entreprises, à cette époque, dans des écoles maternelles, et une généralisation des «classes européennes» dans les lycées (source : Cercle René-Schickele-Kreis *Notre avenir est bilingue/Zweisprachig : unsere Zukunft*, Strasbourg 1968, p. 13). Le pouvoir l'a souvent soupçonné de mener une action non culturelle, mais politique, renouant avec des formes d'autonomisme d'avant-guerre. (Le nom qu'a pris l'association renvoie à l'écrivain «allemand» et «citoyen français» René Schickele [Obernai 1883 – Vence 1940], pacifiste et anti-fasciste.)

1165. *L'apprentissage précoce des langues vivantes à l'école maternelle et à l'école élémentaire*, circulaire (ministérielle) n° 72-1059 du 14 septembre 1972, non publiée au *Bulletin officiel de l'Éducation nationale* : «seules devront être reconduites les expériences en cours, déjà reconnues et financées par le ministère de l'Éducation nationale»

1166. *Cf.* la lettre de l'inspecteur d'académie du Bas-Rhin du 26 septembre 1972 qui s'appuie explicitement sur «les récentes instructions relatives à l'introduction de l'enseignement de l'allemand à l'école élémentaire» pour refuser l'ouverture d'un cours d'allemand dans une école primaire (lettre reproduite dans *Le Nouvel Alsacien*, 13 octobre 1972, p. 13).

1167. *Note sur certains aspects particuliers de l'action culturelle en Alsace*, Préfecture du Bas-Rhin - Cabinet du Préfet, 25 octobre 1971, p. 9 (ADBR 1130W656).

1168. Conseil général du Bas-Rhin, session extraordinaire de novembre 1971, *Rapports et délibérations*, vol. 80, séance du 8 novembre 1971, pp. 39-45 ; Conseil général du Haut-Rhin, 1re session extraordinaire l'année 1971, *Rapports et procès-verbaux*, séance du 18 décembre 1971, pp. 1211-1213.

1169. Or, dans sa lettre au ministre de l'Éducation nationale du 9 mars 1971, le préfet de Région avait souligné qu'il avait «fait admettre que cette initiative ne devrait, en aucun cas, être imposée aux élèves et à leurs parents». C'est donc le principe du caractère facultatif de l'enseignement de l'allemand qu'il avait fait adopter. Le recteur Guyard rappellera dans une lettre au ministère de l'Éducation nationale que tant le préfet Verdier que Pierre Pflimlin estimaient «qu'il n'était pas opportun de donner un caractère obligatoire à l'initiation à l'allemand» (lettre CAB/n°1531 du 6 décembre 1971, ADBR 1130W661).

1170. Lettres du préfet de la Région Alsace, préfet du Bas-Rhin [Jean Sicurani] au ministre de l'Éducation nationale, en date du 25 novembre et du 7 décembre 1971 (ADBR 1130W656). Les résultats du sondage que cite le préfet ont été publiés par les *Dernières Nouvelles d'Alsace* du 16 octobre 1971, p. 32.

1171. «Quelques expériences concernant uniquement les enfants de plus de 9 ans» : l'État ne veut pas se créer d'obligation. Une *Note relative à l'enseignement de l'allemand dans les départements du Rhin et de la Moselle* qu'un conseiller technique adresse au Premier ministre (4 février 1972) rend compte de l'opposition massive, dans les sphères gouvernementales, diversement motivée, à l'enseignement de l'allemand à l'école élémentaire. (ADBR 1130W456). La position sera plus nuancée et mieux argumentée dans une nouvelle note du 20 mars 1972. Elle préconise de s'en tenir à «quelques expériences» qui ne doivent s'adresser qu'à «des enfants de plus de 9 ans».

1172. Discours de Georges Pompidou à Sarre-Union, le 14 avril 1972, cité par HARTMANN Thierry *La droite et les problèmes linguistiques en Alsace sous la Ve République*, mémoire de 2e année, Institut d'études politiques [de Strasbourg], [1983], p. 26. Une partie de la communauté universitaire s'est également mobilisée pour limiter la présence de l'enseignement de l'allemand à l'école élémentaire, *cf.* la déclaration sur le bilinguisme en Alsace, initiée par les doyens Bischoff, Isch, Mehl et Simon et signée par une petite centaine de leurs collègues, *cf.* «Le bilinguisme en Alsace. 92 professeurs d'université prennent position» in *Dernières Nouvelles d'Alsace* du 8 mars 1972 ; «Les langues parlées en Alsace» in *Le Nouvel Alsacien* du 10 mars 1972, etc.

1173. Conseil général du Bas-Rhin, session extraordinaire de juin 1972, *Rapports et délibérations*, vol. 81, séance du 12 juin 1972, pp. 148-149 ; *cf.* lettre référencée CAB/16 n°111, en date du 1er juin 1972 du ministre de l'Éducation nationale au préfet de la Région Alsace (ADBR 1130W656).

1174. D'ailleurs, dans sa séance du 16 avril 1971, le président du Conseil général du Haut-Rhin informe le Conseil de l'avancement des travaux concernant l'enseignement de l'allemand et évoque, incidemment, «un exposé de M. Holderith», à ce moment-là encore conseiller général du Bas-Rhin (Conseil général du Haut-Rhin, 1re session ordinaire l'année 1971 [16 avril – 17 au 22 mai], *Rapports et procès-verbaux*, séance du 16 avril 1971, p. 280).

1175. Reproduit dans l'article «Au terme de son congrès départemental, le SNI du Haut-Rhin a adopté une motion sur le bilinguisme» in *Dernières Nouvelles d'Alsace* du 18 janvier 1973.

1176. Réponse du ministre de l'Éducation nationale Joseph Fontanet à des questions de députés alsaciens, *cf.* «Éducation nationale : quatre députés dans le débat» in *Dernières Nouvelles d'Alsace* du 13 novembre 1973, p. 7.

1177. *Cf.* l'exposé de G. Holderith devant le Conseil général du Haut-Rhin dans sa séance du 27 avril 1973 in Conseil général du Haut-Rhin, 1re session ordinaire de l'année 1973, *Procès-verbal des délibérations*, séance du 27 avril 1973, pp. 248-287 ; *cf.* ECKERT P. «Pour le texte de la réforme Holderith» in *Revue de l'académie de Strasbourg* n° 2, janvier 1976, pp. 17-19 (p. 17).

1178. C'est la formule officielle qui se trouve sur tous les documents pédagogiques concernant cette réforme.

1179. Lettre du ministre de l'Éducation nationale au recteur de l'Académie de Strasbourg, en date du 30 mars 1976 (ADBR 1107W7) ; un fac-similé de la lettre est inséré dans : Réforme Holderith *Enseignement de l'allemand au cycle élémentaire – Aide-mémoire pour le cours moyen 1 et le cours moyen 2*, CRDP de Strasbourg, Édition 1976, p. 1. Les passages essentiels sont publiés par Alsaticus «Importante lettre ministérielle» in *Le Nouvel Alsacien/Der Elsässer* 7 avril 1976 ; *cf.* aussi «L'enseignement de l'allemand inscrit dans les horaires de l'école élémentaire. Une législation qui ne résout rien» in *L'Alsace* du 7 avril 1976 et «La méthode Holderith sort de la clandestinité» in *Dernières Nouvelles d'Alsace* du 7 avril 1976.

1180. Sur les questions de méthodes et de pédagogie, *cf.* HUCK Dominique

NOTES

«L'enseignement de l'allemand à l'école élémentaire en Alsace. Questions de méthode : les manuels en usage entre 1952 et 1990» in MOMBERT Monique (dir.) *L'enseignement de l'allemand XIXe - XXIe siècles.* Numéro spécial *Histoire de l'éducation*, n° 106 (mai 2005), INRP, pp. 217-267.

1181. «Nous savons que le problème du dialecte ne se pose pas uniquement au niveau de telle ou telle expression dialectale. Il se pose au niveau de l'école maternelle, et nous continuons à exclure cette langue entre trois et six ans dans la pratique quotidienne. Je ne demande pas qu'on fasse des écoles maternelles en dialecte, mais je désire qu'on donne sa place au dialecte, à une certaine expression dialectale, au sein de l'école maternelle, que nous soutenions cet effort et que nous disions, nous, responsables du Conseil général, à l'État, ce que nous voulons dans ce domaine.» (Conseil général du Bas-Rhin, 1re session ordinaire de 1975, *Rapports et délibérations*, vol. 90, p. 151).

1182. Lorsque le gouvernement arrêtera, en décembre 1975, un plan d'enseignement des langues et cultures régionales, le ministre de l'Éducation nationale, René Haby, fera observer que «l'Alsace ne réclame pas l'enseignement de l'alsacien à l'école, mais [...] un renforcement du français et de l'allemand.» Cependant, «si la demande se fait sentir, l'Alsace pourra bénéficier des mesures prises comme les autres régions», *cf.* «Au Conseil des ministres – Le développement des langues et cultures régionales» in *Dernières Nouvelles d'Alsace*, 4.12.1975, p. 5.

1183. La position, en 1978, du président du Conseil général du Bas-Rhin, André Bord (1922-2013), à l'égard du dialecte, est assez étonnante, même si elle peut représenter la position d'une partie du parti gaulliste. En réponse à une lettre d'une habitante du Bas-Rhin, il écrit : «Vous m'avez fait part de votre souhait de voir préservée et encouragée la pratique du dialecte alsacien et notamment dans le milieu scolaire. Je me dois tout d'abord de vous préciser que le dialecte alsacien n'a jamais été la langue maternelle des Alsaciens et que seule la langue française est reconnue comme telle. Le dialecte, qu'il soit alsacien, occitan ou breton, ne peut supplanter la langue nationale», lettre du 5 juin 1978, reproduite dans *De Budderflade* n° 16, janvier-février 1979, p. 1.

1184. «Pour un véritable bilinguisme populaire. Trois députés alsaciens écrivent à M. Haby» in *Le Nouvel Alsacien*, 25.02.1976, p. 4 ; «Bilinguisme : une lettre de trois députés réformateurs alsaciens au ministre de l'Éducation» in *Dernières Nouvelles d'Alsace*, 26.02.1976, p. RélII.

1185. «L'usage d'un dialecte local à l'école maternelle tel qu'il est autorisé par l'article 2 de la loi n° 51-46 du 11 janvier 1951 [= la loi Deixonne] concerne limitativement un certain nombre de langues et parlers locaux, au nombre desquels ne figure point le dialecte alsacien. Celui-ci en effet est un des dialectes germaniques, l'allemand représentant la grande langue de communication correspondante. [...] L'enseignement [de l'allemand] se développe progressivement à l'ensemble de la population dialectophone. Il n'apparaît point souhaitable d'y ajouter un enseignement du dialecte, d'autant que la pratique de celui-ci est restée extrêmement vivace au niveau de la communauté familiale et sociale», reproduit dans «Malentendu persistant» in *Le Nouvel Alsacien*, 3.03.1976, p. 24.

1186. Cité in «Est-ce le droit de cité pour la culture alsacienne à l'école ?» in *Le Nouvel Alsacien*, 13.10.1976, p. 1 et SCHAETTEL J.J. «Un stage de "culture régionale" à Strasbourg» in *L'Alsace*, 13.10.1976.

1187. Conseil général du Bas-Rhin, 2e session ordinaire de 1978, *Rapports et délibérations*, vol. 101, pp. 120-131 (en particulier pp. 121, 122, 123, 125, 126, 128, 131).

1188. INSEE (1980) *Étude du mode de vie en Alsace, op. cit.*, p. 146, tableau 143.

1189. WECKMANN André «Aliénation» in *schang d sunn schin schun lang*, Strasbourg 1975, Association Jean-Baptiste Weckerlin, p. 66.

1190. Version française de l'auteur in WECKMANN André *Édition complète des œuvres poétiques / Werkausgabe der elsässischen Gedichte*, Tome III/Band III *De Schrej / Le cri / Der Schrei. Poèmes des années 1972-1980 / Gedichte der Jahre 1972-1980*, Strasbourg 2000, Éditions Oberlin, pp. 83-84.

1191. SCHILLING Jean-Dominique «La parution imminente d'un livre blanc sur le massif vosgien devrait mettre un terme à l'anarchie actuelle de l'urbanisme» in *Le Nouvel Alsacien*, 4-5.11.1973, p. 4.

1192. MANN Pierre «La sauvegarde des rieds en Alsace. Espoirs et réalités !» in *Le Nouvel Alsacien*, 19.10.1974, p. 7.

1193. Née en mai 1976 ; *cf.* aussi l'entretien avec André Weckmann in *De Budderflade* n° 6, septembre-octobre 1976, p. 13.

1194. La presse s'en fait régulièrement l'écho ; par exemple : *Le Nouvel Alsacien* : 19.02.1975, p. 3 ; 21.02.1975, p. 3 ; 22.02.1975, p. 3 ; 2-3.03.1975 ; 15.03.1975, p. 3 ; 22.03.1975, p. 3 ; 28.05.1975, p. 5 ; *Dernières Nouvelles d'Alsace* : 22.02.1975, p. RélII ; 01.04.1975, p. Rél ; 02.04.1975 ; 26.05.1975, p. 14 ; *Le Monde* : 25.02.1975 ; 20.03.1975, p. 31 ; 21.03.1975, p. 32 ; 3.12.1975, p. 14.

1195. Par exemple : «Le Sundgau en marche contre le canal» in *Le Nouvel Alsacien*, 11.01.1977, p. 3.

1196. Il est étonnant que d'autres symboles, à la fois de la modernité et de la disparition d'une certaine forme culturelle, aient trouvé moins d'écho, en particulier les transformations urbaines. À Strasbourg par exemple, au niveau d'un quartier, les démolitions et reconstructions à la Krutenau (*cf.* «Die Krutenau. Ein Viertel im Wandel der Zeiten» in *Le Nouvel Alsacien*, 6.02.1974, p. 16) ou encore les démolitions réelles et symboliques de l'ancienne gare (*cf.*, par exemple, «Die letzten Tage des alten Bahnhofs. Die Wiedergewinnungsphase : Der erste Schritt zum Abbruch» in *Le Nouvel Alsacien*, 17.07.1974, ou l'article très critique «Une petite orangerie... et pourquoi pas un marché central ?» in *L'Ami du Peuple*, 18.18.1974, p. 3), place Brant, place Broglie (1975) ou l'emblématique ancien hôtel de la Maison Rouge, place Kléber (1977).

1197. «populaires», «opprimées»... selon la position de l'énonciateur.

1198. Eugène Philipps (1918), d'abord instituteur, puis agrégé d'anglais, a développé, comme conférencier et essayiste, une très intense activité autour du «problème alsacien» : langues, culture, identité... (*cf.* FINCK Adrien «Philipps Eugène» in *Nouveau dictionnaire de biographie alsacienne*, fascicule 29, Strasbourg 1997, pp. 3007-3008).

1199. *Cf.* des éléments du contexte que rapporte Eugène Philipps *L'ambition culturelle de l'Alsace, op. cit.*, pp. 34 sqq.

1200. Par-delà les nombreux articles qu'il fait paraître notamment dans *Elan* et *Le Nouvel Alsacien*, Eugène Philipps publie à cette époque *Les luttes linguistiques en Alsace jusqu'en 1945*, Strasbourg 1975, Culture alsacienne, *La crise d'identité. L'Alsace face à son destin*, Strasbourg 1978, SALDE, et *Le défi alsacien*, Strasbourg 1982, SALDE. André Weckmann publie ses œuvres littéraires majeures : *schang d sunn schint schun lang*, Strasbourg 1975, Association J.B. Weckerlin (poèmes), *Fonse ou l'éducation alsacienne*, Paris 1975, Oswald (roman) *Die Fahrt nach Wyhl. Eine elsässische Irrfahrt*, Strasbourg 1977, CEDA (récit), *Fremdi Getter*, Pfaffenweiler 1980, Pfaffenweiler Presse (poèmes), *Wie die Würfel fallen*, Kehl 1981, Morstadt Verlag (roman).

1201. Front culturel alsacien/Elsassischi Frunt/Elsässische Front, texte sans titre, publié en français et en allemand,

Strasbourg [1974]. *Cf.* également « Le Front culturel alsacien. La présence alsacienne face aux impostures culturelles, politiques et économiques » in *Le Nouvel Alsacien*, 3.10.1974, p. 5, « Pour un rôle de coordination et d'union : création d'un « Front culturel alsacien » » in *Dernières Nouvelles d'Alsace*, 3.10.1974, p. RéV et texte dactylographié (ADBR 1845W1304).
1202. Front culturel alsacien/Elsassischi Frunt/Elsässische Front, texte sans titre, *op. cit.*, p. [1]
1203. *Ibid.*, pp. [3-4]. Une gauche plus marxiste propose une lecture plus « classique » : « Une propagande insidieuse orchestrée par les "bessere Lit", bourgeois et notables, de concert avec certains de nos camarades enseignants (quelle alliance !) incite les parents des milieux populaires à choisir pour leurs enfants l'anglais comme première langue à la place de l'allemand. Tous les arguments fallacieux, tous les mensonges pédagogiques sont bons pour détourner le futur jeune travailleur alsacien de la seule voie linguistique qui puisse lui assurer la promotion sociale et culturelle : le bilinguisme franco-allemand. [...] Veut-on réduire au silence le jeune travailleur alsacien, dans cet espace rhénan, le livrer pieds et mains liés au capitalisme européen ? Nos travailleurs se laisseront-ils une fois de plus gruger par notre prétendue élite bourgeoise ? Nous n'avons que faire de ses inhibitions, de son snobisme. La lutte des classes sévit dans nos écoles : la caste dominante est en train d'imposer ses modèles culturels et linguistiques à toute la population alsacienne », extrait de « L'allemand dans nos collèges : gauche, où es-tu ? » in *De Budderflade* n° 16, janvier-février 1979, p. 34.
1204. *Ibid.*, pp. [7-8]
1205. *Cf.* aussi FINCK Adrien « Mundart und Protest. Zur neuen Mundartliteratur im Elsaß » in *Recherches germaniques* n° 7, 1977, pp. 197-221.
1206. Il fait une première apparition dans une émission de France Régions 3 Alsace en 1969. Remarqué par G. Muller dans une émission de télévision de Gérard Brillanti, il est engagé dans la troupe du Barabli, où il restera durant deux saisons. Il aura l'occasion de chanter à la fois des chansons traditionnelles et ses propres compositions. À propos de tous ces chanteurs et groupes, *cf.* BOURDIN-KUHLMANN Marie-Thérèse « Dix ans de chanson alsacienne » in *Revue d'Alsace* n° 110 (1984), pp. 219-236.
1207. La percée de Roger Siffer est réelle : il a vendu 40 000 disques à cette époque (contrairement à d'autres artistes qui plafonneront à 5 000 - 8 000 albums), *cf.* DAHL Jean-Pierre « En Alsace, une quinzaine de studios d'enregistrement se disputent le marché du disque régional » in *Dernières Nouvelles d'Alsace*, 21.02.1984, p. RéVI.
1208. L'auteur de l'article « Le dialecte a triomphé à la soirée alsacienne de la faculté des lettres » in *Dernières Nouvelles d'Alsace*, 20.12.1974, p. Lo I, conclut, à propos d'Egles : « Et pour un premier passage devant le public, ce fut un triomphe. Sans doute parce que, outre ses qualités de musicien et de parolier, René Egles reste naturel. Pas de provocation, pas de gros effets réputés comiques, mais une voix juste qui parle le langage d'une Alsace qui ne se limite pas au Val de Villé. »
1209. « Réalités et perspectives d'un théâtre populaire en Alsace... » in *De Budderflade* n° 2, sept.-oct. 1975, pp. 20-21.
1210. *Cf.* aussi « Le jeune théâtre en Alsace » in *De Budderflade* n° 10, mai-juin 1977, pp. 25-33.
1211. À propos de cette presse, *cf.* MATHIEN Michel *Médias en région. Exemple de l'Alsace*, Nancy 1986, Presses universitaires de Nancy, pp. 76-78. *Uss'm Follik, l'hebdo libre des Alsaciens* paraîtra à Strasbourg de 1972 à 1983, *Klapperstei 68* à Mulhouse de 1972 à 1979, *cf.* Bulletin de l'association Alsace mémoire du mouvement social [almémos] n° 13-14, janvier 2010, p. 4. S'agissant d'*Uss'm Follik*, J. Ernewein fait remarquer que « l'alsacien est utilisé parce que c'est une langue populaire, voire même une langue de classe. » (ERNEWEIN Jacques « Uss'm Follik, une expérience de contre-information en Alsace ? » in *Bulletin de l'association Alsace mémoire du mouvement social* [almémos] n°19, décembre 2013, pp. 2-4 (p. 4).
1212. La revue est publiée par un groupe de personnes (notamment Raymond Piela, Béatrice Sommer, Jean-Paul Sorg...) mais aussi et surtout par Armand Peter qui, après la fin de l'aventure journalistique, créera la maison d'édition *bf*. À propos d'Armand Peter, *cf.* WICKER Antoine « Armand Peter en eau profonde », *Dernières Nouvelles d'Alsace*, 13.12.1992, p. Ré5.
1213. Emile Baas parle d'une « interaction », *cf.* BAAS Emile « L'action Holderith et le renouveau alsacien » in *Elan* 5-6, juin-juillet 1978, pp. 22-23. D'une certaine manière, le préfet Chartron se rend compte de la nécessité de mise en lien entre les deux tendances. Il souligne, dans un compte rendu adressé à trois ministres de tutelle, qu'« il est clair [...] qu'au cas où les grands partis [c'est-à-dire ceux qui sont représentés dans les assemblées élues] ne pourraient obtenir des développements concrets de la culture régionale, des dangers de débordements, par les jeux de la surenchère [de la part de « groupuscules gauchisants »], se manifesteraient tôt ou tard et pourraient engendrer un climat bien différent » (lettre n°J511-74 du 28 janvier 1980, ADBR 1845W556).
1214. WECKMANN André « L'Alsace malade d'elle-même ? » in *L'Alsace*, 23.06.1978, p. R1.
1215. « André Weckmann accuse "l'abus criminel du pouvoir professoral" » in *Le Nouvel Alsacien*, 23.06.1978, p. 7.
1216. Le quotidien arrête la publication du courrier des lecteurs à ce sujet dans son édition du 19 septembre 1978.
1217. LADIN W[olfgang] et ROSENFELD H[enri] « Le processus de normalisation linguistique en Alsace » in *Revue des sciences sociales de la France de l'Est* n° 8, 1979, Strasbourg, Université des sciences humaines, pp. 120-157. Contrairement à d'autres travaux qui utilisent généralement les statistiques comme instrument de travail, c'est l'analyse factorielle qui est privilégiée par les auteurs. « L'enquête a été réalisée auprès d'une population de 781 élèves de 42 classes de troisième dans 15 collèges du Bas-Rhin », avec une double représentativité par catégorie socio-professionnelle et par « mode d'habitat ». (p. 123) L'année d'enquête n'est pas indiquée.
1218. *Ibid.*, p. 150.
1219. *Ibid.*, p. 148.
1220. *Ibid.*, p. 143.
1221. Cette catégorisation aurait sans doute mérité plus de précision.
1222. VELTMAN Calvin « La régression du dialecte », *op. cit.*, p. 41.
1223. « Un statut officiel pour la langue régionale » in *Le Nouvel Alsacien*, 4.01.1980, p. 5.
1224. « Le Mouvement pour l'autogestion culturelle s'affiche » in *L'Alsace*, 22 mars 1981, p. StI.
1225. Appartenant à la famille politique centriste (CDS), André Traband (1920-1992), maire de Haguenau (1971-1989) et conseiller général (1976-1988), a été l'un des participants assidus aux réunions de travail des Intellectuels chrétiens sociaux au FEC et a toujours plaidé pour une promotion et la défense du dialecte (*cf.* aussi la notice de HAHN Jean-Claude « Traband André » in *Nouveau Dictionnaire de biographie alsacienne* n° 37, Strasbourg 2001, pp. 3887-3888).
1226. Conseil général du Bas-Rhin, session extraordinaire de janvier 1980, *Délibérations, op. cit.*, p. 111.
1227. Le conseiller Deininger, *ibid.*, p. 114.
1228. Dans le compte rendu, les propos de Jean Oehler n'ont pas été laissés en dialecte, mais traduits en français. En revanche, son initiative fera la manchette du *Nouvel Alsacien* du 12 janvier 1980.
1229. *Ibid.*, p. 117. Le texte de son inter-

vention va être publié dans sa forme intégrale dans les *Dernières Nouvelles d'Alsace* du 29.01.1980, p. Ré IV; l'essentiel est également repris in *Der Volksfreund/L'Ami du Peuple* du 20 janvier 1980, p. 3 «La belle unanimité en faveur du bilinguisme. Plus de complexes d'enfants adoptifs».

1230. Adrien Zeller (1940-2009) a commencé à avoir des fonctions et des mandats politiques locaux et nationaux à partir de 1973 (conseiller général et député), élu sous l'étiquette politique centriste. Il sera secrétaire d'État en 1986. Sur la biographie et l'action politique d'A. Zeller, voir KEIFLIN Claude *Adrien Zeller. Une vie au service de l'Alsace*, Strasbourg 2012, Éditions du Signe.

1231. *Cf.* WICKER Antoine «Une proposition de loi de Adrien Zeller, "pour introduire l'enseignement de la langue régionale dans les établissements scolaires et y assurer le développement du bilinguisme"» in *Le Nouvel Alsacien*, 6.02.1980, p. 3; «Adrien Zeller: une proposition de loi pour l'enseignement du dialecte» in *L'Alsace*, 6.02.1980; ENGLISH Jean-Louis «Une proposition de loi d'Adrien Zeller pour introduire l'enseignement de l'alsacien dans les établissements scolaires» in *Dernières Nouvelles d'Alsace*, 6.02.1980, p. RéII.

1232. SCHAETTEL Jean-Jacques «Erüs met de Sproch. Daniel Hoeffel, le dialecte, l'allemand et la culture régionale» in *Le Mensuel d'Alsace* n° 2, février 1980, pp. 11-13 (p. 13).

1233. *Cf.* les entretiens avec le recteur Magnin (*Le Nouvel Alsacien*, 20 mai 1980, p. 7) et l'inspecteur d'académie du Bas-Rhin Jean Chanut (*Le Nouvel Alsacien*, 22.05.1980, p. 8).

1234. MAGNIN Pierre *Réflexion et cadre d'orientation pour la promotion éducative et culturelle en Alsace*, dactyl., s.l. [Strasbourg] n.d. [1980], 22 pages.

1235. *Ibid.*, p. 12. Dans une note adressée au préfet en date du 22 décembre 1979, un conseiller fait observer, à propos de l'emploi du dialecte dans le cadre scolaire, que «le Recteur affirme qu'il n'y a pas d'instructions écrites actuellement en vigueur. [...] Mais il subsiste, parfois affichées encore dans les classes, d'anciennes instructions écrites qui interdiraient tout recours au dialecte ou à l'allemand. [...] Le Recteur la considère comme abolie... Mais l'a-t-il fait dire clairement aux instituteurs?» Il conclut sa note par une «impression générale» un peu cruelle: «J'ai l'impression que le problème dialectal sous toutes ses formes dans le cadre scolaire fait actuellement l'objet d'une prise de consciences au rectorat, où on n'avait pas considéré avec attention jusqu'à présent le poussée qui se développe dans les conseils généraux et vont se manifester probablement au conseil régional.» (ADBR 1130W938).

1236. *Proposition d'intervention du département en vue de consolider et de développer l'initiation à l'allemand dans les écoles d'Alsace*, projet, octobre 1980, dactyl., 5 pages (ADBR 1845W556), comptes rendus dans *Le Nouvel Alsacien*, 26-27.10.1980, p. 5, et les *Dernières Nouvelles d'Alsace*, 26.10.1980, p. RéI. Une partie de la problématique est reprise, mais sous une forme plus généralisante et globale, par une question écrite du député Émile Koehl au ministre de l'Éducation (question n° 34030, réponse au *Journal officiel* du 22 septembre 1980) et une question orale du même député (question n° 35671, exposée à l'Assemblée nationale durant la séance du 3 octobre, avec la réponse du ministre concerné).

1237. Propos reproduits in: R. W. «Le Conseil régional approuve définitivement la charte culturelle», *L'Alsace*, 4.02.1981, p. R3. Claude Keiflin titre, reprenant les deux positions tendancielles qui se sont exprimées dans l'assemblée régionale, dans les *Dernières Nouvelles d'Alsace* du même jour: «Éducation et bilinguisme: simple absence ou sabotage?» (p. Ré I).

1238. «Interview: M. Allheilig, directeur des programmes à FR3 Alsace» in *De Budderflade* n° 2, sept.-oct. 1975, pp. 24-25 (p. 24).

1239. Le site consacré à l'histoire de la radio, alimenté par Jean-Marc Printz [?], fournit le détail suivant: «"ALSACE 1" est le programme en français sur la modulation de fréquence. Il est constitué de décrochages d'informations, de reportages, de disques et d'émissions de services. [...] "ELSASS 2 Mittelwelle" est le programme en alsacien sur les ondes moyennes. Il propose des émissions sur le patrimoine culturel alsacien, des informations en alsacien mais aussi en langue allemande. Le reste du temps, il diffuse les émissions de France Culture. En 1977, la radio régionale alsacienne a diffusé 2520h45 de programme autonome qui se répartissent ainsi:
- informations: 599h30 dont 417h en français et 182h30 en allemand;
- production: 1921h15 dont 106h pour Alsace Matin, 482h15 pour Elsass 2, 318h pour des émissions en soirée, 52h d'émissions religieuses (diffusées le dimanche matin).» Mais le nombre d'heures d'émissions autres qu'en français n'est pas chiffré, *cf.* http://100ansderadio.free.fr/67/RFAlsace/FR3Alsace-70.html (juillet 2012).

1240. PIELA Raymond «FR3 Alsace. Quelques mois après la réforme de l'ex-O.R.T.F., l'opinion d'un ex-fidèle auditeur de FR3-Alsace» in *De Budderflade* n° 2, sept.-oct. 1975, pp. 26-27 (p. 26).

1241. *Deuxième Charte culturelle Alsace (projet)* in Conseil général du Bas-Rhin *Rapports et délibérations*, session extraordinaire de janvier 1981, vol. 107, pp. R98-R114 (p. R104).

1242. «Réunion commune des assemblées régionales et départementales – Les élus alsaciens veulent produire des émissions en dialecte» in *L'Alsace*, 1.07.1980, p. R3.

1243. TRABAND André «Le patrimoine culturel alsacien» in *Elan* novembre-décembre 1980. Il faut d'ailleurs noter que ni le ministère de l'Éducation, ni FR3 ne sont signataires de la *Charte*.

1244. «Au débat du CDS sur la culture régionale, intervention très remarquée des Alsaciens» in *Dernières Nouvelles d'Alsace*, 14.12.1980, p. 5.

1245. VIGÉE Claude «Témoignage» in *Revue Alsacienne de Littérature* n°17-18, 1er et 2e trimestres 1987, pp. 9-10 (p. 9).

1246. L'Alsace aura également, pour la première fois depuis 1958, deux députés socialistes: Jean Oehler à Strasbourg et Jean-Marie Bockel à Mulhouse.

1247. *Incipit* de l'«Exposé des motifs» de la *Proposition de loi sur la promotion des langues et cultures de France* n° 2157 (17 mai 1984; annexe au PV de la séance du 24 mai 1984). Et dans le même discours, il précise: «C'est blesser un peuple au plus profond de lui-même que de l'atteindre dans sa langue et sa culture. Nous proclamons le droit à la différence. Il est indigne de la France qu'elle rejette ses richesses, qu'elle soit le dernier pays d'Europe à refuser à ses composantes des droits culturels élémentaires, reconnus dans les conventions internationales qu'a elle-même signées... Au-delà des bonnes paroles, il faut des actes! Le socialisme milite pour le libre épanouissement des peuples», *cf.* GIORDAN Henri «Le pouvoir et la pluralité culturelle» in *Hérodote* «Langues et territoires», n° 105, 2e trimestre 2002, pp. 178-190 (p. 178).

1248. Issu du milieu ouvrier, Jean Oehler a d'abord été ouvrier serrurier, puis chef d'équipe et, enfin, contremaître. Militant de l'Action catholique ouvrière et de la CFDT, il adhère au Parti socialiste en 1971. En 1973, il devient premier secrétaire de la fédération du Bas-Rhin. Il a souvent été présenté (notamment sur les affiches électorales) comme le «serrurier de Mitterrand», *cf.* la notice de STRAUSS Léon «Oehler Jean» in *Nouveau Dictionnaire de biographie alsacienne* n°28, Strasbourg 1996, p. 2898, et BRASSART-GOERG Marie «*Tel que*

je suis» Jean Oehler, *op. cit.*, p. 24.
1249. *L'Alsace* du 14 février 1982, rubrique « Libres propos »
1250. *Cf. infra.* Plusieurs études vont s'intéresser aux déclarations des adolescents concernant les langues qu'ils connaissent et/ou qu'ils utilisent : LADIN Wolfgang *Der elsässische Dialekt – Museumsreif? Analyse einer Umfrage*, Strasbourg 1982, SALDE ; à sa suite : « Requiem pour un dialecte » in *'s Storichenescht* n° 23, [Walbourg] 1986, pp. 3-20 ; CAUVIN-WACH Monique *Éléments sur les pratiques du dialecte alsacien*, IFCO de Strasbourg, mémoire CAFCO 1984, synthèse reprise dans DENIS Marie-Noëlle et VELTMAN Calvin *Le déclin du dialecte alsacien*, Strasbourg 1989, Presses universitaires de Strasbourg, « Chapitre VI – Le vécu de l'élève dialectophone » pp. 101-122 ; DENIS Marie-Noëlle et VELTMAN Calvin *Le déclin du dialecte alsacien*, Strasbourg 1989, Presses universitaires de Strasbourg ; BISTER-BROOSEN Helga *Sprachkontakte und Sprachattitüden Jugendlicher im Elsaß und in Baden. Vergleichende soziolinguistische Untersuchungen in Colmar (Frankreich) und in Freiburg und Müllheim (Deutschland)*, Frankfurt am Main, Berlin, Bern, New York, Paris, Wien 1998, Peter Lang (Duisburger Arbeiten zur Sprach- und Kulturwissenschaft, Bd. 34).
1251. DENIS Marie-Noëlle et VELTMAN Calvin *Le déclin du dialecte alsacien, op. cit.*, p. 38.
1252. « Sondage – Dialecte : le déclin se confirme » in *Dernières Nouvelles d'Alsace* du 17 avril 1986, p. Ré I [résultats d'un sondage ISERCO]
1253. « Vous comprenez l'alsacien » : oui, à 79 % (non : 21 %) ; « vous le parlez » : oui, à 67 % (non : 33 %) ; la corrélation avec l'âge se confirme : pour la tranche d'âge des 18-24 ans, 59 % comprennent le dialecte et 40 % le parlent, cette identité alsacienne : la fin des tabous » in *News d'Ill* n° 8, juin 1991, pp. 4-12 (p. 9) [sondage Ifop – *News d'Ill*]
1254. KLEINSCHMAGER Richard « L'Alsace en son miroir » in *Dernières Nouvelles d'Alsace* du 16 mars 1990, p. Ré II [résultats d'un sondage DNA-ISERCO]
1255. « Identité alsacienne: la fin des tabous » in *News d'Ill* n° 8, juin 1991, pp. 4-12 (p. 9) [sondage Ifop – *News d'Ill*]
1256. Le protocole suivi pour aboutir à ces données n'est pas connu.
1257. FUCHS M.-Th. « Enquête de "Langue et culture" : sur 65 507 écoliers haut-rhinois, 8 608 parlent l'alsacien... » in *Dernières Nouvelles d'Alsace* du 21 décembre 1984, p. Ré III.
1258. *Situation du dialecte (dialectophones actifs) – Enseignements préélémentaire et élémentaire, année 1984-1985*, tapuscrit photocopié.
1259. *Le dialecte dans les classes maternelles – Résultats pour le Bas-Rhin*, s.l.n.d. La même année (1989), quelques circonscriptions scolaires du Haut-Rhin ont également été enquêtées : 11,5 % des élèves « savent l'alsacien ». « Légère progression dans le secteur de St-Louis, mais... » in *Dernières Nouvelles d'Alsace* du 28 avril 1989, p. Ré II.
1260. Sous-commission départementale « Allemand – Langue et culture régionales » / Groupe de travail « École maternelle » *Enquête sur l'usage du dialecte dans les classes et sections maternelles du département du Bas-Rhin – Rapport de synthèse*, mai 1990, p. 3.
1261. *Le Nouvel Alsacien* du 20 janvier 1984, « Réalités alsaciennes »
1262. ISERCO *Les problèmes de la langue régionale en Alsace et en Moselle*, Cercle René-Schickele, Strasbourg, octobre 1989, p. 74.
1263. *Cf.* VAJTA Katharina *« Nous n'avons plus de langue pour nos fêtes de famille. » Le changement de langue dans une famille alsacienne*, Göteborg 2004, Acta Universitatis Gothoburgensis, pp. 269-273, et de nombreuses enquêtes du Département de dialectologie alsacienne de l'Université de Strasbourg, non publiées.
1264. SCHMITT-TROXLER Evelyne « Ce qui nous est arrivé... » in *Saisons d'Alsace* n° 113, automne 1996 *Le dialecte malgré tout. Une langue à réinventer ensemble*, pp. 89-97 (pp. 91-92).
1265. Non sans raison, on a pu estimer que l'espace scolaire a fonctionné et fonctionne comme un espace dont le dialecte est exclu et que, par conséquent, cet état de fait amène les enfants à utiliser de manière quasi exclusive la langue de l'école. Mais c'est l'ensemble du corps social qui va accepter ce fonctionnement de sorte qu'il est difficile de faire porter à l'école seule, à partir des années 1980, le changement de langue, comme cela est parfois encore le cas (*cf.*, par exemple, les constats d'André Weckmann : WECKMANN André *Dialecte et allemand standard : complémentarité ou concurrence ?* http://persocite.francite.com/alsace-bilinguisme/weckmann2.htm, consulté le 28.07.2012).
1266. ISERCO - Land un Sproch (1991-1992b) « Quelle est la demande ? Sondage auprès de 300 personnes » in *Land un Sproch - Les cahiers du bilinguisme* n° 101-102, pp. 21-37 (p. 21).
1267. CAUVIN-WACH Monique *Éléments sur les pratiques du dialecte alsacien, op. cit.*
1268. *Ibid.*, p. 7.
1269. – « Pour toi, le français, c'est quoi ? » – Fils d'ouvrier : « C'est la vie moderne, c'est pour les gens qui travaillent dans un bureau, qui sont intelligents et qui ont beaucoup de "fric" » in CAUVIN-WACH Monique *Éléments sur les pratiques du dialecte alsacien, op. cit.*
1270. DENIS Marie-Noëlle et VELTMAN Calvin *Le déclin du dialecte alsacien, op. cit.*, p. 60. L'enquête a été menée entre la fin des années 1985 et 1986 ; les adolescents doivent être nés autour de 1970. L'enquête de Bister-Broosen (1998), effectuée en 1990, ne porte que sur 163 adolescents et jeunes adultes de 15 à 19 ans de trois établissements de Colmar. 54 % des enquêtés déclarent savoir parler le dialecte.
1271. Les données de Bister-Broosen sont tendanciellement comparables, mais l'auteure n'opère pas avec les mêmes outils de mesure.
1272. Quelle que soit la façon dont on considère la diglossie : comme la co-présence d'une variété « haute », « prestigieuse » [le français], utilisée comme langue de culture et dans les situations formelles, et d'une variété « basse », la langue commune du quotidien [le dialecte], ou encore, comme en Suisse, une diglossie médiale, selon le canal de communication (allemand standard à l'écrit, dialecte à l'oral), *cf.*, par exemple, les articles de Michel BENIAMINO « diglossie », « diglossie enchâssée/diglossie juxtaposée », « diglossie littéraire » in MOREAU Marie-Louise (coord.) (1997) *Sociolinguistique. Concepts de base*, Liège, Mardaga, pp. 125-130.
1273. Le terme est signalé pour la première fois par TABOURET-KELLER Andrée et LUCKEL Frédéric « Maintien de l'alsacien et adoption du français. Éléments de la situation linguistique en milieu rural en Alsace », *op. cit.*, p. 51.
1274. *Cf.*, pour l'Alsace, les travaux de Penelope Gardner-Chloros, par exemple : GARDNER-CHLOROS Penelope « Le code-switching à Strasbourg » in SALMON Gilbert-Lucien (études recueillies par) *Le français en Alsace*, Paris-Genève 1985, Champion-Slatkine (*Bulletin de la Faculté des Lettres de Mulhouse*, fascicule XIV), pp. 51-60 ; GARDNER-CHLOROS Penelope *Choix et alternance des langues à Strasbourg*, Université Louis-Pasteur Strasbourg I, thèse, 18 décembre 1985 ; MAURER Johanna *Elsässisch und Französisch. Die Funktion ihrer Alternanz im Diskurs*, Kiel 2002, Westensee [données de 1996].
1275. « Le mélange des langues est une maladie insidieuse qui, peu à peu, vide le dialecte de sa substance et le prive de sa raison d'être. C'est une mala-

NOTES

die qui nous menace tous: "''S isch e défaut vun dem m'r sich net facilement corriger kann"», STAUFFER Charles *L'Alsacien et son dialecte*, Strasbourg 1979, Oberlin, p. 33. Mais, en homme tout en retenue et conscient des réalités, Charles Stauffer modère son propos lorsqu'il s'agit d'emprunts lexicaux: «En cherchant à germaniser des sigles, des abréviations, des termes techniques et administratifs qui se sont imposés depuis un certain nombre d'années, on irait à l'encontre d'habitudes déjà fortement enracinées chez la plupart de nos concitoyens.» (pp. 55-56).

1276. Exemple tiré de: VAJTA Katharina *«Nous n'avons plus de langue pour nos fêtes de famille.» Le changement de langue dans une famille alsacienne*, Göteborg 2004, Acta Universitatis Gothoburgensis, p. 243. Des déclarations de ce type, accompagnées de ce commentaire, sont fréquentes, du moins pour les générations nées avant 1960 (voire 1970). *Cf.* [BOTHOREL-WITZ Arlette, HUCK Dominique *et al.*] *Enquêtes sur la conscience linguistique des locuteurs dialectophones alsaciens*, 1989-, conservées au Département de dialectologie alsacienne et mosellane de l'Université de Strasbourg, non publiées.

1277. Sources: données communiquées par les rédactions en chef des quotidiens *Dernières Nouvelles d'Alsace* par lettres des 15 décembre 2003 et 11 janvier 2010 et de *L'Alsace – Le Pays* par lettres des 23 décembre 2003 et 10 septembre 2009; LORENTZ Claude *La presse alsacienne du XXe siècle. Répertoire des journaux parus depuis 1918, op. cit.*; KLINGELSCHMITT René «La presse bilingue en Alsace depuis 1945», *op. cit.*; ADBR 1959W93; le site internet de l'OJD («Office de justification de la diffusion» appelé à présent «Association pour le contrôle de la diffusion des médias»): http://www.ojd.com.

1278. Alain Howiller rappelle que les éditions bilingues coûtaient environ 30 % plus cher que les éditions françaises, *cf.* HOWILLER Alain *Mémoires de midi. Les mutations en Alsace (1960-1993)*, Strasbourg 1993, Koufra / La Nuée Bleue, pp. 61-62.

1279. Le quotidien, en proie à des difficultés financières depuis plusieurs années, publie son dernier numéro le 19 juillet 1986.

1280. MATHIEN Michel *Médias en région. Exemple de l'Alsace*, Nancy 1986, Presses universitaires de Nancy, p. 47.

1281. «L'article 44 de la loi du 23 octobre 1984 [rédigé à partir d'un amendement du sénateur Goetschy] abroge de manière directe et formelle l'article 11 de l'ordonnance du 13 septembre 1945» qui autorisait uniquement la parution de journaux en langue française ou bilingues, *cf.* KINTZ Jean-Pierre «Liberté d'expression et censure de presse: l'expérience alsacienne de trois législations 1504-1984», *op. cit.*, pp. 220-221.

1282. «Identité alsacienne: la fin des tabous» in *News d'Ill* n° 8, juin 1991, pp. 4-12 (p. 9) [sondage Ifop – *News d'Ill*]

1283. Encore au milieu des années 1980, l'emblématique hebdomadaire *Bild und Funk* fait paraître régulièrement une publicité dans les *Dernières Nouvelles d'Alsace*. Le journal s'est adapté au marché frontalier. En effet, au bas de l'encart publicitaire, on trouve la précision suivante: «In Bild+Funk finden Sie das deutsche Fernsehprogramm auf deutsch und das französische auf französisch.» *Cf.*, par exemple, les *Dernières Nouvelles d'Alsace*, 22.02.1984, p. RéIII.

1284. FINCK Adrien «L'allemand en Alsace» in *L'écrivain d'Alsace et de Lorraine* n°45, juin 1986, pp. 8-9 (p. 9).

1285. *Le Nouvel Alsacien* du 17 février 1984, «Réalités alsaciennes»

1286. «Identité alsacienne: la fin des tabous» in *News d'Ill* n° 8, juin 1991, pp. 4-12 (p. 9) [sondage Ifop – *News d'Ill*]

1287. Propos cités dans WICKER Antoine «Pierre Deyon et l'école en Alsace. "Il n'y aura pas de politique du recteur..."» in *Le Nouvel Alsacien*, 29 septembre 1981, p. 5.

1288. Dans le domaine culturel, le ministre de la Culture souligne que «la mise en œuvre d'une politique de dynamisation du tissu culturel régional, la promotion de pôles de développement culturel dans les régions passent par le soutien des initiatives locales et l'épanouissement des différences linguistiques et culturelles dont la France est riche.» *Cf.* GIORDAN Henri *Démocratie culturelle et droit à la différence. Rapport au ministre de la culture*, Paris février 1982, La Documentation française.

1289. R. Stoecklé est alors professeur de lettres à l'École normale de Sélestat. Il publiera dès 1982 *Enseignement de la langue française en milieu dialectal*, Strasbourg 1982, CNDP, CRDP de Strasbourg.

1290. Le recteur Magnin avait considéré que la pratique dialectale devait «rester le fait de la vie familiale», *cf.* WICKER Antoine «Réflexion et cadre d'orientation pour la promotion éducative et culturelle en Alsace» in *Le Nouvel Alsacien*, 24.9.1980, p. 4.

1291. FORTIER Jacques «Le dispositif» in *Le Nouvel Alsacien*, 12.01.1982, p. 2; un dispositif de consultation comparable ou analogue a été adopté par le ministère: «Au premier trimestre de cette année scolaire, après avoir marqué nettement mon intention d'étudier sérieusement le problème de l'enseignement des cultures et langues régionales, j'ai annoncé qu'une vaste consultation serait menée. [...] Cet engagement a été tenu. Tous les partenaires du ministère ont été consultés, qu'il s'agisse des organisations syndicales et des associations de parents d'élèves ou d'associations spécialisées dans l'étude ou la promotion des langues régionales.» *Cf.* SAVARY Alain *L'enseignement des cultures et langues régionales dans le service public de l'Éducation nationale*, circulaire ministérielle n°82-261 du 21 juin 1982 (B.O. n° 26 du 1er juillet 1982), reproduite dans: *Le programme Langue et culture régionales en Alsace (1982-1990)*, Strasbourg 1991, CRDP de Strasbourg, pp. 7-17.

1292. Dans ses *Souvenirs*, le recteur Deyon évoque très brièvement les difficultés qu'avait représentées l'entreprise. DEYON Pierre *Rencontres en Alsace. Souvenirs d'un recteur, 1981-1991*, Strasbourg 1994, La Nuée Bleue / DNA, pp. 68-69.

1293. Ce rapport est présenté pour la première fois à la réunion commune des Commission de l'éducation et de la culture du Conseil général du Bas-Rhin le 25 juin 1981 (ADBR 1107W7).

1294. FORTIER Jacques «Langue et culture régionale [sic]. Le refus des privilèges» in *Le Nouvel Alsacien*, 29-30.11.1981, p. 7.

1295. Reproduite dans DEYON Pierre *Le programme Langue et culture régionales en Alsace (1982-1990)*, Strasbourg 1991, CRDP de Strasbourg, pp. 23-30.

1296. En 1983, 77 % des Alsaciens «sont favorables à une initiation à l'allemand pour tous». *Cf.* Joostens Alain «Les Alsaciens et l'école libre» [Sondage réalisé pour FR3 Alsace et DNA par des étudiants membres du CEREGE [...] auprès d'un échantillon de 500 personnes représentatif de la population alsacienne selon les données de l'INSEE les 3, 4 et 5 novembre] in *Dernières Nouvelles d'Alsace*, 27.11.1983, pp. Ré II – III.

1297. «Chaque école élémentaire doit être en mesure de dispenser un enseignement de l'allemand, mais cet enseignement respectera le volontariat des enseignants et des familles.» (*Le programme Langue et culture régionales en Alsace, op. cit.*, p. 27).

1298. De surcroît, la généralisation est envisagée en lien avec la formation initiale des maîtres.

1299. Dans une lettre de l'inspecteur d'Académie du Bas-Rhin Jean Chanut au préfet de Région (n°CAB/694, 2 juin 1980), suite à l'inauguration du

513

collège Georges-Holderith de Lauterbourg, J. Chanut rapporte qu'il a lui-même, en tant que professeur d'École normale, initié des expériences d'enseignement de l'allemand à des enfants de l'école élémentaire et maternelle, mais que Georges Holderith a rappelé son opposition à cet enseignement avant le Cours moyen, contrairement à sa collègue inspectrice générale des Écoles maternelles Alice Delaunay, qui avait lancé très largement cet enseignement «précoce» (ADBR 1845W1145).
1300. *Cf.* HUCK Dominique «L'allemand dans la formation des maîtres à l'École normale», *op. cit.* En ce qui concerne la formation continue, le texte rectoral indique que «en particulier les stages d'allemand constitueront un chapitre important du dispositif académique de formation continue, notamment pour les enseignants du 1er degré.» (*Le programme Langue et culture régionales en Alsace, op. cit.*, p. 29).
1301. Elle est soutenue et abondée financièrement, comme l'avait été la réforme Holderith, par les collectivités territoriales. À partir de 1984, la mise en œuvre du programme académique sera incluse dans les contrats de plan conclus entre l'État, la Région Alsace et les deux départements alsaciens.
1302. Membre du MRP, il a siégé au Conseil général du Bas-Rhin de 1955 à 1979. Sénateur à partir de 1959, il a participé à toutes les prises de position des élus du MRP (et des partis centristes qui lui ont succédé) concernant l'enseignement de l'allemand. Il siège à l'Assemblée du Conseil de l'Europe à partir de 1968 et en sera le président de 1985 à 1989 (*cf.* aussi THOMANN Marcel «JUNG Louis» in *Nouveau dictionnaire de biographie alsacienne* n°19, Strasbourg 1992, pp. 1846-1847).
1303. *Cf.* le programme du colloque, 22 avril 1983 : l'introduction est assurée par le recteur Deyon et l'évocation de «la situation de l'enseignement de l'allemand en Alsace» (avec trois contributions) ouvre le colloque trirégional (Alsace, Sud-Palatinat, Bade-Wurtemberg).
1304. Sur ces questions de perception de l'allemand comme langue endogène et exogène, *cf.* HUCK Dominique «"Apprendre la langue du voisin". Entre volonté et réalité : de l'ambiguïté des textes officiels relatifs à l'enseignement de l'allemand en Alsace» in BREUGNOT Jacqueline (éd.) *Les espaces frontaliers. Laboratoires de la citoyenneté européenne*, Bern, Berlin, Bruxelles, Frankfurt am Main, New York, Oxford, Wien 2007, Peter Lang (coll. Transversales - Langues, sociétés, cultures et apprentissages, vol. 22), pp. 69-81.
1305. Une série de six épisodes de *La bande des quatre – Die Viererbande*, coproduit par la Région Alsace et le Südwestfunk (début de la diffusion : septembre 1985). D'autres productions binationales, s'appuyant sur des associations, le CRDP de Strasbourg et son homologue badois de Karlsruhe, verront le jour (avec des équivalents en français pour les écoles allemandes).
1306. Dans son bilan de juin 1985 (*cf. infra*), le recteur parlera de maîtres «moins convaincus, [qui] ont moins bien compris les enjeux intellectuels et culturels».
1307. À partir de 1984, l'Académie de Strasbourg coproduira avec FR3 Alsace une émission réalisée essentiellement en alsacien, à destination des enfants (et de leurs parents), au titre significatif «Üss'm Schuelersack». *Cf.* «"Uss'm Schuelersack" ou le dialecte rendu à l'école» in *L'Alsace*, 28.01.1984, p. R9.
1308. «Circulaires "Langues et culture régionales"», juin 1985, en complément à la circulaire du 9 juin 1982, in *Le programme Langue et culture régionales en Alsace (1982-1990), op. cit.*, pp. 31-37, et «Circulaires "Enseignements régionaux et internationaux"», janvier 1988, en complément à la circulaire du 9 juin 1982 et aux circulaires de juin 1985, in *Le programme Langue et culture régionales en Alsace (1982-1990), op. cit.*, pp. 38-48.
1309. *Le Nouvel Alsacien* du 25.09.1984, p. 7.
1310. Extrait d'une page de publicité «Nos élus ont signé en masse» in *Le Nouvel Alsacien*, 20.09.1985.
1311. *Cf.* aussi FORTIER Jacques «Deux langues, deux chances. Parler l'alsacien, mais écrire l'allemand» in *Le Monde*, 24.01.1986.
1312. Il fait directement allusion aux positions du syndicat enseignant SNI. P. Deyon rétorquera que «ce n'est pas en distribuant des primes aux maîtres qu'on obtiendra d'eux un engagement plus décidé». DEYON Pierre *Juin 1982-juin 1985. Le programme Langue et culture régionales en Alsace. Bilan et perspective*, s.l. 5 juin 1985, p. 17.
1313. TRABAND André «André Traband s'explique» in *Le Nouvel Alsacien*, 19.04.1985, p. 20.
1314. DEYON Pierre *Juin 1982-juin 1985. Le programme Langue et culture régionales en Alsace. Bilan et perspective, op. cit.*
1315. «Nous avons relevé que contrairement à ce que l'on avait dit, on ne tirait pas vraiment parti du fonds dialectal pour enseigner précocement l'allemand aux enfants du CM1, CM2, que notre pédagogie méritait d'être revue, que probablement il faudrait, à partir de textes, de récits en dialecte, rendre plus évidente aux enfants la liaison entre langue parlée et langue écrite.» DEYON Pierre *Juin 1982 – juin 1985. Le programme Langue et culture régionales en Alsace, op. cit.*, p. 15.
1316. JENNY Alphonse, BARSANTI Anja, BECHTOLD Gérard, LAUGNER Maurice, WENGER Marc et ZERR Jean-Pierre *Reporter im Elsaß und an der Mosel. L'allemand dans les régions d'expression dialectale*, CE2-CM1, CNDP – CRDP de Strasbourg (livre de l'élève ; livre du maître ; cassette audio).
1317. DEYON Pierre *Juin 1982 – juin 1985. Le programme Langue et culture régionales en Alsace, op. cit.*, pp. 9-10.
1318. Mis en cause par Robert Grossmann dans son livre *Main basse sur ma langue, Mini Sproch heisst Frejheit*, (Strasbourg 1999, La Nuée Bleue), le recteur Deyon apporte des précisions sur les conditions dans lesquelles il a défini l'allemand : «Ce sont les élus alsaciens qui m'ont demandé avec insistance, lors de mon arrivée en 1981, de mettre l'accent sur l'enseignement de l'allemand. Comment, dans ces conditions, ne pas inclure l'allemand dans la définition de la langue régionale, comme l'expression écrite du dialecte alsacien [...] ?» in : «Les réserves du recteur», *Dernières Nouvelles du Lundi*, 8.11.1999, p. Ré1.
1319. Sur cette question complexe de définition de «langue régionale» dans le cadre alsacien, voir par exemple HUCK Dominique «Quelle "langue régionale" en Alsace ?» in DABENE Louise, LIDIL, n° 20, *Les langues régionales. Enjeux sociolinguistiques et didactiques*, Grenoble, décembre 1999, pp. 43-60, et BOTHOREL-WITZ Arlette «La "langue régionale" en Alsace, polysémie et polémiques» in BOTHOREL-WITZ Arlette (dir.) *Enseigner en classe bilingue. Former les enseignants des classes bilingues «français / langues secondes-langues régionales»*, Actes de l'Université d'automne, IUFM d'Alsace, 24-27 octobre 2002, s.l. juin 2004, Ministère de l'Éducation nationale, de l'enseignement supérieur et de la recherche, Direction de l'enseignement scolaire, pp. 37-49 ; sur les questions de nomination des langues, BOTHOREL-WITZ Arlette «Nommer les langues en Alsace» in TABOURET-KELLER Andrée (dir.) *Le nom des langues. I. Les enjeux de la dénomination des langues*, Louvain-la-Neuve 1997, Peeters, pp. 117-145.
1320. Note de service n° 87-035 du 15 janvier 1987 *Enseignement précoce de l'allemand*, in *Bulletin officiel* n° 7 du 19.02.87, pp. 440-445. Elle entre dans le cadre des actions menées à la suite du 48e sommet franco-allemand

d'octobre 1986 durant lequel une déclaration commune a été signée portant sur la coopération culturelle et dont l'enseignement des langues française et allemande font partie. *Cf.* MONORY René «Coopération franco-allemande : déclaration commune sur la coopération culturelle», circulaire ministérielle n° 87-029 du 29 janvier 1987 in *Bulletin officiel* n° 6 du 12 février 1987, pp. 348-358.

1321. *Cf.* circulaire n° 89-065 du 6 mars 1989 «Expérimentation contrôlée d'une langue vivante étrangère à l'école élémentaire» in *Bulletin officiel* n° 11 du 16.03.1989, pp. 683-686.

1322. Note de service n° 87-035 du 15 janvier 1987 *Enseignement précoce de l'allemand, op. cit.*

1323. «Circulaires "Enseignements régionaux et internationaux"», janvier 1988, en complément à la circulaire du 9 juin 1982 et aux circulaires de juin 1985, in *Le programme «Langue et culture régionales en Alsace» (1982-1990), op. cit.,* pp. 38-48 (p. 43).

1324. «Circulaires "Enseignements régionaux et internationaux"», janvier 1988, *op. cit.,* pp. 40-41.

1325. Les «objectifs de l'enseignement de l'allemand à l'école élémentaire» tels qu'ils sont définis dans la circulaire de janvier 1988 concernent bien «un élève de CM2 [qui a bénéficié] pendant deux années d'un enseignement d'allemand». («Circulaires "Enseignements régionaux et internationaux"», janvier 1988, *op. cit.,* p. 42).

1326. Le recteur avait également initié la conception et l'expérimentation d'un nouveau manuel pour les cours moyens, en en confiant la responsabilité à l'Inspection pédagogique régionale d'allemand et en détachant à temps plein deux professeurs d'allemand et une institutrice à mi-temps qui soient en mesure de rédiger et de mettre au point un nouvel outil. Il paraîtra sous sa forme définitive en 1989 : DESBORDES Marlène, BAILLET Dietlinde, BUX Odette, EBLE-SCHEFFEL Gaby et MAHR Marie-Claire *Ich und du. L'allemand aux Cours moyens 1 et 2*, Strasbourg 1989, CNDP - CRDP de Strasbourg (livre de l'élève [1 volume], 2 cahiers de l'élève (CM1, CM2), fiches pédagogiques [1 volume pour l'enseignant], 2 cassettes audio (CM1, CM2).

1327. *Cf.* le développement détaillé sur les «sections trilingues» dans «Circulaires "Enseignements régionaux et internationaux"», janvier 1988, *op. cit.,* pp. 44-46.

1328. Le choix de l'allemand comme 1re langue vivante avait baissé régulièrement : de 64,02 % en 1983/1984, il avait passé à 60,36 % (1984/85), puis à 59,10 % (1985/86) et 58,6 % (1986/87) avant de reprendre – provisoirement – la pente ascendante dans les années qui ont suivi la mise en place des sections trilingues en 6e, *cf.* figure en annexe in *Le programme Langue et culture régionales en Alsace (1982-1990), op. cit.,* p. 63.

1329. «Lettre du Recteur de l'Académie à Mesdames et Messieurs les institutrices et instituteurs de l'Académie», 12 juin 1990, in *Le programme Langue et culture régionales en Alsace (1982-1990), op. cit.,* pp. 57-60.

1330. HUCK Dominique (rapporteur) *Enquête sur l'usage du dialecte dans les classes et sections maternelles du département du Bas-Rhin. Rapport de synthèse à Monsieur l'Inspecteur d'Académie du Bas-Rhin*, mai 1990, non publié.

1331. INSEE *Étude du mode de vie en Alsace, op. cit.,* p. 146 : «Êtes-vous pour ou contre le projet éventuel pour dégager dans les écoles maternelles du temps consacré à l'alsacien ? (% de ménages)»

	pour	contre	ne se prononce pas
Ménages d'Alsaciens	71,8	16,8	11,5
Ménages «Alsacien» + autre	62,2	25,6	12,3
Ménages de l'«intérieur»	48,4	25,4	26,2
Ménages d'étrangers	45,4	17,4	37,2
ENSEMBLE	66,6	18,9	14,5

1332. [BOTHOREL-WITZ Arlette, HUCK Dominique et al.] *Enquêtes sur la conscience linguistique des locuteurs dialectophones alsaciens*, 1989-, *op. cit.*

1333. En 1989, les enquêtés estiment, à 28 %, que le dialecte n'est pas une chance, et à 55 % qu'il ne représente pas l'avenir. «L'allemand, reconnu utile et enseigné à l'école, bénéficie d'une meilleure considération que les dialectes, dont l'image est plus nettement familiale et privée.» (ISERCO 1989, *op. cit.*)

1334. La réunion d'installation de la Commission a lieu le 25 novembre 1991 sous la présidence du recteur Gaudemar. Elle travaille en quatre sous-ensembles : «Enseignement de l'allemand à l'école élémentaire», commission composée de maîtres formateurs, de formateurs de l'I.U.F.M., d'inspecteurs et d'un universitaire, «Enseignement de l'allemand en collège et lycée», «Enseignement de l'allemand en LP et CFA» et «L'option Langue et culture régionales» (*cf. Compte rendu* de la réunion en date du 26 novembre 1991).

1335. Une partie des résultats a été réunie dans une brochure : Commission d'évaluation de l'enseignement des langues *Rapport 1991-92*, juin 1992, Académie de Strasbourg, qui n'a eu qu'une diffusion interne, à titre confidentiel.

1336. Il s'agit du «Haut Comité de la langue et de la culture alsacienne-lorraine», créé en février 1990, dont l'objet est, notamment, de veiller «tout particulièrement au respect et à la renaissance du bilinguisme français-allemand généralisé et réel» (art. 2 des statuts). Sur la création du Haut Comité, *cf.* F[UCHS] M.-Th. «Goetschy veut lancer un «Haut comité de l'identité culturelle alsacienne et lorraine dialectale» in *Dernières Nouvelles d'Alsace* du 19 janvier 1990, p. RéIII et F[UCHS] M.-Th. «Le premier objectif du Haut comité : faire du prosélytisme» in *Dernières Nouvelles d'Alsace* du 15 mars 1990, p. RéVIII.

1337. Haut-Comité de référence pour la langue et la culture alémanique et francique en Alsace et en Moselle *Un projet linguistique pour l'Alsace et la Moselle*, 4 avril 1990.

1338. L'un des syndicats des enseignants, le Syndicat national des instituteurs (SNI-PEGC), soutient la position du recteur et s'oppose au «bilinguisme» scolaire, *cf.* KOPP André «Enseignement de l'allemand dans le 1er degré : oui au programme académique, non aux dérives du président Goetschy» in *Bulletin du SNI et des PEGC du Bas-Rhin*, n°241, septembre-octobre 1990, pp. 8-10.

1339. SAVARY Alain *L'enseignement des cultures et langues régionales dans le service public de l'Éducation nationale, op. cit.,* pp. 8 et 11.

1340. *Texte d'orientation sur l'enseignement des cultures et langues régionales*, circulaire ministérielle n°83-547 du 30 décembre 1983 (B.O. n° 3 du 19 janvier 1984), reproduit dans : *Le programme Langue et culture régionales en Alsace (1982-1990), op. cit.,* pp. 18-22 (p. 19).

1341. L'un des principaux fondateurs de l'association ABCM-Zweisprachigkeit, Richard Weiss, indique que l'association a été créée le 5 décembre 1990 (avec de prestigieux parrains : Tomi Ungerer, Adrien Finck, Claude Hagège et Alice Delaunay) et raconte la genèse de cette initiative : «En juin 1990, après un voyage d'étude au Pays basque français où nous avons appris qu'une circulaire ministérielle du 21.06.1982 (d'Alain Savary, alors ministre de l'Éducation nationale) donne aux parents la possibilité de demander l'ouverture de classes bilingues (français-langue régionale) dès la 1re année de la maternelle.» (*Objectif Alsace* n° 73, novembre 1991, p. 36).

1342. Propos cités par WAECHTER

Renée «Le recteur et l'allemand à l'école. Evidence et limites» in *L'Alsace*, 5.10.1990, p. R2.
1343. Dans ses *Souvenirs* de 1994, P. Deyon maintient sa position d'alors, tout en la nuançant et la précisant : «Je continue à penser qu'il importe de distinguer le bilinguisme, comme objectif culturel et pédagogique, du bilinguisme conçu à la manière de nos amis belges.» (DEYON Pierre *Rencontres en Alsace, op. cit.*, p. 76).
1344. *Dernières Nouvelles d'Alsace* du 5.10.1990, p. Ré III.
1345. Lettre de l'inspecteur d'académie du Haut-Rhin du 11 octobre 1990 (réf. : 19-MRB/Dl) aux directeurs et directrices d'école maternelle de la Ville de Colmar.
1346. Cinq demandes d'audience semblent s'être succédé, entre juin et novembre 1990, avant que le ministre y réponde... *Cf.* «Les élus alsaciens-lorrains chez Jospin le 18 décembre» in *Dernières Nouvelles d'Alsace*, 25.11.1990, p. Ré IV.
1347. «Communiqué du 18 décembre 1990» in DEYON Pierre *Le programme Langue et culture régionales en Alsace (1982-1990)*, Strasbourg 1991, CRDP de Strasbourg, pp. 59-60.
1348. «Communiqué du 18 décembre 1990», *op. cit.*
1349. *Ibid.*
1350. Source essentielle pour la radio : *Histoire de la radio en Alsace*, uniquement en version numérique : http://100ansderadio.free.fr/HistoiredelaRadio/_Alsace/Sommaire.html (juillet 2012).
1351. «Loi n° 82-652 du 29 juillet 1982 sur la communication audiovisuelle» in *Journal officiel de la République française* du 30 juillet 1982, pp. 2431-2440.
1352. Les radios dépendant d'associations sont autorisées par la loi du 9 novembre 1981, puis seront autorisées des radios locales privées (1982).
1353. *Histoire de la radio en Alsace, op. cit.* Sur l'ensemble des radios privées et de leurs débuts, *cf.* WACKERMANN Gabriel «radios libres» in *Encyclopédie de l'Alsace*, volume 10, pp. 6240-6242.
1354. Programmes d'été de toutes les radios libres, Strasbourg [1984], APRORAL.
1355. *Cf.* KOHSER-SPOHN Christiane «Radio-Strasbourg et le réveil de l'identité alsacienne (1930-1982)», *op. cit.*, p. 215.
1356. *Cf.* l'échange assez polémique entre Eugène Philipps et André Weckmann, d'une part, et Gérard Scheer, rédacteur en chef de Radio France – Radio Alsace, d'autre part, auquel d'autres voix se sont mêlées, *Le Nouvel Alsacien*, 16-17.05.1985, p. 5 ; 26-27.05.1985, p. 9 ; 31.05.1985, pp. 17-18 ; 2-3.06.1985, p. 7 ; 16-17.06.1985, p. 3.
1357. L'émission «Arrache-moi la jambe» commence en 1984. Elle a lieu au théâtre de la Choucrouterie (Strasbourg). Elle est d'abord diffusée en direct, puis, plus tard, elle sera enregistrée et diffusée en différé le dimanche matin (*cf.* SIFFER Roger *Morceaux choisis*, Strasbourg 1998, La Nuée Bleue, chapitre «La jambe», pp. 51-55). L'émission aurait eu jusqu'à deux cent mille auditeurs. Elle s'arrêtera en 1994.
1358. Comme les grilles peuvent changer d'une année sur l'autre, qu'il peut y avoir des croisements entre les types de diffusion (sur les ondes moyennes ou non), les politiques nationales et régionales, notamment financières, pouvant amener des changements non négligeables, et il est relativement difficile d'établir un panorama global des émissions régionales, plus particulièrement en dialecte (et en allemand), tant quantitatif que qualitatif. Cette difficulté à mettre en place une réelle politique autre que commerciale est confirmée par les propos d'Émilienne Kaufmann, responsable de l'antenne OM en 1997, in KEITH Catherine *De Radio-Strasbourg PTT à Radio France Alsace 101.4/102.6. Mémoires de radio, op. cit.*, pp. 83-85.
1359. Source : http://100ansderadio.free.fr/67/RFAlsace/80-RadioFranceAlsace.html (consulté le 27.07.2012). Grilles de programmes type en 1988, ondes moyennes 235 mètres
En semaine :
7h : relais du journal de France Inter ;
7h15 : journal de Radio France Alsace ; 7h30 : Nachrichten in deutscher Sprache ; 8h-12h : relais de Radio Bleue ; 12h-14h : Bon anniversaire ; 12h30 : Nachrichten in deutscher Sprache
Le dimanche
7h : relais du journal de France Inter ; 7h30 : Nachrichten in deutscher Sprache ; 8h30 : émission israélite ; 9h : rencontre protestante ; 9h30 : rencontre catholique ; 12h : Fleischsupp met Knepfle ; 13h : Blechmüsik un Goldstemme.
1360. MATHIEN Michel *Médias en région. Exemple de l'Alsace, op. cit.*, p. 94.
1361. ERHART Pascale «Les langues de la télévision régionale alsacienne : recherches pour une histoire de France 3 Alsace» in *Revue d'Alsace* n° 136, 2010, pp. 315-337, citant le *Rapport du CESA* portant sur les années 1985-1988, note 27.
1362. «La télévision en Alsace des origines à nos jours» in *Saisons d'Alsace* n° 100, juin 1988, *Presse et médias en Alsace des débuts à nos jours*, pp. 133-148 (p. 148).
1363. *Cf.* ERHART Pascale «Les langues de la télévision régionale alsacienne...», *op. cit.*, pp. 325-328, qui précise : «Si le décrochage quotidien constitue pour la station une véritable chance de mettre le dialecte en valeur, le renouvellement des émissions quotidiennes représente également une somme de travail considérable, et les rediffusions sont parfois nécessaires en attendant que les nouvelles émissions soient produites» (p. 327). Voir également «La télévision en Alsace des origines à nos jours», *op. cit.*, pp. 144-148, ainsi que les pages que Michel Mathien consacre à ces questions, in MATHIEN Michel *Médias en région. Exemple de l'Alsace, op. cit.*
1364. ERHART Pascale «Les langues de la télévision régionale alsacienne...», *op. cit.*, pp. 326 sqq.
1365. *DN télévision. Supplément des Dernières Nouvelles d'Alsace*, programme du 6 au 12.10.1984, p. 3.
1366. F[INCK] Ch[arlotte] «Uss'm Schuelersack» : une vraie boîte à malices», *Dernières Nouvelles d'Alsace*, 28 janvier 1984, p. RéI. D'autres émissions prendront le relais de cette «première» au fil de la décennie.
1367. BOEGLIN Paul «Dialecte : retour au quotidien», *Dernières Nouvelles d'Alsace*, 23.11.1990, p. RéI.
1368. Les concepteurs principaux en sont, durant ces années-là, Tony Troxler (1918-1998) et Freddy Willenbucher (1922-2009), hommes de théâtre et artistes-écrivains protéiformes, d'ailleurs fort différents.
1369. *Cf.* BIRAN de F. "D'Choucrouterie" de Roger Siffer : le plat du pays servi dans une cour des miracles», *Dernières Nouvelles d'Alsace*, janvier 1984, p. LoVI ; BIRAN de F. «Un St-Germain-des Prés qu'on n'attendait plus...», *Dernières Nouvelles d'Alsace*, 2 février 1984, p. LoVI.
1370. BROCHET Francis «Langues régionales – Des décrets, pas de loi» in *L'Alsace* du 13 octobre 1984, p. R4.
1371. PHILIPPS Eugène «Une loi !» in *Le Nouvel Alsacien* du 27 septembre 1985, p. 13.
1372. Enquête «Qui sont et que veulent les Alsaciens aujourd'hui ?» : 9724 questionnaires ont été renvoyés sur 313 000 questionnaires diffusés, soit un taux de retour de 3,11%. L'enquête n'a touché que les habitants du Bas-Rhin.
1373. *Le Nouvel Alsacien*, tous les vendredis du 6 janvier 1984 à mars 1984, «Réalités alsaciennes».
1374. *Le Nouvel Alsacien* du 20 janvier 1984, «Réalités alsaciennes». Il n'y a pas eu de stratifications selon l'âge.
1375. «Le dialecte n'est-il pas devenu parfaitement inutile, hors de la "réalité", mais d'autant plus voué au seul "plaisir", langue poétique par défini-

NOTES

tion ? C'est-à-dire en même temps pure expression de l'identité ? », FINCK Adrien *La stratégie du lierre. Essai sur l'identité alsacienne*, Strasbourg 1994, Le Drapier, p. 23, reprenant le texte d'ouverture du recueil de «poèmes alsaciens» *Langue de plaisir*, Mundolsheim 1987, L'encrier, p. 5.

1376. NIESS Christophe «L'explosion du théâtre dialectal – Plus populaire que moi, tu meurs...» in *Dernières Nouvelles du lundi* du 26 janvier 1987, p. 21.

1377. «Noms de rues. Un chimiste à l'honneur... et des plaques bilingues», *L'Alsace*, 23.12.1990 ; PEREZ Jacqueline «Alsacien ou allemand pour les rues ? Le choix de la langue des nouvelles plaques pose problème à la commission chargée des appellations des rues et réveille de vieilles rancoeurs», *Dernières Nouvelles d'Alsace*, 2.02.1991, p. LoV.

1378. BOTHOREL-WITZ Arlette «La "langue régionale" en Alsace, polysémie et polémiques», *op. cit.*, pp. 44-45.

1379. KEIFLIN Claude «Le dialecte : un état des lieux» in *Dernières Nouvelles d'Alsace* du 2 juillet 1998 p. Région 1 [résultats d'un sondage DNA / CSA Opinion]

1380. «Érosion naturelle – La pratique de l'alsacien» in *Dernières Nouvelles d'Alsace* du 21 septembre 2001 [enquête ISERCO/DNA]

	1990	2001
Je sais le parler, mais ne le parle presque jamais	9,8 %	12 %
Je sais le parler et le parle assez souvent	20,5 %	15 %
Je sais le parler et le parle très souvent	40,4 %	34 %
Je ne sais pas le parler, mais je le comprends	14,6 %	12 %
Je ne sais pas le parler et je ne le comprends pas	14,6 %	27 %

1381. Source : MAERI – Rectorat de l'Académie de Strasbourg. Le protocole d'enquête n'est pas connu.

1382. EDInstitut *Étude sur le dialecte alsacien*, avril 2012 : «Étude réalisée par EDinstitut sur la base de 801 personnes résidant en Alsace interrogés par téléphone selon la méthode des quotas entre le 1er et le 9 mars 2012» pour le compte de l'OLCA.

1383. *Ibid.*, p. 20.

1384. *Ibid.*, p. 10.

1385. *Ibid.*, p. 21.

1386. «Identité alsacienne : la fin des tabous» in *News d'Ill* n° 8, juin 1991, pp. 4-12 (p. 9) [sondage Ifop – *News d'Ill*]

1387. Enquêtes ISERCO publiées tout au long d'un numéro spécial de *Land un Sproch – Les Cahiers du bilinguisme*, n° 101-102, 1991-1992, p. 29.

1388. Enquêtes ISERCO publiées tout au long d'un numéro spécial de *Land un Sproch – Les Cahiers du bilinguisme*, n° 101-102, 1991-1992, pp. 12-13. Né en 1943, Edgard Weber raconte qu'enfant, il avait «un accent lorrain [francique] plus prononcé qu'aujourd'hui [2013] et les camarades stéphanois se moquaient des petits gars de l'Est. Pour éviter leurs moqueries, je me taisais. » (Weber Edgard *Le petit garçon et la synagogue. De Bitche à Beyrouth*, *op. cit.*, p. 304).

1389. Source : Inspection académique du Bas-Rhin. Le protocole de recueil des données n'est pas connu.

1390. DUEE Michel «L'alsacien, deuxième langue régionale de France» in *Chiffres pour l'Alsace* n° 12, décembre 2002, pp. 3-6 (p. 3).

1391. *Ibid.*, p. 4.

1392. *Ibid.*, «En quelles langues, dialectes ou "patois" parliez-vous à vos jeunes enfants quand ils avaient 5 ans (ou leur parlez-vous actuellement s'ils sont plus jeunes) ?», encadré p. 6.

1393. *Ibid.*, p. 6.

1394. Source : Insee, enquête «Étude de l'histoire familiale», 1999.

1395. KEIFLIN Claude «Erosion naturelle – La pratique de l'alsacien» in *Dernières Nouvelles d'Alsace* du 21 septembre 2001.

1396. Source : MAERI – Rectorat de l'Académie de Strasbourg. Le protocole d'enquête n'est pas connu.

1397. En 2009-2010, 177 154 élèves fréquentent les écoles primaires publiques et privées sous contrat (source : Rectorat de l'Académie de Strasbourg). La base de 175 000 élèves retenue représente une moyenne commode.

1398. Une étude qualitative (par entretiens) effectuée sur trois, voire quatre générations de trois familles en Alsace moyenne confirme les tendances générales tout en les nuançant par leurs histoires respectives, *cf.* SCHNETZ Pauline *La transmission de l'alsacien. Le rôle des familles*, Travail d'étude et de recherche rédigé et présenté en vue de l'obtention du diplôme du Master, soutenu le 24 janvier 2014, Université de Strasbourg (2 vol.).

1399. EDInstitut *Étude sur le dialecte alsacien*, avril 2012, *op. cit.*, p. 50.

1400. DUEE Michel «L'alsacien, deuxième langue régionale de France» in *Chiffres pour l'Alsace, op. cit.*, p. 3.

1401. LE GUEN M.A. *La pratique et la transmission de l'alsacien en Alsace*, rapport de stage maîtrise MASS, année 2001-2002, p. 33.

1402. DUEE Michel «L'alsacien, deuxième langue régionale de France» in *Chiffres pour l'Alsace, op. cit.*, p. 3.

1403. Ni la chaîne privée *Alsatic TV* ni la chaîne qui lui succède en octobre 2009, *Alsace 20*, ne diffusent d'émission en dialecte. Cependant, cette dernière semble vouloir infléchir la situation en ménageant de brefs créneaux au dialecte. En effet, en 2013-2014, des émissions ont été diffusées en liaison avec l'OLCA : *Hopla Trio, Un so widdersch, Stümpele*.

1404. Source : *Bilan de la société France Télévisions, année 2010*, Paris, septembre 2011, Les bilans du CSA, p. 26, consultable : http://www.csa.fr/Études-et-publications/Les-bilans/Les-bilans-des-chaines-de-television-publiques-et-privees/Bilan-de-la-societe-France-Televisions-Annee-2010 (août 2012).

1405. Il s'agit de : *Rund Um, GsunTheim, Babbelplatz, A Gueter*. Le volume horaire décroît de 2,4 % par rapport à 2012, source : Conseil supérieur de l'audiovisuel *Rapport sur les chaînes éditées par le groupe France Télévisions, année 2013*, Paris, juillet 2014, p. 47.

1406. ERHART Pascale *Les dialectes dans les médias : quelle image de l'Alsace véhiculent-ils dans les émissions de la télévision régionale ?*, thèse soutenue le 17.11.2012, Strasbourg (2 vol), vol. I, pp. 330-334.

1407. Source : ERHART Pascale *Les dialectes dans les médias : quelle image de l'Alsace véhiculent-ils dans les émissions de la télévision régionale ?, op. cit.*, pp. 92-97.

1408. Source : *Bilan de la société Radio France, année 2010*, Les bilans du CSA, novembre 2011, annexe 4, p. 85. Des éléments de l'histoire complexe de la radio publique émettant en alsacien, en particulier le passage, en 1992, en ondes moyennes, sont esquissés par Jean-Marc Printz, sous : http://100ansderadio.free.fr/67/RFAlsace/90-RadioFranceAlsace.html et http://100ansderadio.free.fr/67/RFAlsace/2000-franceBleuAlsace.html. Un ouvrage comme celui de MORGENTHALER Simone *Ces années-là... Mes souvenirs radio-télé*, Strasbourg 2004, La Nuée Bleue, apporte des compléments et des précisions utiles.

1409. C'est, par exemple, le cas de la *Fréquence Verte*, située à Wiwersheim (www.frequenceverte.com). D'autres radios comme *Radio Dreyeckland*, «la radio des Alsaciens», diffusent aussi des moments en dialecte et/ou de la *Volksmusik* et des *Schlager* en allemand, sans que les émissions soient toujours identifiables (http://www.radiodreyeckland.com, consultation : août 2013).

1410. *Cf.* les listes publiées par le Groupement de théâtre du Rhin (http://

www.theatredurhin.net/html/dialecte.htm, consultation : août 2012). Les deux tiers des troupes sont localisées dans le Bas-Rhin, un tiers dans le Haut-Rhin. OBRI Mike fait état de « plus de 250 cercles de théâtre » in *Journal des spectacles* [mensuel gratuit du Haut-Rhin], mars 2012, pp. 16-17 (p. 16).

1411. B[RASSART]-G[OERG] M. « Sauvegarder l'alsacien » in *Dernières Nouvelles du Lundi* du 2 octobre 2000, p. Ré6.

1412. C'est également le constat que fait Christian Ketterlin, metteur en scène et comédien au Théâtre alsacien de Mulhouse : « J'ai remarqué que même les spectateurs de nos pièces, une fois sortis de la salle pour aller en fumer une, discutent en français entre eux. Ich gläub's net ! (J'hallucine !) », « Quatre questions à Christian Ketterlin » in *Journal des spectacles*, mars 2012, *op. cit.*, p. 17.

1413. Propos du président Marcel Spegt, tenus à l'assemblée générale de la Fédération à Schiltigheim, en 1999 : « L'appel à la modernité » in *Dernières Nouvelles du Lundi*, 10.05.1999, p. Région 5.

1414. *Cf.* ARNOLD François et WECKMANN André *Elsassisischi Liturgie. Essai d'une liturgie en dialecte alsacien*, Strasbourg 1980, SEBA.

1415. JOOSTENS Alain « "Première" : une messe en alsacien », *Dernières Nouvelles d'Alsace*, 21.2.1992, p. RéI ; JOOSTENS A. « La messe en alsacien : une "première" bien suivie », *Dernières Nouvelles d'Alsace*, 8.3.1992, p. RéVI.

1416. Mgr Doré rappelle néanmoins que « les parties essentielles que sont la prière eucharistique et les lectures bibliques sont proclamées en allemand, puisque les textes alsaciens n'ont pas encore reçu la *recognitio* de Rome ». (DORE Joseph *Pourquoi j'aime tant l'Alsace. Souvenirs et réflexions*, Strasbourg 2014, La Nuée Bleue, p. 188).

1417. « Loi d'orientation n° 92-125 du 6 février 1992 relative à l'administration territoriale de la République » in *Journal officiel de la République française* n° 33 du 8 février 1992, pp. 2064 *sqq*.

1418. *Cf.* LIENHARD Marc *Histoire et aléas de l'identité alsacienne*, Strasbourg 2011, La Nuée Bleue : « Si l'usage de l'allemand a largement disparu aujourd'hui dans l'Église catholique, sauf pour les représentations de la Passion à Masevaux et l'utilisation fervente mais occasionnelle de deux cantiques, *Großer Gott, wir loben dich* et *Stille Nacht*, l'allemand se maintient, de manière réduite certes, dans l'espace protestant, en particulier en Alsace du nord et dans cinq paroisses strasbourgeoises où l'on célèbre régulièrement un culte en allemand et un autre en français, en utilisant un recueil de cantiques allemand commun aux Églises de Bade, du Palatinat et d'Alsace. » (p. 146).

1419. En mai 2002, le journal a opté pour une formule différente : la version « bilingue » est constituée de l'édition française du secteur de domiciliation à laquelle est ajouté un supplément de 8 pages en langue allemande (sans augmentation de prix).

1420. Indications de Dominique Jung, rédacteur en chef, correspondance du 11.01.2010.

1421. *Ibid.*

1422. Source : http://www.ojd.com/adherent/1717_-_fichier_.pdf_2012, p. 2 (consultation : juillet 2013). Cette version bilingue du journal « papier » n'est pas proposée sur le site internet du journal aux lecteurs potentiels.

1423. MATHIEN Michel « La presse quotidienne en Alsace en l'an 2000. Spécificités, développement, perspectives » in CHATELLIER Hildegard et MOMBERT Monique (études réunies par) *La presse en Alsace au XXᵉ siècle. Témoin, acteur, enjeu, op. cit.*, pp. 387-410 (p. 398).

1424. Source : OJD – Association pour le contrôle de la diffusion des médias, http://www.ojd.com/adherent/document/2305DSH201201201212 (consultation en juillet 2013).

1425. *Cf.* les indications fournies par la rédaction, juillet 2013.

1426. « Un nouveau *Carrefour d'Alsace* » in *L'Ami Hebdo*, 07.01.2010 (http://www.ami-hebdo.fr/actualite/Un-nouveau-Carrefours-d-Alsace-705.html, consultation : juillet 2013).

1427. Le type de parution a changé en 2011. D'hebdomadaire tiré à 7 000 exemplaires, *Le Messager* est devenu *Le Nouveau Messager*, bimensuel, avec un tirage de 20 000 exemplaires, *cf.* CHALENDAR Hervé de « Côté protestant : la grande réforme du "Messager" », *L'Alsace*, 29.05.2011.

1428. KEIFLIN Claude « Elections – Suppression des professions de foi en allemand – Polémique sur la fin d'une exception alsacienne » in *Dernières Nouvelles d'Alsace* du 9 décembre 2007, p. Ré 1.

1429. Les Conseils généraux du Bas-Rhin et du Haut-Rhin ainsi que le Conseil régional d'Alsace ont voté des motions pour demander au ministère de l'Intérieur de modifier les instructions données.

1430. KEIFLIN Claude « L'allemand rétabli (partiellement) » in *Dernières Nouvelles d'Alsace* du 23 janvier 2008, p. Ré 1.

1431. FORTIER Jacques « Professions de foi : les doubles en allemand sont hors la loi » in *Dernières Nouvelles d'Alsace* du 12 mars 2008, p. Ré 3. *Cf.* aussi l'évocation détaillée de l'instruction introuvable de 1919 dans HOWILLER Alain *Entre le coq et l'aigle. Géopolitique du Rhin*, Strasbourg 2000, La Nuée Bleue, pp. 132-134.

1432. « Les candidats aux législatives doivent-ils continuer à imprimer leur profession de foi en allemand ? » in *Dernières Nouvelles du Lundi* du 21 mai 2007, p. Politique 8. Les résultats sont publiés dans *Dernières Nouvelles du Lundi* du 28 mai 2007, p. Politique 8, « Profession de foi électorales en allemand : avis partagés ».

1433. « La question de la semaine dernière – Professions de foi électorales en allemand : 56 % pour » in *Dernières Nouvelles du Lundi* du 17 décembre 2007, p. Politique 9.

1434. Le moindre des paradoxes réside dans le fait que les ouvrages en allemand (voire en dialecte) des écrivains de la région ne sont disponibles que dans de rares librairies.

1435. « Nous sommes en train de nous couper de nos livres anciens à cause de l'évolution de la langue : je n'ai plus guère de clients qui lisent l'allemand ou le latin », indique Mme Helga Rebert, de la Librairie Gangloff à Strasbourg (propos rapportés par LOETSCHER Michel « Profession : conteuse de livres » in *Elan – Cahiers du FEC*, 1ᵉʳ trimestre, mars 2010, p. 10).

1436. La position n'est pas assez proche de celle de l'un des syndicats d'enseignants du premier degré, le SNI-PEGC, *cf.* « Le "oui, mais" du SNI-PEGC », *Dernières Nouvelles d'Alsace*, 10.01.1991, et « Le SNI-PEGC et l'enseignement de l'allemand. Haro sur le Haut-Comité », *L'Alsace*, 10.01.1991.

1437. Pour les prises de position, *cf.* « PS, RPR et bilinguisme "La position des centristes est excessive" », *L'Alsace*, 23.01.1991, p. R5.

1438. Communiqué de la Commission cité dans « Enseignement de l'allemand : une nouvelle étape » in *Dernières Nouvelles d'Alsace*, 13.07.1991, p. RéF.

1439. « Circulaire rectorale du 20 septembre 1991 : Programme à moyen terme de développement de l'allemand à l'école » in GAUDEMAR de Jean-Paul *Le programme Langue et culture régionales en Alsace. Textes de référence 1991-1996*, Strasbourg 1996, CRDP de Strasbourg, pp. 45-58.

1440. « Circulaire rectorale du 20 septembre 1991 : Programme à moyen terme de développement de l'allemand à l'école », *op. cit.*, pp. 48-49. L'ensemble des classes concernées (une soixantaine) est inventorié en annexe à la circulaire.

1441. « Au bureau du conseil régional : 100 000 F pour chaque classe bilingue » in *L'Alsace*, 08.09.1991, p. 9, et *Dernières Nouvelles d'Alsace*, 08.09.1991, p. RéI ; le Conseil géné-

ral du Haut-Rhin a emboîté le pas au Conseil régional : il octroit également 100 000 F par ouverture de classe bilingue et la CEE accordera également 420 000 F pour les six classes maternelles bilingues qui sont constituées (*cf. L'Alsace*, 11.09.1991, p. R1, et *Dernières Nouvelles d'Alsace*, 12.09.1991, p. RéVI). À partir de juin 1992, le germaniste et psycholinguiste Jean Petit (1929-2003) accompagne les classes bilingues maternelles de l'association ABCM (formation des maîtres, évaluation des classes).
D'autres associations qui militent en faveur de l'enseignement bilingue vont émerger au fil du temps : en 1993, *Lehrer*, qui se définit comme « Association professionnelle des instituteurs et professeurs pour l'enseignement bilingue paritaire dans les académies de Strasbourg et de Nancy-Metz »); en 1995, *Eltern*, qui s'est constituée en « association de parents d'élèves pour l'enseignement de la langue régionale en Alsace » ; etc.
1442. Voir, par exemple, SIGUAN Miguel et MACKEY William F. *Éducation et bilinguisme* Paris 1986, UNESCO - Delachaux & Niestlé.
1443. « Circulaire rectorale du 20 septembre 1991 : Programme à moyen terme de développement de l'allemand à l'école », *op. cit.*, p. 45.
1444. Commission académique d'évaluation de l'enseignement des langues *Rapport 1992-93*, Strasbourg septembre 1993, Académie de Strasbourg, Rectorat, MAERI, p. 14.
1445. *Cf.* LAFFON Francis « Bilinguisme : Charte sur table », *L'Alsace*, 8.01.1993, p. 19.
1446. Le ministre de l'Éducation (Jack Lang) adressera une lettre aux recteurs concernés par les langues et cultures régionales, notamment pour les encourager à développer ce type de forme d'enseignement (qu'il nomme « bilinguisme authentique »), *cf.* « Élaboration d'un plan académique de développement des langues et de l'enseignement des langues et cultures régionales », 24 novembre 1992, in GAUDEMAR de Jean-Paul *Le programme Langue et culture régionales en Alsace*, pp. 11-13.
1447. Commission d'évaluation de l'enseignement des langues, Rectorat de l'Académie de Strasbourg, MAERI « École élémentaire et préélémentaire » in *Rapport 1991-92*, juin 1992, pp. 6-11 ; « Évaluation des sites bilingues à l'école maternelle et à l'école élémentaire » in *Rapport 1992-93*, septembre 1993, pp. 7-17 ; « Observation de l'enseignement de l'allemand dans des classes de la voie intensive (13h et 6h) et dans des classes de la voie extensive du cycle 2 (3h) » in *Rapport 1993-94*, septembre 1994, pp. 5-12 ; « Évaluation des classes bilingues paritaires et des classes à 6 heures au cycle 2 » in *Rapport 1994-95*, septembre 1995, pp. 7-16 ; « [Évaluation des sites bilingues.] Les acquis en allemand (GS, CP, CE1) », in *Rapport 1995-96*, septembre 1996, pp. 21-43 ; « Évaluation de l'enseignement de l'allemand au CE1 et au CM2 » in *Rapport 1996-97*, novembre 1997, pp. 11-27 ; « Évaluation de la compétence en allemand des élèves des CM2 "bilingues" », [1998] rapport non publié.
1448. In : GAUDEMAR de Jean-Paul *Le programme Langue et culture régionales en Alsace, op. cit.*, pp. 59-64 : Le texte rappelle que dans la « voie "bilingue" [...] une partie de l'enseignement est assuré en allemand selon un horaire défini dans le protocole local » (p. 60) et que « [l'entrée en section bilingue] peut se faire à partir de 3 ans » (p. 61).
1449. In : GAUDEMAR de Jean-Paul *Le programme Langue et culture régionales en Alsace, op. cit.*, pp. 65-76.
1450. In : GAUDEMAR de Jean-Paul *Le programme Langue et culture régionales en Alsace, op. cit.*, pp. 77-83.
1451. Par « convention additionnelle au contrat de plan État-Région 1994-1998 » le 6 mai 1996, il est créé un Centre de formation aux enseignements bilingues de l'IUFM d'Alsace, implanté dans le site de Guebwiller, et dont l'une des missions sera d'assurer la formation initiale et continue des maîtres pour l'enseignement bilingue à l'école primaire, *cf.* le texte complet in GAUDEMAR de Jean-Paul *Le programme Langue et culture régionales en Alsace, op. cit.*, pp. 173-178 ; *cf.* MORGEN Daniel « Les formations bilingues à l'IUFM d'Alsace », colloque *L'enseignement de l'allemand, langue régionale, en Alsace*, 21 et 22 mars 2003, Université Marc-Bloch (Strasbourg) et IUFM d'Alsace (Guebwiller). Inauguré en 2001, le site de Guebwiller fermera durant l'été 2010 et la formation sera déplacée à Colmar à la rentrée 2010.
1452. Le premier document est publié en 1995 : Commission Langue et culture régionales du Haut-Rhin *Enseigner en classe maternelle bilingue. Document pédagogique à l'usage des enseignants des classes maternelles bilingues français-allemand à parité horaire*, Strasbourg 1995, MAERI, Académie de Strasbourg. Puis suivront en 1997 : *Mathe mit Ermel* (CP), Jérôme Do Bentzinger (3 vol : 2 pour l'élève, 1 pour le maître) ; 1997 : *Enseigner en allemand au cycle 2* (6 volumes) ; *Enseigner l'allemand au cycle 1* (2 volumes) ; etc.
1453. Édouard Boeglin tente de faire un point sur l'ensemble de la question dans une série d'articles, « Bilinguisme : la décennie décisive », et plus particulièrement dans « L'indispensable consensus civil », *L'Alsace*, 28.01.1993, p. R1.
1454. Circulaire rectorale du 20 juin 1995 in GAUDEMAR de Jean-Paul *Le programme Langue et culture régionales en Alsace, op. cit.*, pp. 85-114.
1455. Les recteurs Marc Debène (1997-2000) et Claude Lambert (2000-2002).
1456. LAMBERT Claude *Lettre du Recteur à Mesdames et Messieurs les Principaux, à Mesdames et Messieurs les Directeurs d'Écoles Élémentaires*, références : CAB/RL/N°2000-130, du 10 juillet 2000, objet : continuité des apprentissages en allemand.
1457. LAMBERT Claude *Lettre du Recteur à Mesdames et Messieurs les Directeurs d'Écoles Élémentaires*, références : CABN°2001-234 du 19 juillet 2001, objet : enseignement de l'allemand au cycle 3 de l'école primaire.
1458. Les recteurs qui succèdent à Claude Lambert, Gérald Chaix (2002-2008), Claire Lovisi (2008-2010), Armande Le Pellec Muller (2010-2013) et Jacques-Pierre Gougeon (2013-) n'ont pas signé de nouvelles instructions.
1459. L'enseignement d'une langue étrangère a été introduit à l'école élémentaire à partir de 1989, sous la forme d'une « expérimentation contrôlée » et a été généralisé par la suite.
1460. Brochure *Lettre du Recteur*, académie de Strasbourg, juillet 2011 ; brochure *L'académie de Strasbourg, Les chiffres clés*, année scolaire 2011-2012 et rentrée 2012, Académie de Strasbourg, août 2012, pp. 32-33.
1461. Signée par le préfet de la Région Alsace Jean-Marc Rebière et le recteur de l'Académie Gérald Chaix, pour l'État, et par le président du Conseil régional d'Alsace Adrien Zeller, le président du Conseil général du Bas-Rhin Philippe Richert et le président du Conseil général du Haut-Rhin Charles Buttner, pour les collectivités (http://www.alsace-langues.com/wp-content/uploads/convention.pdf, consultation : août 2012). Cette convention a été précédée par une « Convention portant sur la politique régionale des langues vivantes dans le système éducatif en Alsace. Période 2000-2006 », signée par le ministre de l'Éducation nationale Jack Lang, le préfet de la Région Alsace Philippe Marland et le recteur de l'Académie Claude Lambert, pour l'État, le président du Conseil régional d'Alsace Adrien Zeller, le président du Conseil général du Bas-Rhin Philippe Richert et le président du Conseil général du Haut-Rhin Constant Goerg, pour les collectivités (consultation : août 2012 : http://www-zope.ac-strasbourg.fr/sections/rhin_superieur_europ/les_langues_

vivantes/convention_sur_la_po/bilan/dddd/downloadFile/attachedFile_1/Conventionfinale17.10.2000doc.pdf?nocache=1170323034.3). Des «partenariats», «accords», «contrats de plan», etc., entre les représentants de l'État et ceux des collectivités en faveur des langues et bilinguisme se sont succédé depuis 1984, *cf.* DEYON Pierre *Le programme Langue et culture régionales en Alsace (1982-1990), op. cit.*, p. 61 ; GAUDEMAR de Jean-Paul *Le programme Langue et culture régionales en Alsace. Textes de référence 1991-1996, op. cit.*, pp. 167-178.

1462. «Enseignement extensif» est à comprendre comme enseignement «normal» (maximalement 3h pour l'enseignement de langue) par opposition à «enseignement intensif» qui désignait toutes les autres formes d'enseignement, soit avec des volumes horaires plus importants, soit des enseignements en allemand. Le syntagme est utilisé pour la première fois par Jean-Paul de Gaudemar dans la «Circulaire rectorale du 20 septembre 1991 : Programme à moyen terme de développement de l'allemand à l'école» in GAUDEMAR de Jean-Paul *Le programme Langue et culture régionales en Alsace. Textes de référence 1991-1996, op. cit.*, p. 49.

1463. L'ensemble des données quantitatives pour 2010, 2011 et 2012 sont issues de : brochure *Lettre du Recteur*, académie de Strasbourg, juillet 2011 ; brochure *L'académie de Strasbourg, Les chiffres clés, Année scolaire 2011-2012 et rentrée 2012*, Académie de Strasbourg, août 2012, pp. 32-33.

En 2011-2012, les effectifs par langue étudiée se répartissent ainsi dans l'académie de Strasbourg :
• 90,3% des élèves étudient l'anglais (rappel : 98,4% globalement en France), soit 134428 élèves : 80413 au niveau collège (soit 89,4%), 39524 au lycée général et technologique (99%), 14491 au lycée professionnel (76,3%) ;
• 75,4% des élèves étudient l'allemand (rappel : 15,4% globalement en France), soit 112277 élèves : 68463 au niveau collège (soit 76,1%), 32913 au lycée général et technologique (82,4%), 10901 au lycée professionnel (57,4%) ;
• 10,7% des élèves apprennent l'espagnol (rappel : 41% globalement en France), soit 15922 élèves : 5187 au niveau collège (5,8%), 9779 au lycée général et technologique (24,3%), 956 au lycée professionnel (5%) ;
• 3,4% des élèves étudient d'autres langues : italien, chinois, portugais, arabe, russe, turc, hébreu, japonais, polonais, persan, grec moderne, albanais.

1464. Ce dispositif a été, par la suite, étendu au plan national à titre expérimental en 2002 (*cf.* la circulaire n° 2002-074 du 10.04.2002 «Préparation de la rentrée 2002 dans les collèges et mise en œuvre des itinéraires de découverte» in *Encart du Bulletin officiel de l'Éducation nationale* n° 16 du 18.04.2002).

1465. En 2011-2012, 12181 élèves poursuivent l'apprentissage de l'allemand lors de leur entrée au collège et commencent parallèlement l'apprentissage de l'anglais. 54,1% des élèves de 6e sont inscrits dans ce dispositif «bilangue», contre 13,5% pour le reste de la France.

1466. Pour l'ensemble des autres académies françaises, il ne s'agit que de 5,3% des élèves.

1467. Circulaire n° 87-030 du 29 janvier 1987 ; décret n° 94-710 du 12 août 1994 portant publication de l'accord entre le Gouvernement de la République française et le Gouvernement de la République fédérale d'Allemagne relatif à la délivrance simultanée du baccalauréat français et de la *Allgemeine Hochschulreife* allemande, signé à Mulhouse le 31 mai 1994 ; *Arrangement administratif entre le ministre de l'Éducation nationale de la République française et le plénipotentiaire de la République fédérale d'Allemagne pour les affaires culturelles* dans le cadre du Traité sur la coopération franco-allemande, relatif à l'organisation de la formation, à l'élaboration des programmes d'enseignement et au règlement de l'examen de la délivrance simultanée du baccalauréat français et de la *Allgemeine Hochschulreife* en date du 31 mai 1994.

1468. DEYON Pierre «Définition de la mention régionale allemand en formation professionnelle», Circulaires «Langue et culture régionales» (juin 1985) in *Le programme «Langue et culture régionales en Alsace», op. cit.*, pp. 35-37.

1469. *Cf.* AZAIS Alban «L'allemand, langue de l'avenir», http://liberation.fr, 2 novembre 2001 : «Pour les Français, aujourd'hui, l'Allemagne n'est ni le pays du rêve américain, ni sexy comme Cuba, ni exotique comme Calcutta. On s'imagine plus facilement sur une plage espagnole que sur la côte baltique. L'image de l'Allemagne en France souffre de stéréotypes surannés et d'une méconnaissance quasi totale de ce grand voisin. Les préjugés les plus répandus étant que l'allemand serait dur et laid.»

1470. Le site «Alsace-langues. com, le portail qui donne envie d'apprendre l'allemand et l'alsacien», cofinancé par le Conseil régional, les deux Conseils généraux et le Rectorat de l'Académie de Strasbourg, répond implicitement à ce «reproche» par un slogan : «L'allemand ? C'est tendance !» (http://www.alsace-langues.com, août 2013).

1471. PETIT Jean *L'Alsace à la reconquête de son plurilinguisme. Eine schwere Wiedergeburt*, Strasbourg 2000, Nouveaux Cahiers d'allemand/SALDE.

1472. *La Constitution*, introduite et commentée par Guy Carcassonne, Paris 1999, Seuil, 3e édition, p. 45.

1473. KIEFFER Jean-Claude «Protéger l'alsacien : la France réticente», *Dernières Nouvelles d'Alsace*, 22.10.1992, p. 3.

1474. *Le Monde* du 7 novembre 1992, p. 11.

1475. ANDREANI Jean-Louis «Le Conseil d'État freine l'élan de M. Chirac en faveur des langues régionales», *Le Monde*, 7.02.1997, p. 10.

1476. *Cf.* les lettres de mission de 1997 et 1998 reproduites dans POIGNANT Bernard *Langues et cultures régionales. Rapport au Premier Ministre*, Paris 1998, La Documentation française (Collection des rapports officiels), pp. 3-5.

1477. POIGNANT Bernard *Langues et cultures régionales, op. cit.*, p. 44.

1478. CARCASSONNE Guy *Étude sur la compatibilité entre la Charte européenne des langues régionales ou minoritaires et la Constitution*, septembre 1998, 130 p., texte ronéoté.

1479. Par exemple : REY Laurence «Nouvelle mission parlementaire sur le bilinguisme», *Dernières Nouvelles d'Alsace*, 10.12.1997, p. R2 ; KEIFLIN Claude «La fracture de la langue», *Dernières Nouvelles d'Alsace*, 22.06.1999, p. R66.

1480. GROSSMANN Robert «Je ne signerai pas», *Dernières Nouvelles d'Alsace*, 31.03.1999, p. 2 ; les positions ou réactions d'autres personnes seront publiées dans *Dernières Nouvelles d'Alsace* des 8.04.1999, p. 2, et 15.04.1999, p. 2 (R. Siffer, d'une part, A. Finck et A. Weckmann, d'autre part).

1481. *Dernières Nouvelles d'Alsace* publient tout au long du mois d'octobre 1999 des lettres de lecteurs et des prises de position de personnalités.

1482. Sondage CSA Opinion/DNA juillet 1999, KEIFLIN Claude «Charte : les Alsaciens persistent et... signent», *Dernières Nouvelles d'Alsace*, 8.07.1999, p. R61.

1483. GROSSMANN Robert *Main basse sur ma langue. Mini Sproch heisst Frejheit, op. cit.* Le texte est en bandeau sur la première de couverture.

1484. Saisi par le président de la République le 20 mai 1999 sur le fait de savoir si la ratification de la *Charte* nécessite une révision constitutionnelle, le Conseil constitutionnel estime, le 15 juin 1999, que son préambule comporte des clauses contraires à plusieurs principes fondamentaux de la Constitution. Le principe d'unicité du peuple français, en particulier, a valeur constitutionnelle. Ainsi, ce principe fondamental s'oppose «à ce que soient reconnus des droits collectifs à quelque groupe que ce soit, défini par une communauté [...] de langue». Par ailleurs, le Conseil constitutionnel estime que la Charte, «en ce qu'elle confère des droits spécifiques à des "groupes" de locuteurs de langues régionales ou minoritaires, à l'intérieur de "territoires" dans lesquels ces langues sont pratiquées, porte atteinte aux principes constitutionnels d'indivisibilité de la République, d'égalité devant la loi et d'unicité du peuple français»; *cf.* EYSSERIC Violaine *Le corpus juridique des langues de France*, Délégation générale à la langue française et aux langues de France, avril 2005, mise à jour: Simon Couturier, avril 2012. Le 24 juin 1999, le Président Chirac refuse d'accéder à la demande de révision constitutionnelle que le Premier ministre Lionel Jospin avait formulée.

1485. C'est le député Alain Lamassoure (UDF) qui dépose l'amendement qui modifiera les articles 1 et 2 de la Constitution.

1486. Il s'agit, à ce moment-là, du ministre de la Justice, Michel Vauzelle (PS).

1487. C'est bien plus, au moins implicitement, la défense du français face à l'anglais qui était visée.

1488. Constat dans le pré-rapport de Nicole Péry, cité dans: ANDREANI Jean-Louis «Le gouvernement veut valoriser les langues régionales», *Le Monde* 4.02.1998, p. 11.

1489. «Déclaration du gouvernement sur les langues régionales et débat sur cette déclaration» (Assemblée nationale, 7.05.2008, *cf.* http://www.assemblee-nationale.fr/13/cri/2007-2008/20080153.asp#P385_72702).

1490. Selon les termes des *Dernières Nouvelles d'Alsace*, 23.05.2008, p. 3: «Amendement surprise. Ancrage institutionnel des langues régionales?»

1491. Dans le titre XII – Des collectivités territoriales.

1492. Sondage évoqué en encadré dans les *Dernières Nouvelles d'Alsace*, 22.06.2008, p. 2, où trois articles, d'Olivier Picard «Le double langage du Parlement», de Jacques Fortier «Quand la Charte faisait long feu» et de Laurence Rey «Roger Siffer: raisons d'espérer», font le point de la situation.

1493. «Langues régionales dans la Constitution: oui massif», *Dernières Nouvelles d'Alsace*, 7.07.2008, p. Région 4.

1494. Sondage CSA Opinion/DNA juillet 1999, *cf.* KEIFLIN Claude «Charte: les Alsaciens persistent et... signent», *op. cit.*

1495. Proposition enregistrée le 7.12.2010: http://www.assemblee-nationale.fr/13/pdf/propositions/pion3008.pdf. Armand Jung et Jean-Jacques Urvoas retracent, de leur perspective, le chemin institutionnel des langues régionales dans les lois ordinaires et dans la Constitution: JUNG Armand et URVOAS Jean-Jacques *Langues et cultures régionales. En finir avec l'exception française*, Paris 2012, Fondation Jean Jaurès.

1496. Proposition enregistrée le 20.12.2010: http://www.assemblee-nationale.fr/13/pdf/propositions/pion3055.pdf.

1497. «Étude réalisée par EDinstitut sur la base de 801 personnes résidant en Alsace interrogées par téléphone selon la méthode des quotas entre le 1er et le 9 mars 2012», *op. cit.*, p. 33.

1498. Mais il semble qu'il puisse s'agir, selon le type d'emploi, d'une «discrimination indirecte» car «demander l'usage d'une langue régionale dans une annonce d'emploi s'inscrit dans les dispositions sur la discrimination indirecte» selon la Halde, dans la mesure où cela signifierait qu'on demande à un candidat de parler une langue régionale, ce qui «exclut de fait toute personne n'ayant pas d'attaches avec la région», *cf.* BECU Elodie «Dialecte alsacien et discrimination à l'embauche», *Dernières Nouvelles d'Alsace*, 24.02.2009.

1499. MÉKAOUI Frédéric «Langues et emplois dans l'espace du Rhin supérieur. Approche quantitative et subjective» in HUCK Dominique et KAHN René *Langues régionales, cultures et développement. Études de cas en Alsace, Bretagne et Provence*, Paris 2009, L'Harmattan, pp. 244-265.

1500. *Ibid.*, p. 255.

1501. *Ibid.*, p. 256.

1502. *Ibid.*, p. 257. *Cf.* plusieurs offres d'emploi comme chauffagiste ou dans le domaine sanitaire, où l'on précise que «la langue allemande ou le dialecte alsacien sont indispensables». Il s'agit notamment d'une entreprise de Fribourg (http://www.wanajob.com, consultation: août 2012).

1503. *Cf.* les analyses de MÉKAOUI Frédéric «Langues et emplois dans l'espace du Rhin supérieur...», *op. cit.*, pp. 258 *sqq*.

1504. *Ibid.*, p. 262.

1505. BOTHOREL-WITZ Arlette et TSAMADOU-JACOBERGER Irini «Les processus de minoration et de majoration dans le discours sur les langues et les pratiques dans des entreprises à vocation internationale (implantées en Alsace)» in HUCK Dominique et KAHN René *Langues régionales, cultures et développement. Études de cas en Alsace, Bretagne et Provence*, Paris 2009, L'Harmattan, pp. 43-91 (pp. 64-68). *Cf.* aussi Truchot Claude / Huck Dominique «Le traitement des langues dans les entreprises» in *Sociolinguistica*, vol. 23, *Sprachwahl in Europäischen Unternehmen / Language choice in European companies / Choix linguistiques dans les entreprises en Europe*, Tübingen, Max Niemeyer Verlag, pp. 1-31 (pp. 24-27).

1506. F. Mékaoui a mené la même étude avec des journaux nationaux et régionaux français et allemand. Qu'il s'agisse du *Monde*, de la *Frankfurter Allgemeine Zeitung* ou des *Badische Neueste Nachrichten*, l'anglais arrive toujours largement en tête, avec entre 90% et 98% des demandes; *cf.* MÉKAOUI Frédéric «Langues et emplois dans l'espace du Rhin supérieur...», *op. cit.*, p. 254.

1507. Source: http://www.ac-strasbourg.fr/publics/formation-etablissements/sections-et-voies-specifiques/voie-bilingue-paritaire (consultation: août 2012).

1508. BECK Joachim, RIHM Sebastian *Le bilinguisme et l'emploi transfrontalier / Zweisprachigkeit und grenzüberschreitende Beschäftigung. Étude sur l'impact économique du multilinguisme pour le marché de l'emploi dans le Rhin supérieur et la Grande Région (SAARLORLUX) / Studie zur wirtschaftlichen Bedeutung der Mehrsprachigkeit für den Arbeitsmarkt am Oberrhein und in der Großregion (SAARLORLUX)*, Schlussbericht / Rapport final, 16.11.2011 (http://www.euroinstitut.org/pdf/Download-Unterlagen/2012-FEFA_Bericht/FEFA-Le_Bilinguisme_et_l_emploi_Rapport_FINAL_BREF_VERSION.pdf, consultation: août 2012).

1509. BUONASORTE Alvezio «Bilinguisme "50 000 emplois frontaliers sont en jeu"», *L'Alsace*, 21.10.2011.

1510. *Ibid.* Un papier de l'AFP, en novembre 2011, fournit à peu près les mêmes informations (craintes et information des responsables, *cf.* «Éducation Alsace: le déclin de la langue allemande fait craindre pour l'emploi», *L'Alsace* du 16.11.2011; GAUTIER Charles «Le déclin de l'allemand en Alsace menacerait l'emploi», *Le Figaro*, 16.11.2011; «En Alsace, le déclin de la langue allemande fait craindre pour l'emploi», *Le Parisien*, 16.11.2011, etc.

1511. Sources: AUBRY Bernard (1990) «Nouvelle poussée du mouvement frontalier» in *Chiffres pour l'Alsace* 19, décembre 1990, pp. 10-12 (p. 10); OREF Alsace 1998; SCHMITT Monique «Travailler de l'autre côté de la frontière» in *Chiffres pour l'Alsace* 10, septembre 2002, pp. 3-6; chiffres 2006 et 2009: http://www.insee.fr/fr/themes/tableau.asp?reg_id=15&ref_

id=empop020&tab_id=3832 (consultation : août 2012).
1512. Conseil général du Haut-Rhin, Conseil régional d'Alsace, Conseil général du Bas-Rhin *Communiqué de presse : Charles Buttner, Guy-Dominique Kennel et Philippe Richert interpellent le ministre de l'Éducation nationale Vincent Peillon pour développer la filière bilingue en Alsace*, Strasbourg, le 25 juillet 2012 (http://www.bas-rhin.fr/eCommunityDocuments/BB9FAA02-A33D-4E64-9176-BA6926CD4D2B/452/document_communique-presse-bas-rhin-bilinguisme-ministre-education-nationale.pdf).
1513. L'origine du texte cité n'est pas indiquée.
1514. NÜCKLES Bärbel «Deutschkenntnisse mangelhaft. Dem Elsass geht sein Dialekt verloren – ein Nachteil auf dem Schweizer Arbeitsmarkt», *Basler Zeitung*, 28.07.2012, p. 33 ; NÜCKLES Bärbel «Dialektschwätzer im Vorteil», *Baden intern*, August 2012 ; NÜCKLES Bärbel «Bald fehlen Baden viele Grenzgänger aus dem Elsass», *Badische Zeitung*, 6.08.2012. La presse régionale alsacienne se fait également régulièrement l'écho de ces questions : *cf.* CHARMEIL Lara «À la recherche transfrontalière des compétences» in *Dernières Nouvelles d'Alsace*, 10.12.2013, T. X. «Étude sur la mobilité et la formation dans le Rhin supérieur : la langue, le principal frein», in *Dernières Nouvelles d'Alsace*, 7.10.2014, p. 18.
1515. Durant une dizaine d'années (2003-2014), des étudiants en langues vivantes, dont le français est la langue principale (ou l'une des langues principales), en 1re année d'études à l'Université de Strasbourg, ont été priés de classer dix langues (par ordre alphabétique : allemand, alsacien, anglais, espagnol, français, grec [moderne], italien, néerlandais, portugais, suédois) «sur une échelle qui ira, selon vous, de la langue la plus belle à la langue la moins belle», sous forme d'enquête écrite. Si le français ou l'italien arrivent régulièrement premiers du classement, l'alsacien ou le néerlandais arrivent régulièrement bons derniers, sans que les intéressés puissent expliquer réellement, autrement que par l'impression sonore laissée par ces deux dernières langues, pourquoi ils ne les trouvent pas belles. L'allemand est classé en milieu de tableau. En demandant aux mêmes personnes d'attribuer des qualificatifs aux dix langues selon le principe du différentiel sémantique fonctionnant par antonymes (qualificatifs proposés : «chantant, mélodieux *vs* dur, rude ; distingué *vs* vulgaire ; séduisant *vs* rebutant ; énergique *vs* mou ; rapide *vs* lent ; net *vs* brouillé, indistinct»), les langues recueillant le plus de qualificatifs positifs sont l'italien et l'espagnol, celles qui recueillent le plus de qualificatifs négatifs sont avant tout l'alsacien, suivi du néerlandais, l'allemand se classant plutôt en milieu de tableau.
S'il s'agit plutôt d'un exercice à usage interne, il n'en reste pas moins que la constance de la subjectivité déclarée, dans une situation comparable d'une année sur l'autre, est remarquable, comme si les repères culturels circulant dans la société (discours, images, textes...) structuraient de manière assez stricte des représentations socialement partagées, au moins dans une petite fraction d'une classe d'âge qui vient de passer le baccalauréat.
1516. Le descriptif qu'en fait Marc Lienhard *Histoire et aléas de l'identité alsacienne*, *op. cit.*, p. 189, souligne le fait qu'il s'agit d'*actions* (l'OLCA n'a pas vocation à impulser une politique) dont l'impact resterait à évaluer. Depuis 2005, l'OLCA est à l'origine de l'opération «Ja fer unseri Sproch» dont l'objectif est «d'inviter les acteurs économiques à s'engager, par des actions concrètes, à rendre l'alsacien présent dans leur environnement quotidien : signalétique bilingue, emballages bilingues, prospectus publicitaires bilingues, publicité bilingue dans les médias... » Les communes ont également été invitées à signer ce texte. En 2013, 320 entreprises et plus de 300 communes avaient adhéré à l'opération (source : OLCA, http://www.olcalsace.org/fr, août 2013).
1517. «Assises de la langue et de la culture régionales : du diagnostic partagé aux propositions», *Région Alsace*, n°60, 2012.
1518. Une synthèse des travaux préparatoires menés de 2012 à 2013 a été publiée en juin 2014 : *Les Assises de la langue et de la culture régionales*, tome 1, [Strasbourg] s.d., Région Alsace, avec un volume d'annexes au tome 1, [Strasbourg] s.d., Région Alsace. Une journée de synthèse des propositions faites a eu lieu le 19 juin 2014.
1519. LÉVY II 508-510.
1520. Encore qu'il souligne que «la patience et l'abnégation sont les premières vertus qu'il faut avoir en matière de politique linguistique» (LÉVY II 508).
1521. PHILIPPS Eugène *La crise d'identité. L'Alsace face à son destin*, *op. cit.*, p. 69.
1522. OZOUF Mona *Composition française. Retour sur une enfance bretonne*, Paris 2009, Gallimard, p. 240 et p. 257.

Table

INTRODUCTION – Le singulier destin linguistique de l'Alsace ... 11

DE LA PRÉHISTOIRE AU VIIe SIÈCLE –
Les langues qui passent, celle qui reste ... 17

VIIIe – XVIIe SIÈCLES –
L'Alsace ancrée dans l'espace linguistique et culturel allemand ... 31

XVIIe – XVIIIe SIÈCLES – Une province française au statut particulier ... 51

1789-1815 – L'époque révolutionnaire et napoléonienne ... 73

XIXe SIÈCLE – La lente et progressive diffusion du français ... 105

1871-1918, LE REICHSLAND ELSASS-LOTHRINGEN –
Les langues, sujets et objets de conflits ... 133

1918-1939 – L'entre-deux-guerres ... 169

1939-1945 – La guerre et l'annexion nazie ... 201

1945-1970 – Une mutation linguistique en devenir ... 209

1970-1981 – « Substitution » linguistique : le recul de l'usage de l'alsacien ... 319

1981-1991 – L'irréversible recul de l'alsacien ... 371

DE 1991 AUX ANNÉES 2010 – Vers une fonction symbolique de l'alsacien ? ... 409

CONCLUSION –
Vers la normalisation de la situation linguistique alsacienne ... 439

Remerciements ... 445

Publications et ouvrages cités ... 447

Notes ... 459

Achevé d'imprimer par Corlet, Imprimeur, S.A. - 14110 Condé-sur-Noireau
N° d'Imprimeur : 175960 - Dépôt légal : octobre 2015 - *Imprimé en France*